U0591938

 国家卫生和计划生育委员会"十三五"规划教材

专科医师核心能力提升导引丛书

供放射诊断与治疗学专业临床型研究生及专科医师用

介 入 放 射 学

主　编　申宝忠　杨建勇

副主编　郑传胜　肖恩华

人民卫生出版社

PEOPLE'S MEDICAL PUBLISHING HOUSE

图书在版编目(CIP)数据

介入放射学 / 申宝忠, 杨建勇主编. —北京: 人民卫生出版社, 2018

ISBN 978-7-117-26809-7

Ⅰ. ①介… Ⅱ. ①申…②杨… Ⅲ. ①介入性放射学－医学院校－教材 Ⅳ. ①R81

中国版本图书馆 CIP 数据核字(2018)第 120778 号

人卫智网	www.ipmph.com	医学教育、学术、考试、健康,购书智慧智能综合服务平台
人卫官网	www.pmph.com	人卫官方资讯发布平台

介入放射学

主　　编:申宝忠　杨建勇
出版发行:人民卫生出版社(中继线 010-59780011)
地　　址:北京市朝阳区潘家园南里 19 号
邮　　编:100021
E - mail:pmph @ pmph.com
购书热线:010-59787592　010-59787584　010-65264830
印　　刷:中国农业出版社印刷厂
经　　销:新华书店
开　　本:889 × 1194　1/16　印张:22
字　　数:665 千字
版　　次:2018 年 3 月第 1 版　2019 年 4 月第 1 版第 2 次印刷
标准书号:ISBN 978-7-117-26809-7
定　　价:129.00 元

打击盗版举报电话:010-59787491　E-mail: WQ @ pmph.com
　　(凡属印装质量问题请与本社市场营销中心联系退换)

编　　者 （以姓氏笔画为序）

王　峰（大连医科大学附属第一医院）　　杨建勇（中山大学附属第一医院）

王　维（中南大学湘雅三医院）　　杨维竹（福建医科大学附属协和医院）

申宝忠（哈尔滨医科大学附属第四医院）　　肖恩华（中南大学湘雅二医院）

司同国（天津医科大学附属肿瘤医院）　　肖越勇（解放军总医院）

刘　凡（中南大学湘雅医院）　　邹英华（北京大学第一医院）

刘炳辰（哈尔滨医科大学附属第四医院）　　范卫君（中山大学附属肿瘤医院）

许林锋（中山大学孙逸仙纪念医院）　　尚鸣异（上海交通大学附属同仁医院）

孙　钢（济南军区总医院）　　周志刚（郑州大学第一附属医院）

纪建松（浙江大学丽水医院）　　郑传胜（华中科技大学同济医学院附属协和医院）

李成利（山东省医学影像学研究所）　　孟志强（复旦大学附属肿瘤医院）

李晓光（北京医院）　　施海彬（南京医科大学第一附属医院）

编写秘书 杨　坡（哈尔滨医科大学附属第四医院）

主 编 简 介

申宝忠　教授，主任医师，博士研究生导师。现任中国医学科学院黑龙江分院副院长、哈尔滨医科大学附属第四医院院长、医学影像中心主任，黑龙江省分子影像重点实验室主任，黑龙江省分子医学工程技术研究中心主任。兼任中华医学会放射学分会常委、中国抗癌协会肿瘤微创治疗专业委员会主任委员和中国医学影像技术研究会放射学分会主任委员等职。

申宝忠教授从事肿瘤的影像诊断和介入治疗临床、科研和教学工作 33 年，尤其在肿瘤分子成像研究领域贡献突出，是国家 973 重大科学研究计划项目首席科学家（2014 年），国家科技进步二等奖第一完成人（2014 年），国家自然基金委重大科研仪器研制项目（部委推荐）首席科学家（2016 年），国家首批医学影像学临床重点专科带头人，龙江学者特聘教授。发表 SCI 收录论文 103 篇，累计影响因子 400；授权国家发明专利 9 项、国际专利 2 项；作为项目负责人先后承担国家重大科学研究计划、科技部和国家自然科学基金委重点重大项目等课题 29 项；以第一完成人获国家科技进步二等奖 1 项，黑龙江省政府科技进步一等奖及中国抗癌协会科技进步一等奖等省部级奖励 5 项；主编和参编专著 18 部；荣获"中国医师奖""卫生部有突出贡献中青年专家""全国医药卫生系统先进个人"和"全国优秀科技工作者"等荣誉称号。

杨建勇　教授，博士研究生导师，中山大学附属第一医院医学影像学部主任、放射科主任。广东省医院协会医学影像学会主任委员，广东省医学会医疗事故鉴定委员会专家，中国抗癌基金会介入医学会常委，中国中西医结合医学会广东学会副主任委员，中国肿瘤研究学会广东省影像介入学会副主委。任《临床放射学杂志》副主编和《中华放射学杂志》《放射学实践》《影像诊断与介入放射学》《实用放射学杂志》《介入放射学杂志》《世界华人消化杂志》等学术刊物的编委。

1983 年毕业于同济医科大学医学系，1985-1988 年师从著名放射学家刘子江教授攻读医学硕士研究生并获硕士学位，1993-1995 年在德国海德堡大学医学院攻读医学博士学位，师从世界知名放射学家 Kauffmann 教授和著名介入放射学家 Richter 和 Roeren 教授，1995 年获得德国海德堡大学医学博士学位。1999 年、2000 年分别作为国家教委高级访问学者到德国海德堡大学医学院神经医院和法兰克福大学医学院再次学习进修脑神经介入放射技术和主动脉瘤介入治疗技术。在国际刊物发表论文数十篇，获得多项科研成果奖。承担数项国家级科研课题和国家攻关课题。

副主编简介

  郑传胜 教授、主任医师、博士生导师。现任华中科技大学同济医学院附属协和医院介入放射科主任、中华放射学会介入专业委员会副主任委员,中国研究型医院学会介入医学专业委员会副主任委员,中国医疗保健国际交流促进会介入诊疗学分会副主任委员,国际肝胆胰协会中国分会微创介入专业委员会副主任委员,中国医师协会介入医师分会常委、中国抗癌协会肿瘤介入学专业委员会常委,湖北省医学会介入医学分会主任委员,湖北省抗癌协会肿瘤介入学专业委员会主任委员、湖北省放射学会常委兼秘书、国家自然科学基金评审专家等,国内外 12 本专业杂志副主编/编委,美国 JVIR 和欧洲 CVIR 杂志审稿人,国家卫生和计划生育委员会"十三五"规划教材/全国高等学校教材《介入放射学》(供医学影像学专业用)副主编。

  从事放射诊断和介入治疗的医疗、教学和科研工作 20 余年,曾留学德国,擅长肿瘤及血管病介入治疗等。先后承担国家级及省部级科研课题 20 多项,在国内外专业杂志发表论文 100 多篇,SCI 收录 30 余篇,获得省部级科技成果奖 6 项,国家发明专利 3 项,编写学术专著 8 本,培养研究生 30 余名。关于肝癌介入治疗的研究成果曾获得 2015 年度美国 SIR&JVIR 杰出实验研究奖。

  肖恩华 影像医学与核医学博士,临床医学博士后,教授,主任医师,博士研究生导师,博士后导师。中南大学湘雅二医院放射介入科副主任,中南大学分子影像研究中心副主任,湖南省高层次卫生人才"225"工程——医学学科带头人。中国医学促进会介入诊疗分会副主任委员、中国医药教育协会介入微创专业委员会常委、中国医师协会介入医师分会委员兼综合介入专业委员会委员、中华放射学会介入学组肿瘤介入委员、中国生物物理学会分子影像学学会委员、中国医学影像技术研究会放射分会委员、中国抗癌协会肿瘤微创治疗专业委员会委员、湖南省放射学会副主任委员、湖南省放射学会介入放射专业组组长、湖南省临床介入质量控制中心副主任、湖南省放射诊断质量控制中心委员、湖南省抗癌协会理事、湖南省抗癌协会肝癌专业委员会副主任委员、湖南省卫生技术系列高级评委、国家自然科学基金评委、教育部学位与研究生教育发展中心博士论文评审专家、教育部科技奖励网络评审专家。

  主编专著 4 部,参编专著 11 部。主持科研课题 33 项,包括国家自然科学基金 5 项。发表论文 260 篇,SCI 收录 24 篇。获得湖南省医学进步一等奖 2 项、三等奖 1 项、湖南省科学技术进步二等奖 3 项。指导医学博士后 1 人,博士 23 人,硕士 25 人。

出 版 说 明

为了进一步贯彻《国务院办公厅关于深化医教协同进一步推进医学教育改革与发展的意见》（国办发〔2017〕63号）的文件精神，推动新时期创新型人才培养，人民卫生出版社在全面分析其他专业研究生教材、系统调研放射诊断与治疗学专业研究生及专科医师核心需求的基础上，及时组织编写全国第一套放射诊断与治疗学专业研究生规划教材暨专科医师核心能力提升导引丛书。

全套教材共包括14种，全面覆盖了放射诊断与治疗学专业各学科领域。来自全国知名院校的近300位放射诊断与治疗学的专家以"解决读者临床中实际遇到的问题"为立足点，以"回顾、现状、展望"为线索，以培养和启发读者创新思维为编写原则，对疾病放射诊断与治疗的历史变迁进行了点评，对当前诊疗中的困惑、局限与不足进行了剖析，对相应领域的研究热点及发展趋势进行了探讨。

该套教材适用于放射诊断与治疗学专业临床型研究生及专科医师。

全国高等学校放射诊断与治疗学专业研究生规划教材
评审委员会名单

主任委员

　　金征宇

副主任委员

　　龚启勇　　王绿化

委　　员（以姓氏笔画为序）

　　王　滨　　王振常　　王霄英　　卢光明　　申宝忠　　冯晓源　　吕　滨

　　刘士远　　刘广月　　刘爱连　　许乙凯　　李　欣　　李真林　　杨建勇

　　余永强　　余建明　　宋　彬　　范占明　　周纯武　　徐海波　　高剑波

　　崔建岭　　梁长虹　　韩　萍　　程晓光　　雷子乔

全国高等学校放射诊断与治疗学专业研究生规划教材
目　　录

前　言

　　介入放射学是 20 世纪 80 年代初引入我国，并迅速发展起来的一门融医学影像学和临床治疗于一体的新兴学科。在短短的三十几年时间里，介入放射学的蓬勃发展与老一辈的介入放射学专家付出的艰辛努力息息相关。从最初简单的穿刺活检与肝癌介入栓塞，到目前涉及人体消化、呼吸、肌骨、泌尿、神经、心血管等多个系统疾病的诊断与治疗，介入放射学开拓了新的诊断与治疗途径，对以往认为不治之症或难治疾病比如癌症和心血管疾病等，应用介入治疗达到了意想不到的效果，并以其独特的简便易行、安全、微创、高效等优势被临床医生及患者广为接受。同时，这门技术是在影像导引下进行，具有精准及实时监控、能够即时评价疗效等其他治疗形式无法达到的优势。1996年，因其在现代医学中的重要作用，原卫生部正式将介入治疗列为与内科、外科治疗学并列的第三大治疗学科。

　　介入放射学目前的亚专科有心脏介入、神经介入、肿瘤介入、外周血管介入等，基本涵盖了各个系统疾病。介入放射学的发展离不开引导的影像学的发展，影像引导的方法从超声及放射线，发展到目前 CT、MR、数字减影血管造影机等，甚至有学者开始尝试 PET-CT 导引下的介入治疗。介入放射学的治疗形式多样，包括血管栓塞、封堵器、血管成形、消融、放射性粒子植入等。器材与材料的进步更是有目共睹，栓塞微球与载药微球、预防再狭窄的药物球囊与支架、覆膜支架、粒子支架、多极射频针、冷循环微波针、冷冻消融等，既是材料学的进步也是介入放射学技术的进步。

　　当然，介入放射学在不断发展的同时，也有着它的缺点和瓶颈，如有些治疗的不彻底性、血管成形术后再狭窄，肿瘤介入栓塞后再发新生血管等问题。虽然有大批的介入放射学的专家做着不懈的努力，目前仍有大量的难点亟待解决。本书面向的受众是研究生，包括介入放射学专业以及其他临床专业的研究生，研究生将是未来介入放射学发展与创新的主要力量。本书中既介绍了介入放射学常规知识，也提出了最新观点以及目前存在的问题以及如何解决这些问题，展望了介入放射学未来发展方向及如何能在介入放射学某一方向的研究上有所突破，希望本书能够做到给大家以科学的启迪！

　　本书共同主编、副主编以及编者在编写过程中都提出了很多建设性意见，做出了极大的努力和贡献，在此一并感谢！

　　我们必须承认，相比较于内科学及外科学，介入放射学还是一个年轻的学科，各种理论及实践还在不断探索之中，不同学者对同一问题还存在着争议，本书在编写过程中尽量使用共同认可的理论内容，但由于编写时间和编者水平原因，书中内容可能存在不当之处，请读者能提出批评、指正和建议，以便未来修订时能及时改正。

申宝忠

2018 年 1 月

目　录

第一章　介入放射学简史与展望

一、开篇

介入放射学从诞生之日起，一直被看作是影像学的分支。最初的介入放射学的研究者都是放射科医生，它的目的与传统影像学的诊断功能有着明显的不同，从最初的诊断为主逐渐过渡到以治疗为主。介入放射学的出现扩大了医学影像学的功能外延，真正步入了既具诊断又可治疗的医学领域。介入放射学是医学影像学领域发展速度最快的一个学科，也是医学领域里发展速度最快的学科之一。

介入放射学发展历史和其他学科一样，也不是一帆风顺的，经历了一个漫长的探索、创新和完善的过程。

20 世纪上半叶，众多的放射科医生冒着很大的风险，进行了动脉造影等技术的艰难探索，为此后介入放射学的发展奠定了坚实的基础。直到 Seldinger 技术的诞生，血管造影术这一介入放射学的基本操作才得以迅速发展。

1953 年，瑞典的 Sven-Ivar Seldinger 医师首创了用套管针、导丝和导管经皮股动脉穿刺、钢丝引导插管的动静脉造影法，由于此方法操作简便，容易掌握，对患者损伤小，不需结扎修补血管，并提高了介入放射学操作的安全性，因而很快被广泛应用，为现代介入放射学的发展奠定了基础，成为介入放射学的里程碑。但是，此方法在应用初期曾因一些临床医师对其可行性持怀疑态度而发展缓慢。

1964 年，美国放射学家 Charles Dotter 应用自制的逐渐变细的聚四氟乙烯塑料同轴导管，经皮穿刺股动脉后在导丝的引导下，对一位 82 岁患缺血性下肢痛和坏疽又拒绝行截肢术的妇女进行股浅动脉造影时，意外地将导管插过了狭窄的动脉，使狭窄的血管得到了扩张，改善了肢体的血液循环。术后，患侧肢体严重缺血、疼痛和足趾坏疽得到完全缓解，直到两年半后患者死于肺炎时，扩张的动脉仍保持通畅。此手术开创了经皮血管成形术的新纪元，标志着介入放射学的形成。Dotter 医生也被称为"介入放射学之父"，并获 1978 年诺贝尔医学奖提名。虽然现在看来当时的创伤较大，且疗效欠佳，但仍是介入放射学亚专业——"成形术"的实践和理论的奠基石。在此基础上，才发展出球囊导管扩张术（percutaneous transluminal angioplasty, PTA）和金属支架植入术（stent angioplasty）。

1973 年 PTA 技术出现了突破性进展，Andreas Gruntzig 发明了柔软的双腔球囊导管用以作腔内血管成形术，较之 Dotter 的同轴导管更先进；1977 年 Zurich 首先把经皮血管成形术应用于冠状动脉，成功为一患者在清醒状态下实施了冠状动脉成形术，从此 PTA 正式登上了临床治疗的舞台，很快被广泛应用于临床，成为血管狭窄或闭塞性疾病的首选治疗手段。

由于 20 世纪 70 年代 PTA 的兴起，使内支架的研究受到冷落。直到 14 年后，PTA 显示出术后再狭窄发生率高的缺陷以后，血管内支架才得到重视和发展。1983 年，Dotter 和 Cragg 分别制成镍钛热记忆合金支架，并报道了实验结果，标志着内支架的系统研究进入了一个新纪元。1984 年，Mass 报道了使用金属不锈钢圈制成的自扩式双螺旋形内支架。1985 年，Wright 和 Palmaz 分别报道了用不锈钢丝制成的自扩式 Z 型内支架和由不锈钢丝编织成的球囊扩张式网状管形内支架，次年改进为一种超薄壁无缝钢管式内支架。1987 年以后，相继报道了一些新的内支架，以及支架临床应用的大宗病例报告。从此以后血管支架正式进入临床治疗领域。随着内支架材料、形态、输送技术的研究，其种类不断增多，应用范围越来越广。

1967 年，Margulis 在美国放射学杂志最早提出"interventional diagnostic radiology a new subspeciality"，但是介入放射学（interventional radiology）一词被学术界广泛认可是 1976 年 Sidney Wallace 在 *Cancer* 上以 Interventional Radiology 为题系统地阐述了介入放射学的概念之后。

一种观点和定义的形成需要较长时间，有时还需要在非本学科的权威学术媒体上发表以后，才能被公认。1979年，欧洲放射学会召开了第一次介入放射学学术会议，Wallace作了Interventional Radiology专题介绍，此命名才逐步在国际学术界达成共识。在中国最初有人译为"介入放射学"，也有人译为"手术放射学"，最终统一到介入放射学这一概念。

现代介入放射学的概念为：介入放射学（interventional radiology，IVR）是在医学影像设备的引导下，以影像诊断学和临床诊断学为基础，结合临床治疗学原理，利用导管、导丝等器材对各种疾病进行诊断及治疗的一门学科。具体说就是在X线、超声、CT、MRI等影像设备的导引下，通过经皮穿刺途径或人体生理腔道，将穿刺针、导管或其他器械置于病变部位取得生理或病理组织进行诊断或是进行治疗。

根据这一概念我们可以从几方面来理解介入放射学，首先它是影像设备引导下兼具诊断与治疗功能，可分为血管造影机引导下、超声引导下、CT引导下以及MRI引导下。这些仪器设备的进步必然带动介入放射学的发展。其次，根据应用形式可以分为血管性介入治疗和非血管性介入治疗，比如我们较常应用的经导管肝动脉化疗栓塞术（transcatheter arterial chemoembolization，TACE）及PTA属于血管性介入治疗，而化学性或物理性消融及活检等就属于非血管性介入治疗。最后，根据生理解剖，我们又将介入放射学分为：神经介入放射学、心血管介入放射学、外周血管介入放射学以及肿瘤介入放射学。

二、发展

从几方面简要回顾一下目前介入放射学的发展历程：

（一）导引仪器

与介入技术和器材的发展相比，影像引导设备的发明与革新也具有重要的意义。20世纪70年代中后期，随着计算机技术和血管造影术的发展，数字减影血管造影（digital subtraction angiography，DSA）设备逐步研发成功，Nadelman于1977年获得第一张DSA的图像。1980年，DSA机由美国威斯康星大学的Mistretta组和亚利桑那大学的Nadelman组首先研制成功，并在芝加哥召开的北美放射学会上公布于世。次年，DSA机在布鲁塞尔国际放射学会（International Congress of Radiology，ICR）上引起轰动。DSA的出现使得血管造影能够快速、方便地进行，减少了辐射，促进了血管造影和介入

治疗技术的普及和发展。该设备使血管性介入进入了一个新纪元，与CT、MRI一起被认为是现代医学影像学的三大主要进展。20世纪后期，X线、DSA、CT、超声、MRI、内镜等引导设备的发展，相关新器材和新技术的出现丰富了介入放射学的内涵。"介入放射学"已不再是局限于单一放射设备引导的操作，而是综合多种影像设备引导的诊疗技术的新兴学科。

CT、MRI及超声引导下的介入诊疗有着各自独特的优势，是非血管性介入技术不可或缺的引导设备，具有操作精准、判断组织关系明确，及时判定疗效及有无副损伤等优势。磁共振的优势在于其不存在射线损伤及防护，但要求相对要高，需要磁兼容器材及设备。超声相对要求较低，并具备适时监控优势，但特殊部位无法显像，比如肺、骨等组织。CT应用优势明显，扫描速度快，显示组织结构清晰、操作方便，不足是医生及患者有一定的放射性损伤。目前大孔径CT及开放式磁共振都是针对介入引导应用研发的设备，空间加大使医生操作更加方便。

（二）主要技术及器材

可以说造影术（angiography）、栓塞术（embolization）以及成形术（angioplasty）贯穿了介入放射学的发展历史，无论是血管介入还是非血管介入都离不开这些基本技术。

Seldinger技术的应用使血管造影变成了一种相对安全、简便、诊断明确的技术，这其中又伴随了器材学的进步，导管导丝材质的进步，各种形状的导管使全身各部位的选择造影更为简捷、快速；超滑导管导丝使手术操作更为安全。对比剂也是如此，从早期的离子型对比剂到非离子型，再向等渗方向发展等都对介入放射学的发展提供了极大的帮助。

经导管血管栓塞术（transcatheter arterial embolization，TAE）是介入放射学最重要的基本技术之一，是在X线透视下经导管向靶血管内注入或送入栓塞物质，使之闭塞从而达到预期治疗目的的技术，具有微创、全程影像引导和选择性靶血管插管术特点，使栓塞的准确性和安全性极大提高，成为革命性的治疗技术。

1965年，Sano用导管法成功地栓塞了"先天性动-静脉畸形"。1967年，Porstman采用经腹股沟动静脉双途径特制的导管进行栓塞的方法，栓塞未闭合的动脉导管，取得了令人惊叹的成功。同年，Baum等经导管灌注血管加压素治疗消化道出血取

得成功，接着又开展了血管栓塞术治疗出血。1968年 Newtont 用栓塞血管的方法治疗脊柱血管瘤获得满意效果。

20 世纪 70 年代初期，各种栓塞剂（如明胶海绵、聚乙烯醇、组织黏合剂、可脱落球囊等）的发展及导管技术的改进，推动了栓塞治疗在临床上的应用。

20 世纪 70 年代中期，Wallace 研制了栓塞用的钢圈，目前仍被广泛应用。1981 年，Ellman 等报道用无水酒精消除组织或器官，并首次用于栓塞肾脏获得成功。20 世纪 80 年代中期至今，随着微导管、微钢圈的应用，进一步使外周血管和神经系统血管病变的介入放射学治疗更为有效。1979 年，日本介入放射学家 Nakakuma 等把碘油与抗癌药混合后注入肝癌供血动脉，再用明胶海绵栓塞肝动脉，使肝癌的介入治疗取得了突破性进展，并迅速被广泛应用于临床，目前已被医学界公认为不能切除的肝癌和肝癌术后复发的首选治疗方法，已列入世界肝癌治疗指南，目前已被广泛接受和推广。

经皮经腔血管成形术（percutaneous transluminal angioplasty，PTA）始于 20 世纪 60 年代初期，采用导管技术扩张或再通动脉粥样硬化或其他原因所致的血管狭窄或闭塞性病变。

1973 年 PTA 技术出现了突破性进展，Andreas Gruntzig 发明了柔软的双腔球囊导管用作腔内血管成形术，较之 Dotter 的同轴导管更先进；1977 年 Zurich 首先把经皮血管成形术应用于冠状动脉，成功为一例患者在清醒状态下实施了冠状动脉成形术；从此 PTA 正式登上了临床治疗的舞台，很快被广泛应用于临床，成为血管狭窄或闭塞性疾病的首选治疗手段。

PTA 显示出术后再狭窄发生率高的缺陷以后，血管内支架的研究得到重视和发展。从 20 世纪 60 年代初至 90 年代初，PTA 是球囊成形术为主的阶段。自从 20 世纪 90 年代血管内金属支架问世以来，球囊成形术退居辅助地位，血管内支架的应用蓬勃发展，从最初首先应用于冠状动脉到后期全身各部位的动静脉血管以及非血管管腔都可以应用。包括主动脉、肾动脉、下肢动脉、腔静脉，非血管支架包括食管、肠道、胆道、气道、尿道支架等。

随着血管内金属支架在临床广泛应用，很多不足之处也得以显现。近年来研制的药物涂层支架、可回收支架、覆膜支架和生物学支架以及具有治疗意义的放射性 ^{125}I 粒子支架等不断应用于临床，使支架的研究与应用又进入了一个新的阶段。

（三）介入放射学的应用

很多临床上常见疾病或者以往很难解决的复杂疾病目前可首选应用介入放射学技术来解决，微创、高效、精准适时、恢复快等特点吸引了众多的临床医生参与到这项事业中。

神经系统疾病包括颅内动脉瘤、动静脉畸形以及颈动脉海绵窦瘘等，介入治疗已经成为首选治疗，电解式弹簧圈、可脱性球囊以及生物组织黏合剂等介入材料使神经介入的安全性及有效性得到了极大的提高。值得注意的是神经介入治疗对从业医生相对要求较高，既要有临床掌握能力又要具有熟练的介入操作技能，目前绝大多数由神经外科医生操作，放射介入医生逐渐退出或是转入专门从事神经介入，这有助于提高和发展本专业水平。

介入治疗在心脏大血管疾病（冠心病、先心病、主动脉疾患等）的治疗中也占有极其重要的位置。药物涂层支架已经在冠状动脉治疗中广泛应用，覆膜支架在主动脉疾患中大量应用并取得很好的效果，封堵器在简单的先心病中应用较多，比如动脉导管未闭、房室缺损等，瓣膜成形术方面除目前应用较多的球囊成形术之外，国外已经有介入方法的心瓣膜置换装置，国内也已进入临床试验阶段。

外周血管疾病介入治疗应用更为广泛，除了颅内、心脏大血管之外的所有动静脉血管基本上都开展了介入血管成形术，包括颈动脉、肾动脉、下肢动脉及腔静脉等，不同尺寸的球囊、支架、覆膜支架等广泛应用、效果理想。其他的血管治疗还有经颈静脉门体分流术缓解门静脉高压预防肝硬化晚期患者出血及腹水；腔静脉滤器植入预防下肢静脉血栓脱落造成肺栓塞等。相对于冠脉药物涂层支架的大量应用，外周血管目前仅有少量的药物涂层球囊的临床试验，药物支架并没有进入外周血管的应用，这也为我们未来的研究生们留有广阔的研究空间。

在肿瘤治疗方面、尤其是进入了 21 世纪，介入放射学更是突飞猛进，在传统的栓塞治疗的基础上，射频、微波热消融，氩氦刀冷冻，^{125}I 放射性粒子近距离治疗，超声聚焦刀等治疗方式都已经应用于临床并取得了极好的效果。食管、肠道、胆道、气道、尿道支架等非血管支架解决晚期肿瘤管腔梗阻取得了很好的结果，缓解症状、延长生存期、提高了生存质量。

（四）我国的介入放射学历程

在我国，以放射科医生为主体的介入放射学从业者经过数十年不懈努力，已经开创了一个学科发展的大好局面,随着学科的提升和发展,其他学科从业人员的加盟和联合,介入放射学的发展基石更加牢固。

介入放射学于 20 世纪 80 年代初传入我国,并迅速发展壮大起来。中国介入放射学界的两大标志性开创人物是贵阳医学院的刘子江教授和复旦大学附属中山医院的林贵教授。1979 年,我国介入放射学的创始人之一,复旦大学附属中山医院林贵教授率先对原发性肝癌选择性动脉造影进行报道,1984 年又做了肝动脉栓塞治疗原发性肝癌,并对这一临床应用进行了报道。1981 年起,我国介入放射学另一位创始人由贵阳医学院转入浙江省人民医院的刘子江教授受原卫生部委托,举办介入放射学学习班,向全国各地招生,普及和推广 Seldinger 技术和肺癌的支气管动脉灌注化疗术。1981 年天津医科大学贺能树和吴恩惠教授在《国外医学临床放射学分册》上发表文章,最早系统地介绍了介入放射学,首次给出"interventional radiology"的中文命名"介入放射学",1982 年的放射学年会上,由吴恩惠教授向全国放射学同仁介绍了"介入"这一概念。我国老一辈科学家在早期放射设备和介入放射学器材简陋落后的条件下,为了学科发展和解除患者的病痛,不惜牺牲个人的健康,为我国介入放射学发展奠定了良好的基础。

20 世纪 90 年代中后期,大批海外学者回到国内以及国内外频繁的学术交流,使中国与先进国家间介入诊疗技术的差距明显缩小。随着对介入放射学认识的加深,我国学者开始涉足介入放射学各个领域。1990 年原卫生部文件决定将开展了介入放射学的放射科改为临床科室,从而根本地改变了放射科在医院和医学界的地位。20 世纪 90 年代兴起的三级医院评审,将介入放射学的开展与否作为三级甲等医院的评审要求,也对介入放射学的发展起到了极大的推动作用。

三、结语

介入放射学和其他学科的发展一样从诞生的第一天就面临各种挑战,早期面临最多的是质疑和否定,但随着这门新兴学科的不断成熟和发展,目前介入放射学已成为医学影像学的一个新兴学科分支,集诊断与治疗于一体,介入诊断手段和治疗手段应用范围越来越广,几乎用于人体所有的系统与器官,逐步代替部分内科治疗和外科手术。其特点是微创、安全、高效且并发症少。介入放射学的发展与普及,不仅引起医学界的极大关注和众多患

者的欢迎,而且极大地刺激着电子、物理、化学、激光、计算机、生物医学等众多学科相互渗透、相互促进,不断研制出更多的器械,以满足介入放射学发展的需要,同时也使介入放射学在发展中不断完善。分子生物学及分子影像学近年来发展迅速,分子水平的成像与分子水平的治疗已成为未来医学发展的方向,分子介入放射学概念的提出,及时的将介入放射学技术参与到未来的医学治疗模式中,这为介入放射学的发展打开了另一扇大门。

在临床其他学科对介入放射学产生极大兴趣的同时,也出现了对介入放射学是技术还是科学的讨论,一种观点认为介入放射学是一门技术,终将会被现有临床学科吸收利用,今后介入放射学可能不会以一门独立的学科存在;另外一种观点认为介入放射学已经成为一门独立的学科并将以一门独立的临床学科快速发展。

科学和技术最大的区别在于它的目的性,介入放射学的早期研究都是探索性的、具有明显的技术特征,而现代介入放射学已经将研究疾病诊断和治疗并解释疾病发生发展的客观规律性作为自身的目标,具有明显的科学特征。我国国家自然科学基金涉及介入放射学的研究课题逐年增长,介入放射学在各个医学院校已经成为培养硕士和博士生的重要研究课题,学科的教育培养体系已经形成,这些事实让我们确信介入放射学必将成为一门独立的临床学科。正如内、外科分科设置的特点,介入放射学大多数分为神经介入放射学、心脏介入放射学、外周血管介入放射学及肿瘤介入放射学,更加专业的分科对促进介入放射学的发展与规范是必不可少的,尤其是针对从业人员的专业化培训以及未来研究方向的精细化尤为重要。

总之,介入放射学作为一门独立的学科,有着极大的发展前景及广阔的研究探索天地。机遇与挑战并存,走向独立的学科必然要为未来的发展方向做深度的思考。首先,我们要抓住机遇,未来的影像学、分子影像学、医学仪器材料学等学科的发展必将带动介入放射学的发展,同时来自介入放射学的需求也会促进这些学科的进步,这一互动过程中,必然有着广阔的研究发展机遇,如何抓住与掌控这些机遇是我们的研究者的主要研究课题,如栓塞材料、载药研究、涂层支架与球囊、可降解支架、消融治疗、^{125}I 粒子的内放射治疗以及介入放射学与分子影像学、分子生物学如何结合的研究方向等;其次,未来的介入放射学也会涉及学科的精细分化、治疗以及从业人员的规范化等,如何选择从

业及研究方向，既是对我们的考验，也势必带动在专科疾病的诊断与治疗中的研究深度。以放射性 ^{125}I 粒子近距离治疗为例，对每一种不同来源的肿瘤的剂量目前没有定论，剂量学研究有着大量的研究工作要做，我们需要大量的多中心研究数据，才能把我们的治疗规范。同时，我们也应更加深刻的意识到目前自身的不足，从业人员的规范化、治疗的规范化才会让介入放射学走上科学之路，真正步入国际先进水平。最后，我们应深刻的牢记曾经的前辈们付出的辛苦甚至是生命的代价所创造的介入放射学目前这一崭新的局面，把握现在、掌控将来，为促进介入放射学发展肩负应有的责任，发挥应进的力量。

四、展望

介入放射学是内、外科交叉的学科，具有诊疗一体化、可视化的鲜明学科特点，是与内科、外科并列的三大医学学科之一。其具有微创、动态、实时、安全、可重复性强及恢复期短的特点，显示了广阔的发展前景和旺盛的生命力。介入放射学所涉及的范围广，涵盖多个学科、系统，是目前许多疾病的主要诊疗方法，但介入放射学作为疾病诊疗的手段和方法，其发展程度取决于器材、设备、药学、基因组学、蛋白组学及分子材料学等多学科的发展。介入放射学经过近半个世纪的发展，目前已经初步形成完整的诊疗体系。

21 世纪的医学必然是精准医学、多学科交叉医学，微创以及无创治疗必将是医学的终极目标，介入放射学必然也要随着医学主流的发展而发展，伴随着人们对疾病的基因水平、分子水平的不断发展和深入研究，以介入方法为手段必将涉入到分子层面的诊疗，即分子介入放射学、基因介入放射学、蛋白质介入放射学。分子介入放射学是在可视化设备监控或引导下，通过导管、导丝，利用分子探针和分子对比剂对分子水平的疾病进行诊疗的新技术。分子介入放射学将是介入放射学的发展方向。首先，分子影像学是目前疾病诊疗的发展方向，而分子介入放射学需要在分子影像学发展的基础上发展。其次，分子影像探针的研究，将是分子介入放射学关键的一步。分子探针是分子生物学最主要的工具，分子影像探针必将是分子介入放射学最主要的工具。分子影像探针是显示特定分子结构的标记物，经过改造和加工以后，不但可以起到诊断作用，还可以起到治疗作用。再次，分子对比剂的研究。目前的对比剂主要显示组织或器官，

这种对比剂缺乏特异性和精确性。分子介入放射学要求分子对比剂具有高度特异性和精确性，可以显示病变的分子结构、基因层面的变化以确保分子介入放射学的精确性和有效性，大大提高介入放射学的治疗效果，某些疾病有望达到治愈的目标。只有分子影像设备和技术、分子影像探针和分子对比剂同时发展，分子介入放射学才有可能踏入快速发展的轨道。

介入医学还在继续发展，目前其研究领域包括：跟踪靶组织的新技术和新仪器；现有医学图像的融合技术；介入治疗区域三维可视成像技术；用于图像引导介入治疗的机器人、人工智能和专家系统等。上述这些研究任何一领域的进展都将为介入医学带来革命性的进步。

介入放射学的生命力在于创新开展新技术。血管性介入治疗如风靡一时的经颈静脉肝内门腔静脉分流术曾挽救了许多晚期肝硬化患者的生命，后因发现管腔内支架再狭窄的问题逐渐减少应用。防治管腔内支架置入后早期血栓形成，控制内膜增生，克服再狭窄，研究涂膜支架等材料和技术的改进仍是研究重点。我国的布 - 加综合征介入治疗达到了国际先进水平，完全可以取代外科手术。目前胸腹主动脉瘤的支架 - 移植物腔内隔绝术也使大部分治疗从外科胸腹手术走向了微创介入。新的支架和导管及器械的发展，为介入治疗血管性疾病如血管闭塞性狭窄、缺血性疾病增加了新的研究方向。

介入放射学发展到今天面临着巨大的挑战，学科间的激烈竞争，反映在医疗资源和专业主导地位等方面存在着严重的压力，迫使我们必须扎实的进行学科建设、加快人才培养、建立多学科合作，实现双赢或多赢。介入放射学的整体实力取决于其向系统化、综合化、规范化发展的程度。如建设介入治疗门诊、介入治疗病房、标准化的介入治疗手术室、介入治疗实验室等。在常规介入治疗基础上，积极开展多种介入诊疗如超声、CT、MRI 及内镜导向下的微创介入，开展射频消融治疗、生物基因治疗等。建立介入治疗实验室非常重要，基础研究与临床实践紧密结合是现代医学科学研究的重要方式，如对治疗后肿瘤微血管生成规律的研究；探讨血管生成抑制剂对于抗血管治疗后新的血管生成的抑制机制及作用；把介入技术作为抗血管生成治疗、基因治疗、生物免疫靶向治疗的最直接的手段，尚有许多需要进行的实验和工作。

总而言之，介入放射学未来的发展，既取决于

医学、科技的高度认知与发展，同时也取决于介入放射学从业者的创新精神，与其他学科相比，我们的路才刚刚起步，任重道远，我们更应勤勉不辍。

（申宝忠 邹英华）

参 考 文 献

1. Seldinger SI. Catheter replacement of the needle in percutaneous arteriography: a new technique[J]. Acta radiologica, 1953, 39(5): 368-376.

2. Sidney Wallace. Interventional radiology[J]. Cancer. 1976, 37: 517-531.

3. Seki T, Tamai T, Nakagawa T, et al. Combination therapy with transcatheter arterial chemoembolization and percutaneous microwave coagulation therapy for hepatocellular carcinoma[J]. Cancer, 2000, 89: 1245-1251.

4. Gazelle GS, Haaga JR, Adams RB, et al. Biopsy needle characteristics[J]. Cardiovasc Intervent Radiol, 1991, 14: 13-16.

5. 郭启勇，申宝忠. 介入放射学 [M]. 北京：人民卫生出版社, 2000.

6. 李麟荪，贺能树. 介入放射学 - 基础与方法 [M]. 北京：人民卫生出版社, 2005.

7. Tacke J, Speetzen R, Adam G. Experimental MR imaging-guided interstitial cryotherapy of the brain[J]. AJNR Am J Neuroradiol Suppl, 2001, 22: 431-440.

8. Gupta JK, Sinha A, Lumsden MA, et al. Uterine artery embolization for symptomatic uterine fibroids[J]. The cochrane library, 2006.

9. Faella HJ. Closure of the patent ductus arteriosus with the Amplatzer PDA device: immediate results of the international clinical trial[J]. Catheter Cardiovasc Interv, 2000, 51: 50-54.

10. 冯若. 高强聚焦超声"切除"肿瘤的机理 [J]. 中国超声医学杂志, 2000, 16(12): 881-884.

11. 邹英华，宋莉. 中国介入放射学回顾与展望 [J]. 中华放射学杂志, 2013, 47(s1): 36-39.

12. 申宝忠. 分子影像学 [M]. 北京：人民卫生出版社, 2003.

13. 申宝忠. 分子影像学 [M]. 第 2 版. 北京：人民卫生出版社, 2010.

14. 申宝忠. 分子影像学原理与实践 [M]. 北京：人民卫生出版社, 2013.

15. Weissleder R, Mahmood U. Molecular imaging[J]. Radiology, 2001, 219: 316-333.

16. Weissleder R. Molecular imaging in cancer[J]. Science, 2006, 312: 1168-1171.

17. Yang X. Interventional molecular imaging[J]. Radiology, 2010, 254: 651-654.

18. Toczek J, Sadeghi MM. Molecular imaging concepts[J]. J Nucl Cardiol, 2016, 23(2): 271-273.

19. Wang YX, Choi Y, Chen Z, et al. Molecular imaging: from bench to clinic[J]. Biomed Res Int, 2014, 2014: 357258.

20. van Leeuwen FW, Hardwick JC, van Erkel AR. Luminescence-based imaging approaches in the field of interventional molecular imaging[J]. Radiology, 2015, 276(1): 12-29.

21. Press MC, Jaffer FA. Molecular intravascular imaging approaches for atherosclerosis[J]. Curr Cardiovasc Imaging Rep, 2014, 7(10): 92-93.

22. Kunjachan S, Ehling J, Storm G, et al. Noninvasive imaging of nano-medicines and nanotheranostics: principles, progress, and prospects[J]. Chem Rev, 2015, 115(19): 10907-10937.

23. Zhang F, Le T, Wu X, et al. Intrabiliary RF heat- enhanced local che-motherapy of a cholangiocarcinoma cell line: monitoring with Dual-Modality Imaging-Preclinical study[J]. Radiology, 2014, 270(2): 400-408.

24. Chen ZY, Wang YX, Lin Y, et al. Advance of molecular imaging technology and targeted imaging agent in imaging and therapy[J]. Biomed Res Int, 2014, 2014: 819324.

第二章 仪器与器械

第一节 仪 器

一、数字减影血管造影

数字减影血管造影（digital subtraction angiography, DSA）是一种实时 X 线透视显像，是常规血管造影术和影像增强技术、电视技术、电子计算机图像处理技术相结合的产物。DSA 由美国的威斯康星大学的 Mistretta 组和亚利桑那大学的 Nadelman 组首先研制成功，于 1980 年 11 月在芝加哥召开的北美放射学会上公布于世。目前 DSA 已广泛应用在全身各部位的血管和肿瘤的检查和介入治疗中，DSA 检查是目前公认的血管性疾病检查的"金标准"。

（一）DSA 成像原理

数字减影血管造影是利用影像增强器将透过人体后已衰减的未造影图像的 X 线信号增强，再用高分辨率的摄像机对增强后的图像作一系列扫描。扫描本身就是把整个图像按一定的矩阵分成许多小方块，即像素。所得到的各种不同的信息经模／数（A/D）转换成不同值的数字信号，然后存储起来。再把造影图像的数字信息与未造影图像的数字信息相减，所获得的不同数值的差值信号，经数／模（D/A）转制成各种不同的灰度等级，在监视器上构成图像。由此，骨骼和软组织的影像被消除，仅留下含有对比剂的血管影像，从而大大提高血管的分辨率。DSA 的减影方式包括时间减影和能量减影，还有混合剪影和动态数字剪影体层摄影等。时间减影是最常用的剪影方式，在注入的对比剂进入兴趣区之前，将一帧或多帧图像作 mask 像储存起来，并与时间顺序出现的含有对比剂的充盈像一一地进行相减。这样，两帧间相同的影像部分被消除了，而对比剂通过血管引起高密度的部分被突出地显示出来。因造影像和 mask 像两者获得的时间先后不同，故称时间减影。能量减影也称双能减影，即进行兴趣区血管造影时，同时用两个不同的管电压，如 70kV 和 130kV 取得两帧图，作为减影对进行减影，由于两帧图像是利用两种不同的能量摄制的，所以称为能量减影。

（二）DSA 成像系统的构成

按功能和结构划分，DSA 系统主要由五部分构成：①射线质量稳定的 X 线机，由 X 光发生器和影像链构成；②快速图像处理系统，接受影像链的数字化信息并实时地处理图像并显示之；③ X 线定位系统和机架，包括导管床和支架，为了方便使用，具有多轴旋转和移动功能；④系统控制部分，具有多种接口，用于协调 X 光机、机架、计算机处理器和外设联动等；⑤图像显示、存储等外部设备和网络传输部分。目前 DSA 主流产品已经采用了数字平板为核心的影像链，随着计算机技术的快速发展，开发出成像更好更快的功能成为现实，如三维旋转血管造影、三维路图和血管机类 CT 成像功能，已经被广泛应用于全身血管疾病的介入诊疗。

（三）DSA 在介入中的应用及优势

DSA 目前已广泛地应用于全身各部位的血管造影以及全身各部位血管性和非血管性的介入诊疗中。DSA 与传统的血管造影相比有如下优点：①图像密度分辨率高，可显示出密度差值为 1% 的影像。② DSA 的血管路径图功能，能作插管的向导，减少手术中的透视次数和检查时间。③图像系列的摄制、储存、处理和传递都采用数字形式，便于图像的各种处理、光盘储存、图像远程传输与会诊。④能消除造影血管以外的结构，图像清晰且分辨率高。⑤能作动态研究，如：确定心脏功能参数（射血分数、体积变化等），研究对比剂在血管内的流动情况，从而确定器官的相对流量、灌注时间和血管限流等。⑥具有多种后处理功能，对图像进行各种处理、测量和计算，有效地增强诊断信息。⑦造影图像能长期存盘、反复观察，且无信息损失。⑧ DSA 对微量碘信息敏感性高，对比剂用量少、浓度低，而图像质量高。⑨心脏冠脉 DSA 成像速度快、时间分辨率高、单位时间内可获得较多的画面。

随着介入放射学的发展,DSA 技术构成介入放射学的重要组成部分,是血管性造影和血管性介入诊疗不可缺少的工具。随着人们对 DSA 技术认识的不断深化,造影方法的不断改进,应用领域的不断扩大,机器性能的不断改善,功能的不断增加,特别是与介入放射学的结合,它的优势愈来愈明显。这种技术不仅为疾病诊断服务,而且为疾病治疗提供了先进的手段。

二、超声

介入超声(interventional ultrasound)技术作为现代超声医学的一个分支,它是在超声显像基础上为进一步满足临床诊断和治疗的需要而发展起来的一门新技术。其主要特点是在实施时超声的监视或引导下,完成各种穿刺活检、X 线造影以及抽吸、插管、注药治疗等操作,可以避免某些外科手术,达到与外科手术相当的效果。近年来,随着各种穿刺针具、导管、导向装置及超声仪器的不断改进与发展,介入超声在临床上得到越来越广泛的应用。

(一) 介入超声中所需的超声仪及常用穿刺探头

实时灰阶超声仪开拓了介入超声新纪元,促进了介入超声技术在临床应用与发展。实时灰阶超声仪根据扫描方式不同,大致可分为机械扫描和电子扫描两大类,都能满足介入超声临床应用的需要。在腹部介入超声的应用中,电子相控阵探头的优势显得更为明确。现代灰阶及彩色超声仪,一般可分为高、中、低三档,为了保证穿刺途径的安全,以及肿瘤等治疗的疗效,彩色多普勒的应用是一项必备的技术条件。在介入超声手术中,宜选择中、高档灰阶及彩色多普勒超声仪,有条件者应以现代高档彩超仪为佳。

超声引导下微波治疗是经皮穿刺而实施的一项治疗技术,因此,适宜的探头对精确引导穿刺至关重要。目前用于穿刺的探头种类主要有线阵、凸阵及相控阵探头,不同类型的探头,其性能、作用不尽相同,以能适合于各种部位的穿刺需要。穿刺用超声探头通常是由探头与穿刺引导支架两部分组成。

(二) 介入超声的优点

在超声设备的引导下细针穿刺,直接到达病灶区域,进行抽吸囊液或者注入药物等相应操作,使临床症状随之缓解。具有不开刀,不打孔,细针穿刺安全无创伤,无痛苦,不复发,不住院等诸多优点,符合了后现代医学的治疗理念。超声介入有很多优点:①因在实时超声监测下穿刺,可提高准确性;②合并症少,相对较安全;③由于在实时动态监视下穿刺,对小的病灶和移动性大的器官穿刺不受影响,可同步显示穿刺过程的体内情况;④操作简便迅速,费用低,反复性强,实用价值高;⑤超声设备便于移动,必要时可在床边进行穿刺。

三、CT

CT 介入放射学是经皮非经血管的介入技术,它包括 CT 导引下的经皮活检和介入性治疗。1976 年 Haaga 等首先采用 CT 导向腹部肿块经皮穿刺细针抽吸活检技术,第一个作出了组织学的鉴别诊断,开创了介入性 CT 工作并进一步发展了介入放射学 CT,奠定了 CT 在这个领域里的作用。

(一) 介入 CT 机

CT 机是开展 CT 介入技术的主要设备。CT 扫描机发展迅速,在结构上和性能上均有很大的改进。已从原来的第一代发展到第四代 CT 机,最近又推出超快速 CT 机。第一二代已被淘汰,常规的第三代 CT 扫描机完全能满足 CT 介入技术的要求。螺旋 CT 扫描机和瞬时 CT 透视扫描机也开始应用于 CT 介入技术中。螺旋 CT 扫描机扫描速度快,CT 扫描床每秒移动速度为 5mm,当屏住呼吸 5 秒时,扫描范围为 2.5cm,因此扫描一次,就可观察清楚穿刺针行径、针尖位置以及穿刺针和相邻结构的关系。螺旋 CT 扫描机有低、中、高档之分。低、中档螺旋 CT 扫描机应用于 CT 介入技术没有比常规 CT 扫描机减少 CT 介入操作时间,亦不提高活检正确率或减少并发症,而其放射剂量要高于常规 CT 扫描机。

CT 透视(CT fluoroscopy)是在拥有高速矩阵处理机和特殊的重建系统的 CT 连续快速扫描(6～8 帧/s)下,术者手持或用钳夹住穿刺针实时穿刺,需要具有透视功能的专业 CT 设备。计算机断层成像(computed tomograph)是常规 CT(conventional CT)扫描,获得病灶靶点的断层位置后,测量出穿刺进针的角度和深度的数值供穿刺使用。CT 透视具有实时引导的特点,而常规 CT 引导并不具有实时性,但两者在活检敏感性方面无明显差异,操作时间也无明显缩短。CT 透视下患者和医生暴露射线剂量明显高于常规 CT,且手持穿刺或用钳夹住穿刺针穿刺的准确性降低,术中应严格防护措施,CT 透视技术用于 CT 介入诊疗,存在术者接受 X 线曝光、操作不便、不易控制穿刺针方向等问题。瞬时 CT 透视扫描对肺部病变活检最有价值,对腹部介入技术则有相对局限性。瞬时 CT 透视扫描在介入技术中的作用有待于进一步研究和评价。目前绝大多数临床应用的 CT 设备属于常规 CT。

在高档螺旋 CT 扫描机上可配置 Pinpoint 系统和 Facts，均为 CT 介入技术专用。Pinpoint 系统包括激光定位，重建三维图像立体定位以及机械手操作，这样可选择安全的有效进针途径，精确刺中直径 2mm 大小的病灶，提高 CT 介入技术的正确率和成功率，又能避免损伤重要的器官。Facts 是指安装在 CT 扫描机上的透视装置，监控介入技术的操作，尤其是对血管介入技术更有帮助。在做介入技术前后不需移动患者就能做 CT 扫描检查，这对诊断和随诊很有帮助。

（二）CT 在介入中的应用及优势

CT 在介入中的临床应用主要有经皮穿刺活检及 CT 引导下的介入治疗两方面。

CT 导引经皮穿刺活检几乎可从人体的任何部位、组织器官取得标本，获取细胞病理学诊断，已成为临床医生获取一级诊断的重要手段之一。CT 导引活检对肿瘤定性分期、制订治疗计划、判断预后和随访治疗后的效果具有参考意义。患者在治疗前，尤其是外科手术、化疗和放疗前，都应取得病理学诊断。例如胸部病变，经胸部活检后 48%～51% 的患者改变了原来的治疗方案，避免手术或胸腔镜检查。这有利于减少或避免纠纷的发生，减少患者的经济负担。与超声相比，CT 断层扫描密度和空间分辨率高，对比度好，图像清晰。与 X 线透视技术（如 DSA）相比，CT 可以提供断面图像，也就是无病灶或器官相互重叠的影像，提供病灶或器官的细节。因此 CT 可用于全身各部位介入技术的导引，一些透视、超声不能导引的部位均可用 CT 导引。由于 CT 扫描分辨率高，对比度好，可清楚显示病变的大小、位置、外形以及病变与周围结构的空间关系，尤对较小病灶，CT 导向有其独到的价值。另外，CT 图像能精确的显示针尖引导到病灶边缘非坏死区，从而提高穿刺活检诊断准确率。应用增强扫描，能清楚地显示大血管及其与病灶的位置关系，精确地确定进针点、角度和深度，以避开病灶紧贴胸、腹主动脉或上下腔静脉的大血管，准确刺入病灶，而未伤及大血管，提高介入技术的精确度和安全系数。CT 引导下经皮穿刺活检术已成为成熟的诊断手段，正在被广泛应用。

CT 引导下介入治疗涉及多个系统。例如脑血肿抽吸、颅咽管瘤抽吸、肺脓肿与纵隔脓肿抽吸引流术、肝肾囊肿硬化剂治疗、肝癌酒精消融治疗、肿瘤射频消融治疗、急性坏死性胰腺炎经皮引流、甲状腺结节经皮注射乙醇疗法，以及 ^{125}I 粒子组织间植入治疗恶性肿瘤等。手术方式包括经皮穿刺肿瘤内化疗、经皮穿刺肿瘤化学消融、经皮穿刺肿瘤射频消融、经皮穿刺肿瘤微波消融、经皮穿刺囊肿治疗等。此外，CT 导引下的介入治疗技术还包括氩氦刀，超声聚焦刀，光动力治疗，CT 介入治疗还有内脏神经和腹腔神经丛阻断术、放射粒子、化疗粒子植入术等。

近 20 年来，CT 导引技术随着 CT 机的升级换代、穿刺针的改进、CT 立体定向技术的建立、病理诊断技术的提高和介入方法的改进而不断提高和发展，可用于全身各部位介入技术的导引，使它由原来的辅助诊断方法发展为主要的诊断治疗手段之一。

四、磁共振

介入磁共振（interventional magnetic resonance），是近年发展起来的新技术，应用磁共振引导器械可达到诊断或治疗疾病的目的。作为介入导向工具，磁共振具有其他影像学方法无法比拟的优势，其组织对比优良，空间分辨率达亚毫米级，对病变定位及其介入引导均有益，更重要的是磁共振具有多平面和三维容积重建的能力，可全面评价介入靶灶与邻近组织的重要解剖关系。

（一）介入磁共振系统磁体设计

开展介入性磁共振最重要的条件是磁体系统能够允许医生接触患者并进行介入操作。越容易接触到患者的系统，其介入性能越好。目前的开放式系统，可以满足介入磁共振的需要。Picker 和 Siemens 公司的开放系统为"马蹄"形垂直式磁体，GE 公司的磁体呈双面包圈样，即在两个线圈之间留有一较大间隙，可以允许 270° 垂直式接触患者，由于患者可在坐位下成像，特别适于脑和会阴部的介入磁共振操作。超短或较短的磁体，甚至是标准磁体，也有用做介入磁共振的，其缺点是与患者接触差，优势是磁体强度较高，利于实时成像技术的实施。

（二）介入磁共振手术室及器械设备

磁共振介入手术在磁共振屏蔽室内进行，磁共振介入导航具有室内操作控制台和磁体间内显示屏。室内操作控制台体积小巧、移动方便，可以在扫描室内进行各种磁共振操作，便于医师与技师随时沟通。磁兼容室内显示屏能清晰显示术中磁共振图像，既方便手术操作，又能实时监控手术全过程。

使用设备及器械要求是磁兼容的，即不含铁质材料。含铁质的非磁兼容性物品受磁场的吸引会发生飞射，容易造成人身伤害。同时强磁场、梯度场及射频信号也会干扰非磁场兼容性设备的正常使用，当梯度场开启时心电导联会接收到强噪声信号，干扰正常的心电图波形。而磁流体动力因素也会影响通过心脏的血流，使正常的心电图波形发生变形。非磁兼容性设备工作时还会干扰 MR 成像，使图像变形、出现伪影，是手术器械的磁敏感伪影或设备产生电子信号的电磁干扰造成的。由于低场开放式磁共振系统的磁场强度较低，因而对设备与器械磁兼容性的要求会比超导高场磁共振相对降低。磁共振介入手术屏蔽室内需要消毒处理，例如紫外线灯空气消毒，扫描磁体、射频线圈覆盖无菌罩等。标准的磁共振介入手术室还应参照手术室的设计，配有医护人员更衣、洗手的洁净区，医护人员与患者通过不同的通道进入磁共振介入手术室。

磁共振介入手术中要有磁共振兼容性生命监护设备，实时监控患者的心率、呼吸、血氧、血压等生理信息的变化，紧急情况下宜及时采取救治措施，保证手术过程的安全性。磁兼容麻醉设备通常用于全麻手术中，目前一些微创介入治疗如氩氦刀冷冻、放化疗粒子植入或椎间盘旋切与臭氧消融等，由于治疗过程患者痛苦小，一般在局麻方式下即可完成。其他辅助设备如超声吸引器、外科显微镜、神经外科骨钻、神经刺激器、身体固定架、患者取暖加热器等会根据不同的手术而有所需要，这些设备如果放在屏蔽室内则要求是磁兼容的。

（三）介入磁共振成像序列

介入磁共振导航为了配合术中的实时导引与监控，需要有专门设计的快速成像序列，应满足以下要求：①成像速度快；②穿刺针伪影大小适中，既要足够大以易于观察，又不能太大以免影响穿刺病灶的显示；③要保证病灶与邻近组织间、病灶与穿刺伪影间有足够的对比度；④必须选择理想的序列，以能显示沿穿刺针道上的易损结构。单一序列是不可能完全满足以上 4 项要求的，因此，在手术过程中，通常使用一个以上的序列。为了加快成像速度，常采取 K 空间取样步骤、平行成像技术及微波编码数据接收技术。

（四）磁共振介入导航的主要方式

目前磁共振导航的主要方式为光学导航，该系统主要包括红外线导航相机、定位示踪器、配有导航光球的持针器以及导航功能软件、手术规划软件

等。三维动态主动跟踪介入手术器械的位置并投射到实时显示的磁共振图像上是磁共振导航技术一个至关重要的优势。手术器械固定在带有定位标记物或微型射频探测器的持针器上，一般用光学或梯度方法跟踪手术器械，通过捕获电荷耦合的相机装置，光学追踪导航器械上的定位标记物（至少 3 个），标定物与追踪器械的位置、方向等信息与图像序列信息通过计算机准确计算与处理，使手术医生能够随时了解手术器械与病变、重要组织结构的位置关系，从而使复杂的操作更加简捷、直观。

（五）磁共振介入的临床应用

磁共振引导的介入手术，主要是病理活检、穿刺引流、肿瘤消融与近距离放化疗综合治疗、神经阻滞与损毁、颈腰椎间盘旋切与臭氧治疗等诸多方面，手术部位涉及神经系统、呼吸系统、泌尿生殖系统、骨骼肌肉软组织、眼球以及肺、肝、肾、前列腺等诸多器官，成功率高。具体为：① MR 引导下经皮穿刺活检及囊肿、血肿和脓肿的抽吸引流；②肿瘤消融治疗：肿瘤激光热消融术、氩氦刀冷冻消融治疗；③肿瘤内局部放射性粒子植入术及化学药物注射；④疼痛治疗：神经根阻滞与腹腔神经丛的阻滞与损毁术；⑤椎间盘突出微创性旋切结合臭氧治疗术；⑥中晚期帕金森病的微创治疗；⑦乳腺早期病变及前列腺肿瘤的病理诊断与冷冻消融治疗。

五、射频治疗仪、微波治疗仪、冷冻治疗仪

（一）射频治疗仪

射频消融是目前研究最为深入、应用最广泛的消融治疗方法，有多种治疗模式和电极类型。是在 CT、彩色超声的引导下，将多极子母针消融电极准确刺入肿瘤部位，射频消融仪在电子计算机控制下将射频脉冲能量通过多极针传导到肿瘤组织中，使肿瘤组织产生局部高温（70～95℃），从而达到使肿瘤组织及其邻近的可能被扩散的组织凝固坏死的目的，坏死组织在原位被机化或吸收。

1. 射频治疗仪的构成及工作原理 所有射频热消融系统均由电发生器、电极针及皮肤电极组成。该系统组成一闭合环路，患者将电极针与皮肤电极相连。传导至肿瘤组织的交变电流震动电极针周围的组织离子。离子震动致使摩擦生热，并传导至邻近组织。电极针通过上述原理产热，与肝血流的冷却作用平衡后，将在电极针周围产生一个球形毁损区。热毁损区的大小与交变电流的强度及持续时间成正比，与血流程度呈反比。50℃以上的

温度可在活组织中产生凝固性坏死。临床上，紧邻电极的组织被加热到大约 100℃。这样高的温度可确保热毁损区达到预定范围，消融区周边的温度达到 50℃。如果组织温度上升过快，或紧邻电极针周边的组织温度远高于 100℃，组织将干燥而使治疗过程终止。

2. 射频治疗的适应证

射频消融术可用于人体器官良、恶性实体肿瘤，目前临床应用较多的是：肝癌、肺癌、乳腺癌。原发性肿瘤、转移性肿瘤、不能手术切除的晚期肿瘤、手术中探查发现不能完全切除的肿瘤、不能承受放疗化疗的肿瘤患者，均可接受射频消融治疗。射频消融对肝脏、肺、肾、肾上腺、骨转移癌等实体肿瘤均取得了很好的治疗效果，对早期肝癌和Ⅰ期非小细胞肺癌可与外科手术切除相媲美，也是中晚期肿瘤姑息治疗的重要手段。

（二）微波治疗仪

微波介入就是将一根特制微波针，经皮穿刺到肿瘤中心区域，在微波针的某一点上含有一个 1mm 大小的"微型微波炉"，由它释放的微波磁场可以使周围的分子高速旋转运动并摩擦升温，从而使组织凝固、脱水坏死，达到治疗的目的。

1. 微波介入治疗仪的构成

微波介入治疗系统由微波生成器、低耗柔软的同轴电缆和微波天线组成。磁控管生成微波，天线通过低耗同轴电缆连接微波仪，并且将微波由磁控管传输至组织中。

2. 微波介入治疗的优势

（1）微波消融多个微波能量源可同时应用，组织加热后不受电阻和传导性的影响与制约，电磁波可在更短的时间内使组织温度达到更高。

（2）微波产生的电磁波能量密度范围可达电极周围 2cm，因而微波具有消融靶组织周围血管的潜力，产生更广泛的消融范围。

（3）微波消融具有自动测温系统。

（4）单次消融时间 PMCT 一般为 5～20 分钟，治疗时间短，疗效高，可局部麻醉或全身麻醉下进行，单发病灶≤5cm 的肿瘤可一次灭活。一次治疗时间只需约 15 分钟。

3. 微波消融治疗仪的临床应用

微波消融临床使用范围广，不仅可用于肝癌治疗，还可用于肺癌、乳腺癌、胰腺癌、前列腺癌、骨肿瘤、子宫肌瘤等实体瘤的治疗；可以广泛联合其他治疗，如经肝动脉栓塞化疗术（TACE）有助于加强对微波消融肿瘤的有效控制和扩大其适应证。

（三）冷冻治疗仪

冷冻治疗原理主要是降温后细胞内和细胞外迅速形成冰晶，导致肿瘤细胞脱水、破裂。同时冷冻使微血管收缩、血流减缓、微血栓形成、阻断血流，导致肿瘤组织缺血坏死。肿瘤细胞反复冻融后，细胞破裂、细胞膜溶解，促使细胞内和处于遮蔽状态的抗原释放，刺激机体产生抗体，提高肿瘤免疫能力。

1. 冷冻治疗仪的构成及治疗方式

冷冻手术系统由三个部分组成，即冷 - 热转换系统、温度监测系统和冷冻探针。治疗时一般在 B 超、CT、磁共振引导下进行穿刺，实时监测穿刺的全过程。手术方式有经皮穿刺，外科手术直视下穿刺，腔镜下穿刺。治疗时，将探针刺入肿瘤内，开通氩气，冷冻 10 分钟，停顿 3 分钟，再开通氦气，升温 1 分钟，这样的治疗过程再重复一次，治疗过程便结束，一般耗时 25 分钟。对于早期的小肿瘤，冷冻治疗可作为手术的替代治疗。对于晚期较大的肿瘤可作为姑息治疗，增强综合治疗的效果，可减少肿瘤负荷，减轻症状，提高生活质量，延长生存时间。

2. 冷冻消融治疗的优缺点

（1）优点：①消融范围大，适用于体积较大的肿瘤；②对皮肤的损伤较小，适用于靠近皮肤、热消融易损伤表皮的实体肿瘤；③适应证广：适合任何年龄的患者，可用于年老体弱及其他疗法无法治疗或治疗失败的晚期肿瘤患者；④免疫调控：能激活宿主抗肿瘤的免疫力，自体清除肿瘤细胞及坏死细胞。

（2）缺点和不足：①冷冻区边缘残存瘤细胞的可能性较热消融大，比较容易复发；②冷冻范围过大可引起器官裂开及"冷休克"等严重并发症；③可能破坏血液中的血小板，血小板较低的患者要慎用。

3. 冷冻消融的适应证

冷冻治疗肿瘤的适应证较广，主要用于全身各种实体瘤。包括肝癌、肺癌、前列腺癌、胰腺癌、骨肿瘤、肾上腺癌、脑膜瘤、胶质瘤、子宫肌瘤、子宫内膜癌、卵巢癌、乳腺癌，以及用于癌症止痛等。目前最常用于肝癌和肺癌。

（刘　凡）

第二节　器　材

介入放射学所需要的器材多种多样，大致可分为操作器械和置入材料两大类。常用的操作器械包括：穿刺针、导丝、导管、导管鞘等；常用的置入材料包括：栓塞材料、腔内支架、封堵材料等。近年来，随着新技术的不断出现以及器材工业的迅速发展，越来越多的新器材被应用到介入放射学，器材的改进推动着介入放射学的进步。本节简要介绍介入放射学常用的操作器械和置入材料。

一、操作器械

（一）穿刺针

穿刺针（puncture needle）是介入放射学中的最基本器械，无论是血管介入还是非血管介入，首先都要用到穿刺针，用穿刺针建立通道之后，既可以作为导管导丝的通过途径，也可以直接作为注射、抽吸及取材的通道。穿刺针常用有单壁针和双套管针，前者由不锈钢制成，主要用于穿刺血管前壁；后者由外套管和针芯组成，外套管有金属和塑料两种，针芯可为实心或空心。穿刺针的大小用G（Gauge）表示，号码越大，管径越细，内外径用毫米（mm）或英寸（in）表示，常用的18G穿刺针内径为1.067mm（0.042英寸），外径为1.27mm（0.050英寸），儿童及小动脉如桡动脉穿刺宜用20～22G穿刺针，配0.014英寸的导丝。穿刺针长度以厘米（cm）表示，成人血管穿刺长度常用7.0cm，儿童常用4.0cm，肝内胆道及泌尿道穿刺针长度常用15～20cm。

（二）导丝

导丝（guide wire）的基本特性包括硬度、操控性、柔顺性、光滑性、可视性、抗凝性、抗腐蚀性、可塑型性、生物相容性和跟进性。导丝的基本功能有引导、交换、开通、支撑等，是引导导管进入管腔并作选择性或超选择性插管的必要器械。导丝根据物理特性分为超滑导丝、超硬导丝、超长导丝、短导丝、微导丝等，根据用途分为穿刺导丝、交换导丝、溶栓导丝、抓捕导丝、可控导丝等，根据头端形状分为直头导丝、J型头导丝、成角型导丝等。钢丝导丝中心为不锈钢内芯，表面为不锈钢绕制的弹簧状线圈管，而超滑导丝中心为超弹性的合金丝，表面为聚氨脂，最外层覆有一层亲水膜。导丝头端数厘米较细软，向后逐渐由细变粗，由软变硬。导丝的直径以英寸表示，有0.035英寸、0.038英寸、0.018英寸及0.014英寸等几种，一般首选0.035英寸的导丝，与5F导管相匹配。长度以厘米（cm）表示。导管鞘的导丝较短，一般为40～50cm。交换导丝的长度为180cm、260cm、300cm。常用导丝长度为145～150cm。145cm长的导丝可用于输送导管进行常规的造影检查。180cm长的导丝用于主动脉分叉的翻山操作，可以输送导管至对侧股浅动脉。260～300cm长的导丝用于进行主动脉弓、颈动脉造影及主动脉支架置入等长距离操作。

导丝操作的一般原则是操控导丝首先应明确导丝的头端与透视成像下病变部位的相互关系，耐心的观察导丝在血管腔内形态变化及行进路线。导丝的附件包括引导器和扭控器。

（三）导管

导管（catheter）基本特性包括弹性记忆、可控性、抗凝性、可视性、生物相容性、耐高压/高流量。可用于诊断（造影、测量）、治疗（药物灌注、栓塞、引流、扩张狭窄管腔）、引导等。种类包括造影导管、引流导管、球囊扩张导管、导引导管、支持导管、溶栓导管（有侧孔或侧缝设计）、抽吸导管等。根据用途和使用部位的不同，导管有各种不同的粗细、长短及形状，导管头端形状有直头、单弯、双弯、反弯、螺旋形、猪尾巴状等（图2-2-1）。造影导管可做选择性或超选择性插管，不仅可以通过导管注入对比剂进行造影，还可注入栓塞剂进行栓塞治疗，也可注入药物进行灌注治疗。引流导管和溶栓导管头端均有侧孔，用于注药和引流。球囊导管头端一般有双腔球囊，到达狭窄的管腔后经过侧腔注入对比剂使球囊膨胀，将管腔扩张以达到治疗的目的。导管直径通常用法制标准（Franch gauge，F）来表示，1F=0.335mm或0.013英寸，导管的内径用英寸来表示，导管的长度用厘米来表示。还有一类特殊的导管，管径3F以下的导管称为微导管，微导管由纤维、不锈钢丝或铂金丝制成，可以扭控，可承受最高1000-psi（6895kPa）爆裂压，预装柔顺、多功能导丝，经过普通导管或专用的引导导管插入，进行超选择性插管，进而进行造影或治疗。主要有Tracker微导管、SP导管和Magic微导管。

（四）导管鞘

导管鞘（catheter sheath）的作用是引导导管顺利进入血管且利于导管交换，在导管反复出入管壁或组织时避免对局部造成损伤。高龄患者往往动脉迂曲、钙化，选择足够长度的导管鞘，尽量避开扭曲血管，可有效降低操作难度及减少操作相关并发症。导管鞘由外鞘、扩张管和短导丝组成。外鞘长7～13cm，扩张器长13～20cm，导丝长30～50cm。外鞘带有反流阀，反流阀用硅胶制成，不仅可防止血液外溢，在导管反复通过时还能够保护血管壁，前端呈锥形，有助于沿导丝顺利送入。导管鞘的大小以F表示。

（五）球囊

球囊（balloon）的基本功能是扩张，包括扩张病变部位使其具备较好的通过性、预扩张使得后续导管或支架顺利到位、后扩张保证支架的充分膨胀及良好贴壁。球囊根据使用特点分为同轴整体交换球囊和快速交换球囊，根据直径分为超小球囊、普通球囊和超大球囊。还有一些特殊用途的球囊，包括灌注球囊、切割球囊、双导丝聚力球囊、载药球囊。球囊的直径和长度均以毫米表示。最高16atm爆破压。

（六）其他器械

除上述器械以外，扩张管、接头开关、连接管、

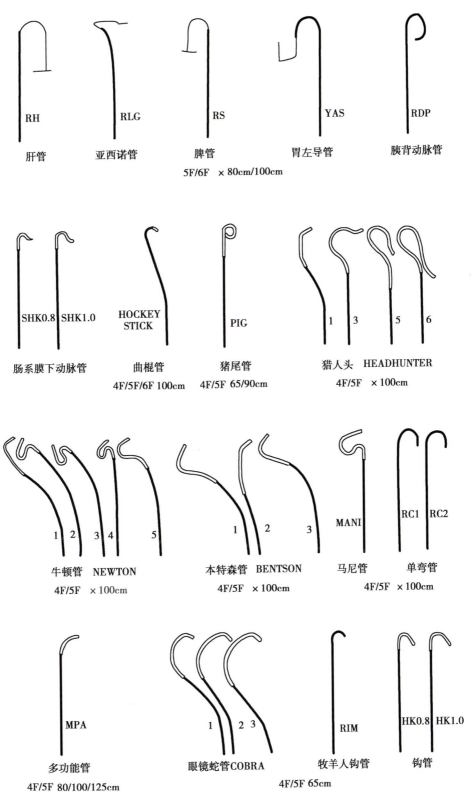

图 2-2-1　部分导管示意图

活检枪及活检针、血管内异物套取设备等也会在操作中经常用到。扩张管用来扩张皮肤至管腔的通道，以便置入导管。接头开关一般接在导管的尾端，便于注入和抽取，有二通、三通、多通道等不同式样。造影的压力注射器距离造影导管接头较远无法连接时，可用连接管进行连接。全自动或半自动活检枪及抽吸针、切割针与骨钻针等活检针用于组织活检。血管内异物套取设备包括圈套导管、钩形导管、转向导管、螺旋形网篮、抓取装置等。

二、置入材料

（一）栓塞材料

栓塞材料根据需要注入到病变或器官的供血血管内，使血管闭塞、血流阻断，以达到控制出血、闭塞血管性病变、治疗肿瘤、清除器官功能等目的，因此凡是能够使血管闭塞的材料均可作为栓塞材料。根据血管闭塞的时间长短分为短期、中期和长期栓塞材料，短期栓塞材料主要为自体血凝块，中期栓塞材料常用的是明胶海绵和海藻酸钠微球，长期栓塞材料包括碘化油、聚乙烯醇颗粒（PVA）、无水乙醇、微球、鱼肝油酸钠、异丁基-2-氰丙烯酸酯（IBCA）、正丁基-2-氰丙烯酸酯（NBCA）、Onyx胶、弹簧圈、可脱球囊、磁性微球、放射性微球等。根据物理状态分为固体栓塞剂和液体栓塞剂。根据材料是否被机体吸收，分为可吸收性材料和不可吸收性材料。根据材料的性质分为人工材料、自体材料和放射性微粒。无论何种栓塞材料，在实施栓塞的过程中必须使其能够在透视下或其他影像监测手段下显影，栓塞材料进入体内的全过程均须在透视或其他影像手段监测下进行，以避免栓塞物质反流、过度栓塞、异位栓塞等。

1. 短期栓塞材料　自体血凝块（autologous blood clot）是一种可吸收性的短期栓塞材料，是最早使用的栓塞材料，具有无抗原性的优点，不会引起被栓塞的血管急性或慢性炎性反应，并且制备方便，由患者的新鲜血液在无菌环境下凝固即可制成，使用前切割成适当大小，经导管注入。自体血凝块注入血管3~24小时被分解吸收，闭塞血管的时间一般为24~48小时。自体血凝块可用于溃疡出血、外伤性实质脏器破裂出血等，不适用于血管性病变如动静脉畸形或肿瘤的栓塞治疗。

2. 中期栓塞材料　明胶海绵（gelfoam, gelatin sponge）为白色或微黄色质轻而柔软的多孔海绵颗粒状物，由猪皮明胶制备而成，不溶于水，但在体内可降解，完全降解时间14~90天，属于中期栓塞材料。明胶海绵是一种蛋白胶类物质，无毒、无抗原性，常用于外科手术止血。作为栓塞材料，明胶海绵有以下优点，如价格低廉、安全有效、可根据需要任意切割、有良好的可压缩性、遇水可膨胀等。明胶海绵一方面能够机械性阻塞血管，另一方面其海绵状结构被红细胞充填，引起纤维蛋白原沉积和血小板凝集，加快血栓形成，此外明胶海绵进入血管后引起的血管痉挛也能够促使血栓形成，以上几方面共同作用达到栓塞血管的目的。但可引起全层动脉炎。禁止使用带侧孔的导管行明胶海绵栓塞。明胶海绵应用较广，适用于各种出血的止血治疗、肿瘤的栓塞治疗、外科手术前的栓塞处理等。且视情况可与抗生素、硬化剂、化疗药物、放射性核素混合使用。总之，明胶海绵片用于血管外止血；人工剪切的明胶海绵细条用于较大血管内止血；人工剪切的明胶海绵颗粒用于经验性血管栓塞；标准化生产明胶海绵颗粒/微球用于精准血管栓塞。明胶海绵颗粒栓塞剂规格型号：150~350μm、350~560μm、560~710μm、710~1000μm、1000~1400μm、1400~2000μm。

海藻酸钠微球（sodium alginate microball, KMG）是从天然植物褐藻中提取的海藻酸钠，保存于氯化钙溶液中，生物相容性良好，纯天然、可降解、环保型和缓释制剂的多功能微球。降解时间2~6个月，属中期栓塞材料，降解产物无毒、安全和不在体内蓄积。用前须用生理盐水冲洗微球3次，适用于各种实体肿瘤的栓塞治疗；外伤导致的实质脏器出血性病变、咯血和血管畸形导致的出血等止血治疗；甲状腺功能亢进、脾功能亢进等功能消除。规格型号：每瓶0.1g、1.0g、2.0g。

3. 长期栓塞材料

（1）碘化油：由于碘化油（iodinated oil, lipiodol）可选择性地长时间滞留于肝癌组织内，达数月甚至更长时间，而在正常肝组织内数天即被清除，因此可作为长期栓塞剂用于肝癌的诊断与治疗。有40%碘化油和48%碘化油即超液态碘化油两种。碘化油能够与抗癌药物混合制成混悬液或乳剂，起到抗癌药物载体的作用，使药物缓慢释放，以较高浓度滞留于肿瘤内部，加强了抗癌药物的作用，并且能够降低抗癌药物的总体用量，减少了毒副作用。使用碘化油与抗癌药物作为化疗栓塞剂经肝癌供血动脉注入即TACE是治疗肝癌的有效方法，优于全身化疗，并且对肝内转移灶、包膜外浸润病灶及门脉癌栓也有治疗作用。也用于其他恶性肿瘤的栓塞治疗。

（2）聚乙烯醇：聚乙烯醇（polyvinyl alcohol，PVA）是一种多孔海绵颗粒状物质，一般为白色或微黄色，属于高分子合成材料，具有可压缩性和再膨胀性。PVA 生物安全性良好，不溶于水，在体内不降解，属于长期栓塞材料。主要用于末梢血管的栓塞。须与对比剂混合后方能显影。PVA 在血管内除了起到机械性阻塞作用以外，还能够使得血液在 PVA 间隙内凝结及机化，从而使血管永久栓塞。PVA 主要用于出血性疾病和肿瘤性病变。规格型号：150～350μm、350～560μm、560～710μm、710～1000μm、1000～1400μm、1400～2000μm。

（3）无水乙醇：无水乙醇（absolute ethanol）进入血管后能够损伤微小血管内膜，使血管内皮细胞及周围组织坏死，并使血液蛋白变性凝固，进而栓塞毛细血管床及小血管。无水乙醇还可直接对组织器官进行破坏，并且能够促使广泛血栓形成，因此在特定的情况下可造成较大的动脉闭塞。由于血管内的栓塞物质不易被吸收，不易建立侧支循环，因此无水乙醇成为长期栓塞剂和血管内组织坏死剂。无水乙醇具有取材方便和操作简单的优点，局部作用强而全身反应轻，但注射时有一过性疼痛。常用于动静脉畸形、食管静脉曲张、精索静脉曲张，也可用于晚期肿瘤的姑息治疗。剂量为 0.4～0.5ml/kg 体重。

（4）微球：微球（microsphere）是指药物溶解或分散于高分子材料中形成的微小球状实体，一般制成混悬剂。微球主要分为天然高分子微球（如淀粉微球，白蛋白微球，明胶微球，壳聚糖等）和合成聚合物微球（如聚乳酸微球）。微球粒径范围一般为 1～500μm，小的可以是几纳米，大的可达 800μm，其中粒径小于 500nm 的，通常又称为纳米球（nanospheres）或纳米粒（nanoparticles）。微球一般用于肿瘤的栓塞治疗，栓塞前小动脉或毛细血管床。微球分为单纯微球和载药微球，后者是将抗肿瘤药物与微球制成一个整体，注入血管后不仅能够阻断血流促使肿瘤组织坏死，并且能够使抗肿瘤药物缓慢持续释放，增加病变部位的药物浓度，延长药物的作用时间，减少全身不良反应。

DC Bead 微球是由聚乙烯醇水凝胶组成，后者通过化学修饰成为亲水的离子单体 2- 丙烯酰胺 -2-甲基丙烷磺酸钠盐，它可以结合蒽环类药物，如阿霉素。这种微球被保存在磷酸盐封装溶液中。在吸附阿霉素的准备过程中，DC Bead 直径最初会在混合注射用水后增加，随后，在吸附阿霉素后，其直径再度回缩。直径变化不会超过 20%。DC Bead

微球的基质材料是不可降解的聚乙烯醇，药物吸附于微球表面，而不是包裹于微球内。预先 20～120 分钟混合处理之后方可以使用。不可降解，属于永久性栓塞。生物相容性良好。

三丙烯凝胶为化学微球，不可降解，属永久性栓塞，生物相容性良好，用生理盐水做缓冲液。

PVA + 活性蓝交联微球是以聚乙烯醇（PVA）为主链的大分子交联聚合体。保存溶液为生理盐水溶液。预先 20～120 分钟混合处理之后方可以使用。不可降解，属永久性栓塞。生物相容性良好。

（5）鱼肝油酸钠：鱼肝油酸钠（sodium morrhuate，varicocid）是鱼肝油的脂肪酸钠盐，用 5% 的浓度。能溶于水，易溶于热水及醇。为血管硬化剂，刺激血管内膜增生，闭塞血管；与钙离子形成钙皂，激活内源凝血系统；损伤血管内皮细胞并使其脱落，内皮下的胶原暴露，促使血小板聚集，血管内血栓形成，使靶器官坏死达到永久栓塞。常用于精索静脉曲张、胃食管静脉曲张、血管瘤的治疗。规格型号：每支 1ml（50mg）或 2ml（100mg）。0.4ml/kg 体重为血管栓塞安全剂量。

（6）异丁基 -2- 氰丙烯酸酯：异丁基 -2- 氰丙烯酸酯（isobutyl-2-cyanoacrylate，IBCA）是一种液体组织黏合剂，与离子性液体如盐水或血液接触时能够快速固化形成聚合物，长时间聚合，属于长期栓塞材料。无毒，但可引起局部血管壁的异物巨细胞反应。为了避免使用时堵塞导管，需采用同轴导管，将其与碘化油或碘苯酯混合，按同比例混合，聚合时间延长至 3 秒，根据血管大小及血流速度控制聚合时间，并且使用前须采用非离子性液体如葡萄糖溶液和低分子右旋糖酐等冲洗导管。可用于动静脉畸形、精索静脉曲张、食管胃静脉曲张、动脉瘤、肿瘤等。正丁基 -2- 氰丙烯酸酯（N-butyl-2-cyanoacrylate，NBCA）与 IBCA 性质、作用和用法相似。

（7）弹簧圈：弹簧圈（coil）一般由不锈钢丝或铂金制成，表面附带有羊毛、涤纶、丝线、尼龙细丝、纤毛等，这些成分能够引起局部的异物反应，促使血栓形成，加之弹簧圈本身的机械阻塞，能够使其永久性栓塞大血管。有游离推送或可控解脱释放两种。弹簧圈栓塞是较大动脉的近端栓塞，远端容易形成侧支循环。使用时需要根据血管大小选择合适尺寸的弹簧圈，以保证能够栓塞到指定的位置。由于不锈钢能够在 X 线下显影，因此弹簧圈能够进行平片或 CT 的长期随访，铂金材质的可做 MR 随访。弹簧圈采用毫米表示大小，用来描述卷曲后的直径，有 2mm、3mm、5mm、8mm、10mm、12mm、15mm 数种，可经标准血管造影导管送入。1mm 直径微弹簧圈可经微导管送入。应用的导管、导丝与弹簧圈的大小相一致，且不能用带侧孔导管。弹簧圈适用于血管畸形、动静脉瘘、动脉瘤、脾功能亢进、静脉曲张、出血、肿瘤术前等的栓塞。

（8）可脱球囊：可脱球囊（detachable balloon）被导管送入目标血管后，注入非离子型对比剂或能够显影的可固化物质如硅酮，膨胀后即可脱离导管，或用高频电流的热能熔断球囊颈而使球囊脱离，达到永久栓塞的目的。可脱球囊可准确到达病变部位，并且可根据需要调整大小，适用于颈内动脉海绵窦瘘、肺动静脉畸形、动脉瘤、肢体的血管畸形、静脉曲张等。

（9）其他：如冻干硬脑膜、鸦胆子油、白芨等。

（二）支架

支架（stent）的基本功能是通过支撑狭窄的管腔来恢复管腔的形态及流通功能，此外还有隔绝、填充、抓取等作用。狭义的支架是指金属支架，可用于血管系统和非血管系统，根据支架的释放方式分为球囊扩张式支架、自膨式支架、热形状记忆式支架，根据功能不同分为金属裸支架、覆膜支架、药物涂层支架等，根据支架网眼不同分为闭环支架和开环支架，根据支架的结构分为管状支架、环状支架、缠绕支架等。广义的支架还包括内涵管，仅用于非血管系统，由于内涵管内径较小，因此管腔内容易发生沉积物附着，容易出现早期管腔再狭窄，但可通过介入或内镜的方式将其取出再重新置入。支架的直径和长度均以毫米表示。

（三）其他置入材料

1. **腔静脉滤器**　腔静脉滤器（vena cava filter, VCF）是为避免肢体的血栓脱落进入肺动脉引起肺栓塞，它可经股静脉或右颈静脉途径在上腔静脉或下腔静脉放置，阻止较大的血栓进入肺动脉。腔静脉滤器包括三种类型：临时型、永久型、可回收型。目前比较广泛使用的滤器有 8 种：不锈钢的 Greenfield 滤器（改进型）、钛合金 Greenfield 滤器、TrapEase、VenaTech、Simon Nitinol、Gunther Tulip、OptEase。

2. **全埋入式导管药盒系统**　全埋入式导管药盒系统（implantable reservoir port and catheter connecting system，PCS）又称埋入式药物泵，目的是进行长期药物灌注治疗，避免反复血管穿刺和体外留置导管。泵导管置于靶血管，药盒可置于锁骨下区（经锁骨下动脉途径）或腹股沟区（经股动脉途径）。适用于各类恶性肿瘤的长期化疗。

3. **血管塞**　血管塞（vascular plug）是自膨式血管内植入器材，由植入装置和传送装置组成。植入装置由镍钛合金丝网、标记带和末端螺丝组成。其中的镍钛合金丝网由镍钛记忆合金制造，标记带由铂铱合金制造，末端螺丝由 316L 不锈钢制造。传送装置由推送缆、装载器和推送缆末端螺丝连接件组成。其中的推送缆由镍钛记忆合金制造，装载器由聚四氟乙烯（PTFE）和高密度聚乙烯（HDPE）制造，推送缆末端螺丝连接件由 303 不锈钢制造。适用于外周血管系统的动脉和静脉栓塞。

（肖恩华　陈　柱）

第三章 基本技术

第一节 血管造影

成功的血管造影有赖于患者与技师、医生和护士之间的密切配合。了解血管造影的基本原则，可以大大提高造影图像的质量，并在此基础上提高疾病的诊疗效果。

一、X线透视或摄片

透视操作通常为介入检查或治疗提供实时成像。在需要达到最佳图像质量如微粒或液体栓塞剂栓塞治疗时，经常需要使用连续X线透视。而脉冲透视检查则应用于对局部解剖学细节要求不是很高的情况，如进行子宫肌瘤栓塞术的过程中。X射线的断续产生可以降低辐射剂量，如少于7帧/秒的脉冲透视适用于粗略的导管定位，如猪尾导管的定位等。因此在临床操作中要尽可能使用X线透视检查而非数字减影血管造影（DSA），能有效地降低患者及医护人员所接受的辐射剂量。

二、数字减影血管造影

目前大多数血管造影都使用DSA技术。DSA利用注射对比剂后获得的图像减去相同位置没有对比剂时的图像（蒙片），获取只显示不透明的对比剂的图像，其原有的骨骼和软组织等结构不显现。在造影检查中，要求患者位置相对固定，以免蒙片图像（mask image）与对比图像之间产生移动导致影像质量降低。大部分DSA检查是利用阳性（碘化）对比剂进行的，阴性对比剂（CO_2气体）偶有使用。

三、路图功能

透视或减影图像自动储存在图像存储器中，在有两个监视器的图像处理系统中，图像可以转移到参考监视器上并用于指导介入操作，可利用路径图（roadmap）等功能便于操作，并有效降低医护人员和患者所受的辐射剂量（图3-1-1）。

四、血管造影的设备和器械

（一）高压注射器（pump injectors）

高压注射器是血管造影常用的设备，高压注射器不仅可以使造影的图像更加标准，也可以减少操作者所接受的辐射剂量，高压注射器的性能通常由以下6个参数决定：

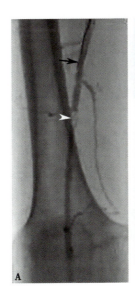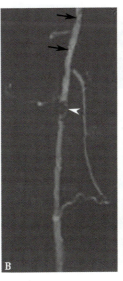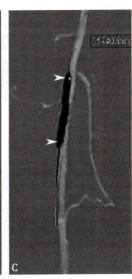

图 3-1-1 在股浅动脉血管成形术时导管和导丝显像的主要技术

A.重叠透视功能：血管的图像叠加于下肢的透视图上；导丝（黑箭）、血管狭窄（白箭头）清晰可见，股骨亦显影；B.路径图：背景被去除，导丝亦被去除（黑箭）；通过斑块的微小通路可清晰地显现（白箭头），从而使导丝更易于穿过病变部位；C.导丝穿过病变部位（白箭头）后，引导球囊通过病变部位并扩张球囊

1. **容积（volume）** 指注射的对比剂的总容积。

2. **注射速度（injection rate）** 单位时间内的流速（ml/s）。容积与注射速度的比值决定了注射的持续时间。

3. **最大压力（maximum pressure）** 注射时泵产生的最大压力（单位：psi）。

压力上升率（pressure rate rise） 到达最大压力的时间，实际上恒定设置为0.4秒。

4. **延时注射（inject delay）** 延迟注射对比剂可有效地获取蒙片。当注射对比剂后，对比剂即时到达靶血管时，延时注射是必要的，如主动脉、髂动脉血管造影。

5. **X射线延时（x-ray delay）** 延迟X射线的曝光避免了在对比剂到达靶区域前不必要的辐射，如经股动脉注射对比剂行足部血管减影时。

上述参数2～4受导管材料参数的限制，导管允许的最大压力的详细参数显示于导管的尾端（图3-1-2），关于流速的信息在导管的包装上亦有详细的说明，高压注射器通常采用压力优先的模式，即以调节压力来控制对比剂注射的速度，当流速没有达到设定流速时，通过增加压力来调节对比剂的流速，当压力已增加到设定的最大压力时，压力不再增加，流速也不再增加，即具有最大压力限度保护装置，避免击穿心壁或血管的风险。

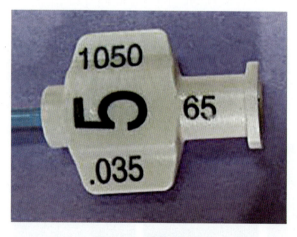

图3-1-2 导管尾标示
导管外径5Fr，长度65cm，导丝0.035英寸，注射最大压力1050psi

（二）介入手术器械

介入手术器械的主要参数是长度和直径，导管、导管鞘、导丝使用不同的计量单位，如法国尺寸、英寸或厘米，而且有一些尺寸是内径，有一些尺寸是外径。关于器械的尺寸说明见表3-1-1：

表3-1-1 尺寸说明

以下为法制单位尺寸（直径单位为Fr）	
普通导管尺寸	外径/Fr
引导导管尺寸	外径/Fr
导管鞘尺寸	内径（为穿过导管鞘内部的导管尺寸）
以下单位为英寸	
导丝直径	例如0.014，0.018，0.025，0.035，0.038
导管内腔	例如0.014，0.018，0.025，0.035，0.038
以下单位为厘米	
导丝长度、导管长度、导管鞘长度	

1. **导丝** 导丝是介入治疗的主要器械之一，其主要作用是支持和引导导管到目标位置，引导球囊或支架通过狭窄和阻塞的部位，通常导管都套在已经就位的导丝上推进（图3-1-3，图3-1-4）。

2. **导管** 导管有各种各样的形状、尺寸、构造和不同的用途，大部分介入操作人员可依靠很少的导管来完成大部分的工作。

导管尺寸有4个重要的参数，分别是长度、外径、内径及导管可以承受的最大压力。这些参数会标注在导管的尾端或外包装上。导管的长度用厘米表示，是从导管尾端到头端的距离。导管的外径指导管通过所需的导管鞘的大小，通常用法制单位（Fr）表示。法制单位与毫米的简单转换，毫米单位大约等于法制尺寸除以3，如6Fr＝2mm。内径是指将要通过导管的微导管或导丝的直径。腔管和导丝使用英寸表示，如0.035的导管能通过0.035英寸的导丝或者更小的导丝，但是不能通过稍大些的导丝，如0.038的导丝。

导管可分为非选择性（冲洗）导管和选择性的导管。非选择性的导管通常用于大中型血管注射对比剂，有多个测孔来增加流速，如猪尾导管是血管造影诊断的最常用导管（图3-1-5）。

选择性导管通常是用来造影诊断、治疗栓塞。常用的选择性导管有cobra导管、sidewinder导管（simmons）、肾脏双弯曲导管（RDC）、headhunter导管、微导管等，这些导管可以选择性插入靶器官，进行相应的诊断和治疗（图3-1-6，图3-1-7）。

3. **血管鞘** 血管鞘为血管造影提供了一个防损伤的血管通路管道。血管鞘可以很大程度上简化导管交换的过程，并可以在操作中保持导丝的位置，以防止穿刺部位的出血。

血管鞘有一个中空可塑的管道连着止血的阀门，有一个侧管用来冲洗管腔，血管鞘的尺寸代表

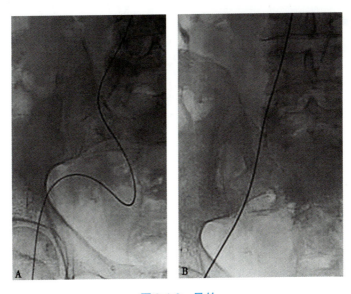

图 3-1-3 导丝

A. 极度扭曲的髂血管和在其内部的 amplatz 导丝；B. 换用 lunderquist
导丝后，血管明显地被拉直了

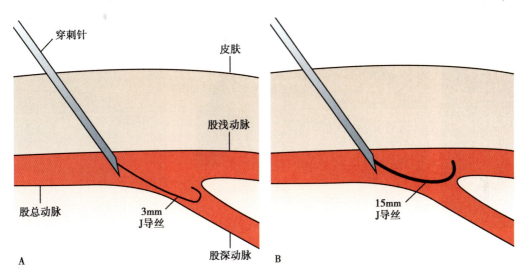

图 3-1-4 穿刺示意图

A. 对股总动脉进行前向穿刺，3mm 的 J 导丝经常会进入股深动脉；B. 增加导丝头端直径到 15mm 后，
就可以直接到达股浅动脉

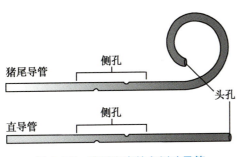

图 3-1-5 猪尾和直的多侧孔导管

其可容纳通过它的导管外径，例如 5Fr 的血管鞘可
以通过 5Fr 的导管（图 3-1-8）。

4. 血管缝合器 虽然临床常用局部加压包扎
来行动脉穿刺止血，但血管缝合器可以快速、有效
地封闭血管破口，如血管修复手术一般将血管破口
边缘对合缝合，缝合后，动脉可以立即行再次穿刺。

perclose 的设计很复杂。大致为使两针通过破
口相邻血管壁，拉回缝线环，闭合血管破口。临床
上，偶尔会有仅捕获缝线一端而导致缝合失败的情
况，这时需要用导丝置换，使用另一 perclose 并旋

图 3-1-6 cobra 导管

转射针角度可能会取得成功，也可以考虑使用常规加压的方式止血（图 3-1-9）。

五、对比剂

大多数的 CT 和 MRI、绝大部分的血管造影术和非血管性介入操作都需要使用对比剂显示解剖结构。对比剂可以按照它们的用途和化学结构来分类。一般将对比剂分为阳性对比剂和阴性对比剂，阳性对比剂是比患者软组织衰减作用更强的对比剂，包括碘剂、钆剂等；阴性对比剂是比患者软组织的衰减作用更弱的对比剂，目前使用的只有二氧化碳气体。

（一）碘对比剂

碘剂是最常用的对比剂，碘对比剂又可分为离子型对比剂和非离子型对比剂，且以非离子型对比

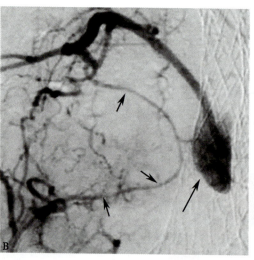
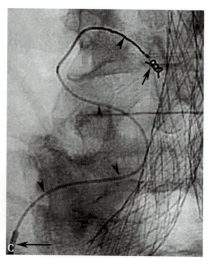

图 3-1-7 微导管

A. 微导管可以通过最扭曲的血管。4Fr 引导导管（黑箭头），微导管（白箭头），导丝（白箭）；B. 细小的髂腰动脉侧支（短黑箭），导致 II 型支架周围渗漏（长黑箭），之后使用动脉内修复；C. 微导管能通过最曲折的血管。微导管（黑箭头）输送栓塞弹簧（短黑箭）到达腰动脉。4Fr 的引导导管在髂内动脉的髂腰分支内（长黑箭）

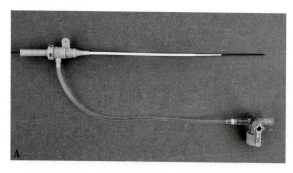
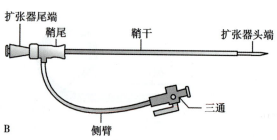

图 3-1-8 血管鞘

A. 血管鞘实物图；B. 血管鞘示意图

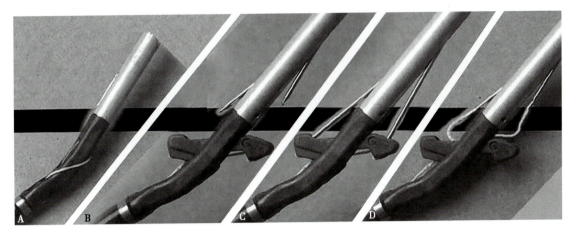

图 3-1-9　perclose 的工作原理

A. 该装置被插入动脉并被保持在 45° 角；B. 打开踏板，射出针；C. 针穿透血管壁，进入踏板；D. 撤回针，通过动脉壁带回缝线

剂使用最为广泛，临床上很大程度上替代了离子对比剂用于血管造影，尤其是对高危患者。

为了最好地显示病变的解剖和病理结构，除了选用合适的对比剂的种类外，对比剂的浓度、剂量、流速等参数也十分重要。

大多数诊断和治疗性介入操作都选用 300mg/ml 碘剂浓度的对比剂，这个浓度适合于高压注射器的注射，而对于某些手推对比剂的血管造影或非血管造影，通常需要将对比剂的浓度稀释至原浓度的 1/3 或 1/2，此浓度可以拍摄出合适的灰度使血管分支及充盈缺损等病变得以充分地显现，而高密度的对比剂，病变则很容易被模糊掉。

为了使整个血管段全部显影，要针对不同的病变选择对比剂的总量和注射的持续时间，当血流速度较慢时，显影的血流要经过较长时间才能通过这段血管，此时，注射过程需要持续较长时间，这也是要增大对比剂体积以使远端血管显影的原因之一。现代血管造影技术允许综合使用多种显影方式，这些技术可以在不增加对比剂剂量的前提下增加注射的时间，但是图像质量可能有所降低。

1. 碘对比剂的副反应　可分为直接反应和特异性反应。仅有 2% 的患者因为血管内碘对比剂的副反应而需要治疗。大多数情况下，上述副反应仅需要密切观察病情变化或简单的支持治疗就可以好转，但是严重的副反应需要迅速的判断和及时的治疗。

（1）直接反应：直接反应继发于对比剂的渗透压和直接化学毒性，临床表现包括发热、恶心或疼痛，更严重的是对组织器官或系统的影响。

1）肾脏：对比剂可以加重慢性肾功能不全患者的肾脏损害，实际上，对比剂导致的肾毒性（肌酐在 0.5～1mg/dl 或 44～88mol/L 范围内波动）很常见，这种毒性反应一般都很短暂，但可能是不可逆的。如果患者原本就有肾功能损伤，尤其是糖尿病肾病患者，其慢性肾损害的风险更大，使用等渗对比剂如碘克沙醇或非碘离子对比剂，如二氧化碳等可以避免或减轻上述损害。

2）心脏：心脏损害最可能发生在冠状动脉造影过程中，通常表现为心律失常和（或）局部缺血，对伴有缺血性心脏病和心力衰竭的患者使用非离子型对比剂可以减轻心脏损害。

3）血液：非离子型对比剂可能诱发凝血。

4）神经：大部分神经后遗症发生在颈动脉造影过程中，与造影技术有关。真正对比剂相关的神经毒副作用十分罕见，通常见于血脑屏障异常的患者。

（2）特异性反应：这类反应的机制还不确定：可能与血管活性物质，例如组胺、5- 羟色胺、缓激肽以及补体等因素相关，但是与之有确切因果关系的因子还未被确定。

2. 对比剂风险估定　对比剂副反应风险的变化取决于特异患者的情况；下面的因素可能与严重特异质反应的风险密切相关。

（1）以前的对碘对比剂的过敏反应和贝类过敏：10X

（2）心脏病：5X

（3）哮喘：5X

（4）通常的过敏反应：3X

（5）药物：β 受体拮抗剂，白介素 -2，3X

（6）年龄 > 50 岁：2X 死亡风险

虽然上述因素增加了相关的风险，但绝对的风险仍然是很低的。

3. 对比剂副反应的治疗 快速静脉注射碘对比剂后患者有感觉热、金属味和一过性的恶心等是常见现象，这些副反应一般在几分钟后逐渐消退。

（1）轻度反应

1）恶心或呕吐：一般不需要积极的治疗，对患者做好解释并消除患者的顾虑，必要时监护患者。

2）荨麻疹：荨麻疹是常见的对比剂副反应之一，荨麻疹的局部斑块不需要治疗，仅仅需要观察和监测患者的生命体征即可。无显著特点的荨麻疹或敏感部位的局部荨麻疹，例如眶周，应该用马来酸氯苯那敏（扑尔敏）20mg缓慢静脉注射。

3）血管迷走性晕厥：监测患者的呼吸、脉搏、血压、血氧饱和度和心电图，抬高下肢，必要时建立静脉通路，给予阿托品0.6～1.2mg静脉注射以增加心率，补充血容量以纠正持续性低血压。

（2）中度-严重反应

1）支气管哮喘：监控患者的呼吸、脉搏、血氧饱和度和心电图。给予100% O_2。首先用β受体激动剂吸入治疗，例如沙丁胺醇。如果持续支气管哮喘，皮下给予1:1000肾上腺素溶液0.3～0.5ml。如果严重休克，那么给予1:1000肾上腺素1ml（0.1mg）缓慢静脉注射。静脉注射类固醇，类固醇虽起效快，但达到全效需要几个小时。

2）喉头水肿/血管神经性水肿：监控患者的生命体征、血氧饱和度和心电图，给予100% O_2，严密观察血氧饱和度。皮下给予1:1000肾上腺素溶液0.3～0.5ml。缓慢静脉注射扑尔敏20mg。严重的病例需要请麻醉师插管或行气管切开术。

3）严重低血压：低血压伴心动过速可能提示血管舒张和毛细血管渗透性增加，监控患者的生命体征、血氧饱和度和心电图，快速静脉补液。必要时可作用肾上腺素。缓慢静脉注入 H_2 受体拮抗剂甲氰米呱（20ml盐水+300mg甲氰咪呱）对传统治疗抵抗的严重反应有效。另外一种 H_1 受体拮抗剂，如扑尔敏也可以考虑使用。

（二）钆和 CO_2

钆和 CO_2 的显像效果差于碘对比剂，因此临床很少用于介入的诊断或治疗。钆对比剂较碘对比剂更加昂贵，临床上仅用于某些特殊的病例，例如严重的碘对比剂副反应。现在已经明确钆对比剂有可能导致肾原性系统纤维化（NSF），因此，对本来就有肾损伤的患者要特别谨慎。

CO_2 可快速溶于血液，经过肺循环分布到病灶，当对碘对比剂有禁忌证时可以考虑使用 CO_2 对比剂。

六、其他造影中需要使用的药物

舒血管药物常用于血管造影，预防和解除血管痉挛（预防永远优于治疗），在测量动脉内压力梯度时增加血流量。硝酸甘油常用于预防痉挛，妥拉唑林和罂粟碱用于增加血流量和解除痉挛。硝苯地平也可预防性用于可能出现痉挛的情况。

（一）妥拉唑林

1. 作用 使血管平滑肌弛缓。

2. 剂量 20～60mg缓慢动脉内注射。随后可能需要30～60mg/h灌注。

3. 注意事项 低血压。

4. 监护 脉搏，血压，心电图。

（二）硝酸甘油

1. 作用 复杂的，混合的扩张动脉和静脉。

2. 剂量 100～200μg选择性的动脉内推注。可能还需15～20μg每分钟灌注，血压允许的话可以根据需要加量。

3. 注意事项 低血压。

4. 监测 脉搏，血压，心电图。

硝酸甘油一般配成1mg/ml的溶液，为准确测量小剂量，把需要剂量的硝酸甘油抽于注射器内，用生理盐水稀释至1ml。

（三）血管升压素

血管升压素是唯一常用的血管收缩剂。

1. 作用 人工合成的抗利尿激素，有直接收缩血管作用。

2. 适应证 用于控制静脉曲张和胃肠道出血。

3. 剂量 选择性地动脉内输入0.1～0.4个单位/分，静脉曲张出血时可0.2～0.8个单位/分静脉滴注。

4. 注意 缺血性心脏病和周围血管疾病。

5. 监护 脉搏，血压，心电图。

6. 逆转 半衰期仅10分钟。

抗痉挛药物在DSA中用于抑制肠道蠕动，也是腹腔和盆腔血管造影的基本用药。

（四）丁溴东莨菪碱（解痉灵）

1. 作用 抗毒蕈的胆碱能阻滞剂。

2. 剂量 20～40mg动脉内注射。最大累计剂量为160mg。

3. 注意事项 心衰和心动过速。

4. 监护 脉搏，血压和心电图。

（五）胰高血糖素

1. 作用 直接使平滑肌弛缓的多肽，可被 c-AMP 阻滞。

2. 剂量 1mg 动脉内注射。

3. 注意事项 胰岛素瘤和嗜铬细胞瘤；可能引起低血糖昏迷和高血压危象。

七、血管造影的表现

（一）良性病变的血管造影表现

血管造影至今仍是显示血管解剖和相关病变的血管改变的金标准。根据血管造影可以对多种病变的良恶性进行诊断和鉴别诊断。

常见的良性病变有以下几种情况：狭窄或闭塞、扩张、血栓形成或栓塞、破裂或出血、发育畸形、痉挛和良性肿瘤。良性病变可以是恶性的结果，如颅内动脉瘤破裂，冠状动脉主干的急性闭塞、急性肺动脉栓塞等均能导致患者的猝死。

1. 动静脉狭窄或闭塞 动脉狭窄或闭塞性病变主要引起供血区域或器官的缺血，其严重性与急性或慢性发病、狭窄或闭塞发生的部位、阻塞程度和侧支血供的代偿能力有明显的关系。严重者可致死亡，较轻者可无临床症状。

动脉造影为动脉狭窄或闭塞性疾病诊断的金标准，它可清楚地显示狭窄或闭塞动脉的部位、范围和程度、狭窄后扩张及其周围侧支循环等共有的造影征象。

动脉硬化性闭塞病变的狭窄或闭塞段多位于动脉分叉区域，髂总动脉硬化性闭塞病常合并有股、腘动脉或胫动脉的闭塞，动脉造影时须注意完整显示（图 3-1-10～图 3-1-12）。

多发性大动脉炎早期患者主动脉壁有多处局限性不规则改变，晚期可见管腔狭窄或闭塞，少数有动脉扩张，动脉扩张分狭窄后扩张和管壁病变引起的广泛性不规则或串珠样扩张两种。主动脉分支病变常见于开口处，呈节段性。胸降主动脉狭窄多始于中段，逐渐变细，表现为特征性的鼠尾巴形状，侧支循环丰富。锁骨下动脉闭塞可见锁骨下动脉盗血现象。血栓闭塞性脉管炎受累段常处于狭窄或闭塞状态，周围有侧支血管，呈树枝状，病变近、远端动脉光滑、平整，显示正常形态。

急性动脉血栓形成或栓塞常可显示血栓全貌，呈长条状充盈缺损，形态不规则，其间有点状空白区域。周围无侧支循环形成（图 3-1-11）。慢性动脉血栓往往只显示血栓近端，周围有杂乱无章的侧支循环形成。雷诺病在肢体不同温度下造影可观察到血管管腔明显的变化。

动脉狭窄或闭塞病变常见病因包括血栓形成、瘤栓、管腔内隔膜形成、炎症或外来压迫等（图 3-1-10～图 3-1-12），其临床症状和体征与阻塞的部位有关。主要表现为引流区域和器官的瘀血、水肿、腹水等。

2. 动脉瘤 动脉瘤指多种血管扩张性疾病。目前主要用于真性、夹层及假性动脉瘤等三种病变。其共同的特点为其瘤腔内均有流动的血流。真性动脉瘤简称动脉瘤，指局限性动脉扩张。夹层动脉

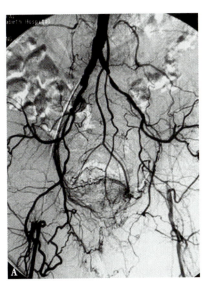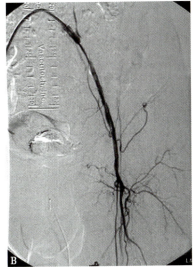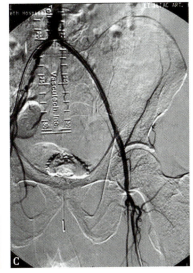

图 3-1-10 髂动脉闭塞的介入治疗

A. 左髂动脉、髂外动脉完全闭塞；B. 运用穿越技术和脉冲释放技术，以 10 万 U 尿激酶溶栓，闭塞部分开通；C. 随后置入 7mm 支架后完全开通

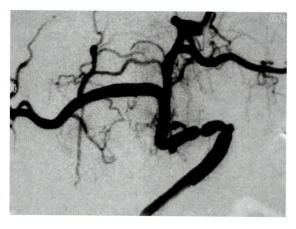

图 3-1-11　肝移植后肝动脉狭窄

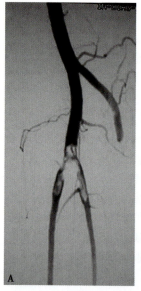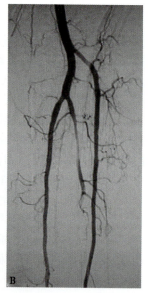

图 3-1-12　胫腓干和胫前动脉、胫后动脉、腓动脉近端血栓栓塞

A. 抽吸取栓术前；B. 血栓抽吸取栓术后，胫前、胫后动脉，胫腓干通畅

瘤是指动脉中层血流纵向撕裂而形成真、假两个血管腔。假性动脉瘤是指动脉破裂出血后血肿或周围组织包裹而形成的血腔。

　　动脉瘤的性质、部位和大小决定着其临床表现。主要症状为肿块、疼痛和局部组织受压、缺血、出血等相关表现。其体征最主要为搏动性肿块和局部血管杂音。少数动脉瘤并无症状和体征，称为静止型动脉瘤。

　　动脉瘤的造影可以直观地显示血管腔内的细节和血流动力学变化，以及作为介入治疗的基础，因此有重要的临床价值。

　　（1）真性动脉瘤：真性动脉瘤多起因于动脉粥样硬化和高血压，尤其在青年患者，其他尚有先天性、外伤、炎症等因素。动脉内膜脂质沉积粥样变、中层硬化失去弹性，致动脉壁存在局限薄弱部分，在高速血流的冲击下逐渐扩张形成。动脉瘤可发生于全身各部位的动脉，主要发生在中或大动脉受血流冲击较重的血管分叉区域，其命名与发病血管相同，如发生于腹主动脉者，称腹主动脉瘤。真性动脉瘤由三部分组成，即瘤壁、瘤腔和瘤颈（图 3-1-13）。瘤壁由血管内膜覆盖。瘤腔内有血流或附壁血栓，形态以梭形或浆果形多见。瘤颈是瘤壁与正常血管的移行区域。对于梭形动脉瘤，瘤颈大小指正常血管端的直径，浆果形动脉瘤则指其基底部的大小，可分为宽基底型和窄基底型。

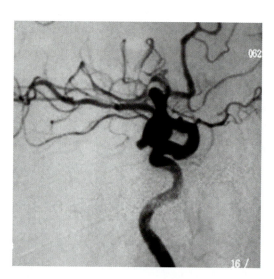

图 3-1-13　右侧大脑中动脉虹吸段动脉瘤，瘤腔和瘤颈显示清楚

　　动脉瘤主要发生于胸、腹主动脉和脾动脉等直径较大的动脉，尤以腹主动脉为常见。造影表现为主动脉局限性梭状扩张，血流在动脉瘤区排空较慢，可显示其内不规则充盈缺损，为附壁血栓所致。

　　有一些动脉瘤多发生于直径较小的动脉，如脑动脉、肝动脉、肢体动脉等。动脉造影显示出破裂动脉的一侧壁的浆果样或丘状外突，对比剂排空较慢，又称为浆果形动脉瘤。近期发生破裂出血者，常可见载瘤动脉变细，为机体的自我保护反应——血管痉挛所致。由于颅内动脉呈弯曲状态行走，在脑血管造影时，血管断面和折曲处可以表现为酷似浆果形动脉瘤的表现，而通过旋转血管造影可以鉴别。

　　（2）假性动脉瘤：假性动脉瘤形成多因与外伤

和手术创伤有关,少数可在外伤后即时发生。多数在外伤后数天至1个月内发生。迟发的原因可能是外伤后动脉壁受损、动脉压力持续作用于受伤的动脉壁,使其难以修复,并不断变得薄弱,最终破裂而形成假性动脉瘤。

假性动脉瘤多发部位为周围动脉,动脉造影可见与动脉相通的囊腔,其瘤壁常不规则,切线位造影时常可见瘤颈瘤腔内对比剂排空缓慢。

(3)夹层动脉瘤:夹层动脉瘤多以动脉硬化合并高血压和Marfan综合征的动脉中膜坏死为诱因,发生部位主要在主动脉,内膜破裂以升主动脉起始部和主动脉弓降部为多(图3-1-14,图3-1-15)。DeDakey等根据内膜破口位置和撕裂范围,在病理上将主动脉夹层动脉瘤分为三型。

Ⅰ型:破口位于升主动脉,病变累及升主动脉、主动脉弓、降主动脉甚至腹主动脉。

Ⅱ型:破口位于升主动脉,病变仅累及升主动脉。

Ⅲ型:破口位于动脉韧带附近,仅累及降主动脉。

主动脉造影对本病最终确诊及拟订治疗方案起决定性作用。切线位造影可见对比剂自真腔内流入假腔,血流呈漩涡状。真腔受压变小,主动脉外壁与真腔间距离超过6mm。假腔内可见不规则充盈缺损代表附壁血栓。

3. 深静脉血栓形成 深静脉血栓形成常见于下肢,特别常见于左下肢。下肢深静脉血栓可以蔓延到下腔静脉。深静脉血栓形成后早期阶段容易发生脱落而发生肺动脉栓塞,大块血栓脱落至肺动脉可以引起高度危险性肺动脉栓塞而导致患者猝死。未经治疗的深静脉血栓可以发生机化导致深静脉狭窄或闭塞,导致静脉瓣膜功能不全,从而导致下肢长期肿胀、静脉曲张和溃疡形成。

经足背静脉顺行静脉造影是诊断下肢深静脉血栓形成的常用的方法,可准确地判断有无血栓,以及血栓的大小、位置、形态及侧支循环情况,常表现为深静脉显影中断或呈不规则细线状。侧支引流代偿增粗。顺行性造影的不足之处是血栓完全阻塞血管时其近心端管腔无法显影。

经颈静脉或健侧插管行下肢静脉造影,由于导管直接进入血栓内和可以方便的调整导管在髂股静脉内的位置,故经导管行下肢深静脉造影可以获得血栓形成的全部信息,包括髂股静脉血栓是否蔓延到下腔静脉内(图3-1-15)。

下腔静脉内血栓形成多见于下腔静脉肝后段或近心端闭塞的病例中,血管造影表现为下腔静脉内充盈缺损,慢性附壁血栓表现为偏心性充盈缺损,新鲜血栓表现为形态不规则的充盈缺损,然而,在较多的病例中血栓为陈旧性与新鲜性混合存在。

4. 静脉曲张 静脉曲张是指静脉回流受阻,或作为侧支循环而承受过多的血流产生的静脉长期过度充盈,造成静脉迂曲扩张。静脉曲张常见于大或小隐静脉、左侧精索静脉、卵巢静脉和食管胃底静脉等。静脉曲张的病理改变主要发生在静脉壁中层,表现为中层肌纤维和弹力纤维结缔组织化。血液回流缓慢后导致血液内成分渗出,易并发静脉引流组织的皮炎、淋巴管炎和溃疡等。静脉曲张发生于下肢时,临床表现主要为患肢肿胀、沉重感,并发血栓性静脉炎者可疼痛、溃疡且经久不愈。发生于精索时,主要表现为站立时阴囊下坠和胀痛,休息或平卧时消失。严重者可影响生育功能。发生于卵巢时,可引发下腹及腰骶区疼痛。

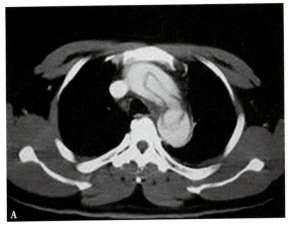
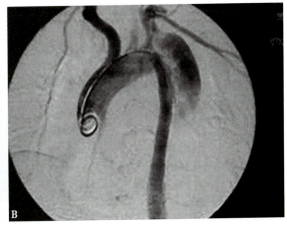

图3-1-14 主动脉夹层

A. CT提示破口位于主动脉弓;B. DSA证实破裂口位于主动脉弓与降主动脉之间

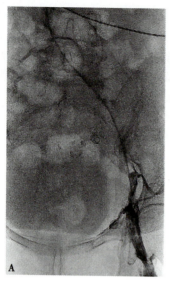
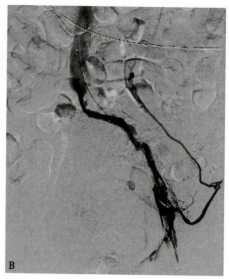

图 3-1-15 左下肢深静脉血栓形成

A.造影提示髂总静脉显影中断;B.行下腔静脉滤器置入术后,溶栓治疗 3 天,
仍见左髂静脉内大量血栓残留,左髂总及髂外静脉慢性血栓形成并血管狭窄

静脉曲张可以发生在体表浅静脉,常见于下肢和腹部;也可以发生在体内深部静脉。常见于胃底、食管、精索和卵巢静脉。浅静脉曲张主要根据其体征——静脉血管突出皮肤表面,像蚯蚓一样,弯弯曲曲,疙疙瘩瘩即可作出诊断,而深部静脉曲张则需要通过血管造影方可作出明确诊断。

血管造影可以显示静脉曲张程度、范围;可以明确有无解剖变异、血栓形成和破裂等,是制定治疗方案的依据。

静脉曲张的血管造影可以通过直接穿刺邻近浅静脉或曲张静脉而进行,也可通过相关解剖关系的动脉造影的静脉期而获得。

静脉曲张血管造影表现为静脉血管管腔增粗、迂曲,血流相对缓慢(图 3-1-16)。

顺行静脉造影可见浅静脉瓣膜功能不全时浅静脉扩张、迂曲,深静脉全程通畅、管腔光滑、完整,有静脉瓣的影像。深静脉瓣膜功能不全时深静脉也扩张,管腔内无静脉瓣的影像。逆行静脉造影

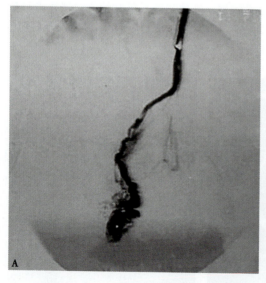

图 3-1-16 左侧精索静脉曲张

A.左肾静脉造影示对比剂逆流,精索静脉曲张;B.经明胶海绵加钢圈栓塞后,静脉曲张消失

可了解瓣膜功能，根据对比剂的反流平面在大腿近段以上、大腿近段至腘窝、腘窝至小腿、小腿至踝部，将瓣膜功能分为四级。

精索静脉显示精索静脉显影增粗、迂曲、对比剂不同程度反流，严重者可使阴囊睾丸静脉显影。对比剂排空延迟。卵巢静脉曲张造影表现与精索静脉曲张类似。

5. 血管畸形 血管畸形亦称为动-静脉畸形，为一组先天性血管发育异常而引起的疾病。临床上多以加定语的血管瘤命名该组疾病。可发生于任何部位，以颅内、颜面部和四肢多见。其临床症状与解剖部位、大小及其引起的并发症相关。动-静脉畸形主要引起盗血所致的局部缺陷、充血所引起的局部组织肿大，以及出血和过高回心血量引起的心力衰竭等症状，在此主要描述肢体动-静脉畸形的表现。

动脉造影对动-静脉畸形的诊断为最终诊断，其重要性不言而喻。动脉造影时可见：供血动脉代偿性增粗、应注意其来源和数量。畸形血管团管腔粗细不均、排列紊乱、血管团内对比排空迅速、染色时间较短。引流静脉扩张。显影时间提早，应注意从注射对比剂至静脉显影的时间（图3-1-17，图3-1-18）。

6. 动-静脉瘘 动-静脉瘘是指动-静脉之间存在的异常通道，动脉血流不通过毛细血管而直接进入相邻静脉。与之不同的是，通过扩张的毛细血管注入静脉者称为动-静脉短路。动-静脉瘘可对其发生部位的局部及全身循环系统的血流动力学造成影响。

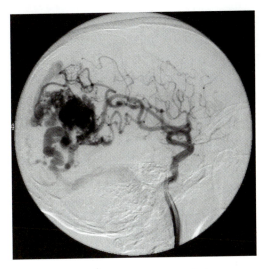

图 3-1-17 颅内动-静脉畸形
右侧颈内动脉造影示来自大脑前动脉的供血动脉明显增粗，顶枕部见迂曲、浓染的畸形血管团，其引流静脉粗大、早显

动脉造影可以明确瘘的部位、大小、数目以及附近血管扩张和侧支循环情况。表现为组成瘘的动-静脉常异常增粗，扩张和扭曲，部分扩张为瘤状，供血以及动脉通过瘘口直接注入扩张的静脉，静脉和动脉几乎同时显影，病变区无毛细血管床和畸形血管团，瘘口远端动脉变细或不显影。

（二）恶性病变的血管造影表现

影像学检查是诊断恶性病变必不可少的方法，其中多普勒超声、CT和MR均具有很好的诊断价值，一般情况下不需要作DSA检查即可得到有效的诊断。但是在诊断不明确时，血管造影仍具有重

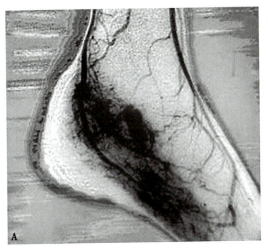
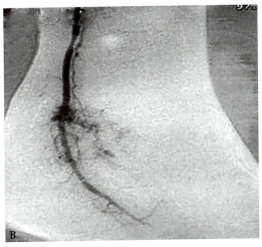

图 3-1-18 足部蔓状血管瘤
A. 足跟及跖部血管染色丰富，呈畸形的血管团；B. 注入颗粒栓塞剂后，末稍畸形血管团消失

要价值,可进一步明确病变的性质、部位、数目、血流动力学情况和有无癌栓形成等,并以此指导介入治疗。其主要表现有:

1. 肿瘤血管和肿瘤染色 多数恶性肿瘤于动脉期可清楚显示粗细不均、形态不一和排列紊乱的肿瘤血管(图3-1-19),可以是富血供恶性肿瘤最富有特征的表现之一。较大的瘤体中央的肿瘤血管可少于瘤周周围的血管;供血动脉和其分支增粗,其程度一般与富血瘤体大小成正比。于毛细血管期,由于对比剂聚集或滞留于间质间隙和肿瘤血管内,可见瘤体染色,其浓度一般也与肿瘤富血程度成比例;较大的肿瘤,由于瘤体中央部肿瘤血管分布较少或伴有坏死,肿瘤中心染色浓度可较低(淡)或无肿瘤染色。肿瘤血管在少血供恶性肿瘤的出现率较低,但研究表明,少血供恶性肿瘤血管虽少见,但不同程度的肿瘤染色仍可较高。所谓少血供恶性肿瘤并非真正的少血供,其少血管是相对而言的。

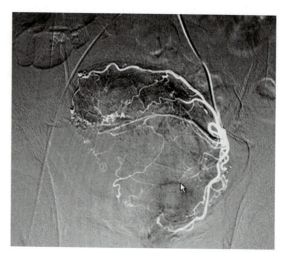

图 3-1-20　膀胱恶性肿瘤
膀胱动脉造影示膀胱左侧壁、顶壁及底部血管异常增多、迂曲并可见团块状肿瘤染色,血管呈"抱球征"

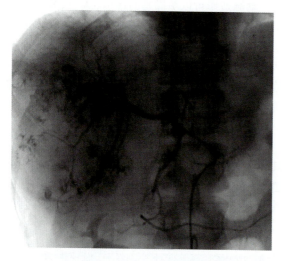

图 3-1-19　巨块型肝癌
肝右叶7、8段巨块型肝癌,可见紊乱扭曲的肿瘤血管影,周围血管呈"弧形"抱球征,可见小的血管池影

2. 动脉弧形推移 见于较大的瘤体,邻近瘤体的载瘤供血动脉和其分支显示为弧形推移,有时呈握球状包绕于瘤体周围,特别巨大的瘤体伴随载瘤器官的增大(图3-1-20,图3-1-21),可将器官外动脉等推移变位,而致选择性插管发生困难。

3. 动脉不规则僵直或中断 由于肿瘤将动脉包埋或浸润所致。常见于富含纤维组织(硬化型)多血供性巨块型恶性肿瘤。由于此征象在少血供恶性肿瘤的出现率较高,因此有学者认为此征象是少血供恶性肿瘤唯一的造影表现。

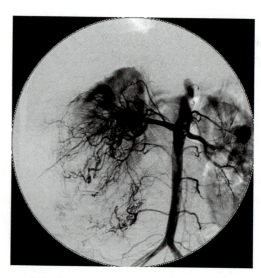

图 3-1-21　右肾细胞癌
动脉期显示巨大肿瘤染色,供血动脉增多、粗细不均、走向不定、形态和分布不规则,呈不规则的藤蔓状或串珠样扭曲,对比剂淤积成池,瘤周动脉受压推移、部分僵直

4. 血管湖或血管池 对比剂呈湖样或池样聚集,开始出现于动脉期,消失较慢,在动脉内对比剂排空后仍可见到。但血管湖的分布无规律性且常不能持续显影达静脉期,这有别于海绵状血管瘤之血管湖。如采用 CO_2-DSA,可以更全面、更清晰的显示血管湖。有关血管湖的发生机制尚未完全阐明,有学者认为是对比剂滞留于坏死区或于扩张的衬以单层内皮细胞的异常血管所致。一般而言,少血供性恶性肿瘤血管造影中很少出现血管湖。

5. 动 - 静脉分流 动 - 静脉分流在恶性肿瘤的血管造影中的出现率可高达63.2%。DSA 技术,尤

其是 CO_2-DSA，可明显提高动 - 静脉瘘。目前认为，动 - 静脉分流形成的原因可能与下列因素有关：

（1）发生在肿瘤血管间的短路可能为形成动 - 静脉分流的主要途径。

（2）动 - 静脉分流常伴发于静脉瘤栓之邻近部位，血管造影有时还可见一些细小动脉流向静脉癌栓并使静脉显影，所以认为动 - 静脉分流形成与静脉内瘤栓有关。

（3）动 - 静脉同步分支且彼此相邻，是动 - 静脉分流较为常见的另一个缘由。

动 - 静脉分流在原发性肝细胞癌的血管造影中更多地表现为肝动脉 - 门静脉分流。肝动脉 - 门静脉分流可分为周围型和中央型两种。周围型的主要造影表现为在动脉期出现与动脉平行的门静脉分支，或称双轨征。还有认为从动脉内注入碘油时，癌肿边缘呈现的小草样门静脉支显影也提示细小的肝动脉 - 门静脉分流存在。中央型，除在动脉期见门静脉主干或主支早显外，还可见到肝门附近不规则排列、迂曲扩张的网络状影，以及肿瘤染色出现在门静脉显影后等造影表现。

6. 静脉癌栓的造影表现

（1）静脉内充盈缺损，可为不规则，亦可在缺损边缘形成明显的弧状影，称之为杯口征。

（2）线样征：即在动脉期见数条充盈缺损对比剂的线样血管行走于静脉主干（支）内，提示静脉主干（支）癌栓形成，有学者认为是由于对比剂进入癌栓的供血动脉或对比剂逆流到癌栓和静脉壁间腔隙所致。

（3）静脉增粗，最粗直径可达 3.5cm。

（4）回流静脉不显影，但此征象无特异性。

（5）癌性静脉高压所伴发的侧支循环表现，主要见于原发性肝癌中的癌性门静脉高压。其表现为与门静脉主干伴行、扩张蛇行静脉网，称之为门静脉海绵变性；当门静脉主干严重闭塞，向肝性侧支循环不足代偿时，则形成离肝性循环，引向压力较低的体循环，常见的是胃冠状静脉、食管静脉、脾静脉和肠系膜静脉。

7. 侧支循环
侧支血供形成的部位与肿瘤部位有关，如膈下动脉对右后叶和左外侧叶原发性肝癌的供血以及网膜动脉对右前叶原发性肝癌的肿瘤供血等，称之为寄生性供血。为改善供血侧支充盈，提高显影率，可在 DSA 术中配伍使用血管收缩剂。

上述造影表现，常不是单一出现，也不常是全部出现，而是随其病理类型的不同而不一：以原发性肝细胞癌为例，原发性肝癌结节型是以肿瘤血管和肿瘤染色为主要造影表现；巨块型则除肿瘤血管和染色外，还可见到动脉的弧形推移，富含纤维组织的巨块型原发性肝癌还可见到动脉支包埋征象；弥漫型 HCC 则多见血管湖和静脉受侵表现；少血供原发性肝细胞癌和胆管细胞癌，肿瘤血管和肿瘤染色相对少见，也少见血管湖和静脉受侵，主要表现为动脉弧形推移和动脉支的包埋或浸润等征象。

（杨建勇）

第二节 灌 注 术

一、概述

灌注术通常是指动脉内药物灌注术（intraarterial infusion，IAI）是指通过介入放射学的方法，建立由体表到达靶动脉的通道（导管），经该通道注入药物达到局部治疗的一种方法。其起源可追溯至 20 世纪初，Beichroder 首次报道对产妇脓毒血症进行化学药物 IAI。20 世纪 50 年代 Bieran 和 Klopp 等将此方法用于恶性肿瘤的治疗。早期的方法主要为局部动脉直接穿刺或经手术置管。显然这些方法创伤大，仅适用于易从体表接近的病变部位，有很大的局限性，难以对深部和重要器官进行治疗，因此本疗法未能广泛地应用于临床。

Seldinger 技术的出现使经皮穿刺动脉插管成为简单易行的方法，为 IAI 的广泛应用提供了基础。20 世纪 60 年代介入放射学初具雏形。20 世纪 70 年代初首先在外科兴起，于术中将导管留置在肿瘤供血动脉内行化疗药物灌注术，成为介入放射学的一个重要范畴，用于颅内恶性肿瘤、肺癌、食管癌、肝癌、胆管癌、胰腺癌、胃肠癌、乳腺癌、肾癌、盆腔及四肢恶性肿瘤的治疗。

20 世纪 80 年代初 Chaise 报道了应用纤维蛋白溶解酶行 IAI 治疗因手术所致的血栓形成。随后溶栓药物灌注疗法推广至冠状动脉、颅内动脉、腹主动脉、髂动脉和下肢动脉血栓的治疗。该疗法较静脉给药大大提高了疗效，明显减少由药物引起的出血倾向等全身不良反应，其缺点为导管难以长时间留置。以后，血管扩张剂 IAI 治疗肠道及四肢缺血病变见诸于报道。同时各种 IAI 器材和方法相继问世，如球囊阻塞灌注导管、同轴导管系统、专用灌注导管及导丝、导管药盒系统和药物灌注泵等。

与经外科手术置管灌注相比，经皮插管 IAI 的主要优点有：创伤小、操作简单、可重复性强、插管位置准确、安全、并发症小和疗效高等。从医学治疗技术发展而言，IAI 治疗应该由介入操作方法取代手术置管。目前，IAI 的治疗技术及疗效已有长足的进步，特别在肿瘤化疗性 IAI 治疗肺癌、肝癌、肝转移瘤、消化系统肿瘤及盆腔脏器肿瘤等诸多领域已在临床上广泛开展，并取得令人瞩目的成果，其临床效果亦得到医学界认可。

二、基本原理

药物的疗效除主要与其自身的药理作用和病变组织的敏感性有关外，病变区的药物浓度和药物在一定的浓度下与病变组织的接触时间等因素也对疗效产生重要影响。而不同的给药方式将对上述因素产生作用。采用经静脉给药方式时，药物均经静脉回流至右心、肺循环、再经左心室泵出分散至全身（包括病变区）。此过程的早期药物在各脏器的分布量主要取决于其血流量。之后再根据药物自身的代谢和分布特点，主要分布于肝、肾、肺或皮肤等脏器。靶器官的药物浓度主要与外周血浆药物浓度平行。欲提高靶器官的药物浓度只有增加药物注射量及注射速率。而通常药物副作用与其用量及外周血浆浓度成正比，而对一些药物而言，增加药物剂量以增强疗效，而又要求减少药物的毒、副作用的矛盾几乎无法通过常规给药途径解决。

（一）方法

IAI 的基本方法是经皮穿刺，动脉内插管至靶动脉，再以等量于静脉给药的药物剂量甚至较小的剂量动脉内灌注，就能使靶器官药物浓度提高和通过各种方法延长药物与病变组织的接触时间，而外周血药浓度并不增加，达到提高疗效和减少副作用的目的。其基本原理简述如下。

（二）IAI 的药代动力学特点

药代动力学主要是通过数学模型来研究药物在体内的分布等动态变化的规律。药代动力学研究表明，药物经由静脉注入后可有 II 相或 III 相分布。分布 I 相指在药物分布达到平衡之前的一段时相。此时药物的分布是由局部血流量决定的，器官供血量大时药物在局部分布就多。IAI 是经由供血动脉给药，药物首先进入靶器官，其分布 I 相较静脉注药有了极大改变，使靶器官药物分布量不受血流分布的影响，成为全身药物分布量最大之所在。分布 II 相又称为快速再分布相，出现于注药后数分钟以至数小时。它除受器官血流灌注量的影响外尚受药物的脂溶性和蛋白结合性影响。一般

来说，在此时相 IAI 给药的靶器官药物分布量亦较静脉给药方式多。

外周血浆的最大药物浓度（C_{max}）和血浆药物浓度—时间曲线下面积（AUC）为药代动力学研究的重要参数，其值过高将增加药物的毒副作用发生的机会，过低则影响疗效。在行 IAI 操作时由于靶器官的首过代谢（特别在肝脏）和首过摄取作用，使 C_{max} 和 AUC 较以同等的量和注速较静脉注射者降低，可达到提高疗效和减少药物毒、副作用的效果。

IAI 时减少靶器官的血流量能提高其药物接受量。根据药代动力学模型，IAI 时靶器官接受的药量可用下列公式表示：

$$Rt = 1 + 表面总体清除率 / 肿瘤血流量$$

Rt 为靶器官药物接受量。表面总体清除率表示除靶器官以外的机体组织对药物的清除程度。肿瘤血流量可视为靶器官的血流量。1 为常数。在表面总体清除率已确定的情况下，欲提高 Rt 值，只能通过减少靶器官血流量才能达到。由此产生动脉阻滞化疗性 IAI 的概念。实验表明，采用减少靶器官血流（如球囊导管阻塞和可降解微球阻塞）的方法，可进一步提高局部药物接受量 6～7 倍。同时 C_{max} 和 AUC 值变小，血药浓度在一定时间呈缓升和缓降的曲线。这可使靶器官的药物浓度在较长时间内保持比其他部位高 13～15 倍。

（三）首过效应

首过效应（first pass effects）主要指药物第一次通过靶器官时被提取和代谢的现象，也包括一些其他效应。大多数药物在肝脏进行代谢，首过效应在肝动脉内药物灌注时表现十分明显。临床研究表明药物的肝首过提取率最高可达 0.9，而 AUC 较静脉注射减少 50%。其他组织的药物接受量明显减少，相应药物副作用明显减低。动物实验表明，以小剂量 5-FU（5mg/kg）24 小时匀速肝动脉灌注时，肝静脉和外周静脉血中测不到 5-FU，药物几乎完全被肝脏提取和代谢。

而对于一些其他器官，如盆腔脏器、脑等，因不是药物代谢的主要场所，药物首过提取和代谢能力不如肝脏等强，但仍较非靶器官药物浓度高得多。动物实验在狗的髂动脉分叉处灌注顺铂，并与静脉给药比较。1～2 小时后，IAI 组膀胱黏膜、肌肉和其他盆腔组织的药物浓度较静脉给药组高 8 倍，而心、肝和肾组织的药物浓度两组无明显差别。

药物经静脉注射后经漫长的途径达靶器官时，已有相当数量的药物与血浆蛋白或脂质结合，而使具有生物活性的游离药物量减少，从而药效降低。

顺铂经静脉给药后2小时，98%与血浆蛋白结合，仅2%的游离药物发挥抗癌作用。IAI时药物直接在靶血管注入，药物经过的血管长度显著缩短，到达靶器官时的药物蛋白结合率较静脉给药低得多，药物效价可提高2～22倍，疗效提高4～10倍。此种效果也应归因于首过效应。

药物通过IAI时的首过效应能达到提高疗效和减低副作用的效果，某些因全身用药时副作用大而使用受限的药物采用动脉给药方式则可安全使用。

（四）层流现象

由于药液的比重与血液不同，通常比重较小，当药液进入血管后并不能很快与血液混合，特别在卧位给药时，药液常在血柱的上层流动，优先进入向人体腹侧开口的血管或优先分布于靶器官的腹侧部分，即为层流现象。此现象亦可出现在静脉注射时，但药物在较长的流程中，特别到达肺循环后已充分与血流混合，并不影响药物在靶器官的分布。而在动脉内给药时，导管已深入靶动脉，药液流程短与血液难以快速混合，层流现象的影响则较大。克服层流现象的方法有：采用脉冲式注射泵，使药物小团状注入血管，使药液在短暂的时间内取代血液而充满血管；使导管端与靶器官之间有较长的距离，使之在较长的流程中与血液混合；使药液与血液比重接近；在药物注射时采用坐位或立位。

三、灌注方法

常规采用Seldinger技术插管，导管选择性插入靶动脉后应先行动脉造影，以了解病变的性质、大小、血供是否丰富、侧支血供等情况。然后进行必要的超选择性插管即可开始IAI治疗。穿刺途径主要有经股动脉、桡动脉、腋动脉和锁骨下动脉等。经股动脉穿刺操作方便、成功率高，主要用于短时间的IAI。经桡动脉穿刺方便简单，成功率高，但由于入路动脉细，易引起血栓形成。经腋动脉和锁骨下动脉穿刺难度较大、技术要求较高，但因不影响患者行走，可保留导管用于长期持续性或间断性IAI。IAI的主要方式有：

1. 一次冲击性IAI 一次冲击性（one shot）IAI是指在较短时间内，通常为30分钟至数小时将药物注入靶动脉，然后拔管结束治疗的方法。适用于恶性肿瘤化疗、溶栓治疗等。其特点为操作迅速、并发症少。但因药物与病变接触时间较短及不能多次重复给药，疗效可能受影响。为提高疗效，在药物配制和灌注方法上有不少改进。

（1）改变药物载体：改变药物载体的一般方法多为简单地用等渗盐水溶解稀释药物后再行灌注。药液易被血流进一步稀释和冲刷出靶器官。改变药物载体可提高靶器官药物浓度和延长滞留时间，其中碘化油、脂类载体最为常用，也有用多糖溶液的报道。

多数血供丰富的恶性肿瘤，尤其是肝细胞癌对脂类微粒有特殊的亲合性，脂类可在瘤区停留较长时间，携带化疗药物的脂类起到所谓导向化疗的作用。脂类载体能在肿瘤区选择性滞留的机制可能为：①与其本身的物理性状有关，其黏度高、流动性差、表面张力大，不与血液混合。同时带有负电荷，而肿瘤血管带有正电荷，使二者间有亲和力。②与肿瘤血管发育不全有关，肿瘤血管常缺乏神经支配和平滑肌，致管壁不能像正常血管那样收缩以排挤滞留的油珠。肿瘤毛细血管常缺乏内皮，形成无内皮的血窦，表面毛糙易使油珠滞留。肿瘤引流静脉发育不全亦造成油珠排出困难。③肿瘤内血流动力学紊乱，常形成不规则的小湍流，使油珠长时间在内滞留。④肿瘤内缺乏正常淋巴系统和网状内皮系统，不利于油珠滞留的后期清除。脂类进入肿瘤坏死区则更难以清除，可得以长期滞留。⑤肿瘤细胞对微小油珠有吞饮现象，既有助于杀伤肿瘤，又致脂类滞留。

碘化油为目前最常用的化疗药物载体，有轻微的一过性血管栓塞作用亦能在X射线下显影。用其和化疗药物的IAI亦被称为化疗性栓塞。近年来，载药微球的应用也日趋增加，其临床疗效也不断得以证实，载药微球可使治疗药物在靶器官内分布更均匀及发挥作用时间更长。

（2）动脉阻滞化疗：动脉阻滞化疗（arterial stasis chemotherapy）包括一系列使靶血管的血流减少后再行TAI的方法，目的是进一步提高病变区药物浓度和延长药物停滞时间，减少正常组织的药物接受量。

1）球囊导管阻滞动脉灌注（balloon occlusion arterial infusion，BOAI）：是将专用球囊阻滞导管插入靶动脉，然后用稀释的造影剂膨胀球囊阻断血流，再行化疗药物灌注的方法。与一般动脉灌注方法比较，该方法可提高肿瘤组织药物浓度数倍至10倍，并可根据需要延长药物滞留时间。另外，BOAI可造成肿瘤组织缺血、CO_2分压升高，对某些抗癌药物有增效作用（图3-2-1）。Mitsuzane等对膀胱癌患者应用此方法，发现肿瘤区药物浓度较常规动脉灌注高6.6倍。该方法主要用于肝、肾、盆腔和四肢恶性肿瘤的治疗。

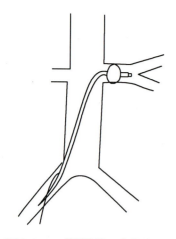

图 3-2-1 球囊导管阻滞动脉灌注

应用球囊导管插入靶血管，扩张后阻断血流，再进行药物灌注

2）动脉升压化疗灌注（hypertension chemotherapy）：是利用肿瘤动脉对血管活性物质反应不良的特点，先灌注小剂量升压药物使正常组织血管收缩，血流量减少；而肿瘤血管床被动性扩张，血流量相对增加，再行化疗药物 TAI 的方法。可达到提高肿瘤区的药物浓度，保护正常组织的目的。目前常用的药物为血管紧张素Ⅱ（angiotensin Ⅱ，AT-Ⅱ）。Morita 等用 AT-Ⅱ 1mg 加 DDP 和 ADM 经髂内动脉灌注治疗膀胱癌，有效率达 95%。

3）可降解淀粉微球（degradable starch microsphere，DSM）和生物降解白蛋白微球（biodegradable albumin microsphere，BAM）阻滞法：二者之一注入靶动脉后，可暂时减少动脉血流，再配以化疗药物灌注。与其他中、长期栓塞微球不同，DSM 和 BAM 仅造成数十分钟的血流量减少，并不产生长期栓塞作用，待其被降解后血流可恢复至之前水平。Koike 等用 DSM 注入肝动脉，平均阻塞时间为（24±11）分钟。有报道使用该法后肿瘤区与非肿瘤区浓度比率（T/N）由 0.37 增至 0.62，外周血中丝裂霉素的 AUC 比单纯灌注减少 55%。

2. 长期药物灌注（long term arterial infusion）

长期 IAI 是相对于一次性冲击灌注而言，其特点是导管留置时间较长，一般在 48～72 小时以上，或可达数周至数月之久。灌注可为持续性或间断性，适于肿瘤的姑息性治疗、胃肠出血和溶栓治疗等。

（1）普通导管留置法：即用常规动脉造影器械和方法插管至靶动脉，造影明确诊断及确定导管位置正确后在穿刺部位用缝线或固定盘固定导管，再行灌注治疗。由于股动脉插管时患者行动不便，因此长时间的灌注者可经肱、腋或锁骨下动脉插管。本方法的主要缺点是置管时间有限，患者行动不便，护理工作较烦琐并可能产生局部血栓形成、感染、导管阻塞或脱位等并发症。

（2）经皮导管药盒系统植入术：该技术的出现和应用是长期 IAI 的一大进步。原先药盒系统的植入需经手术在局部找到靶动脉插入导管，再将导管引出皮下与药盒连接。现在可通过介入技术进行插管和埋植。药盒系统一般由药盒体、导管、导引附件三部分组成。药盒体材质要求具有良好的组织相容性、质轻、具有化学惰性不与灌注药物反应、具有一定强度，不会造成穿刺针穿凿。药盒体由硅胶隔膜封闭，其硅胶隔膜可用专用针头穿刺数千次而不泄漏。导管多由具有良好组织相容性的硅胶制成，应具有良好的抗压力、抗扭力，具有良好的化学惰性，可用于强细胞毒物灌注（图 3-2-2）。经皮导管药盒系统植入术的具体操作方法为：经左锁骨下动脉或股动脉以 Seldinger 技术插入常规动

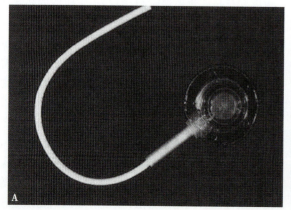
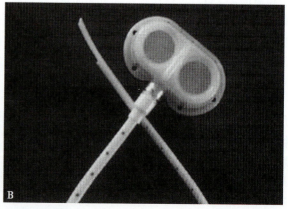

图 3-2-2 皮下埋植的药盒系统

A. 单腔药盒系统；B. 双腔药盒系统

脉导管，超选择性插入靶动脉后置入交换导丝，拔出导管，沿导丝送入留置管。在胸部、腹部或股内侧行切口并经皮下向穿刺部位作一皮下隧道，将留置管引出并与药盒连接，固定药盒并缝合皮肤。此系统可长期留置，通过局部皮肤穿刺入药盒行靶动脉持续或间断性药物注射（图3-2-3）。由于全埋入的置管方式，患者行动方便，治疗可在门诊进行，生活质量也较体外留置入导管明显提高。Iwamiya等采用此系统每周或两周一次性灌注丝裂霉素、阿霉素、氟尿嘧啶和表阿霉素治疗晚期肝癌取得较好的疗效。中位生存期为401.1天，1年和2年生存率分别为48%和24%。

3. IAI 与动脉栓塞术的配合 IAI 常与动脉栓塞术配合治疗恶性肿瘤，常用为化疗性栓塞术（chemo-embolization）。主要指用含化疗药物的微球或其他栓塞剂栓塞肿瘤血管，达到局部化疗和肿瘤缺血坏死的二重作用，二者的协同作用可明显增加疗效。目前化疗性栓塞的概念已泛化，包括所有栓塞物与化疗灌注同时应用或先后注入和碘油化疗乳剂注入等治疗方法。

四、灌注术的副作用、并发症及处理

在经导管灌注术的操作过程中、治疗时、治疗后，可能出现多种副作用、不良反应及并发症，现就较常出现的副作用、并发症及其一般的处理原则阐述如下。一般可分为两类：①与介入操作相关的并发症；②与灌注药物相关的副作用或并发症。

（1）导管梗阻：保留导管者可能发生导管梗阻。维持足够量的液体通过导管（50～60ml/h）是防止这一并发症的最好办法。

（2）灌注后患者出现疼痛或恶心、返酸等：当行肝动脉灌注化疗时，患者出现疼痛或恶心，这表明灌注药物可能进入胃右或胃十二指肠动脉，由溃疡、胃十二指肠炎和出血所引起。此时应停用灌注化疗，并予对症处理，直至症状消退。

（3）灌注动脉血栓形成：当在小动脉置管灌注时，刺激了动脉内膜，引起血管内膜水肿、撕裂，造成血栓形成。

（4）较大剂量的化疗冲击灌注，易引起骨髓抑制，白细胞及血小板减少，故需根据患者耐受情况采用合适的药物剂量。当出现骨髓抑制时，需及时对症处理。

（5）经肝动脉灌注化疗可引起药物性肝炎、胆管硬化、肝功能受损等并发症。除应积极予以护肝处理外，超选择插管有可能减少正常肝组织的损伤，从而减少毒性反应。

（6）局部反应：部分患者可出现异味感和刺激性咳嗽，为化疗药物的局部刺激所致，轻者可不处理，咳嗽剧烈者可予镇咳药物治疗。内乳动脉、肋间动脉参与供血行动脉灌注化疗可出现相应的局部症状。

（7）脊髓损伤：为支气管动脉灌注术最严重的并发症之一，可由于脊髓动脉受化疗药物刺激、造影剂刺激、导管阻断血流及血栓形成等因素所致。表现为术后数小时开始出现脊髓横断性损伤症状，如平面以下的感觉、运动功能减退或消失、尿潴留等。一旦发生脊髓损伤，应积极处理，应用血管扩张剂、脱水剂、适量激素和维生素等药物，以缓解脊髓和神经水肿所致的继发症状。多数患者可在2～8周内部分或完全恢复，严重者可致永久性截瘫。应用非离子型造影剂，注意识别脊髓动脉及轻柔熟练的操作可减少脊髓并发症的发生。

（8）局部反应：主要为高浓度药物进入正常组织的毒副反应，如进入臀上、臀下动脉所致的臀部疼痛、皮肤红斑、溃疡等。超选择性插管进入肿瘤供血动脉。尽量避开正常动脉分支可减少此类并

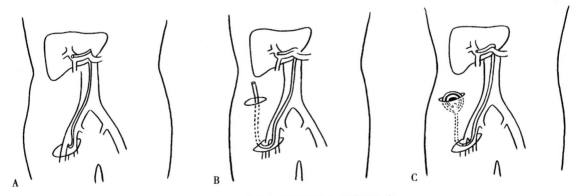

图 3-2-3 全植入式导管药盒系统置入法
A. 药盒留置管引入靶血管；B. 另一端置于皮下；C. 与药盒连接，药盒埋入皮下

发症的发生。

（9）下肢无力及皮肤异常刺激感：常发生于盆腔肿瘤的动脉灌注化疗后，多为化疗药物刺激所致局部神经、血管、肌肉供血障碍，可行扩张血管药物及神经营养药物治疗。

五、临床应用与进展

动脉内药物灌注术，使药物能高浓度进入病变区，从而提高对局灶性病变的治疗效果，减少药物的毒副作用。目前临床上常用于治疗恶性实体肿瘤，动脉痉挛或闭塞引起的缺血性病变，动脉内血栓形成的溶栓等。本节主要介绍其在恶性肿瘤中的应用，对于灌注术在缺血性病变及动脉内溶栓等内容将在其他章节介绍。

近年，肿瘤的化疗性 IAI 在临床上愈加受重视。它可作为肿瘤术前的一期治疗，待肿瘤缩小后行二期手术切除，故可提高手术根治的成功率，也可作为术后预防局部复发转移的治疗和不能手术的单纯姑息性治疗。目前已经在临床中应用于全身各种组织来源的恶性肿瘤的灌注化疗术，包括头颈部恶性肿瘤、胸腹部恶性肿瘤、骨科及软组织恶性肿瘤，以及全身各种转移性肿瘤。作为姑息性化疗术 TAI 比全身性化疗的生存期明显延长，患者的生存质量得到显著提高，因而也就得到临床的广泛开展。

在施行 IAI 术时一般采用联合化疗，因为联合化疗有以下优点：①在每种药物的可承受的药物毒性范围内，联合化疗能最大限度地杀伤肿瘤细胞；②由于肿瘤细胞的异源性，联合化疗能起到扩大化疗药物与肿瘤细胞间的作用范围，起到大规模杀伤肿瘤细胞的作用；③联合化疗也能减慢肿瘤细胞耐药性的产生。因而，在各个部位和不同组织起源的恶性肿瘤应该有不同的化疗方案。

（一）肺癌

1. 适应证

（1）中晚期肺癌，病灶尚局限于胸内者。

（2）有手术禁忌证或各种原因不能手术切除者。

（3）肺癌手术切除前局部化疗以提高手术成功率，降低转移发生率和复发率。

（4）手术切除术后局部化疗。

（5）肺癌切除术后复发或肺内转移者。

（6）虽为 TNM 分期Ⅰ、Ⅱ期肺癌，但无法行手术切除或放疗者。

2. 禁忌证

（1）心、肺、肝、肾功能严重受损或衰竭的恶病质患者。

（2）合并有其他化疗或血管造影禁忌证。

3. 临床应用与进展
目前，经支气管动脉灌注化疗（bronchial arterial infusion，BAI）治疗肺癌已广泛应用于临床，其疗效及临床价值已有诸多报道，并得到医学界较高的认可。BAI 所用的抗癌药物和方案与全身静脉化疗基本一致，以顺铂、卡铂和奈达铂等铂类化疗药为基础用药。对非小细胞肺癌（NSCLC），长春地辛、紫杉醇、多西他赛、吉西他滨及长春瑞滨、培美曲塞等 2～3 种药联合应用。由于所选择病例、用药种类、药量及治疗次数不同，各家报道的疗效差异较大。Osaki 等用 BAI 顺铂治疗早期中央型肺癌，所有病例在 1～6 周内肿块明显缩小。国内有关 BAI 临床应用的报道较多，近期疗效显著，有效率为 68%～97%，与手术、放疗、全身化疗等配合可提高远期疗效。BAI 可使原来不能手术者有可能获得根治性手术切除机会，并不增加围手术期并发症和死亡率。So 等为不能手术切除的Ⅲ期中心型肺癌患者行 BAI 后，成功行隆凸切除再造的根治性手术；国内有报道 58 例影像学诊断手术切除难度较大或不能手术切除的中央型 NSCLC 患者行 BAI 治疗后，其中 31 例患者获得根治性手术切除。Ogata 等报道 517 例Ⅲ期肺癌患者术前行 BAI 者 5 年生存率达 20.7%，较未行术前 BAI 治疗者 5.2% 的生存率显著提高。近年有报道应用伊立替康联合顺铂经支气管动脉灌注加静脉化疗的方法治疗小细胞肺癌，近期疗效满意，临床有效率：CR＋PR（67.4%），SD（16.3%）。中位生存期为 13.2 个月，1 年生存率 46.5%，2 年生存率 23.3%。但类似报道目前偏少，其临床应用价值及相关安全性等仍有待进一步验证。总体而言，BAI 和全身化疗、放疗结合不仅可提高肺内原发病灶近期疗效，而且对亚临床病灶和远处转移病灶有良好预防和控制作用，进而提高远期疗效（图 3-2-4）。

（二）肝癌

1. 适应证

（1）原发性肝癌无外科手术指征或拒绝手术者。

（2）术前局部化疗，减少术中出血及术后复发播散。

（3）失去手术切除机会的中晚期肝癌。

（4）手术切除不彻底或有可疑子灶者。

（5）肝癌外科手术后复发。

（6）转移性肝癌。

2. 禁忌证

（1）心、肝、肺、肾功能严重损害或衰竭的恶病质患者。

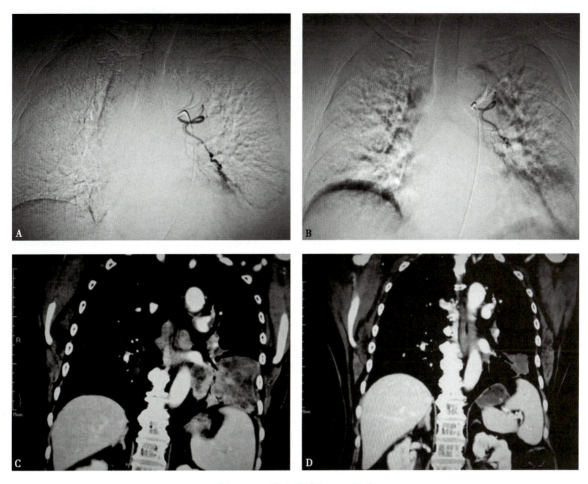

图 3-2-4 左肺腺癌行 BAI 治疗

A. 治疗前左支气管动脉造影，可见动脉远端增粗迂曲，末梢有不规则染色；B. 行 BAI 治疗 4 个疗程，DSA 显示左支气管动脉变细，远端不显影，末梢染色消失；C. 治疗前 CT 示左下肺团块状肿物；D. BAI 后肺内病灶明显缩小

（2）其他化疗和血管造影禁忌证。

（3）肝功能严重障碍，Child-Pugh C 级，严重黄疸、腹水的患者。

3. 临床应用及进展 经导管肝动脉化疗栓塞术（transcatheter arterial chemoembolization，TACE）已成为公认的原发性肝细胞肝癌（hepatocellular carcinoma，HCC）主要治疗手段之一，特别是对于中晚期或术后复发的 HCC，能明显提高患者的生存期。TACE 已在临床上广泛应用，一般认为 TACE 中的栓塞治疗在 HCC 治疗中发挥主要作用，术中的一次性灌注化疗只起到辅助治疗的效果。也有学者认为，由于 HCC 的特点，化疗对肿瘤杀伤作用有限。秦叔逵等人通过一项随机多中心研究（EACH 试验），表明应用 FOLFOX4 方案经静脉治疗不可手术切除的 HCC 可延长患者的无进展生存期（progression free survival，PFS）和提高治疗的反应率（response rate，RR），并有提高总生存期

（overall survival，OS）的趋势。该研究提示化疗在 HCC 治疗中有不可忽视的作用。近年，Gao 等人进行了一项前瞻性研究，将对不可手术且无肝外转移的 HCC 患者分为两组，其中一组行单纯 TACE 治疗（碘化油栓塞＋术中注入表柔比星），另一组在 TACE 基础上留置导管于肝动脉内，经导管连续灌注奥沙利铂及 5- 氟尿嘧啶维持 24 小时，即经肝动脉灌注化疗（hepatic arterial infusion chemotherapy，HAIC）。结果显示单纯 TACE 组的客观反应率（objective response rate，ORR）为 45.9%，TACE＋HAIC 组为 68.9%；TACE＋HAIC 组的疾病控制率（disease control rate，DCR）为 86.7%，略高于 TACE 组，但两者无统计学差异。在中位无进展生存期（median progression free survival，mPFS）方面，TACE＋HAIC 组为 8.0 个月，而 TACE 组只有 4.5 个月，前者明显优于后者。该研究结果提示对于无外科手术指征的中晚期 HCC 患者，采用奥沙利铂＋5- 氟尿嘧啶

的经肝动脉持续灌注化疗联合栓塞治疗,较传统的 TACE 治疗有更好的疗效,且安全性也得以证实。目前,国内一些医疗机构也相继开展 TACE + HAIC 治疗中晚期 HCC 的临床实践和研究,并显示出较好的初步结果(图 3-2-5)。Obi、SHAO 等人的研究报道也提出 HAIC 在 HCC 的治疗中具有一定的临床价值,展示出较好的疗效和安全性,即使晚期 HCC 或合并门静脉癌栓的患者也可能获得更好的生存机会(图 3-2-6)。但由于目前尚缺乏大宗临床数据的支持,TACE + HAIC 的最优化方案及确切的临床价值仍有待进一步验证。另外,迄今已有较多的临床研究表明,以奥沙利铂为基础药的 HAIC 在治疗结直肠癌肝转移瘤方面也显示出令人满意的疗效和安全性(图 3-2-7)。

(三)膀胱癌

1. 适应证

(1)膀胱癌各期即使是早期膀胱癌,也常有淋巴结转移,因此各期膀胱肿瘤均可行药物灌注化疗以提高疗效。

(2)术前、术后辅助治疗。

(3)浸润性膀胱癌患者,拒绝切除膀胱或要求保留膀胱的,行姑息性治疗。

(4)膀胱癌切除术后复发。

2. 禁忌证

(1)心、肺、肝、肾功能严重损害或衰竭的恶病质患者。

(2)其他化疗和血管造影禁忌证。

3. 临床应用与进展

膀胱癌根据其浸润的深度分为表浅性膀胱癌和浸润性膀胱癌,对于表浅性膀胱癌,尽管经尿道膀胱肿瘤电切术(transurethral resection of bladder tumor, TURBT)有完全切除肿瘤的可行性,然而在临床治疗中仍有较高的复发率。浅表性膀胱癌 TURBT 术后辅以膀胱灌注加介入动脉灌注化疗可有效降低和延缓肿瘤的复发、进展,明显地提高患者的生存率及生活质量。国内有报对 TURBT 术后病理确诊为肌层浸润的膀胱癌患者,术后 2 周开始采用髂内动脉灌注化疗加膀胱腔内灌注化疗的治疗方案,共治疗 4～6 次,显示无肿瘤复发生存率:1 年为 89.2%,3 年为 65.2%,5 年为 37.5%。国外亦有相类似的报道,但随访显示总体生存率更稍偏高。目前,较多学者认为经盆腔动脉灌注化疗对浅表性膀胱癌 TURBT 术后有一定的辅

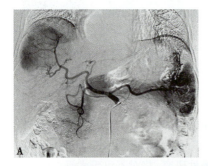
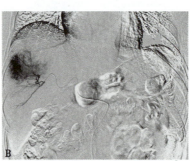
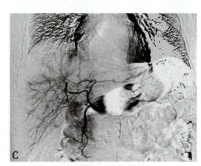
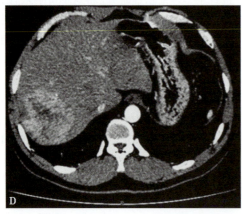
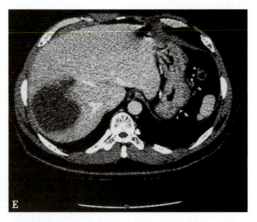

图 3-2-5　TACE + HAIC 治疗 HCC

A、B. 治疗前 DSA 显示肝右叶团块状肿瘤染色,血供丰富,微导管超选行明胶海绵栓塞治疗,并留置导管应用 FOLFOX4 方案持续经肝动脉灌注化疗;C. 治疗后 DSA 见原肿瘤染色基本消失;D. 治疗前 CT 显示肝肿瘤强化明显;E. 治疗后 CT 示肿瘤病灶坏死明显,瘤区无强化表现

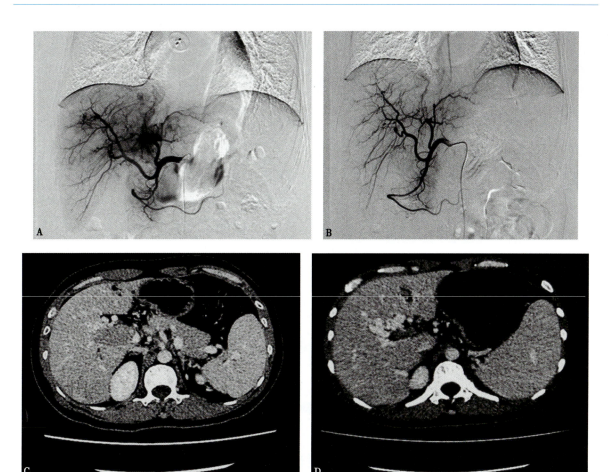

图 3-2-6　HAIC 治疗 HCC 门静脉癌栓

A. 肝动脉 DSA 造影显示门静脉癌栓有染色, 成团片状; B. 应用 FOLFOX4 方案经肝动脉灌注化疗 4 个疗程, DSA 见门静脉癌栓染色基本消失; C. 治疗前增强 CT 可见门脉主干内癌栓形成; D. 治疗后门脉癌栓明显缩小

助治疗作用, 可降低术后复发或转移的风险。对浸润性膀胱癌的经动脉导管化疗始于 20 世纪 70 年代, 目前主要用于术前新辅助治疗或晚期膀胱癌的姑息治疗, 在保留膀胱、降低复发率及改善预后和生存质量等方面有一定疗效, 毒副作用较全身静脉化疗轻微 (图 3-2-8)。日本学者 Azuma H 对 83 例年龄大于 70 岁浸润性膀胱癌患者, 采用球囊阻断髂内动脉灌注顺铂/吉西他滨化疗, 有 43 例患者完成此治疗, 结果 CR > 90%, CR 患者在 160 周内无复发。5 年、12 年总存活率为 92.7%, 69.5%。对于保膀胱术后辅助化疗的确切疗效目前尚缺乏多中心大样本分析, 各家结果差异明显。国内李家平等人对高风险浅表膀胱癌 (T1G3) 保膀胱术后区域动脉灌注化疗联合膀胱腔内化疗的疗效进行分析, 研究中位随访 29.5 个月, 证实经动脉局部灌注化疗加膀胱腔内灌注化疗 (IVP) 的术后总复发率明显低于单纯 IVP 化疗组, 约为 14% 和 46%。术后肿瘤首次复发曲线显示: 术后前 20 个月内, 曲线变

化幅度较明显, 而 20 个月后, 曲线几乎成直线, 表明术后肿瘤复发在前 20 个月内较明显, 而 20 个月后肿瘤复发较少; 联合灌注组与单纯腔内灌注组的肿瘤中位复发间隔分别为 15 个月和 6.5 个月。

(四) 妇科恶性肿瘤

1. 适应证

(1) 中晚期宫颈癌, 无论是否行手术、是否放疗均可行动脉灌注化疗, 提高总体疗效。

(2) 卵巢癌早期即可出现卵巢表面破坏及腹腔转移, 无论是否适于手术治疗, 作为辅助治疗, 卵巢癌一经确诊均可行动脉灌注化疗。

(3) 妇科恶性肿瘤术后局部残留或术后及放疗后局部复发者。

(4) 妇科肿瘤的转移性病灶。

2. 禁忌证

(1) 心、肺、肝、肾功能严重损害或衰竭的恶病质患者。

(2) 其他化疗和血管造影禁忌证。

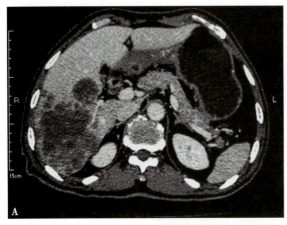
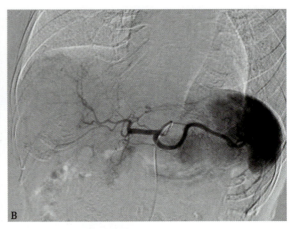

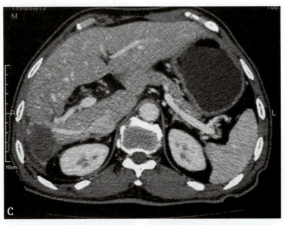

图 3-2-7　结肠癌术后肝转移瘤经肝动脉灌注化疗

A. 治疗前 CT 示肝右叶多个转移病灶；B. DSA 造影肿瘤染色不明显，病灶表现乏血供；

C. 行多次经肝动脉灌注化疗后复查 CT，显示转移瘤病灶范围明显缩小

3. 临床应用与进展　介入治疗作为综合治疗妇科恶性肿瘤的手段之一，越来越被广大学者所认同。目前，主要应用于中晚期宫颈癌、卵巢癌手术或放疗前的辅助治疗，以及不可手术切除或复发性宫颈癌的姑息治疗（图 3-2-9）。Aoki 等采用低剂量持续经髂动脉灌注化疗治疗 11 例 I b-Ⅲ期宫颈腺癌，获得 7 例部分缓解（64%）、3 例稳定（27%）、1 例进展（9%）的结果，平均生存 34.7 个月，随访平均时间 30 个月，5 年生存率为 21.2%。该研究显示出一定的近期疗效，由于病例数偏少，远期疗效尚未能得以证实。有学者采用皮下置入化疗药盒进行持续多疗程髂内动脉灌注化疗，可提高局部药物浓度。该法联合放疗治疗晚期或复发性宫颈鳞癌，获得最长达 85 周的无进展生存时间。Strecker 等报道采用该法治疗晚期或复发性宫颈癌或子宫内膜癌，随访 2 年，有 50% 完全缓解，21% 部分缓解，50% 患者临床分期可以降期。手术前介入化疗亦能缩小肿瘤体积，降低癌细胞的活性，减少术中癌细胞播散及术后转移复发的风险，提高手术切除率，从而改善预后。Yamakawa 等对 26 例初治的 I b2～Ⅲb 期宫颈癌患者，给予 2 个疗程介入灌注化疗，3 周为 1 个疗程，药物包括博来霉素、丝裂霉素、顺铂等，对照组进行常规放疗。结果显示介入化疗组的有效率为 73.1%，其中 14 例（包括所有 I b2 期及对化疗有反应的Ⅱ-Ⅲ期）均行根治性子宫切除和盆腔淋巴结切除术，术后病理有效率为 86.7%，与对照组比较淋巴结转移、宫旁浸润、脉管浸润的发生率较低，差异有统计学意义，5 年生存率（80%）显著高于对照组（59.6%）。对Ⅲb 期患者在动脉灌注化疗后再行手术治疗的疗效也明显优于单纯放疗者。卵巢癌也是最常见的妇科恶性肿瘤之一，75% 的患者就诊时已经发展到晚期。手术干预＋铂类联合紫杉醇的标准一线化疗可以给患者带来 16～22 个月的无进展期和 3～4 年的总生存期。虽然一线化疗药对大多数卵巢癌患者有效，完全缓解率也可以达到 40%～60%，但会有 70%～

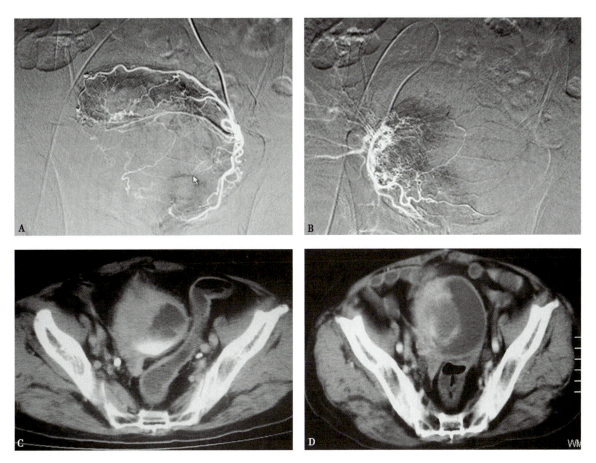

图 3-2-8 膀胱动脉插管灌注

A、B. 膀胱癌双侧膀胱动脉造影示膀胱右侧壁、顶壁异常增多、迂曲的血管网,可见团块状肿瘤染色,经双侧膀胱动脉行灌注化疗;C. 治疗前 CT 示膀胱内浸润性肿块;D. 经多次膀胱动脉灌注化疗后,CT 复查肿瘤明显缩小,肌层较前显示清晰

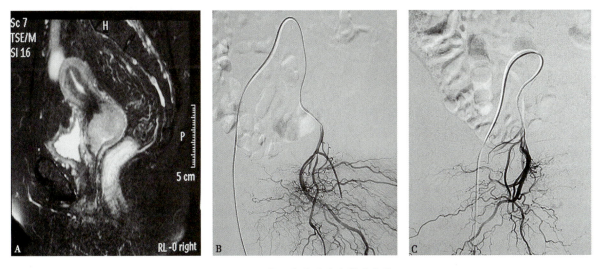

图 3-2-9 宫颈癌盆腔动脉灌注化疗

A. MRI 显示宫颈癌病灶;B、C. 双侧髂内动脉 DSA 并行经导管动脉灌注化疗

80%的患者在18~28个月内复发。随着医疗技术不断提高和学者们系统化的研究，动脉灌注化疗在卵巢癌中的应用逐渐得到临床医生的认可。自1995年以来，开展了晚期卵巢癌术中行髂内动脉灌注化疗，后经大量的试验统计和临床实践证明此方法有良好的治疗效果，并且介入灌注化疗避免了很多传统静脉给药与腹腔化疗的不足。

4. 副作用、并发症及处理

（1）皮肤色素沉着及坏死：导管在皮肤供血血管内停留时间过长，血栓形成，以及化疗药物刺激所致。多发生于介入治疗后5~7天，表现为皮肤红斑并逐渐增大、颜色加深，出现色素沉着及中心坏死。可予以扩张血管药物及抗感染治疗处理，严重者需行清创术。

（2）下肢无力及皮肤异常刺激感：多为化疗药物刺激所致局部神经、血管、肌肉供血障碍，可行扩张血管药物及神经营养药物治疗。

（3）下肢脉管炎：多由化疗药物毒性刺激引起，可行扩张血管药物及合理抗生素治疗，超选择性插管可减少此类并发症发生。

除上述所枚举的IAI在不同肿瘤的临床应用情况外，动脉灌注化疗术还可应用于颅内肿瘤、胰腺癌、胃癌、肾癌、四肢及软组织恶性肿瘤等不同领域。可以预期，随着医疗设备发展及药物性能的改进，IAI将在肿瘤治疗方面发挥更广泛的临床应用价值。但在灌注药物的应用原则、灌注方法的选择以及与其他肿瘤治疗手段的配合等诸多问题仍有待进一步探讨和临床验证，这也是今后有价值的研究课题。

（杨建勇）

第三节 溶 栓 术

一、概述

溶栓是临床上血栓性疾病有效的治疗手段，分为全身溶栓和选择性溶栓。本节主要讨论选择性溶栓，选择性溶栓分为局部药物溶栓和机械溶栓两种，在本节主要讨论局部药物溶栓治疗。

纤维蛋白是构成血栓的基础成分。溶栓治疗就是纤维蛋白的水解过程，即纤维蛋白被分解成水溶性纤维蛋白降解物（fibrin degradation product, FDP）。在选择性溶栓中为了加强内源性纤溶系统的作用，常常引入外源性的纤溶物质，即纤溶剂。相比于全身溶栓，选择性溶栓具有血栓内药物浓度高、溶栓效率高、并可减少血栓外和循环系统内纤维蛋白原的丢失等优点。

二、动脉溶栓的机制

（一）纤溶系统的组成

内源性纤溶系统包括纤维蛋白、纤溶酶、纤溶酶原、纤溶酶原激活剂、纤溶酶原抑制剂和抗纤维蛋白溶解酶。

（二）血栓形成

凝血过程需要多种因子参与，过程复杂。凝血途径分为内源性和外源性，其核心是从凝血酶原转化成凝血酶，是血浆中以非活化状态的多种凝血因子经过一系列转化过程的结果。

当动静脉管壁损伤或动脉粥样斑块破裂、暴露，组织因子进入血液。组织因子活化Ⅶ因子，是外源性凝血途径的初始触发因子。外源性凝血途径启动源自组织因子与Ⅶa因子结合成Ⅶa因子组织因子复合物。该复合物导致Ⅸ和Ⅹ因子活化。Ⅸa因子和Ⅷa因子形成激活Ⅹ因子复合物。Ⅹa因子和Ⅴ因子结合，Ⅹa因子和Ⅴa因子形成凝血酶原酶（凝血酶原激活复合物）。复合物中Ⅹa因子活化凝血酶原为凝血酶，后者将纤维蛋白原转化成纤维蛋白单体。

内源性凝血途径是在前激肽释放酶和高分子激肽原辅助下，活化Ⅻ因子成Ⅻa因子。Ⅻa因子、Ⅷa因子和Ca^{2+}组成复合物聚集在活化的血小板表面激活Ⅹ因子成Ⅹa因子，最终活化凝血酶原为凝血酶。

凝血酶活化血小板，Ⅴ、Ⅷ。Ⅸ因子的产生，介导纤维蛋白原形成纤维蛋白。纤维蛋白原是对称蛋白，通过二硫键连接两部分，每部分由α、β、γ三条链组成，纤维蛋白肽A、B分别附于α，β链上。血小板活化后从血小板释放。在凝血酶作用下，纤维蛋白肽A、B断裂，纤维蛋白原形成纤维蛋白分子。ⅩⅢ因子作用下，γ链形成稳定的交叉结构，随后α链也出现稳定的交叉结构。

（三）纤维蛋白溶解

首先纤维蛋白原激活剂将纤维蛋白酶原转化成纤维蛋白酶，纤维蛋白酶降解纤维蛋白。纤维蛋白酶原是由肝脏合成的单链糖蛋白，以非活化酶形式存在于血浆和纤维蛋白或内皮细胞中，血栓偶联纤溶酶原必须和纤溶酶激活剂相互作用才能发挥作用，故此纤溶酶原激活剂必须进入血栓。血栓内与纤维蛋白偶联着足够的纤溶酶原，因此，血液中纤溶酶不是溶栓治疗的必要条件。

纤溶酶原体内主要激活剂是组织纤溶酶原激活剂（tissue plasminogen activator，tPA），还有数条激活途径如 XIIa 因子、XIa 因子和激肽释放酶等。纤溶酶原的主要底物是纤维蛋白，将其裂解为纤维蛋白降解物（如 FDP X，Y，D 和 E）。

1. 纤溶酶原的激活剂　纤溶酶原激活剂分为纤维蛋白特异性和纤维蛋白非特异性两种，包括链激酶、尿激酶和组织纤溶酶原激活剂（tPA）。其中链激酶、尿激酶属于纤维蛋白非特异性激活剂；组织纤溶酶原激活剂（tPA）属于纤维蛋白特异性激活剂。

2. 纤溶酶抑制剂　纤溶酶原激活剂抑制剂（plasminogen activator inhibitor，PAI）有四种类型：PAI-1，PAI-2，PAI-3 和蛋白酶连接蛋白。PAI-1 由内皮细胞合成，在血浆中抑制组织纤溶酶原激活剂的作用最重要。PAI 也从活化血小板分泌，当使用大量的纤溶酶原激活剂进行血栓内溶栓时，PAI 不足以明显影响治疗。

α_2- 抗纤溶酶，在血浆中快速结合纤溶酶形成不可逆稳定复合物：纤溶酶 - 抗纤溶酶复合物。游离纤溶酶与 α_2- 抗纤溶酶结合速度比它与纤维蛋白结合速度快得多。

凝血酶 - 活化的纤溶抑制剂（thrombin activation of fibrinolysis inhibitors，TAFI）也叫血浆羧肽酶 B。凝血酶与血栓调节蛋白结合时激活 TAFI，抑制纤维蛋白溶解。①通过裂解纤维蛋白羧基端，降低纤维蛋白经 tPA 促进纤溶酶原活化能力；②直接抑制纤溶酶活性，和纤维蛋白交叉连接形成纤维蛋白栓子，防止血栓过早消散；③增强纤维蛋白溶解活性。

α_2- 巨球蛋白是一种广泛性蛋白酶抑制剂，可缓慢灭活纤溶系统的许多成分，包括纤溶酶，tPA 和链激酶 - 纤溶酶（原）复合物。当纤溶酶浓度超过 α_2- 抗纤溶酶的容量时，α_2- 巨球蛋白才会有重要作用。

3. 血栓成分　血栓是由纤维蛋白网络和红细胞、白细胞、血小板等组成。

血小板是通过 von Willebrand 因子、胶原、纤维蛋白原、纤维连接蛋白和玻璃体结合蛋白、层黏蛋白和血小板凝血酶敏感蛋白的受体黏附至受损血管内皮下表面，达到止血效果。活化的血小板脱颗粒，以及释放促进周围血小板活化物质。动脉壁受损后血小板黏附于受损区域，活化的血小板发生结构性改变，暴露了 GP IIb/IIIa 受体。血小板包括 4 万~8 万个 GP IIb/IIIa 受体、纤维蛋白原等蛋白

以及 von Willebrand 因子。纤维蛋白原等蛋白以及 von Willebrand 因子具有多个与血小板结合的位点，从而引起交联反应和血小板聚集。血小板释放物质激活其他聚集血小板，最后形成血栓。激活血小板释放物质有 α_2- 抗纤溶酶、纤溶酶原激活剂抑制剂 -1（PAI-1）、纤维蛋白原、5- 羟色胺、Ca^{2+}、肾上腺素以及 ADP，同时血小板也分泌 TXA_2、血小板因子 4（肝素抑制剂）以及因子 XIII。因子 XIII 刺激纤维蛋白交联，具有三种抗纤维蛋白溶解特性：①强力促进纤维蛋白交联，和非交联纤维蛋白相比，降低纤维蛋白溶解率；②加速 α_2- 抗纤溶酶和纤维蛋白的交联；③促进纤维蛋白粘连素和纤维蛋白的交联，促进成纤维细胞在血栓内的迁移。纤维蛋白粘连素是一种结构蛋白，提供网络结构，成纤维细胞能迁入病灶中，进一步形成胶原。

由于富含血小板的血栓含有更多的纤维蛋白丝，与 r-tPA 结合率降低，导致富含血小板的血栓比红细胞丰富的血栓更难溶解。GP IIb/IIIa 抑制剂通过将纤维蛋白从血小板整联蛋白受体中解除连接，以及在血小板 - 纤维蛋白界面上促进纤维蛋白溶解提高溶栓效果。

血栓中血小板的浓度和活性也影响溶栓效果。动脉血栓主要以血小板为主，静脉血栓以纤维蛋白和红细胞为主。在血栓头部，血小板浓度较高，血栓内高浓度血小板常与致密纤维蛋白相伴。在血栓溶解过程中，血小板仍有活化即分泌的可能。因此，溶栓过程中需要联合使用抗血小板和抗血栓治疗。

血栓表面和内部结构成分不同，外周纤维蛋白丝比深层纤维丝更细，编织更为致密。因此，血栓表面的空隙更小，有利于保护血栓内凝血酶，防止纤溶酶原、纤溶酶原激活剂的进入，防止血栓溶解。因此，采用导管破坏血栓的表面，使溶栓剂进入血栓内部，更易于溶解血栓。由于致密纤维蛋白贯穿血栓，阻挠了溶栓剂在血栓内扩散，因此在血栓内使用机械溶栓、脉冲喷射灌注和移动导管有利于溶栓物质在血栓内分布，提高溶栓效果。

大于 2 周的陈旧性血栓相比新生血栓更难以溶解，可能是白蛋白与纤维蛋白持续结合或成纤维细胞沿纤维蛋白粘连素途径迁徙造成的胶原蛋白沉积，而血栓内一旦出现成纤维细胞聚集和机化，将难以溶解。在临床上被称为不可溶解血栓。

另外，血栓形成与溶解，溶栓与再发血栓存在动态平衡。在溶栓过程中，凝血酶结合纤维蛋白分解为凝血酶结合 FDP。这种凝血酶仍然具有转化

纤维蛋白原成为纤维蛋白的能力，是一种血小板激活剂。因此，在溶栓和机械溶栓时，血小板的激活也同时激活，而且伴有红细胞的破坏以及血小板激活 ADP 和前凝血质的释放。故抗血小板可以降低再发血栓的风险。同时，应激状态下肾上腺素水平常升高，肾上腺素也是血小板的激活剂。

4. 抗凝血剂　由于纤维蛋白溶解过程同时激活血栓形成，因此此抗凝血剂的使用有助于抑制凝血酶活性，抗凝血药物阻碍凝血因子合成及其功能。

凝血酶抑制剂包括目前市售的水蛭素（hirudin）和比伐卢定（bivalirudin）。水蛭素与凝血酶形成不可逆性复合物，一旦出血没有解毒剂可用。主要在肾脏清除，静脉给药血浆半衰期为 40 分钟，皮下注射半衰期为 120 分钟。目前已经成功应用在肝素导致的血小板减少症导致的血栓的治疗。

比伐卢定（bivalirudin）是半合成、二价凝血酶抑制剂，对凝血酶活化位点仅仅是暂时性抑制，因此比水蛭素更安全。主要以肝脏代谢为主，更适合于肾功能不佳患者。

抗凝剂有华法林（香豆素）和肝素。华法林是口服抗凝剂，其抗凝作用可被维生素 K 依赖性促凝血药物中和。维生素 K 调节凝血因子 Ⅱ、Ⅶ、Ⅸ、Ⅹ 生成，维生素 K 拮抗剂抑制该过程产生抗凝作用，它间接作用于凝血系统，作用缓慢。

肝素是多聚葡氨糖，其作用主要以低分子量肝素形式完成，通过激活抗凝血酶并形成复合物，抑制凝血酶和 Ⅹa 因子来阻碍凝血酶形成和降低其活性。肝素可以提高抗凝血酶活性至少 100 倍，但是不能抑制血栓内纤维蛋白结合凝血酶或血小板相结合的 Ⅹa 因子的活性。此外，肝素的低分子量可以非特异性地与血浆蛋白结合，限制了肝素和抗凝血酶、肝巨噬细胞、成骨细胞、破骨细胞、血小板 Ⅳ 因子相结合，导致肝素介导的血小板减少症（HIT）。低分子肝素具有不易于与血浆蛋白和血小板结合的特性，具有更好的抗凝效果，长期应用可导致骨质疏松。

5. 抗血小板剂　血小板在血栓形成过程中，可以被血管损伤、导管、球囊、支架等和溶栓过程所激活。溶栓过程中，血栓结合血凝酶暴露，导致血小板活化和凝血反应的开始，导致血栓在此形成。因此，抑制血小板是溶栓的重要辅助过程，可以加快血栓溶解速度，使再发血栓率降低。

阿司匹林（aspirin）主要影响血栓素 A_2 合成，不可逆地抑制血小板环氧化酶，从而抑制血小板聚集。口服吸收，血浆浓度 2 小时达到峰值。

噻吩并吡啶类（thienopyridines）包括噻氯匹啶和氯吡咯雷，是 ADP- 诱导血小板聚集抑制剂，抑制 ADP 与其受体结合及后继的 ADP- 间接活化 GPⅡa/Ⅲa 复合物达到目的，使血小板 ADP 受体不可逆改变。

西洛他唑（cilostazol）是 cAMP 磷酸二酯酶 Ⅲ 抑制剂，血小板中 cAMP 量增加抑制了血小板聚集，属于可逆性抑制。目前市售的还有双嘧达莫。

GPⅡa/Ⅲa 受体抑制剂是血小板聚集的最终共同通路。GPⅡb/Ⅲa 受体和纤维蛋白原以及 von Willebrand 因子结合形成血栓。GPⅡa/Ⅲa 受体抑制剂阻止血小板聚集抑制血栓形成。分为两种：免疫球蛋白和小分子。阿西单抗是免疫球蛋白；小分子拮抗剂包括依替巴肽和替罗非班。在出血并发症方面，与血小板结合时间不同很重要，阿西单抗的作用可以被输注的血小板快速逆转，但是小分子不能通过输注血小板而逆转。

阿西单抗（abciximab）静脉团注后血浆游离浓度迅速下降，半衰期为 10～30 分钟。虽然阿西单抗以血小板结合状态存在血液中可达 10 天，但血小板功能常在 48 小时内恢复，同时由于其循环周期长，在溶栓及血栓形成过程中，可以预防血小板黏附。

替罗非班（tirofiban）是高选择性非肽类物质，抑制血小板聚集，具有剂量和浓度依赖性，其作用可以维持在灌注后 4 小时消失。半衰期为 2 小时。

依替巴肽（eptifibatide）是作用迅速的抗血小板药物，一般在灌注后 4 小时后作用完全消失。抗血栓作用是剂量依赖性，与给药时间有关。

三、溶栓策略

溶栓同时也发生血栓形成，而且溶栓部位局部处于高凝状态。目前溶栓的同时进行抗凝血酶和抗血小板治疗已经成为溶栓治疗方案一部分。

临床上，溶栓时应该联合应用抗凝剂和抗血小板剂。尿激酶溶栓时可以使用较大剂量的肝素，但是当肝素与 tPA 联合使用就要非常小心。血栓内应用肝素常激活血栓内抗凝血酶Ⅲ。因此，需要在治疗过程中检测全身活化凝血时间（ACTs），尤其是溶栓进展缓慢或血栓再形成时。同样在治疗前需要短期服用阿司匹林，并且根据临床具体情况，必要时考虑使用 GPⅡa/Ⅲa 受体抑制剂。

在成功溶栓后数小时会出现血栓再形成。其原因主要有几个：①原病变血管持续存在；②血栓为未完全溶解，部分堵塞血管腔，增强了血小板黏附；③溶栓后残留血栓继发激活血小板和凝血因子；④肝素或纤维蛋白（原）降解产物残留的抗凝作用逐渐减弱；⑤抗血小板治疗或抗凝治疗的不连续性。血栓再形成也与纤溶药物的血浆半衰期关系密切。

在预防血栓再形成的措施中包括持续溶栓直到血栓完全溶解、早期血管成形术、支架植入和抗凝剂抗血小板剂的使用。

目前脉冲喷射药物机械溶栓是临床上广泛应用的导管，它将多侧孔导管插入血栓中，纤溶药物在高压下经导管注入血栓内，具有溶栓速度快，有效性高和安全性高的优点。具体特点：①纤溶药物穿透性高，利于冲散血栓增加接触面积，同样穿透血栓阻碍溶解的表面隔膜；②溶栓物质和循环血液隔离，降低了血浆中纤溶酶抑制剂对纤维蛋白的抑制，减轻了全身的副作用；③提高溶栓速率；④高浓度溶栓剂有利于提高溶栓效率并抑制血栓内抑制剂的抑制作用；⑤血栓内应用肝素和全身抗血小板的使用有助于抑制血栓再形成；⑥小剂量有助于降低栓塞的发生率；⑦联合腔内成形和支架植入，有利于消除残余管腔狭窄，增加血流量。

四、临床应用

临床上溶栓治疗并不是单一治疗，常联合开放手术治疗。溶栓治疗取决于几个因素：患者的症状、病变部位和解剖、与替代治疗方案的利弊比较和溶栓治疗的禁忌证。溶栓治疗具有并发症低和死亡率低的优点。

（一）适应证

1. 任何年龄、任何长度的髂动脉闭塞，伴有严重跛行、局部静息痛或组织缺失（Rutherford 分级 I-3、II或III）。

2. 任何年龄患者，腹股沟以下动脉短段闭塞（2~20cm），Rutherford 分级 I-3、II或III。

3. 任何年龄或任何长度的上肢动脉血栓。

4. 诊断性导管造影或经导管治疗过程中发生的急性血栓。

5. 血液透析通路血栓形成。

6. 有症状的下腔静脉、髂静脉和下肢静脉血栓形成。

7. 肺动脉栓塞合并严重心肺功能不全。

8. 颅内动脉血栓引起的卒中（需要选择合适的溶栓治疗窗）。

9. 颅内静脉血栓。

10. 导管堵塞治疗。

（二）禁忌证

在溶栓治疗中可能导致出血风险增加的患者均不宜溶栓。

1. 近期颅内、胸部和腹部曾行外科手术。

2. 近期内严重外伤。

3. 近期胃肠道出血。

4. 近期卒中或发现颅内肿物。

5. 妊娠。

6. 严重高血压。

7. 出血体质。

8. 血栓部位可能存在感染的患者不宜溶栓治疗。

9. 不可逆性的缺血的病例不适合溶栓治疗。

（三）溶栓方法

目前溶栓的方法有以下几种：

1. 全身静脉灌注，即通过外周静脉给予溶栓剂。

2. 局部动脉灌注，非选择性，导管位于闭塞血管近心端。

3. 血栓内灌注，导管头端位于血栓内。

4. 血栓内团注或拖动注药，在血栓内部注射高浓度溶栓剂冲散血栓，导管位于血栓远端并逐渐回拉至近端，最终使溶栓剂到达整段血栓。

5. 逐步灌注，导管头端位于血栓近端，灌注溶栓剂，血栓局部溶解后导管向远心端推进直至血栓全部溶解。

6. 连续灌注，经导管持续泵入溶栓剂。

7. 分级灌注，逐渐递减给药，早期给予最高剂量溶栓剂灌注，随后间隔一定时间减少灌注量。

8. 脉冲喷射灌注，将溶栓剂强力灌注进入血栓内，增加溶栓药作用面积。

9. 药物机械溶栓，联合器械，不但破坏血栓而且灌入溶栓药物。

（四）溶栓方法简介

1. **动脉溶栓** 一般而言，对需要开通闭塞段一般选择同侧入路会更便于操作。对闭塞段首先使用导丝尝试开通，一般选择导丝软头，因为不容易造成内膜下假性通路，以往认为导丝无法开通的病变溶栓效果不理想，但目前认为导丝开通闭塞段失败与病变溶栓成功并不相关。置入导管后，先进行脉冲式喷射或病灶内拖动注药，然后灌注纤溶剂。固定导管后，回到病房监护，主要观察静脉输液处、穿刺部位和血细胞比容检测是否出现出血并发症，并且经常评价患肢感觉运动情况和治疗部位远端有没有出血征象。不要进行肌内注射并减少任何类型的静脉插管。

溶栓过程中，每2～6小时进行一次血管造影，了解溶栓效果，并根据溶栓情况不断调整剂量和导管位置。在使用大剂量的溶栓剂的方案中，应降低晚间灌注速率，减少夜间溶栓剂量保证安全。

溶栓治疗结束后，进行动脉造影了解治疗效果，若动脉内血栓较前无变化，采用球囊扩张、支架植入或者两者联合解决；若造影显示仍有残留血栓，应继续灌注溶栓治疗。一般来说，溶栓治疗36～48小时后停止，因为治疗时间越长风险越高。

2. 脉冲喷射、药物机械溶栓 脉冲喷射导管是带有小裂孔或小侧孔的非顺应性导管。一般根据闭塞段长度选择导管侧孔长度，导管头端放置于闭塞远端1～2cm以上，留下部分未治疗的血栓，这样有助于溶栓后大块的栓子碎块脱落造成远端血管的栓塞。闭塞段近端溶栓后推进导管治疗远端部分。

当大剂量溶栓剂使用后，若多次动脉造影发现病变血管残腔形态不再改变后，可以停止溶栓，因为血管腔内没有大量的血栓，残余的血管狭窄采用球囊治疗。此时的残余病变可能是机化血栓、无法溶解的血栓、动脉硬化斑块、增生的内膜或者多种成分混合。若仅是管壁的病变，球囊扩张治疗效果较好同时出现远端栓塞风险较少；若腔内存在较大栓子虽然也可以采用球囊扩张治疗，但是远端栓塞的风险增大，必要时外科取栓会更安全。

3. 透析通道的溶栓治疗 透析通道溶栓治疗与动静脉溶栓不同，灌注溶栓已经被证明是无效的。喷射脉冲溶栓被证明是安全、有效、快速的方法。

透析通道的血栓成分复杂，在通道体部主要以富含红细胞的血栓为主，对溶栓敏感，处于病灶近端的血栓则对溶栓不敏感。该处栓子病理研究不多，目前认为以纤维为多，红细胞较少，以白色或富含血小板为特征。因此这段栓子需要采用多种方法治疗，通常使用球囊扩张。

但是溶栓治疗需要进行改良，在通道中段分别在两个点穿刺置入溶栓导管，两根导管交叉放置，更接近病变和流入流出道。先插入向静脉吻合处的导管，若无法通过静脉吻合口，不能溶栓。使用扩张器置换入脉冲喷射导管，有效溶栓长度必须覆盖整个病变，保持侧孔位于通道内。

溶栓药物经两个导管注入，注射时间15分钟，溶栓后若仍有大量血栓则追加溶栓剂；若残余少量栓子采用球囊扩张治疗。

当溶栓治疗完成后，导致通道堵塞的原发病需要进一步处理。静脉吻合口狭窄是导致透析通道失去功能的主要原因，除此之外还有静脉流出道堵塞、动脉吻合口或流入道狭窄和通道内狭窄等。

（五）溶栓中抗凝血酶和抗血小板药物的使用

如前所述，溶栓时血栓快速有效消散取决于抗凝剂和抗血小板药物防止血栓再次形成。溶栓会激活血小板和凝血因子。同时溶栓过程中结合纤维蛋白的凝血酶转化成结合纤维蛋白降解产物的凝血酶，其具有将纤维蛋白原转化成纤维蛋白的作用，是血小板的激活剂。因此，当外源性纤溶剂进入血栓后，在溶栓的同时其实也激活了血小板，也会出现血栓再次形成，在溶栓过程中使用抗凝血酶和抗血小板药物有助于病灶的消散。联合使用这类药物会增加出血的风险。

目前认为使用尿激酶溶栓安全性高，出血风险少，一般联合使用抗凝治疗。尿激酶溶栓时，常给予维持量500～1500U/h的肝素。

而使用组织纤溶酶原激活剂使出血风险增加，故一般放弃抗凝治疗或将肝素降为500U/h以下，具体用法：首次使用2500单位肝素团注，续以500U/h静脉点滴，维持PTT时间在参考值1.25～1.5倍之间。

部分凝血酶原时间（APTT或PTT）可用于检测肝素的治疗效果。在进行肝素化时，肝素剂量调整在使APTT在正常值1.5～2倍之间。在需要更为快速检验抗凝效果的时候，可以采用激活凝血时间（ACT）。在非抗凝状态下，ACT值处于120～140秒，在抗凝治疗时ACT值应该延长至250～300秒。

在整个溶栓治疗过程中，所有的操作如导管植入、球囊扩张、支架释放和溶栓本身，都会激活血小板，使用抗血小板药物可以增加血栓溶解速度降低血栓的再形成。因此，抗血小板的使用在溶栓治疗中很重要。具体药物和使用在前面已经详细阐述。

（六）溶栓的临床应用

1. 髂动脉和下肢动脉闭塞 在进行溶栓治疗前，对患者进行病情评估，包括：急性下肢缺血症状（主要是疼痛急性发作或功能改变），详细的跛行病史，介入治疗病史，是否心脏病史（尤其房颤）或动脉瘤（栓子的另一重要来源），动脉粥样硬化的危险因素，体格检查主要观察血管搏动、皮肤颜色、皮肤温度、感觉和运动功能，据此判断缺血的严重程度。并需要排除溶栓的禁忌证。根据表3-3-1对急性肢体缺血做出分类，以便选择适合治疗方案。

短段闭塞病变远端至少有一个流出道动脉者，溶栓成功率高。发病时间在6个月内不是能否成

表 3-3-1 急性肢体缺血的临床分类

分类	表现 / 预后	临床所见			多普勒信号		最适合治疗
		毛细血管再灌注	感觉丧失	肌无力	动脉	静脉	
I 可存活	非危急	完整	无	无	可听到	可听到	导管直接溶栓
II 危急							
a 边缘	适当治疗可挽救	完整 / 慢	最小(脚趾)或无	无	可听到	未听到	导管直接溶栓
b 紧急	立即行血管再通术可挽救	慢 / 缺乏	不止脚趾,静息痛	轻,中度	可听到	未听到	溶栓术 - 外科手术
III 不可逆	主要组织缺失或不可避免的永久性神经损伤	缺乏	深度 / 感觉丧失	深度麻痹(僵直)	未听到	未听到	外科 - 截肢

功溶栓的决定性因素。溶栓效果不良因素包括:导丝无法通过闭塞段;内膜撕裂;血栓机化;溶栓时血栓再形成;闭塞段动脉流入段和流出段不充分;高凝状态;溶栓或成形术后明显残留病灶。溶栓药物和溶栓方法对溶栓效果的影响,以动脉再通,阻塞管腔栓子 90%～95% 被清除和远端顺向血流恢复为标准,各种溶栓药物和溶栓方法的成功率在 38%～97%。尤以脉冲灌注的技术成功率最高95%。它能促进血栓溶解,对病变溶栓同时对病变近端灌注,提高了血栓消散的速度和效率。

对于重度急性下肢动脉血栓,无论外科或腔内治疗都是棘手临床问题。这类患者必须快速重建血流,避免或降低截肢平面,然而,溶栓需要时间长,部分患者并不适用。对这类患者需要根据医生经验,外科和溶栓适当选择或联合使用,即使如此,对严重急性下肢缺血患者仍常需要截肢甚至死亡。下肢动脉栓塞与血栓性病变不一样,对于腹股沟平面以上的病变采用外科取栓,对于栓子碎裂堵塞远端分支动脉或继发血栓者采用溶栓治疗。因此,鉴别两者区别很重要,但是难度较大,一般而言,栓塞的病变有以下特征性表现:多处分支动脉堵塞;没有建立粗大侧支动脉;病变近端外形呈凸面;有房颤病史;左房或左心室有血栓和病史出现突然。

2. 外周人工血管 虽然外科手术的进步可以让人工血管的使用甚至达到足部血管,但是仍然存在血栓形成导致通畅率下降的问题。部分原因需要外科处理,但溶栓治疗仍然是有效的治疗方法,其成功率为 70%～90%。外周人工血管的溶栓要在48 小时内完成或放弃,采用脉冲式灌注溶栓,一般再通率大于 95%,血栓溶解时间一般小于 2 小时。

溶栓后,约有 50%～90% 的病例发现堵塞的

原因,一般包括移植物内狭窄;近端或远端吻合口狭窄;弥漫性病变;原发性近端或远端狭窄或远端流出道功能不全等。部分原因可以通过球囊成形术解决,不能通过介入技术解决的,介入可以指引外科手术,避免了盲目采用 Fogarty 球囊对血管的损伤。

即使采用了溶栓治疗,但是人工血管溶栓后一年的通畅率仍然只有 20%～60%,原因有缺血导致血管内膜的永久性损伤、Fogarty 管对内膜的损伤和未完全清除血栓性病变。保持通畅率的关键是采用彩色多普勒超声定期监测病变血管。

3. 血液透析通路 血液透析患者透析通路一年通畅率为 60%～70%,这类患者的生存率的延长,如何保持通畅率成为临床问题。对出现透析通路血栓者,以往采用静脉溶栓,由于溶栓时间长,出血并发症高,溶栓效果不好,因此现在采用局部溶栓。对这类病变常采用局部溶栓后联合对狭窄病变球囊成形方法,效果显著。其一年的通畅率为23%～44%,二次通畅率为 57%～69%。

对于血栓形成的原因一般在静脉系统侧,原因包括通道静脉段吻合口狭窄;静脉流出道狭窄;动脉和静脉吻合口同时受累或通道内。

处理的技巧包括:①明确动脉端流入道至中心静脉流出道的情况,确定病变血管;②采用交叉导管技术(如前所述),使溶栓剂灌注整个病变以及流入道和流出道;③要求 10～15 分钟内一次性快速注入血栓内;④运用球囊将动脉吻合处不能溶解的血栓从动脉内拖出;⑤对残留病变用球囊把病变压松散;⑥术后长期使用阿司匹林抗凝治疗防止血栓再形成。

介入治疗并发症包括:①导管位置和近期内穿刺部位出血,采用压迫或缝合止血;②肺栓塞,通

常是无症状性的,当采用 Fogarty 导管拖动栓子的治疗时,肺栓塞的发生率会增高。

4. 上肢动脉 上肢动脉血栓发生率远低于下肢动脉血栓发生率,但是治疗更为复杂,与下肢动脉血栓形成不同,上肢动脉血栓形成病变更为广泛,常累及多支前臂血管,手掌和手指血管,导致外科手术无法进行。另外当采用溶栓治疗时存在导管周围血栓造成的脑卒中,并且即使采用抗凝治疗也不能降低其发生率,对应措施是改用前臂顺行溶栓途径。

一般而言,动脉粥样硬化和血栓导致的栓塞,上肢动脉人工血管堵塞,胸廓流出道综合征,动脉炎,肱动脉导管血栓形成,创伤后血栓形成和毒品导致血栓的病因治疗效果较好。

虽然溶栓治疗通常不能完全清除阻塞,但是纤溶药物能使侧支血管开放,因此,溶栓治疗仍然被广泛使用。治疗的关键是在发病 2 天内采取溶栓治疗,一般采用脉冲式溶栓,时间需要 2~3 天。术后常规长期抗凝治疗。

5. 上肢静脉 上肢静脉血栓形成分为原发性和继发性,原发性血栓形成占 1%~9%,肋骨锁骨间或锁骨下肌肉、肌腱、骨结构外压腋静脉或锁骨下静脉是腋静脉或锁骨下静脉原发性血栓形成的主要原因。继发性血栓比较常见,常在已知血栓危险因素的条件下发生。其中中心静脉插管是腋静脉和锁骨下静脉血栓形成最常见的原因,占 39%~63%。此外,全身性疾病,高凝状态,外伤和恶性肿瘤或放疗也是上肢静脉血栓形成的原因,很多患者同时伴有下肢血栓形成。而且肺栓塞的风险增高,发生率为 9%~36%。

目前溶栓术的应用很大程度上已经取代外科血栓清除术。彩色多普勒超声、CT 和 MR 增强扫描有助于明确诊断病变范围。

一般采用肘前静脉入路,局部溶栓治疗(灌注或脉冲式溶栓剂灌入),大剂量溶栓剂和 24~72 小时延时灌注是取得疗效的关键。术后需要长期抗凝治疗防止血栓再发。

6. 下肢静脉 下肢深静脉血栓形成(deep venous thrombosis, DVT)是最常见的血栓性疾病。致病危险因素包括:手术、外伤、制动、肥胖、肿瘤、各种容易导致血栓的疾病和 DVT 的病史。其最严重并发症是肺栓塞(pulmonary embolism, PE),约近端 DVT 的患者中 40%~50% 有隐形肺栓塞,因此,DVT 和肺栓塞临床上统称为静脉血栓栓塞(venous thromboembolism, VTE)。

目前 DVT 的标准治疗是低分子肝素抗凝,随后口服华法林 6 个月。然而目前临床上的证据证明,抗凝治疗不能溶解血栓,而且 40% 的患者在抗凝治疗的同时血栓还在继续发展。这些患者出现 DVT 复发和 PTS 的风险增高。尽管目前还没有充足的临床数据说明抗凝治疗同时辅以介入治疗的优势,但是已有一些前瞻性研究发现这种治疗后 16 个月内患者健康相关生活质量得到显著改善。

DVT 的介入治疗主要的目的是:①减少 PE 和 DVT 的复发;②通过介入溶栓治疗快速消除血栓和减轻造成 PTS 的静脉壁和静脉瓣损伤,即恢复静脉通畅来维护静脉瓣功能来预防 PTS;③及时缓解症状。

目前公认最适合行介入治疗的适应证:①胭静脉水平以上完全或部分血栓形成,这类患者 PTS 和 PE 风险高,同时 VTE 复发高;②急性血栓形成,虽然急性(小于 14 天)的介入溶栓效果最好,但是亚急性和慢性血栓形成患者接受介入溶栓和闭塞静脉再通后,许多症状可以得到缓解。但是对于股胭静脉的慢性栓塞的介入治疗效果不佳。③对于高龄和恶性肿瘤患者,唯一适应证是发生股青肿严重威胁生命的并发症,因为患者的预期寿命时间短于 PTS 的发生时间;④无抗凝或溶栓治疗的禁忌证。绝对禁忌证有:①活动性或近期(小于 3 个月)的内出血;②近期脑卒中史;③颅内或椎管内出肿瘤,血管畸形或动脉瘤史;④近期开颅或脊椎手术史;⑤凝血功能障碍;⑥怀孕;⑦严重肝功能异常。相对禁忌证:①近期(10 天内)大手术、外伤或心肺复苏者;②未经控制的高血压;③细菌性心内膜炎;④糖尿病性视网膜病。

介入溶栓后拔出导管鞘后暂时停止抗凝。移除导管鞘后全身抗凝 1~3 小时,控制部分凝血酶原时间在正常的 1.5~2.5 倍,联用华法林控制国际标准化比率(international normalized ratio, INR)在 2.5~3.0 之间,抗凝时间持续 6~9 个月。

大多数患者在血液重建后 2~5 天后症状得到显著缓解,未得到缓解应考虑是否存在早期再栓塞,需要再次介入治疗。随访内容包括:治疗容易导致栓塞的疾病,术后 3、6、9 个月的双下肢超声检查,同时对 INR 水平的监测,调整华法林剂量。

7. 肺动脉栓塞 肺动脉栓塞的临床表现变化取决于栓子的大小和右心室对后负荷增加的反应能力。

目前对于肺动脉栓塞治疗,对低度和高度危险肺动脉栓塞,采用抗凝治疗、支持疗法、溶栓治疗或导管溶栓治疗、手术取栓、经皮取栓、血栓切除装置和机械碎栓装置等方法。就目前的研究进展而言，对于大多数患者，抗凝治疗是足够的。大面积 PE 患者病死率高。溶栓治疗对高危患者成为治疗手段之一，然而这类患者同时具有了溶栓治疗的禁忌证。虽然经皮介入治疗装置在许多小样本研究中让患者获益，但是其疗效仍然需要大量病例的研究验证。

因此，目前应该严格限制血管内技术仅用于血流动力学指标严重损害，且不适宜全身性溶栓或外科取栓的 PE 患者。

8. 肠系膜上动脉 急性肠系膜上动脉缺血主要是由于肠系膜上动脉栓塞或血栓形成导致。国外研究发现，造成缺血的原因是栓塞（57.3%），血栓形成（41.3%），不明原因（1.4%），其中栓塞原因中 70% 有心源性栓子。而且大部分堵塞，无论栓塞或血栓形成，均好发于肠系膜上动脉近端，而且容易导致广泛肠坏死。对于有动脉粥样硬化的患者因为已经形成大量侧支循环血管，故此适合溶栓治疗。

由于肠系膜上动脉血栓导致严重缺血，可能出现肠坏死、肠穿孔，因此，肠系膜上动脉内溶栓要非常小心。一般溶栓时间选择在症状出现时间小于 72 小时，最好在 12 小时内。CT 必须显示无肠道坏死征象（无肠壁内气体、肠梗阻、气腹和腹水）。若病变累及腹膜应立即外科手术。若造影发现有血栓可以进行溶栓；若未发现血栓可尝试溶栓术，但是必须有不进行外科治疗的理由和当溶栓停止或患者条件改变时便于该做外科手术。应该选择短效的溶栓剂，以备中转外科手术。采用脉冲式给药大剂量溶栓剂，以便于缩短灌注时间。可以使用抗凝剂和血管扩张剂，一旦出现腹膜刺激征，立即改为外科手术。

以往使用传统诊断手术和治疗，死亡率高达 70%～90%。腔内诊疗手段出现后，通过早期诊断、有创诊断、诊断性造影、导管内血管扩张药物使用和必要时早期外科手术联合使用，目前存活率达到 55%。若在症状出现 12 小时内处理，患者存活率达到 70%。

对于慢性肠系膜上动脉血栓形成者，一般由于一支或数支内脏血管阻塞导致，也有多支血管堵塞都不引起临床症状。而且，内脏血管狭窄程度和临床症状并无相关性，可能与产生充足侧支血管代偿有关。与急性肠系膜上动脉治疗一样，治疗方案根据患者临床情况进行调整，一般很少进行机械取栓。若病情加重如粥样硬化斑块处血栓形成，则需要积极治疗去除血凝块。目前外科血管旁路手术和腔内球囊扩张与支架植入为两大治疗方法。

9. 肠系膜上静脉，门静脉 肠系膜上静脉血栓形成占肠缺血的 5%～15%。分为原发性和继发性。原发性常见于遗传性或获得性高凝状态，若能明确高凝状态的原因，则应归为继发性。

临床上病情严重时可以急性起病，但较肠系膜上动脉阻塞症状轻，表现为腹痛伴进行性肠管坏死表现。一般情况下绝大部分患者没有腹痛表现，因此诊断比较困难。目前最常用诊断方法是 CT 扫描，对肠系膜静脉血栓形成确诊率达到 90% 以上。

肠系膜静脉血栓形成治疗目的是降低死亡率和发病率。其治疗原则是早期诊断、早期抗凝和早期干预（外科手术和腔内治疗）。绝大部分患者经过持续抗凝治疗后，复发风险从 30%～40% 下降至 3%～5%。抗凝前常规评价患者凝血功能。若患者出现腹膜炎或病情恶化进而败血症者，应进行手术探查。肠系膜静脉血栓形成的 30 天死亡率为 27%，其中急性患者的远期生存率远低于慢性患者（3 年生存率为 36% vs 83%）。研究表明接受抗凝治疗的急性患者存活率明显高于未接受抗凝治疗者。

目前对与肠系膜上静脉和门静脉血栓治疗的首选是选择性置管注射尿激酶等溶栓药物。溶栓的途径包括经颈静脉穿刺门静脉、经肝穿刺门静脉、肠系膜动脉等途径，机械溶栓或联合使用。血栓是否累及门静脉和栓塞程度会影响治疗方案。目前没有溶栓治疗、抗凝治疗和外科治疗的比较研究，但是目前倾向于有症状的门静脉和肠系膜上静脉血栓形成患者应该更加积极治疗。因此，更多的溶栓、球囊扩张以及支架植入方法得到了尝试。

（七）并发症

溶栓治疗主要的并发症是出血、远端栓塞、药物过敏、再灌注综合征、导管周围血栓形成和移植物外漏。

虽然导管血栓内溶栓较少产生全身效应，但是纤维蛋白溶解可能发生于远离堵塞血管的任何位置。

出血可能是由于止血栓子的溶解，纤溶和抗凝状态以及血管穿刺导致血管完整性的破坏。因此，要避免对有出血风险的患者进行溶栓是减少出血的有效预防措施。溶栓治疗同时使用的抗凝药物和抗血小板药物也会有较大的出血风险。其中颅内出血和全身出血是溶栓治疗两大最为严重的并发症。

外周动脉溶栓严重出血发生率为 0～8%，DVT

为 10%。出血性卒中为 1%～2%。严重出血发生率和溶栓剂总量相关。最常见并发症是穿刺点少量出血，发生率为 0～25%，常为自限性，不需要进一步处理。在外周动脉溶栓或人工血管内溶栓由于局部溶栓，溶栓剂剂量降低，同时溶栓时间缩短，因此小出血发生率仅为 3%，大出血为 0.5%，没有腹膜后出血或颅内出血。

治疗出血的措施包括：马上终止溶栓，停止抗凝剂和抗血小板药物，补充凝血因子，低血压则抗休克治疗，输血，拮抗剂的使用，或外科手术治疗压迫邻近组织或修复继续出血的损伤血管等。穿刺点出血主要通过压迫止血，更换更粗的导管，在血管或人造血管处植入血管鞘或手术缝合。

远端栓塞是溶栓治疗的另外一个并发症，其发生率在外周动脉溶栓为 2%～15%。一旦发生，造影可见充盈缺损，处理方法应该继续溶栓，将导管植入更远端，予追加一次团注溶栓剂，或增加溶栓剂剂量，若溶栓不能改善临床症状者，应考虑血栓抽吸术或外科手术。

肺栓塞，也是溶栓治疗一个并发症，多见于血液透析通路溶栓治疗时。小碎片栓塞肺动脉，一般是无症状的，出现症状性肺栓塞比较少见。处理方法如前所述。预防方法：在透析通路内小心轻柔操作，血管成形时在靠近动脉吻合端进行，将栓子拖回移植物内等。

过敏反应主要见于链激酶，尿激酶的特异性反应也应引起警惕。常在溶栓后 30～60 分钟内发生，表现为严重僵直、心动过速、偶有恶心呕吐。治疗按过敏反应常规处理。

溶栓治疗后血管再通出现可再灌注综合征或骨筋膜室综合征。骨筋膜室综合征少见，在急性下肢缺血患者中发生率为 4%。

导管周围血栓形成在导管溶栓应用初期常见，目前联合应用肝素治疗后基本消除这一并发症了。在组织纤溶酶原激活剂进行溶栓治疗中，由于肝素用量减少，这类并发症发生率有所提高。

（杨建勇）

第四节　血管栓塞

一、概述

血管栓塞也称为经导管血管栓塞术，是指经导管将栓塞材料可选择性、可控制性地注入到病变器官血管内，使之发生闭塞，中断血液循环，以达到控制出血、治疗肿瘤和血管性病变或者消除患病器官功能之目的，包括经导管动脉栓塞术（transcatheter arterial embolization，TAE）和经导管静脉栓塞术（transcatheter venous embolization，TVE）。栓塞术的基本机制在于：血管的机械性堵塞。通过注入栓塞剂将病变（器官）的供养血管栓塞，阻断血供，使对动脉供血过分依赖的病变（器官）缺血坏死；直接栓塞造成异常的血管床和血流通道，纠正血流动力学异常和形成人工血流改道；直接阻塞破裂的血管，或使其远端压力下降达到止血的目的，用栓塞物填塞动脉瘤腔，以防其破裂出血并得到管腔修复。血管栓塞前必须熟悉血管解剖、掌握患者疾病情况、熟悉栓塞剂的性能，选取合适的栓塞剂，进行正确的栓塞技术操作，才可以达到安全和良好疗效。

1930 年，Barney Brooks 用银夹将肌肉块经颈动脉导入外伤性颈内动脉海绵窦瘘以阻塞血液分流，是目前被认为最早的血管栓塞术。1960 年，Lussenhop 和 Spence 使用合成材料甲基异丁烯酸盐（methylmethacrylate）球体经颈动脉阻塞颅内动静脉畸形。1972 年，Rosch 报告一例选择性栓塞治疗十二指肠出血的病例。1974 年，Goldin 报告 1 例使用钡剂栓塞肾动脉治疗肾性高血压。20 世纪 70 年代和 80 年代，选择性血管栓塞开始逐渐成为治疗各种血管相关疾病的重要方法。国内继 1980 年赵伟鹏、陈星荣等首先运用栓塞术治疗晚期肾癌之后，冯敢生、颜小琼及林贵等先后报道了各自的临床运用经验和实验研究，以及对栓塞剂的开发研究。90 年代以来，随着介入器械的飞跃发展、各种栓塞材料的广泛应用，同时影像引导设备的发展和进步，使栓塞材料在人体血管内释放更为方便、精确和安全。目前，国内外对栓塞技术的应用范围不断扩大，技术也渐趋成熟，为以往难治性疾病提供了简便、安全、有效的治疗手段，提高患者的生活质量、延长生存时间，使之具有广阔的应用前景。

二、栓塞材料的分类和应用

目前临床上使用的栓塞材料种类繁多，主要根据病变的血流动力学特点，靶血管的管径，是否需要多次重复治疗以及化疗药物亲和性等特点进行合理选择。同时由于介入医生对于患者病情的评估、对栓塞材料性状掌握程度有所不同，所选择的栓塞材料也不尽相同。

理想的栓塞材料应该具备以下几个特点：①无毒或低毒、无致畸和致癌性；②无抗原性；③易于通过血管运送；④自身或可与对比剂混合后具有良好的不透 X 线性；⑤易于通过不同规格的导管，不易堵塞导管；⑥能诱发或促进血栓形成；⑦具有较精确的尺寸；⑧可具备携带药物到靶器官的能力等。

栓塞材料的分类：①按照性质可分为人工材料、自体材料和放射性微粒；②按照血管闭塞的时间长短可分为短期、中期和长期；③按照在体内能否被吸收分为可吸收和不可吸收两种；④按照物理形态分为液体和固体；⑤按照血管栓塞材料的物理性状可分为大型栓塞材料、颗粒状栓塞材料、液体栓塞材料、磁性栓塞材料和放射性栓塞材料。以上各种分类方法都不能完全概括栓塞剂的特性。最近有较新的根据栓塞物的物理形态及及其栓塞水平和用途，将其分为海绵状栓塞剂、液态栓塞剂、胶状栓塞剂、油状栓塞剂、微粒栓塞剂及大型栓塞物等几大类。

（一）海绵状栓塞剂

主要为明胶海绵及聚乙烯泡沫醇（现已极少使用）。此栓塞特点为：海绵状结构，干燥时其内较大的空间含有空气，浸水后其内可吸收水分，因此具有可压缩性。注射时其被压缩，较大的颗粒能通过直径较小的导管。颗粒到达血管后再膨胀，体积复原，在其基础上，其海绵状结构内可使血细胞聚集并触发局部凝血反应。明胶海绵最初是为外科止血而制备的，为蛋白胨制成，无毒，无抗原性，来源充足，价格低廉，制备简单，具有较好的可压缩性和再膨胀性，易于注射，栓塞作用可靠。明胶海绵不同的形态可用于不同的治疗目的，如明胶海绵颗粒及明胶海绵条。明胶海绵颗粒在血管内 7～21 天被吸收，血管可再通，因此被认为是中期栓塞剂。海绵状颗粒栓塞剂只用于小动脉（动脉直径 1～2mm）的栓塞。而明胶海绵条则适用于存在明显动静脉瘘和较粗大的供血动脉且数量较多时的情况。明胶海绵在临床上常用来止血和良恶性肿瘤的术前与姑息性栓塞治疗，或与其他栓塞剂等配合用于血管病等的治疗。聚乙烯泡沫醇具有不可吸收的特点，其摩擦系数较明胶海绵大，同等大小的颗粒时，注射难度稍大，为永久性栓塞剂。

（二）液态栓塞剂

包括无水乙醇、鱼甘油酸钠和十四烷基硫酸钠等，其栓塞机制基本相同，均可造成靶血管内皮和血液有形成分的破坏继而发生血管栓塞，且较为强烈，可以达到毛细血管水平的广泛栓塞。其优点包括：①易通过导管甚至微导管注入；②栓塞和破坏作用极其强烈和只在高浓度下起栓塞作用，被稀释

到一定程度时则失效。共同的缺点是：①不宜掺入较多的对比剂共同使用，X 线示踪性不足，增加了使用难度和降低了安全性；②药物本身存在毒性，用量不宜过大，否则引起药物中毒，同时药物对局部刺激性强烈可引起血管痉挛和剧烈疼痛。此三种栓塞剂也常被用于临床作为硬化剂治疗动静脉畸形和囊肿等疾病，其结果是被栓塞的血管形成纤维化条索。

（三）胶状栓塞剂

临床上因各种不同治疗目的使用不同的医用胶，用于栓塞术者为胶状栓塞剂，其聚合速度用掺入碘化油来调节，根据聚合速度不同来达到不同水平的血管栓塞。目前临床上使用的胶状栓塞剂种类有二氰基丙烯酸异丁醋（IBCA）和 Onyx。

1. IBCA 是早期的胶状栓塞剂，为高分子聚合物，液态，与离子型液体（如血液、盐水等）接触后快速发生聚合反应成固体，同时释放热量。固化后的 IBCA 降解速度十分缓慢，被视为长期性栓塞剂，以往 IBCA 常用于颅内及其他部位的 AVM、小动脉瘤的治疗，亦用于静脉曲张的栓塞治疗，较少用于肿瘤的治疗。

2. Onyx 是一种非黏附性液体栓塞剂，由次乙烯醇异分子聚合物（ethylene-vinyl copolymer, EVOH）、二甲基亚砜溶剂（DMSO）及显影剂钽粉组成。EVOH 接触水溶剂后突变，形成海绵状聚合物，DMSO 挥发，钽粉沉积在聚合物里，这种聚合物注入血管后接触血液的周围部分先凝固，内部仍为液态，完全固化时间约为 5 分钟。一般情况下 Onyx 胶不会自行流动，在完全固化之前受到继续注射的推力才向阻力最小的方向前进，具有较好的可控性。

3. 与 Onyx 相比，α-氰基丙烯酸正丁酯（NBCA）是一种黏附性液体栓塞剂，胶与血液接触后迅速凝固，可注胶时间短，易黏管；注射时难以预测胶的走向，易导致引流静脉以及非靶血管的栓塞；完全闭塞的 AVM 的能力低于 Onyx；但 NBCA 可使用更细的微导管，一些脑深部的细小病灶可能因器械的原因只能使用 NBCA 栓塞。

（四）油状栓塞剂

包括碘油、超液化碘油和碘苯醋，能否称得上是栓塞剂目前仍有争议。一定量的碘油经动脉快速注入后，在小动脉水平形成油珠，对血管有短暂的栓塞作用，但是几分钟之后被挤入毛细血管后即变成微珠，碘油可达到毛细血管水平的栓塞，当进一步被挤入静脉后栓塞的血管很快再通。碘油作为栓塞剂有以下几个特点：①碘油可长期滞留于肿

瘤血管内，起较持久的栓塞作用；②碘油可以作为化学药物的载体，使化学药物在肿瘤组织内发挥作用；③碘油填充肿瘤后能基本显示肿瘤的大小和形态变化；④碘油显示小的肿瘤结节优于普通血管造影，能更准确地确定肿瘤分布的范围；⑤有时对难以达到超选择性的患者，仍可以用肿瘤血管的"虹吸效应"进行碘油栓塞；⑥不影响其他治疗手段，如手术切除、放疗和重复栓塞的施行；⑦碘油在正常的肝组织内 1～2 周内即可排空，很少引起严重的副作用。在病理性血管，如肝癌、海绵状血管瘤的血窦，其存留的时间明显延长，可达数天至数月，但对局部血供的影响并不显著，故碘油很少单独作为动脉栓塞剂使用。可与其他固态栓塞剂（如微球或明胶海绵）联合使用或者碘油和化疗药物混合成为碘化油乳剂延缓化疗药物释放时间。

（五）大型栓塞物

包括金属弹簧钢圈类、可脱离球囊和封堵器等。此类栓塞物能通过较小的导管内径，出导管后膨胀或盘曲成形，可栓塞较导管直径大得多的血管或血管瘤腔。

1. **不锈钢弹簧圈（coil）**　简称钢圈，最早由抽芯后的导丝加工而成。商品化的钢圈由不锈钢缠绕成与导丝类同的弹簧状，再将其淬火制成不同直径的弹簧圈，并绕以羊毛或者涤纶纤维，出导管后钢圈自动卷曲复原，并伴随纤维引起的血栓形成而栓塞血管。钢圈具有不同直径（3mm、4mm、5mm、8mm、10mm）和不同形状（最常见的为螺旋状，也有直线状、龙卷风状和漩涡状）。主要用于栓塞较大血管的主干，较少造成栓塞远端的缺血性梗死，常用于动静脉瘘、动脉瘤、血流再分布，大血管出血和静脉曲张等的治疗。一般认为可栓塞对应直径的血管，但是在动静脉瘘和粗大静脉曲张的情况下，由于局部血流速度过快以及静脉壁具有可扩展性，释放出来的钢圈往往来不及完全盘曲而是呈条状即被冲向远端，故应该选择较血管直径更大的钢圈。

2. **可脱离弹簧圈**　是一种可控制其释放或在完全释放前可回收的金属簧圈。是用于脑动脉瘤栓塞相对安全和有效的栓塞材料。

3. **可脱离球囊**　1974 年，Serbinenko 首次将可脱球囊用于栓塞颈动脉海绵窦。1975 年，Debrum 等对球囊作了改进。临床上广泛应用的为乳胶球囊和硅胶球囊当球囊到达预期栓塞的部位时，经微导管注入稀释的对比剂使其膨胀，直径可在 10mm 以上，通常用于较大直径血管和动静脉瘘的栓塞。

（六）微粒栓塞剂

指用于毛细血管和小动脉栓塞的直径在 50～1000μm 的微粒、微球和微囊，可通过微导管注入。微囊可包有抗癌药物，如丝裂霉素，多柔比星等；利用微囊的不断溶解破裂达到药物缓释和栓塞的双重作用。目前常见的商品化的微粒栓塞剂有聚乙烯醇（polyvinyl alcohol，PVA）颗粒、空白微球和载药微球。

1. PVA 颗粒直径为 150～1000μm，其不易降解吸收，为永久性栓塞物。PVA 颗粒最常用于血供丰富的肿瘤和某些血管畸形的血管内栓塞。它具有不被机体吸收，化学降解缓慢，生物兼容性好，不导致严重炎性反应，很少引起血管痉挛，并具有良好的可压缩性和再膨胀性等特点。

2. 空白微球常见的如 Embosphere 微球，由具有亲水性的氨基丁三醇丙烯构成，亲水性以及延展性好的特点使其在导管腔内不易聚集，可以彻底的栓塞肿瘤血管床而不至于堵塞导管。适用于栓塞富血供的肿瘤、动静脉畸形和子宫肌瘤。一些研究表明，与无定型的 PVA 颗粒相比，经 Embosphere 栓塞后，骨肿瘤的切除术中出血量更少。载药微球详见下文。

（七）磁性栓塞剂和放射性栓塞剂

磁性栓塞剂：国外制备的葡聚糖磁性复合微球可用于栓塞治疗，并能产生磁场诱导热疗。大鼠的实验动物表明，抗癌疗效显著优于普通的单纯栓塞。磁性栓塞剂具有外磁场导向栓塞作用的特点，而且不易形成侧支循环及不被机体组织吸收、不透X线等优点。现代生物磁学的研究显示，磁场也具有抑制恶性肿瘤生长的作用，与化疗药物联合应用可发挥抗肿瘤的协调作用。放射性栓塞剂具有血管栓塞加内照射的作用。栓塞剂多采用玻璃和放射性核素高温烧结而成，常用的核素有 ^{32}P、^{90}Y、^{186}Re 或 ^{188}Re（铼），均为释放单一 β 射线的核素，穿透距离短，组织内平均穿透距离 2.5mm，最大穿透距离约为 10.3mm。不会损伤周围组织。这种内照射一般认为安全，疗效确定。放射性微球在肝癌的应用研究表明，放射性微球能有效抑制肿瘤的生长，对正常肝组织安全，便于追踪观察，是临床上不能手术切除的肝癌的一种有效的治疗手段。

三、栓塞技术及疗效评价

（一）血管栓塞简要操作步骤

以原发性肝癌行肝动脉化疗栓塞术为例。包括消毒铺巾、Seldinger 技术穿刺股动脉，放置导管鞘，导丝引导导管置于腹腔干,肝动脉造影了解肝内肿瘤染色区域。脾动脉或者肠系膜上动脉造影了解门脉血流情况及了解动脉变异情况。将导管插至肝动脉灌注化疗药物,尽量超选择性插管至肿瘤供血动脉进行栓塞,再次行肝动脉造影了解肝内血供及肿瘤病灶栓塞情况,最后拔除动脉鞘,压迫止血等。

血管栓塞的关键在于,正确的血管造影充分了解血管的走行和血流情况,了解有无侧支循环,了解有无存在异常血管沟通或吻合。要仔细研读血管造影图像,根据疾患类型及治疗目的来选取合适的栓塞材料,并仔细耐心的注入目标栓塞部位,反复进行造影证实栓塞效果,避免过度栓塞和异位栓塞。

(二)血管栓塞的不良反应、并发症及处理措施

栓塞不良反应包括栓塞术中、后不良反应:术中不良反应包括局部疼痛、迷走反射、栓塞剂或者对比剂过敏等。局部疼痛可由栓塞剂如无水乙醇等引起。在栓塞前预防使用麻醉药物、止痛药物等,也可以在碘油等液体栓塞剂内加入适量2%利多卡因。另一重要原因是栓塞剂栓塞靶器官,引起急性缺血性疼痛。预防方法是适当控制注入栓塞剂的速度。栓塞剂较少引起过敏反应,对于有过敏反应病史和(或)使用平阳霉素的患者,术前可静脉注射地塞米松10mg。术中一旦发生过敏反应,即按照常规处理即可。栓塞后不良反应主要是栓塞后综合征,是指肿瘤和器官动脉栓塞后,因组织缺血坏死引起的恶心、呕吐、局部疼痛、发热以及食欲下降等症状。处理措施包括吸氧,给予适当的镇静和相应对症处理。

血管栓塞并发症:是指与栓塞术有关的超出不良反应的症状体征,可能会引起一定不良后果,包括非靶器官的坏死,功能损伤等。并发症的发生原因有很多,包括难以避免的、技术原因造成的、栓塞剂选择不当和误诊误治等,包括术中并发症和术后并发症造成栓塞术并发症的技术原因主要有:①过度栓塞是指栓塞程度明显超过预期的范围,可造成严重的术后反应和并发症。注射器内不宜一次装入过多栓塞剂,而应该分次少量注入,其间应不断造影复查,了解栓塞程度,适可而止。②栓塞剂选择不当,指使用剂型和大小不当,可造成并发症。对液态栓塞剂特别小心使用,因其可到达毛细血管栓塞,造成靶器官严重坏死,仅在超选择性插管时方可使用,但用量过大和注射速度过快仍可能造成严重并发症。③反流性误栓,是指栓塞剂由靶血管反流入非靶血管造成的异位栓塞。发生的原因主要是栓塞剂注入压力过大、速度快以及前方血

管阻塞时仍追加注入。④顺流性误栓,是指栓塞剂通过靶血管而致肺或其远端器官栓塞,发生的原因是选择栓塞剂的直径小于靶血管直径,或者采用阻控法释放栓塞剂时注入压力过高,迫使栓塞剂越过靶血管。

(三)血管栓塞技术评价及其转归

1. 运用血管栓塞技术治疗各种原因引起的脏器出血,具有创伤小,治疗效果可靠,快速简便,多能保留脏器并使患者免于手术创伤之苦等优点。如外伤性脾破裂,传统的治疗手段是脾切除,而选择性或者超选择性脾动脉栓塞治疗不仅可以很快止血,而且可避免手术损伤,脾功能也可以保留。

2. 良、恶性肿瘤术前行供血动脉栓塞治疗,不仅可以使肿瘤发生缺血萎缩,便于手术分离切除,而且可以减少术中出血。对于晚期恶性肿瘤行供血动脉栓塞,可减轻疼痛、出血,促使肿瘤变性坏死,是姑息性治疗的重要措施。也常常是中晚期肝癌等恶性肿瘤的首选治疗手段,恶性肿瘤栓塞后还有提高免疫功能的作用。

3. 对结核、支气管扩张引起的咯血,行支气管动脉栓塞治疗较之其他的治疗手段止血快,准确性高,损伤小。

4. 脑以及人体其他各处的动静脉畸形、动静脉瘘、血管瘤等血管性疾病性栓塞治疗,克服了外科手术损伤大、容易复发的不足。特别是外科手术难以达到的颅底血管性病变,血管栓塞已经成为首选治疗措施。栓塞治疗未闭的动脉导管可避免开胸手术的巨大创伤和并发症。

四、研究热点和趋势

(一)载药微球

载药微球起自20世纪80~90年代,当时将化疗药物和载体如白蛋白、明胶、淀粉、乙基纤维素、多聚乳酸等混合在一起,经交联反应或热降解法等方法制作而成,直径在50~500μm。此类微球实际上并不一定是正规的球形,故应为微粒或微囊。目前应用的载药微球是阴、阳离子基团相互作用及吸附作用将阿霉素等洗脱吸附于微球而成,如DC-Bead、CalliSphere及Hepasphere等。载药微球同时具有化疗药物缓释作用和栓塞作用即化疗栓塞(chemoembolization)。可以维持肿瘤局部药物浓度,延长药物作用时间,减少化疗药物的全身副作用,同时由于栓塞作用使肿瘤缺血缺氧,肿瘤细胞跨膜泵衰竭,药物更易向肿瘤扩散,增加化疗药物的敏感性,在化疗药物作用下,肿瘤细胞

对缺血缺氧耐受性降低，所以两者具有增强和协同作用。但是载药微球在肝癌中的疗效尚未得到完全肯定。Mahgari K 等进行的前瞻性研究对比使用 DC Bead 的 DEB-TACE 及使用没有负载药物的单纯微球 BeadBlock，结果发现，无论是 6 个月完全反应率还是部分反应率，DEB-TACE 都显著高于单纯栓塞组，并且前者的疾病进展时间也比后者长。但是 Hart 等通过对 1979～2013 年期间关于药物释放微球的 Meta 分析，提示载药微球在疾病控制率、治疗并发症等方面不具优势。最新的一篇 Meta 分析（4 个 RCT，8 个回顾性研究）显示二者安全性及有效性相当，DEB-TACE 并无明显优势。为进一步探究哪些患者可能会从载药微球中获益，Vesselle G 等回顾性分析了 172 例患者接受载药微球治疗的原发性肝癌患者得出了以下结论：① S1、S4 段肿瘤是取得 CR 的不利因素；②肿瘤直径小于 5cm 是取得 CR 的有利因素。现阶段，载药微球适合于哪些人群尚缺少充足的证据，尚待进一步的研究。

（二）可解脱钢圈

可解脱钢圈是指一种可控制其释放或者在其释放前可回收的金属弹簧圈。最早的一种为细的铂金丝与推送导丝焊接在一起，其推出导管后自动盘曲，证实其所在位置正确后，将两个电极分别接于导丝和患者体表，然后通直流电，将焊接处熔断，二者分离。电流也可刺激局部血栓形成。此由 Guglielmi 医生发明，简称 GDC，是用于脑动脉瘤栓塞的相对安全和有效的栓子。新的可脱离钢圈的脱离方式有机械式和水解式等。可脱离钢圈多用于脑动脉瘤的填塞，也可用于直径较大的动静脉畸形血管栓塞。

水解式弹簧圈为 Cordis 公司近年来开发的通过水压控制性解脱的微弹簧圈，弹簧圈的外形和 GDC 相似，也有二维和三维结构。水解弹簧圈更柔软，顺应性、贴壁性更好，其栓塞体积（弹簧圈的体积与动脉瘤的体积之比）高达 40%，使动脉瘤达到更紧密的栓塞，而栓塞越致密，其复发率越低。规格和型号也更多，包括 2mm 直径的 3D 圈，给临床医生提供了更多的选择。输送钢丝光滑，远端非常柔软，适合在扭曲的微导管内行走。接点后的 1mm 采用超软设计，使弹簧圈输送到位时对微导管的移位摆动非常小，微导管更稳定，水解脱方便快捷，平均解脱时间 1～3 秒。对一些瘤体比 0.7～1 的动脉瘤用栓塞仍可以达到比较满意的效果。当然，对于一些瘤颈过宽的动脉瘤，仍要考虑瘤颈辅助技术进行栓塞。

Interlock 钢圈：由 BostonScientific 公司出品的一种可进行精细栓塞和更强的促血栓形成能力的可控钢圈，可分别匹配 0.018 和 0.035 英寸的导管。该钢圈可以在靶血管内进行精细的填塞和以达到完全地栓塞瘤腔的目的。钢圈在体内释放后可有 2D、钻石型和管状形态，用于不同的栓塞目的。直径从 3～20mm，长度 4～40cm 不等。

（杨建勇）

第五节 引 流 术

一、概述

引流术的全称为经皮穿刺引流术（percutaneous puncture drainage technique），即在影像设备的引导下，利用穿刺针和引流导管等器材，对人体管道、体腔或器官组织内的病理性积液、血肿、脓肿或胆汁、胰液、尿液等体液淤积进行穿刺抽吸、引流，达到减压和治疗的目的。经皮穿刺引流术常用于全身各部位的脓肿、囊肿、浆膜腔积液、胆管或泌尿道梗阻、颅内血肿的穿刺引流。在对抽出液进行细胞学、细菌学和生化检测，作出鉴别诊断和指导用药的同时，还可以经引流导管进行局部抗炎、引流等治疗，达到减压、消炎等作用。

二、器材

（一）穿刺针

常用 18～23G 的各型穿刺针与套管针。20～23G 的穿刺针主要用于穿刺管腔，如胆管或肾盂等，进入管腔后引入 0.018 英寸细导丝，然后逐渐扩大穿刺道，最后放入引流管。细针因其创伤轻微，对细小管腔与重要器官在一次穿入有困难时，可以反复穿刺。粗针反复穿刺，尤其对肝、肾等能随呼吸移动的脏器，可能造成严重切割伤。对于病灶较大，定位容易而浅表的病灶如脓胸、巨大囊肿、尿潴留的巨大膀胱等则可用粗针一次性穿入到位，然后直接引入导管或通过 0.035～0.038 英寸导丝引入引流管。

（二）导丝

所用导丝主要采用血管造影用的普通导丝和超滑导丝两种，目前多选用超滑导丝，导丝头端均为软头，其形态有 J 型或直型，直径 0.018～0.038 英寸，可根据实际需要选用。

（三）扩张器

扩张器前端较细，后端渐粗。可对从皮肤穿刺点到病变区的软组织通道进行预扩张，使引流管容易进入引流区域。临床选用的扩张器多为8~14F，其质地较硬韧，也可以用相应直径的导管鞘芯代替，通过导丝为支撑作轴心扩张。当扩张器不能顺利通过穿刺通道时，也可以用球囊导管扩张通道，达到预扩张的目的。

（四）引流导管

引流导管粗细的选择应根据引流液黏稠度不同来决定。稀薄的引流液（如囊液、尿液等）可用较细的引流管，稠厚的脓液或血肿血凝块宜用较粗的引流管。常用8~14F引流管，其进入引流区的一段应有多个侧孔。为防止游走滑脱，将其头端制成猪尾状卷曲或单弯状。有的脓腔因其脓液稠厚、腔大，为了便于冲洗引流，引流管内有两个腔，一个腔注入冲洗液，一个腔引流脓液。

（五）固定器械

为了固定引流导管，常用丝线将导管与皮肤缝合固定，在短期内非常有效，但会因缝线切割皮肤或针眼感染而失去固定作用。用涂上苯甲酸胶布粘贴引流导管于皮肤，只要保持干燥也能长期有效，而由于分泌液或引流液渗漏等原因使之黏性降低则也会失去固定作用。目前各厂家均已设计出大小、形态各异的固定盘，这是解决长期固定引流管的较好器械之一。它的缺点为盘下可能有分泌物潴留，不容易清洗，需定期更换。

三、方法

（一）术前准备

1. 设备及器材准备 经皮穿刺引流术须有超声、X线透视、CT、MR或DSA等影像导向设备。多数引流术只需其中一台设备，有时则需联合运用（如超声与CT或透视）。根据疾病情况选择穿刺针具与引流管。

2. 患者准备 术前检测血、尿、粪常规、出凝血时间、肝肾心功能、青霉素及碘过敏试验；与患者及家属谈话说明治疗过程及可能出现的并发症，取得配合并签字。术前禁食2~4小时，术前30分钟肌注解痉镇静药。由医师仔细分析临床超声或CT等影像学资料，确定最佳引流途径。

3. 穿刺及引流通道设计 选择穿刺途径应尽量避开占位性病变、正常的生理管道（如血管、胆管等）和邻近脏器，必要时口服对比剂后再作CT确认病变与胃肠道的位置关系。由于胃肠道常随体位而改变，故在穿刺时应作即时影像学导向，定好进针方向和深度。先在皮肤做好穿刺点标记，消毒铺巾，穿刺点局麻。用细针穿刺，令患者在浅吸气后屏气，穿刺到位后平静浅呼吸。退出针芯，经针鞘试注1~3ml稀释对比剂，以进一步明确引流区的大小、形态、部位以及与邻近器官的关系，有无其他窦道等。在穿刺脓肿时，为防止脓液经穿刺口向体内扩散，选择的引流管道中应包含1cm以上的脓肿壁与脏器表面之间的正常组织，还应使引流途径最短，两者兼顾。

（二）操作方法

1. 两步法 确定最佳引流途径后，在皮肤穿刺点局麻，局麻皮丘直径以5~10mm为宜，然后作皮下麻醉。局麻深度达病变脏器的包膜。作皮肤小切口2~4mm，如引流管较粗，切口长度也相应增加，以略小于引流管外径为宜，切口方向与皮纹平行。穿刺针经切口向预定的引流中心穿刺。如随呼吸移动的穿刺通道，在进针时必须令患者浅吸气后屏气，以免穿刺针切割组织。进针达预定深度时，拔出针芯，经套针抽吸，如有引流液抽出，取少许作细胞培养或生化检测。如无引流液抽出，将针退出，调整穿刺方向再进针。穿刺进入引流区后，经穿刺针或外套管引入导丝，退出套管针，在导丝引导下引入扩张管，逐渐扩张穿刺道，最后置入引流管，退出导丝，经引流管冲洗脓腔，吸尽脓液，造影证实引流管的侧孔段全部在引流区，在体表缝扎或用固定盘固定引流管，接上引流袋。留置引流管时，侧孔段应尽量置于引流区的最低处，冲洗引流管需慎重，应避免加压冲洗。引流期间，嘱患者避免牵拉引流管，以防脱出。如缝线失去固定作用，应重新设法固定导管（如改用固定盘）。

2. 一步法 使用套管针在影像导向下一次性完成穿刺和引流操作称为一步法。先作皮肤穿刺点局麻后再作一小切口。在透视或超声引导下，套管针直接向引流区中央穿刺，预计到位后，退出内针芯，见腔内容物流出后，将外套引流管推送至管腔内，在影像导向下略作导管侧孔段的位置调整，经引流管注射稀释对比剂作引流区造影留片，略抽吸后固定引流管，连接引流袋。由于套管针的针芯、套针与引流管在首次穿刺时同时进入引流区，故针道较细针穿刺道粗，不宜反复穿刺，因此在术前设计引流路径时必须十分准确。穿刺进针过程中，也同样令患者浅吸气后屏气。

四、适用范围

1. 正常人体管道阻塞，引起阻塞段以上液体过量积聚，不能完成生理过程，或引起的病理改变，如各种原因引起的胆道梗阻、泌尿道梗阻。

2. 体腔内由于炎症、外伤或其他原因引起腔内脏器受压，功能受损，或毒性物质不能排出而大量吸收有害于机体时，如气胸、脓胸，心包积液、积脓、积血、腹腔或盆腔等脓肿。

3. 实质脏器内的积液或积脓，如肝、脾、胰、肾等处的脓肿或巨大囊肿引起症状者。

五、典型疾病临床应用

（一）胆道梗阻

分为肝外机械性梗阻与肝内非机械性梗阻，肝外机械性梗阻包括：胆管囊肿、胆石症、肝癌、胆管癌、胆管炎、胰头癌、淋巴压迫等；肝内非机械性梗阻包括：病毒性肝炎、胆汁型肝硬化等。胆道引流主要应用于肝外机械性梗阻。

1. 实验室检查

（1）血清胆红素增高以酯型胆红素为主，凡登白试验呈直接阳性反应。

（2）尿中尿胆原减少或消失，出现胆红素。

（3）大便呈陶土色。

（4）胆道严重梗阻并肝功能损伤时非酯型胆红素升高，凡登白试验呈双阳性。

2. 适用证

（1）术前减压：重度胆梗阻、感染、积脓；肝内胆管直径≥3mm；血清胆红素（TBIL）>170μmol/L（超过正常值10倍）。

（2）姑息治疗：医源性胆道梗阻；胰头癌或肝门以上胆管癌；有广泛性转移。

3. 禁忌证　碘过敏；麻药过敏；具有出血倾向；全身情况极度衰竭；大量腹水。

4. 操作方法

（1）经皮经肝胆道外引流。

1）术前准备。

2）超声导向穿刺肝内胆管并造影。

3）经穿刺针放入导丝至狭窄近端。

4）经导丝放入有侧孔的导管。

5）拔出导丝即行外引流。

（2）内 - 外引流操作方法

1）术前准备。

2）穿刺肝内胆管。

3）导丝通过狭窄段。

4）有侧孔导管头端通过狭窄段。

5）狭窄段上下导管均有侧孔即可行内引流。

（3）永久性内涵管引流

1）术前准备。

2）穿刺肝内胆管。

3）引入导丝、沿导丝送入导管并通过狭窄段进入十二指肠。

4）退出导管，送内涵管。

（4）内支架引流

1）术前准备。

2）穿刺肝内胆管并造影显示狭窄段。

3）引入导丝通过狭窄段，必要时引入导管造影。

4）沿导丝引入释放器，在狭窄段释放支架。

5）退出释放器，引入外引流管造影，支架扩张不满意，再用球囊扩张。

6）术后外引流管引流3天并保留一周。

（5）注意事项

1）尽可能穿入右叶肝管分支。

2）避免直接穿入肝外胆管。

3）避免穿入胆囊。

4）应选择适宜的引流管。

5）左右肝管均梗阻，最好分别托管插管引流或最大分支引流。

6）急性化脓性胆管炎伴脱水症状，应给予纠正同时防止DIC形成。

7）术后注意监测生命体征与症状、胆汁流量。

8）术后注意保持引流管通畅与引流管冲洗。

9）定期检测胆红素与电解质。

（6）并发症

1）急性胰腺炎。

2）胆道出血。

3）十二指肠溃疡。

4）内涵管脱落或闭塞。

（二）肝囊肿

1. 病因病理与临床表现　肝囊肿（cyst of liver）是较为常见的肝脏良性、占位性疾病。肝囊肿的发生机制，尚不十分清楚。但多认为与胚胎期肝内胆管发育异常有关。肝囊肿可分为寄生虫性（肝棘球蚴病）和非寄生虫性肝囊肿。后者又可分为先天性、创伤性、炎症和肿瘤性肝囊肿。临床常见的多为先天性肝囊肿。先天性肝囊肿又可分为单发性和多发性两种。后者又可称为多囊肝（polycystic of liver）。

单发性肝囊肿以20～50岁多见，男女发生比率约为4:1。囊肿多发生于肝右侧叶。囊肿的大小差别较大，可小至直径数毫米，大至10cm，甚至可占整个肝叶。多发性肝囊肿以40～60岁女性多见，囊肿大小不等，多累积全肝，甚至导致肝脏肿大，变形。

囊壁内层上皮细胞可因囊肿大小而不同，呈现柱状，立方形，扁平状或缺如，外层为胶原样组织；囊液澄清，透明多不含胆汁，部分患者囊液可因陈旧性出血而呈棕红色或黑色。

先天性肝囊肿多数生长缓慢，小的囊肿不引起任何临床症状，多为体检时行超声、CT 等检查时无意发现。囊肿增大到一定程度后，可压迫周围脏器，继而产生早饱、恶心、呕吐、右上腹钝痛等不适。少数患者可因囊壁破裂而产生剧烈疼痛。部分患者查体时可触及右上腹包块，或肝脏增大。肿块与肝脏相连，表面光滑，有囊性感，无明显压痛且可随呼吸上下活动。

超声检查是诊断肝囊肿的首选检查方法。CT 检查则可明确囊肿的大小、部位、形态以及数目。较大的肝囊肿可因其占位效应产生一些间接征象，如 X 线检查发现膈肌抬高或胃肠道受压、移位等征象。多囊肝的患者还应检查肾、肺、胰腺以及其他器官是否存在囊肿，以排除多囊病或先天畸形。

2. 介入治疗方法

（1）术前准备

1）患者准备：生化、血常规、凝血功能检查，有出血倾向的患者采用输新鲜血浆、维生素 K、血小板等方法术前纠正。训练患者呼吸，并向患者简单介绍手术的必要性以及一般程序，以消除患者紧张情绪，争取取得患者良好配合。术前禁食 2～4 小时。签署有创操作同意书。

2）器械和药品准备：穿刺针，泥鳅导丝，猪尾引流管，无水乙醇或聚桂醇。利多卡因，止血药物。

（2）操作方法

1）定位：根据 CT 图像选择穿刺途径，尽量使穿刺针经过一段正常的肝组织，以减少囊内容物外渗到腹腔及囊腔破裂的可能。并尽量避开胆管以及较粗的血管。

2）穿刺点行 2% 利多卡因局麻至肝被膜附近。按拟定穿刺角度及进针深度穿刺。到位后拔出针芯，可回抽出少量囊液后再次重复 CT 扫描证实穿刺针位于囊腔内。

3）按照 Seldinger 技术将猪尾引流管引入囊内，充分抽吸囊内囊液后，注入无水乙醇 10～20ml。10 分钟后尽量将囊液抽吸干净。结合患者体位变化，重复注入无水酒精 3～4 次，直至抽出液体量不多于注入液体量。拔出导管，操作结束。

4）对于巨大的肝囊肿、合并感染或出血者，应留置导管，充分引流后再注入无水乙醇（图 3-5-1）。

（3）适应证

1）直径大于 5cm 的肝囊肿。

2）有压迫症状的肝囊肿。

3）疑有合并感染或出血的肝囊肿。

4）多囊肝，以大囊为主，需要缓解症状。

（4）禁忌证

1）严重出血倾向。

2）囊肿与胆道交通。

3）中等量腹腔积液。

4）全身状况较差，不能耐受手术。

5）间位结肠。

6）包虫病囊肿因易发生过敏以及腹腔播散，认为是相对禁忌证。

（5）疗效评价：经皮肝囊肿硬化术可使绝大多数肝囊肿得到治愈，但是硬化不彻底常导致囊肿复发。

（6）注意事项、并发症及其防治措施

1）注意事项：注射无水乙醇的患者，有时会出

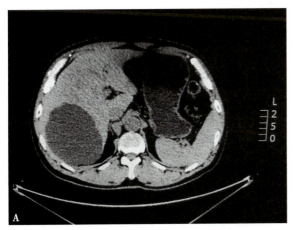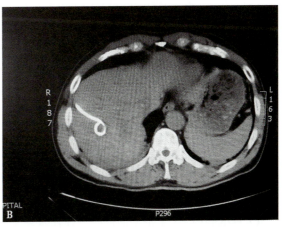

图 3-5-1　肝囊肿治疗前后 CT 平扫

现面色潮红, 恶心等症状, 因此应严密监护, 并检测生命体征。导管滞留后的处理, 对于囊肿较大需放置引流管的患者, 拔除引流管前应再次行 CT 扫描以确认囊腔是否完全消失。拔除引流管的指征为每日引流量小于 10ml。

2) 并发症及其防治措施: 术后严重并发症包括出血、胆汁性腹膜炎以及血气胸等, 发生率低于 1%。多数由于穿刺过程经过血管、胆道或胸膜腔造成。症状轻微者可给予对症处理, 症状严重者需请外科医生会诊, 行急诊手术治疗。

常见的术后并发症是疼痛, 少数患者因剧烈疼痛无法坚持导致手术无法进行。疼痛多数与乙醇注入囊腔外有关, 操作时应尽量保证猪尾管全部侧孔位于囊腔内、注射速度不宜过快。

(三) 肝脓肿

1. 病因病理与临床表现

(1) 病因病理: 肝脓肿 (liver abscess) 是细菌、真菌或溶组织阿米巴原虫等多种微生物引起的肝脏化脓性病变, 若不积极治疗, 死亡率可高达 10%～30%。肝脏内管道系统丰富, 包括胆道系统、门脉系统、肝动静脉系统及淋巴系统, 大大增加了微生物寄生、感染的概率。肝脓肿分为三种类型, 其中细菌性肝脓肿常为多种细菌所致的混合感染, 约为 80%, 阿米巴性肝脓肿约为 10%, 而真菌性肝脓肿低于 10%。本节主要讨论细菌性肝脓肿。

细菌性肝脓肿的细菌侵入途径除败血症外, 可由腹腔内感染直接蔓延所引起, 亦可因脐部感染经脐血管、门静脉而入肝脏, 胆道蛔虫亦可为引起细菌性肝脓肿的诱因。

此外, 在开放性肝损伤时, 细菌可随致伤异物或从创口直接侵入引起肝脓肿; 细菌也可来自破裂的小胆管。肝脏毗邻病灶的细菌可循淋巴管系统侵入。有一些原因不明的肝脓肿, 称隐源性肝脓肿, 可能与肝内已存在的隐匿病变有关。这种隐匿病变在机体抵抗力减弱时, 病原菌在肝内繁殖, 发生肝脓肿。有报导指出隐源性肝脓肿中 25% 伴有糖尿病。

(2) 临床表现: 肝脓肿常继发于某种感染性先驱疾病之后, 起病较急, 主要症状为寒战、高热、肝区疼痛和肝脏肿大。体温常可达 39～40℃, 多表现为弛张热, 伴有大量出汗、恶心、呕吐、食欲缺乏和周身乏力。肝区钝痛或胀痛多呈持续性, 有时可伴右肩部及胸部牵涉痛, 右下胸及肝区叩击痛。

1) 寒战和高热: 是常见的症状。往往寒热交替, 反复发作, 多呈一日数次的弛张热, 体温为 38～41℃, 伴有大汗, 脉率增快等症状。

2) 肝区疼痛: 肝脏肿大引起的被膜急性膨胀, 导致肝区持续钝痛。炎症刺激膈肌或感染向胸膜、肺扩散, 可出现胸痛或右侧肩部牵涉痛以及刺激性咳嗽和呼吸困难。

3) 乏力、食欲缺乏、恶心和呕吐: 主要为全身毒性反应及消耗的结果, 患者短期内即可出现严重病容。少数患者还伴有腹泻、腹胀或是难以忍受的呃逆等症状。

4) 体征: 肝区压痛和肝肿大最常见。右下胸和肝区有叩击痛, 有时出现右侧反应性胸膜炎或胸腔积液。如脓肿移行于肝脏表面, 其相应位置体表可出现皮肤红肿, 且有凹陷性水肿, 若脓肿位于肝脏下部, 常可见到右侧季肋区饱满或右上腹饱胀, 甚至可见局限性隆起, 能触及肿大的肝波动性肿块, 触痛明显及肌紧张或拒按等。如脓腔位于左叶, 则上述体征多集中于剑突下或下胸部。伴有胆道梗阻的患者常出现黄疸。其他原因的化脓性肝脓肿, 一旦出现黄疸, 表示病情严重, 提示预后不良。

(3) 辅助检查主要包括:

1) 实验室检查: 大部分患者白细胞计数明显增高、中性粒细胞比率可达 90% 以上, 有核左移现象或中毒颗粒。血清转氨酶、碱性磷酸酶可轻度升高。急性期仅 16% 患者血液细菌培养阳性。

2) 影像学检查: X 线检查显示, 肝区阴影增大, 右侧膈面抬高, 局限性隆起和活动受限, 或伴有右下肺肺段不张, 胸腔积液甚至脓胸等。少数产气性细菌感染或与支气管穿通的脓肿可见气液平面。B超可以测定脓肿的位置, 大小及距体表深度, 为确定穿刺点或手术入路提供了方便, 可作为首选的检查方法, 其阳性率可达 96% 以上。CT 检查能更加直观的明确脓肿的部位、大小、数量、液化程度及有无分隔等。

2. 介入治疗方法 (原理)

(1) 术前准备

1) 患者准备: 生化、血常规、凝血功能检查, 有出血倾向的患者采用输新鲜血浆、维生素 K、血小板等方法术前纠正。训练患者呼吸, 并向患者简单介绍手术的必要性以及一般程序, 以消除患者紧张情绪, 争取取得良好配合。术前禁食 4～6 小时。签署有创操作同意书。

2) 器械和药品准备: 穿刺针, 泥鳅导丝, 猪尾引流管。利多卡因, 止血药物。

(2) 操作方法

1) 定位: 根据 CT 图像选择穿刺途径, 尽量使穿刺针经过一段正常的肝组织，以减少脓液外渗到腹腔。并尽量避开胆管以及较粗的血管。

2）穿刺点行 2% 利多卡因局麻至肝被膜附近。按拟定穿刺角度及进针深度穿刺。到位后拔出针芯，可回抽出少量脓液后再次重复 CT 扫描证实穿刺针位于脓腔内。

3）按照 Seldinger 技术将猪尾引流管引入脓腔内，再次行 CT 扫描以确定引流管位置，如引流管位置满意。固定导管，操作结束（图 3-5-2）。

（3）适应证：直径大于 3cm，并且已形成液化良好的脓腔的肝脓肿。

（4）禁忌证

1）严重出血倾向。

2）碘过敏。

3）中等量腹腔积液。

4）全身状况较差，不能耐受手术。

5）肝、肾功能不全。

6）脓肿穿透膈肌，形成窦道，侵及胸腔。

（5）疗效评价：经皮脓肿穿刺引流脓液除做细菌涂片和培养外，还应做抗生素敏感试验，以便选择有效的抗菌药物。因此经皮脓肿穿刺引流可起到诊断与治疗的双重作用，并且并发症少，可取代外科手术治疗。

（6）注意事项、并发症及其防治措施

1）注意事项：若患者经皮脓肿引流术后白细胞及体温逐渐下降，可于体温恢复至正常后 3～5 日再次行 CT 检查。脓腔消失或每日引流量小于 10ml 后可拔除引流管。若体温或白细胞不下降或下降不显著或下降后又上升者，考虑引流不充分，必要时再次行 CT 导引调整引流管位置。若因脓肿分隔未穿破造成引流不充分可再次行经皮脓肿引流术。

肝脓肿的患者因严重感染，发热，而消耗较

大，故引流术后除常规抗感染治疗外，还应加强支持治疗，注意维持水电解质平衡。拔除引流管的指征为每日引流量小于 10ml。

2）并发症及其防治措施：术后并发症同肝囊肿。

（杨　坡）

第六节　管腔成形术

一、概述

管腔成形术指将由于外伤、肿瘤、放射性损伤或手术瘢痕等引起的狭窄通道扩大。非血管管腔成形术是指将体内的消化道、气道、胆管、尿路以及输卵管等非血管组织的中空管腔建立或扩大管腔。非血管管腔成形术包括球囊成形术和支架成形术。

二、器材

（一）球囊导管

球囊导管首先应用于血管成形术。20 世纪 80 年代开始逐渐应用于尿道、食管等狭窄阻塞性病变的扩张治疗。球囊由聚乙烯制成，球囊呈圆柱形，有多种规格，可耐受高压（6～8 个大气压），预制直径从 6～40mm 不等，长约 4～6cm 多见。球囊两端的金属环标记有助于 X 线下定位。

（二）支架

1. 食管支架　依据金属丝的联结方式分为 Z 形支架和网状支架。Z 形支架的优点在于弹性大，扩张力强，可展开至较大口径，但需多个单节支架串联在一起。网状支架包括 Stecker 支架、Wallstent 支架和 Ultranex 支架。

基于上述支架又发展出几种不同用途的支架：

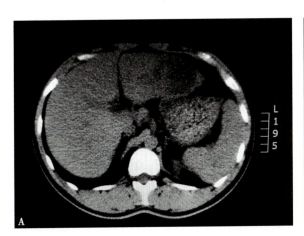
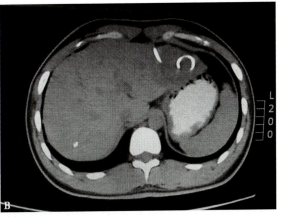

图 3-5-2　肝脓肿治疗前后 CT 平扫

覆膜支架、可回收式支架、防反流支架。覆膜支架：用尼龙、塑料、硅胶等包裹支架，防止肿瘤从支架的网格中长入。也可因膜的存在而治疗食管气管瘘。可回收式支架：在支架近端套一尼龙线圈，回收时用细钩钩住尼龙线，抽拉后使支架回缩小，收入套鞘内，即可回收。防反流支架：支架远端有二尖瓣式塑料膜，斜形对合，食物可由上向下通过，而不能反流，可以防止反流性食管炎。

2. 胃、十二指肠内支架 主要有 Z 形金属支架及网状金属支架两种。

3. 胆道支架 早期多用 Z 形支架，目前多用自扩式支架，如 Wallstent 支架、Ultratlex 支架、Sympnony 支架，还可以使用覆膜支架，自膨式镍钛记忆合金支架使用最广泛，球囊扩张式支架较少用于胆管。

4. 前列腺尿道支架 分为暂时性支架和永久性支架。暂时性支架：①双螺旋支架：用镀金金属制成；②双覃状支架：塑料制成，按前列腺尿道长度选择尺寸，在它的两端各有一网篮样结构。永久性支架：① Wallstent；② Z 形支架；③镍钛合金网状支架。

（三）输送器及辅助器材

输送器可分为套管式输送器和捆绑式输送器。

1. 套管式输送器 最常见，头部呈橄榄状，其余部分套在鞘内。输送器远端与鞘之间套一支架，当它顺导丝送至狭窄处后，将鞘退回，使支架逐步暴露释放，最后回收全套器械。

2. 捆绑式输送器 在制造时即将支架用丝线捆绑在输送器前端，丝线尾部留在输送器的后端，当它顺导丝送至狭窄处后，拉动丝线，即可释放支架。

三、临床应用

（一）胃肠道狭窄

1. 食管狭窄球囊成形术

（1）适应证与禁忌证

1）适应证：各种良性病变引起的食管狭窄（首选）①瘢痕性狭窄；②功能性狭窄；③先天性食管狭窄。

2）禁忌证：食管灼伤后的急性炎症期；手术后瘢痕狭窄者在术后 3 周内；食管癌伴食管 - 气管瘘，食管纵隔瘘。

（2）介入治疗技术

1）术前准备：术前禁食水 4 小时以上。术前 10 分钟肌内注射 654-2 10～20mg，以减少口腔分泌与术中迷走神经反射；必要时考虑给予镇静剂；球囊导管和长交换导丝是主要器材。

2）操作方法步骤：①患者取右前斜仰卧位或侧卧位，头后仰。咽部麻醉，放开口器。在透视下将单弯导管、导丝（导丝突出导管前端约 10cm 左右）经咽部送入食管内。②进达梗阻部时，轻轻探插导丝。③导丝通过狭道后，尽可能插入胃内，并跟上导管。④退出导丝，注入对比剂，证实导管在胃内。⑤经导管换入超硬长交换导丝，退出导管。⑥顺超硬长交换导丝放入球囊导管，确认球囊两端的金属标记骑跨在狭窄段处。⑦如果狭窄段很长，则从狭窄远端处开始治疗，先将球囊放在狭窄的远端，依次向近端扩张。⑧透视观察下以稀释的对比剂充胀球囊。

（3）疗效评价：食管良性短段狭窄应用食管球囊扩张成形术的疗效好。化学灼伤性长段、多处狭窄疗效较差。

（4）并发症：食管黏膜损伤出血，多不严重，不需处理。导丝、导管误入假道，造成食管穿孔。食管破裂。

2. 食管狭窄支架置入术

（1）适应证与禁忌证

1）适应证：①恶性肿瘤引起的食管重度狭窄，进食困难，失去手术机会或患者拒绝手术；②恶性肿瘤引起的食管 - 气管瘘或食管纵隔瘘；③良性病变出现食管破裂，如外伤、术后吻合口瘘、化学性灼伤破裂等，保守治疗失败或不能耐受外科手术治疗；④食管良性狭窄反复球囊扩张治疗效果不佳者。

2）禁忌证：①凝血机制障碍未能纠正的；②严重心、肺功能衰竭、食管破裂；③严重恶病质状态；④重度食管胃底静脉曲张。

（2）介入治疗技术：术前准备及操作步骤方法参考食管狭窄球囊成形术。①支架选择：食管癌患者选择覆膜防滑式支架能延缓肿瘤长入支架内的时间。治疗食管气管瘘或食管纵隔瘘必须用覆膜支架。良性狭窄置入支架以防滑、可回收支架为宜。直径 17～20mm 为目前临床常用支架。②球囊预扩张后沿硬交换导丝送入支架准确定位后释放。立即经导管注入对比剂，观察支架位置、展开程度以及是否通畅、有无穿孔等并留存资料。一般球囊直径较预置入的支架直径小 2～3mm，狭窄较轻的患者也可不用球囊预扩张。术后 2～3 天流质饮食，逐渐改为半流质、软食，普食。食管支架植入术如图 3-6-1 所示。

（3）疗效评价：支架置入后患者可有胸骨后钝痛感，约 1～3 天后多数能消失，但少数患者疼痛持续时间较长。患者术后吞咽困难症状均有改善，

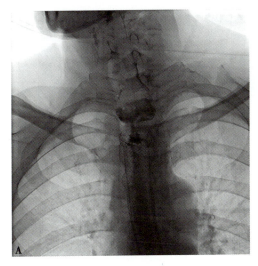

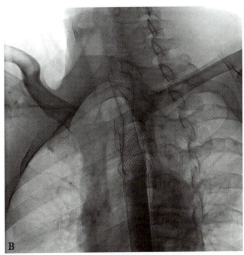

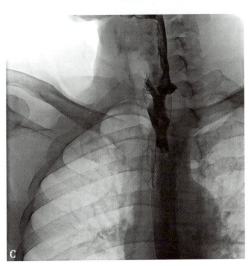

图 3-6-1　食管支架植入术
A. 支架术前钡透示原食管支架上端狭窄；B. 食管支架植入；C. 食管支架植入术后造影剂通过顺畅

特别是对食管 - 气管瘘的食管癌患者，术后瘘口封闭，防止进一步肺部感染，饮食改善，提高了生存质量，也延长了患者生存时间。

（4）并发症：食管黏膜损伤出血多不严重，无需处理；导丝、导管误入假道造成食管穿孔，多见于化学灼伤性狭窄；食管破裂，一旦发现立即行手术治疗抢救；支架阻塞，发生率约为 10%；支架移位约 5%，以良性狭窄多见；反流，这类患者宜选用防反流支架。

3. 胃、十二指肠支架术　主要适用于恶性肿瘤浸润压迫引起的胃、十二指肠管腔狭窄或闭塞和胃肠吻合口及胃肠造瘘口肿瘤浸润复发的患者，也使用于部分良性狭窄，如术后吻合口瘢痕挛缩等。并发症多见出血、胃肠破裂穿孔、胰腺炎及阻塞性黄疸、腹腔或盆腔内出血、支架移位脱落、再狭窄等。

4. 结肠、直肠支架术　适用于恶性肿瘤浸润压迫引起结肠、直肠腔狭窄或阻塞，结肠、直肠外科术后、直肠吻合口狭窄等。

（二）气管支气管狭窄

1. 适应证与禁忌证

（1）适应证：恶性肿瘤侵袭、压迫造成的气管狭窄；不能外科手术治疗的良性狭窄：如外伤或医源性气管狭窄，狭窄长度超过 2 个气管环以上；各种原因的气管软化等。

（2）禁忌证：有严重的心肺功能不全以及存在明显的凝血机制障碍均不适宜置入支架。高位气管狭窄（狭窄距声门 5cm 以内）。

2. 介入治疗技术　尽可能在全身麻醉状态下行气管支气管支架置入术。透视核实狭窄的部位、长度和正常段的直径，确认支架的长度及直径。必要时在体表放置金属标记。透视下经全身麻醉插管送入导丝通过狭窄段，必要时利用导管。沿导丝将支架推送至狭窄段，透视监视下准确释放。拔管后摄片保存资料。术后：抗炎治疗 3～5 天；抗水肿治疗 1 周；镇咳治疗 1～2 周。食管支架植入术如图 3-6-2 所示。

3. 疗效评价　绝大多数患者支架置入后主观症状如呼吸困难、哮鸣可立即得到改善，在置入后 2 周内，主观症状可得到持续改善，但是恶性病变如不辅以其他抗肿瘤治疗时，将在 3～6 个月出现再次狭窄。

4. 并发症　支架靠近声门时，将造成喉头水肿，带来相应的临床症状。操作粗暴会造成气管黏膜出血。支架移位、咳出。再狭窄，可再放入另一支架。

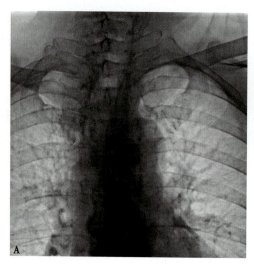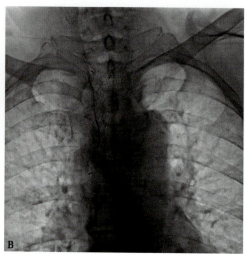

图 3-6-2 气道支架植入术
A. 支架术前钡透示气管受压变窄；B. 支架植入术后造影剂通过顺畅

（三）胆道狭窄

1. 经皮经肝胆道引流术（percutaneous transhepatic cholangial drainage，PTCD） PTCD 是所有胆道梗阻介入治疗的基本技术，是在影像设备引导下，利用特制穿刺针经皮穿入肝内胆管，再将造影剂直接注入胆道而使肝内外胆管迅速显影，同时通过造影管行胆道引流。引流方式包括外引流、内引流、内 - 外引流。外引流是经皮经肝穿刺将引流导管植入梗阻部位以上的胆管内从而将胆汁引流至体外，主要目的是解除淤胆，以使胆系压力降低，黄疸减退，并利于肝功能恢复和后续治疗。内 - 外引流是将多侧孔引流导管头端通过胆道狭窄段送入十二指肠，同时仍有部分导管侧孔位于狭窄段近端扩张的胆管内。关闭导管尾端后可行内引流，开放后亦可外引流或冲洗引流管。这既可防止胆汁过多丢失引起的消化不良和电解质紊乱，也保留外引流通道定期冲洗，防止侧孔堵塞，便于胆道造影复查，并可进行下一步的胆道球囊扩张术及内支架置入术，最终去除外引流及引流袋。

（1）适应证与禁忌证

1）适应证：影像和实验室检查证实为胆道梗阻并近端胆管扩张，经非手术治疗效果不明显且无禁忌证者均可视为介入疗法的适应证。

2）禁忌证：凝血功能障碍（绝对禁忌证）；大量腹水；严重恶病质；无适当入路者；脓毒血症及败血症（相对禁忌证）。

（2）介入治疗技术：患者平卧于 DSA 检查床，局部消毒铺巾，根据临床及影像学资料确定入路及穿刺点。进行胆道造影以确定病变部位和性质。

在电视监视下将粗针迅速刺入预先选好的胆管，有进入胆管的突破感后，拔出针芯，待胆汁顺利流出后插入导丝，不断旋转和变换方向，使导丝通过梗阻端或狭窄段进入远端胆管或十二指肠，退出穿刺针，用扩张管扩张通道后，将多侧孔导管随导丝通过梗阻端或狭窄段，使导管的侧孔位于梗阻端或狭窄段之上、下方，固定导管，胆汁从导管内顺利流出后，注入造影剂拍片。引流管固定。术后 24 小时内应严密观察患者生命体征，并需绝对卧床。每天胆汁流量和性状是观察的重要指标。术后早期可出现血胆汁，但不能结成血凝块，否则提示胆道出血。引流过程中禁用负压吸引装置，每隔一周左右对局部皮肤消毒，更换固定器具。

（3）疗效与评价：如果适应证选择得当，PTCD 的技术成功率可达 100%。对梗阻性黄疸的减黄作用十分明显，有效率可达 95% 以上。对急性化脓性胆管炎并休克患者的治疗，常可见到戏剧性的效果，患者症状可立刻减轻，血压回升，随后体温下降。

（4）并发症：胆道出血及腹腔出血较少见，通常不引起严重症状，一般不需要手术治疗；胆瘘和胆汁性腹膜炎与胆道梗阻后压力较高胆汁沿针道流入腹腔有关；逆行胆道感染胆汁经胆道进入血管，患者出现寒战、高热；其余并发症如胆汁分泌过量、导管阻塞和脱位等。

2. 经皮经肝胆道支架置入术

（1）适应证与禁忌证

1）适应证：不能手术的恶性胆道闭塞；经反复球囊扩张术治疗不能奏效的良性胆道闭塞。

2）禁忌证：凝血功能障碍（绝对禁忌证）；大量

腹水；严重恶病质；无适当入路者；脓毒血症及败血症（相对禁忌证）。

（2）介入治疗技术：先行经皮经肝胆道造影或经 PTCD 管胆管造影。经穿刺针或 PTCD 管，引入导丝，经导丝将引导导管插入胆管内，并将其外套管越过狭窄部。经引导导管送入交换加强导丝，沿该导丝送入球囊扩张狭窄段。球囊扩张成功后，退出球囊导管，保留导丝在原位，沿导丝放入支架推送器，在准确定位后释放支架。支架释放后，退出支架推送器，再通过引导导管注入稀释对比剂，了解胆管开通情况。胆道支架植入术如图 3-6-3 所示。

（3）疗效评价：胆管支架置入的技术成功率约 95%。单纯性狭窄的成功率高于梗阻再通成功率。恶性梗阻病例，支架置入后 0.5～1 年生存率为 15%～30%，但因恶性肿瘤类型不同而有较大的差异。支架仅是一种姑息性疗法，其作用主要是减轻或消退黄疸，提高患者生活质量，一定程度地延长生存时间。

（4）并发症

1）胆道出血：支架植入到狭窄或梗阻的胆管是局部扩张，同时也是局部关闭组织发生糜烂、出血，如胆管血管瘘、胆管十二指肠瘘。

2）支架阻塞：由于植入后管腔内胆泥的形成、肿瘤的生长等原因可造成支架管腔的阻塞；支架机械断裂和脱落。

四、回顾与展望

（一）食管支架

食管支架的应用是食管癌治疗不断探索的产物。1955 年，Coyas 与 Triboulet-Piton 首次报道了在食管插管中使用塑料导管。1956 年 Mousseau 与 Barbin 发展了牵引技术，1959 年，Celestin 使该技术得到了扩展。1978 年，Atkinson 等发明了一种在内镜下置入的塑料导管，也称为改良的 Celestin 导管，该导管可以大大降低并发症，从而避免了开腹手术。1983 年，Fimberger 报道了一种在内镜下可扩张的金属螺旋导管置入术，用于缓解恶性食管梗阻。自从首次报道自膨式金属支架以来，其经过多次改良后，到 20 世纪 90 年代，自膨式金属支架已经取代塑料支架，越来越多地用于治疗食管癌，并取得了一定的临床疗效。1991 年，韩国的 Song 等将金属食管支架表面被以硅酮膜后，支架的应用也变得越来越广。现在支架已广泛应用于良恶性食管狭窄、食管瘘口的修补等食管疾病，早期的金属无覆膜支架因其出血、穿孔等多种并发症，现已基本退出临床应用。

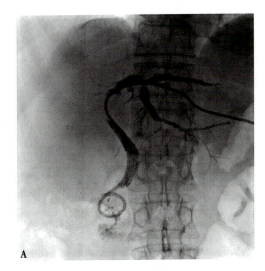
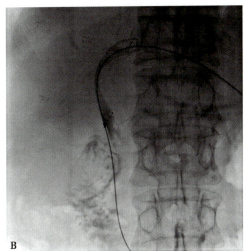
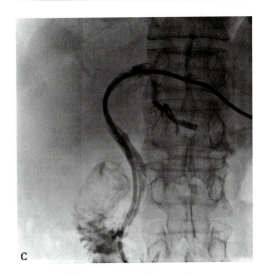

图 3-6-3 胆道支架植入术

A. 支架术前钡透示胆道变窄；B. 支架植入；C. 支架植入术后造影剂通过顺畅

目前食管支架种类繁多，虽然多种食管支架已用于食管良性疾病的治疗，也取得了一定的治疗效果，但是临床仍存在较多的并发症，因此食管良性病变，放置支架应持谨慎态度，并掌握好支架取出时机，针对病变类型选择合适的支架，并注意防治并发症。

（1）放射性支架（如 ^{125}I 粒子食管支架）在临床的应用，不仅起到姑息治疗的作用，同时也起到一定的杀伤肿瘤细胞的作用，从而可适当地延长患者的生存期，但是目前仍存在以下问题有待下一步解决：①目前尽管 ^{125}I 粒子装填入支架的方式不尽相同，但基本都为手工填装，应设计合理的自动装填器不仅提高效率，粒子排布更加合理，而且减少术者的辐射暴露；②目前临床使用的 TPS 系统是为实体肿瘤设计的，尚未见到适用于空腔脏器的食管肿瘤放射治疗系统；③虽然小规模的临床对照研究显示了 ^{125}I 粒子捆绑支架的安全性和有效性，但是其确切疗效和其会不会加重组织损伤而使出血、穿孔的发生率增加尚有待进一步研究。大规模多中心的临床实验仍有待进行。

（2）可降解食管支架目前临床研究结果显示，其并发症比较严重，如食管黏膜过度增生、再狭窄，并且支架移位的比例相当高，然而其可降解性吸引了部分学者对其进行改良研究。

（3）肿瘤磁介导支架热疗是利用金属支架在交变磁场中升温从而对肿瘤进行加热，目前尚处于物理和动物体内研究阶段，临床研究较少，需要更多深入的研究开展。

（二）气管支气管支架

气管、支气管狭窄是一个棘手的临床问题，不管良性还是恶性，它均可引起严重的呼吸困难，如不及时解除，可使患者窒息死亡。所以大部分医生会采取支架植入术。目前，气道支架存在的问题有：①分泌物或感染引起支架阻塞；②肉芽组织或肿瘤复发突入支架，形成新的狭窄；③带膜支架与组织的相容性差，易造成气道异物反应；④支架介入后不易再取出。

在支架的形状设计上，根据气道狭窄的部位和范围，目前除管状支架外，还研制了分叉型支架、Y 形支架。分叉型支架适用于气管和一侧主支气管均存在病变的情况下，而在隆凸处的病变则可采用 Y 形支架。覆膜支架一方面阻止肉芽组织通过支架网孔向腔内生长，另一方面覆膜的存在使支架容易被回收取出。但覆膜支架容易造成气道分泌物的滞留和局部气道感染，支架移位发生率也相对高

一些，而支架两端肉芽组织的增生造成气道再狭窄也是植入覆膜支架后难以克服的问题。有学者正在研究可吸收的生物材料支架，它是目前的一个临床研究热点。Korpela 等首先使用自增强聚乳酸制作气管支架用于动物实验，在支架降解后气管仍保持通畅，显示出良好的应用前景。

（三）胆道支架

20 世纪 50 年代，经皮肝穿胆管造影（percutaneous transhepatic cholangiography，PTC）开始应用于梗阻性黄疸的诊断，由于 PTC 能清晰地显示胆道及其梗阻部位，该技术得到迅速推广。在此基础上，Molnar 和 Stockum 发展了经皮经肝胆道引流技术，使经皮肝穿技术不仅仅局限于梗阻性黄疸的诊断，而且还可以作为一种治疗措施，这是一次大胆的创新，但是外引流避开了胆汁的生理通道。随后，Cameron 等报道了经皮肝穿用大孔硅胶支架治疗胆道的良恶性狭窄，并取得了良好的疗效，这是胆道的非外科手术重建方法，是比 PTCD 更合理的内引流，它保留了胆汁的生理功能。Coons 等率先使用了 Teflon 材料支架，Carrsco 等则进行了自膨式不锈钢支架运用胆道的实验性研究，这种支架的优点是可用较小的导管经肝推送。同一时期，Siegel 等进行了胆道狭窄的逆行胆道扩张和支架植入治疗。1989 年 Irving 等发表了胆道金属支架欧州临床试验结果。

胆道支架植入为胆道疾病的治疗提供了一种新的选择，然而也存在诸多问题。要提高支架的疗效，减少并发症，应该从两方面着手：一是提高、改良操作技术，不断探索新的手术操作技巧；二是开发研制新型支架。现有人正在研究可降解生物支架、放射性支架，支架的疗效、并发症发生率需要进一步深入研究。相信在不久的将来，胆道支架会有突破性的发展。

（周志刚）

第七节 活 检 术

一、概述

经皮穿刺活检术（percutaneous biopsy）是介入诊断学的核心内容，是制订治疗方案、评价治疗效果、判断疾病预后的基础。经皮穿刺活检术即在影像设备引导下利用穿刺针穿刺脏器或组织以获取组织学、细胞学、细菌学等材料以明确诊断的一种检查技术。

二、引导设备及特点

经皮穿刺活检术的影像引导方法有 X 线透视、超声、CT 和 MRI 等。引导设备的选择取决于病变的部位、大小、移动性和可见度。

1. X 线透视　具有简便、经济、体位灵活和定位快等优点。在透视下穿刺可直接观察进针方向与深度等，适用于胸部和四肢骨骼的穿刺活检。

2. 超声　具有简便灵活、不受体位限制、无放射性损害、实时引导的优点。超声可以准确了解病灶的大小、深度和周围组织结构情况，特别是能够直接观察到穿刺通道是否穿越动脉血管，对于胸壁、胸膜病变以及缺乏自然对比的腹部脏器尤其适用。目前使用的超声仪多带有穿刺探头，穿刺针从穿刺槽插入，穿刺探头可以显示穿刺的路径、进针方向和进针深度，大大提高了活检的成功率和准确性。

3. CT　适合于全身各部位活检，尤其是肺部活检、超声不能或不宜显示的位置深在的腹部或盆腔病变、骨活检。根据引导设备可分为常规 CT 引导（conventional CT guided，CCT）和实时 CT 透视（real time CT fluoroscopy，CTF）引导。CCT 引导技术在一定程度上达到了三维显示的目的，对靠近大血管病变的活检的安全性得到了较大的提高，但小病灶容易受膈肌呼吸运动的影响，发生偏移，影响穿刺的一次性命中率。同时穿刺过程相对烦琐，需要操作者来回往返于扫描间与扫描控制室之间。CTF 最早由日本 Katada 发明，可以真正实时显影、动态跟踪针尖即使调整穿刺路径，降低了穿刺的风险，提高了穿刺的成功率，这种技术尤其适用于不能进行屏气配合的患者或持续运动的区域。

4. MRI　显像具有其独特的优点，如实时透视、无 X 线损伤、多轴面成像、良好的软组织对比度等。MRI 引导下的活检术首先用于腹部和头颈经皮细针穿刺抽吸活检，随后被用于乳腺和骨骼病变。由于常规的不锈钢穿刺针严重影响磁场，需使用镍铬合金或钛合金制成的穿刺针，以减少干扰。

三、活检器械

（一）穿刺针的组成

穿刺抽吸活检针一般由不锈钢针管和针芯组成。穿刺针包括针尖、针干及针座三部分，见图 3-7-1。

针尖：针管前段可与针芯长度一致，两者配合共同构成针尖的斜面，或针芯超出针管口 1～2mm，针芯尖部外形呈斜面状、矛刺状或三棱针形。

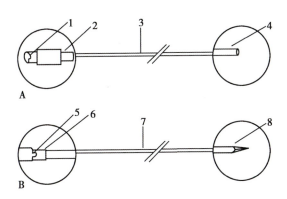

图 3-7-1　穿刺针

A. 套针：1. 针座上的缺凹；2. 针座；3. 针管；4. 针头；
B. 针芯：5. 针座上的突起；6. 针座；7. 针干；8. 针头

针干：针的主体部分，由不锈钢制成，长度 5～20cm 不等。

针座：也称针柄，用于手持针和连接注射器。

（二）穿刺针的规格

穿刺针的粗细国际上通用以针管外径 Gauge（G）表示，国内穿刺针以号表示外径，对应关系如表 3-7-1。G（gauge）标，如 18G 或 20G。号码数越大，管径越细。通常 20G 及以上称为细针。通常认为细针穿刺的出血等并发症较粗针发生率低。

穿刺针长径具有不同规格，从 5～20cm 不等。

（三）穿刺针类型

穿刺活检针包括抽吸针、切割针、骨钻针、同轴套管针及活检枪。CT 引导下的经皮穿刺活检包括针吸活检，切割活检及钻取活检。

1. 抽吸针　常用的有千叶针（Chiba）、Turner 针、Greene 针和 Zavala 针等，通常用于细胞学检查，对组织损伤小，并发症少。针座与注射器相连，穿刺针抵达病灶后提拉注射器活塞造成适当负压，连同穿刺针一起边抽吸边向里旋转推进，反复抽提 2～3 次（图 3-7-2）。

2. 切割针　常用的有 Vin-Silverman 针、Trucut 针、Menghini 针等。Tru-cut 活检针的针芯远端有一凹槽，针管与针芯配合时该槽构成活检腔。穿刺前该腔关闭，当 Tru-cut 针抵达病灶时，固定套管针不动同时将针芯推入，使病变组织进入活检腔，接着推进套管针使活检腔关闭，最后在 Tru-cut 针关闭状态下取出肿块组织。

3. 骨钻针　又称环钻针，可钻锯成骨性病变或骨皮质。多用于脊柱和管状骨。

4. 同轴套管针　在活检过程中被用来建立穿刺通道的较短较粗的套管针称为同轴套管针，同

表 3-7-1 穿刺针的直径规格

国内规格（号）	6	7	8	9	10	12	14	16	20
国际规格（G）	23	22	21	20	19	18	17	16	14
外径（mm）	0.6	0.7	0.8	0.9	1.0	1.2	1.4	1.6	2.0
内径（mm）	0.4	0.5	0.6	0.7	0.8	1.0	1.2	1.4	1.8

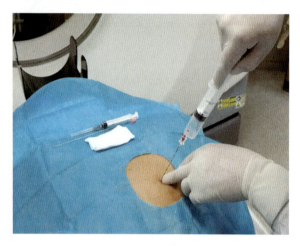

图 3-7-2 抽吸活检

轴活检技术使得穿刺次数减少，并实现多点多角度取材。

5. 穿刺针的自动弹射装置 又称活检枪，自动活检装置内设有前、后两组弹簧，分别用来高速弹射活检针的针芯和具有锐利切割缘的套管针，产生强有力的高速弹射，可在 1/30 秒内完成切割取材动作，提高穿刺效率和活检标本的质与量。主要有负压抽吸式活检枪及内槽切割式活检枪。

四、介入治疗方法（原理）

活检术包括抽吸或细针穿刺活检、切割活检和钻取活检。

（一）术前准备

1. 分析影像学资料和临床表现，熟悉病灶的范围、数目、大小等。

2. 完善血常规、血凝试验、传染病检查和常规心电图检查。

3. 选择适当的活检器械，设计合适的进针路径。

4. 手术间准备，药品准备（包括利多卡因、镇静剂、止咳剂、抗凝剂等），器械准备（穿刺包、穿刺针、活检枪等）。

5. 术前签字谈话，告知手术方式、风险及注意事项。

（二）引导方法及体位的选择

影像引导下的穿刺活检引导设备主要有 X 线透视（普通 X 线透视机和 C 型臂）、CT、超声和 MRI。不同部位的穿刺选择的影像设备不同，如：颈部甲状腺、甲状旁腺用超声引导；肺部、纵隔、肺门、胸膜病变用 CT 引导；腹部脏器用 CT 或超声引导；骨骼四肢、骨盆、头颅、脊柱用 CT 或透视引导等。虽然 MRI 引导的发展受制于设备、技术的影响，但是由于 MRI 其独特的优势，如颅脑穿刺，MRI 引导应用前景非常广阔。

合适的体位对于穿刺顺利完成非常重要，尤其是 CT 引导下的介入手术对于体位的选择要求较高。常用的体位有仰卧位、俯卧位、左侧卧位、右侧卧位、左侧前斜位、右侧前斜位等。体位的选择一般遵循以下几点：①利于术者操作；②避开重要脏器；③姿势的稳固性。必要时可增加辅助物品如固定头圈、固定垫等。

（三）操作方法

1. **摆体位、贴线** 患者摆好合适的体位后，于体表将行穿刺大体位置贴标记针或栅栏格（铅条线或其他不透 X 光金属）。

2. **CT 扫描** 对病变区进行扫描，通常采用轴扫，扫描层厚小于 1cm，尽量减低曝光条件。

3. **设计进针路径** 依据扫描图像，选择最佳层面，设计最佳进针路径，测量预进针角度及深度，测量最佳进针路径进针点位置与标记线或最近的栅栏格间的距离。进针路径的设计应避开血管、神经及周围重要脏器等，兼顾最近距离，但是肝脏占位的穿刺活检时进针路径需要经过一部分正常肝实质。

4. **体表做标记点** 扫描床移动至设计进针层面，打开定位灯，按照预先测量的移动距离及方向在体表用记号笔进行标记，移去标记线或栅栏格。

5. **消毒、铺巾、局麻、进针** 常规消毒铺巾，抽取 5ml 利多卡因逐层浸润麻醉（肺穿刺应麻醉至胸膜，肝脏穿刺应麻醉至肝包膜），选取合适的穿刺器械，如抽吸针或同轴套管针，按照预定角度及深度分步进针，复扫 CT，依据扫描图像调整进针角度及深度，如此反复，直至穿刺针尖进入病灶内。通过抽吸或切割或活检枪获得组织。再次进行 CT 扫描，观察有无出血、气胸等并发症。确定无并发症后拔出穿刺针，贴敷贴。

6. 标本的获得及固定 应用的穿刺器械不同，获取标本的操作方式不同（具体见本节"活检器械"部分）。通常我们应用粗针活检获得组织学标本，取 10% 甲醛溶液进行固定并装入试管内送化验。

（四）并发症

胸部活检常见的并发症为气胸、咯血和出血。并发症的发生率与患者肺的基础状况、病灶的部位、病变的性质、进针路径、穿刺针进出胸膜的次数、使用穿刺针的口径与类型等因素均有关。气胸是胸部穿刺最常见的并发症，发生率报道不一，大约在 4%～47% 之间，约有 7.7% 的气胸患者需要抽吸气体治疗。气胸多在穿刺即刻出现，也有部分为迟发性气胸，发生于穿刺结束 24 小时后。气胸肺体积压缩 <30% 且患者无明显胸闷、呼吸困难等症状时，可密切观察，待气体自行吸收。>30% 者需行闭式引流排出气体。约 5% 靠近肺门的病变在穿刺活检后有咯血，其他部位出现咯血者为 2%。密切观察常可停止，必要时应用酚磺乙胺、巴曲酶、维生素 K、垂体后叶素等治疗，较大咯血或出血时可使用明胶海绵栓塞或胶原止血栓，甚至可转入手术治疗。图 3-7-3 示肺活检术。

肝脏常见并发症为出血。出血是最常见的并发症，可发生于肝内、肝包膜下及腹腔内，通常可自限，不至于引起严重后果。胆汁渗漏可引起胆汁性腹膜炎；穿刺通道在近肝门处通过肝动脉和门静脉可引起动静脉瘘；迷走神经反射可引起低血压与心动过缓；少见感染；偶见有穿刺道的肿瘤种植转移。腹部穿刺活检术后可行腹带加压包扎。

胰腺穿刺活检的并发症为出血、感染、胰瘘、创伤性胰腺炎等。胰腺活检前后应严格禁食，并应用药物抑制胰酶胰液分泌。感染发生率低。如果在胰腺活检过程中穿刺路径经过胃肠道，应预防性抗感染。胰瘘或创伤性胰腺炎发生率极低，尤其是细针行胰腺穿刺活检时更是罕见。

脾脏因为质地较脆且血供丰富，故穿刺活检时极易发生大出血，故除脾脏巨大肿瘤谨慎行穿刺活检之外，脾脏应视为相对穿刺禁区。

其余罕见并发症如肿瘤针道转移、空气栓塞及死亡等。

五、适应证

1. 待证实的良恶性病变。
2. 待证实的转移性肿瘤。
3. 疑为无切除指征的恶性肿瘤，但需明确细胞类型以便进行化疗、放疗或基因检测。
4. 其他检查无法明确诊断时。
5. 转移性肿瘤的分期和分类。
6. 纤维支气管镜或者肠镜无法明确诊断时。

六、禁忌证

1. 有严重出血倾向的患者。
2. 患者一般状况极差，不能耐受本技术检查者，不能配合者。
3. 疑血管性病变：如动脉、静脉血管畸形，动脉瘤患者。
4. 患者不能保持安静或无法控制的咳嗽，不宜行经皮穿刺肺活检。
5. 严重肺气肿、肺纤维化、肺循环高压者，肺

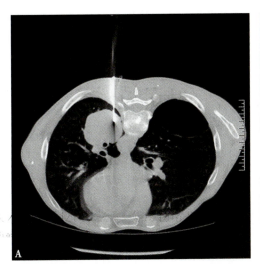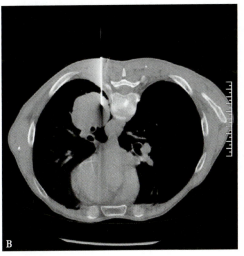

图 3-7-3 肺活检术
A. 肺窗显示肺活检；B. 骨窗显示肺活检

淤血、严重心功能不全者，不宜行经皮穿刺肺活检。

6. 肿块与大血管关系密切，而穿刺又无安全进针途径者。

7. 高度怀疑为血管瘤或包虫病。

七、疗效分析

胸部疾病的穿刺活检是一种安全而实用的检查方法，其简便易行且痛苦小。组织学检查对于确定病变的性质有着重要意义。恶性肿瘤的诊断准确率达85%～98%，良性病变则稍低；孤立结节病变的活检成功率高于肺弥漫性病变。

经皮肝穿刺细针活检对于肝脏恶性肿瘤的诊断敏感性与特异性均在90%左右，用粗针穿刺进行组织学活检则更高，对临床怀疑肝癌的患者提供了一个安全、有效、可靠的确诊途径。有一组报道对3cm以下的肝脏肿块在超声实时导向下活检，用18～19G针，活检正确率达96%，没有并发症。

骨活检术对转移性肿瘤的准确率最高，可达90%左右，而对原发性肿瘤病变的诊断准确率则低一些，约73%～94%。多种因素可影响其诊断准确率，包括不同的疾病和类型、不同的活检部位、病理医师的经验、活检前的放射学检查和临床其他检查情况等。其中，不同类型的病变对诊断的准确率尤其相关。据多组大宗文献报道，综合性骨疾患的活检准确率总体多在80%左右，最高达94%。图3-7-4示胸椎活检术。

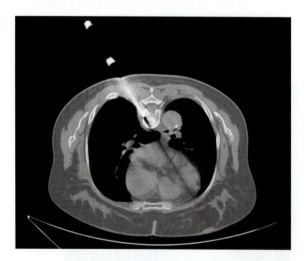

图3-7-4 胸椎活检术

八、回顾与展望

1883年 Leyden 首次于肺炎病例作诊断性穿刺，1886年 Mene 使用针穿活检诊断肺癌。活检术

开始阶段为盲目性穿刺，并发症多，之后相继出现应用 X 线透视下活检、剖腹探查直视下细针穿刺细胞学检查、选择性动脉造影导向下细针穿刺、超声导引下经皮活检和逆行胰胆管造影导向活检等。1976年 Haage 等首次报道 CT 导引下经皮穿刺活检，1986年 muller 等介绍了应用 MRI 引导肝脏肿瘤活检的技术。目前随着医学影像导引活检技术的应用和推广，穿刺活检术几乎可从人体任何部位的组织器官取得标本，从而得到病理诊断，为临床诊断提供了巨大的帮助。

随着引导设备和影像成像设备的发展，穿刺技术水平的提高，活检术在不同的方向均有所发展：

1. 引导设备和成像设备

（1）机器人辅助立体定向活检术：是活检术中引入了机器人辅助技术。该技术由影像引导装置、三维定位软件和智能机械臂组成，分别完成测定靶点坐标，规划穿刺轨迹及平台导航操作等功能。操作时，先利用患者术前影像资料选择靶点，后将患者待穿刺部位固定在机器人设备的支架上。穿刺过程中利用体表标记点建立影像资料与机器臂之间的三维空间映射关系，模拟穿刺针的进针轨迹及针尖位置，操作机械臂调整进针方向直至抵达病灶。机器人辅助立体定向活检不仅缩短了时间，简化了过程，还减小了手术"死角"，不足之处是体表标记物的移动而引起的穿刺精确度下降。机器人辅助立体定向活检术提出了虚拟针的概念模拟显示穿刺针的实时位置，为实现影像实时导引奠定基础，开拓了影像实时导引发展的新方向。

（2）Pinpiont 激光导航系统联合 CT 活检术：即器械追踪设备 Pinpiont 激光导航系统联合 CT 成像设备共同完成活检技术。Pinpiont 激光导航系统，通过定向导航软件以虚拟针的形式同步显示针的位置变化，移动机械臂，图像中生成虚拟针并与机械臂联动，显示拟进针轨道。最大的特点在于虚拟针与机械臂的实时联动，实时显示穿刺过程，大大提高了操作灵活性；定位精准，术者可亲自操作机械臂，选择精确的穿刺路径，尤其是脑深部的病变及体深部小病灶；操作方便、直观。但由于 CT 先天的成像特点，骨骼伪影及穿刺针的金属伪影对病变及周围组织的显示有较大影响，一定程度上影响了准确性。另外，术者及助手在操作过程中直接暴露在 CT 扫描的 X 线辐射中，因此受到一定量的电离辐射剂量。

（3）iPath200 光学导航系统联合开放式 MRI 活检术：充分发挥了二者各自的优势。iPath200 光学导航系统在特制的持针器及 MR 扫描机的特定位置上实现器械的空间定位，显示穿刺针拟通过的路径，近乎实时显示术中对穿刺器械的追踪。开放式磁共振不仅摆脱了闭合孔径的限制，而且特别设计的小型多功能柔性线圈摆脱了接收线圈尺寸限制，不仅符合光学导航设备对视野开阔度的要求，还增加了术中操作空间。MRI 与生俱来的优秀组织分辨力、灵活的多方位成像，可以更精确地确定进针的方向和深度，穿刺过程中可较其他影像导引方法更准确地避开血管、坏死组织。iPath200 光学导航系统联合开放式 MRI 活检术提高穿刺便利性、准确性及安全性，减少了并发症。整个过程仅需要将持针板所在的两个相互垂直的平面扫描成像，便可直观地显示整个穿刺针的位置，以此及时调整角度及深度，大大提高了方便性与直观简便性；通过配合光学引导系统支持虚拟针的存在，使得穿刺在实时定位下进行，穿刺精度可精确到毫米，可明显提高手术的精确性，减少并发症；成像过程对患者及术者均无电离辐射。

（4）高场强磁共振 Real-time 成像导引下活检术：依托 MR 快速成像技术发展起来的 MR 实时成像（real-time imaging），利用很高的成像速率实现对术中穿刺器械及所经过的组织结构实时连续的显示及监控，从而实现了真正意义上的实时成像。可以将穿刺针将要经过的路线以虚拟针的形式叠加到实时图像上，并且成像层面可与持针器的移动而同步变化，实时调整进针的角度及深度，避开重要结构，这样可使整个手术过程更加直观，也更加安全。

2. 特殊部位活检

（1）颅脑：颅内病灶的影像学表现不典型，依靠影像学，神经系统病变难以作出病理诊断。所以近年来各种颅脑穿刺活检的方法发展并应用于临床，如徒手钻孔穿刺、CT/MR 导向立体定向活检术等。然而对于颅内诊断不明确的病灶（特别是脑组织深部或功能区病灶），应首选立体定向活检确定诊断。CT 引导下穿刺活检技术是目前最常应用的病理组织活检方法之一。

颅脑活检术目前可分为框架立体定向活检术和无框架立体定向活检术。框架立体定向活检术包括脑血管造影立体定向活检术、CT 脑立体定向活检术及 MRI 脑立体定向活检术。脑血管造影立体定向活检术的作用主要在于为辅助设计穿刺路径，却并没有提高病灶的显示效果和优化穿刺靶点的选择，因此近些年来逐渐被无创性且可获得相似

血管显示效果的 CTA 及 MRA 取代。CT 脑立体向活检使脑部病变、周围组织及重要解剖结构实现了可视化，增强 CT 使血管清晰显影，病变区域血运状态显示更加清晰，提高了穿刺的安全性，减少了并发症。然而由于 CT 脑立体成像定位活检也存在一定弊端，如金属头部框架在 CT 图像上产生的伪影会影响病灶的显示，尤其是对于颅底的小病灶由于颅骨的伪影更加显示不清。MRI 脑立体定向活检术与 CT 导向大致相同。MRI 较 CT 在组织分辨率方面有明显优势，能对病变成分特点进行分析，使穿刺阳性率和精准度都得到提高。另外，PET 辅助下脑立体定向活检术对于 CT 及 MR 不易发现的病变内部区域更有意义。

近些年来随着技术的发展，依托辅助机器人及光学导航系统的发展，无框架脑立体定向活检术应运而生。去掉头部框架后需解决过程中穿刺针进针时的稳定性问题。机器人辅助脑立体定向活检术是在摆脱安装头部框架后将患者头部固定在机器人设备的支架上，不仅避免了立体定向框架对操作的限制、烦琐的术前准备工作及安装头架的痛苦，还缩短了时间，简化了过程。光学导航系统联合的 CT 或 MRI 脑立体定向活检术，均实现了术中对穿刺器械的追踪，并近乎实时地显示了穿刺针拟通过的路径。而高场强磁共振 Real-time 成像导引下脑活检术更是由于其实时成像和开放式磁共振的巨大优势，使脑活检术变得更加直观和安全。

（2）亚厘米结节：在肺部结节中，将直径≤1cm 的结节定义为亚厘米结节（sub-centimetre pulmonary nodules，sPN），文献显示亚厘米结节为潜在恶性或恶性的比例约为 6%～28%。以往亚厘米结节因为技术及机器设备的限制往往采用动态观察的方法或者手术切除，现在随着技术的成熟及器械的改进，许多学者主张进行肺部亚厘米结节的活检，因为病理结果直接决定预后，可以将肺部亚厘米结节的确诊时间提前至少 2～3 月左右，使恶性结节患者得到受益。穿刺准确率及并发症方面仍是临床医生及患者所担心的问题，目前文献中报道的亚厘米结节穿刺活检的准确率与肺部大结节及肿块的准确率、并发症发生率差别不大。期待将来更多深入的研究。

（3）骨骼：1930 年 Martin 和 Ellis 首次成功进行了骨骼和肌肉软组织的穿刺活检。1945 年 Synder 及 Coley 首先将针吸活检细胞学检查用于骨肿瘤的诊断。目前穿刺活检已经成为诊断骨病的重要方法。骨骼穿刺活检多在 X 线透视、CT 扫描或

CT 透视引导下进行，CT 以其良好的密度分辨率在骨骼穿刺引导术中占主导地位，应用最广。椎体的穿刺活检由于部位结构复杂，并发症严重，往往被视为穿刺高危部位。

目前文献报道 CT 引导穿刺活检的准确率差异较大，但一般均在 80%～90% 之间。经皮骨穿刺活检并发症包括出血、感染和神经损伤，有文献报道发生率为 4.5%。张肖等学者对 857 例骨骼病变患者进行 CT 引导下活检，并发症发生率为 3.15%。CT 引导骨穿刺活检术在临床的应用越来越广泛，但也存在着一定的缺点：如一些病变在 CT 图像上显示欠佳，影响穿刺准确度；取材量相对手术活检术少等。

（周志刚）

参 考 文 献

1. A Lukasiewicz, U Lebkowska, M Galar. Effect of iodinated low-osmolar contrast media on the hemostatic system after intraarterial and intravenous contrast administration[J]. Advances in Medical Sciences, 2012, 57: 341-347.

2. Egeria Scoditti, Marika Massaro, Maria Rosa Montinari. Endothelial safety of radiological contrast media: Why being concerned[J]. Vascular Pharmacology, 2013, 58: 48-53.

3. Paul L. McCormack, Iobitridol: A Review of Its Use as a Contrast Medium in Diagnostic Imaging[J]. Clinical Drug Investigation, 2013, 33: 155-166.

4. Saad S. Ghumman. Induced-acute kidney injury following peripheral angiography with carbon dioxide versus iodinated contrast media: A meta-analysis and systematic review of current literature[J]. Catheterization and Cardiovascular Interventions, 2017.

5. Sean R. Dariushnia, Anne E. Gill, Louis G. Martin, et al. Quality Improvement Guidelines for Diagnostic Arteriography[J]. Journal of Vascular and Interventional Radiology, 2014, 25: 1873-1881.

6. Colleen J. Johnson, Jason D. Roberts, Jameze H. James, et al. Comparison of radionuclide angiographic synchrony analysis to echocardiography and magnetic resonance imaging for the diagnosis of arrhythmogenic right ventricular cardiomyopathy[J]. Heart Rhythm, 2015, 12: 1268-1275.

7. Samuel McLenachan, Aaron Len Magno, David Ramos, et al. Angiography reveals novel features of the retinal vasculature in healthy and diabetic mice[J]. Experimental Eye Research, 2015, 138: 6-21.

8. Mark Kovacs, Jonathan Botstein, Stuart Braverma. Angiographic diagnosis of Meckel's diverticulum in an adult patient with negative scintigraphy[J]. Journal of Radiology Case Reports, 2017, 11: 22-29.

9. So T, Osaki T, Nakata S, et al. Carinal resection after induction bronchial arterial infusion for locally advanced non-small celllung cancer[J]. Jpn J Thorac Cardiovasc Surg, 2004, 52(3): 143-147.

10. Obi S, Sato S, Kawai T. Current Status of Hepatic Arterial Infusion Chemotherapy[J]. Liver Cancer, 2015, 4(3): 188-199.

11. Chen J, Yao Z, Qiu S, et al. Comparing intra-arterial chemotherapy with intravesical chemotherapy alone: a randomized prospective pilot study for T1G3 bladder transitional cell carcinoma after bladder preserving surgery[J]. Cardiovasc Intervent Radiol, 2013, 36(6): 1521-1526.

12. Kohi MP, Kohlbrenner R, Kolli KP, et al. Catheter directed interventions for acute deep vein thrombosis[J]. Cardiovasc Diagn Ther, 2016, 6(6): 599-611.

13. 2016 AHA/ACC Guideline on the Management of Patients with Lower Extremity Peripheral Artery Disease: Executive Summary Vasc Med. 2017, 22(3): NP1-NP43.

14. Purushottam B, Gujja K, Zalewski A, et al. Acute Limb Ischemia[J]. Interv Cardiol Clin, 2014, 3(4): 557-572.

15. Wong VW, Major MR, Higgins JP. Nonoperative Management of Acute Upper Limb Ischemia[J]. Hand (NY), 2016, 11(2): 131-143.

16. Bajaj NS, Kalra R, Arora P, et al. Catheter-directed treatment for acute pulmonary embolism: Systematic review and single-arm meta-analyses[J]. Int J Cardio, 2016, 15(225): 128-139.

第四章　胸部介入放射学

第一节　肺恶性肿瘤

一、概述

肺恶性肿瘤包括原发性肺癌和肺转移癌,其中原发性肺癌是世界范围内发病率和死亡率最高的恶性肿瘤之一,而肺又是易发生转移的第二位器官。在欧美发达国家和我国的一些大城市中,原发性肺癌发病率在男性恶性肿瘤中已居首位,在女性发病率也迅速增高,占女性常见恶性肿瘤的第 2 位或第 3 位,与此同时,随着肿瘤治疗手段的进步和患者生存期的延长,肺转移癌的发病率也不断攀升。肺恶性肿瘤业已成为危害人类生命健康的主要疾病。

二、病因与病理

原发性肺癌的病因与发病机制尚未十分明确,目前认为与吸烟、职业和环境接触、电离辐射、肺部慢性感染及大气污染有关。

原发性肺癌按解剖部位分为:中央型肺癌(发生在段及段以上支气管的肺癌)、周围型肺癌(发生在段以下支气管的肺癌)及弥漫型肺癌。按组织学分类:根据各型肺癌的分化程度和形态特征,目前将肺癌分为两大类,即小细胞肺癌和非小细胞肺癌,后者包括鳞癌、腺癌、大细胞癌等。近年来,随着肺癌分子靶向治疗药物的应用和显著疗效,在常规病理的基础上,对肺癌组织进行 EGFR、ALK、PD-1 等潜在治疗靶点的检测也逐渐在临床上普及开展。

转移性肺肿瘤是指肺外部肿瘤经某种途径转移到肺,有时也将肺肿瘤的肺内转移归于其中。肺是继肝脏之后最易发生肿瘤转移的器官,以乳腺癌、甲状腺癌、肾癌、绒癌和肉瘤的肺转移发生率最高,其次是肝癌、胃癌、结直肠癌、前列腺癌和子宫内膜癌等。

三、临床表现

原发性肺癌的临床表现比较复杂,症状和体征取决于肿瘤发生部位、病理类型、有无转移及有无并发症,以及患者的反应程度和耐受性的差异。早期症状常较轻微,甚至可无任何不适。中央型肺癌症状出现早且重,周围型肺癌症状出现晚且较轻,甚至无症状,常在体检时被发现。肺癌的症状大致分为:局部症状、全身症状、肺外症状、浸润和转移症状。

(一)局部症状

咳嗽、痰中带血或咯血、胸痛、胸闷、气急及声音嘶哑等。

(二)全身症状

发热、消瘦和恶病质。

(三)肺外症状

肺源性骨关节增生症、异位激素分泌综合征、皮肤病变、心血管系统、血液学系统等。

(四)外侵和转移症状

淋巴结转移、胸膜受侵和转移、上腔静脉综合征(superior vena cava syndrome,SVCS)、肾脏转移、骨转移、中枢神经系统症状、心脏受侵和转移、周围神经系统症状等。

大多数肺转移性肿瘤可无明显临床症状,多在对其他部位原发肿瘤进行分期或治疗后随访中发现。肺转移瘤较大或较多时,患者可出现咳嗽、咳痰、咯血、胸痛、气短和发热等症状,但多数较为轻微。

四、肺恶性肿瘤的介入治疗

影像引导下的微创介入诊疗技术在肺恶性肿瘤患者的诊断和治疗中应用广泛,发挥着重要作用,适用于早、中、晚期患者,既可针对肿瘤本身进行治疗,又可有效治疗肿瘤相关的并发症。针对肺恶性肿瘤的常用介入诊疗技术包括:经皮经胸穿刺活检术、影像引导下术前定位技术、消融术、粒子植入术,经支气管动脉化疗栓塞术、光动力疗法等。

(一)经皮经胸穿刺活检术

肺部病变的组织活检可做出定性诊断和鉴别诊断,对于治疗方案的选择、制定以及治疗后随访、预测预后等方面具有重要作用。

1. 适应证 ①肺内结节或肿块；②肺部弥漫性、浸润性病变；③肺门肿块；④胸膜肿块；⑤纵隔肿块。

2. 禁忌证 ①不能配合、剧烈咳嗽或躁动不安者；②难以纠正的凝血机制障碍；③重度呼吸功能障碍；④肺大疱伴限制性通气功能障碍；⑤肺动脉高压、肺心病；⑥血管性病变（肺动静脉畸形）。

3. 疗效分析 经皮经胸穿刺活检是胸部疾病诊断的一种安全有效的检查方法，适应证广、准确率高、简单易行且痛苦少。多在 CT 引导下进行，少数可在超声、X 线透视或磁共振的引导和监视下进行操作。对影像学高度怀疑肺恶性肿瘤患者，若一次穿刺活检结果为阴性，应给予重复穿刺活检。临床实践与国内外众多医疗机构的资料表明，经皮胸部穿刺活检术是影像学检查与诊断的重要组成部分，可以减少不必要的开胸探查手术和为手术、放疗、化疗和靶向药物治疗提供明确的诊断资料。对于化疗或靶向药物治疗后耐药、肿瘤进展的患者，必要时可对肿瘤进行二次活检，以明确肿瘤的病理类型是否发生了改变，有无新的基因突变，从而指导下一步治疗。

（二）肺小结节术前定位

随着对高危患者进行低剂量螺旋 CT 筛查的应用，发现可疑恶性的肺小结节或早期肺癌的机会在增加。对于这些可疑恶性的肺小结节，电视辅助的胸腔镜下手术切除是首选的治疗方式，然而，对于病变微小、远离胸膜或非实性的磨玻璃样结节来说，胸腔镜下不可见或难以触摸到。术前在 CT 引导下，采用细针经皮穿刺到肺小结节附近，释放金属弹簧圈、定位锚钩或注射组织胶，会显著提高外科手术切除的成功率、缩短手术时间。

（三）消融术

一般指在超声、CT 或 MR 引导下或实时监视监测下，采用经皮穿刺技术，直接对肿瘤组织实施物理或化学消融治疗。分为热消融、冷消融及化学消融。其中射频消融、微波消融、高能聚焦超声、激光等为热消融，冷冻消融主要为氩氦冷冻治疗。

1. 射频消融（radiofrequency ablation，RFA） 是当今技术成熟、已广泛应用于临床的消融方法。基本原理为：利用高频电流使活体组织中的离子随电流交替变化产生振动，从而电极周缘受电流作用的离子相互摩擦而产生热量，当组织温度达到 45℃ 以上时可使组织细胞发生不可逆性凝固性坏死，以达到治疗目的。对于≤3cm 的 T1 期肺肿瘤可获得

与外科根治性手术同样的效果（图 4-1-1～图 4-1-7，患者女，76 岁，右肺鳞癌，因身体原因不能行外科手术切除，行 CT 引导下肺癌射频消融治疗）；对于

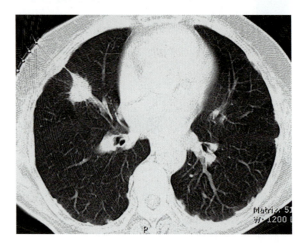

图 4-1-1 术前 CT 肺窗

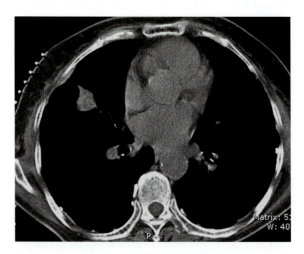

图 4-1-2 术前 CT 纵隔窗

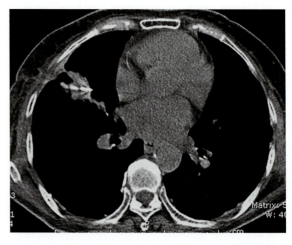

图 4-1-3 射频消融电极针穿刺至肿瘤，行消融治疗

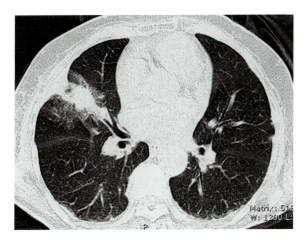

图 4-1-4　消融术后即刻 CT 肺窗

显示肿瘤周围出现"磨玻璃"影,提示肿瘤消融完全

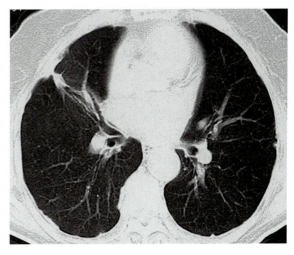

图 4-1-6　消融术后 1 年半 CT 复查肺窗

显示病变明显缩小

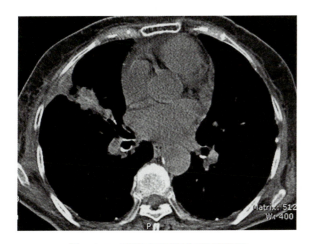

图 4-1-5　消融术后即刻 CT 纵隔窗

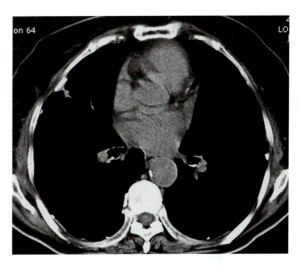

图 4-1-7　消融术后 1 年半 CT 复查纵隔窗

病变明显缩小,纤维化

晚期肿瘤采取单一射频消融技术治疗效果有限,可联合采用经支气管动脉灌注化疗(栓塞)术、粒子植入术及靶向药物治疗等方法,有助于提高治疗效果。

2. 微波消融(microwave ablation, MWA) 属于热消融范畴。基本原理为:微波是一种高频电磁波,应用于临床的频率一般为 915MHz 和 2450MHz。在其作用下,肿瘤组织内的离子和极性分子会高速震荡,互相摩擦而产热,可在极短时间内产生 65～100℃ 高温,使肿瘤组织发生凝固性坏死。随机对照和回顾性研究结果表明,与射频消融比较,微波消融治疗肺癌在适应证选择、局部疗效、并发症发生率及远期生存方面均无显著差异。但微波消融可使肿瘤内温度更高,消融体积更大,消融时间更快,受组织碳化和血流的影响较小,因此在大肿瘤的消融治疗上具有优势。

3. 冷冻消融(cryoablation) 是近年来新发展的冷消融技术之一。基本原理为:是将高压氩气通过对流和传导效用,经过冷冻探针远端使靶肿瘤区域快速降至 -140～-50℃,随后将氦气通过探头,使组织温度升高、解冻,使细胞发生变性、缺血、崩解、凋亡,凝固性坏死并释放相关抗原,刺激机体产生抗肿瘤免疫反应。冷冻消融在普及应用方面尚不及射频、微波消融技术。冷冻消融具有适形性好、消融体积大、术中疼痛轻等特点。另外,冷冻消融时的冰球在 CT 上呈低密度,清晰可见,便于监测消融区域。因此,冷冻消融可以避开重要结构进行优化治疗,对邻近肺门的肿瘤特别有用。此外,冷冻消融对肺组织微环境胶原结构损伤小(相对于 RFA),有助于保护气管支气管树结构。

4. 高强度聚焦超声（high intensity focused ultrasound，HIFU） 属于相对无创的治疗技术。基本原理为：利用超声波穿透性、方向性、聚焦性好的特点，将体外发射的低能量超声波聚焦于肿瘤部位，通过热效应可使局部组织温度瞬间达到65～100℃，使肿瘤组织发生凝固性坏死。但聚焦区域小，治疗时间长且需要反复多次进行；而且肺内肿瘤超声探测存在盲区。因此，对于肺癌来说，HIFU治疗应用较少，主要可用于累及胸壁的较大肿瘤的治疗。

5. 化学消融 经皮穿刺肿瘤并直接注入无水乙醇、乙酸或超液态碘油与化疗药物的混合乳剂，使肿瘤细胞变性并发生凝固性坏死或缺血、缺氧坏死。具有操作简便、费用低廉等优点。可用于肺肿瘤物理消融后肿瘤残存或复发的补充治疗。

6. 消融治疗的适应证

（1）局部治愈性治疗的适应证

1）原发性周围肺癌：患者不能耐受手术、不愿意接受手术治疗或其他局部治疗后复发，且肿瘤最大径≤3cm。

2）转移性肺癌：一侧肺病灶数目≤3个，肿瘤最大径≤3cm。

（2）姑息消融的适应证：治疗的目的在于最大限度减轻肿瘤负荷和减轻肿瘤引起的症状，如肿瘤最大径＞5cm，可以进行多针、多点或多次治疗，或与其他治疗方法联合应用；如肿瘤侵犯肋骨或胸椎椎体而引起的难治性疼痛，不必消融整个肿瘤，对局部肿瘤骨侵犯处进行灭活，可达到良好的止痛效果。

7. 消融治疗肺癌的禁忌证 ①病灶距离肺门≤1cm、治疗靶皮距＜2cm、无有效的穿刺通道者；②病灶周围感染性及放射性炎症没有很好控制者，消融病灶同侧恶性胸腔积液没有很好控制者；③有严重出血倾向、血小板小于 $50 \times 10^9/L$ 和凝血系统严重紊乱者（凝血酶原时间＞18秒，凝血酶原活动度＜40%）；④肝、肾、心、肺、脑功能严重不全者，严重贫血、脱水及营养代谢严重紊乱无法在短期内纠正或改善者，严重全身感染、高热（＞38.5℃）者；⑤晚期肿瘤患者KPS积分＜70分、精神病患者不适合消融治疗。

消融治疗是利用热量或化学药物直接破坏肿瘤组织，杀死癌细胞，在影像引导下进行操作，定位准确，对周围正常组织损伤较小，不良反应少，见效快，疗效肯定，操作简单。将消融治疗用于肺癌、尤其是周围型肺癌，既能原位灭活癌瘤，又能

保护正常肺组织，提高免疫功能，具有特殊的治疗优势，特别适用于心肺功能差，不能耐受手术的周围型肺癌患者，在国内外的各种指南中，消融治疗已经与外科手术切除、立体定向放疗并列，共同成为早期肺癌的可选择的治愈性治疗手段。

（四）支气管动脉灌注化疗/栓塞

肺癌及大部分肺转移癌均由支气管动脉供血，这为经支气管动脉灌注化疗治疗肺癌和肺转移癌提供了理论基础。经支气管动脉灌注化疗药物，药物直接作用于肿瘤，而不经过肝脏代谢和全身血液稀释，使肿瘤内的化疗药物浓度瞬时可达静脉化疗时肿瘤内药物浓度的数十倍，因此对肿瘤细胞的杀伤能力显著提高。虽然疗效得到显著提升，但所需化疗药物总剂量却显著减少，显著降低了对正常组织器官的损伤作用，因此减轻了恶心、呕吐、骨髓抑制等副作用，而医疗费用也有所降低。

1. 适应证 ①小细胞肺癌或非小细胞肺癌；②部分中晚期患者为获得手术切除的机会或为减少术中转移发生率的患者；③同放射治疗相结合，为增加肿瘤细胞的放射敏感性；④为控制局部病灶，缓解临床症状，进行的姑息性治疗；⑤白细胞或血小板下降明显，已无法继续进行全身化疗或放疗者的辅助治疗；⑥各种肺转移癌；⑦原发或转移性肺癌出现咯血者，可行支气管动脉化疗结合栓塞，控制咯血。

2. 禁忌证 ①营养状态极差，有恶病质者；②既往治疗造成明显骨髓抑制者；③严重心、肺、肝、肾功能障碍及凝血机制异常者。

3. 疗效分析 支气管动脉灌注化疗/栓塞术可较好控制原发或转移病灶的生长，使其缩小和（或）能够在一定程度上抑制远处转移的发生。同时局部病灶的缩小，可减轻肺不张的程度，有利于阻塞性肺炎的治疗，达到提高生活质量，延长生存期的目的。对于无手术指征患者，术前通过支气管动脉介入治疗，可缩小肿瘤体积，控制或消灭局部淋巴结内的转移灶，可使患者获得手术切除的机会。具有手术指征的患者，也可减少术中转移的概率。放疗前通过支气管动脉介入治疗，使肿瘤缩小，减小照射范围，在放疗期间行支气管动脉介入治疗可增加肿瘤细胞的放射敏感性，消灭照射野外围的亚临床病灶。对失去手术机会，放射治疗不敏感的肺癌，行姑息性支气管动脉介入治疗可较好地控制局部病灶，缓解临床症状。对于经多次全身化疗或放疗，白细胞或血小板下降明显，已无法继续进行全身化疗或放疗者，患者有一定程度恢复后，可减

少用药量,尝试支气管动脉介入治疗。各种肺转移癌,支气管动脉介入治疗可在一定程度上控制其生长、缩小瘤灶、减少病灶数目、提高患者生存质量。无论原发或转移性肺癌,在非外科治疗中出现咯血者,可同支气管动脉栓塞结合,控制咯血。

(五)放射性粒子植入术

放射性粒子植入术,是一种将放射源植入肿瘤内部,在局部持续释放出射线以杀伤肿瘤的治疗手段。临床常用的放射性粒子为 ^{125}I 粒子,其中心附近的射线最强,可最大限度降低对正常组织的损伤。放射性粒子永久性植入疗法是治疗恶性肿瘤的一种有效的方法,它是一个多学科技术,治疗时应有相关临床科室的医师、技师和物理师参加。

1. 适应证　①非小细胞肺癌,包括:非手术适应证患者;不能耐受或拒绝接受手术、化疗和放疗的患者;术后复发或放化疗失败患者;无全身广泛转移或有转移但经过积极治疗得到有效控制的患者;KPS(Karnofsky performance status)评分 >60 分,预期存活 >6 个月;肿瘤直径≤7cm;②对放、化疗不敏感或放、化疗后复发的小细胞肺癌患者可试用;③肺转移癌,包括:单侧肺病灶数目≤3 个,肿瘤最大直径≤5cm;如为双侧病灶,每侧肺病灶数目≤3 个,最大肿瘤直径≤5cm,应分侧、分次进行治疗。

2. 禁忌证　①一般情况差,恶病质或不能耐受治疗者;②肿瘤并发感染和有大范围坏死者;③严重心肺功能不全;④重度上腔静脉综合征及广泛侧支循环形成。

3. 疗效评价　放射性粒子植入治疗肺癌安全有效,具有较好的局部控制率。

(六)光动力疗法

光动力疗法为一种冷光化学反应。基本原理为:其作用基础是光动力效应。这是一种有氧分子参与的伴随生物效应的光敏化反应。其过程是,特定波长的激光照射使组织吸收的光敏剂受到激发,而激发态的光敏剂又把能量传递给周围的氧,生成活性很强的单态氧,单态氧和相邻的生物大分子发生氧化反应,产生细胞毒性作用,进而导致细胞受损乃至死亡。该方法具有选择性、特异性高,低毒安全,起效时间短,无药物耐受和过敏反应,不影响邻近组织,并且和其他治疗方法具有相辅相成的作用。对于中心型肺癌,通过支气管镜下进行治疗有较好的效果。

五、肺癌并发症的介入治疗

肺癌中晚期会产生一系列严重并发症,有些并发症甚至可迅速威胁患者的生命,必须紧急处理。如:肺癌病灶内血管破溃导致的突发大咯血易引起窒息导致患者死亡;阻塞性肺炎等严重感染导致的持续高热,甚至发生感染性休克;肺癌脑转移引起的颅内高压综合征;肺癌转移至心包引起大量心包积液所致的心悸、气短、血压降低甚至休克等;肺癌或其转移灶压迫上腔静脉,引起上腔静脉综合征,导致头颈水肿、胀痛,甚至呼吸困难、神志不清等;痰阻或咯血凝块阻塞气管、支气管导致窒息;肺癌细胞分泌激素引起低血糖、低血钙、高血钙、低血钾、高血钾、低血钠、低血磷等代谢紊乱所致的频繁呕吐、晕厥、精神错乱、心律失常等;肺癌骨转移引起疼痛、脊髓受压导致的肢体感觉和运动障碍,甚至截瘫、大小便失禁等;大量胸腔积液可导致呼吸、循环障碍,甚至威胁生命等。此一系列并发症均可导致患者突然死亡。文中前述介入治疗方法均可根据实际情况选择应用,如支气管动脉栓塞治疗大咯血,心包、胸腔积液抽吸、灌注化疗,上腔静脉支架植入治疗上腔静脉综合征,骨转移瘤的消融治疗等均已在临床广泛应用。

六、回顾与展望

随着老龄化社会的到来以及大气污染的日渐加重,肺癌发病率将进一步上升。目前成熟应用于临床的治疗方法主要为肺癌的手术切除、放化疗、靶向药物治疗及介入治疗。近年来对肺癌的治疗逐渐向多学科治疗方向发展,介入治疗在治疗肺癌及并发症中的作用,逐渐受到各科专家重视。随着影像引导设备和介入器材的不断发展,介入治疗技术日臻完善,在肺癌的综合性治疗中正发挥着越来越重要的作用。众多研究表明介入治疗可明显提高肺癌治疗的近期疗效,同时减少副作用和并发症,改善了患者的生存质量。同时,关于肺癌的介入治疗,也存在不少争议和问题,例如:肺癌消融治疗技术需要进一步完善和规范,有可能发生一些严重的甚至是致死的并发症,如何在提高疗效的同时,减少并发症的发生是今后需要研究的主要课题之一;消融治疗在中晚期肺癌综合治疗中的地位和作用如何,还需要大量的临床实践来确立和证实;支气管动脉灌注化疗栓塞在国内应用较多,而国外开展很少,缺乏有力的循证医学证据;放射性粒子植入治疗的远期疗效尚需进一步证实。

(李晓光)

第二节 咯 血

一、概述

咯血指声门以下呼吸道或肺组织出血，经口排出，表现为痰中带血或大量咯血。临床根据患者咯血量的多少将其分为：少量咯血、中等量咯血和大咯血。大咯血仅指可能紧急危及患者生命的咯血，它的定义标准各异，通常将大咯血定义为：24小时内咯血量不少于500ml，或者出血速度不低于100ml/h。

引起咯血的原因很多，确定出血的原因和部位对指导治疗非常重要。对于轻中度的咯血，大多数情况下药物治疗能够控制，介入治疗一般用于保守治疗无效的大咯血或者反复发作的顽固性咯血。本节主要讨论血管腔内介入治疗技术对大咯血的治疗作用和地位。

二、病因和诊断

引起咯血的原因很多，包括气道疾病、肺实质疾病和肺血管疾病等几大类，常见病因有肿瘤（原发性支气管肺癌和支气管转移癌、支气管类癌）、炎症（结核、支气管扩张、肺炎、肺脓肿等）、肺血管病变（肺栓塞、肺动静脉畸形、遗传性出血性毛细血管扩张症等）以及风湿免疫病和血液系统疾病等，医源性操作如经皮穿刺活检、肺肿瘤消融治疗、支气管镜检查等也可以引起咯血。

大多数咯血患者经过仔细检查可以明确病因，但可有高达30%的咯血患者即使接受了包括支气管镜检在内的仔细评估后仍未发现病因。这些患者被归为隐源性咯血或特发性咯血。

患者因大咯血就诊时，首先应确认哪侧肺出血、恰当摆放患者体位、建立开放气道、确保足够的气体交换和心血管功能，以及控制出血。初始治疗的目标是让患者处于临床稳定状态，使咯血变为间歇性或速度减慢，从而为进一步诊断赢得时机。

病史、体格检查和实验室检查，可能提示咯血的病因，同时也有助于评估患者的肺功能和慢性肺疾病的严重程度，这对于判断患者能否接受手术具有重要意义。但是，病史和体格检查很难确定出血部位。

支气管镜检查是大多数大咯血患者中首选的初始诊断性操作，因为其可在床旁实施，广泛可用，在患者出血时进行也常常能够成功地明确出血部位，并且有可能采用气囊填塞、冰盐水灌洗、局部用药、激光治疗和电烙等技术成功止血。

对于支气管镜检查不能提示诊断且出血停止、一般情况稳定的患者，应及时进行包括胸片和多排螺旋CT在内的影像学检查。CT最大的优点在于其可发现支气管镜和动脉造影检查难以发现的异常，如支气管扩张、肺脓肿、肺动脉瘤及肿块性病变（如肺癌、肺曲霉菌球或动静脉畸形）。另外，高质量的CT扫描和CT血管成像还可以识别异常的支气管动脉和参与病变供血的体循环动脉。提示体循环血供的特征包括：与肺实质病灶邻接的胸膜增厚（>3mm）和（或）附近胸膜外脂肪层中的血管结构强化。对考虑进行介入治疗的患者而言，术前进行多排螺旋CT增强扫描和血管成像非常有帮助，能够确定出血的部位、原因和严重程度，能够提示出血的"罪犯血管"，从而指导介入治疗。

如果经过积极的抢救治疗，患者仍有活动性大咯血，支气管镜检查和CT扫描难以实行时，应在积极抢救的同时，立即进行血管造影检查。动脉造影可在已行气管内插管的危重患者中实施，它可识别出典型的异常血管结构，有时还可观察到造影剂在局部气道内聚集，但很少能真正观察到血液从特定血管进入气道（造影剂外渗）。通过血管造影发现异常的支气管动脉、非支气管体动脉或肺动脉，考虑与咯血相关，就可进行栓塞治疗。

三、介入治疗

对于保守治疗无效的大咯血或者反复发作的顽固性咯血，血管腔内介入治疗是首选的一线治疗方法。

（一）相关血管解剖

90%左右的咯血来源于支气管动脉，5%左右的出血来自主动脉（主动脉气管瘘、胸主动脉瘤破裂）或非支气管体动脉（non-bronchial systemic arteries，NBSA），另有5%左右的出血来源于肺动脉（肺动静脉畸形、肺动脉假性动脉瘤）。

支气管动脉一般起源于胸$_{5,6}$椎体水平的降主动脉，但其数目和位置变异较大，例如每侧支气管动脉可为1~2支，右侧支气管动脉常与肋间动脉共干，左右支气管动脉之间常常存在"吻合交通"，支气管动脉可异位起源自锁骨下动脉、甲状颈干、原始颈动脉、心包膈动脉甚至冠状动脉等。在病理情况下，支气管动脉常常增粗、迂曲、分支紊乱，形成支气管动脉-肺动脉分流或支气管动脉-肺静脉分流。支气管动脉的这些解剖特点常常给介入操作带来困难。

一些累及胸膜或胸壁的肿瘤或慢性炎症病变，常常有非支气管体动脉参与供血而成为咯血的部分来源。这些非支气管体动脉最常来自肋间动脉、锁骨下动脉、胸廓内动脉、肺韧带动脉和膈动脉，其走行不与支气管平行，因此可与支气管动脉相鉴别。

脊髓前动脉由各肋间动脉和腰动脉发出的脊髓分支汇合形成，其中最主要的供血动脉是根髓前大动脉（artery of Adamkiewicz），在血管造影上呈现为特征性的"发卡"样外观，常在第5、6胸椎水平发自左侧的肋间动脉，也可发自右侧的肋间 - 支气管动脉干。在对咯血患者进行血管造影和栓塞治疗时，应注意避免损伤脊髓前动脉，以免造成患者偏瘫、截瘫、二便障碍等严重后果。

（二）适应证

1. 急性大咯血，药物治疗无效，不能进行支气管镜或外科手术者或治疗失败者。

2. 顽固性反复咯血，其他治疗手段无效者。

（三）禁忌证

在治疗急性大咯血，以抢救患者生命为首要目的时，没有绝对禁忌证，对于活动性大出血，患者生命体征不平稳、难以平卧配合时，可在积极止血抗休克的同时，行气管插管和呼吸机辅助呼吸下进行操作。相对禁忌证包括：严重碘对比剂过敏、不能纠正的凝血功能障碍以及妊娠等一般血管造影的禁忌证。

（四）支气管动脉和非支气管体动脉造影和栓塞

1. 技术要点和注意事项

（1）股动脉入路，一般使用5Fr血管鞘，对于老年人估计血管迂曲者，建议使用40cm以上的长鞘。

（2）根据术前CT或支气管镜检查结果，判断可能的出血部位和供血动脉。在选择性插管造影之前，可以先使用猪尾导管行胸主动脉造影，以期发现异常增粗的支气管动脉和非支气管体动脉，从而指导选择性插管。

（3）使用Cobra、MIK、Simmons等导管选择双侧的支气管动脉并造影，使用非离子型对比剂并适当稀释，操作时应动作轻柔，避免血管痉挛或损伤。注射对比剂时速度不宜过快、量不宜过大，建议手推对比剂造影。

（4）异常的血管造影表现包括：动脉增粗、迂曲、分支紊乱，新生血管，富血管病变，动脉瘤形成，肺动脉或肺静脉分流以及对比剂外溢等。

（5）当在第5、6胸椎水平找不到支气管动脉时，应扩大找寻范围，包括肋间动脉、锁骨下动脉、胸廓内动脉、甲状颈干、膈下动脉、胃左动脉甚至冠状动脉等，力求找到所有的支气管动脉并造影。

（6）对于累及胸壁的病变和慢性炎症性肺部病变，常常由增粗的支气管动脉和起源于锁骨下动脉、腋动脉、肋间动脉、膈动脉或其他动脉的体循环侧支动脉同时供血，后者称为非支气管体动脉（NBSA）。对这些非支气管体动脉，也应一并造影和栓塞治疗。

（7）考虑栓塞治疗时，应进行超选择插管，必要时使用微导管，有供应脊髓的动脉分支显影时，微导管必须越过脊髓动脉分支开口，才能进行栓塞，并严格防止栓塞剂反流，以避免脊髓缺血损伤。

（8）栓塞剂和栓塞水平：根据异常血管的大小、病变范围和有无分流，选择适宜的栓塞剂。栓塞水平既不能太过末梢而导致组织坏死，也不能在血管近端阻断血流而使后续治疗无法进行，且易形成侧支供血导致咯血很快复发。最常用的栓塞剂是300μm以上的栓塞微粒球和明胶海绵颗粒或明胶海绵条，对于正常的难以超选择越过的动脉分支，可先使用微弹簧圈进行保护性栓塞，然后再在近端释放栓塞剂，对于动脉瘤和动静脉分流，也可以使用微弹簧圈进行栓塞。一般不使用无水酒精等液体栓塞剂，少数情况下，可以谨慎地使用NBCA或Onyx等胶类栓塞，但必须由有经验的医生来进行操作。临床上，常常根据患者情况，综合使用几种栓塞材料，以使栓塞更加完全彻底，降低血管再通和咯血复发的风险（图4-2-1，图4-2-2）。

2. 并发症
最严重的并发症是高浓度造影剂引起的和脊髓动脉栓塞导致的缺血性脊髓病（包括截瘫），发生率约为1.4%～6.5%。其他并发症包括术后胸痛和吞咽困难，多由于肋间动脉和食管供血动脉栓塞缺血导致，一般可以自行恢复或经药物治疗好转。罕见并发症还包括支气管坏死、食管气管瘘、肺梗死、短暂性皮质盲等。

3. 疗效评价
支气管动脉栓塞和非支气管体动脉栓塞治疗大咯血的技术成功率和近期有效率较高，可达70%～90%。然而，术后数周至数月后的咯血复发率也可高达10%～52%。治疗失败和早期咯血复发的主要原因是病变有多支动脉供血，选择性插管造影有所遗漏或因技术原因未能实施栓塞。远期复发的原因包括疾病未能得到有效治疗或控制、栓塞血管再通和出现新的侧支供血。有效治疗原发病、提高操作技术水平、合理使用栓塞剂、控制栓塞程度是提高疗效、降低复发率的关键。

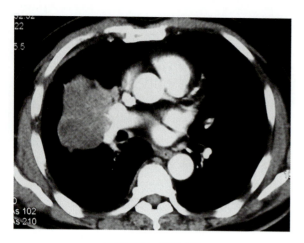

图 4-2-1 增强 CT

男,78 岁,右肺鳞癌,反复咯血,行支气管动脉栓塞治疗。增强 CT 显示右肺门巨大肿物

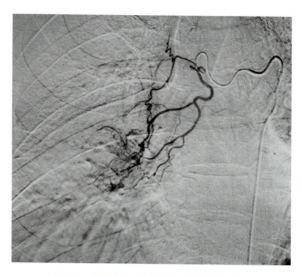

图 4-2-2 微导管超选择右侧支气管动脉造影

造影显示动脉分支迂曲紊乱,可见新生肿瘤血管和肿瘤染色,使用 300~500μm EmboSphere 微球栓塞后,出血停止

（五）肺动脉来源的咯血栓塞

大咯血患者中由肺动脉出血所致的不足 10%。导致肺动脉出血的常见病症是肺动静脉畸形、肺动脉瘤、肿瘤或炎症侵蚀肺动脉分支或医源性肺动脉撕裂(如 Swan-Ganz 导管引起的穿孔)。术前增强 CT 常常能够提示诊断,如果未行 CT 检查,在行支气管动脉造影和体循环动脉造影都未发现咯血的原因时,应想到肺动脉出血的可能而进行肺动脉造影。由肺动静脉畸形或肺动脉瘤导致的咯血,采用弹簧圈或血管塞进行栓塞治疗有很好的疗效,技术成功率可高达 98%。栓塞时导管应尽量靠近肺动静脉畸形的瘘口或肺动脉瘤的瘤颈,以保护正常肺实质和减少复发。

四、回顾与展望

支气管动脉栓塞成功治疗咯血于 1974 年首先报道,此后,其应用不断增多,该技术的安全性和有效性已经确立,现已成为治疗急性大咯血和顽固性反复咯血的首选方法。然而,血管栓塞治疗咯血目前存在三个主要问题,一是一部分患者选择性插管造影和栓塞失败,二是有发生严重并发症的可能,三是咯血复发比较常见,远期疗效欠佳。

咯血的原因很多,出血主要来源于支气管动脉,但非支气管动脉的体循环动脉供血也不少见,还有不到 10% 的咯血来源于肺动脉。可能参与咯血的动脉数目众多、位置变异很大,这对选择性插管的成功率造成很大影响。提高咯血栓塞治疗技术成功率的关键一是要操作者熟练掌握相关血管解剖和插管技术,准备多种类型的造影导管;二是在介入治疗之前,尽量对患者进行多排螺旋 CT 血管成像,事先明确可能参与病变供血的动脉,使选择性插管更有针对性,也尽量避免遗漏。

支气管动脉栓塞治疗咯血有发生严重并发症的可能,最严重的并发症是脊髓动脉缺血造成的截瘫,应尽量避免其发生,一是要使用经稀释的非离子型对比剂进行选择性插管造影;二是要注意识别发自肋间动脉或与支气管动脉共干的脊髓供血动脉分支,栓塞时一定要使用微导管超选择避开;三是合理使用栓塞剂,避免使用直径 <300μm 的颗粒型栓塞剂和无水酒精等液体栓塞剂。

关于栓塞后咯血复发和远期疗效欠佳的问题,首先要明确,动脉栓塞的主要目的是止血,特别是在急诊及时抢救患者的生命,患者病情稳定后,应针对咯血的病因进行有效治疗。原发病的进展是造成咯血复发的主要原因。其次,遗漏了出血血管、栓塞血管再通、出现新的侧支循环供血是栓塞后咯血复发的其他原因。尽量选择并栓塞所有参与病变供血的异常血管,合理使用栓塞剂和控制栓塞水平,是提高远期疗效的关键技术因素。对于复发咯血病例,应积极分析原因,必要时可再次进行栓塞治疗。

（李晓光）

第三节　气管狭窄

一、病因病理与临床表现

气管狭窄（tracheal stenosis）是由于多种原因造成的气管和（或）主支气管狭窄。按狭窄方式可分为内生性、外压性和混合性狭窄。按病因可分为良性狭窄和恶性狭窄。其中，良性狭窄常见的有气管插管或气管切开引起气管损伤，气管支气管软化、炎症、结核等感染性疾病及术后吻合口狭窄造成的气管腔内生性狭窄，以及胸骨后甲状腺肿、胸主动脉瘤等引起的外压性狭窄。恶性狭窄主要是肺癌、食管癌、纵隔恶性肿瘤侵犯，直接或间接（引起淋巴结增大）压迫气管和（或）主支气管造成气管狭窄。轻度气管狭窄患者的临床表现较轻，仅在炎症或运动后出现气促、喘憋等症状，而重度狭窄患者临床表现较重，其以吸气性呼吸困难为主要症状，可出现三凹征或端坐前倾呼吸，患者肺部可闻及满肺哮鸣音和局部喘鸣音，并可伴有顽固性肺炎，血氧饱和度降低且吸氧不缓解，严重时可患者出现窒息而导致死亡。对于良性气管狭窄，介入治疗中的可回收内支架置入技术拥有广阔的临床应用前景，而对于恶性气管狭窄的患者，大多失去手术机会，随时可能出现窒息死亡的危险，紧急介入治疗进行气管内支架置入是及时缓解呼吸困难，挽救患者生命的唯一有效措施。

二、介入治疗方法

（一）术前准备

了解病史，完善术前相关检验（传染病四项，血、尿、粪常规，生化，肝肾功能、凝血功能等）和检查（心电图，胸部X线、螺旋CT气管三维重建，纤维支气管镜等）。仔细判读术前影像学资料，详细了解狭窄性质、部位、范围、程度，并准确测量狭窄长度、两端正常段管腔直径以准备相应支架。向患者及家属介绍气管狭窄介入治疗的相关技术知识，获得患者及家属同意，并充分取得患者的配合。术前禁食4小时，有活动性义齿者应于术前取出。手术室除备齐相应的导丝、导管及支架输送系统等全部介入手术所需器材外，也需备有氧气及吸氧器材设备，气管插管、气管切开包，负压吸引器，生命体征监测仪，抢救器材和药物，有条件者可备呼吸机。常规采用丁卡因喷雾进行充分咽喉麻醉，也可使用环甲膜穿刺麻醉及全身麻醉（尤适于儿童及不

配合成人患者）。可于术前1小时给予患者口服可待因30mg，术前30分钟肌注阿托品0.5mg、地西泮5mg，以应对患者术中出现的咳嗽及因窒息濒死感而焦虑躁动，并可以有效防止口腔分泌物大量增多而引起误吸。

（二）术中操作及技术要点

充分术前准备后，再次告知非全麻患者术中配合要点。经患者口腔，在超滑导丝配合下将VERT单弯导管或Cobra眼镜蛇导管插入患者咽喉部，嘱患者发"阿"声配合，透视下调整导管头朝向，使之进入患者气管上端，退出导丝后沿导管注入丁卡因或2%利多卡因溶液3~5ml，必要时可通过导管注入少量造影剂再次确认狭窄段位置及范围（易引起呛咳甚至窒息，故不做常规应用），待患者停止呛咳后，沿导管引入超硬导丝通过狭窄段到达远端（通过困难者可借助纤维支气管镜），拔除导管保留导丝。沿超硬导丝引入气管支架输送系统，透视下以狭窄为中心释放支架，撤回支架输送器。支架释放后可旋转球管透视观察支架膨胀及气道开通效果。若支架膨胀不理想，可引入适当球囊导管（直径为15mm左右）扩张支架；若支架膨胀理想，则退出器械，手术操作结束（图4-3-1）。

技术要点：①气管内支架置入技术主要采用温度记忆合金网状自膨式支架。目前常用气管支架包括管状、分支、Y型及L型支架。临床工作中，支架的选取主要视疾病而具体决定，如良性狭窄时可选用可回收式支架，治疗食管-气管瘘时可选用覆膜支架，治疗支气管残端瘘时可选用Han支架等。②支架的尺寸选择主要是依据术前影像学测得的狭窄段长度和相邻正常段直径数据，选择合适的支架对避免术后支架移位至关重要。为此，一般情况下支架直径稍大于正常气管直径5~10mm为宜，支架长度应覆盖狭窄段10~20mm为宜。为了避免造成患者刺激性咳嗽和异物感，一般原则上支架下端至少离隆凸处10mm以上，上端至少离喉处10mm以上。③气管内支架置入过程中，患者会有很强的窒息濒死感，因此需要术者在术前与患者充分沟通，术中鼓励患者尽量保持平静。同时，术者应迅速准备定位后，快而稳的释放支架。④术者手术操作要求轻柔准确，避免支架放置偏差或造成气管痉挛，若放置过程中发现位置不理想且支架未完全释放，则可以适当调整，但切忌粗暴和释放完成后做较大调整。⑤术中要求技术人员、护理人员、麻醉师等与术者密切配合，以确保手术顺利进行。

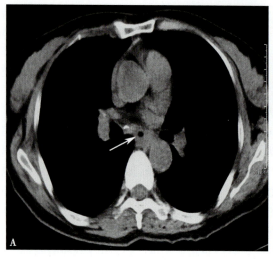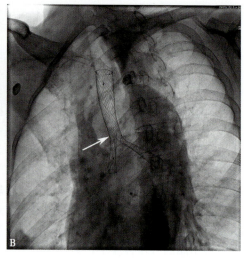

图 4-3-1 气管内支架置入术
A. 术前胸部 CT 纵隔窗见气管严重狭窄；B. 气管内支架置入后

（三）术后处理

术后禁食 4 小时。气管内支架植入术后，患者呼吸困难和缺氧症状会即刻得到明显改善。支架置入初期，气管黏膜因局部刺激发生充血、水肿，部分患者可能出现咳嗽、胸痛、大量排痰等症状，可给予患者雾化吸入、止咳化痰、抗生素等对症治疗，也可酌情给予 2～3 天激素治疗。对于合并肺不张患者可进行深吸气和吹气球锻炼以促使肺复张。支架置入后 3～7 天，由于支架金属丝的压迫，气管黏膜层可出现缺血、坏死，纤毛脱落，随后开始出现肉芽组织增生，肌层萎缩。支架置入 3～5 周，其表面开始有上皮细胞被覆，2～3 个月可完全由纤毛上皮覆盖。一般情况下待患者肺功能改善后，即可针对造成气管狭窄病因治疗，以预防支架内皮增生过度或病情进展造成气管支架置入术后再狭窄。

气管狭窄支架植入术后一定要注意相关并发症的预防和处理。主要并发症包括：①气管水肿一般发生在支架置入术后 1～7 天，是由于扩张引发黏膜撕裂、支架及其支撑力等因素导致气管黏膜充血、水肿，而使呼吸困难症状较前加重。故需要特别注意患者术后呼吸情况，如呼吸困难症状是否改善，呼吸频率、节律、深浅度变化和氧饱和度情况。若出现呼吸困难加重，胸闷、气促、口唇发绀，氧饱和度下降至 90% 以下等情况时应该及时处理。处理方法包括静脉应用琥珀酸氢化可的松 200mg 及雾化吸入等改善症状，并告知患者及家属原因及处理与转归，以缓解患者焦虑紧张情绪，进而配合进行有效的深呼吸及咳嗽、排痰等，保持呼吸道通畅。②咽部不适及异物感一般在纤维气管/支气管镜检查和支架置入术后均会有不同程度的表现，严重时甚至引发阵发性刺激性咳嗽。多数患者咳嗽程度较轻且 2 周内明显减轻或消失，一般无需药物处理。若情况较严重时，可应用曲马朵肌注或口服可待因缓解症状。③出血在球囊扩张和气管支架置入术中和术后易发生，系为扩张时组织撕裂、血管损伤所致，多数为少量渗血，患者多表现为痰中带血，属于正常现象。应充分向患者及家属解释，使其勿紧张，轻轻将痰血咳出，保持呼吸道通畅即可。④支架远端黏液阻塞系由于支架放置影响气管纤毛活动，阻碍黏液消除而致，为此需嘱患者家属定时为患者拍背翻身，鼓励患者将痰咳出并给予雾化祛痰治疗。

三、适应证

各种原因引起的气管狭窄，造成严重呼吸困难且不能接受或不宜外科手术治疗的患者。

恶性疾病引起的气管狭窄，尚未导致严重呼吸困难，但预计化疗或局部放疗可能会导致患者出现呼吸困难者。

四、禁忌证

无绝对禁忌证。

一般认为有严重气管黏膜炎症者，因支架置入后促使肉芽增生引起再狭窄和不利于炎症控制而视为相对禁忌证。

治疗近声门的气管狭窄和婴幼儿良性狭窄，应用气管内支架置入术应该慎重。

五、疗效分析

气管内支架置入术是治疗气管狭窄的重要手段,其疗效立竿见影,可迅速解决患者呼吸困难症状。绝大多数气管狭窄患者在接受气管内支架置入术后 2 周内,喘憋、喘鸣和呼吸困难等症状均可得到明显改善。良性气管狭窄中,顽固瘢痕性气管狭窄可于支架置入术后配合 1/3～1/2 治疗剂量的局部放射治疗,以抑制气管内膜过度增生造成支架再狭窄。恶性气管狭窄患者症状缓解后,可辅以抗肿瘤治疗,以预防肿瘤浸润生长造成支架内再狭窄。

六、回顾与展望

1. 目前临床治疗气管狭窄常用的方法　外科手术切除诱发气管狭窄病变或对受累气管和(或)主支气管进行重塑仍是目前气管狭窄首选的治疗方法。然而,绝大多数气管狭窄患者因存在病变范围广泛或外科手术禁忌而无法接受外科手术治疗。纤维支气管镜挖除腔内阻塞是目前用于解除内生性气管狭窄较为有效的局部治疗方法,辅以气管腔内近距离放射治疗、激光汽化治疗、冷冻和光动力疗法等,可在一定程度上提高其疗效。此外,伴有严重呼吸困难的气管狭窄,往往需要急诊解除症状,在介入疗法出现前,这类患者绝大多数死于窒息。随着医学的不断进步和医疗器械的发展,介入治疗目前广泛用于气管狭窄的临床治疗中。

2. 介入治疗气管狭窄的优势　介入治疗气管狭窄技术包括球囊扩张成形术和气管内支架置入术两种技术手段,其具有快速、安全、有效解除致命性气管狭窄的优点。对于气管外压性狭窄和混合性狭窄,较气管支气管镜腔内局部治疗更有优势。同时,随着介入技术和各种新型支架的出现,介入在气管狭窄的治疗中,不但可对狭窄起到立竿见影的治疗效果,而且通过支架携带放射性粒子、药物涂层等方法,进一步改善了气管狭窄的临床治疗效果,尤其是恶性气管狭窄,有效地改善了肿瘤患者的生活质量,延长了患者生存时间。

3. 不足及未来发展趋势　目前,存在于介入支架置入术治疗气管狭窄领域中的主要问题便是支架置入术后排斥反应、移位、分泌物堵塞、肉芽组织或肿瘤生长引起支架堵塞再狭窄、感染,甚至造成气管或支气管壁穿孔和支架断裂,尤其是对于新生儿先天性气道狭窄的治疗,介入治疗略显力乏,仍依赖于外科手术治疗。目前放射性支架已经开始用于肺癌引起的气管狭窄介入治疗中,紫杉醇、吲哚美辛等药物涂层支架也逐渐用于临床介入治疗气管狭窄。未来,具有抗炎、抗内皮细胞增殖药物涂层支架、生物可降解支架及放射性支架将会不断出现并用于气管狭窄的治疗中,将更有效解决支架内分泌物和内皮细胞过度增殖导致的支架内再狭窄问题。然而,目前尚无更好的方法解决气管狭窄患者接受介入治疗术中的濒死窒息等严重不适感,有学者认为尽可能行全麻下手术,患者气管插管情况下进行气管内支架置入手术,但又一定程度增大了手术的风险。为此,如何减少气管狭窄支架置入过程中的不适,提高介入治疗气管狭窄疗效,是值得我们思考的问题。随着介入器材的不断进步,介入治疗气管狭窄将更加安全、有效。

(郑传胜)

第四节　肺栓塞

一、病因病理与临床表现

肺栓塞(pulmonary embolism, PE)是内源性或外源性栓子脱落堵塞肺动脉或其分支,引起肺循环障碍的临床和病理生理综合征。当栓塞后产生严重血供障碍时,肺组织可发生缺血或坏死,称为肺梗死。肺栓塞是一种常见的、严重威胁患者生命的心肺疾病,最常见的栓子来源于体静脉系统,尤以髂静脉、下肢深静脉或盆腔静脉的血栓最常见。大面积肺栓塞的血流动力学变化为肺动脉血流减少导致肺动脉压力增高,血管收缩,肺动脉高压,右心充血性衰竭,心脏输出量减少等。

肺栓塞的病因主要是静脉血栓形成,其与血流停滞、血液高凝状态(表 4-4-1)和血管内皮损伤相关。其中,血管内皮损伤在静脉血栓形成过程中起着重要的起始和持续的作用。静脉血管内皮损伤可由机械性损伤、长期缺氧和免疫复合物沉积等造成胶原组织暴露,刺激血小板附着和聚集,进而激活凝血反应链。加之,血液停滞和高凝状态的共同作用促进血栓形成。

血栓性肺栓塞患者中,仅 6% 找不到诱因,绝大多数肺栓塞患者都存在疾病的易发因素或危险因素。尸检资料显示,肺栓塞的发病率随年龄增加而上升,多发生在 50～60 岁年龄段。肺动脉造影和放射性核素肺灌注扫描显示,51%～71% 的下肢深静脉血栓患者可能并发肺栓塞,当静脉压力急剧升高或血流突然增多等使静脉血栓脱落,脱落

表 4-4-1 血液高凝状态相关因素

遗传因素	后天因素
** 第五因子变异（factor V leiden，FVL）	## 长期卧床
** 凝血酶原突变	## 外伤或手术
** 5，10- 甲烯基四氢叶酸还原酶突变（5，10-methylenetetra-hydrofolate reductase）	## 抗磷脂综合征（antiphospholipid antibodies syndrome）
蛋白 C 缺乏症（protein C deficiency）	## 恶性肿瘤
蛋白 S 缺乏症（protein S deficiency）	## 肥胖
抗凝血酶缺乏（antithrombin deficiency）	口服避孕药或接受荷尔蒙替代疗法
	怀孕
	贝赛特氏症（behçet disease）

注：** 较常见的遗传性因素；
　　## 较高危险的后天性因素

后血栓迅速通过大静脉、右心达肺动脉。其他危险诱因包括近期外科手术创伤、长期卧床、充血性心衰、恶性肿瘤、妊娠、激素治疗、长途飞机旅行等（图 4-4-1）。

肺栓塞的临床症状和体征变化较多，常常不具特异性。其常见症状包括呼吸困难、胸痛、咯血、惊恐、心动过速、咳嗽、晕厥、腹痛、下肢疼痛等，但这些对急性或慢性肺动脉栓塞的诊断不具有特异性和敏感性。肺栓塞在不同患者身上的临床表现差异巨大，可以从无症状到发生猝死都有可能，其严重程度主要取决于肺血流动力学的变化，也与其自身是否存在心肺功能障碍等有关。肺栓塞会引起肺动脉血管阻力上升导致肺动脉高压，而一般无心肺疾病的患者，仅当其肺动脉阻塞程度达到

30%～50% 时方会引起肺动脉高压，相对有心脏或肺部疾患的患者，肺循环只要有微栓塞就会造成肺动脉高压。超过 80% 的肺栓塞患者有突发性呼吸困难症状，但也可表现为活动引起的渐进性呼吸困难。胸痛症状也是常见症状之一，需要与心绞痛引发的疼痛鉴别。肺栓塞造成的胸痛是源于肺动脉扩张或梗死引起的胸膜刺激，产生胸骨下锐痛，偶尔会伴随咳嗽或少量咯血。心率增快和呼吸急促也暗示着肺栓塞可能性，更严重情况下，灌注差会导致低血压，心输出量骤降则会引发晕厥，甚至心搏骤停。值得注意的是，如果肺栓塞患者得到及时诊断，有效治疗，其短期死亡率可低于 8%，但是 70% 的肺栓塞患者没有得到正确诊断，其死亡率高达 20%～30%。因此，早期正确诊断肺栓塞是各

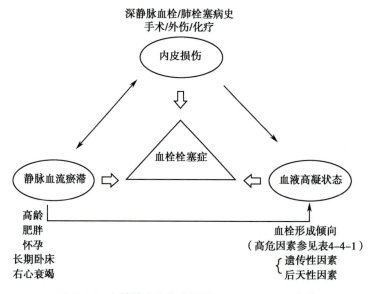

图 4-4-1　血栓栓塞症危险因子 Virchow's triad 分类

科医生需要面对的极为重要和困难的问题，肺部增强 CT 是目前早期诊断肺栓塞的常用方法，但肺动脉造影仍是诊断肺动脉栓塞的金标准且可术中进行治疗，同时快速恢复肺动脉血流是纠正血流动力学障碍的关键，也是治疗肺栓塞的关键（图 4-4-2）。

肺栓塞的风险评分系统以 Wells Score 和修改版的 Geneva Score 评分系统最为广泛使用，主要以深静脉血栓或肺栓塞的症状、危象和危险因子作为评估项，将患者罹患肺动脉栓塞的可能性分为"可能是肺栓塞"和"较不可能是肺栓塞"两类（表 4-4-2）。

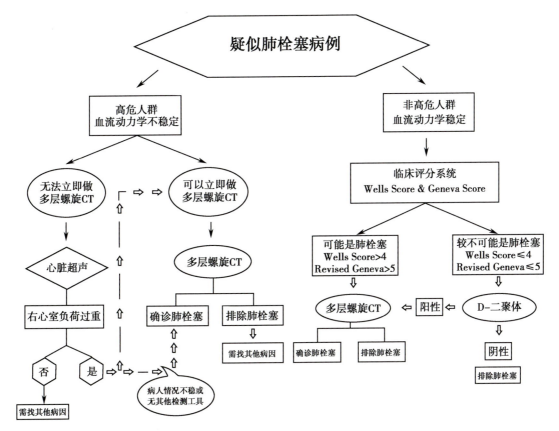

图 4-4-2　肺栓塞诊断流程图

表 4-4-2　Wells Score 和修改版的 Geneva Score 评分系统比较

Wells Score		Revised Geneva Score	
评估项目	分数	评估项目	分数
心率>100（次/分）	1.5	心率≥95（次/分）	5
咯血	1	心率 75～95（次/分）	3
深静脉栓塞征象	3	咯血	2
深静脉栓塞/肺栓塞病史	1.5	单侧下肢疼痛	3
近 4 周内接受手术/连续 3 天以上制动	1.5	下肢深静脉触痛/单侧下肢水肿	4
恶性肿瘤（过去 6 个月内曾接受治疗）	1	年龄>65 岁	1
排除其他可能诊断	3	深静脉栓塞/肺栓塞病史	3
		近 4 周内骨折/接受手术	2
		未治愈之恶性肿瘤	2
总分		总分	
可能是肺栓塞	>4	可能是肺栓塞	>5
较不可能是肺栓塞	≤4	较不可能是肺栓塞	≤5

二、介入治疗方法

（一）术前准备

了解病史，完善术前相关检验（D-二聚体，传染病四项，血、尿、粪常规，生化，肝肾功能、凝血功能等）和检查（心电图，超声心动图，胸部X线、CTA或核素扫描、盆腔和下肢静脉彩超等）。向患者及家属介绍肺栓塞介入治疗的相关技术知识及相关风险，获得患者及家属同意。若患者无抗凝治疗禁忌，均应该给予肝素抗凝治疗（PT值为正常上限1.5～2.5倍）。

（二）术中操作及技术要点

基于导管的介入治疗肺栓塞，其主要原理和优点是：直接器械血管腔内取栓，或者使血栓碎裂和（或）将其从肺动脉近端移向外周，进而扩大灌注面积。并且可将纤溶药物直接注入血栓内，从而减少药物全身分布和降低诱发出血风险。

腔静脉滤器置入术是溶栓、取栓治疗前有必要采取的治疗手段，应选择可回收和临时永久兼用的腔静脉滤器（图4-4-3）。一般在以下情况下均应该考虑行腔静脉滤器置入术，包括有抗凝治疗绝对禁忌；充分抗凝治疗仍有复发性肺动脉栓塞；已经证实有下肢深静脉血栓形成。

图 4-4-3　取出的腔静脉滤器

导管接触性溶栓是通过股静脉或颈静脉入路，将导管置于肺动脉内，定向注入溶栓药物。在术中注射溶栓药物后应持续输注溶栓药物12～24小时（表4-4-3）。理论上局部导管接触溶栓的出血并发症较全身溶栓要小，但仍应该每4～6小时检测一次纤维蛋白原水平（纤维蛋白原水平可作为出血并

表 4-4-3　肺栓塞置管溶栓术药物处方

药物名称	使用方法
尿激酶	以25万IU/h的速度输注2小时，同期给予2000IU的肝素。再以10万IU/h的速度输注12～24小时
rt-PA	术中给予10mg，然后以20mg/h维持2小时（总量为50mg）或者100mg维持7小时。也可术中给予20mg，继而行机械性碎栓治疗，同时在2小时内灌注80mg（总量100mg）
肝素（与尿激酶联合应用）	以1000IU/h输注，保持部分凝血酶原时间在正常上限的1.5～2.5倍

发症风险增加的预测因子）。若纤维蛋白原降至溶栓前的30%～40%或者低于100mg/dl时，则需要停止输注或减量。

导管接触性溶栓术操作中常同时采用脉冲机械碎栓术、球囊导管成形术或采用导丝导管等装置捣碎栓子以提高栓子溶解速度。栓子破碎后可增加其与溶栓药物的接触面积，并进入周围细小肺动脉内，降低肺动脉压力，增加肺动脉血流，以期早期恢复肺动脉灌注，提高介入治疗肺动脉栓塞的疗效，其原理是肺远端小动脉的横截面积是肺循环中央部位的四倍多（图4-4-4）。

机械取栓术与机械性碎栓的目的均是迅速恢复肺血流灌注，降低肺动脉压力和预防心衰，尤其适用于药物溶栓和外科手术存在禁忌证时，其治疗窗口期为3周。对于取栓器材和技术的选择主要依赖于可用的设备条件及介入放射学者的技术熟练度。理想的取栓导管应该是较便宜，易使用及定位，并且能够有效取出或碎裂栓子。目前临床上用于介入治疗肺动脉栓塞的器材主要有Greenfield吸栓滤器，球囊导管，溶栓导管（Hydrolyser导管，Oasis导管，Angiojet导管和旋转猪尾导管等），碎栓抽吸导管（Arrow-Trerotola、Amplatz ATD和Straube导管等），Impeller网篮、Wallstent Z支架等。这些器材均有特定的优点和缺点，且尚未通过FDA认证用于肺动脉栓塞的治疗，因此对于器材的选择尚无最优方案。

（三）术后处理

介入治疗术后应该密切注意观察患者呼吸、心率、氧分压、中心静脉压力等的变化。绝大多数患者术后仍继续进行静脉溶栓、置管溶栓和抗凝治疗，因此需要密切检测血小板、纤维蛋白原、凝血时间等情况，预防出血严重并发症发生。应用抗生素预防肺动脉栓塞梗死后继发性感染。腔静脉滤

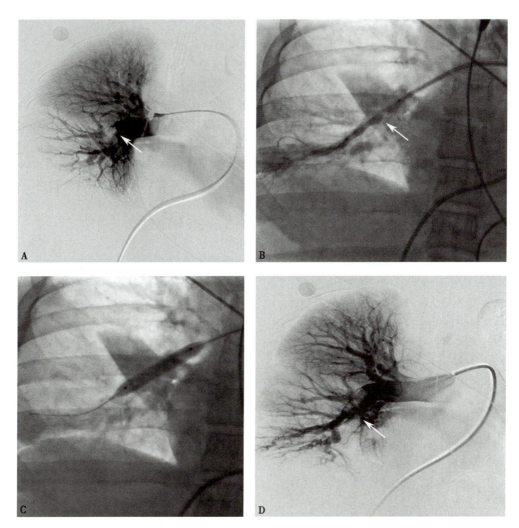

图 4-4-4 肺动脉栓塞介入治疗

A. 肺动脉造影见肺动脉内充盈缺损,以右下肺动脉为著;B. 采用导丝配合导管打通右下肺动脉主干,反复搅动碎栓;C. 引入球囊导管推挤血栓并注入溶栓药物局部溶栓;D. 复查造影见肺动脉血流大部分复通

器置入患者可在 2 周左右复查下肢深静脉血栓情况,若无明确血栓则可取出滤器。

三、适应证

1. 抗凝治疗、全身溶栓治疗等内科保守治疗后仍反复发作的肺动脉栓塞者。

2. 存在抗凝、溶栓禁忌证或不能外科直视下取栓的患者。

3. 肺动脉栓塞引起肺动脉高压危及生命,需要急诊处理者。

四、禁忌证

1. 无绝对手术禁忌。

2. 近期手术,外伤,凝血功能障碍等为相对禁忌。

五、疗效分析

肺动脉血栓介入治疗技术手段主要包括腔静脉滤器置入术、导管接触性溶栓术和机械性碎栓或取栓术。使用导管技术不但可以充分使血栓与溶栓药物接触,而且可在术中对血栓进行抽吸、捣碎等操作,使溶栓更为高效,并很大程度上降低了溶栓并发症的发生率。

六、回顾与展望

1. **目前用于肺栓塞治疗的不同方法** 肺栓塞的治疗目的是使患者度过危急期,缓解栓塞引起的心肺功能紊乱和预防复发,并尽可能恢复肺部灌注。对于急性肺心病患者或较大肺动脉栓塞的患者,治疗包括吸氧、缓解肺血管痉挛、抗休克、抗心律失常、溶栓、抗凝、外科和介入治疗等。对于慢性肺动脉高压和肺心病患者，治疗要阻断栓子来源，预防再发栓塞，可行肺动脉血栓内膜切除术和介入取栓术。溶栓疗法的原理是药物直接或间接将血浆蛋白纤溶酶原转变为纤溶酶，迅速裂解纤维蛋白，溶解血块；同时，通过清除和灭活凝血因子Ⅱ、Ⅴ和Ⅷ，干扰凝血作用，增强纤维蛋白和纤维蛋白原的降解，抑制纤维蛋白原向纤维蛋白转变及干扰纤维蛋白的聚合，发挥抗凝效应。肺动脉血栓摘除外科手术治疗指征限定为伴有严重循环衰竭的大块肺动脉栓塞，而溶栓治疗无效者，手术死亡率高，一般只用于最后选择。

2. 介入治疗在肺栓塞中的优势 介入治疗肺动脉栓塞具有简便、易行、安全有效和微创等特点，能够迅速解除肺动脉栓塞或有效缓解恢复肺动脉血流灌注，降低肺动脉高压。介入治疗中的导管接触性溶栓、碎栓和机械性取栓技术是肺动脉栓塞治疗领域的发展趋势。

3. 不足及未来发展趋势 目前，虽然介入治疗中的导管取栓、消栓技术已经逐渐成为肺动脉栓塞的重要手段，但是因器械和介入技术仍存在一定缺陷，对部分血栓仍不能彻底清除，对肺动脉远端小分支的栓塞仍无更好的办法。是否会有新的介入导管内治疗技术出现，能够解决上述问题，使介入手术操作更加简便和安全，需要介入放射学理论和器械的进一步发展改进，疗效也需要更多的临床实践来证明。

（郑传胜）

第五节 冠 心 病

冠状动脉粥样硬化性心脏病（coronary athero-sclerotic heart disease）指冠状动脉粥样硬化引起斑块形成、内皮功能不良或(和)痉挛导致血管腔狭窄或阻塞，心肌缺血缺氧甚至坏死的心脏病，简称冠心病，亦称缺血性心脏病（ischemic heart disease）。根据发病机制及治疗原则不同分为两大类：①慢性冠脉病，亦称慢性缺血综合征（chronic ischemic syndrome，CIS）；②急性冠脉综合征（acute conoary syndrome，ACS）。

一、病因病理与临床表现

（一）病因和发病机制

心肌组织与骨骼肌摄取氧的机制不同，很少引起需氧超过供氧。在相对静息状态时，心肌从血液中摄取的氧接近最大量，运动负荷时需氧明显增加，必须通过增加冠状动脉血流来满足氧耗，当存在明显狭窄时，静息状态下，冠脉可通过其他血管代偿性舒张来维持正常血流，此时冠脉血流储备减少，当心肌耗氧量增加（心率加快、室壁张力增加及心肌收缩力增强）时，不能提供充足的氧供，即出现氧的供需失衡。当狭窄进一步加重使心脏组织的血流不能满足其对能量的需求时，临床上即出现心绞痛。运动平板试验及超声负荷试验同样可诱发心肌缺血，SPECT显示心肌灌注减少，体表心电图上ST段压低及心绞痛的病史可以评估心肌缺血的情况。另外，血管反应性增加（即痉挛）伴或不伴有冠脉狭窄均可导致心肌血流减少，而与心肌耗氧量无明显相关，血管反应性增加诱发的心绞痛可能与昼夜节律、季节性规律及情绪因素有关。

在冠状动脉粥样硬化产生斑块的基础上，各种原因导致心肌氧供失衡是ACS的标志，ACS主要病因是斑块破裂，急性闭塞性或非闭塞性血栓形成。临床表现为不稳定型心绞痛、非ST段抬高型心肌梗死、ST段抬高型心肌梗死。另外随着腔内影像学的发展，对于ACS发生的机制有了更多的认识，首先并不是斑块破裂就一定发生ACS，随着年龄增长及动脉硬化的进展，患者往往伴随多根冠脉血管及多处斑块形成，易损斑块（vulnerable plaque）即不稳定斑块（指纤维帽薄、脂质核大的斑块）随时可能发生破裂，发生率在每年20%，但临床研究的数据统计显示每年易损斑块发生ACS的比率仅在0.3%～1%，那么每年破裂斑块导致ACS的比率＜5%，仅仅是冰山一角，其他未发生ACS的破裂斑块（亦叫隐匿破裂斑块）往往都能自愈。所以只有在血液高凝状态与斑块破裂同时发生时才导致ACS的发生（图4-5-1）。

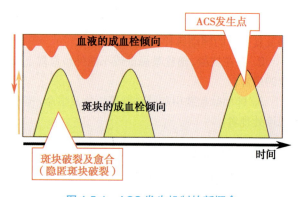

图4-5-1 ACS发生机制的新概念
斑块破裂引起的ACS必须同时合并血液高凝状态

另一种冠状动脉血栓形成与斑块的破裂无关，而是在腐蚀的斑块表面出现血栓黏附，最近通过光学相干断层成像（optical coherence tomography，OCT）的证实称为斑块侵蚀（plaque erosion），在ACS中占25%~40%，女性多于男性。极罕见机制还有冠状动脉自发夹层，多因中膜囊性坏死，内膜自发撕裂或滋养血管出血形成壁内血肿，压迫正常管腔，造成缺血或血流中断，多见于围产期妇女或结缔组织疾病患者。

（二）临床表现

慢性稳定型心绞痛特点常发生于心肌耗氧量增加时。多由劳力或情绪激动所诱发，饱食、寒冷、吸烟、心动过速、休克等亦可诱发；症状反复发作，但有时只在晨起发生，提示与晨间交感神经兴奋性增高等昼夜节律变化有关。这些症状绝大多数由冠状动脉固定狭窄引起，并随狭窄程度进展而加重（图4-5-2）。

胸痛性质多样，可有压迫感、紧缩感或整个心前区的不适。可放射至左肩、左臂尺侧，或至喉、下颌和上腹部，也可仅仅局限在上述位置。典型心绞痛持续约5分钟，休息可缓解。舌下含服硝酸甘油可在几分钟内迅速缓解。急性冠脉综合征的临床表现多种多样，现实中多于30%的ACS患者缺乏典型的胸部不适表现。这种不典型症状更多出现在年轻或高龄患者、糖尿病患者或女性患者。出现以下情况高度提示ACS：①静息痛；②新发的严重心绞痛（轻微体力活动诱发）；③既往有慢性心绞痛病史，近期发作频繁、持续时间长、诱发症状阈值低。

二、介入治疗方法

1978年德国医生Gruzintig进行了首例冠状动脉球囊成形术，处理前降支近段狭窄，开创了冠心病治疗的新纪元。1984年我国进行了第一例经皮冠状动脉腔内成形术（percutaneous transluminal coronary angioplasty，PTCA）。20世纪90年代早期，冠状动脉支架的问世使经皮冠状动脉介入治疗（percutaneous coronary intervention，PCI）发生了革命性的进步。支架植入术使即刻干预结果明显改善，并减少了需要急诊冠状动脉旁路移植术（coronary artery bypass grafting，CABG）即冠状动脉搭桥术的概率，而且极大地降低了单纯PTCA术后的再狭窄率。

（一）冠脉介入治疗设备及血管入路

PCI治疗在心脏导管室完成，所使用的放射设备与诊断性冠状动脉造影相同（图4-5-3）。

血管入路可以经股动脉、桡动脉或肱动脉。股动脉途径最为常用，血管内径大适用于各种介入器材，要求的技术熟练程度也相对较低。由于明显减少了穿刺部位的出血并发症及血管闭合器的使用且术后无需严格卧床，桡动脉途径近年来呈快速增长趋势，尤其在我国，桡动脉入路已接近90%。经桡动脉途径的缺点是存在一定的学习曲线和少数患者出现无症状的桡动脉闭塞，桡动脉易痉挛且增加了导管的操作难度。使用这一途径的原则是尺动脉开通良好且存在完好的掌动脉弓（可通过Allen试验评估）。肱动脉途径由于穿刺点位于关节弯曲部且与正中神经伴行，易造成血肿、假性动脉瘤及神经损伤，因此一般情况下不推荐肱动脉穿刺。

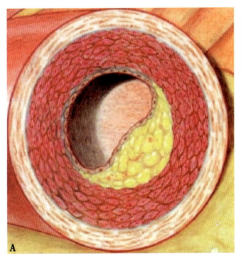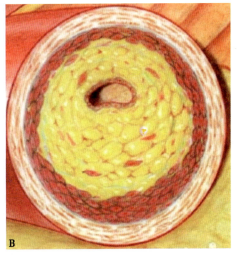

图4-5-2　冠状动脉粥样硬化性狭窄及进展
A.管腔中度狭窄；B.管腔几乎完全阻塞

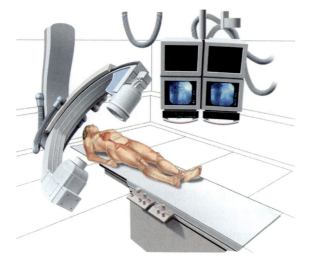

图 4-5-3　冠状动脉介入治疗设备

（二）冠状动脉造影

能够直观地显示冠状动脉病变时现代医学史的一项重要进展，由此直接促进了腔内血管成形术及冠脉介入治疗的发展。冠状动脉造影是将不透放射线的造影剂直接自左和右冠状动脉口注入获得血管影像。在上述穿刺入路建立后，在外周导引钢丝的引导下，将造影导管送至主动脉根部，撤出导引钢丝，在透视下将导管送至冠状动脉口，通过各种投照体位仔细观察各冠状动脉的情况，左冠状动脉常用体位是右前斜（RAO）加头向和足向角度、左前斜（LAO）加头向和足向角度。右冠造影最常用的体位是左前斜位和右前斜位（加或不加头向角度），一般通过标准体位造影大多数冠脉均可观察清楚，如图 4-5-4 所示。由于冠状动脉的解剖变异和狭窄位置的不同，往往需要个体化的选择投照角度。

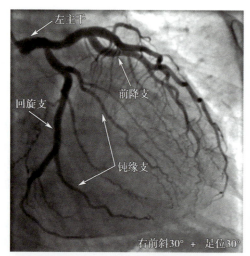

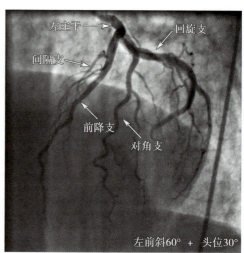

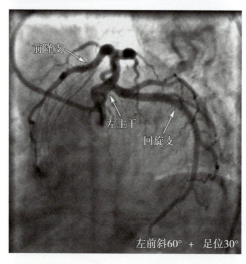

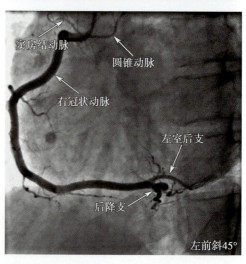

图 4-5-4　冠状动脉造影观察冠状动脉情况

左冠状动脉在右前斜 30°＋足位 30°（左上角）、左前斜 60°＋头位 30°（右上角）、左前斜 60°＋足位 30°（左下角）投照下的血管走行及分支情况，右下角显示左前斜 45° 投照下右冠状动脉走行及分支情况

冠状动脉造影提供的信息：①主要冠状动脉的起源；②冠状动脉的直径及走行；③主要分支的起源；④管腔内膜是否光滑及瘤样扩张；⑤是否存在冠状动脉瘘；⑥侧支循环的情况；⑦是否存在血栓；⑧血管痉挛及对硝酸甘油的反应；⑨冠状动脉斑块的位置、狭窄程度、向心性或偏心性、长度及是否累及分支；⑩冠脉搭桥术后患者桥血管情况。另外，应用心肌梗死溶栓（TIMI）研究制定的方法来评估冠状动脉血流情况。TIMI 0 级血流提示血管完全闭塞；TIMI 1 级血流提示严重病变，造影剂可以通过狭窄部位但不能使远端血管完全充盈；TIMI 2 级血流指造影剂可以使远端血管完全充盈，但充盈速度及造影剂排泄速度均较慢，一般指三个以上心动周期才可完全充盈；TIMI 3 级血流是相对正常的血流。

（三）冠状动脉介入治疗过程

与诊断性冠状动脉造影过程相同，选择直径大于造影导管且支撑性好的导引导管，以便通过球囊、支架及其他辅助器械。当通过血管造影了解了冠状动脉解剖并确定了靶病变后，送入一根冠状动脉导引钢丝通过病变送达血管远端。沿导引钢丝送入远端装有球囊的双腔导管，一腔穿导丝导引，另一腔连接压力泵，球囊到达病变部位后，利用压力泵扩张球囊，通过撕裂和挤压斑块以及拉伸冠状动脉等机制开放阻塞的血管。到这一步骤即完成了传统的 PTCA 术，如图在冠脉支架未问世前，PTCA 是解决冠状动脉狭窄的有效术式，但早期的血管弹性回缩以及晚期的血管重塑极大地限制了这项技术的应用，特别是 6 个月内的再狭窄率高达 50%，很多患者无法承受短期反复行 PTCA 而去行冠脉搭桥术。冠状动脉支架的问世很好地弥补了单纯球囊扩张的瓶颈。在应用球囊充分对病变进行预扩张后，沿导引钢丝送入表面附有支架的球囊导管到达预扩张后的病变区域，充分覆盖原有病变位置，支架两端尽量在相对正常的血管段定位，充盈扩张球囊使支架膨胀释放，这是当前绝大多数患者植入支架的过程（图 4-5-5）。

如果支架未充分扩张或长支架所覆盖的血管有管径差异，可以应用高压球囊对支架相应部位进行后扩张及塑形。

（四）冠状动脉介入治疗中的药物应用

所有接受 PCI 术的患者术前均应服用阿司匹林，术中使血液充分肝素化，可应用大分子肝素，最近研究证明低分子肝素及比伐卢定的应用也具有很好的有效性及安全性。操作时间较长的手术需要使患者的活化凝血时间（ACT）维持在适当

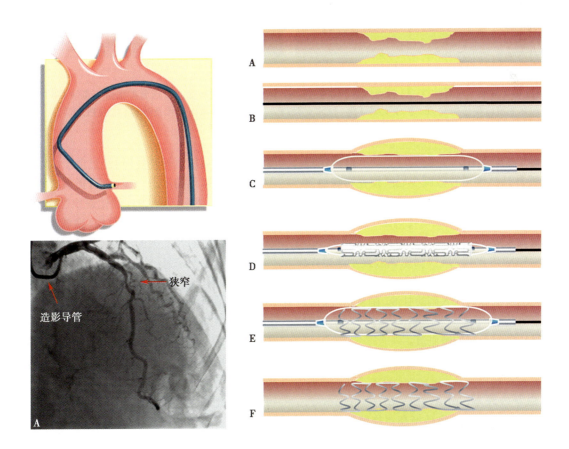

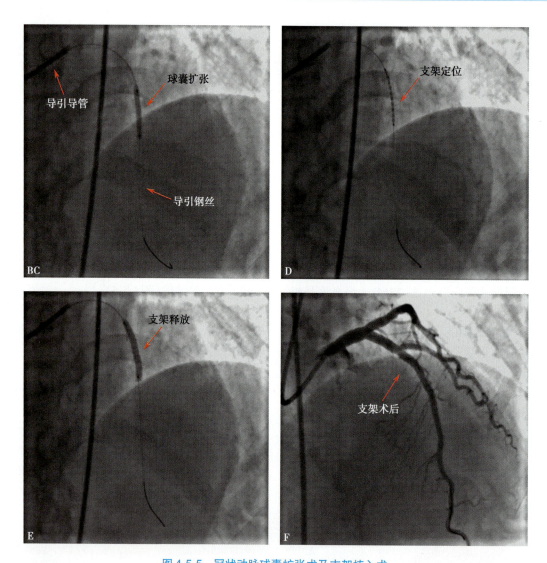

图 4-5-5 冠状动脉球囊扩张术及支架植入术

左上角造影导管插入左冠脉口，A. 发现冠脉严重狭窄；B. 导引钢丝通过病变；C. 球囊扩张挤压斑块（即 PTCA）；D. 送入支架定位覆盖病变；E. 扩张支架球囊，释放支架；F. 支架释放后撤出导丝及球囊（完成 PCI）

范围、预防血栓形成。围术期应用血小板糖蛋白 IIb/IIIa 受体拮抗剂可有效减少心肌梗死和缺血事件，尤其是急性冠脉综合征的患者。如果植入支架，术前或术中以及术后应该使用血小板抑制剂氯吡格雷或效果更佳、抵抗更少的替格瑞洛 6～12 个月至支架完成内皮化，最新临床试验提示超过 12 个月的双联抗血小板可使患者进一步获益。操作过程中可酌情冠脉内注入硝酸甘油、硝普钠及钙通道阻滞剂等药物，目前观察到前列地尔可一定程度改善微循环障碍引起的慢血流。

（五）腔内影像学技术在冠状动脉介入治疗中的应用

1. 血管内超声（intravascular ultrasound，IVUS） 血管内超声是将微型超声换能器通过导管技术送入冠脉血管腔内，再经过电子成像系统显示心血管横断面的形态。IVUS 可提供精细的血管横断面图像，显示动脉粥样硬化斑块性质、容积及血管壁结构，定量分析狭窄面积，血管直径，有助于对病变的判断及支架的选择，提供冠状动脉造影无法得到的诊断信息；在 PCI 后可进行支架贴壁及膨胀情况的评估，优化 PCI 的效果（图 4-5-6）。

2. 光学相干断层成像（optical coherence tomography，OCT） 是一种新的高分辨率断层成像模式，将光学技术与超灵敏探测器合为一体，应用现代计算机图像处理，发展成为一种新兴的断层成像技术。相比于 IVUS 由于其表层高分辨率的优势可以更好地评估斑块的性质、纤维帽的厚度、血栓及支架植入后内皮化程度。尤其是最新的研究应

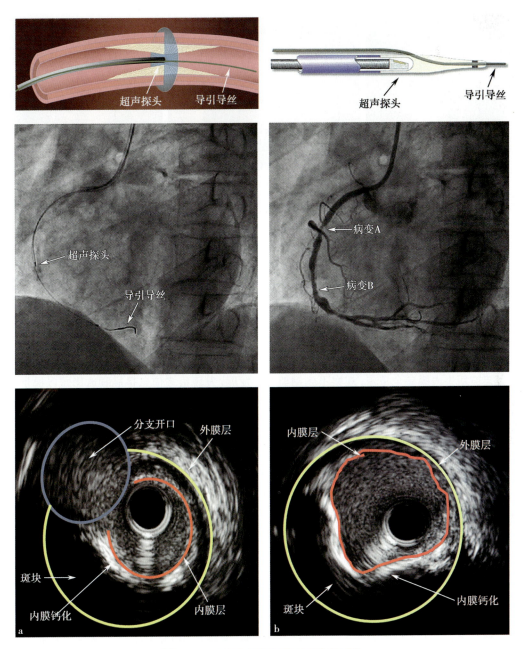

超声探头　导引导丝

超声探头　导引导丝

超声探头

导引导丝

病变A

病变B

分支开口　外膜层

内膜层　外膜层

斑块

内膜钙化　内膜层

斑块

内膜钙化

a

b

图 4-5-6　IVUS 的使用及对病变的评估
左上角显示血管内超声的工作原理,右上角血管内超声的头端结构,左中显示 X 线下应用 IVUS 对
冠状动脉进行扫描,右中显示造影发现的两处病变
a 病变显示严重狭窄伴 > 90° 内膜钙化;b 病变显示中度狭窄伴 180° 内膜钙化

用 OCT 定义了几种新的 ACS 发生机制,如斑块侵蚀、钙化结节等,随着生物可降解支架(BRS)的问世,今后可能作为支架植入前后评估病变及效果的必要手段。如图 4-5-7 所示 OCT 观察到的斑块破裂、斑块侵蚀及冠脉夹层。

3. 冠状动脉内视镜(coronary angioscopy)

早在 20 世纪 80 年代即已诞生,但由于管径较粗经过多年后才应用在冠状动脉中,由于头端设置了一

个微型摄像头,因此理论上讲冠脉内视镜才是真正用肉眼观察到了血管内的情况,也被誉为肉眼病理学,在冠脉介入手术中,其优势是可直观发现血栓,以及斑块,其定义的斑块稳定程度与内皮颜色相关,颜色越黄提示斑块越不稳定,尸检病理学上已证明。具体分级如下 Grade 0 白色;Grade 1 浅黄色;Grade 2 黄色;Grade 3 深黄色。另外一大优势是对支架植入后新生内膜覆盖的评估,也分为 4

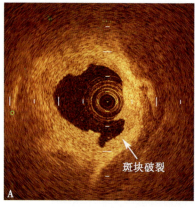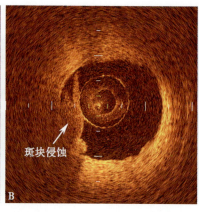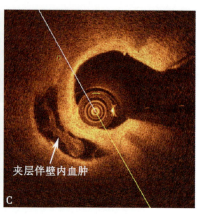

斑块破裂

斑块侵蚀

夹层伴壁内血肿

图 4-5-7 OCT 对冠状动脉内腔的成像

A. 斑块破裂；B. 斑块侵蚀；C. 冠状动脉夹层产生壁内血肿（可见假腔内血栓形成）

级，级别越高提示内皮化越完全。Grade 0 无新生内膜，金属完全裸露；Grade 1 能观察到薄的新生内膜，金属辉度消减，但能观察到；Grade 2 支架被新生内膜完全覆盖，但透视下能观察到钢架结构；Grade 3 支架被新生内膜完全覆盖，观察不到钢架结构。但其缺点是只能观察到表层结构、无穿透性、无法定量分析，而且必须短暂阻断血流，限制了其在 PCI 中的应用。如图 4-5-8 所示冠状动脉内视镜的构造，及评估支架后内膜覆盖情况。

（六）冠状动脉旋磨术

冠状动脉旋磨术（rotational coronary atherectomy）于 20 世纪 80 年代末期由 Dr. David C.Acth 发明，1993 年获美国 FDA 批准在临床使用，并逐渐成为临床应用较多的祛除粥样硬化斑块的治疗方式。其工作原理是采用呈橄榄型的带有钻石颗粒的旋磨头，通过高速旋转并根据"差异切割"的理论选择性地祛除纤维化或钙化斑块，使其裂解为小的颗粒，平均直径 5μm，小于红细胞的直径，并在下游将其吸收（图 4-5-9）。目前药物洗脱支架（drug eluting stent，DES）的广泛应用，降低了旋磨术的使用率，但对于严重钙化病变、开口及分叉病变，通常与支架术相结合，可优化即刻手术效果及预后。

三、适应证

经 PCI 的冠状动脉血运重建治疗可缓解阻塞性冠状动脉疾病的缺血表现，部分患者可提高生存率，尤其对于急性冠脉综合征的患者。PCI 适应证根据冠心病的分类国内外指南各有详细说明，最近可参见 ACC/AHA 的《稳定性冠心病诊疗指南》2012 版、《非 ST 段抬高型急性冠脉综合征治疗指南》2012 版、《急性 ST 段抬高型心肌梗死治疗指南》2013 版，同时可参考中华医学会心血管病分会《经皮冠状动脉介入治疗指南》2012 版。

冠状动脉造影术一直以来被认为是诊断冠心病的"金标准"，但随着腔内影像学及分子影像学的发展，发现很多信息是冠脉造影难以提供的，精准医疗的时代已经来临，对于每一个患者、每一个病变都要全方位的评估才可达到最优的治疗效果及最佳的预后。当前对于缺血性心脏病的患者是否应该行血运重建术（PCI 或 CABG），是否有临床获益是治疗的重点，那么评价心肌的灌注及存活情况是现代医学对于缺血性心脏病治疗的最佳适应证。传统心肌灌注显像包括 CT 及 MR 的灌注成像，目前临床上诊断存活心肌的"金标准"是 PET。通过显示缺血或梗死部位灌注与代谢不匹配是检测存活心肌的可靠指标。若 ^{18}F-FDG 在放射性灌注稀疏缺损的心肌节段出现放射性填充，呈现灌注明显减低而心肌代谢仍存在的显像，即可诊断为存活心肌，最近应用 ^{13}N-NH_3 心肌灌注影像联合 ^{18}F-FDG 心肌代谢影像显示出了更好的诊断价值（图 4-5-10）。如再可联合 CTA 定位冠脉结构及 DE-MRI 延迟增强成像准确识别梗死后瘢痕并进一步测量左室功能，将具有更高的临床价值。

四、回顾与展望

尽管在过去 20 多年间冠状动脉介入治疗的技术取得了极大的进步，但很多类型的冠状动脉病变仍然难以得到理想的治疗效果，如慢性完全性闭塞（chronic total occlusion，CTO）病变、分叉病变、小血管病变、大隐静脉桥血管病变及血栓负荷重的病变。即使植入支架，再狭窄、内皮化不全、晚期血栓及新生动脉粥样硬化形成仍然是严重的问题。

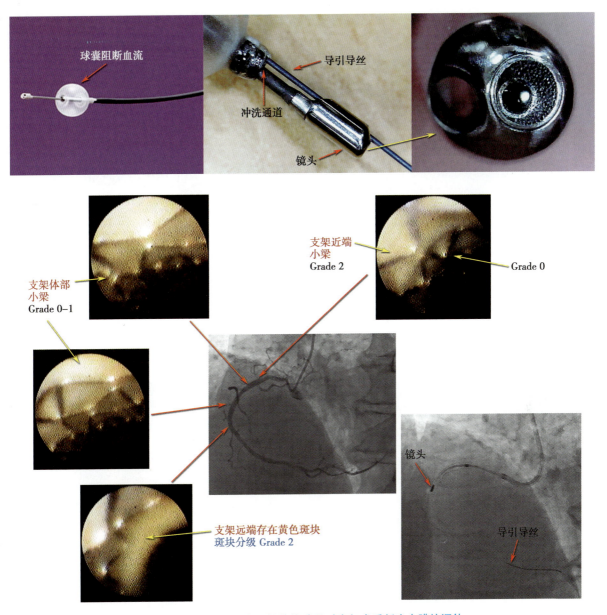

图 4-5-8　冠状动脉内视镜的构造及对支架术后新生内膜的评估

右冠状动脉长支架植入后半年行内视镜检查发现仅支架近端有少量新生内膜形成,其他节段大部分支架小梁裸露,且支架远端存在不稳定斑块

目前对于 CTO 病变,通过近几年基于正向开通、逆向开通联合 CrossBoss 微导管及 Stingray 球囊的重回真腔技术建立的 Hybrid-CTO 策略使 CTO 开通率大大提高,我国 2016 年多个大中心的注册数据显示成功开通率已接近 90%;新型 CTO 专用导丝及微导管等辅助器材的研发也极大提高了开通效率。特异性针对小血管及分叉病变的新一代支架也在研发之中。多种用于大隐静脉桥血管介入治疗的预防远端血管栓塞的远端保护装置也在临床评价阶段。近年来再次复苏的斑块旋切技术也在

器械改良以后显示出很好的临床前景。准分子激光斑块消融术对于钙化、血栓等特定病变表现出了很好的效果。为了更有效地治疗血栓负荷重的病变,除手动抽吸导管改良外,机械抽栓装置也开始在临床普及。腔内影像学设备继续发展,内径更小,分辨率更高的 IVUS、OCT 即将上市,整合 FFR 压力导丝及 NIRS 近红外吸收光谱的新一代血管内超声将一站式对冠状动脉病变的结构,性质以及功能学进行评估。支架内再狭窄的药物球囊处理已初见成效,但新一代完全可降解支架的问世

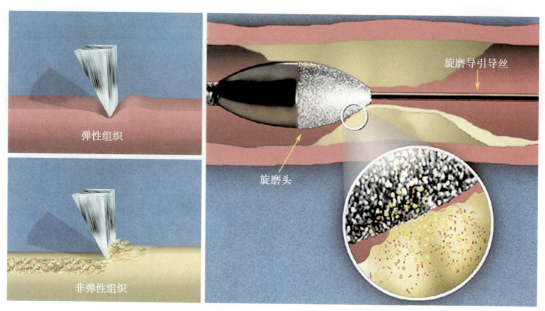

图 4-5-9 冠状动脉旋磨术工作原理
左图显示"差异切割"理论,右图显示旋磨头构造及裂解斑块过程

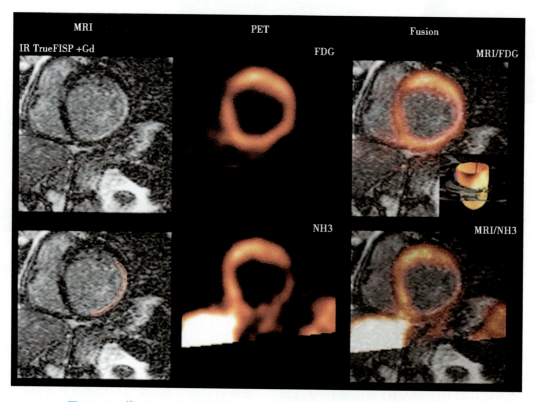

图 4-5-10 ^{13}N-NH$_3$ 心肌灌注/^{18}F-FDG 心肌代谢双成像联合 MRI 评价存活心肌
上图 MRI 所示瘢痕部的 ^{18}F-FDG 心肌代谢成像,下图 MRI 所示瘢痕部的 ^{13}N-NH$_3$ 心肌灌注成像,两者不匹配,证明缺血区有大量存活心肌

即将引发冠状动脉介入治疗的第四次革命,虽然目前由于材料及设计原因并未体现出比第二代药物洗脱支架更大的优势,但通过材料的改进,工艺的改良,具有极大的改进空间,并将成为未来发展的趋势。

(刘炳辰)

第六节　先　心　病

先天性心脏病（congenital heart disease）简称先心病，是胎儿时期心脏血管发育异常而致的畸形。在我国的发生率为 0.8%～1.2%，每年新出生的先天性心脏病患儿约 20 万，为小儿时期最常见的心脏病，占我国重大出生缺陷发病率和死亡率首位。自 20 世纪 80 年代以来，先心病的介入性心导管术得到发展并成为先心病治疗的重要手段。近 20 年来，随着新的介入材料、技术和治疗理念的出现，先心病介入治疗的数量迅速增长，介入治疗的病种、范围及操作技术也有所突破。

一、分类及病理生理

先天性心脏病根据生理学分类方法可分为发绀型和非发绀型两类。

常见的非发绀型又包括：①左向右分流；②肺血流增加；③无分流的梗阻性缺陷。左向右分流出现于各种解剖水平：心房（房间隔缺损），心室（室间隔缺损），多种复杂缺损，或动脉（主动脉弓阻断及动脉导管未闭等）。无分流的梗阻性缺陷包括肺动脉狭窄和主动脉缩窄。

发绀型缺陷通常以右向左分流为特征，又可分为两大类：①心脏内缺损和肺血流梗阻，发绀源于肺血流减少，氧合血与去氧合血在心脏内混合，如法洛四联症和肺动脉瓣狭窄；②肺血流正常或者增加，发绀源于肺静脉与全身静脉回流血液混合，称为混合缺损。混合缺损可以在心脏内任何水平存在：静脉（肺静脉连接异常），心房（单心房），心室（单心室），大动脉转位。大动脉转位为主动脉起自右室，肺动脉起自左室，大小循环各自独立，依赖动脉导管和房缺交通两个循环，因此尽管两种静脉回流血液仅有部分混合，但仍导致严重的低氧血症，合并室缺的患儿反而存活更长。

二、介入治疗方法

先天性心脏病的介入治疗已经取得了飞速的发展，由原来只是外科手术的辅助方法到现在成为很多先心病单纯介入即可治愈的手段，并且在某些情况下可以避免正处于成长期的儿童对于早期手术的需求或首次外科矫正手术后再次手术的需求。目前几种常见先心病的介入手术已较为成熟，已可以取代外科开胸手术，从而减少住院时间和花费，减轻患者痛苦。但对于复杂危重的先心病，内外联合及早期外科矫正还是最佳的治疗策略。以下通过先心病介入治疗术式分类着重介绍常见先心病的介入治疗。

（一）球囊房间隔造口术

儿科介入心脏病学可以追溯到 1966 年，Rashkind 和 Miller 等应用头端带有球囊的特种导管进行球囊房间隔造口术（balloon atrial septostomy，BAS），以姑息治疗完全性大动脉转位（transposition of the great arteries，TGA）等一些重症婴儿先心病，达到缓解发绀及改善异常血流动力学的目的，从而使这些患者存活到外科根治年龄，明显改善了这些疾病的预后。经皮股静脉穿刺最为常见，应用一个大球囊穿过卵圆孔或小房间隔缺损到达左心房，适当扩张球囊用力回拉通过房间隔，造成卵圆孔附着处薄壁组织的撕裂，产生巨大的房间隔缺损，进而改善心脏内的血液混合以及氧在全身的运输。尽管前列腺素的应用和外科手术的改进已经减少了许多婴幼儿对这类手术的需求，但是对一部分患者而言，球囊房间隔造口术仍然是挽救生命的一种姑息性手段。这种技术最初仅在心导管室进行，当前，在心脏超声的引导下，它已经可于床旁完成，并且安全有效。

（二）球囊瓣膜成形术

1. 肺动脉瓣狭窄　经皮球囊肺动脉瓣成形术（percutaneous balloon pulmonary valvuloplasty，PBPV）已经成为治疗肺动脉瓣狭窄的标准方案。适用于有症状的婴幼儿和收缩期压力阶差超过 30～35mmHg 的更大一点的儿童及有劳力性呼吸困难、心绞痛、晕厥等症状的成人。在完成血流动力学监测和血管造影术后，经股静脉植入端孔的导管和导丝，穿过狭窄瓣膜将导丝固定于肺下叶动脉。然后植入可扩张的球囊导管，直径大于瓣环的 20%～40%，将球囊中部位于肺动脉瓣水平，用稀释造影剂快速扩张球囊，致腰凹征消失。球囊扩张后重复右心导管检查，记录肺动脉至右室的连续压力曲线，测量跨瓣压差，并行右心室造影以观察球囊扩张后的效果及右心室漏斗部是否存在反应性狭窄。为了达到足够的球囊/瓣环比值，有些病例需作双球囊扩张术。肺动脉瓣球囊成形术与外科手术的效果相当。它同样能减轻右室流出道梗阻，由于较少出现肺动脉瓣关闭不全，并发症较少，且不延长住院时间，因而颇受患者和医生的欢迎。

2. 主动脉瓣狭窄　小儿、青少年主动脉瓣狭窄患者，经皮球囊主动脉瓣成形术（percutaneous balloon aortic valvuloplasty，PBAV）与外科瓣膜切开术效果基本相同，介入治疗仍为有效的治疗方法。成年及老年患者，一般主张行外科主动脉瓣置换术，不建议首选 PBAV。两类先天性主动脉瓣狭窄患者适合经导管主动脉瓣球囊扩张，即出生不久、症状明显、主动脉瓣狭窄严重的婴幼儿和通常无症状、狭窄比较严重的稍大儿童。当先天性主动脉瓣狭窄患儿出现症状或心导管检查峰值跨瓣压差大于 50mmHg 时，通常适合进行介入治疗。峰值压力阶差也可由多普勒超声心动图所测量。介入治疗时，最常用的为逆行股动脉插管法，一些特殊情况下也可采用颈动脉（适用于小婴儿）、腋动脉插管法，或经房间隔穿刺（或开放卵圆孔）行 PBAV。通常应用单球囊，必要时可用双球囊扩张。经导管送入 260cm J 形交换导丝至左室内。沿导引钢丝送入球囊扩张导管，使球囊中部位于主动脉瓣水平，扩张球囊至腰凹消失。术中进行右室临时起搏，起搏心率设定为 180～200 次／分，完成球囊扩张术后停止心脏起搏。术中密切注意心率、心律、血压的变化。球囊主动脉瓣成形术被认为是先天性主动脉瓣狭窄的初始治疗方案，虽然它是一种未来拟行干预治疗的姑息性手术。大多数患者在术后 5～10 年内需再次介入干预，不到一半患者在 10 年后需要外科的主动脉瓣置换术。导管治疗和外科干预均可以有效减轻左室流出道梗阻，其术后主动脉瓣关闭不全，再次干预、瓣膜置换以及死亡率等方面均相似，且对于心功能的保护作用相当。

（三）先天分流性疾病的经导管封堵术

1. 动脉导管未闭　动脉导管未闭（patent ductus arteriosus，PDA）是常见的先心病之一，尽管动脉导管是胎儿必须的血管通路，但出生后动脉导管的持续开放能引起充血性心力衰竭或肺动脉高压，并且动脉内膜炎的危险将贯穿患者一生，根据 PDA 直径大小可有不同的临床表现，大多能够通过介入方法治愈。1967 年 Porstmann 首次施行非开胸法动脉导管未闭封堵术获得成功。目前国内外普遍应用 Amplatzer 法及弹簧栓子法。

（1）适应证：①左向右分流不合并需外科手术的心脏畸形 PDA；PDA 最窄直径≥2.0mm；年龄≥6 个月，体重≥4kg；②外科术后残余分流。注意≥14mm 的 PDA，操作困难，成功率低，并发症多，应慎重。

（2）禁忌证：①合并未控制的感染性心内膜炎；败血症或封堵术前 1 个月内患有严重感染；②依赖于 PDA 存活的心脏畸形；③严重肺动脉高压并已导致右向左分流。

（3）操作过程

1）Amplatzer 法：Amplatzer 导管封堵器可用于大的未闭导管和其他血管通路的封堵。Amplatzer 导管封堵器是一种镍金属丝绕成网眼的蘑菇形塞子，缝有多聚酯补片（图 4-6-1）。

图 4-6-1　蘑菇形 PDA 封堵器

选择猪尾导管在主动脉峡部造影，了解 PDA 的大小及形态（图 4-6-2）。一般选择比 PDA 最窄直径大 2～4mm 的封堵器（小儿可达 6mm），将其安装于输送钢丝顶端，透视下沿输送鞘管将其通过动脉导管送至降主动脉。待封堵器盘面完全张开后，将输送鞘管及输送钢丝一起回撤至 PDA 主动脉侧。然后固定输送钢丝，仅回撤输送鞘管至 PDA 肺动脉侧，使封堵器腰部固定于 PDA 内。5～10 分钟后重复主动脉弓降部造影。若证实封堵器位置合适、形状满意，无或仅有微量至少量残余分流，且听诊无心脏杂音时，可操纵旋转柄将封堵器释放（图 4-6-3）。

2）可控弹簧圈法：①经股静脉顺行法：穿刺股静脉插入端孔导管至肺动脉，经 PDA 入降主动脉，选择适当直径的可控弹簧圈经导管送入降主动脉，将 2～3 圈置于 PDA 的主动脉侧，1～2 圈置于 PDA 的肺动脉侧。5～10 分钟后重复主动脉弓降部造影，若证实封堵弹簧圈位置合适、形状满意、无残余分流时，可操纵旋转柄将弹簧圈释放。②经股动脉逆行法：穿刺股动脉，插入端孔导管至降主动脉，经 PDA 入主肺动脉；选择适当直径的可控弹簧圈经导管送入肺动脉，将 1～2 圈置于 PDA 的肺动脉侧，2～3 圈置于 PDA 的主动脉侧。若弹簧圈位置、形状满意后可操纵旋转柄将弹簧圈释放。5～10 分钟后重复主动脉弓降部造影，成功后撤出导管，压迫止血。

（4）疗效评价：经主动脉弓降部造影，若封堵器或弹簧栓子位置恰当，无或仅有微量至少量残余分流为效果良好。

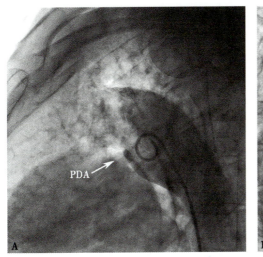
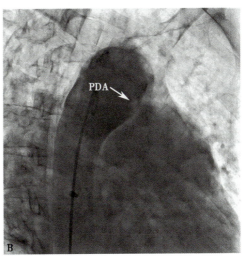

图 4-6-2　猪尾导管造影
A. LAO 90°造影；B. RAO 30°造影

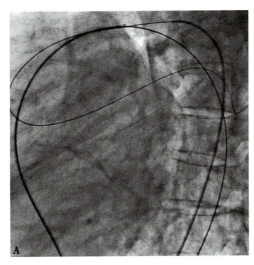
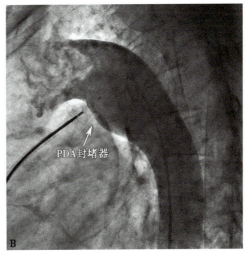

图 4-6-3　建立轨道及 PDA 封堵器释放
A. 建立股动脉 -PDA- 右心 - 股静脉导丝桥；B. PDA 封堵器释放

2. 房间隔缺损　房间隔缺损（atrial septal defect, ASD）可发生于房间隔的任何部位，除继发孔或卵圆孔未闭以外，都需要外科手术矫治。未修补的房间隔缺损可引起肺动脉高压、房性心律失常或右心衰竭。当缺损足够大，引起右心容量负荷过重时，应该尽早手术以防相关并发症的出现。人们致力于探寻关闭继发孔型房间隔缺损的高成功率、低风险的导管方法，直到 2001 年美国食品与药品监督管理局通过了 Amplatzer 封堵器。该封堵器由一个自膨胀、双面盘状的镍金属结构组成，中间带有腰部，以支撑房间隔缺损的边缘。三个缝在该框架结构上的聚酯补片有助于实现封堵和内皮化。目前我国仅有 Amplatzer 双盘型封堵器及国产双盘状封

堵器应用于临床。

（1）适应证：①年龄≥3 岁；②直径≥5.0mm，伴右心容量负荷增加，≤36mm 的继发孔型左向右分流 ASD；③缺损边缘至冠状动脉窦，上、下腔静脉及肺静脉的距离≥5.0mm；至房室瓣≥7.0mm；④房间隔的直径 > 所选用封堵伞左房侧的直径；⑤不合并必须外科手术的其他心脏畸形。

（2）禁忌证：①原发孔型 ASD 及静脉窦型 ASD；②心内膜炎及出血性疾病；③封堵器安置处有血栓，导管所要通过的静脉系统有血栓形成；④严重肺动脉高压并已导致右向左分流；⑤伴有与 ASD 无关的严重心肌疾病及瓣膜疾病。

（3）操作过程：术前一天开始服用阿司匹林，完

成经胸或最好经食管超声心动图,测量房缺大小、各边缘长度、房间隔长度等(图4-6-4)。

全麻或局麻下穿刺股静脉,送入鞘管,静脉推注肝素100U/kg。常规右心导管检查,测量肺动脉压力,计算肺循环血流量、肺循环阻力等,合并肺动脉高压者判断肺动脉高压性质。将右心导管经ASD进入左心房和左上肺静脉,交换260cm长加硬导丝置于左上肺静脉内。视情况决定是否选用球囊导管测量ASD大小。在超声图像欠清晰或多孔ASD难易准确判断时,可考虑应用球囊导管测量。对于使用球囊导管测量的ASD,选择的封堵器直径应比球囊测量的缺损伸展直径大1~2mm。根据按超声测量的ASD最大缺损直径,边缘良好者加2~4mm选择封堵器,边缘欠佳者加4~6mm。根据封堵器大小,选择不同的输送鞘管,在加硬导丝导

引下置于左心房内或左上肺静脉开口处。在X线和超声心动仪监测下沿鞘管送入封堵器(图4-6-5),打开左房侧盘,回撤至房间隔的左房侧,然后固定输送杆,继续回撤鞘管,打开封堵器的右房侧盘。在左前斜位45°~60°加头向成角20°~30° X线下见封堵器呈"工"字型展开,少许用力反复推拉输送杆,封堵器固定不变。超声心动图证实封堵器位置良好,无残余分流,对周边结构包括二尖瓣、三尖瓣和冠状静脉窦等无影响,可释放封堵器(图4-6-6)。成功后撤出导管,压迫止血。术后肝素抗凝24~48小时。阿司匹林每天3~5mg/kg,口服6个月;封堵器直径≥30mm者可酌情加服氯吡格雷。根据彩超多普勒左向右分流情况判断疗效,无分流信号为效果佳;直径<1mm分流为微量残余分流;直径1~2mm为少量残余分流。

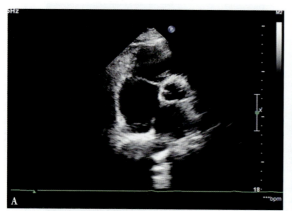
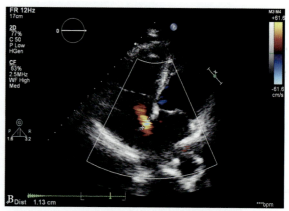

图4-6-4 房间隔缺损的心脏超声心动图评估
A.大动脉短轴切面二维显像房间隔连续性中断;B.四腔心切面彩色多普勒显像发现左向右分流

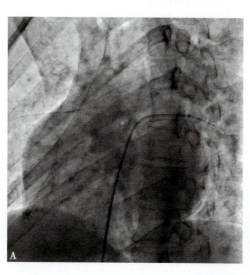
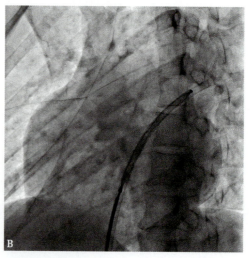

图4-6-5 建立房间隔封堵术通道
A.右心导管及导丝通过缺损部到达肺静脉;B.沿鞘管送入封堵器

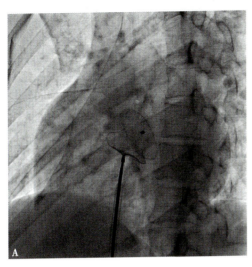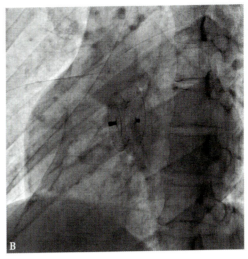

图 4-6-6　房间隔封堵器释放
A. 房间隔封堵器成功释放；B. 最终封堵器形态

3. 室间隔缺损　室间隔缺损（ventricular septal defect, VSD）由于可引起较严重的血流动力学障碍常需要尽早治疗。VSD 分为肌部缺损、动脉圆锥部缺损及膜周型缺损，1988 年 Lock 等首次应用双面伞关闭室间隔，随后 CardioSeal 双面伞状封堵器被 FDA 批准用于室间隔肌部缺损的患者。1998 年以来，Amplatzer 肌部及膜周部的封堵装置相继研制成功，再临床上广泛应用（图 4-6-7）。

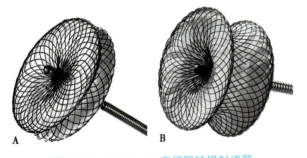

图 4-6-7　Amplatzer 室间隔缺损封堵器
A. 膜周部封堵器；B. 肌部封堵器

（1）适应证：①膜周部 VSD：年龄≥3 岁；体重≥10kg；有血流动力学改变的单纯性 VSD，如肺动脉高压、心脏扩大等，儿童 VSD 直径>2mm，成人 VSD 直径>3mm 而<14mm；VSD 上缘距主动脉右冠瓣≥2mm，无主动脉右冠瓣脱入 VSD。②肌部 VSD：儿童 VSD 直径>2mm，成人 VSD 直径>3mm。③外科手术后残余分流。

（2）禁忌证：①缺损解剖位置不良，封堵器放置后影响主动脉瓣或房室瓣功能；②心内膜炎、心内赘生物或引起菌血症的其他感染；③封堵器安置

处有血栓，导管所要通过的静脉系统有血栓形成；④严重肺动脉高压伴双向分流。

（3）操作过程：术前一天开始服用阿司匹林。心脏超声心动图评估缺损位置、大小及与周边的距离（图 4-6-8）。

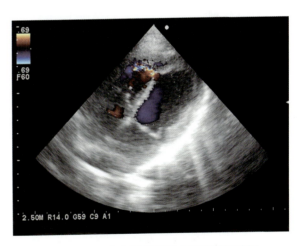

图 4-6-8　彩色多普勒显示室间隔肌部缺损
可见左向右分流

全麻或局麻下穿刺股动、静脉，送入鞘管，静脉推注肝素 100U/kg。常规右心导管检查，测量肺动脉压力，计算肺循环血流量、肺循环阻力等，合并肺动脉高压者判断肺动脉高压性质。左心室造影取左前斜位 45°～60° 加头位 20°～25°，必要时增加右前斜位 30° 造影，以清晰显示缺损的形态和大小。同时应行升主动脉造影，观察有无主动脉瓣脱垂及反流。①膜周部 VSD 封堵方法：建立动、静脉轨道，通常应用右冠状动脉造影导管或剪切的猪

尾导管作为过隔导管。经主动脉逆行至左室,将导管头端或超滑导丝经VSD入右室,将260mm超滑导丝经导管送入右室并推送至肺动脉或上腔静脉,再由股静脉经端孔导管送入圈套器,套住位于肺动脉或上腔静脉的导丝,由股静脉拉出体外,建立股静脉-右房-右室-VSD-左室-主动脉-股动脉轨道。由股静脉端沿轨道送入合适的输送长鞘至左室,选直径较造影测量直径大1~2mm的封堵器经输送短鞘插入输送系统,将封堵器送达输送长鞘末端,打开左室侧盘,回撤输送长鞘,使左室侧盘与室间隔相贴,确定位置良好后,后撤输送长鞘,打开右室侧盘。超声观察封堵器位置、有无分流和瓣膜反流,随后重复上述体位左室造影,确认封堵器位置是否恰当及分流情况,行升主动脉造影,观察有无主动脉瓣反流。在X线及超声检查效果满意后即可释放封堵器(图4-6-9)。②肌部VSD封堵:建立左股动脉-主动脉-左室-VSD-右室-右颈内静脉(或右股静脉)的轨道,输送长鞘经颈内静脉(或股静脉)插入右室,经VSD达左室,封堵器的直径较造影直径大1~2mm,按常规放置封堵器。术后药物及护理同房间隔缺损封堵术。

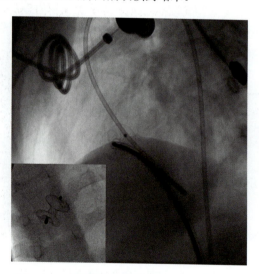

图4-6-9　膜周部室间隔缺损封堵器成功释放
右下角为最终封堵器完全释放后的形态

(四)球囊血管成形术和血管支架植入术

1. 肺动脉狭窄　类似于冠状动脉血管成形术,对于肺动脉狭窄的介入治疗,早期是球囊扩张为主,由低压球囊发展为高压球囊,后又引入切割球囊,但再狭窄率仍然很高,在血管成形术基础上,植入可扩张支架式治疗肺动脉狭窄的巨大进步,目前对于小儿还具有技术上的挑战,术后常常还需要外科手术。

2. 主动脉缩窄　原发性主动脉缩窄是动脉导管旁主动脉不连续的狭窄,在重症新生儿中常伴有近端主动脉发育不良。对于有上肢高血压或跨狭窄的收缩期压力阶差大于20mmHg的患者,应选择尽早手术。球囊扩张术主要应用在复发性主动脉缩窄患儿,血管成形术不推荐用于原发性狭窄,有时仅作为姑息性治疗手段。支架植入术已被用于治疗复发和原发性动脉缩窄,但不推荐应用于儿童,主要限于成年患者。

三、回顾与展望

基于导管对先天性心脏病治疗策略处于不断完善和发展之中。介入手术治疗胎儿的重症右心和左心梗阻性疾病刚刚起步,但有可能成为常规手段。近年来,经导管肺动脉瓣置入术已在临床中开始开展,而且用导管传送涂层支架以非外科的方式完成Fontan手术的初步尝试已经成功。支架设计的微型化和改良已将其适用人群扩大至年龄更小的患者。尽管基于导管的治疗技术取得了一定进展,外科手术干预仍然是许多复杂先天性心脏病的首选治疗方式。

(刘炳辰)

第七节　上腔静脉梗阻综合征

一、病因病理与临床表现

上腔静脉梗阻综合征(superior vena cava syndrome, SVCS)是指各种原因引起的上腔静脉阻塞、狭窄或闭塞,导致上腔静脉系统血液回流障碍的一系列临床症候群。上腔静脉长6~8cm,直径约20mm,位于中纵隔,是由左、右无名静脉汇合而成,收纳来自头、颈、上肢、胸壁的静脉血。上腔静脉管壁较薄,内部血压较低,容易被压迫,其周围有气管、右侧主支气管、主动脉、肺动脉、肺门及气管旁淋巴结(引流右肺和左下肺)等结构。胸腺和胸骨后甲状腺位于上腔静脉前方,气管隆凸、肺门和气管旁淋巴结分别位于上腔静脉的后、中和侧面。因此,上述邻近结构一旦出现病理性改变均可压迫上腔静脉,同时病变也可直接蔓延和侵袭而导致上腔静脉阻塞,进而导致上腔静脉系统血液回流受阻、侧支循环建立而引起一系列临床症候群。

引起上腔静脉梗阻综合征的良性病因较少见(约占5%),主要为前纵隔的病变,如胸骨后甲状腺、纤维性纵隔炎、主动脉瘤等。近年来,有关心导管、中心静脉置管、心脏移植等手术后发生上腔静脉内血栓或斑块形成，引发上腔静脉梗阻综合征的报道也逐渐增多。但绝大多数上腔静脉梗阻综合征均与恶性肿瘤局部侵犯或外部压迫上腔静脉有关。这些肿瘤包括原发的肺部恶性肿瘤（肺癌或纵隔肿瘤）、淋巴瘤、恶性胸腺瘤或转移性肿瘤。其中肺癌是最常见的病因，约占上腔静脉梗阻综合征病例的3%～15%，尤其以小细胞肺癌最常见。淋巴瘤居肺癌之后，是引起该综合征的第二病因。

上腔静脉梗阻综合征的 Stanford 分型：Ⅰ型为上腔静脉部分梗阻（高达90%），奇静脉通畅；Ⅱ型为上腔静脉次全梗阻或完全梗阻，奇静脉通畅且有顺行血流；Ⅲ型为上腔静脉次全梗阻或完全梗阻，奇静脉通畅且有逆行血流；Ⅳ型为上腔静脉包括奇静脉系统在内的一条或多条主要属支梗阻。

上腔静脉梗阻后主要侧支循环有4条，血流可通过这些通路回流心脏。第1条为奇静脉通路，由奇静脉、半奇静脉、腰升静脉及腰静脉等组成，是阻塞平面位于奇静脉开口以上时的重要回流通路。第2条为椎旁静脉丛通路，由无名静脉、硬脊膜静脉窦、肋间静脉、腰静脉及骶髂静脉组成，是奇静脉阻塞时的重要通路。第3条为内乳静脉通路，由内乳静脉、肋间静脉、腹壁上、下静脉等与髂外静脉沟通。第4条通路为腹壁静脉通路，由胸外侧静脉、胸腹壁静脉下浅静脉、旋股静脉、达股静脉等。尽管在上腔静脉阻塞后这些侧支循环会建立，使得上腔静脉系统血液部分回流至心脏，但远达不到上半身静脉回流的需要而出现一系列临床症状。

上腔静脉梗阻综合征患者初期头面、颈部潮红，颜面部和上肢明显肿胀，伴有胸闷、头晕等症状。随之，患者出现颈静脉怒张，经胸部浅静脉曲张，严重者可能出现端坐呼吸、球结膜水肿、颅内高压等，进而导致严重呼吸困难而致死。

二、介入治疗方法

（一）术前准备

了解病史，完善术前相关检验（传染病四项，血、尿、粪常规，生化，肝肾功能、凝血功能等）和检查（心电图，胸部X线、肺部增强CT、磁共振静脉造影和彩色多普勒等）。仔细判读术前影像学资料，详细了解造成上腔静脉梗阻的性质、部位、范围，单纯压迫还是肿瘤直接侵犯，侧支循环回流方式及头臂静脉汇合部位等，为介入治疗方案的选择提供解剖和影像学数据。术前常规利尿及对症处理，应使用肝素抗凝治疗，待制定具体治疗方式

后，向患者及家属介绍上腔静脉梗阻综合征介入治疗的相关技术知识，告知可能发生的问题及并发症，获得患者及家属同意。

（二）术中操作及技术要点

对于上腔静脉梗阻综合征的介入治疗，腔内支架置入术仍是重要方法。手术入路常规选择股静脉和右颈静脉，根据具体情况调整入路。如采取右侧股静脉入路时，导丝不能穿过梗阻段，此时可改为右侧肱静脉或右颈静脉入路。术中常规行上腔静脉造影检查，以进一步了解梗阻段长度及腔内情况，如其远端有无血栓或癌栓形成，对于新鲜血栓可采用血栓导管抽吸或接触性溶栓治疗。对于癌栓的处理则可采用支架置入术将其压迫固定至血管壁，进而解除上腔静脉梗阻。在导丝导管配合下穿过梗阻段，导管造影证实后引入超硬导丝，再沿超硬导丝引入网状或Z形血管支架，常用支架直径为15～20mm，支架长度应超过梗阻段两端各10mm为宜。为避免血栓或癌栓破裂造成异位栓塞，通常不先采用球囊导管扩张，仅在支架置入后发现支架膨胀不良时，可再引入球囊进行扩张（图4-7-1）。

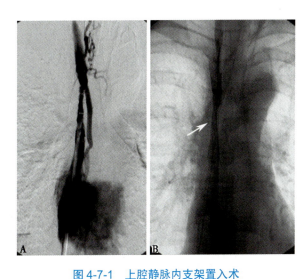

图4-7-1　上腔静脉内支架置入术
A.上腔静脉造影见梗阻存在；B.上腔静脉内支架置入术后血流恢复通畅

介入操作的技术要点：

1. 介入治疗上腔静脉梗阻综合征成功的关键是导丝导管能否顺利通过梗阻段，此时可采取多途径穿刺入路以提高介入治疗的成功率。例如，当采取股静脉入路无法将导丝通过梗阻段时，可经肱静脉或颈内静脉入路，待导丝通过梗阻段后，使用抓捕器捕获导丝并经股静脉撤出建立轨道，再经股静脉途径置入支架。

2. 若梗阻段较硬，一定要轻柔操作，切忌生硬操作，禁忌追求完美而应用球囊导管过度扩张血管，此时只需要允许支架输送系统通过即可。

3. 重视抗凝和溶栓治疗的必要性，上腔静脉梗阻综合征常常合并有急性或亚急性血栓形成，抗凝溶栓治疗可有效预防介入治疗过程中血栓脱落造成肺栓塞的发生。

（三）术后处理

术后密切监测患者血氧饱和度、血压、心率、呼吸等生命体征，常规抗感染、抗凝治疗，以预防感染及血栓形成。术后 1～2 周复查支架膨胀情况、有无移位及支架内血流是否通畅。随后定期复查并口服华法林抗凝治疗（部分单位使用阿司匹林行抗血小板治疗）。对于肿瘤原因引起的上腔静脉梗阻，支架置入术后可针对肿瘤进行进一步治疗。

三、适应证

胸骨后甲状腺，升主动脉瘤，特发性和细菌性血栓性静脉炎，腔静脉置管、起搏器等并发症、纤维性纵隔炎等良性疾病引起的上腔静脉梗阻综合征。

肺癌、恶性胸腺瘤及前纵隔恶性肿瘤直接侵犯或被纵隔淋巴结压迫引起的上腔静脉梗阻综合征。

内科保守治疗无效或存在外科手术禁忌的上腔静脉梗阻综合征患者。

四、禁忌证

心脏功能、肝肾功能、凝血功能障碍或有明显介入手术治疗禁忌。

患者有进行性脑水肿和严重的神经系统症状。

五、疗效分析

上腔静脉综合征的预后取决于原发病变的性质、治疗效果和侧支循环的建立情况，因此介入方法治疗上腔静脉梗阻综合征疗效显著，治疗后上腔静脉血液循环迅速得到恢复，绝大多数患者症状和体征在 2～3 天内可缓解，如面部和上肢浮肿完全消失，侧支静脉和颈静脉扩张等症状缓解率 80%，头痛缓解率为 67%，呼吸困难 39% 完全缓解，61% 部分缓解。恶性梗阻支架置入术后绝大多数无上腔静脉梗阻综合征症状复发，部分患者可能因肿瘤进展向支架内生长或继发血栓形成而复发，但可经再次介入手术行球囊扩张或再次置入支架可再次恢复上腔静脉通畅，因此一般此类患者术后必须重视原发病的治疗以预防复发。总而言之，上腔静脉梗阻综合征的介入治疗具有安全、创伤小、患者恢复快、易耐受和并发症少的特点，已经逐渐成为上腔静脉梗阻综合征的首选一线治疗方案。

六、回顾与展望

1. 目前用于上腔静脉梗阻综合征的不同方法 上腔静脉梗阻综合征的治疗方法包括一般药物治疗，主要是应用系统性抗凝疗法，应用激素及利尿剂以缓解水肿症状。放化疗也常用于恶性上腔静脉梗阻综合征的治疗，一定程度上可缓解梗阻引起的水肿症状，但该方法疗效慢且易复发，并常常伴有严重的副反应。对于良性上腔静脉梗阻综合征患者，外科旁路分流术和上腔静脉重建术是目前临床上传统的治疗手段，但该方法创伤大，也较少用于恶性上腔静脉梗阻综合征的治疗中。

一般药物治疗主要以减少心输出量和降低静脉压力治疗为主，辅以饮食限制和利尿治疗以减轻水肿。通过让患者取仰卧位，头部抬高，吸氧及药物治疗可获得姑息效果，但注意预防血栓形成和电解质紊乱等并发症发生，一般不主张积极脱水治疗。对于肿瘤或放化疗导致的炎症反应，可适当应用类固醇激素治疗。放射治疗和化疗主要适用于肺癌、其他肿瘤及其引发纵隔淋巴结转移等引发的上腔静脉梗阻综合征的治疗，以期减少肿瘤压迫或降低肿瘤的 TNM 分期，为进一步手术治疗创造条件。外科手术治疗上腔静脉梗阻综合征主要依病因、病变范围及患者一般情况选择手术方式。其中单纯上腔静脉病变切除主要适用于外压病变尚未累及上腔静脉患者，但其创伤大而目前较少应用，尤其是肿瘤性梗阻患者，单纯肿瘤切除不能改善患者生存期时应避免使用该方法。旁路分流术分为胸内分流和胸外分流术两类，主要是由自体血管和人造血管替代梗阻的上腔静脉以回流颈部和上肢的血液至心脏。而肺癌等肿瘤患者则多采用肺切除加上腔静脉重建术，其适应证限于非小细胞肺癌，肿瘤局限于一侧胸腔而无纵隔淋巴结及远处转移，无名静脉和上腔静脉无血栓形成及一般情况可耐受手术的患者。

2. 介入治疗在上腔静脉梗阻综合征中的优势 自从 1974 年经导管局部溶栓术开始用于上腔静脉梗阻综合征的治疗并取得一定疗效后，支架技术的应用使介入治疗上腔静脉梗阻综合征进入了一个新阶段，近年来成为较成熟的一种腔内介入治疗技术。与放疗、化疗等病因治疗相比能迅速缓解上腔静脉梗阻症状，与外科相比具有创伤小，患者易耐受、恢复快及并发症少等特点，因此广泛应用于急性发病、放化疗未能取得预期效果或复发、无外科手术指征的良性疾病所引起的上腔静脉梗阻综合征减症治疗的首选手段。同时，血管内支架成形术无严格的禁忌，以往认为静脉内血栓是该手术的禁忌证，但随着定向溶栓技术的进展，对于近期静脉内血栓形成，仍可在局部定向溶栓治疗下完成血管内支架置入。而对于陈旧性附壁血栓，支架的置入在一定程度上可起到加固血栓的作用。此外，由于球囊导管的应用，上腔静脉完全梗阻患者血管内支架置入也成为可能。

3. 不足及未来发展趋势　目前用于上腔静脉梗阻综合征的支架主要有 Gianturco Z 支架、Palmaz 支架和 Wallstents 支架。其中，Wallstent 支架因其表面积较大，易诱发血栓形成和血管内膜增生，其置入术后支架内血栓形成率明显高于 Gianturco Z 支架，为此，主要用于病变段血管较长、较迂曲患者的治疗。因此，多数情况下主要选用径向支撑力强的 Gianturco Z 支架或 Palmaz 支架。Gianturco Z 支架有着较好的径向扩张力，常被应用于直径较大血管。Palmaz 球扩式支架可实现精准定位，在肿瘤或放疗后纤维化所致血管缩窄治疗中应用时也可提供较强的径向支撑力，但其缺点在于支架较短且弹性不足。同时，Gianturco Z 支架或 Palmaz 支架网眼较大，肿瘤易向支架内生长引起支架再狭窄。近年来，新型镍钛合金支架的出现已经逐渐解决了上述问题，介入治疗中的支架置入术将变得更加安全有效。

（郑传胜）

参 考 文 献

1. Duka E, Ierardi AM, Floridi C, et al. The Role of Interventional Oncology in the Management of Lung Cancer[J]. Cardiovasc Intervent Radiol, 2017, 40（2）: 153-165.

2. 叶欣，范卫君. 热消融治疗原发性和转移性肺部肿瘤的专家共识（2014 年版）[J]. 中国肺癌杂志，2014，17（4）: 294-301.

3. 柴树德，郑广钧，霍彬. 放射性粒子植入治疗肺癌 // 肿瘤放射性粒子治疗规范 [M]. 北京：人民卫生出版社，2016: 67-75.

4. Lazar Milovanovic. Thoracic Interventional Radiology// S. Athreya（ed.）, Demystifying Interventional Radiology, Springer International Publishing Switzerland, 2016: 81-97.

5. Dierk Vorwerk. Interventional Techniques in the Thorax of Adults//Diseases of the Chest and Heart 2015-2018, Springer-Verlag Italia 2015: 157-164.

6. Fu YF, Li Y, Wei N, et al. Transcatheter arterial chemical in fusion for advanced non-small-celllung cancer: long-term outcome and predictor of survival[J]. Radiol Med. 2016 Jul, 121（7）: 605-610.

7. Chun JY, Morgan R, Belli AM. Radiological management of hemoptysis: a comprehensive review of diagnostic imaging and bronchial arterial embolization[J]. Cardiovasc Intervent Radiol, 2010, 33（2）: 240-250.

8. Khalil A, Fedida B, Parrot A, et al. Severe hemoptysis: From diagnosis to embolization[J]. Diagn Interv Imaging, 2015 Jul-Aug, 96（7-8）: 775-788.

9. Khalil A, Fartoukh M, Tassart M, et al. Role of MDCT in identification of the bleeding site and the vessels causing hemoptysis[J]. AJR Am J Roentgenol, 2007 Feb, 188（2）: W117-25.

10. Andersen PE. Imaging and interventional radiological treatment of hemoptysis[J]. Acta Radiol, 2006 Oct, 47（8）: 780-792.

11. 郭启勇，申宝忠，滕皋军. 介入放射学 [M]. 第 3 版. 北京：人民卫生出版社，2010.

12. 杨仁杰，李二生，丁永年，等. 气管恶性狭窄的内支架介入治疗 [J]. 中华放射学杂志，1999, 33（9）: 621-624.

13. Brigger M. T., Boseley M. E. Management of tracheal stenosis[J]. Curr Opin Otolaryngol Head Neck Surg, 2012, 20（6）: 491-496.

14. 鲍姆. Abrams 介入放射学 [M]. 徐克，滕皋军，译. 2 版. 北京：人民卫生出版社，2010.

15. 中华医学会放射学分会介入学组. 下肢静脉血栓形成介入治疗规范的专家共识 [J]. 中华放射学杂志，2011, 45: 293-296.

16. Galanaud J. P., Blanchet-Deverly A., Pernod G., et al. Management of pulmonary embolism: A 2015 update[J]. J Mal Vasc, 2016, 41（1）: 51-62.

17. Members T F. 2013 ESC guidelines on the management of stable coronary artery disease[J]. European Heart Journal, 2013, 34（38）: 457-470.

18. Kolh P. 2014 ESC/EACTS Guidelines on myocardial revascularization The Task Force on Myocardial Revascularization of the European Society of Cardiology（ESC）and the European Association for Cardio-Thoracic Surgery（EACTS）Developed with the special contribution of European[J]. Journal of Cardio-Thoracic Surgery, 2014, 46（4）: 517.

19. Amsterdam E A. 2014 AHA/ACC Guideline for the

Management of Patients With Non-ST-Elevation Acute Coronary Syndromes. Circulation，2014.

20. O'Gara P T. 2013 ACCF/AHA Guideline for the Management of ST-Elevation Myocardial Infarction：Executive Summary A Report of the American College of Cardiology Foundation/American Heart Association Task Force on Practice Guidelines. Catheterization & Cardiovascular Interventions Official. Journal of the Society for Cardiac Angiography & Interventions，2013，61（2）：78-140.

21. Kiemeneij F. A randomized comparison of percutaneous transluminal coronary angioplasty by the radial，brachial and femoral approaches：the access study[J]. Journal of the American College of Cardiology，1997，29（6）：1269-1275.

22. Anderson H V. A contemporary overview of percutaneous coronary interventions：The American College of Cardiology-National Cardiovascular Data Registry（ACC-NCDR）[J]. Journal of the American College of Cardiology，2002，39（7）：1096-1103.

23. Topol E J. Textbook of Interventional Cardiology[J]. Journal of Vascular Surgery，1999，8（3）：188-188.

24. Fihn S D. 2012 ACCF/AHA/ACP/AATS/PCNA/SCAI/STS Guideline for the Diagnosis and Management of Patients With Stable Ischemic Heart Disease A Report of the American College of Cardiology Foundation/American Heart Association Task Force on Practice Guidelines[J]. Journal of the American College of Cardiology，2012，60（24）：2564-2603.

25. Jneid H. 2012 ACCF/AHA focused update of the guideline for the management of patients with unstable angina/Non-ST-elevation myocardial infarction（updating the 2007 guideline and replacing the 2011 focused update）：a report of the American College of Cardiology Fou[J]. Journal of the American College of Cardiology，2012，126（7）：875-910.

26. O'Gara P T. 2013 ACCF/AHA Guideline for the Management of ST-Elevation Myocardial Infarction：Executive Summary A Report of the American College of Cardiology Foundation/American Heart Association Task Force on Practice Guidelines. Catheterization & Cardiovascular Interventions Official. Journal of the Society for Cardiac Angiography& Interventions，2013，61（2）：78-140.

27. 韩雅玲. 中国经皮冠状动脉介入治疗指南 2012（简本）. 中国医学前沿杂志电子版，2012，4（12）：18-26.

28. Bourassa M G. Long-term outcome of patients with incomplete vs complete revascularization after multivessel PTCA. A report from the NHLBI PTCA Registry[J]. European Heart Journal，1998，19（1）：103-111.

29. Waksman R. FIRST：Fractional Flow Reserve and Intravascular Ultrasound Relationship Study[J]. Journal of the American College of Cardiology，2013，61（9）：917-923.

30. Shiono Y. Optical coherence tomography-derived anatomical criteria for functionally significant coronary stenosis assessed by fractional flow reserve[J]. Circulation，2012，76（76）：2218-2225.

31. Yabushita H. Characterization of Human Atherosclerosis by Optical Coherence Tomography[J]. Circulation，2002，106（13）：1640.

32. JSafian R D. Coronary angioplasty and Rotablatoratherectomy trial（CARAT）：Immediate and late results of a prospective multicenter randomized trial[J]. Journal of the American College of Cardiology，2001，53（2）：213-220.

33. 贺立山，翁孝刚. 内科学 [M]. 第 7 版. 西安：第四军医大学出版社，2008.

34. 葛均波，徐永健. 内科学 [M]. 第 8 版. 北京：人民卫生出版社，2013.

35. RAO PS. Percutaneous closure of patent ductus arteriosus：state of art[J]. J Invasive Cardio，2007，19：299-302.

36. AL-Ata J. The efficacy and safety of the Amplazter ductal occluder in young children and infant[J]. Cardio Young，2005，15：279-285.

37. Ewert P. Challenges encountered during closure of patent ductus arteriosus[J]. Pediatr Cardiol，2005，26：224-229.

38. Faella HJ. Closure of the patent ductus arteriosus with the Amplatzer PDA device：immediate results of the international clinical trial[J]. Catheter Cardiovasc Interv，2000，51：50-54.

39. Giroud JM，Evolution of strategies for management of the patent arterial duct[J]. Cardiol Young，2007，17（suppl.2）：68-74.

40. Dittrich S. Reactivity of patent ductus arteriosus—management during transcatheter occlusion[J]. Monatsschr kinderheilkd，1997，145：798-801.

41. Chessa M. Early and late complications associated

with transcatheter occlusion of secundum atrial septal defect[J]. J Am Coll Cardiol，2002，39：106l-1065.

42. Bartel T. Device dislocation，probably due to paroxysmal coughing early after percutaneous closure of secundum type atrial septal defect[J]. Am J Cardiol，2008，101：548-549.

43. Qin YW. Transcatheter Closure of Perimembranous Ventricular Septal Defect Using a Modified Double-Disk Occluder[J]. Am J Cardiol，2008，101：1781-1786.

44. Khalid O. Aortic stenosis：the spectrum of practice. Pediatr Cardiol[J]，2006，27：661-669.

45. Rao PS. Percutaneous balloon pulmonary valvuloplasty：state of the art[J]. Catheter Cardiovasc Interv，2007，69（5）：747-763.

46. Lock JE. Diagnostic and Interventional Catheterization in Congenital Heart Disease[M]. 2nd ed，Kluwer Academic Publishers，1999：151-178.

47. 赵世华，胡大一. 推进我国结构性心脏病介入治疗的规范化发展和国际化进程 [J]. 中华心血管病杂志，2009，37：961-962.

48. 中华儿科杂志编辑委员会，中华医学杂志英文版编辑委员会. 先天性心脏病经导管介入治疗指南 [J]. 中华儿科杂志，2004，42：234-249.

49. 李彦豪. 实用临床介入诊疗学图解 [M]. 第 2 版. 北京：科学出版社，2007：4.

50. 鲍姆. Abrams 介入放射学 [M]. 徐克，滕皋军，译. 2 版. 北京：人民卫生出版社，2010.

51. Rachapalli V.，Boucher L. M. Superior vena cava syndrome：role of the interventionalist[J]. Can Assoc Radiol J，2014，65（2）：168-176.

第五章 消 化 系 统

第一节 肝脏恶性肿瘤

肝脏恶性肿瘤分为原发性和继发性（即转移性）两种。原发性肝癌（primary carcinoma of liver）是指源于肝细胞或肝内胆管上皮细胞的恶性肿瘤，其中80%~90%为肝细胞癌，在中国发病率占恶性肿瘤第四位，死亡率仅次于胃癌。由于患者发现时多已达局部晚期或发生远处转移，多具有病毒性肝炎和肝硬化的背景，能手术切除者仅为25%~30%，以及术后复发率高等多种因素，介入治疗逐渐成为非手术疗法中首选的治疗方法。肝转移瘤（hepatic metastases）主要由肝外原发恶性肿瘤经血行转移和邻近器官直接侵犯所致，以介入治疗作为肿瘤综合治疗的重要组成部分，可达到延长患者生存期和改善生存质量的目的。

一、病因病理与临床表现

（一）病因病理

原发性肝癌（以下简称肝癌）病因与发病机制尚未明确，目前认为与肝炎病毒感染、食物饮水污染和基因组不稳定性有关。大体病理可分为结节型、巨块型和弥漫型，其中以结节型最为常见，结节大小不一且直径<5cm，巨块型呈单发的大肿块，直径≥5cm，弥漫型最少见，全肝弥漫分布数目众多的≤1cm的微小结节，此外，直径不超过3cm的单发结节，或2个结节直径之和不超过3cm的结节又称为小肝癌。根据病理组织可分为肝细胞肝癌（hepatocellular carcinoma）、胆管细胞癌（cholangiocellular carinoma）、两者并存者为混合细胞型肝癌（combined hepatocellular and cholangiocarcinoma）等，肝细胞癌发病与肝硬化密切相关，经历了再生结节-不典型增生结节-早期肝细胞癌-中晚期肝细胞癌的病理演变过程，常以单中心或多中心形式发生，生长活跃，侵袭性强，肿瘤周围血供丰富，极易形成局部扩散和血行转移，易于侵犯门静脉和肝静脉导致肝内外血行转移，可引起肝动脉-门静

脉瘘或肝静脉瘘而发生血管内癌栓，甚至阻塞门静脉主干而引起门静脉高压的临床表现，侵犯胆道可引起阻塞性黄疸，肝外血行转移则多见于肺、骨、脑等，淋巴转移至肝门及腹膜后淋巴结最多见，此外，也向横膈及附近脏器直接蔓延和种植性转移，邻近肝表面时可发生自发性破裂出血。胆管细胞癌较少见，约占原发性肝癌的3.25%，多发生在肝内末梢胆管，好发于肝左外侧段，多数呈少血供型，肿瘤沿着胆管黏膜浸润性生长引起胆管的狭窄、阻塞及扩张，肿瘤坏死少可出现钙化。肝转移瘤中消化道恶性肿瘤常经门静脉转移，肺癌常经肝动脉转移，病理见肝内多发结节，大小从数毫米到10cm以上不等，易坏死、囊变、出血和钙化，其组织学特点与原发肿瘤相同。

（二）临床表现

肝癌起病隐匿，早期缺乏典型症状，中晚期方才出现症状，常见的是肝区疼痛、消瘦乏力、食欲减退等消化道症状以及发现上腹部包块、发热和黄疸等症状，如发生肺、骨、脑等处转移可产生相应症状。常见体征是肝肿大、肝区血管杂音以及腹水、脾肿大等肝硬化体征。少数患者可伴有低血糖症、红细胞增多症等伴癌综合征（paraneoplastic syndrome）。常见并发症主要有肝性脑病、上消化道出血、脾功能亢进等合并肝硬化的门静脉高压症，门静脉癌栓形成、侵犯肝静脉引起下腔静脉甚至右心房癌栓形成，肿瘤破裂出血等。胆管细胞癌常表现上腹痛及腹部包块，胆管阻塞可出现黄疸。肝转移瘤常以肝外原发性肿瘤引起症状为主要表现外，还有肝脏恶性肿瘤的临床表现。

二、介入治疗方法

（一）肝动脉化疗栓塞术

肝癌经肝动脉介入治疗方法包括经导管动脉灌注化疗（transcatheter arterial infusion，TAI）、经导管动脉栓塞（transcatheter arterial embolization，TAE）和经导管动脉化疗栓塞（transcatheter arterial chemoembolization，TACE），临床上多以TAI和

TAE 相结合应用,其中 TACE 用加入化疗药物的栓塞剂栓塞肿瘤供血动脉,已成为临床最常用、最基本的治疗技术方法。基本原理主要是:肝脏为双重供血器官,肝癌的血供 95%～99% 来自肝动脉,而正常肝组织的血供则 70%～75% 来自门静脉,仅 25%～30% 来自肝动脉,此外,肝癌的肿瘤血管丰富、发育不全缺乏平滑肌和对脂质微粒具有特殊的亲和性,以及肿瘤组织无库普弗细胞缺乏吞噬能力等特点。导管选择性插入肝动脉,灌注化疗药物(奥沙利铂、雷替曲塞、表阿霉素等)使得肿瘤区局部药物浓度明显提高,将化疗药物和碘油混合成乳剂注入后,趋向性沉积于肿瘤的供养血管和新生血管中,类似药物载体作用,同时明胶海绵等栓塞剂的应用,一方面阻断了肿瘤的血液供给,另一方面使化疗药物缓慢释放,持续地作用于肿瘤,有助于提高肿瘤组织局部血药浓度,增强化疗药物生物利用度,致使肿瘤出现缺血性坏死和诱导肿瘤细胞凋亡,而对正常肝组织影响较小,使得化疗药物的全身毒副作用降低。

(二)经皮穿刺肿瘤消融治疗肝癌

经皮穿刺肿瘤消融治疗方式主要分为物理消融及化学消融两种。物理消融包括射频消融、微波凝固和冷冻消融,化学消融主要是无水乙醇注射。前者采用经皮穿刺技术对肿瘤组织进行热消融治疗或冷消融治疗,因为创伤小、疗效确切、适应证范围广,目前已在肝癌治疗领域中得到了广泛应用。

1. 射频消融(radiofrequency ablation,RFA) 当今技术成熟,临床应用广泛的重要物理消融方法。基本技术原理:利用高频电流(＞10kHz)使活体中组织离子随电流变化的方向产生振动,电极周围 3～5cm 范围内的组织离子受电流作用相互摩擦产生热量,当温度超过 50℃ 以上即可使局部组织蛋白变性、细胞膜崩解导致肿瘤凝固性坏死。

2. 微波凝固(microwave coagulation ablation,MWA) 基本技术原理:微波是一种高频电磁波,当微波进入分子内部时,该分子阻止微波传播,并以每秒一万次的速度使微波折射,产生两极分子循环运动,相互摩擦而产生电解热,在极短时间内产生 100℃ 的高温,微波辐射产生使肿瘤凝固坏死。

3. 冷冻消融(cryoablation) 基本技术原理:是将氩气通过气体节流效应,经冷冻探针远端使靶肿瘤区域温度快速降至 −140～−50℃,使细胞变性、缺血、崩解、凋亡,凝固性坏死并释放相关抗原,刺激机体抗肿瘤免疫反应。

4. 无水乙醇注射(percutaneous ethanol injection,PEI) 基本原理:高浓度乙醇具有使组织脱水和固定的特性,经皮穿刺肿瘤组织注射无水乙醇后,直接作用于肿瘤组织细胞使之变性坏死,同时乙醇浸润的肿瘤区域内及周边营养血管壁变性,血管内皮细胞破坏、血栓形成和血管闭塞,导致肿瘤血供障碍,使得肿瘤组织发生凝固性坏死或缺血、缺氧坏死。

三、适应证

1. 外科手术不能切除,或虽能手术切除,但患者不愿接受手术的肝癌病灶。
2. 巨块型肝癌,肿瘤占整个肝脏的比例＜70%。
3. 多发结节型肝癌。
4. 大肝癌手术前的减瘤治疗,可使肿瘤缩小,降低肿瘤的分期,创造Ⅱ期手术切除机会。
5. 外科手术失败,或切除术后复发的肝癌患者。
6. 肝功能 Child-Pugh 分级 A/B,ECOG PS 评分 0～2 分。
7. 肝癌切除术后的预防性肝动脉灌注化疗。
8. 肝癌肝脏移植术后复发。

四、禁忌证

1. 肝功能严重障碍,属 Child-Pugh C 级。
2. 凝血功能严重障碍,且无法纠正。
3. 门静脉主干完全由癌栓阻塞,侧支血管形成少或门静脉高压伴逆向血流。
4. 合并严重感染,如肝脓肿不能同时得到治疗。
5. 肿瘤全身广泛转移,估计患者生存期<3 个月。
6. 患者恶病质、多器官功能衰竭。
7. 肿瘤占全肝的比例≥70%(若肝功能基本正常,可采用少量碘油乳剂分次栓塞)。

五、疗效分析

多项国际指南及中国指南均规范推荐 TACE 可用于Ⅱa、Ⅱb、Ⅲa 和Ⅲb 期肝癌患者的治疗,TACE 具有疗效肯定、创伤小和可重复治疗等优点,是目前中晚期肝癌首选的治疗方法。随机对照研究表明 TACE 能够使无法手术切除的 HCC 患者生存获益,临床试验 Meta 分析亦证实 TACE 能够使 HCC 患者的总体生存期延长 4 个月和获得 15%～55% 的有效率,并可明显延缓肿瘤进展和减少血管侵犯。通过采用 TACE 治疗为主的综合性介入治疗方法可使不能手术切除的中晚期肝癌患者 1 年、3 年和 5 年生存率分别达到 74.1%、43.5% 和 21.2%,其中具有丰富血供的巨块型肝癌治疗效果较好，而有严重肝硬化的 HCC 患者治疗效果差。多数报道对于单发小肝癌采用单一 RFA 治疗多可获得与外科根治性手术相似的效果。对于 90 例不能手术切除的中晚期肝癌 RFA 治疗的临床研究，其中肿瘤直径平均大小为 4.5cm，肝内多发病灶占 34%，肝功能 Child-Pugh 分级 B 和 C 级占 36%，结果显示肿瘤早期灭活率 90.9%（120/132），有 2 例严重并发症且无相关死亡病例，随访 3～129 个月发现局部病灶复发率 15.2%（20/132），1 年、3 年和 5 年总体生存率分别为 83.3%、48.3% 和 21.9%，中位生存期 35 个月。对于 222 例肿瘤直径≤5cm 的小肝癌患者行 RFA 治疗，随访平均 27±20 个月，结果显示发生远处转移为 40%，局部复发为 7.2%，同时发生远处转移和局部复发者则占 5%。冷冻消融治疗在普及应用方面尚不及前两者，一般认为需要与肝动脉化疗栓塞后联合应用有助于提高治疗效果。对于直径≤3cm 的小肝癌行超声下 PEI 治疗，1 年、2 年和 3 年生存率分别为 88.7%、66.5% 和 25%，对中晚期肝癌的姑息性治疗可使肿瘤缩小、延缓生长和减轻症状。目前肝癌的治疗非常复杂，需要多种介入治疗手段的联合应用，如 TACE 联合消融治疗；联合放射治疗；联合外科Ⅱ期手术切除；联合分子靶向药物等，形成综合治疗体系，以提高疗效、延长生存时间和改善患者的生存质量，使其"带瘤长期生存"。

根据实体瘤治疗疗效评价标准（RECIST）的修订标准评估肝癌疗效分为：完全缓解（CR）：CT 或 MRI 显示所有目标病灶动脉期的增强显影均消失；部分缓解（PR）：目标病灶（动脉增强显影）的直径总和缩小≥30%；稳定（SD）：目标病灶（动脉增强显影）的直径总和缩小未达到 PR 或增加未到 PD；进展（PD）：目标病灶（动脉期增强显影）的直径总和增加≥20%，或出现新病灶。短期疗效评价指标为手术至疾病进展时间（TTP），长期疗效评价指标为患者总生存时间（OS）。

六、回顾与展望

（一）目前用于肝癌介入治疗的不同方法

1. 肝动脉灌注化疗加碘油、明胶海绵颗粒栓塞 即 TACE 治疗时先用碘油化疗乳剂对肿瘤供血动脉行周围性栓塞，后用明胶海绵颗粒行中央性栓塞，是目前最常用的介入治疗方法。常用的栓塞剂除了碘油化疗乳剂，还有微粒、微球与微囊等颗粒性栓塞剂等，其中前者使用对比剂溶解化疗药物（表阿霉素或雷替曲塞）并与碘化油按照比例 1:1

混合，所获得的"油包药"悬混颗粒稳定和长时间放置不分层最适于 TACE 治疗，栓塞颗粒大小的选择以可达到肿瘤血管床或小动脉的直径为准。化疗药物的配伍通常选用二至三种，如铂类（奥沙利铂）、抗代谢类（雷替曲塞）、抗生素类（表阿霉素）等化疗药，一般按照体表面积/平方米计算并根据患者一般情况、细胞免疫功能状况来选择剂量。TACE 的操作方法有：动脉内灌注化疗药物后再进行动脉栓塞（栓塞剂中加或不加化疗药物）；动脉栓塞前后分别进行化疗药物灌注（"三明治"疗法）；化疗药物与颗粒性栓塞剂混合在一起进行栓塞；单纯用碘油化疗药物乳剂进行动脉栓塞和（或）加用颗粒性栓塞剂。目前多采用同轴微型导管选择至供养肿瘤的肝段动脉支，达到肝亚段性栓塞治疗，亦是常规介入技术操作方法。常见并发症包括：栓塞后综合征；术中胆心反射；肝脓肿、胆汁瘤；上消化道出血；急性肝功能损害；骨髓抑制等。

2. 肝癌射频消融治疗 近年来 RFA 已成为不适合外科切除或肝移植的早期原发性肝癌的首选治疗方法，对于不适合外科切除的中晚期原发性肝癌及肝转移瘤，也作为姑息性综合治疗方法之一。主要适用于单发肿瘤最大直径≤5cm，或肿瘤数目≤3 个且最大直径≤3cm；以姑息性治疗为主的多发肿瘤；无血管、胆管和邻近器官侵犯以及远处转移；肿瘤若邻近胆囊、肠管等重要器官，无法采取其他措施避免其损伤者，则禁忌使用。首先根据超声或 CT 检查明确肝脏病灶的情况，制定合理的穿刺部位、穿刺路径和布针等方案，选择经过部分肝组织的进针路径，须注意避开大血管、胆管及重要脏器。采用局部麻醉联合术中静脉麻醉的方式，在超声或 CT 引导下射频电极针沿进针路径穿刺至肿瘤消融靶区，设置射频治疗参数后，对肿瘤进行逐点消融治疗，消融范围应包括肿瘤及瘤周 0.5～1.0cm 的肝组织以确保治疗效果。最后在确认消融区达到预消融范围后撤出射频电极针，并行针道消融以防止出血和肿瘤沿针道种植。并发症包括：疼痛；消融后综合征；胆心反射；肝功能衰竭；肝包膜下血肿、腹腔出血；气胸、胸腔积液；胆管及胆囊损伤；肝动脉-门静脉或肝动脉-肝静脉瘘；胃肠道损伤；膈肌损伤；肿瘤种植；皮肤损伤；其他少见并发症。

3. 大肝癌经介入治疗缩小后Ⅱ步外科手术切除 大肝癌经介入治疗后缩小，多数学者主张Ⅱ步外科手术切除，但应严格掌握手术适应证，以下情况不宜手术切除：肝动脉造影及 CT 显示主瘤灶之外有数个子结节且难以切除者、肿瘤直径＞5cm 仅能作姑息性手术切除、门静脉主干或大分支以及肝静脉大分支内有癌栓、已有肝外转移和严重肝硬化者。

4. 肝癌术后的预防性介入治疗 肝癌切除术后 40 天左右行首次肝动脉插管，若肝动脉造影未发现复发灶，先行灌注化疗，再注入 5ml 碘油，3 周内复查 CT 检查，以期达到早期发现和治疗小的复发灶。若无复发灶，则分别间隔 3 个月和 6 个月行第 2、3 次肝动脉预防性灌注化疗。

5. 肝癌合并症的介入治疗

（1）肝癌伴门静脉癌栓（portal vein tumor thrombosis, PVTT）：对于门静脉左支或右支癌栓、肝功能 Child-Pugh B 级以上者，TACE 是目前控制肿瘤和门静脉癌栓进展的主要方法，对于门静脉主干癌栓伴有大量侧支循环形成者仍可酌情给予适量 TACE 治疗。此外，采用门静脉支架植入并辅以三维适形放射治疗，或联合 ^{125}I 放射性粒子植入的近距离放射治疗也已经用于 PVTT 治疗的临床实践。

（2）肝癌伴肝动脉 - 门静脉或肝动脉 - 肝静脉瘘（arteriovenous shunt, AVS）：肝癌伴 AVS 时明确瘘口位置并给予有效栓塞治疗是进一步行 TACE 的关键，首先根据肝动脉血管造影表现，依据 AVS 瘘口的位置、大小、形态和分流量来决定栓塞材料和栓塞方法，同时还要结合患者肝功能的储备情况进行综合考虑。常用的栓塞材料为明胶海绵、聚乙烯醇颗粒或微球等颗粒型栓塞剂和不锈钢圈，也可以用无水乙醇、NBCA 等液态栓塞剂。

（3）肝癌伴下腔静脉癌栓：给予 TACE 治疗和下腔静脉内置放支架治疗。合并下腔静脉血栓时应慎重，以防止血栓脱落引起肺动脉栓塞。

（4）肝癌伴梗阻性黄疸：先行 PTCD 术或放置胆道内支架，使胆汁有效引流，等待黄疸减退、肝功能好转后给予 TACE 治疗，间隔约需两周时间。

（5）肝癌伴肺转移：肺转移是中晚期肝癌患者的常见表现，对这类患者应以治疗肝内原发灶为主，尽可能控制肝癌病灶，同时对肺部转移灶采用多种介入方法综合治疗。

（二）介入治疗在肝癌治疗中的优势

介入治疗作为微创诊疗技术，具有定位精确、创伤小、安全性高和疗效确切等特点，适应着抗肿瘤技术发展趋势和兼收内、外科的优点，日臻成熟并完善，满足了敬重生命与质量并存的社会和医学发展要求，在肿瘤综合治疗中发挥着越来越重要的作用。目前在肝癌的多学科综合治疗模式中，根据中国原发性肝癌诊疗规范（2011 年版）以及巴塞罗那临床肝癌分期（Barcelona Clinic Liver Cancer, BCLC 分期）和治疗策略，介入治疗适用范围涵盖了早期、中期和晚期肝癌治疗的各个领域，其中小肝癌的经皮穿刺肿瘤消融治疗已成为外科手术之外新的治愈性治疗选择，结节型和巨块型肝癌采用以 TACE 为主的多种介入治疗方法，以及联合外科手术明显提高了单一治疗效果，也是不能手术切除肝癌首选的姑息性治疗方法，从而改变了以往单一治疗的格局，形成以介入治疗为主的新综合治疗模式。近年来随着栓塞材料和技术的较快发展，以及同轴微型导管的临床使用，同时以最小有效性的现代化疗原则配伍选用化疗药物，导管超选择进入肝亚段或亚亚段，在不损伤正常肝组织的情况下对肿瘤局部进行介入治疗，更有利于慢性乙肝、肝硬化和肝功能异常的患者，使得肿瘤栓塞更为彻底和肝功能损害最大限度地减少。此外，介入治疗对于肝癌严重并发症的治疗具有独到的特色和优势，更加丰富了肿瘤综合治疗内容。其中，肝癌的肿瘤破裂出血，传统的药物和外科手术治疗效果差并有高死亡风险，采用 TAE 行腹腔动脉或肝动脉造影明确肿瘤破裂出血的主要供血动脉，并予以栓塞治疗可达到迅速止血的效果，被公认为有效治疗方法。肝癌伴肝炎后肝硬化，因门静脉高压食管胃底静脉曲张破裂出血，如确认肝癌病灶不在穿刺道上，可行经皮经颈内静脉门 - 体分流术（TIPS）并选择性胃冠状静脉栓塞，或经皮肝穿刺门静脉直接栓塞胃冠状静脉（PTPE）达到止血治疗目的，为进一步治疗创造有利条件。同时，介入技术不断积极探索、取长补短，以循证医学为依据，开创了多项新的治疗方法。其中，肝癌合并门静脉主干癌栓，依据 BCLC 分期为晚期（C）只能接受保守治疗，患者自然病程很短（中位生存期 2.7 个月），采用门静脉支架植入术同时门静脉植入 ^{125}I 粒子条和 TACE 联合治疗，不仅可降低肿瘤细胞播散和转移，更重要的是重建了门静脉血流，改善了患者症状和延长生存期，门静脉再通率也可显著增加，这已经成为多学科诊治的共识。

（三）介入治疗的不足及未来发展趋势

肝癌患者中有慢性病毒性肝炎和肝硬化高达 80%～85%，介入治疗前肝储备功能已有不同程度的损害，虽然临床使用肝功能 Child-Pugh 分期进行术前评估，但是肝癌的多支动脉供血、栓塞不完全、术后侧支循环形成和肿瘤新生血管生成等因素易致肿瘤残存、复发和转移，需要行多次介入治疗亦有加重肝功能损害可能，从而影响患者远期生存，如何提高疗效同时减少肝功能损害是关键所在。

1. 介入栓塞材料的选择 近年来，采用微球（包括载药微球）或微粒作为栓塞剂成为肝癌 TACE 的主要发展趋势。其中，药物洗脱微球（drug-eluting beads，DEB）是以惰性材料聚乙烯醇与 2- 丙烯酰胺基 -2- 甲基丙磺酸（AMPS）聚合而成，结构稳定能够吸附抗肿瘤药物，与血管壁的形态相适应可以持久闭塞血管，通过缓慢释放吸附于微球内的药物，达到延长化疗药物作用于病灶的时间，从而起到靶向药物的作用。目前有 DC 微球和 Hepasphere/Quadrasphere 微球已用于临床。常用的抗肿瘤药物有阿霉素、表阿霉素及伊立替康等。据报道 DEB-Dox 与常规 TACE 治疗 HCC 的随机对照试验，TTP 两者均为 9 个月，1 年和 2 年生存率分别为 86.2% 和 56.8%、83.5% 和 55.4%（$P = 0.949$）。临床试验 meta 分析结果表明，DC-Beads 和传统 TACE 之间的疗效并无明显差异。一般观点认为肿瘤周围区域及包膜为门静脉供血，碘油乳剂不仅栓塞肿瘤的供血血管及其周围门静脉，明胶海绵还栓塞肿瘤近端血管，共同导致肿瘤和周围肝实质组织的坏死，但是周围侧支血供很快建立，残留癌组织快速增殖导致复发，微球只栓塞肿瘤近端供血的微小肝动脉，造成肿瘤相应部分的坏死，而微粒可达到微循环水平栓塞从而有效阻断侧支循环形成，通过超选择性插管、选择合适种类直径的微粒联合碘油乳剂来提高疗效和减少并发症，值得进一步研究。

2. 介入治疗的联合应用 目前多提倡 TACE 联合 RFA/MWA 治疗，主要方式为同步法或序贯法，即 TACE 与 RFA/MWA 同步进行或 TACE 与 RFA/MWA 序贯实施。多位学者认为其能最大程度地灭活肿瘤和提高肿瘤局部控制率，减少单次 TACE 栓塞剂量和 TACE 治疗总次数，从而保护患者肝功能和进一步提高疗效，可作为肝癌综合治疗的重要组成部分，但远期疗效尚需临床验证。另外，TACE 联合经肝动脉注入放射免疫药物，如利卡汀（碘 [131]I- 美妥昔单抗），以单克隆抗体（mAb）为载体，耦联放射性核素特异性杀伤肿瘤细胞的靶向治疗，其 Ⅳ 期临床试验结果显示可以抑制肝癌的侵袭和转移，对 10mm 左右转移病灶疗效满意和正常组织毒性低，这对于预防和治疗转移、复发可能具有重要应用前景。

3. 局部治疗和全身治疗的联合 当今，分子靶向药物治疗已经成为恶性肿瘤治疗的重要组成，索拉非尼，一种多靶点激酶抑制剂，是首个延长晚期肝癌生存期的全身治疗分子靶向药物，为 SHARP 和 Oriental 临床研究所证实，从 2007 年至 2014 年被多个国际指南所推荐，适宜于肝功能较好（Child-Pugh A 级），晚期肿瘤（BCLC C 期）以及局部治疗后肿瘤进展的 HCC 患者。近年 START 研究表明 TACE 联合索拉非尼治疗中晚期肝癌，不仅延长中位 TTP 达 13.8 个月和 PFS 达 12.8 个月，也延长 TACE 治疗间隔，保护了肝功能，这对于提高远期疗效有重要意义，有望获得进一步的临床共识。

4. 介入治疗和抗病毒治疗 循证医学证据表明，TACE 可激活慢性肝炎患者乙型肝炎病毒的复制，诱发或加重 HBV 相关性肝损伤，与 TACE 治疗相关性损伤形成叠加效应，导致肝癌患者病死率较高。其中 HBeAg 阳性、HBV-DNA 阳性为 TACE 术后 HBV 再激活独立的危险因子，并且后者又是肝癌复发的独立影响因子，据统计未行抗病毒治疗的肝癌患者 TACE 术后 1 年和 3 年复发率高达 26.7% 和 71.1%。术前预防性应用抗病毒治疗可减少 HBV 再激活和提高其生存期。目前，对于有病毒复制的治疗主张是足量、全程，同时应严格掌握介入治疗的适应证，采用小剂量化疗药物和肝亚叶段栓塞等方法。

（尚鸣异）

第二节 肝血管瘤

肝血管瘤是肝脏最常见的良性肿瘤，其发病率 0.4%～7.3%，约占肝脏良性肿瘤的 74.2%，近年来随着影像学技术的发展检出率明显增高，临床以肝海绵状血管瘤（cavenous hemangioma of liver）最为常见，好发于 30～50 岁，女性较多见，发病率为男性的 4.5～5 倍。传统治疗方法以外科手术为主，目前介入治疗获得良好临床疗效已成为常用的治疗方法之一。

一、病因病理与临床表现

（一）病因病理

病因尚不清楚，主要是连接于肝动脉、门静脉和肝静脉之间的血窦胚胎发育障碍所致的先天性肝脏血管（门静脉）畸形。病理学分类包括海绵状血管瘤、血管内皮细胞瘤、硬化性血管瘤和毛细血管瘤四种类型，成人以海绵状血管瘤最多见，婴幼儿则以血管内皮细胞瘤为主，单发肿瘤多见，常位于肝脏右叶。依据肿瘤直径大小，肝血管瘤可分为三级，直径 <5cm 者称为小血管瘤，5～10cm 者为

大血管瘤，>10cm 者称为巨大血管瘤。显微镜下所见肿瘤由多数大小不等、扩张的异常血窦组成，腔壁衬以单层内皮细胞，血窦间有纤维组织不完全间隔，形成海绵状结构，瘤体内无正常血管、胆管结构、正常肝细胞和 Kuppfer 细胞，巨大血管瘤体内可见透明变性、血栓形成、钙化继而异常血管被纤维组织所代替。

（二）临床表现

临床表现与肿瘤的部位、大小、增长速度及肝实质受累程度有关，一般无临床症状，多在体检中发现，肿瘤体积较大的可以引起上腹部胀痛不适和餐后饱胀等消化道症状，触诊可触及与肝脏相连的肿块，质软、表面光滑。绝大数肿瘤生长缓慢，临床症状轻，位于肝脏表面的肿瘤可出现破裂大出血危及生命的严重并发症，部分巨大血管瘤可偶发以消耗性凝血功能障碍为特征的 Kasabach-Merritt 综合征。

二、介入治疗方法

目前，肝血管瘤介入治疗方法主要包括肝动脉栓塞术和经皮穿刺硬化剂、药物注射治疗两种。基本原理是肝血管瘤主要由肝动脉供血，将栓塞剂和（或）药物经肝动脉注入肿瘤，或经皮穿刺直接注入肿瘤，栓塞肿瘤供血动脉，破坏局部血管和瘤体血窦内皮细胞，使其硬化、闭塞、继发血栓形成导致纤维化和萎缩的治疗目的。常用栓塞剂主要是碘化油、聚乙烯醇颗粒（PVA）、无水乙醇、鱼肝油酸钠、明胶海绵、弹簧圈等。药物主要有平阳霉素、博来霉素等。其中平阳霉素是主要治疗药物，具有抑制和破坏血管内皮细胞的作用，常与碘化油混合乳化后作为栓塞剂使用，碘化油作为载体，能使之在肿瘤血窦内高浓度且较长时间滞留以及阻断血流，可对肿瘤起到缓慢且渐进性栓塞的作用。硬化剂主要有鱼肝油酸钠、无水乙醇，具有使肿瘤组织脱水固定，细胞蛋白质凝固变性，局部血管血窦内皮坏死和血栓形成的作用。

三、适应证

1. 肝血管瘤体直径≥5cm，伴有明显压迫症状或疼痛者。
2. 肝血管瘤体直径<5cm，动态观察短期内病灶迅速增长，虽无明显症状但治疗意愿强烈者。
3. 肿瘤位于肝脏表面，有破裂出血风险或已经发生破裂出血者。
4. 不能手术切除或不愿意接受手术治疗者。

四、禁忌证

1. 严重对比剂过敏者。
2. 严重肝、肾功能障碍及凝血功能障碍者。
3. 肝血管瘤体积超过整个肝脏体积 70% 者，应慎重选择介入治疗的方法。

五、疗效分析

肝血管瘤使用平阳霉素碘化油乳剂栓塞治疗后，肿瘤随时间呈渐进性缩小可达数月或一年以上，因此首次复查时间宜为术后 3 个月，再次治疗的时间间隔宜为术后 6 个月。一般根据肝动脉造影将肝血管瘤分为富血供型、乏血供型和伴动静脉瘘型等三个临床分型，有报道 105 例肝血管瘤 156 个瘤灶经肝动脉栓塞治疗，随访 3～8 年总有效率（瘤灶完全消失及瘤灶缩小 >50%）为 92.95%，对于富血供型的小血管瘤可获得治愈性效果，对于富血供型巨大和多发的肝血管瘤，通过 2～3 次重复治疗也可获得安全和满意的远期疗效，影响疗效的因素有肝血管瘤大小，异常血窦血供的富乏和治疗次数。此外，据统计肝血管瘤经肝动脉栓塞治疗后体积缩小 75% 以上者占 70%，而缩小程度不足 25% 者仅为 1%，中远期随访未见肿瘤复发。有报道 268 例肝血管瘤患者采用经皮穿刺平阳霉素注射治疗，近期随访 266 例瘤体均缩小 >50%，巨大血管瘤经 3 次治疗后瘤体缩小达 85%，适用于大血管瘤及肝动脉栓塞效果不佳的巨大血管瘤。

六、回顾与展望

（一）目前用于肝血管瘤介入治疗的不同方法

1. **肝动脉栓塞术**　首先行诊断性血管造影，明确肝血管瘤的诊断及大小、位置、数目及供血动脉。其次行超选择性肝动脉插管，根据瘤体大小，将适量平阳霉素与碘化油乳化后缓慢经导管注入进行肝动脉栓塞，待瘤内药物沉积满意或瘤周细小门静脉分支显影后停止，若血供丰富者可用适量明胶海绵颗粒补充栓塞。最后再次行肝动脉造影进行评价。栓塞前须进行详尽的血管造影，充分了解肿瘤血流情况，选择恰当的栓塞剂及栓塞方法，注射栓塞剂时应在透视监视下控制注射速度、压力，以防止反流。目前多采用同轴微导管插管以尽可能地接近责任供血肝动脉进行栓塞治疗。对巨大血管瘤需分次栓塞治疗，以减少并发症发生，对伴有肝动脉 - 门静脉分流（hepatic arterial-portal venous shunts，APVS）的血管瘤，需视 AVPS 的分流量调整栓塞剂的选用，对多发血管瘤可分期、分次和分支进行栓塞，原则以患者的耐受程度而定。

2. 经皮穿刺硬化剂、药物注射治疗 首先根据 B 超或 CT 影像学检查明确肝脏病灶情况，制定合理的穿刺部位和穿刺路径，避开大血管、胆管及重要脏器。其次，以穿刺点局部麻醉方式，在影像引导下穿刺针沿进针路径穿刺至肿瘤区，采用多点、多次注射方法使硬化剂或药物扩散、充满到整个瘤体的血窦。最后进行影像学评价，需排除发生肿瘤破裂、出血和血气胸等并发症的可能性。重复治疗时应依据治疗后瘤体大小来调整用药量。

（二）介入治疗在肝血管瘤治疗中的优势

介入治疗具有安全、创伤小、可重复操作和并发症少等优点，已被临床广泛应用，其中肝血管瘤使用肝动脉栓塞治疗具有缓解临床症状、缩小肿瘤体积及控制肿瘤破裂出血等显著效果，并已被大样本临床应用研究的近期和远期疗效观察所证实，尤其对于位于肝脏深部、多发病变或病变范围累及肝脏两叶、外科手术难以切除的大血管瘤和巨大血管瘤，被认为是安全和有效的治疗方法，而且与经皮穿刺硬化剂或药物注射治疗相互联合则更进一步提高了疗效，已经形成了肝血管瘤介入治疗的临床综合治疗模式。

（三）不足及未来发展趋势

首先，栓塞剂的选择，肝动脉造影所见肝血管瘤伴发功能性 AVPS 达 73%，为防止已沉积于异常血窦的平阳霉素乳剂流失和肝血管瘤的渐进性增大，必须予以供血肝动脉分支中央性栓塞，此时不宜选用无水乙醇、鱼肝油酸钠等液体栓塞剂，因其刺激性强、作用迅速且易通过短路进入正常肝组织而致肝功能损害。其次，治疗方法的选定，对于乏血供型肝血管瘤，以及大多数伴有广泛的继发性病理改变或并发症（如血栓形成、纤维化或出血等）的巨大肝血管瘤，肝动脉栓塞治疗未显效时，经皮穿刺平阳霉素注射治疗和外科手术切除亦是治疗的选择。另外，肝血管瘤治疗以缓解临床症状为目的，有报道肝血管瘤经长期随访观察肿瘤体积持续增长仅占 10%，至老年会纤维化而萎缩，因此传统观念认为 <5cm 的小血管瘤无需治疗，但是有学者认为富血型小血管瘤伴发 APVS 很可能是引起肿瘤渐进性增大的重要原因，有干预治疗的可能。近年超声或 CT 引导下经皮穿刺消融治疗方法用于肝血管瘤，获得小血管瘤完全毁损和大血管瘤体缩小 >50% 的疗效，但易引起严重并发症、肿瘤易复发以及治疗部位的限制，是否更广泛地适于临床应

用有待验证。据此，如何选择肝血管瘤治疗的适应证、治疗方法以及与肝动脉栓塞治疗联合治疗等问题，尚需遵从循证医学的原则进行临床研究探讨。

（尚鸣异）

第三节　门静脉高压

一、病因病理与临床表现

（一）病因病理

门静脉高压又称门静脉高压症（portal hypertension），是一组由门静脉压力持续增高引起的临床症候群，以脾肿大、脾功能亢进、胃底食管静脉曲张伴破裂出血、腹水、肝性脑病等一系列症状为临床特征。正常门静脉压力为 13～24cmH_2O，平均为 18cmH_2O，当门静脉压力高于 24cmH_2O，则认为有门静脉高压。门静脉起始端是胃肠脾胰的毛细血管网，末端是肝小叶的肝窦，两端均与毛细血管相连，且缺乏功能性瓣膜，其压力由流入血量和流出阻力形成并维持。因此，回流血量的异常增加或回流阻力的升高均会导致门静脉高压。根据不同的发病原因，门静脉高压分为以下几种类型。

1. 血流量增加型 指由于外伤、肿瘤形成的动静脉瘘及其他各种原因，使动脉与门静脉系统存在异常交通，导致大量血液进入门静脉，造成门静脉高压。

2. 血流阻力增加型 按血流的病变部位可分为三型。

（1）肝前型：门静脉血栓、癌栓形成，门静脉受外来肿瘤压迫或浸润，或者门静脉海绵样变造成门静脉本身狭窄或者闭塞引起远端静脉压升高。

（2）肝内型：常见肝炎肝硬化、肝细胞结节再生性增生、特发性门静脉高压、血吸虫病及胆管炎、肝小静脉血栓形成或栓塞等多种原因造成肝内门静脉压力升高。

（3）肝后型：下腔静脉闭塞性疾病以及缩窄性心包炎、慢性右心衰、三尖瓣功能不全等造成静脉回流障碍，继而引起门静脉压力升高。

门静脉的顺应性很高，正常情况下，即使血流的变化较大，但门静脉压力变化很小。但当门静脉压力持续升高，则促使门静脉 - 腔静脉之间交通支的开放、扩张，形成侧支循环，使门静脉的部分血流经侧支分流至腔静脉，降低门静脉压力。其中常见的侧支有如下几种。

（1）经胃底冠状静脉、食管下段交通支、半奇静

脉、奇静脉回流至上腔静脉，形成胃底冠状静脉及食管静脉曲张，是门静脉高压大出血的好发部位。

（2）经肠系膜下静脉、直肠上静脉、痔静脉丛、直肠下静脉、髂内静脉及髂总静脉回流至下腔静脉，常出现痔静脉曲张，形成内痔。

（3）脐静脉开放，经脐旁静脉丛、腹壁深浅静脉丛回流至上、下腔静脉，出现腹壁静脉曲张。

（二）临床表现

门静脉高压最常见的病因是肝硬化，其次为特发性门静脉高压。门静脉高压初期常无临床症状，或仅表现为肝硬化的临床症状和体征，如乏力、食欲缺乏、腹胀不适等，随着肝功能失代偿、门静脉压力逐渐增高，导致一系列由于门静脉回流不畅引起的临床表现。

1. **脾大、脾功能亢进** 本病的主要临床表现之一，也是临床最早发现的体征。脾大伴脾功能亢进时患者白细胞计数减少、增生性贫血和血小板减低，易并发贫血、发热、感染及出血倾向。

2. **腹水** 腹腔积液量少时仅有轻度腹胀感，随着量的增多，腹胀加重，并有食欲缺乏、尿少，甚至因过度腹胀引起腹肌疼痛或呼吸困难、心功能障碍及活动受限。

3. **门体侧支循环的形成** 门体侧支循环的建立和开放是门静脉高压的独特表现，包括如下几种。

（1）消化道出血：最常见的是由胃底食管静脉曲张导致的严重的上消化道出血。

（2）门体分流性脑病：肠道产生的毒性物质未经肝脏代谢，经肝外门体侧支循环分流直接进入体循环，引起自发性门体分流性脑病。

（3）腹壁和脐周静脉曲张：腹壁静脉曲张显著者可呈海蛇头状称水母头征。沿静脉可触及震颤或闻及杂音，称之为克 - 鲍综合征。

4. 门静脉高压性胃肠血管病是指长期门静脉高压所导致的胃肠黏膜血管病变。

二、介入治疗方法

门静脉高压起初可能无任何症状，但随着病情的进展，可促发肝性脑病、肝肾综合征、腹水、水电解质及酸碱平衡紊乱等一系列并发症。在病情稳定而无明显其他并发症时，可针对病因或相关因素进行药物保守治疗为主，降低门静脉及其曲张静脉压力。门静脉高压的最严重并发症是食管、胃底静脉出血，介入治疗的目的就是闭塞曲张的静脉和降低门静脉压力，因此，对于门静脉高压症的介入治疗，主要有两大类及衍生技术。

（一）经皮肝穿刺门静脉分支栓塞术（percutaneous transhepatic variceal embolization，PTVE）

经皮肝穿刺门静脉行胃底食管静脉栓塞治疗，最初由 Lunderquist 和 Vang 1974 年报道，对于急性出血，有一定的临床效果，但由于该方法存在局限性：单纯栓塞曲张静脉，门静脉压力没有减低，原本正常的静脉属支成为潜在的曲张静脉，再出血的发生较高；部分患者出现门静脉血栓，加重门静脉高压症；急诊内镜的临床应用，内镜下套扎加小剂量硬化剂联合治疗优于单纯使用硬化剂，且副作用少。因此，除非在 TIPS 同时使用或用于控制由于大量自发形成的门体分流导致的肝性脑病，曲张静脉栓塞术目前在门脉高压症的介入治疗中不建议单独使用，因此该方法不作单独介绍。

（二）经颈静脉肝内门体静脉分流术（transjugular intrahepatic portosystemic shunt，TIPS）

以微创的方式，利用特殊的穿刺针、球囊导管和金属内支架在肝静脉与门静脉之间的肝实质内建立分流道，使一部分门静脉血流直接进入下腔静脉，降低门静脉压力，控制和防止食管静脉曲张破裂出血和促进腹水吸收等肝硬化并发症，改善肝硬化患者生活质量，减少或延缓对肝移植的需求。提高患者的生存时间及生活质量。

（三）TIPS 的衍生技术

随着 TIPS 的临床运用的增多以及材料科技的发展，衍生了多种 TIPS 拓展技术，虽然基本原理一样，但是 TIPS 在器材、支架的选择以及手术操作上有了变化。技术上的变化主要集中于尽快创建经静脉的路径，因为对于大多数操作者来说这仍然是最困难的。如分流道可以单纯在透视下完成，也可以在体外超声或血管内超声与透视相结合下或在 CT 引导下直接从下腔静脉（经腔）、通过逆行性肠系膜静脉途径（在腹部小切口下完成）等来完成，是常规 TIPS 的补充，可提高其有效性，增加特殊病例的成功率，扩大适应证。

三、适应证

1. 肝硬化门静脉高压食管胃静脉曲张破裂出血，内科保守治疗或硬化剂治疗无效或不适于硬化剂治疗者（急诊 TIPS）。

2. 既往有消化道出血史，目前有再出血危险的肝硬化门静脉高压者（预防性 TIPS）。

3. 反复门静脉高压静脉曲张大出血，不论有无硬化剂治疗史。

4. 肝移植患者在等待肝移植供体期间发生食管胃底静脉曲张破裂大出血，硬化剂治疗无效。

5. 门脉高压性胃病。

6. 顽固性腹水。

7. 肝性胸水。

8. BuddChiari 综合征。

9. 外科门腔分流术后通道闭塞。

四、禁忌证

1. 肝功能衰竭　Child-Pugh 评分 >13；血清胆红素 >5mg/dl。

2. 肾功能不全　血清肌酐 >3mg/dl。

3. 严重右心功能衰竭。

4. 肺动脉高压　平均肺动脉压 >45mmHg。

5. 治疗后复发或持续性 2 级以上肝性脑病。

6. 严重凝血障碍。

7. 未控制的肝内或全身感染。

8. 未经解除的胆道梗阻。

9. 多囊肝。

10. 广泛地原发或转移性肝脏恶性肿瘤。

11. 门静脉狭窄或海绵样变。

五、疗效分析

随着器械的改进和治疗经验的不断积累，TIPS 的技术成功率可达 95%～100%，不成功的原因包括：门静脉闭塞；下腔静脉和肝静脉解剖异常；操作者的经验等。一般来说，TIPS 通过建立门体静脉分流通道，降低门静脉压力，可以十分有效地控制门静脉高压急性静脉破裂大出血；减少腹水；脾肿大缩小；增加白细胞和血小板数量。TIPS 的临床疗效：对于急性静脉曲张破裂出血，TIPS 具有显著的近期疗效，急性出血控制率达 81%～94%，对于预防再出血治疗的情况，术后再出血 1 年发生率 20%～26%。TIPS 在控制顽固性腹水方面，有效率达 70%～90%，并能减少或消退肝性胸水。在 Budd-Chiari 综合征并发门静脉高压及上消化道出血方面，成功率 100%，有效地控制了出血和难治性腹水。TIPS 术后患者一年存活率 60% 左右，2 年存活率为 51%，患者死亡的重要因素是肝性脑病和肝功能衰竭，其发生率与患者术前的肝功能 Child-Pugh 评分及分流道的直径呈正相关。内支架的通畅度是影响 TIPS 术后疗效的重要因素，新近的前瞻性临床对照研究表明，TIPS 辅以食管胃曲张静脉内血管内栓塞，较单纯 TIPS，可明显改善六个月内支架通畅性，降低两年内再出血率。

六、回顾与展望

（一）目前用于门静脉高压介入治疗的不同方法

1. TIPS 的常规操作技术

（1）术前准备

1）择期患者术前准备：①心肺肝肾功能检查，功能不全者予以纠正；②凝血时间异常者，予以纠正；③血常规检查，失血性贫血者应予以纠正；④肝脏彩色超声检查，增强 CT 及三维重建，或 MR 检查，必要时可先行间接门脉造影。重点了解肝静脉与门静脉是否闭塞，二者空间关系以及拟建分流道路径情况。门脉分支的拟穿刺部位如无肝实质包裹则不能行该手术；⑤术前 3 天预防性应用抗生素及做肠道清洁准备；⑥术前 2 天低蛋白饮食，避免应用含氨浓度高的血制品；⑦穿刺部位备皮；⑧术前 6 小时禁食水；⑨向患者本人及家属说明手术目的、方法和可能出现的各种并发症并签署患者知情同意书。同时强调术后长期保肝、抗凝治疗的必要性，以及随访和分流道再次介入手术修正的重要性；⑩术前给予镇静，必要时可给予止痛处理；

2）急诊患者术前准备：急诊患者应尽可能完成择期患者的术前准备，尤应行急诊 CT 以明确肝脏及门脉血管情况可否行 TIPS，并于术中行间接门脉造影，以确定穿刺角度、方位。

（2）器材及药品准备

1）门脉穿刺系统：如肝穿装置或穿刺套件。

2）球囊导管：直径 8～12mm 的球囊导管，球囊长度为 4cm 或 6cm。

3）管腔内支架：直径 8～10mm 的激光切割或编织式钛合金自膨式支架，聚四氟乙烯覆膜支架等，聚四氟乙烯覆膜支架在减少分流道功能障碍方面优于裸支架。

4）常规器材：5F 的猪尾造影导管，Cobra 导管，0.035in（1in=2.54cm）的超滑导丝，超硬导丝，穿刺针，导管鞘等。

5）术中用药：①局麻药：2% 利多卡因；②抗凝剂：常用肝素钠；③对比剂：非离子型对比剂；④止痛镇静剂：布桂嗪或哌替啶；⑤栓塞剂：无水乙醇、明胶海绵、鱼肝油酸钠等。

（3）主要操作步骤与方法

1）颈内静脉穿刺术：患者仰卧，TIPS 术一般采用右侧颈内静脉入路，头偏向左侧，以右侧胸锁乳突肌中点的外缘即胸锁乳突肌三角区的头侧角为中心，行常规皮肤的消毒和局部麻醉。在拟穿刺点皮肤横切口 3mm 后，充分扩张皮下通道，采用静脉穿刺针呈负压状态进针，行颈内静脉穿刺术。穿刺针呈45°角进针，针尖指向同侧乳头方向，进针深度约3～5cm。为增加穿刺成功性，也可在超声定位下进行颈内静脉穿刺。穿刺成功后，将导丝送入下腔静脉，并用10～12F扩张鞘扩张局部穿刺通道；引入静脉长鞘，通过导丝及肝静脉导管选择性插入肝静脉，一般选择肝右静脉，在少数情况下，选择肝左或肝中静脉，进行肝静脉选择性造影，测定肝静脉楔入压。肝静脉压力梯度（HVPG）是肝静脉楔入压与肝静脉游离压的差值，临床上用于评价门静脉压力，>12mmHg（约16cmH$_2$O）是形成静脉曲张和（或）出血的阈值。

2）经肝静脉门静脉穿刺术：当静脉长鞘送入靶肝静脉后，根据造影确定门脉穿刺点，一般选择距肝静脉开口2cm左右的静脉点，此点向前距门脉右干约1.5cm，向下距门脉右干2～3cm；在少数肝硬化后严重肝萎缩或大量腹水的患者，应适时选择更高或更低的位置。根据门静脉穿刺针柄部方向调节器指引穿刺针方向和深浅度进行门脉穿刺，可能时，可在实时超声引导下进行门脉穿刺。当穿入肝内门脉1级或2级分支后，将导丝引入门脉主干，将5F穿刺针外套管沿导丝送入门脉，置换超硬导丝，沿导丝将肝穿刺装置插入门脉主干后，保留带标记长鞘导管，经此导管插入5F猪尾造影导管至脾静脉或脾静脉汇入门静脉处，行门脉造影及压力测定。正常门静脉压为13～24cmH$_2$O，平均为18cmH$_2$O，比正常腔静脉压高5～9cmH$_2$O。

3）肝内分流道开通术：门脉造影后，将超硬导丝送入肠系膜上静脉或脾静脉，沿该导丝置换球囊导管行分流道开通术，分别充分扩张门静脉入口、肝实质段、肝静脉出口。以球囊切迹在体表做金属标记，作为置放内支架的定位依据。

4）管腔内支架置入术：分流道开通后，沿导丝将装有管腔内支架的输送器送入分流道，根据造影片及球囊扩张分流道肝静脉、门静脉两端时所做的体表金属标记，把内支架准确地植入在分流道内。支架植入后，沿导丝再次引入5F猪尾造影导管，行门静脉造影及测压。TIPS技术成功标准：支架释放准确，走行顺畅，无扭曲和明显成角，二端覆盖充分；造影显示肝内分流道通畅，对比剂直接回流入下腔静脉至右心房；门静脉压明显下降，通常要求在24cmH$_2$O以下，考虑到压力下降需要一段时间，术后即时测压30cmH$_2$O以下也在操作技术成功范围内。

5）食管下段胃底静脉硬化栓塞术：肝内分流道建立后，对胃冠状静脉、胃短静脉及所属食管、胃底静脉血流仍然较明显或有活动性出血的患者，可同时行此项治疗。其步骤为：经TIPS入路送入单弯导管，根据门脉造影情况，将导管插入胃冠状静脉等侧支血管，经导管注入硬化栓塞剂。常用硬化剂：5%鱼肝油酸钠和（或）无水乙醇；栓塞剂：弹簧圈、组织胶等。

（4）注意事项

1）术中注意事项：①颈内静脉穿刺：应选择三角区的顶角或颈动脉搏动外侧2～5mm处作为穿刺点，并负压进针。注意回血颜色以区别于动脉；穿刺不宜过低，以免引起气胸；有条件者可在超声指引下穿刺，必要时也可术中经股静脉置入导丝于颈内静脉内作为穿刺指引。②肝内穿刺：入门脉后，试推对比剂"冒烟"，观察有无门脉显示及显示哪些结构，以判断入门脉的部位。一般选择门静脉分叉部偏右侧主干1～2cm处，若门脉左右干均显影，可疑穿刺入分叉部或分叉下门脉，应特别小心肝外分流所致的出血；应注意与肝静脉和肝动脉的鉴别，实时超声引导下穿刺门静脉，可以减少肝包膜破裂以及误穿动脉、胆管及肝内肿物（囊肿、血管瘤、肿瘤等）的可能。③球囊：推荐选用有效长度以4～6cm为宜，球囊的直径可根据门脉的自然分流量（侧支循环的多少）确定，为减少肝性脑病的发生球囊不宜过大，一般选择8～10mm，必要时选用6mm直径的小球囊作预扩张。球囊扩张完成后，抽空球囊但勿急于撤出，密切观察患者血压和脉搏变化；如发生肝外门脉撕裂引起大出血，则可充盈球囊止血以争取手术时间。④管腔内支架：所选管腔内支架的管径应与扩张分流道所用的球囊导管直径一致或略大1～2mm；支架应伸入门脉内1～2cm，伸入肝静脉内可略长或覆盖肝静脉。应用覆膜支架要求将支架远端裸露与覆膜交界部置于门静脉穿刺入口部，支架近端置于肝静脉与下腔静脉交汇处。⑤硬化栓塞剂：导管插入胃冠状静脉后，应先行造影观察，并充分了解血流状态和方向再注入硬化栓塞剂。注入硬化剂应在透视下缓慢注射，若发现有反流或血管"铸型"应立即停止注射，以防止硬化剂反流入门脉，导致门脉系统栓塞。

2）术后注意事项：①注意患者生命体征，发现异常及时对症处理；②常规应用广谱抗生素以预防感染，如头孢类或喹诺酮类，连用3～5日；③注意肝肾功能变化，加强保肝及水化保肾治疗。常规使用还原性谷胱甘肽甘草酸镁，腺苷蛋氨酸，门冬氨酸钾镁，复合维生素等进行保肝治疗；④抗凝治疗以低分子肝素 5000~10 000U 每日一次，皮下注射，连用一周，以后服用阿司匹林和双嘧达莫等连服 3~6 个月。抗凝期间定期测定凝血酶原时间，调整用药量；⑤降氨、促代谢治疗。限制蛋白质摄入；静脉给予降氨药物谷氨酸钠、精氨酸、门冬氨酸鸟氨酸等；服用乳果糖，导泻并能降低肠道 pH；服用肠道抗生素如新霉素等；⑥分流道通畅性的监测，术后 12~24 小时彩色多普勒超声检查，术后 12 小时内分流道留置导管，对于有血栓形成进行早期干预策略。术后每隔 3 个月复查多普勒超声，如发现分流道狭窄或门静脉高压，则行 TIPS 分流道造影及压力测定，若确定分流道狭窄，则行球囊扩张或再植入内支架。

（5）并发症的预防与处理

1）心包填塞：为 TIPS 操作时器械损伤右心房所致。术中应谨慎操作，避免动作粗暴。如发生应紧急做心包引流或心包修补术。

2）腹腔内出血：多由于反复穿刺，穿刺针穿出肝包膜外；门静脉分叉部在肝外，球囊扩张时撕裂静脉壁；肝静脉进针点距下腔静脉近，静脉壁损伤；损伤肝动脉形成动静脉瘘等原因。因此术前充分研究肝静脉、门脉立体关系，减少盲穿次数，有条件者在超声指引下穿刺。若术中患者出现急性失血性休克表现，应及时行肝动脉造影，明确有无肝动脉损伤，必要时应行肝动脉栓塞术止血。若为门脉损伤导致的腹腔内出血，往往比较凶险，患者可很快出现失血性休克表现，在抗休克的同时行外科门脉修补术。

3）胆系损伤：穿刺损伤肝内胆管或分流道阻塞了肝内胆管，术后可出现胆系出血或梗阻性黄疸，发生率较低，对症处理多可缓解。

4）术后感染：以胆系及肺部感染居多，术前、术后加强抗生素的应用。

5）肝性脑病：术后肝性脑病的发生率为 3%~10%，经保肝、降血氨等相应处理后，多于 2 周内恢复正常。为避免肝性脑病的发生，术前正确地评估肝功能的储备，纠正肝功能异常，术后加强保肝降血氨治疗，内支架直径以 10mm 为限，避免过量的门 - 腔分流。

6）支架内血栓形成、分流道狭窄或闭塞：支架内血栓形成在 TIPS 术后数小时至数天内发生，抗凝治疗可降低血栓形成的风险，如果发生急性血栓形成，参照常规支架植入术后血栓形成的原则进行再通处理；分流道狭窄或闭塞通常发生在 TIPS 一个月后，主要由内膜增生引起，若造影显示分流道确实狭窄，则行球囊扩张或再植入内支架进行再通。

2. 经下腔静脉直接门脉分流（direct intrahepatic portocaval shunt，DIPS） 将支架置放在尾状叶实质内，建立贯通尾状叶的侧 - 侧门腔分流道，该颈静脉穿刺针送入肝段下腔静脉，经肝段下腔静脉直接穿刺，经肝尾状叶实质穿刺至门静脉内。该技术适用于肝静脉萎缩，闭塞，或寻找困难的门静脉高压患者。

3. 经皮经肝经门静脉穿刺支架置入 在影像引导下，经皮经肝穿刺门静脉，再经门静脉逆行穿刺肝静脉或肝段下腔静脉，导丝进入下腔静脉后，经颈静脉送入抓捕器，将经门静脉的导丝经颈静脉引出体外，其余操作类似常规 TIPS 行门体支架置入术。

（二）介入治疗在门静脉高压治疗中的优势

TIPS 的相关概念由 Rosch 和 Hanafee 于 1969 年年初步提出，1982 年由 Colainto 等将此操作应用于人体，1988 年，Richter 等使用 Palmaz 支架在人体内建立分流道，历经 20 余年形成了"现代的"TIPS 术。TIPS 作为介入医学领域的一项新技术，目前仍处于发展阶段，其在门静脉高压症所致静脉曲张急性破裂出血的控制上具有非常明显的优势，能迅速降低门静脉压力，有效止血率达 90% 以上，具有创伤小、并发症发生率低的特点，特别对保守治疗无效、HVPG 明显升高、肝功能较差不能耐受外科手术的患者，具有良好的疗效，能显著提高存活率。同时对顽固性腹水、肝性胸水具有较好的疗效。

（三）不足及未来发展趋势

TIPS 的中远期效果还有待提高，其关键是保证分流道的通畅，分流道的狭窄和闭塞是影响 TIPS 中远期疗效的主要因素。大量临床数据证实，TIPS 术后分流道的狭窄和闭塞主要发生在术后 6 个月至 1 年，其确切原因和机制尚不十分明确，研究表明，造成分流道的狭窄或闭塞的原因是多方面的，相关因素有手术操作过程中肝组织的损伤、球囊扩张的压力、支架的生物相容性、分流道的直径、患者的肝功能和门静脉高压的程度、肝内胆管损伤胆汁漏出的刺激诱发增生及抗凝剂的应用等等。目前认为分流道的狭窄或闭塞是以上多因素共同作用的结果。近年来，关于防治 TIPS 分流道狭窄和闭塞的实验研究和临床实验报道已取得了令人振奋的结果，对已发生分流道狭窄或闭塞的 TIPS 患者，采用分流道再通术，包括球囊扩张、局部溶栓、支架再植入、建立第二条分流道及覆膜支架的植入。尤其是新型覆膜支架的使用，可以使 TIPS 的

1 年再狭窄率由裸支架的 30%～60% 下降至 10% 以下。这些新方法为今后防治 TIPS 分流道狭窄和闭塞带来了希望，也预示着 TIPS 技术的发展上了一个新台阶。

（尚鸣异）

第四节　脾功能亢进

一、病因病理与临床表现

（一）病因病理

脾功能亢进（hypersplenism）（简称脾亢）是指临床表现为脾脏肿大，一种或多种血细胞（白细胞、红细胞、血小板）减少，骨髓造血细胞增生，脾切除后临床症状可恢复的一组综合征。根据发病原因，脾功能亢进可分为原发性和继发性两种。原发性脾功能亢进病因目前尚不明确；继发性脾功能亢进常由于急、慢性感染；门静脉高压症；淋巴瘤、慢性白血病；慢性溶血性疾病如遗传性球形细胞增多症、自身免疫性溶血性贫血及海洋性贫血；骨髓增生症等疾病的进展而来。我国主要以肝硬化后门脉高压、慢性感染和造血系统疾病导致脾功能亢进为主。

（二）临床表现

根据原发病呈现不同的临床表现，脾功能亢进通常表现为贫血，发热，反复感染，当血小板减少时则表现出血倾向，脾脏肿大，重度肿大时，脾脏下极可平脐甚至达盆腔。影像学检查 CT 或 MR 扫描显示脾脏增大超过 5 个肋单元。实验室检查显示血细胞减少：红细胞、白细胞或血小板可以单独或同时减少，早期病例，只有白细胞或血小板减少，晚期病例发生全血细胞减少。骨髓造血细胞增生。

二、介入治疗方法

部分性脾栓塞（partial splenic embolization，PSE）的解剖学基础及机制：脾动脉自腹腔动脉干发出后逐级分支，可分成脾动脉主干、脾叶动脉、脾段动脉、脾极动脉，每支脾叶、段、亚段间血管吻合极少，当结扎或栓塞某叶支或段支后，相应区域的脾脏组织早期呈现多灶性楔状缺血区，一周后发生凝固性坏死及点状出血，2～3 周后坏死区内肉芽组织形成，继之出现纤维化，脾体积缩小，外周的纤维瘢痕限制脾组织再生，从而减少血细胞破坏的场所而达到治疗的目的。术后血小板抗体分泌明显减少，血小板生存时间延长，术后血小板升

高。当栓塞程度超过 60% 时，还可有效降低门静脉压力，从而减少因肝硬化门静脉压力过高导致脾亢复发及食管胃底静脉破裂出血的危险。另外还有多项研究证明，PSE 术后肝功能好转可能与肠系膜上静脉血液回流量增加及脾脏对肝纤维化的调节作用有关。

三、适应证

各种原因导致脾肿大合并脾亢只要具备外科手术指征者，均可使用介入方法治疗。

1. 门静脉高压症或其他原因引起的脾功能亢进伴有食管胃底静脉破裂出血或有出血倾向。

2. 自体免疫性血小板减少性紫癜，通过内科治疗无明显改善者。

3. 地中海贫血、遗传性球形或椭圆形红细胞增多症。

4. 高雪氏病。

5. 骨髓异常增殖症并血小板减少。

四、禁忌证

1. 绝对禁忌证　全身极度衰竭、严重感染。

2. 相对禁忌证

（1）明显出血倾向、凝血功能障碍；

（2）脾动脉选择性插管失败，不可在腹腔动脉干注入栓塞剂；

（3）不适于动脉造影者。

五、疗效分析

部分性脾动脉栓塞术治疗脾功能亢进，疗效包括以下几个方面：

1. 外周血象变化

（1）血小板：血小板对 PSE 反应较敏感，术后 12～24 小时开始升高，1～2 周内加速上升，可到正常水平低限以上之后出现轻微下降，2 个月后可稳定在比栓塞前高 2 倍的水平。

（2）白细胞：术后 24 小时即可上升，3 天后可达到正常水平，之后有所降低，并稳定在正常范围的下限之上。如果白细胞长期升高不降，则极有可能是感染所致。

（3）红细胞：红细胞在 PSE 后 3 个月才开始上升，可达到正常水平。

2. 血流动力学改变　血液流变学有明显变化。栓塞脾动脉主干可使门静脉压力立即下降约 17%。据报道门静脉高压患者的脾动脉血流量约占心搏出量的 19%。脾动脉栓塞后可降至 2.6%，肝动脉

血流量则从栓塞前的 2.6% 增加到 15.4%，有利于肝功能的恢复，肝及肠系膜上动脉血流量增加，脾及门静脉直径缩小，肝静脉楔压明显下降，门静脉高压得以改善，使静脉曲张出血得到控制。

3. 脾脏体积的大小 栓塞 24 小时后，脾脏出现淤血肿胀，之后数月内其体积逐渐缩小。增强 CT 扫描可对脾脏梗死的范围进行较为准确的测量。PSE 后脾脏很快出现多灶性楔型缺血区，1 周后出现凝固性坏死及出血点，2～3 周后坏死区出现肉芽组织，继而出现纤维化，脾脏体积明显缩小，外周纤维瘢痕限制脾组织再生。

4. 胃黏膜的改变 应用分光光度仪研究胃黏膜的血红蛋白和血氧含量，发现在门静脉高压性胃病的患者，PSE 后黏膜充血明显减轻，使非曲张性胃黏膜出血得到控制。

5. 远期疗效 PSE 术的长期疗效和引起脾亢的病因、栓塞的体积有关。门脉高压合并脾功能亢进者，脾脏栓塞程度 >60%，其纠正脾亢的疗效可达术后 4～5 年；而栓塞程度 <50% 者，其白细胞和血小板在术后 1 个月就降至正常值以下。

六、回顾与展望

（一）目前用于脾功能亢进介入治疗的不同方法

（1）患者准备：①心、肺、肝、肾功能检查，功能不全者予以纠正；②血常规、凝血时间检查，不良者予以纠正；③术前 3 天口服喹诺酮类抗生素抑制肠道菌群；④B 超、CT 影像学明确脾肿大程度；⑤穿刺部位备皮；⑥术前 6 小时禁食水；⑦向患者本人及家属说明手术目的、方法和可能出现的各种并发症并签署患者知情同意书。

（2）器材及药品准备

1）器材：穿刺针、导管鞘、0.035in 的超滑导丝、5F 的 Cobra、脾动脉导管或单弯导管等。

2）术中用药：①局麻药 2% 利多卡因；②抗凝剂，肝素钠；③对比剂，离子型或非离子型对比剂；④庆大霉素。

3）栓塞剂：明胶海绵及明胶海绵颗粒规格 500～700μm；700～1000μm，其他栓塞剂微球、聚乙烯醇、不锈钢圈等。

（3）主要操作步骤与方法

1）脾动脉造影：用 seldinger 法穿刺股动脉，借助超滑导丝将导管（cobra 或脾动脉管，小儿常用单弯导管）选至脾动脉主干行脾动脉造影，观察脾动脉的分支、走行及脾脏的大小，亦可延长摄片时间，显示脾静脉及门静脉。造影剂注射速度常用

5～10ml/s，总量 15～30ml。造影可见脾动脉增粗、迂曲、分支增多；脾脏增大、实质期染色浓密；静脉期排空延迟。

2）部分性脾栓塞：部分脾栓塞分为非选择性和选择性两种方法。非选择性部分脾栓塞将导管置于脾动脉主干，但导管头端越过胰背动脉、胰大动脉等胰腺主要供血动脉开口，分次缓慢注入栓塞剂，根据血流的流速（造影剂"冒烟"）和脾动脉造影复查评估栓塞程度及范围如栓塞不足，再追加适量的栓塞剂，直到满意为止。选择性 PSE 是将导管超选至脾动脉的分支血管，注入栓塞剂，使靶血管闭塞，造影复查栓塞程度，如不足可对其余脾动脉分支再进行选择性插管、栓塞直到达到预期的栓塞程度。该方法常用于脾下极动脉，避免脾上极动脉栓塞后出现由于左侧胸痛、呼吸受限而致的左下肺炎、肺不张等并发症的发生。

（4）并发症及处理

1）发热：发热一般为 37～38℃，少数可达 39℃以上，物理降温，必要时使用非甾体抗炎药。

2）左上腹疼痛：多为中至重度，可用非甾体抗炎药物，未能缓解者，酌情用吗啡类药物。

3）肺炎、肺不张和胸腔积液：与左上腹疼痛限制呼吸运动及胸膜反应有关，术后止痛、应用抗生素、鼓励患者适度运动。胸腔积液中等量以下，无需处理可自行吸收，大量时行胸腔穿刺引流。

4）脾假性囊肿及脾脓肿：由于脾栓塞程度过大，或脾静脉回流不畅造成脾实质的液化坏死，囊肿较小时，无临床症状，一般不需处理，囊肿较大（>4cm）或伴有继发感染，形成脓肿时，可在 B 超或 CT 下定位，行穿刺病灶引流。

5）胰腺炎：由于导管头端未超过胰背动脉远端或栓塞剂反流进入胰腺供血动脉所致，要精心操作，脾动脉迂曲，不能超选择时，可选用微导管进行超选择插管，注入栓塞剂时，一定要在透视监视下缓慢注入。

6）肝、肾功能衰竭：注意患者的肝肾功能，肝功能 Child C 患者避免行 PSE 治疗。

7）脾、门静脉血栓形成：发生率低，对症溶栓治疗。

（二）介入治疗在脾功能亢进治疗中的优势

临床上曾用脾切除术治疗内科治疗无效的脾功能亢进，目前研究认为脾脏是人体重要的免疫器官，产生大量抗体和淋巴细胞，伴随脾切除术机体免疫功能明显下降，易并发感染和出血。研究表明，全脾切除者比未切脾者感染率及死亡率均增

高。所以外科手术切除脾脏来治疗脾功能亢进有较大的局限性。近年来，随着技术的发展，介入技术逐渐用来治疗脾功能亢进，其中，部分脾栓塞术已被认为是脾功能亢进的首选治疗方法，其优点在于控制脾亢的同时部分保留脾脏功能。

（三）不足及未来发展趋势

PSE 经过多年的临床实践和经验积累已成为一种相对比较成熟的技术，治疗脾功能亢进的效果比较理想。但回顾临床治疗过程，有一些问题值得进一步思考。

1. 栓塞材料的选择　目前用于脾栓塞的材料有明胶海绵、PVA、不锈钢圈等，其中明胶海绵以其价格便宜，并发症少，相对较易控制脾栓塞程度等原因，最为常用。学者比较钢圈、明胶海绵颗粒、PVA 栓塞脾脏的结果，认为三者的短期疗效无明显差别。钢圈栓塞后疼痛轻，发生率少，其他并发症也少，但脾功能亢进复发率高。PVA 栓塞疼痛出现早而且较重，可能与 PVA 颗粒的栓塞效果更接近脾外周栓塞，引起脾脏外周部分缺血梗死，发生炎性渗出导致脾被膜肿胀有关，大范围栓塞还可能引起被膜下积液。但 PVA 颗粒是永久性栓塞材料，栓塞后不易发生再通，且发热的发生率较明胶海绵少。近几年，新型的超吸收聚合微球、微晶纤维素球等新栓塞材料，有多种直径规格供选择，平均误差较小，形态稳定，克服了 PVA 颗粒或明胶海绵颗粒被导入血管后有扩大的倾向导致血管被拉伸，甚至破坏弹性内膜和血管壁，可能为临床治疗提供更多的选择。

2. 栓塞部位的选择　尽管有选择性栓塞和非选择性栓塞两种方法，大多数文献趋向于全脾周围性非选择性栓塞；有些作者建议采用选择性栓塞，一般为脾下叶动脉，认为能减轻左上腹疼痛及左侧胸膜反应，并减少肺炎的发生，此种方法的远期临床效果并未确定。

3. 栓塞程度的控制　栓塞前应视患者的疾病状况、治疗目标、全身情况及耐受程度考虑。栓塞范围一般为脾体积的 50%～60%，过去根据脾动脉的血流速度初步估算，血流稍减慢则脾栓塞范围为 30%～40%，明显减慢为 50%～60%，血流淤滞约在 80% 以上。有学者根据术前的造影计数 1mm 内径的脾内动脉分支数及预期栓塞程度，设计出预算公式：$G = (E - 11.5) A / 50.5$. 其中 G 表示栓塞剂用量，E 表示预期栓塞程度，A 表示直径约 1mm 左右的脾内动脉分支数。该方法对脾栓塞程度，具有预见性，不致造成过度或不足栓塞，同时控制栓塞

程度偏差较小，也较为简便，缺点在于仍不能排除血管痉挛的影响，且 1mm 脾动脉分支较多，计数时可能出错。但与其他方法相比，仍不失为一个简单、较可靠且可栓塞范围较宽的方法。

4. 其他　非血管介入治疗方法如经皮穿刺注药行部分性脾毁损术和脾脏射频消融术。理论上同 PSE 一样，可以削弱脾脏破坏血细胞的功能，同时部分保留脾脏的正常生理功能。但是目前仍处于探索之中，其适应证的选择、术前及治疗中如何确定毁损的体积、毁损体积与疗效的量效关系、远期疗效及影响因素、毁损脾脏的最终病理变化等都尚待进一步研究。

（尚鸣异）

第五节　胰腺恶性肿瘤

一、病因病理与临床表现

胰腺恶性肿瘤主要包括：导管腺癌、腺泡细胞癌、胰母细胞瘤、胰腺内分泌癌及恶性实性假乳头肿瘤，其中 90% 为起源于腺管上皮的浸润性导管腺癌或其变异型。胰腺癌是一种恶性程度很高，诊断和治疗都很困难的消化道恶性肿瘤。2016 年流行病学数据显示，美国胰腺癌新增病例 53 070 例，占恶性肿瘤病死率的第 4 位，且发病率呈逐年上升趋势。胰腺癌是常见消化系统恶性肿瘤之一，我国肿瘤登记中心（NCCR）在 *CA: A Cancer Journal for Clinicians* 杂志上发表了 2015 年中国癌症统计数据，估计中国 2015 年新增 430 万癌症病例，癌症死亡病例超过 280 万。胰腺癌恶性程度高，预后极差，5 年存活率 <6%。其临床特点是整个病程短、病情发展快和迅速恶化。最常见的症状有腹痛、黄疸、消化道症状（食欲缺乏，其次有恶心、呕吐，可有腹泻或便秘甚至黑便，腹泻常为脂肪泻）、上消化道出血、消瘦及乏力、腹部包块、症状性糖尿病、腹水及发热等。约 40% 的患者确诊时已有转移性疾病，唯一可用的治疗方法是保守治疗。胰腺癌分期不同，治疗方案选择也各不相同：早期胰腺癌，首选的治疗手段是手术切除。Whipple 手术仍为目前主要手术方式，但手术难度大，术后易发生胰瘘等并发症。中晚期胰腺癌，传统治疗方法主要是静脉化疗和放疗。近年来，中晚期胰腺癌介入治疗应用范围日趋广泛。手术切除有困难、或者伴随病变较多不宜手术的患者、不愿意接受手术、或术后复发的患者；出现梗阻性黄疸、肝转移、剧烈腰背部疼

痛能耐受全身化疗患者,均可采取敏感药物经导管直接灌注、放射性粒子植入、局部消融治疗,也可以通过经皮肝穿刺胆道置管引流、胆管内支架置入等解除黄疸等并发症。

二、晚期胰腺癌常用介入手段

(一)经皮胰腺穿刺活检术

1. 定义　经皮胰腺穿刺活检术是通过经皮穿刺获取所需部位胰腺活组织,经过检验,明确胰腺病变的细菌学、细胞学和组织病理学诊断,甚至基因诊断与测序,从而提高胰腺病变诊断的精确率,以指导进一步临床治疗。在影像(B超和CT图像)引导下经皮穿刺活检在胰腺占位性病变的定性和鉴别诊断中,仍起着重要的作用,同时对临床治疗具有指导意义。对于接受手术治疗的胰腺癌患者,无需病理学诊断;但接受放疗或化疗等辅助治疗的胰腺癌患者需要在治疗前获得明确诊断。

2. 适应证与禁忌证

(1)适应证:胰腺穿刺活检术适用于胰腺实性肿块、胰腺囊实性肿块、怀疑有弥漫性疾病等,以确定胰腺肿块性质,鉴别胰腺原发癌与转移癌等。

(2)禁忌证:严重出血倾向者,急性胰腺炎、腹膜炎、皮肤感染、心肺功能衰竭、顽固性腹水等。

3. 手术操作

(1)细针负压针吸活检时,经CT扫描/B超确认穿刺针尖的准确位置后,进行多点多向负压抽吸活检,也可使用同轴套管针反复穿刺抽吸数次。后在有经验病理医师协助下,快速将穿刺抽吸物固定在福尔马林溶液内,做细胞离心,涂片染色等检查。

(2)根据CT扫描/B超定位显示的病变位置,穿刺路径选择皮肤至胰腺病变中央区最短距离,避开胰腺周围大血管及扩张的胆囊、胆总管。胰头、胰体病变多采用垂直方向进针,胰尾病变多采用水平或斜向进针,如图5-5-1所示。以16G或18G的活检针进行经皮胰腺占位性病变穿刺,可进行多次穿刺,直至取得令人满意的病变组织标本后结束穿刺(满意标本:标本长度>5mm,组织条完整或轻度破损,外形呈细条状)。还可以在ROBIO等穿刺机器人协助下选择特殊进针路径,以最大程度减少周边正常脏器损伤,降低并发症发生率(图5-5-1)。

(3)术后患者平卧1~2小时,观察脉搏、血压及有无剧烈腹痛等症状。细针负压吸引活检术后一般观察2小时。切割针穿刺活检术后,继续禁食,患者无明显不适次日复查血尿淀粉酶,正常后方可进食。

4. 注意事项　目前胰腺穿刺活检技术主要包括超声内镜下细针穿刺活检以及B超或CT引导下经皮穿刺活检术:超声内镜下细针穿刺活检的定位更为精确,尤其是能够对微小病变(直径<1cm)进行定位穿刺活检,但是操作复杂、技术要求高、费时及费用较高,因此不适合广泛开展。而经皮穿刺活检术和细针穿刺术,操作相对简单、省时、技术要求也相对较低,且该项技术的定位准确性和阳性率均较高,但是理论上其穿刺风险要高于超声内镜下细针穿刺。

5. 疗效分析及手术技巧　多个国内外研究表明胰腺经皮穿刺的诊断准确率为91.75%~92%,敏感度和特异度分别为90.12%~91%、100%,胰腺恶性肿瘤的周围组织通常存在炎性浸润区域,并有大量纤维结缔组织,穿刺如果不能达到肿瘤深度,会造成假阴性结果。所以我们的策略是穿刺路径尽量通过实性成分取材;必要时增加穿刺次数,多方向、多部位取材;对于小病灶可加大穿刺角度;病灶较大可能有坏死者,应穿刺病灶周边部;在诊断性穿刺活检的同时联合囊液的生化分析或肿瘤标记物检查提高病变的诊断准确率。另外,在影像引导方式的选择上,CT引导下的穿刺不能实时监控,且易受呼吸运动及邻近组织结构和器官等因素的影响,在选择穿刺路径时较B超引导下穿刺更为困难,所以其相对耗时和穿刺次数也均多于B超引导下的穿刺;而B超引导下穿刺可在实时监控下进行,同时可以通过超声探头加压推开胃肠组织以避免其对穿刺的干扰,所以B超引导下的穿刺更为简便和准确。所以临床上操作原则以CT图像作为参考,首选B超引导下穿刺;如果B超无法清晰显示病灶,则可改用CT引导下穿刺。

6. 常见并发症及手术风险　胰腺是腹膜后器官,周围有大血管包绕,穿刺活检困难,风险较肝脏和肾脏穿刺活检高。主要防止术中、术后消化道或腹腔出血、急性胰腺炎、胆汁性腹膜炎、胃肠道穿孔继发腹腔感染、肿瘤针道种植、胰瘘等的发生。

(二)动脉内灌注化疗术和肝动脉栓塞化疗术

1. 定义　动脉内灌注化疗术(transarterial infusion chemotherapy,TAI)是指经动脉内将导管或微导管插入到胰腺癌病灶主要供血动脉(如:胃十二指肠动脉、胰十二指肠动脉及脾动脉等),根据临床资料所确定相应化疗药物及其方案,将药物在一定时间内经导管灌注到肿瘤组织内的治疗方法。肝

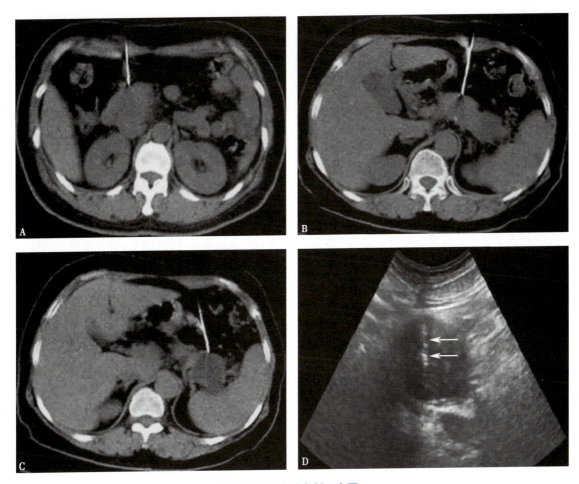

图 5-5-1 胰腺穿刺示意图

A～C. CT 引导下胰头颈、胰体和胰尾部占位性病变穿刺活检，避开胃肠道；D. B 超引导下胰头部肿块穿刺，避开重要脏器，提高穿刺效率

动脉栓塞化疗（transcatheter arterial chemoembolization，TACE）术应用于有肝转移患者，是在胰腺灌注化疗的基础上再行肝动脉造影，根据血管造影情况，用化疗药物与超液化碘化油混合制成混悬液，超选择插管至肝动脉肿瘤供血动脉行栓塞化疗。

2. 原理 通过导管经动脉进入肿瘤的供血动脉内再进行化疗药物的灌注，药物分布不受全身无关的血流影响，肿瘤区域是全身药物分布量最多且浓度最高的地方，即使以少于静脉给药量的剂量进行灌注，肿瘤区域的药物浓度仍远高于全身的药物浓度，其随血液循环至全身其他地方的药物同样对靶器官外可能存在的其他转移性病灶起作用，是一种微创、相对高效，同时也兼顾局部和全身的治疗方式。依据注射方式可分为：①持续性动脉内灌注化疗（continuous transarterial infusion chemotherapy，CTAI），一般要求留置动脉导管，灌注时间依据肿瘤生物性特性以及所选择药物的时间浓度曲

线决定；②冲击性动脉灌注化疗（bolus transarterial infusion chemotherapy，BTAI），亦称团注灌注化疗，灌注时间一般在 30～45 分钟，多在肿瘤血供丰富时进行。

3. 适应证和禁忌证

（1）适应证

1）不能手术切除的晚期胰腺癌。

2）已采用其他非手术方法治疗无效的胰腺癌。

3）胰腺癌伴肝脏转移。

4）胰腺癌术后复发。

（2）禁忌证

1）对比剂过敏。

2）大量腹水、全身多处转移。

3）全身情况衰竭者，明显恶病质，ECOG 评分 > 2 分，伴多脏器功能衰竭。

4）有出血或凝血功能障碍性疾病不能纠正，有明显出血倾向者。

5）肝、肾功能差，超过正常参考值1.5倍的患者。

6）白细胞＜3.5×10⁹/L，血小板＜50×10⁹/L。

以上1）～3）为绝对禁忌证，4）～6）为相对禁忌证。

4. 操作方法

（1）患者体位患者取仰卧位。

（2）操作步骤：常规腹股沟区消毒铺巾，腹股沟局部麻醉，Seldinger's法穿刺股动脉，放置动脉鞘，选择性动脉插管。选择性动脉插管将导管分别选择性置于腹腔动脉、肠系膜上动脉造影（造影持续至静脉期，观察静脉受侵情况），若可见肿瘤供血血管，则超选至供血动脉灌注化疗。建议：胰头、胰颈部肿瘤经胃十二指肠动脉及肠系膜上动脉灌注化疗；胰体尾部肿瘤视肿瘤侵犯范围、血管造影情况，经腹腔动脉或脾动脉灌注化疗；伴肝转移者同时经肝固有动脉灌注化疗，若造影下见肝内转移瘤的血供较丰富，可给予栓塞治疗，栓塞剂可选用超液化碘油或颗粒栓塞剂等，栓塞时应在透视下监视，防止异位栓塞（图5-5-2：胰腺肿瘤血供因

肿瘤位置不同而有较大差异，常见为胰头颈肿块主要由胃十二指肠和肠系膜上动脉的胰十二指肠动脉分支参与，胰体尾肿块常由脾动脉分支供应，造影示肿瘤血管主要由脾动脉主干、肠系膜上动脉、腹腔干动脉及其分支参与组成；D：临床上常采用微导管超选至肿瘤血管进行缓慢灌注化疗，效果更佳）。

（3）药物选择：选用吉西他滨、氟尿嘧啶、雷替曲塞、奥沙利铂、伊立替康、白蛋白结合型紫杉醇等，原则上不超过3联用药。

（4）术后随访：建议每1～2个月随访1次。主要进行生活质量评价（QOL，推荐使用ECOG评分系统）和血常规、肝肾功能、肿瘤标志物及影像学检查等。

5. 疗效分析
介入治疗是胰腺癌的一种重要的姑息治疗手段，因其全身不良反应小、局部药物浓度高等特点，尤其适用于不能手术切除的晚期胰腺癌以及年老体弱者。动脉局部灌注化疗大大提高了肿瘤组织局部的药物浓度。而且，经腹腔动脉

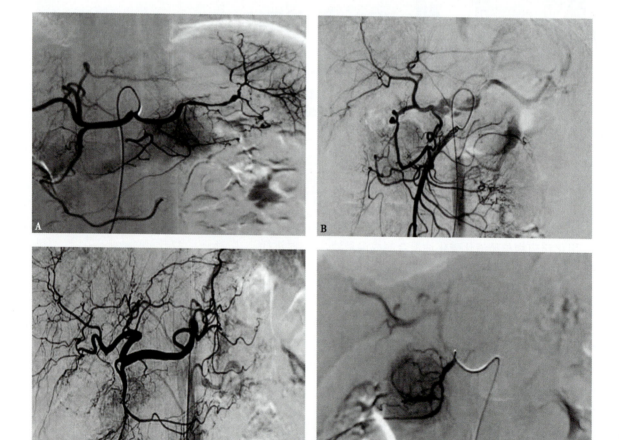

图5-5-2 胰腺肿瘤供血动脉及超选择插管

A～C. 脾动脉主干、肠系膜上动脉、腹腔干动脉参与肿瘤血供；D. 高度超选至肿瘤血管进行造影

和肠系膜上动脉等灌注入的化疗药物,随后可经门静脉系统回流肝脏,形成对肝脏的再灌注,进一步杀灭门脉系统内和肝内的转移病灶。有报道,对于中晚期胰腺癌,介入动脉灌注化疗较传统全身静脉化疗可显著提高患者临床获益率、1年生存率及患者的生活质量。

6. 常见并发症

(1)与血管内操作相关的并发症:血肿、动脉夹层形成、动脉痉挛、闭塞等。

(2)与化疗药物相关的并发症:胰腺炎、恶心、呕吐、疼痛、发热、骨髓抑制、肝功能损害、肾功能损害等。

(3)与机体抵抗力下降和(或)药物相关并发症:消化道出血/应激性溃疡等。

(三)^{125}I 粒子植入术

近10年来,^{125}I 放射性粒子植入术逐渐应用到胰腺癌的治疗中,临床实践也证明了它在缓解患者疼痛,局部控制肿瘤进展,延长患者生存时间和改善患者生活质量等方面具有良好的疗效。依靠其创伤小、并发症少的优势,^{125}I 放射性粒子植入已成为我国胰腺癌常规治疗手段之一。

1. 定义 在开腹手术直视下、超声、超声内镜及 CT 引导下 ^{125}I 粒子植入术(^{125}I particles implanting,IP)是指在局麻或全麻下,依据模拟内放射治疗系统(treatment planning system,TPS)确定靶区和粒子植入的数目,采用直接穿刺的方法将 ^{125}I 粒子植入到胰腺肿瘤组织中,使肿瘤组织细胞发生坏死的治疗方法。

2. 原理 胰腺癌属于低氧性肿瘤,对常规放疗不敏感。而 ^{125}I 粒子半衰期为59.4天,能持续性释放能量为35.5keV 的 γ 射线。γ 射线是原子核受激辐射的,比 X 射线光子能量高、波长更短,穿透力更强,可持续破坏肿瘤细胞的 DNA 合成,从而阻止肿瘤细胞增殖,同时还能杀伤胰腺肿瘤干细胞;同时 ^{125}I 粒子所释放的 γ 射线为低能量射线,有效照射距离在 1.0~2.0cm,不容易对周围正常组织造成损伤。

3. 适应证与禁忌证

(1)适应证

1)晚期胰腺癌介入治疗术后。

2)不能手术切除的,预计生存期大于3个月的胰腺癌。

3)不愿意接受胰腺癌切除手术患者。

4)预计生存期小于3个月,为缓解持续性上腹部疼痛。

5)原发胰腺肿瘤最大直径 >5.0cm 者,应慎重选择肿瘤减荷。

(2)禁忌证

1)临床有明确证明胰腺肿瘤已广泛转移证据。

2)多器官功能衰竭者,不能接受放射粒子植入治疗。

3)胰腺恶性肿瘤合并胰腺炎症者,炎症急性期不能接受放射粒子植入治疗。

4)合并凝血功能障碍,经药物治疗,不能改善者。

5)合并严重糖尿病,经过降糖治疗,血糖不能控制在 16.7mmol/L 以下者。

6)合并菌血症、脓毒血症者,不能接受放射粒子植入治疗。

4. TPS 及手术操作 推荐放射治疗处方剂量为 110~160mGy;^{125}I 粒子活度 0.38~0.4mCi/粒。粒子数量计算依据 Cevc's 公式:计算总粒子数 =(长 + 宽 + 厚)/3×5÷每个粒子活度。根据 CT 平扫/增强及超声等影像,了解胰腺病灶大小,形态与周边组织器官如:胰管、十二指肠、胃、门脉等的关系。穿刺途径避开重要血管,神经,淋巴引流区;辐射覆盖胰腺肿瘤病灶功能范围,尽量辐射均匀,粒子分布均匀。具体操作:使用 18G 的粒子穿刺针从进针点穿刺至距肿瘤底部约 5mm 处,植入 1 颗粒子后退针 10mm,再植入 1 颗粒子,再退针直到距离肿瘤顶部边缘约 5mm。各个穿刺点间隔 10mm 并尽可能保证所有粒子最后植入时立体空间距离为 10mm(图 5-5-3)。

5. 疗效分析 ^{125}I 放射性粒子植入术能显著降低血清肿瘤标志物水平、减轻黄疸使肝功能得到明显改善,进一步提高患者临床疗效。于聪慧等对 26 例胰腺癌患者行术中 ^{125}I 放射性粒子植入,随访发现患者平均生存期(12.0±5.1)个月,存活时间最长者达 21 个月,肿瘤局部控制率约为 79.1%,术后 1 周有 94.7% 的患者感觉疼痛缓解;Wang 等对 14 例胰腺癌患者行术中超声引导下 ^{125}I 放射性粒子植入术,结果发现 87.5% 的患者疼痛得到缓解,肿瘤局部控制率达 78.6%,中位生存期约 10 个月。郭道宁等对 26 例不可切除的胰腺癌患者行超声引导下 ^{125}I 放射性粒子植入,肿瘤局部控制率约为 50%,中位生存期为 11 个月,疼痛缓解率为 79%,患者临床症状显著改善,生活质量也得到明显提高;Sun 等通过超声内镜植入放射性粒子后发现,其临床疗效良好,一部分患者肿瘤体积较术前减小、疼痛也得到缓解,临床有效率为 30%;李红伟

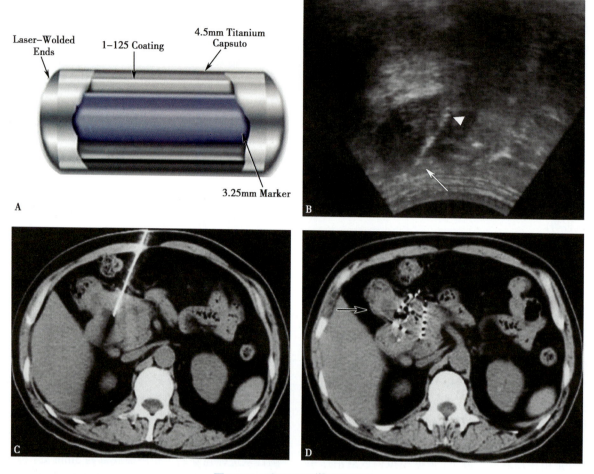

图 5-5-3　胰腺肿瘤 ^{125}I 粒子植入

A. ^{125}I 粒子结构示意图；B. 根据 TPS 计划后设计路线进行 B 超引导下 ^{125}I 粒子植入，箭为穿刺针道，三角形是植入肿块中的 ^{125}I 粒子，清晰显示 ^{125}I 粒子与周围组织的关系；C、D. 同一患者在 CT 引导下 ^{125}I 粒子植入前后 CT 图像，粒子分布均匀，避开十二指肠并且完全覆盖瘤体

对 90 例胰腺癌患者行 CT 引导下 ^{125}I 放射性粒子植入，结果患者中位生存期为（11.0±0.7）个月，疼痛缓解率约为 42.2%，局部控制有效率达 61.1%；充分证明其有效性及安全性。

6. 常见并发症　目前文献中介绍的常见的术后并发症主要有：胰瘘、胆瘘、出血、胃肠道不适、腹腔感染、术后大量腹水等，当然还包括放射性粒子独有的并发症：粒子移位、白细胞下降、放射性肠炎等。

7. 注意事项　加强对术后患者的住院及家庭环境加强管理，加强对医护人员的培训和保护，做好放射性防护。

（四）经皮微创消融技术（射频、微波、冷冻、不可逆性电穿孔）

1. 定义　经皮射频、微波、冷冻、不可逆性电穿孔消融治疗术（percutaneous radiofrequency / microwave ablation / cryoablation / irreversible electroporation，RFA/MWA/CA/IRE）是指在局/全麻下，采用 CT/B 超扫描等影像定位技术将不同数量及型号的消融针直接穿刺到胰腺肿瘤和转移病灶组织中，在一定功率/电压和时间内，使肿瘤组织细胞发生凝固坏死的治疗方法。

2. 原理　射频和微波消融都是通过高热使肿瘤组织发生凝固性坏死，以达到彻底治愈的目的，其区别主要在于产热的原理不同：射频消融是高频交流电电流的作用下体内离子相互摩擦并与其他微粒相碰撞而产生生物热作用；而微波消融是在微波作用下是组织内的极性分子高速运动而产生热量，当温度升到 50～90℃时，肿瘤细胞的蛋白质变性凝固，导致其不可逆坏死。冷冻消融（俗称"氩氩刀")是氩气在刀尖上急速制冷,在几秒内将肿瘤的温度降至 −170℃,使之形成冰球,然后再借助氦气在刀尖上急速制造热效应,快速将冰球解冻并升温至 50℃ 以上,冷冻时癌细胞内已经形成冰晶,快速解冻及升温使冰晶爆裂,从而达到完全摧毁癌细胞的目的。不可逆性电穿孔(俗称"纳米刀")通过对肿瘤细胞实施瞬时、高频、反复的高电压脉冲引起肿瘤细胞膜不可逆性电穿孔从而导致细胞凋亡,达到消融肿瘤的目的。

3. 适应证与禁忌证

（1）适应证

1）晚期胰腺癌介入治疗术后。

2）不能手术切除的,预计生存期大于 3 个月的胰腺癌患者。

3）不愿意接受胰腺癌切除手术患者。

4）预计生存期大于 3 个月,为缓解持续性上腹部疼痛,可慎重选择。

5）原发胰腺肿瘤最大直径 >9cm 者,应慎重选择减瘤治疗。

（2）禁忌证

1）临床有明确证据证明胰腺肿瘤已广泛转移。

2）恶病质者,不能接受射频、微波、冷冻、不可逆性电穿孔消融治疗。

3）胰腺恶性肿瘤合并胰腺炎症者,炎症急性期不能接受射频、微波、冷冻、不可逆性电穿孔消融治疗。

4）合并凝血功能障碍,经药物治疗,不能改善者。

5）合并严重糖尿病,经过降糖治疗,血糖不能控制在 15.6mmol/L 以下者。

6）合并菌血症、脓毒血症,不能接受射频、微波、冷冻、不可逆性电穿孔消融治疗。

对于接受不可能电穿孔消融的患者应同时排除以下几种情况:严重心律失常(心率 >120 次 / 分、<60 次 / 分、多发性室性早搏或房颤);心脏负荷测试发现可诱导的心肌缺血或不可控心绞痛;安装心脏起搏器;术前 2 个月内曾发生心肌梗死。

4. 手术操作

患者局麻或全麻后,在开腹、超声或 CT 引导下合理地将消融针插至肿瘤部位。射频 / 微波消融根据肿瘤大小确定消融电极数量,一般选择 1～3 针、间隔 2.0cm 呈等腰三角形排列(微波消融因其消融形态可控性差,须慎重选择)。冷冻消融时根据瘤体大小、形状、部位等可选择同时插入 2～4 支冷冻探针。如肿瘤 <2cm 时,插入 1 支直径为 2mm 的探针即可;如果肿瘤直径在 2～4cm

之间,则插入 2 支冷冻探针;如果肿瘤直径 ≥5cm 时,则可插入 3～4 支探针。经皮 IRE 消融时,通过术前治疗计划决定电极数量、插针方式及术中参数。术中使用主电极 1 支,标准电极 1～2 支,针尖距为 1.0～2.0cm,电极有效暴露距离为 1.5～2.0cm。每组放电脉冲次数 10 次,脉宽 70～90μs,放电组数 7～9 个。总脉冲数目为 70～90 次。平均电场强度为 1200～1500V/cm。心电同步器在心房 / 心室收缩期以外的心动周期发射脉冲。通过实时的电阻或电流变化,结合术中超声及 CT 确认消融成功。穿刺方案应尽可能避开重要脏器、血管及正常管腔组织,如胰管、胆管。消融范围覆盖整个肿块并超出至少"0.5cm 安全界"为止。

5. 疗效分析

对于失去手术机会的胰腺癌患者,放、化疗是标准治疗方法,但中位生存期仅 6～11 个月。对这类患者进行局部微创消融治疗,从而减轻肿瘤负荷,并使部分患者获得二次手术机会,是目前可采用的治疗策略。Girelli 等介绍了 100 例局部晚期胰腺癌患者经 RFA 联合放化疗治疗后 3 例患者术后 30 天内死亡,在中位随访的 12 个月中,59 例患者死亡,有 19 例患者伴瘤生存,22 例患者肿瘤无进展生存,其中 1 例患者目前为止仍无健康存活,总的中位生存期达 20 个月。Spiliotis 等总结了 25 例晚期不可切除胰腺癌患者的治疗经验:单纯化疗组患者平均存活 13 个月,最长存活 30 个月;而化疗联合 RFA 治疗组患者平均存活达 33 个月。氩氦刀冷冻消融术治疗晚期胰腺癌临床疗效满意,降低疼痛评分、术后 CA199、癌胚抗原(CEA)表达,能有效缓解患者疼痛,缩小肿瘤组织直径,提高术后的生活质量。牛立志等又用超声联合 CT 引导下经皮冷冻治疗 85 例胰腺癌患者。所有患者共行 121 例次经皮冷冻治疗,均顺利完成,无 1 例死亡,肿瘤直径明显缩小,所有瘤灶冷冻区活性消失,患者生存质量明显提高。Dunki-Jacobs 等对 65 例诊断为进展性胰腺癌接受 IRE 治疗后,48 例经 IRE 治疗后无局部复发,无局部复发的患者无瘤生存期显著高于局部复发患者(12.6 个月 vs 5.5 个月,P = 0.03)。Martin 等对 200 例Ⅲ期进展性胰腺癌并接受 IRE 治疗的患者进行多中心前瞻性评估,其中包括联合切除术 50 例。所有患者均接受术前诱导化疗,有 52% 的患者术前(平均 6 个月)同时接受放化疗,随访 29 个月时 6 例发生局部复发,平均总生存期为 24.9 个月。随着肿瘤局部消融技术的广泛应用,极大提高了胰腺癌的治疗效果,射频消融、微波消融、氩氦刀等传统消融方法术后感染、出血、胰瘘和胆瘘等发生率高,临床适用性明显受限,也逐渐被临床淘汰。与上述传统的消融技术相比,纳米刀消融术作为一种新兴的消融方法,具有"选择性消融"的独特优势。IRE 具有:①消融区与非消融区之间界限清晰;②组织选择性好;③不受大血管血流的热/冷吸除作用影响;④消融时间短等优点,逐渐受到医生的"恩宠";更加适用于诸如胰腺癌、肝门部胆管癌等靠近胰管、胆管、肝门复杂部位的肿瘤微创治疗(图 5-5-4)。

6. 常见并发症

(1)胰源性腹水、急性胰腺炎以及胰瘘:任何有创操作均易造成胰管的机械性损伤。

(2)胃肠道损伤:由于操作不当等原因,仍有可能造成胃壁、肠管的机械性穿刺损伤,造成局部水肿、出血等。

(3)静脉血栓形成:在流速较慢的静脉系统存在形成血栓的可能。

(4)心律失常、骨骼肌和膈肌收缩、心动过速、丙氨酸转氨酶和胆红素一过性升高等。

(5)要注意的是在胰腺组织实施消融以后,并发症很大程度上与消融温度相关。

(五)晚期胰腺癌常见并发症的临床处置

1. 梗阻性黄疸

(1)原因:胰头部肿瘤,肝门部淋巴结转移。

(2)处置策略

1)PTCD,一般情况下可行内外引流,若肝门部梗阻严重者,可先行外引流 3～7 天,待梗阻部位炎症水肿消失后,再行内外引流。

2)ERCP,一般情况下可行内外引流,若肝门部梗阻严重者,可先行外引流 3～7 天,待梗阻部位

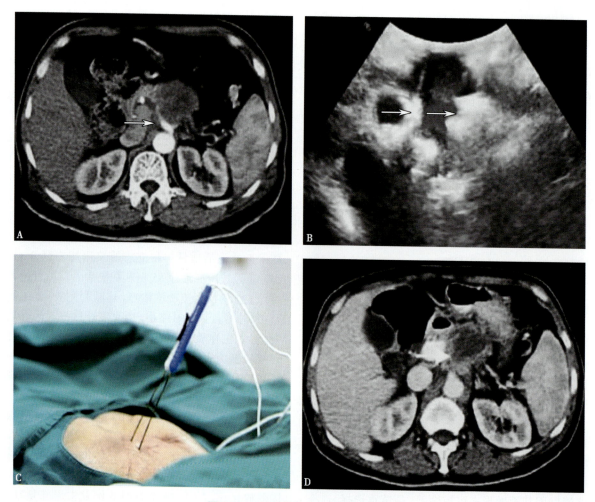

图 5-5-4 胰腺体部 IRE 消融示意图

A. 胰腺体部肿瘤 IRE 消融前增强 CT 显示肿瘤包绕腹腔干、脾动静脉、肠系膜动静脉,无法手术切除;B. 术中超声示 2 支电极消融时针道区出现气泡,呈现高回声,显示病灶消融完全;C. 经皮纳米刀消融胰腺肿瘤示意图;D. 同一患者 IRE 术后 30 天后 CT 增强扫描示病灶中心无强化,肿瘤缩小

炎症水肿消失后,再行内外引流。

3)胆道支架植入,根据梗阻的原因不同,选择不同规格的支架,在肝功能基本恢复正常后植入支架。

2. 胃肠道梗阻

(1)原因

1)腹腔内淋巴结转移压迫胃肠道。

2)胰腺癌病灶压迫。

3)胰腺癌术后吻合口狭窄。

(2)处置策略

1)胃肠减压,置入胃肠营养管至胃肠道梗阻段远端3～7天,待梗阻部位炎症水肿消失后,再行支架植入。

2)胃肠道支架植入。根据梗阻的原因、部位不同,选择不同规格的支架。

3. 顽固性疼痛

(1)原因

1)腹腔内淋巴结转移压迫。

2)胰腺癌病灶压迫。

3)腹腔神经节受侵犯。

(2)处置策略

1)局部消融(射频、微波、冷冻、不可逆性电穿孔、高强度聚焦超声)。

2)腹腔神经节阻滞术。

3)疼痛阶梯治疗原则。

三、展望

目前不能手术切除的中晚期胰腺癌的主要治疗策略有全身化疗、放疗、靶点治疗、内镜介入治疗等,单一的治疗疗效均较差。因此,多学科综合治疗晚期胰腺癌开创一条新的治疗思路。其中综合治疗包括胰腺癌术前准确的评估,规范化的手术切除,辅助放化疗,介入治疗、姑息性治疗以及生物治疗和分子靶向治疗。近年来,随着新型器械的不断发明,影像引导下的肿瘤消融技术得到了迅速发展,逐渐成为继外科手术、放疗、化疗后的又一重要治疗手段,并且疗效已得到广泛认可,尤其在根治性及姑息性手术(包括联合术后辅助化疗及新辅助化疗)的发展仍未能明显改善胰腺癌患者的长期生存的背景下。

ASCO指南指出,潜在可切除胰腺癌患者的诊治应在高水平医疗机构以多学科协作模式进行,国内外大多开始推荐行新辅助治疗,即通过术前全身化疗和或局部放疗,以减小肿瘤负荷实现降期治疗,从而提高R0切除率,延长生存时间,而新辅助化疗方案主要为FOLFIRINOX和白蛋白-紫杉醇联合吉西他滨方案。对于新辅助治疗后仍不可切除性和转移性胰腺癌,各国学者已达成共识,认为化疗能减轻患者的症状、延长生存时间、提高生存质量,主要的化疗方案如表5-5-1所示。

对于上述患者,CTAI、125I粒子植入、射频和微波消融、纳米刀等介入治疗是非常重要的选择。根据肿瘤大小、形态、部位、邻近脏器解剖关系等,选择一种或多种介入治疗方法可有效提高晚期胰腺癌患者的总体生存期和生存质量。同时也可联合其他治疗方法,如外科手术、介入、射频消融、化疗、生物治疗等多种方法,做到综合性、多方案、个体化的治疗,提高不可切除胰腺癌整体治疗水平以及延长患者生存期、提高生存质量。

(孟志强)

表 5-5-1 胰腺癌推荐治疗方案

术后辅助治疗方案（体能较好者）	新辅助化疗方案	晚期一线治疗方案		晚期二线治疗方案	
		体能较好者	体能较差者	体能较好者	体能较差者
S-1 单药	FOLFIRINOX	GEM＋白蛋白结合型紫杉醇	GEM 单药	纳米脂质体伊立替康＋5-Fu/LV	推荐进行二线化疗
GEM 单药	GEM＋白蛋白结合型紫杉醇	FOLFIRINOX 方案	S-1 单药	既往未接受 GEM 化疗的患者首选 GEM 为基础的化疗	GEM 为基础的单药化疗
GEM＋卡培他滨	GEM＋S-1	GEM 单药	卡培他滨单药	S-1 单药	氟尿嘧啶类为基础的单药化疗
5-Fu/LV 参加临床研究	GEM＋S-1 S-1 单药 GEM＋厄洛替尼 GEM＋尼妥珠单抗	GEM＋S-1	持续灌注 5-Fu	卡培他滨单药 5-Fu/LV/奥沙利铂 S-1/奥沙利铂 卡培他滨/奥沙利铂	最佳支持治疗

第六节　胆管系统疾病

一、病因病理与临床表现

（一）胆道系统良性疾病

1. 胆石症　胆石症（cholelithiasis）是指胆道系统（包括胆囊和胆管）的任何部位发生结石的疾病。临床表现取决于结石是否引起感染、胆道梗阻及梗阻的部位、程度。临床表现理论上可分 4 期，1 期为"胆石生成期"，多无症状；2 期胆石形成，仍无症状；3 期为有症状胆石症，多表现为胆绞痛；4 期出现胆石并发症，如急性胆囊炎、急性化脓性胆管炎、慢性胆囊炎、胆总管结石梗阻、胆囊腺癌等。

2. 胆道炎症　胆道炎症以胆管炎症为主者称为胆管炎（cholangetitis），以胆囊炎症为主称为胆囊炎（cholecystitis），多为在胆汁淤积基础上继发的细菌性感染，常伴有胆道结石。轻症时多以抗感染治疗、外科手术切除为主，重症感染时常需先行穿刺引流联合抗感染，后期争取获得手术时机。

3. 胆道系统良性肿瘤　胆道良性肿瘤少见。中年女性占 70%～80%，其中 30%～40% 的患者伴有胆囊炎、胆石症。胆囊病变多表现为突入胆囊腔内的局限性肿块，以胆囊腺瘤、乳头状瘤、胆囊腺肌瘤、胆固醇性息肉、炎性息肉、增生性息肉常见。胆管病变多表现为胆道梗阻症状，以上皮来源乳头状瘤、腺瘤多见，间质来源血管瘤、脂肪瘤、平滑肌瘤等少见，常为单发，90% 出现梗阻性黄疸，80% 有腹痛或绞痛病史，由于梗阻常伴有继发性感染，亦有发生胆道出血者。

4. 胆道术后狭窄性病变　医源性胆道损伤、胆道术后吻合口粘连、瘢痕增生所致狭窄，尤其以胆肠吻合处多见。

（二）胆道系统恶性疾病

胆道癌（biliary tract cancers）包括胆囊癌、肝内胆管癌和肝外胆管癌。胆囊癌发病率占胆管疾病 0.4%～3.8%，5 年总生存率仅为 5%。流行病学危险因素主要包括胆囊结石、胆囊慢性炎症、胆囊息肉、胰胆管汇合异常等。最常见的病理学类型为腺癌，还包括腺鳞癌、鳞癌、未分化癌，神经内分泌来源肿瘤及间叶组织来源肿瘤等。早期无特异性临床表现，一旦出现右上腹疼痛、包块、黄疸等，提示已属晚期。胆管癌（cholangiocarcinoma）统指胆管系统衬覆上皮发生的恶性肿瘤，按所发生的部位可分为肝内胆管癌（intrahepatic cholangiocarcinoma，ICC）和肝外胆管癌（extrahepatic cholangiocarcinoma，ECC）。病因不明，危险因素包括高龄、胆管结石、胆管腺瘤和胆管乳头状瘤病、Caroli 病、胆总管囊肿、病毒性肝炎、肝硬化、原发性硬化性胆管炎等。组织学类型以腺癌最常见，偶见腺鳞癌、未分化癌等类型。胆管癌表现多样，ICC 早期无特异性，随着病情的进展，可出现腹部不适、腹痛、乏力、恶心、上腹肿块、黄疸、发热等。肝门部或肝外胆管癌以进行性梗阻性黄疸为主要症状。肝外胆管癌较肝内胆管癌多见，肝门胆管癌是最常见的肝外胆管癌。肝门部胆管癌的 Bismuth-Corlette 分型（图 5-6-1）：Ⅰ型：累及肝总管；Ⅱ型：肝总管及左右肝管汇合部（累及一级胆管开口）；Ⅲa 型：肝总管、左右肝管汇合部、右肝管（累及一级胆管，右侧二级胆管开口）；Ⅲb：肝总管、左右肝管汇合部、左肝管（累及一级胆管，左侧二级胆管开口）；Ⅳ型：肝总管、汇合部和同时累及左右肝管（累及一级胆管，双侧二级胆管开口）。胆管四级分支：一级胆管指左右肝管，二级胆管指肝叶胆管（5 叶），三级胆管指肝段胆管（8 段），四级胆管指毛细胆管。恶性梗阻性黄疸（malignant obstructive jaundice，MOJ）是由恶性肿瘤的浸润、压迫导致的肝内外胆道狭窄或闭塞，临床以梗阻性黄疸为主要表现的一组疾病。最常见的原因由肝、胆、胰等部位的恶性肿瘤及转移肿瘤侵犯胆道所致。

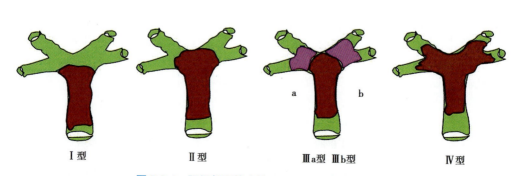

Ⅰ型　　　　Ⅱ型　　　　Ⅲa型 Ⅲb型　　　　Ⅳ型

图 5-6-1　肝门部胆管癌的 Bismuth-Corlette 分型

二、介入治疗方法(原理)

胆道疾病主要介入技术包括经皮肝穿刺胆道引流(percutaneous transhepatic cholangial drainage, PTCD)、经皮肝穿刺胆道支架植入(percutaneous transhepatic biliary stent, PTBS)。

PTCD是指在影像设备(通常为DSA下X线透视或B超)引导下经皮经肝穿刺胆管并置入引流管,使胆汁流向体外或十二指肠的技术,是所有胆道梗阻介入治疗的基本技术。主要用于各种胆道梗阻和急性炎症的治疗。包括外引流、内引流和内外引流。外引流指当引流管不能或不必通过梗阻部位,将胆汁引流至体外引流袋,外引流通道可关闭状态,留作冲洗和后续治疗用。内外引流是导丝顺利通过梗阻段进入十二指肠,采用内外引流管将胆汁同时引流至体外和肠道。

PTCD长期引流易发生引流管堵塞、移位和脱落,穿刺部位感染,需要定期更换引流管,放置胆道金属内支架符合生理性胆汁流向,支架口径大、支撑效果好、生活质量显著提高,生存期明显延长,目前已成为恶性阻塞性黄疸的重要治疗手段。目前胆道支架主要有塑料支架和金属支架。术后良性胆管狭窄首选可取出的塑料内涵管,而恶性胆管梗阻首选使用金属支架。临床上应用最多的是自膨式金属直筒型支架,主要有网状编织型(如Boston Scientific公司的Wallstent支架、南京微创公司生产的MT支架)和激光雕刻型(如COOK公司生产的Zilver支架)。纪建松教授团队巧妙设计了Y型嵌合内支架植入治疗肝门部恶性胆道梗阻(Bismuth-CorletteII、III型),有效的解除左、右肝管及肝总管梗阻这一临床难题。近年来滕皋军教授团队研制的胆道粒子支架,在有效解除恶性胆道梗阻的同时,通过支架携带的^{125}I放射性粒子对肿瘤内照射抑制了肿瘤生长,明显延长了患者的支架通畅时间和生存期,这方面是一个很大的进步。

1. 术前常规准备

(1)完善B超、CT等检查,详细了解患者病情,结合超声检查资料选择相应穿刺部位及进针径路。

(2)检查血细胞分析、肝功能、凝血功能等。

(3)术前禁食8~12小时。

(4)术前用药:术前1~2天预防性应用胆道排泄性抗生素。严重黄疸患者术前三天注射维生素K。

(5)大量腹水者置入腹腔引流管放腹水或者经剑突下入路。

(6)术前应取得患者理解和配合,应向患者作必要的解释,签署知情同意书。

2. 器械准备

经皮肝内胆管穿刺套件、尖刀片、导管、导丝、胆道引流管、胆道支架等。方法步骤:

(1)经皮穿肝内胆管引流术(PTCD)技术:右侧胆管入路一般选右腋中线第7~9肋间隙为穿刺点。剑突下入路:一般选剑突下1~2cm,向左旁开2cm贴近左肋缘。常规消毒、铺巾,2%利多卡因局麻。在B超引导下,应用22G(0.71mm)穿刺针避开胸腔、肝动脉、门静脉穿刺肝内胆管,回抽可见黏稠胆汁回流。确定穿刺针进入胆道后,在X线监视下造影,了解阻塞情况及是否有造影剂外溢等情况。如果位置理想,用导丝引导换下细穿刺针,置换入套管,选好位置用交换导丝导入胆道引流导管。再造影观察引流管位置及无造影剂外溢后,皮肤缝合固定,无菌敷料包扎,外接引流袋。

(2)支架植入技术:一般在PTCD引流后1周进行,亦可同时进行。在导管导丝协同操作下经不断调整方向使其通过狭窄 - 闭塞段进入十二指肠,注入对比剂显示狭窄闭塞段的范围和程度。沿导管引入超硬导丝至十二指肠远端,退出导管并引入支架输送器,透视下确定支架两端位置,释放支架。释放成功后,退出输送器,支架置入后再次造影,了解梗阻改善情况,必要时再次球囊扩张或置入另一支架。胆道粒子支架植入是先行胆道粒子支架植入,保留导引导丝,再行普通支架叠加植入。

(3)肝门部恶性胆道梗阻Y型嵌合内支架植入技术(图5-6-2):先分别行左、右肝内胆管置管引流,经PTCD引流管进行胆管造影,明确梗阻部位及长度后,选择相应规格的胆道金属内支架,先行一侧支架植入;另一侧在导管配合下将导丝经金属支架网孔进入支架内,导丝在支架内走行并通过胆总管进入肠腔内,沿导丝送入球囊预扩张支架网眼后,再沿导丝送入另一枚胆道金属支架,跨越对侧支架预扩网孔释放。如支架扩张受限可行球囊后扩,这样2枚胆道金属内支架嵌合成一个Y型支架,使原有的肝门部胆道解剖形态恢复,有效解除肝门部恶性肿瘤所致的左、右肝管及肝总管梗阻。

三、适应证

1. PTCD

(1)晚期肿瘤引起的恶性胆道梗阻,行姑息性胆道引流。

(2)深度黄疸患者的术前准备(包括良性和恶性病变)。

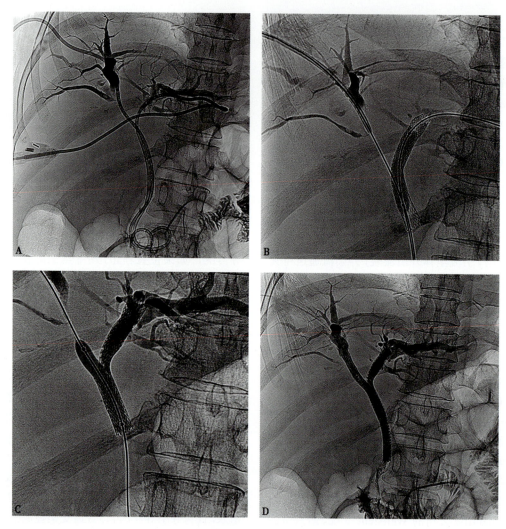

图5-6-2　胆道梗阻Y型嵌合内支架植入技术

A. PTCD置管引流；B. 左侧胆道植入第1枚支架后行球囊扩张；C. 导丝经过左侧胆道支架网眼进入支架内，球囊预扩张支架网眼；D. 跨过第1枚支架网孔植入第2枚支架并球囊后扩，嵌合成Y型支架

　　（3）急性胆道感染，如急性梗阻性化脓性胆管炎，行急症胆道减压引流，使急症手术转为择期手术。

　　（4）良性胆道狭窄，经多次胆道修补，胆道重建及胆肠吻合口狭窄等。

　　（5）通过引流管行化疗、放疗、溶石、细胞学检查及经皮行纤维胆道镜取石等。

　　2. 胆道支架

　　（1）不能手术的恶性胆道闭塞。

　　（2）经反复球囊扩张术治疗不能奏效的良性胆道闭塞，良性胆道阻塞应以引流、球囊扩张、引流管胆道成形为主；恶性胆道阻塞应在球囊扩张的基础上，尽可能的置入支架，如置入支架有困难者，可先行引流，待解除黄疸后，在行放、化疗的基础上，可考虑置入支架。

　　四、禁忌证

　　1. 碘造影剂过敏。

　　2. 恶病质或严重的心、肝、肾功能衰竭和大量腹水患者。

　　3. 有严重凝血功能障碍。

　　4. 毛细胆管性阻塞及硬化性胆管炎等造成的胆管广泛狭窄。

　　5. 患者无法配合完成手术。

　　五、疗效分析

　　PTCD解除梗阻性黄疸近期效果满意，对急性梗阻性化脓性胆管炎（acute obstructive suppurative cholangitis，AOSC）可有效改善症状，使急症手术转为择期手术，有效降低死亡率。

目前用于胆道恶性疾病治疗的主要治疗方法包括根治性手术、姑息性手术、放射治疗、化学治疗、肝移植及介入治疗，根治性手术切除是首选方法，但符合手术指征患者不足 20%，大部分患者发现时已失去切除机会，且会出现梗阻性黄疸症状，常需首先解除黄疸症状。对于可切除的胆道恶性肿瘤，术前不恰当的胆道引流可能会增加感染和手术风险，不推荐术前常规胆道引流，但对伴有营养不良、胆管炎，或术前胆红素水平 >200μmol/L 且须行大范围肝切除者，应行术前胆道引流。对有胆道梗阻而肿瘤不能切除的患者，置入胆道支架可使胆管充分引流，缓解症状，提高存活率。

在经过引流黄疸消退，患者一般情况好转后，可行针对肿瘤的治疗。吉西他滨联用铂类可以作为晚期胆道恶性肿瘤患者的一线静脉化疗用药。物理消融、动脉灌注化疗、外放射治疗、支架内近距离治疗等局部治疗可获得较好的疗效，主要目的是抑制肿瘤的局部生长速度，延缓支架开通时间，提高患者生存期。

目前，数种靶向阻断胆管癌发病机制主要信号通路的药物已批准用于临床试验，包括 EGFR 抑制剂（Cetuximab、Erlotinib 和 Gefitinib）、Raf 激酶抑制剂（Sorafenib）、Her-2 抑制剂（Trastuzumab 和 Lapatinib），以及血管内皮生长因子抑制剂（Sorafenib 和 Bevacizumab）。这些靶向药物的临床疗效还有待于在大样本前瞻性随机临床研究中进一步证实。

六、回顾与展望

1974 年 Molnar 首次报道经皮经肝穿刺胆管引流术以来，PTCD 已成为缓解恶性梗阻性黄疸重要介入治疗方法。1978 年 Lammer 报道经皮置入塑料内涵管引流治疗恶性梗阻性黄疸，1989 年 Yoshioka 使用经皮肝穿刺胆管置放可膨胀式金属支架，介入治疗逐步成为胆管狭窄新的选择。目前 PTCD 及胆道支架植入已广泛应用于临床，可引流淤积的胆汁，改善免疫功能、营养状态，降低感染风险，延长平均生存期。PTCD 引流后血清总胆红素通常明显下降，但易造成水电解质紊乱及酸碱平衡紊乱。随着介入技术发展，PTCD 联合胆道支架植入逐渐成为解除恶性梗阻性黄疸安全而有效的姑息性治疗方法。胆道支架植入后，仍然存在支架再狭窄、感染、支架移位等并发症，为解决这些临床中遇到的问题，需要对这些介入材料进行改进。开发新型的形状记忆高分子材料支架解决径向扩张力不足

及支架降解中管腔堵塞问题，从而应用于胆管良性狭窄。覆膜支架有效地防止肿瘤组织的浸润，抑制胆泥淤积和结石形成，延缓支架再狭窄。Hyeran Hyun 等评估覆膜胆道金属支架植入的安全性、有效性及与肝功能之间的关系，明显提高了支架畅通时间。随着组织工程学的发展，生物可降解支架，不需取出，体内缓慢降解，还可以载药，逐渐成为良性胆管狭窄的新选择。传统胆道支架仅能解除恶性胆道梗阻，但对肿瘤本身并无治疗作用，目前 125I 粒子联合胆道支架已广泛应用于临床，载化疗药物金属支架也见一些报道，今后胆管支架结合局部放化疗技术，开发新的多功能支架如药物支架、放射性支架等，可更好的提高胆管支架的有效开通时间，延长患者的生存期。

（纪建松）

第七节 消化道狭窄

一、病因病理与临床表现

消化道狭窄是消化系统的常见病，根据狭窄性质可分为良性狭窄和恶性狭窄。良性狭窄包括炎性狭窄、有创治疗后狭窄（如内镜治疗、外科术后等）、化学腐蚀伤性狭窄、消化道动力疾病（贲门失弛缓症）、先天性发育异常、肠间粘连等。恶性狭窄病因则主要与肿瘤相关，以恶性肠梗阻多见，多数为中、晚期癌症患者的常见并发症。

根据狭窄部位，也可分为上消化道狭窄和下消化道狭窄。临床上以上消化道狭窄最为常见（图 5-7-1），不同程度的间歇性或持续性吞咽困难为其主要临床表现，轻者仅有轻微的进食不畅或食物粘着感，严重者则进水都困难，重度营养不良，出现恶病质而危及生命。上消化道恶性狭窄以胃癌最为常见，约占 30%～40%。胃、十二指肠的恶性狭窄或梗阻多是由胃、十二指肠以及周围脏器肿瘤浸润或压迫引起，临床上可导致顽固呕吐及营养不良。下消化道狭窄主要指肠道梗阻，多由原发或转移性恶性肿瘤引起，结直肠癌占 10%～28%，其次为卵巢癌（5.5%～51%），小肠梗阻较大肠梗阻更为常见（61% 和 33%），其中 >20% 的患者大肠和小肠同时受累。临床上引起以腹痛腹胀、呕吐、肛门排气排便减少或停止为典型表现的肠梗阻症状。

消化道狭窄治疗最重要的目标就是改善患者生活质量。近年来随着介入放射学技术的迅猛发展，各种新材料及新理念的快速发展，为消化道狭

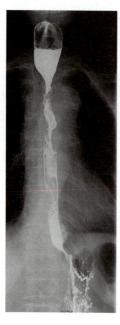
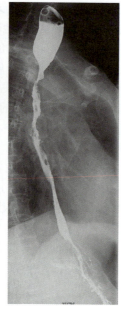

图 5-7-1　食管中上段癌伴狭窄

窄提供了崭新的治疗途径。通过介入手段解除狭窄，使临床症状得以缓解，为后续治疗提供了重要保障。

二、介入治疗方法

消化道狭窄根据病因不同，有多种介入治疗方法可以采用。本书主要介绍下述三种最常用的方法。

（一）球囊导管扩张术

利用球囊的横向扩张力，撕裂狭窄段周围的纤维结缔组织，使狭窄管腔扩张。该方法比较简单，术前影像学检查明确狭窄位置，术中待导管导丝通过狭窄段后引入超硬导丝，沿导丝送入合适的球囊，在扩张过程中球囊可见到狭窄切迹，必须用力将它打开，否则扩张效果极差，但同时 1 次扩张气囊直径不宜过大，扩张后仍存在瘢痕肉芽组织的修复再生，需要逐级增大气囊直径多次扩张才可保持扩大的内径。最后退出球囊导管，重新造影了解狭窄段改变。该方法术后并发症较少，穿孔是比较严重的并发症，发生率为 0%～8.6%。

（二）金属支架置入术

利用支架的膨胀和支撑力，扩张狭窄的消化道，是目前治疗消化道狭窄应用最多的方法（图 5-7-2）。食管、胃、十二指肠以及结直肠等部分的狭窄段均可考虑放置支架。支架植入方法同球囊扩张术，对于支架植入术，关键是根据病变类型选择合适规格和直径的支架。术前的准确评估十分重要，必须完善增强 CT 检查和消化道造影，了解狭窄的位置、长度、性质以及周围组织的关系。如食管中上段的病变，部分患者肿块较大压迫气管者，需注意支架释放后可能导致一侧支气管或气管闭塞。对于胃十二指肠或者结直肠病变，更需评估有无多发狭窄存在或远端肠道的功能，以免支架植入无效。支架释放后的常见并发症有：疼痛、出血、脏器穿孔、支架堵塞、支架移位等。

（三）肠梗阻导管置入术

急性肠梗阻是一种常见的急腹症，其主要病理生理改变为肠内液体滞留、电解质的丢失，以及感染和毒血症。普通的减压管由于长度较短，不能有效减除小肠内滞留的液、气体，尤其是低位小肠内的滞留物不能直接吸引出来。肠梗阻导管现已成为非手术性疗法积极治疗肠梗阻的不可或缺的一

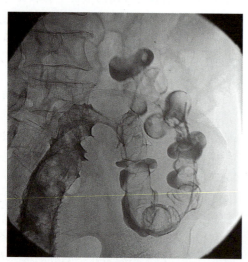
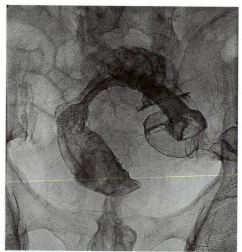

图 5-7-2　乙状结肠癌伴狭窄行支架置入术

种方法。肠梗阻导管分为经鼻型和经肛型。经鼻型导管可快速缓解低位小肠恶性梗阻或右半结肠恶性梗阻患者的临床症状。而对于左半结直肠梗阻可采用经肛放置肠梗阻导管。术后主要并发症有导管堵塞或折曲。

三、适应证及禁忌证

由于消化道狭窄病变复杂，因此在本书中予以分别阐述：

（一）球囊导管扩张术

1. 适应证　各种原因所致的食管、贲门狭窄而出现吞咽困难症状者。包括：①炎性狭窄者；②瘢痕性食管狭窄：食管化学性烧伤或烫伤后狭窄；③食管术后吻合口狭窄；④动力性狭窄：贲门失弛缓症、弥漫性食管痉挛、硬皮病伴食管病变；⑤放化疗后食管狭窄；⑥先天性食管狭窄，如食管蹼、食管环等。

2. 禁忌证　①食管化学性灼伤后 3 个月内；②消化道术后 3 周内吻合口狭窄者；③极度衰竭无法耐受治疗者和生存时间有限的严重疾病患者；④不能合作者；⑤凝血功能障碍者；⑥食管病变疑为穿孔者，尤其合并明显感染者；⑦病变狭窄部位过高、过分广泛或狭窄严重治疗非常困难者视为相对禁忌证。

（二）支架置入术

由于消化道支架应用非常广泛，采用单一的适应证容易出现偏差，因此本文主要通过食管狭窄、胃十二指肠狭窄、结直肠狭窄予以分别阐述。

1. 食管支架

（1）适应证：①食管、贲门部肿瘤所致狭窄或癌肿复发所致狭窄；②食管癌术后吻合口瘢痕狭窄；③合并食管 - 气管瘘或食管纵隔瘘（癌性、放疗后、自发性）；④溃疡、炎症、腐蚀烧伤等所致良性狭窄多次扩张后仍狭窄者；⑤纵隔肿瘤压迫食管引起的吞咽困难者。

（2）禁忌证：①患者严重心、肺疾病不能承受治疗或不能合作者；②高位食管狭窄（癌肿位于食管括约肌 1~2cm 以内）；③坏死组织过多，支架固定困难或大出血者。

2. 胃十二指肠支架

（1）适应证：①良性狭窄：术后的吻合口瘢痕狭窄、化学物质导致的狭窄、肿瘤放疗后的瘢痕狭窄、功能性狭窄；②原发肿瘤导致的恶性狭窄胃窦癌、十二指肠肿瘤、胰腺癌、胆管癌、淋巴瘤等；③术后狭窄。

（2）禁忌证：胃十二指肠支架置入术操作比较安全，除完全性管腔闭塞需要再建立通道外无绝对

禁忌证，相对禁忌证包括门静脉高压导致的胃底静脉曲张出血期、严重的出血倾向、严重的心肺功能衰竭、广泛的肠粘连并发多处小肠梗阻等。

3. 结直肠支架

（1）适应证：①恶性肿瘤浸润压迫引起的结直肠狭窄或阻塞而致恶性梗阻的姑息治疗；②外科手术前过渡期的治疗；③良性梗阻的治疗：结肠支架也可缓解良性病变所致的结肠梗阻，如吻合口狭窄、克罗恩病、放射性结肠炎和憩室病，但多为暂时性使用；④结肠外压迫：结肠外恶性病变的压迫导致结肠梗阻。

（2）禁忌证：无绝对禁忌证，但下列情况需慎重对待：直肠狭窄累及肛门括约肌、肠道多发狭窄梗阻；此外急性炎症、出血或严重出血倾向、严重心肺功能衰竭者也为相对禁忌证。

（三）肠梗阻导管置入术

1. 适应证　①单纯性粘连性肠梗阻；②需手术治疗的严重粘连性肠梗阻；③术中经肠梗阻导管行肠排列，防止术后复发；④肠道肿瘤引起的癌性肠梗阻。

2. 禁忌证　①绞窄性肠梗阻者为绝对禁忌；②有血管栓塞等血行性障碍的患者为绝对禁忌；③重度食管静脉曲张、消化道出血者需慎重选择；④肠蠕动减慢或消失者为相对禁忌证。

四、疗效分析

球囊扩张治疗消化道狭窄因其简单、方便，近期疗效明显而得到广泛应用。一组研究显示球囊扩张治疗无症状期为 9.3~12 个月。总体而言，由于球囊扩张后容易再次狭窄，需要短期内反复扩张，其次对于狭窄段，球囊的合适直径较难选择，因此总体而言疗效欠佳。

消化道支架的临床应用是消化道介入治疗史上的重要发展标志。临床实践中，依据不同病变部位置入相应的消化道支架，可有效重建消化管道的通畅性，为传统手术不治或难治的疾病开拓了新的治疗途径。

Adam 等报道了覆膜支架和裸支架的前瞻性研究，支架植入后 1 月两组吞咽困难改善相同，但是覆膜支架发生移位较高，5%~32% 的患者因此出现吞咽困难症状复发，裸支架移位率低（0%~3%），但容易引起再次梗阻。近年来放射性粒子支架置入治疗晚期食管癌已得到越来越多的应用。它不仅可以解除食管狭窄、梗阻症状，也保持对肿瘤的持续内放射杀灭作用，延长患者生命，保障生活质

量。Guo 等比较了 ^{125}I 放射性粒子食管支架组和单纯覆膜食管支架组在治疗晚期食管癌方面的差异，结果显示，粒子支架组患者中位生存期为 7 个月，覆膜支架组中位生存期为 4 个月。

Jeurnink 等关于胃、十二指肠支架置入和胃空肠吻合术在治疗胃流出道梗阻方面的对比，荟萃分析显示，对于预期生存期较短的患者行支架置入治疗较手术更为理想。Won 等对 22 例良性幽门狭窄患者行支架置入术，结果显示，所有病例均无重大并发症出现，早期症状改善 18 例（81.1%），在随访期间（10.2 个月），6～8 周时，7 例患者支架置入成功，另 15 例出现支架移位，其中 7 例显示出持续症状改善且无梗阻症状复发。

经过近 20 年的临床实践，结直肠支架治疗的疗效得到了众多研究者的肯定。Watt 等进行的荟萃分析纳入了 88 项研究，共 1845 例患者。结直肠支架置入成功率中位数为 96.2%（66.6%～100%），临床缓解率为 92%（46%～100%）。肠梗阻支架作为术前过渡治疗被广泛接受，Zhang 等进行的一项荟萃分析纳入 8 项研究共 601 例患者。其中 232 例接受支架置入、369 例行急症手术。结果显示，支架置入术前过渡治疗较急症手术的术中造瘘率低，I 期吻合率明显提高，术后病死率与 3 年长期存活率无影响。结肠支架按表面是否有被覆膜，又分覆膜支架和不覆膜支架。一项纳入 151 例结直肠癌伴梗阻患者的随机前瞻性研究显示，两种支架治疗的临床缓解率、置入成功率无显著变化；但覆膜组较少发生肠腔再狭窄（3.8% vs 14.5%），却更容易发生支架移位（21.1% vs 1.8%）。

近年来肠梗阻导管在临床上的应用也愈发多见，其在解除急性下消化道梗阻方面也有着不可小觑的作用。因导管可直接到达梗阻部位，对梗阻的近端肠管实施减压，效果肯定，尤其是粘连性肠梗阻，疗效更甚。对于恶性梗阻，在常规治疗的基础上应用肠梗阻导管，腹痛、腹胀症状得以明显缓解，有利于提高患者的生活质量。一项关于肠道金属支架置入及经肛肠梗阻导管置入解除急性左半结直肠癌性梗阻的研究显示，对比肠梗阻缓解情况，支架组的临床成功率高于导管组，但差异无统计学意义。

五、回顾与展望

（一）消化道狭窄的治疗方式

对于良性狭窄，除了前述的球囊扩张外，还可采用探条扩张、手术治疗以及临时支架置入治疗。

对于恶性肠梗阻，可选用的手术方式包括根治性手术、姑息性手术、捷径手术、胃肠造口术等，需根据患者的年龄、白蛋白水平、肿瘤部位、性质、分期及合并症选择相应的术式。若不能耐受者可考虑介入微创治疗。除了常用的消化道支架和肠梗阻导管外，还可采用鼻胃管、经皮胃或肠造瘘术、肿瘤区域灌注化疗等。

对于介入治疗的引导方式，鉴于内镜在消化道的重要价值，可根据术者经验和病变位置加以选择。比如对于十二指肠恶性狭窄或者部分结直肠梗阻，内镜引导下放置支架植入可能更有效。

当然，对于消化道狭窄若传统的支架植入方法无效，可以联合多种技术适当创新，更好的解决患者的梗阻问题。以十二指肠支架置入为例，还可采用经胃造瘘术，然后内镜下或者 DSA 引导下放置肠道支架；也有作者采用经皮穿刺通过胆管的方法，将导丝逆行通过十二指肠狭窄段进入胃腔，然后放置支架。总之根据病变部位，采用合适的路径放置支架仍有非常广阔的想象空间。

（二）消化道介入治疗的回顾

London 等于 1978 年首先使用球囊导管治疗食管狭窄获得成功。对于食管支架的历史可以追溯到 1885 年。在之后的 100 多年里，食管支架在临床应用中得到了很大的发展，1983 年 Frimberger 报道了采用金属支架治疗食管狭窄，从而揭开了金属支架治疗消化管腔狭窄性病变的历史。1994 年，覆膜金属支架在食管-气管瘘治疗过程中首次出现，这是消化道支架发展史上的重大进步。随着支架制作材料和工艺的不断更新改进，越来越多性能优越的新型支架应用于临床，如生物性可降解支架、药物释放性覆膜支架、无机纳米抗菌材料制成的支架、放疗支架、暂时性自扩式支架等。支架本身的发展从最初第一代支架即裸支架、第二代支架即覆膜支架正在向现在第三代的载放射性粒子支架、药物洗脱支架和可吸收支架过渡，目前 ^{125}I 放射性粒子支架兼具抗肿瘤和抗增殖效果，目前已在临床广泛应用，并纳入了各种指南之中。

此外生物可降解支架和药物涂膜支架也是重要发展方向，前者由生物可降解或者可吸收的材料制成，在管腔内短期成形，在人体特定的病理过程中完成它的治疗使命后最终在体内降解消失。目前临床应用的可降解支架大致分为两大类：生物可降解金属支架和生物可降解高分子支架。药膜支架通过覆盖在金属支架表面的聚合物携带药物缓慢释放方式发挥生物学效应，可有效地预防和治疗由于支架刺激黏膜造成的炎症和再狭窄，目前支架所载药物常为紫杉醇和5-氟尿嘧啶等。

（三）不足及未来发展趋势

消化道支架在消化系统良、恶性狭窄治疗中起到了重要作用，具有操作简便、创伤小、效果显著等优点，成为缓解消化道梗阻症状的重要手段，适应证也越来越多。正如滕皋军教授所言，创新永远是介入发展的动力，包括技术创新、器械创新及理论创新。而胃肠道支架的发展更是实实在在地践行了这一主题，其中针对支架并发症进行改进仍是未来重要的努力方向。

首先，支架的移位问题。在以往的报道中，支架移位发生率的范围在7%～58%，并且全覆膜支架高于部分覆膜支架。这是因为支架的覆膜阻碍了黏膜组织生长进入支架网孔，不能有效固定支架；另一个原因是置入支架的直径同管腔不匹配或者缺少狭窄结构。如何有效解决这一问题？扩大支架的直径来抗移位？但支架过大，尤其是支架两端膨起张开部位和相对锐利的边缘，很容易导致局部出血、穿孔、坏死等。采用裸支架可以减少移位？但是容易出现早期狭窄。所以，设计何种形状、直径或者覆膜-裸比例的支架来减少移位仍是我们需要考虑的。

其次，对于支架的再狭窄，支架置入后引起的局部黏膜的炎症反应和肿瘤组织过度生长等导致支架再次狭窄的问题，该问题一直没有得到彻底解决。第三代的载放射性粒子支架、药物洗脱支架和可吸收支架何种材料哪种方案更具前景？

未来消化道支架的发展方向是使支架易膨胀、易固定，方便移除、不影响正常消化道蠕动还能够恢复病变部位的功能，使其功能接近正常。为了这一目标，我们需要不断地探索和研发更为科学合理的设计，以及更多适用于制造消化道支架的高科技材料，为消化道疾病提供更多的诊疗方法。

（纪建松）

第八节　消化道出血

一、病因病理与临床表现

消化道出血是最常见的临床急症之一，具有病因复杂、病情发展迅速、误诊率高的特点。分为动脉性出血和静脉性出血。以屈氏韧带为界分为上消化道出血和下消化道出血。消化道出血大多是消化道本身疾病引起（图5-8-1），主要病因为包括消化性溃疡、肿瘤、憩室、息肉、血管畸形、克罗恩病、炎症、化学性及机械性创伤等，由于胃肠道局部深浅血管的破坏造成消化道出血。或肠系膜血管缺血性疾病，肠系膜动、静脉栓塞及血栓形成所致出血，或导致胃肠道血运障碍的其他疾病如急性胃扩张及胃肠道扭转、套叠、内疝等，也可导致胃肠道缺血、黏膜坏死，进而出现消化道出血。静脉性出血主要见于门静脉高压所致胃底、食管静脉破裂出血，主要治疗方法较特殊，详见门脉性高压章节。少数消化道先天或后天发育异常导致的病变如消化道憩室、膈疝、异位胰腺及消化道重复畸形等可导致消化道出血。另外胃肠道外的全身性疾病可能引起消化道的破坏，形成黏膜糜烂、溃疡等，引起出血，如某些血液病：白血病、再生障碍性贫血、血友病、紫癜等及尿毒症、结缔组织病、应激性溃疡、严重的全身感染性疾病等。消化道出血的临床表现主要与出血部位、出血量及出血速度有关，常表现为呕血、便血和失血性休克等临床症状。诊断要点包括出血部位、出血量及原因。一般可根据患者的病史及临床表现，呕血或便血为主，鲜红色或柏油样大便及出血量等作出初步判断。血红蛋白下降10g/L，大约失血400ml，短时间内失血量超过1000ml，可出现周围循环衰竭表现。对于不明原因出血，内镜检查是必要的，近年来，由于CT设备及技术的进步，CT增强扫描及CTA检查逐步成为消化道出血的首选检查方法之一，特别是对下消化道出血的患者。消化道出血的主要治疗方法有介入治疗、内镜下治疗及外科手术治疗。由于消化道出血是临床常见的急症，部分下消化道出血患者难以确定出血部位，造成外科手术困难，

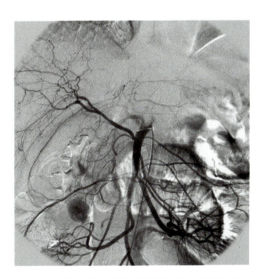

图5-8-1　肠系膜上动脉造影提示小肠间质瘤出血

还有部分患者由于出血凶险,休克难以纠正,进行急症手术及内镜治疗风险极高。盲目剖腹探查不仅手术风险大,术后患者恢复慢,而且也有部分病例找不到出血病灶,内科抗休克和止血治疗虽能减少出血量、降低生命危险性,但绝大多数患者不能达到永久止血目的。介入作为微创并且高效的诊断兼治疗消化道出血手段得到了广大临床医师共识。绝大多数患者还能在急诊造影检查同时,进行出血动脉栓塞和(或)缩血管药物灌注止血,既能起到及时诊断的目的,又能收到立竿见影的止血效果。

二、介入治疗方法(技术要点)

动脉造影在消化道出血的诊断和治疗中具有重要价值,尤其是大出血和小肠出血患者。其价值在于直接显示出血部位,明确出血原因,随着目前 DSA 设备的发展,当出血速度在 0.5ml/min 以上时,血管造影就容易发现出血部位,同时经导管迅速行介入治疗,控制活动性出血。通常经股动脉插管,行全消化道血管(腹腔动脉、肠系膜上、下动脉)造影,明确出血部位后,微导管超选至出血动脉,用微弹簧圈、明胶海绵、PVA 颗粒、组织胶等栓塞材料栓塞出血动脉或灌注血管加压素等止血药物止血,技术要点包括:

1. 术前应详细了解患者病史,根据脉率、血压等生命体征变化及血红蛋白、红细胞计数及红细胞压积测定等估计失血程度,初步判断消化道出血部位及出血量。先有呕血或呕血与黑粪兼有者,出血部位多在胃或食管,单纯黑粪常为十二指肠出血。服用非甾体类消炎止痛药、饮酒、严重创伤、严重感染之后上消化道出血,最可能为急性胃黏膜病变。有慢性、周期性、节律性上腹痛史,尤其出血前疼痛加剧,出血后疼痛减轻或缓解者,提示消化性溃疡出血。酒后呕吐或妊娠呕吐,尤其先呕出食物残渣继而呕出鲜血者,常提示 Mallory-Weises 综合征(食管贲门黏膜撕裂综合征)。有慢性肝炎、血吸虫病、慢性酒精中毒、肝硬化或肝癌,并有门脉高压体征者,提示食管、胃底静脉曲张破裂出血。伴食欲减退和体重减轻的上消化道出血,应考虑恶性肿瘤引起消化道出血。术前尽量完善全腹部 CTA 检查,了解消化道血管分布及走行,查找病因,为制定介入治疗方案作充分的准备。

2. 消化道动脉造影中动脉早期或晚期出现对比剂外溢、集聚或涂布肠壁,局部对比剂瘤样滞留,并外溢,为出血直接阳性征象(图 5-8-2)。责任血管增粗、变细或出现异常迂曲,局部出现异常血管

团,为出血间接阳性征象。仅有间接阳性征象,需结合其他检查综合评估。对于造影未发现出血灶、肠道蠕动又较快的患者,可经导管肠系膜上动脉灌注东莨菪碱,10~20 分钟后再重新作造影。

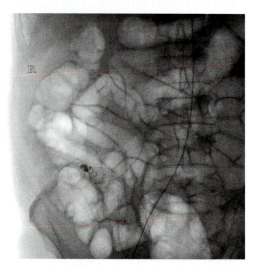

图 5-8-2 肠系膜下动脉造影提示回盲部血管畸形,血管湖征象

3. 动脉造影如发现消化道出血的征象,应仔细分析出血动脉的部位、直径、出血速度及靶器官的侧支循环情况,选择合适的栓塞材料。对于较粗大的分支,采用弹簧钢圈结合明胶海绵颗粒、PVA 颗粒进行栓塞,根据血管大小,颗粒直径选取 350~1000μm 合适规格,既往观念认为消化道动脉性出血的患者禁用组织胶进行栓塞,但近年来部分经验丰富的介入医生在效果欠佳的情况下行结合组织胶栓塞,仍取得满意效果。由于空回肠及结肠的侧支循环较少,单支动脉末梢分支的广泛栓塞亦会引起肠道缺血的严重并发症,故对于空回肠及结肠的供血动脉进行栓塞时,务必谨慎,选择超选择性插管,尽可能靠近出血点,栓塞水平应严格控制在出血动脉近端弓状动脉以内,栓塞范围不宜过大。

4. 空回肠及结肠侧支循环少,需要对栓塞后肠管坏死穿孔等并发症要有充分评估,对出血动脉应尽可能超选至末端分支栓塞,以降低肠道缺血坏死的风险,对于可以或者外科手术切除能彻底止血或治愈的病变,在与外科医生和患者家属讨论并取得一致意见情况下进行栓塞,止血后可赢得二期手术治疗的机会。

5. 栓塞后仍存在再出血风险,多发生在栓塞后24 小时内,主要原因是栓塞不完全或栓塞后的责任动脉新的侧支动脉开通,因此栓塞后应行可能的

吻合支造影，发现有吻合支，应行栓塞治疗，考虑有出血复发可能性的患者，可保留导管鞘，术后24小时出血未复发再拔除动脉鞘管。

6. 对于下消化道出血无法完成超选择插管时，不能完成动脉栓塞或出血呈弥漫性，应用血管加压素是一个安全、可靠的血管收缩剂，在较大级分支造影明确出血部位后，可经导管内灌注止血药物来止血。利用血管加压素、垂体后叶素、去甲肾上腺素等药物能引起血管平滑肌和胃肠道平滑肌的收缩作用，经导管内灌注，达到止血作用，灌注后20分钟即可重复造影确定疗效，也可以调节血管升压素的剂量以产生不同程度的血管收缩效果，从而达到较机械性栓塞更易控制且可逆的缺血状态。

三、适应证

1. 各种原因所致的活动性消化道出血，经内科保守治疗无效，而又不具备急诊外科手术条件者，均为介入动脉造影的适应证。特别是小肠出血患者，由于目前缺乏其他有效的精确定位手段，动脉造影是最佳选择。但是应该认识到动脉造影的限度，首先是动脉造影仅对动脉性出血敏感，临床上常见的静脉性出血则不敏感，另外虽然对比剂外溢是出血最为直接的征象，但此征象依赖于出血速度。

2. 经动脉灌注血管加压素适应证主要是除外血管异常和肿瘤性的消化道出血，文献报道总体有效率为52%～91%，严重并发症率很低，但出血复发率较高。

3. 消化道出血行动脉栓塞的适应证是动脉造影发现活动性的出血部位或病变，由于胃及十二指肠血供丰富、侧支循环多，行栓塞治疗相对安全，但对于栓塞治疗下消化道出血时应持谨慎态度，应贯彻积极、稳妥的原则，栓塞级别控制在末级弓状动脉以内。

四、禁忌证

对于重要脏器（心、肝、肾）严重功能不全的病例、出凝血功能障碍患者、严重感染者等应为相对禁忌证，介入治疗应慎重。近期心肌梗死、严重冠心病、心肌储备力差等应视为血管加压素禁忌证。

五、疗效分析

介入治疗急性消化道出血是目前临床治疗急性消化道出血较常用的诊断与治疗方法。它能够动态地、多方位地观察可疑病变血管，同时，通过造影导管即可进行栓塞和药物灌注治疗，操作较简便，疗效肯定。介入血管造影对不明原因和部位的消化道出血的诊断率为77%～95%，止血有效率可达82.7%，不足之处是仍有部分患者较难发现出血血管，尤其是出血量相对较小或多根血管小流量出血时，较难诊断。约有1/4的患者无法进行介入治疗。动脉造影结合栓塞治疗可以作为消化道出血的一项重要辅助诊断及治疗措施，不仅可以作为不适于手术或难以耐受手术的患者抢救生命的重要治疗措施，还可作为手术前定位诊断，提高手术安全性的重要手段。

六、回顾与展望

1. 目前用于消化道出血治疗的不同方法　急性消化道大出血病情危重，常因出血量大，出血原因复杂，出血部位的难以判断，病情延误而不能及时止血致失血性休克而死亡；对于老年体弱者、同时罹患多种疾病及再次出血患者，死亡率更高。因此准确估计出血部位并及时治疗，对抢救生命极为重要。急诊剖腹探查手术是治疗急性消化道出血的有效方法，但手术风险大、创伤大，并且约3%～20%患者仍无法找到确切的出血灶，往往作为微创手术失败后的选择。内科抗休克和止血治疗虽能减少出血量、降低生命危险性，但绝大多数患者不能达到永久止血目的，病情反复。在消化道出血的诊断及治疗中，胃肠钡餐检查由于诊断率低，检查需要一定时间，还需要患者配合，目前临床已较少使用，急诊内镜临床应用广泛，并取得一定的临床效果。但对于肠道准备不充分的急诊患者来说，因胃肠腔内的积血、食物及粪块等遮挡而难以找到出血部位，且内镜检查有导致胃肠道穿孔的潜在危险，因此在胃镜下止血效率低，效果很不确切，对急诊患者来说有一定的限制。

2. 介入治疗在消化道出血中的优势　动脉栓塞治疗对于消化道出血疗效较为肯定，若造影发现阳性所见，选择性栓塞的成功率较高，则治疗止血疗效肯定，文献报道，栓塞治疗的有效率多在75%以上，但栓塞治疗的复发率也较高，约有20%以上，这是由于胃肠道供血动脉侧支丰富，并且栓塞治疗并未直接去除病灶的原因。但是经过多支多次栓塞，多数患者仍可达到较好的疗效。栓塞治疗为纠正休克状态、提高手术安全性起到了很大作用，所有栓塞治疗患者在进行手术时，造影定位的结果及栓塞用钢圈均为手术中找到出血病灶起到了很大帮助，特别是在小肠出血中起到了关键性的作用。因此，动脉造影结合栓塞治疗可以作为急性消化道大出血的一项重要辅助诊断及治疗措施，不仅对于不适于手术或难以耐受手术的患者可以作为重要的抢救生命的治疗措施，还可为手术前定位诊断，提高手术安全性起到重要作用。

3. 不足及未来发展趋势 消化道出血是临床急症，及时有效的诊治可挽救患者的生命，虽然血管造影介入栓塞治疗是一种简便、有效和微创的治疗方法，尤其是在动脉性消化道大出血诊疗过程中具有较大的优越性，但也应该清楚的认识到，临床中仍有大约 1/3 的消化道出血患者动脉造影阴性或不能栓塞止血。消化道出血的诊断治疗涉及临床多个学科，需要经验丰富的急诊科、消化内科、外科和放射介入科医师的密切协作。有条件的医院应设立急性消化道出血抢救流程，消化道出血患者到急诊科，急诊科医师马上进行病情评估开始复苏治疗，完善必要的血液生化、全腹部增强 CT 扫描等检查，消化内科医生第一时间到场参加抢救，及时行急诊内镜检查及内镜止血治疗，内镜阴性或内镜下止血困难患者，或需手术治疗患者则呼叫外科、放射介入科医生联合抢救，提高消化道出血、止血成功率，以挽救更多患者的生命。

（纪建松）

参 考 文 献

1. Jemal A, Bray F, Center MM, et al. Global cancer statistics[J]. CA Cancer J Clin, 2011, 61: 69-90.

2. 中华人民共和国卫生部. 原发性肝癌诊疗规范 [J]. 临床肝胆病杂志, 2011, 27(11): 1141-1159.

3. 中华医学会放射学分会介入学组协助组. 原发性肝细胞癌经导管肝动脉化疗栓塞治疗技术操作规范专家共识 [J]. 中华放射学杂志, 2011, 45(10): 908-912.

4. 中华医学会放射学分会介入学组. 经皮肝脏肿瘤射频消融治疗操作规范专家共识 [J]. 中华放射学杂志, 2012, 46(7): 581-585.

5. 郭启勇, 申宝忠, 滕高军. 介入放射学 [M]. 第 3 版. 北京: 人民卫生出版社, 2014.

6. 白人驹, 徐克. 医学影像学 [M]. 第 7 版. 北京: 人民卫生出版社, 2013.

7. European Associatin for the study of the liver, European organization for research and treatment of Cancer. EASL-EORTC clinical pratic guidelines: management of hepatocellular carcinoma[J]. J Hepatol, 2012, 56: 908-943.

8. Ll JM, Bruix J. Novel advancements in the management of hepatocellular carcinoma in 2008[J]. J Hepatol, 2008, 48 suppl 1: S20-S37.

9. Kudo M. The 2008 Okuda lecture: management of hepatocellular carcinoma: from surveillance to molecular targeted therapy[J]. J Gastroenterol Hepatol, 2010, 25(3): 439-52.

10. Gisele N'Kontchou, Amel Mahamoudi, Mounir A, et al. Radiofrequency ablation of hepatocellular carcinoma: long-term results and prognostic factors in 235 western patients with cirrhosis[J]. Hepatology, 2009, 50(5): 1475-1483.

11. Katagiri S, Yammoto M. Multidisciplinary treatments for hepatocellular carcinoma with major portal vein tumor thrombus[J]. Surg Today, 2014; 44: 219-226.

12. Gao SZ, Yang Z, Zheng J, et al. Doxorubicin-eluting bead versus conventional TACE for unresectable hepatocellular carcinoma: a meta-analysis[J]. Hepatogastroenterology, 2013, 60(124): 813-820.

13. Yang GW, Zhao Q, Qian S, et al. percuaneous microwave ablation combined with simultaneous trasarterial chemoembolization for the treatment of advanced intrahepatic cholangiocarcinoma[J]. Onco Targets Ther, 2015, 26(8): 1245-1250.

14. Llovet JM, et al. sorafenib in advanced hepatocellular carcinoma[J]. N Engl J Med, 2008, 359: 378-390.

15. Cheng AL, Kang YK, Chen Z, et al. Efficacy and safety of sorafenib in patients in the Asia-pacific region with advanced hepatocellular carcinoma: a phase III randomised, double-blind, placebo-controiled[J]. Lacnet Oncology, 2009, 10(1): 25-34.

16. Chung YH, Han G, Yoon JH, et al. Interim analysis of START: Study in Asia of the combination of TACE (transcatheter arterial chemoembolization) with sorafenib in patients with hepatocellular carcinoma trail[J]. Int J Cncer, 2013, 15(10): 2448-2458.

17. Jang JW, Choi JY, Bae SH, et al. A randomized controlled study of preemptive lamivudine in patients receiving transarterial chemo-lipiodlization[J]. Hepatology, 2006, 43(2): 233-240.

18. 中华医学会肝病学分会肝癌学组. HBV/HCV 相关性肝细胞癌抗病毒治疗专家建议 [J]. 中华肝脏病杂志, 2013, 21(2): 96-100.

19. 王建华, 王小林, 颜志平. 腹部介入放射学 [M]. 上海: 上海医科大学出版社, 1998.

20. 欧阳墉, 程永德, 张学军, 等. 肝海绵状血管瘤病理属性及治疗 [J]. 介入放射学杂志, 2015, 24(11): 933-938.

21. 张学军，欧阳墉，马和平，等. 平阳霉素碘油栓塞术治疗肝海绵状血管瘤的远期疗效分析 [J]. 中华放射学杂志，2010，44（3）：298-302.

22. 蒋旭远，徐克. 平阳霉素碘油乳剂动脉栓塞治疗肝血管瘤的中远期疗效评价 [J]. 介入放射学杂志，2012，21（1）：31-34.

23. 吴国栋，陈许波，孙海，等. 加强型射频消融治疗肝血管瘤的疗效及预后分析 [J]. 肝胆胰外科杂志，2015，27（4）：276-279.

24. 中华医学会外科学分会门静脉高压学组. 肝硬化门静脉高压症食管、胃底静脉曲张破裂出血的诊治共识（2015版）[J]. 中华外科杂志，2015，53（12）：917-921.

25. 中华外科学会门静脉高压症学组. 肝硬化门静脉高压症消化道出血治疗共识 [J]. 外科理论与实践，2009，14（1）：79-81.

26. 卫生和计划生育委员会卫生公益性行业科研专项专家组. 门静脉高压症食管胃曲张静脉破裂出血治疗技术规范专家共识（2013版）[J]. 中华消化外科杂志，2014，13（6）：401-404.

27. 《中华放射学杂志》编委会介入组. 经颈静脉肝内门体静脉分流术临床技术指南 [J]. 中华放射学杂志，2004，38（12）：1329-1331.

28. 李彦豪. 实用介入诊疗技术图解 [M]. 北京：科学出版社，2002.

29. 单鸿. 临床介入诊疗学 [M]. 广州：广东科技出版社，1997.

30. 杨仁杰. 急诊介入诊疗学 [M]. 北京：科学出版社，2008.

31. 郭启勇. 介入放射学 [M]. 北京：人民卫生出版社，2000.

32. 徐克，滕皋军. 介入放射学 [M]. 第2版. 北京：人民军卫生出版社，2010.

33. 张明，诸葛宇征. 肝静脉压力梯度测定的临床意义 [J]. 中华消化杂志，2014，34（8）：572-574.

34. Bonnel AR, Bunchorntavakul C, Rajender Reddy K. Transjugular intrahepaticportosystemic shunts in liver transplant recipients[J]. Liver Transpl, 2014, 20（2）：130-139.

35. De Franchis R, Baveno VI Faculty. Expanding consensus in portal hypertension: Report of the Baveno VI Consensus Workshop: Stratifying risk and individualizing care for portal hypertension[J]. J Hepatol, 2015, 63（3）：743-752.

36. 王刚刚，倪才方. 部分脾栓塞治疗脾亢的现状 [J]. 临床肝胆病杂志，2012，28（2）：99-102.

37. 郭栋，肖恩华. 脾功能亢进介入治疗的进展 [J]. 实用放射学杂志，2007，23（5）：693-696.

38. 王素，胡继红，赵卫，等. 部分脾栓塞术治疗肝硬化脾功能亢进的进展 [J]. 介入放射学杂志，2014，23（6）：546-549.

39. 周瑶军，刘长江，王要军，等. 部分脾栓塞术临床应用进展 [J]. 介入放射学杂志，2012，21（5）：437-440.

40. Siegel RL, Miller KD, Jemal A. Cancer statistics, 2016[J]. CA Cancer J Clin, 2016, 66（1）：7-30.

41. Witkowski ER, Smith JK, Tseng JF. Outcomes following resection of pancreatic cancer[J]. J Surg Oncol, 2013, 107（1）：97-103.

42. Chen WQ, Zheng RS, Baade PD, et al. Cancer Statistics in China, 2015[J]. CA Cancer J Clin, 2016, 66：115-132.

43. 中华医学会外科学分会胰腺外科学组. 胰腺癌诊治指南（2014）[J]. 中国实用外科杂志，2014，34：1011-1017.

44. Xu K, Zhou L, Liang B, et al. Safety and accuracy of percutaneous core needle biopsy in examining pancreatic neoplasms[J]. Pancreas, 2012, 41（4）：649-651.

45. Takahashi H, Ohiashi H, Ishikawa O, et al. Serum CA19-9 alterations during preoperative gemcitabine-based chemoradiation therapy for resectable invasive ductal carcinoma of the pancreas as an indicator for therapeutic selection and survival[J]. Ann Surg, 2010, 251：461-469.

46. Xu K, Zhou L, Liang B, et al. Safety and accuracy of percutaneous core needle biopsy in examining pancreatic neoplasms[J]. Pancreas, 2012, 41（4）：649-651.

47. Khati NJ, Gorodenkre J, Hill MC. Ultrasound Q, 2011, 27（4）：255-268.

48. 施惠斌，杨敏捷，王小林，等. 晚期胰腺癌患者的肿瘤血供来源：218例患者的DSA评价 [J]. 中国临床医学，2014，21：61-62.

49. Toll AM, Gouma DJ, Bassi C, et al. Definition of a standard lymphadenectomy in surgery for pancreatic ductal adenocarcinoma: A consensus statement by the International Study Group on Pancreatic Surgery（ISGPS）[J]. Surgery, 2014, 156：591-600.

50. 中华医学会放射学分会介入学组. 胰腺癌经动脉灌注化疗指南（草案）[J]. 介入放射学杂志，2012，21：353-355.

51. Xiaoyu Liu, MD, PhD, Xuerong Yang, MD, Guofeng Zhou, MD, PhD, et al. Gemcitabine-Based Regional

Intra-Arterial Infusion Chemotherapy in Patients With Advanced Pancreatic Adenocarcinoma[J]. Medicine, 2016, 95(11).

52. 胡曙东, 谌业荣, 刘玉, 等. 能谱 CT 早期评价 [125]I 粒子植入治疗胰腺癌效果实验研究 [J]. 介入放射学杂志, 2015, 24(12): 1086-1089.

53. 陶为杰, 石小举, 王广义. [125]I 放射性粒子植入治疗不可切除胰腺癌的研究进展 [J]. 临床肝胆病杂志, 2016, 32(5): 972-976.

54. Martin RC, Kwon D, Chalikonda S, et al. Treatment of 200 locally advanced(stage Ⅲ)pancreatic adenocarcinoma patients with irreversible electroporation: safety and efficacy[J]. Ann Surg, 2015, 262: 486-494.

55. Valle JW, Palmer D, Jackson R, et al. Optimal duration and timing of adjuvant chemotherapy after definitive surgery for ductal adenocarcinoma of the pancreas: ongoing lessons from the ESPAC-3 study[J]. J Clin Oncol, 2014, 32(6): 504-512.

56. 卓萌, 崔玖洁, 王理伟. 胰腺癌化疗方案的选择及疗效评价 [J]. 临床肝胆病杂志, 2017, 33(1): 53-56.

57. 封小强, 封晓红, 李玉琼. CT 引导下放射性粒子 [125]I 植入联合动脉灌注化疗治疗胰腺癌的疗效分析 [J]. 临床医药文献杂志, 2016, 3(3): 420-421.

58. 伦俊杰, 赵俊玲, 孙建业. CT 引导下 [125]I 放射性粒子植入联合化疗对中晚期胰腺癌的疗效 [J]. 介入放射学杂志, 2015, 24(6): 494-497.

59. 王磊, 李灵招, 单国用, 等. 伽玛刀联合 HIFU 治疗局部晚期胰腺癌的疗效 [J]. 世界华人消化杂志, 2015, 23(3): 470-475.

60. 中华医学会外科学分会胆道外科学组, 解放军全军肝胆外科专业委员会. 肝门部胆管癌诊断和治疗指南(2013 版)[J]. 中华外科杂志, 2013, 51(10): 865-871.

61. 中华医学会外科学分会胆道外科学组. 胆囊癌诊断和治疗指南(2015 版)[J]. 中华消化外科杂志, 2015, 14(11): 881-890.

62. 中华医学会外科学分会肝脏外科学组. 胆管癌诊断与治疗—外科专家共识 [J]. 中国实用外科杂志, 2014, 1(34): 1-5.

63. Hyun H, Choi SY, Kim KA, et al. Safety and Efficacy of Percutaneous Biliary Covered Stent Placement in Patients with Malignant Biliary Hilar Obstruction: Correlation with Liver Function[J]. Cardiovasc Intervent Radiol, 2016, 39(9): 1298-1305.

64. Chen Y, Wang XL, Yan ZP, et al. The use of ^{125}I seed strands for intraluminal brachytherapy of malignant obstructive jaundice. Cancer Biother Radiopharm[J]. 2012 Jun, 27(5): 317-323.

65. NCCN Guideline Version 2. 2015 hepatobiliary cancers. National Comprehensive Cancer Network, Inc.

66. 李麟荪, 贺能树. 介入放射学 - 非血管性 [M]. 北京: 人民卫生出版社, 2001.

67. 郭启勇. 介入放射学(全国高等学校教材第 3 版)[M]. 北京: 人民卫生出版社, 2012.

68. Stanley Baum, Micheal J. Pentecost. Abrams 介入放射学 [M]. 徐克, 滕皋军译. 第 2 版. 北京: 人民卫生出版社, 2010.

69. 陈俊杰, 赖亚栋, 李东升, 等. 肠道支架及肠梗阻导管治疗急性左半结直肠癌性梗阻的研究 [J]. 中华消化内镜杂志, 2016, 33(4): 252-254.

70. Zhu HD, Guo JH, Mao AW, et al. Conventional stents versus stents loaded with 125iodine seeds for the treatment of unresectable oesophageal cancer: a multicentre, randomized phase 3 trial[J]. Lancet Oncol, 2014, 15: 612-619.

71. Lee GJ, Kim HJ, Back JH, et al. Comparison of short-term outcomes after elective surgery following endoscopic stent insertion and emergency surgery for obstructive colorectal cancer[J]. Int J Surg, 2013, 11(6): 442-446.

72. Suarez J, Jimenez J, Vera R, et al. Stent or surgery for incurable obstructive colorectal cancer: An individualized decision[J]. Int J Colorectal Dis, 2010, 25(1): 91-96.

73. Ross AS, Semrad C, Waxman I, et al. Enteral stent Dlacement bv double balloon enteroscopy for palliation of malignant smaU bowel obstruction[J]. Gastrointest Endosc, 2006, 64(5): 835-837.

74. Park S, Cheon JH, Park JJ, et al. Comparison of efficacies between stents for alignant colorectal obstruction: a randomized, prospective study[J]. Gastrointest Endosc, 2010, 72(2): 304-310.

75. Suh J P, Kim S W, Cho Y K, et al. Effectiveness of stent placement for palliative treatment in malignant colorectal obstruction and predictive factors for stent occlusion[J]. Surg Endosc, 2010, 24(2): 400-406.

76. 李麟荪, 滕皋军. 介入放射学 - 临床与并发症 [M]. 北京: 人民卫生出版社, 2010.

77. 李彦豪, 何晓峰, 陈勇. 实用临床介入诊疗学 [M]. 第 3 版. 北京: 科学出版社, 2012.

78. 何仕诚, 滕皋军, 郭金和, 等. 消化道出血的选择性动脉造影诊断与介入治疗 [J]. 临床放射学杂志, 2002,

21: 976-980.

79. 陈勇, 陈卫国, 何晓峰, 等. 经动脉导管栓塞治疗消化道动脉性出血 [J]. 中华放射学杂志, 1998, 32: 345-347.

80. William T, David E, Wael E, et al. Superselective micro-coil embolization for the treatment of lower gastrointestinal hemorrhage[J]. J Vasc Interv Radiol, 2003, 14(4): 1503-1509.

81. Mirsadraee S, Tirukonda P, Nicholson A, et al. Embolization fornonvariceal upper gastrointestinal tract hemorrhage: a systematic creview[J]. Clin Radiol, 2011, 66(6): 500-509.

82. Gillespie CJ, Sutherland AD, Mossop PJ, et al. Mesenteric embolization for lower gastrointestinal bleeding[J]. Dis Colon Rectum, 2010, 53(9): 1258-1264.

83. Chen PY, Qiu JH, Yang SJ, et al. DSA diagnosis and interventional therapy for non-neoplastic lower digestive tract hemorrhage. J Intervent Radiol, 2005, 14(1): 46-47.

第六章 神 经 系 统

第一节 急性缺血性脑卒中

一、概述

急性缺血性脑卒中（急性脑梗死）是最常见的卒中类型，约占全部脑卒中的60%～80%。急性期的时间划分尚不统一，一般指发病后2周内。近年研究显示我国住院急性脑梗死患者发病后1个月时病死率约为3.3%～5.2%，3个月时病死率为9%～9.6%，死亡/残疾率为34.5%～37.1%，1年病死率为11.4%～15.4%，死亡/残疾率为33.4%～44.6%。

二、病因与病理

（一）病因

脑梗死的病因分型目前主要采用TOAST分型，分为：①大动脉粥样硬化型；②心源性栓塞型；③小动脉闭塞型；④其他原因，如凝血障碍性疾病、血液成分改变以及各种原因血管炎、夹层动脉瘤、肌纤维发育不良等；⑤不明原因型。

（二）病理及病理性生理

1. 病理　脑梗死发生率在颈内动脉系统约占80%，椎-基底动脉系统为20%。闭塞好发的血管依次为颈内动脉、大脑中动脉、大脑后动脉、大脑前动脉及椎-基底动脉等。闭塞血管内可见动脉粥样硬化或血管炎改变、血栓形成或栓子。局部血液供应中断引起的脑梗死表现为白色梗死，大面积脑梗死常可继发红色梗死（即出血性梗死）。缺血、缺氧性损害表现为神经细胞坏死和凋亡两种形式。

2. 病理生理　局部脑缺血由中心坏死区及周围脑缺血半暗带组成。坏死区中脑细胞死亡，缺血半暗带由于存在侧支循环，尚有大量存活的神经元。如果能在短时间内，迅速恢复缺血半暗带血流，该区脑组织损伤是可逆的，神经细胞有可能存活并恢复功能。挽救缺血半暗带是急性脑梗死治疗的一个主要目的；而恢复缺血脑组织的供血和对缺血脑组织实施保护是挽救缺血半暗带的两个基本治疗途径。

缺血半暗带具有动态的病理生理学过程。随着缺血时间的延长和严重程度的加重，中心坏死区越来越大，缺血半暗带越来越小。大部分缺血半暗带存活的时间仅有数小时，因此，急性脑梗死的治疗必须在发病早期进行。如果脑组织已经发生坏死，这部分脑组织的功能必然出现损害，以后所有的治疗方法都将无济于事，或只能让周围健存的脑组织进行有限的部分功能代偿。有效挽救缺血半暗带脑组织的治疗时间，称为治疗时间窗。如果血运重建的治疗方法超过其时间窗，则有可能无法有效挽救缺血脑组织，甚至可能因再灌损伤和继发脑出血而加重脑损伤。

三、临床表现

脑梗死的临床表现和受累的血管部位、范围、次数、原发病因和侧支循环，以及患者的年龄和伴发疾病等诸多因素有关。下面介绍典型的神经系统表现。

脑梗死的主要临床表现可区分为前循环和后循环，或称颈动脉系统和椎-基底动脉系统症状。

1. 颈动脉系统脑梗死　主要表现为病变对侧肢体瘫痪或感觉障碍；主半球病变常伴不同程度的失语，非主半球病变可出现失用或认知障碍等高级皮质功能障碍。其他少见的临床表现包括意识障碍、共济失调、不随意运动及偏盲等。

2. 椎-基底动脉系统脑梗死　累及枕叶可出现皮质盲、偏盲；累及颞叶内侧海马结构，可出现近记忆力下降；累及脑干或小脑可出现眩晕、复视、吞咽困难、霍纳综合征、双侧运动不能、交叉性感觉及运动障碍、共济失调等。累及脑干上行网状激活系统易出现意识障碍。

3. 腔隙性梗死　是指脑或脑干深部血管直径100～400mm的穿通动脉阻塞所引起的缺血性小梗死，大小介于直径为0.2～1.5mm之间，主要累及前脉络膜动脉、大脑中动脉、大脑后动脉或基底动脉的深穿支。腔隙性梗死临床表现以下列4种临床综合征最常见：纯运动偏瘫、纯感觉卒中、轻偏瘫共济失调、构音障碍—手笨拙综合征。

不同病因引起的急性脑卒中，其发病特点也有所不同。动脉粥样硬化性血栓性脑卒中常于安静状态下发病，大多数发病时无明显头痛和呕吐；发病较缓慢，多逐渐进展或呈阶段性进行；多与动脉粥样硬化有关，也可见于动脉炎、血液病等；意识清楚或轻度障碍；有颈内动脉系统和（或）椎-基底动脉系统症状和体征。而脑栓塞一般急性发病，在数秒、数分钟内到达高峰，多数无前驱症状；意识清楚或有短暂性意识障碍，大块栓塞时可伴有病侧头痛、恶心和呕吐或意识障碍，偶有局部癫痫样表现；有颈动脉系统或椎-基底动脉系统症状和体征。腔隙性梗死发病多由于高血压动脉硬化所引起，呈急性或亚急性起病，多无意识障碍，临床神经症状较轻。

四、急性缺血性脑卒中的介入治疗

最新发表的关于静脉溶栓治疗急性缺血性脑卒中随机对照研究的荟萃分析，进一步证实缺血性卒中发病 4.5 小时内静脉注射 rt-PA 溶栓可以获益，而且时间越早，获益越多。但由于静脉溶栓具有严格的时间窗限制，能够通过其获益的患者不到 3%，同时其治疗效果依然有巨大的优化空间：与对照组相比，静脉溶栓后 3～6 个月死亡率未明显降低，仍高达 17.9%，且 2/3 的患者依然遗留有不同程度的残疾，尤其对合并有颅内大血管闭塞患者，其再通率低（13%～18%），因而临床效果欠佳。因此，国内外学者一直在探索对大血管闭塞性急性缺血性脑卒中患者的血管内治疗方法。

近年来随着介入材料和技术的发展，血管内治疗显著提高了闭塞血管再通率，延长了治疗时间窗，显示了良好的应用前景。血管内治疗包括：动脉溶栓、机械取栓和急诊血管成形术。动脉溶栓通过微导管在血栓附近或穿过血栓直接给予溶栓药物，提高局部药物浓度，减少药物用量，降低颅内及全身出血风险，但该治疗方法时间长，且有些栓子药物难以溶解。机械取栓和急诊血管成形技术出现相对较晚，其优点包括：避免或减少溶栓药物的使用，对于大血管闭塞及心源性栓塞性卒中具有更高的血管再通率，成为急性缺血性卒中重要的治疗手段。自 2014 年 9 月开始，一系列多中心、前瞻性、随机对照试验研究相继公布了较为一致的研究结果：在特殊筛选的急性缺血性脑卒中患者中，以机械取栓为主的血管内治疗可带来明确获益。

（一）介入治疗所需器械

1. 一般器械

（1）导管：包括造影导管、导引导管、微导管。导引导管内可通过微导管，并为微导管提供良好的支撑，同时可应用生理盐水冲洗导管或经过导引导管进行造影导管。微导管比普通导管更加纤细，柔软，可以到达远端血管。通过微导管可以注入溶栓药物或引入取栓支架。

（2）导丝：导丝分为普通导丝及微导丝。普通导丝可以引导造影导管或导引导管到达目标血管。微导丝可以引导微导管到达目标血管。

2. 特殊器械

（1）Merci 取栓器：Merci 取栓系统包括 Merci 取栓装置、Merci 球囊导管和 Merci 微导管。该取栓装置采用了记忆镍钛合金丝材料，其螺旋环远端直径逐渐减小以利于靠近血凝块，它在压缩状态下通过微导管到达闭塞远端，撤离微导管后该设备恢复为预先设计的螺旋形状，捕获血栓后再被撤出。Merci 取栓系统作为第一代取栓装置，虽然后来在技术上有所改进，但已逐渐被取栓支架、抽吸导管取代，美国急性脑卒中血管内治疗指南认为其取栓效果不如后两者。

（2）Penumbra 系统：Penumbra 系统由不同规格的抽吸微导管、近头端梭型膨大的分离器及抽吸泵构成，不同规格分别适用于不同部位的血栓。

（3）支架取栓装置：支架取栓装置，代表性的是 Solitaire™ FR 取栓装置和 Trevo 取栓装置。其中 Solitaire 取栓装置是目前国内外使用最为广泛的急性缺血性脑卒中血管内取栓支架。它是一种柱状开环设计的金属支架，它将血栓挤压到血管壁，并且陷入到血栓内部，使血栓能够被彻底清除。在取栓过程中也可以配合使用抽吸泵或者注射器协助抽吸血栓，减少栓子脱落。

（二）介入治疗方法

1. 患者准备及造影评估

患者仰卧位，予以心电监护及吸氧。对于躁动不安不能配合手术的患者，建议麻醉师予以镇静，部分患者可以选择全身麻醉。未全身麻醉的患者局麻下股动脉穿刺置鞘，行全脑血管造影，明确脑动脉闭塞部位，了解侧支代偿情况。对于术前已行 CTA 或 MRA 明确血管病变部位的患者，可直接置入 6F 或 8F 导管鞘，将导引导管引至患者颈内动脉或椎动脉造影。对于导引导管造影明确大血管闭塞者，经导引导管送入微导管，穿过栓子行微导管造影，以明确闭塞血管远端的血流状况及血栓的长度。

2. 经动脉溶栓治疗 溶栓时微导管头端尽量接近血栓，缓慢注入溶栓药物，溶栓药物推荐使用尿激酶和 rt-PA。根据造影结果及患者症状决定是否停止溶栓，对于动脉溶栓药物的极量目前尚无定论。溶栓后如果存在动脉狭窄可以急诊行支架成形术。

3. 经动脉取栓治疗 经动脉取栓治疗操作可分为以下几个步骤：

（1）明确闭塞部位：血栓近端定位通过目标血管近端造影，血栓远端由微导管通过血栓后造影，由此确认血栓长度，选择合适长度支架。

（2）微导管定位：微导管头端超过血栓远端，以确保当取栓支架完全释放后，支架有效长度可以覆盖血栓两端。

（3）支架输送：将保护鞘置于微导管前段，直至确认鞘前端就位，顶在内壁。固定 Y 阀后将取栓装置推送进入微导管，待推送导丝柔软部分完全进入微导管，再前进 10cm 后移除导入鞘。

（4）支架定位：持续推进取栓支架直至其远端放射显影标记超过血栓（不要推出导管），与微导管 marker 重合，尽量确保血栓位于支架有效长度的中后段。

（5）支架释放：释放取栓支架时，需固定（控制）推送导丝保持支架在原位不动，同时将微导管向近端方向收回，尽量缓慢，微导管头端必须撤至取栓支架近端放射显影标志完全暴露。支架释放后，应在原位保持 5 分钟。

（6）支架回拉：将取栓支架和微导管作为整体回撤，导引导管尾端注射器持续抽吸，直到支架撤出，并有通畅的倒流血流。

（7）取栓后操作：如果需要二次取栓，推荐回收并使用原装置（图 6-1-1～图 6-1-7，患者男，65 岁，突发左侧肢体偏瘫 1.5 小时）。

4. 急诊血管成形术 急诊血管成形术包括球囊扩张和支架植入术，以下情况时可以考虑行急诊血管成形术：①卒中原因是由于血管重度狭窄导致，

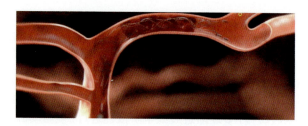

图 6-1-2 Solitaire 取栓支架及取栓示意图

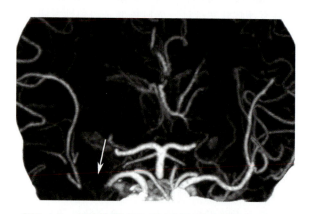

图 6-1-3 急诊头颅 CTA 示右侧大脑中动脉主干闭塞

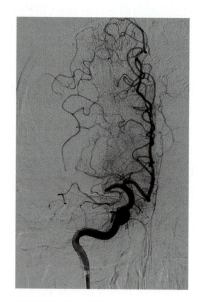

图 6-1-4 右侧颈内动脉造影示右侧大脑中动脉主干闭塞

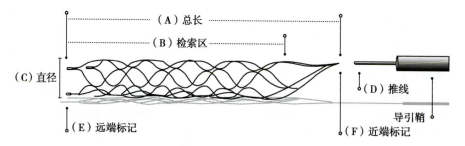

图 6-1-1 Solitaire 取栓支架及取栓示意图

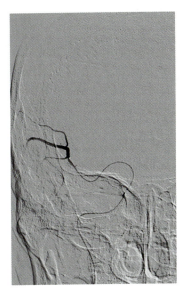

图 6-1-5　微导管通过闭塞段造影示远端血管通畅

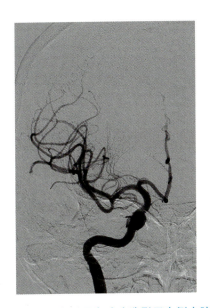

图 6-1-6　取栓后右侧颈内动脉造影示右侧大脑中动脉完全开通

图 6-1-7　支架取出体外后可见血栓附着于支架网眼

且血管造影已证实；②不适宜应用溶栓药物者；③药物溶栓或机械取栓后仍存在重度狭窄或造影发现动脉夹层者；④血管近端的严重狭窄阻碍了导管到达责任病变的颅内血栓，为治疗更远端的颅内血管闭塞需要血管成形术。但是对于无法长期应

用抗血小板药物者以及血管造影显示为串联性血管病变且远端病变无法再通者则不适合行血管成形术。

（三）介入治疗适应证

1. 临床诊断急性缺血性卒中，存在与疑似闭塞血管支配区域相应的临床症状和局灶神经功能缺损；

2. 影像学评估　CT 排除颅内出血；脑实质低密度改变或脑沟消失范围＜1/3 大脑中动脉供血区域，或后循环低密度范围未超过整个脑干及单侧小脑半球 1/3；CT 或 DWI 影像的 ASPECTS 评分≥6分，梗死体积＜70ml。

3. 发病 3 小时内 NIHSS 评分≥9 分或发病 6 小时内 NIHSS 评分≥7 分时，提示存在大血管闭塞；有条件的医院，实施血管内治疗前，头颈 CTA 或MRA 检查证实存在责任大血管闭塞；

4. 前循环　从发病到血管内治疗开始（动脉穿刺）时间应＜6 小时；后循环：动脉治疗时间窗可延长至发病 24 小时内；进展性卒中机械取栓可在头颅 CTP 或 MR 灌注成像等影像学指导下，酌情延长治疗时间。

（四）禁忌证

1. 最近 3 周内有颅内出血病史，既往发现脑动静脉畸形或动脉瘤未行介入或手术治疗；

2. 药物无法控制的顽固性高血压（收缩压持续≥185mmHg，或舒张压持续≥110mmHg）；

3. 已知造影剂过敏；

4. 血糖＜2.8mmol/L 或＞22.0mmmol/L；

5. 急性出血体质，包括患有凝血因子缺陷病、国际标准化比值（INR）＞1.7 或血小板计数＜100×10⁹/L；

6. 最近 7 天内有不可压迫部位的动脉穿刺史；最近 14 天内有大手术或严重创伤病史；最近 21 天内胃肠道或尿道出血，最近 3 个月内存在增加出血风险的疾病，如严重颅脑外伤、严重肝脏疾病、溃疡性胃肠道疾病等；既往 1 个月内有手术、实质性器官活检、活动性出血；

7. 疑脓毒性栓子或细菌性心内膜炎；

8. 生存预期寿命＜90 天；

9. 严重肾功能异常。

五、疗效分析

2015 年，在新英格兰杂志上接连发布了 5 项关于急性缺血性脑卒中机械取栓的多中心临床随机对照研究的结果：血管内治疗急性缺血性卒中的荷兰多中心随机临床试验（MR CLEAN）、对小梗死核心区和前循环近端闭塞的急性缺血性卒中强调缩短CT 至血管再通时间的血管内治疗实验（ESCAPE）、Solitaire 支架或血栓取栓术为首选的血管内治疗实验（SWIFT-PRIME）、延长急性神经功能缺损患者的动脉溶栓时间实验（EXTEND-IA）、前循环 8 小时内脑卒中 Solitaire 支架取栓与内科治疗比较实验（REVASCAT），均显示出血管内治疗的优势性，改变了人们对血管内治疗的认识。其中，SWIFT-PRIME 研究将患者分为静脉溶栓联合 Solitaire 支架取栓组和单纯静脉溶栓组，结果显示动脉取栓组患者 90 天恢复生活自理能力为 60%，而对照组为 35%，而两组在致死率和症状性颅内出血的发生率上并无明显差异。

六、回顾与展望

急性缺血性脑卒中血管内治疗的临床研究从二十世纪九十年代中期开始，一直到 2013 年新英格兰杂志发表了 3 项多中心随机对照研究结果，均未显示出机械取栓治疗的优越性。但这并不意味着机械取栓治疗就此终结，既往的研究结果亦引发了广泛的争议：首先，既往研究主要采用第一代取栓装置，较少采用新型支架类型的取栓器，而研究已证实，与 Merci 装置相比，Solitaire 和 Trevo 装置更具优势。其次，以往研究中血管内治疗组的治疗时间均较静脉溶栓组明显延迟。这些因素可能影响了血管内治疗的效果。

而随着 2015 年在新英格兰杂志上 5 项关于急性缺血性脑卒中机械取栓的多中心临床随机对照研究结果的发布，中国卒中学会和美国心脏 / 卒中协会分别在 2015 年 7 月和 10 月推出或更新了指南，对 6 小时内急性前循环颅内大血管闭塞性卒中的患者均推荐使用机械取栓治疗。

虽然目前血管内治疗急性缺血性脑卒中的有效性已被广泛认可，但关于血管内治疗急性脑卒中的一些具体问题仍待进一步研究，如超过 6 小时时间窗的大血管闭塞的患者是否能从血管内治疗中获益，能否通过缺血半暗带 - 影像学模式选择患者，从而延长动脉治疗时间窗的临床研究；急性缺血性脑卒中血管内治疗后的抗凝及抗栓方案的研究；对于大脑中动脉 M2 段或 M3 段血管闭塞引起临床症状的患者，血管内治疗是否能获益的研究；小于 18 岁大血管闭塞引起急性脑卒中的患者血管内治疗能否带来临床获益的研究；发病在 6 小时内大脑中动脉主干或颈内动脉闭塞，但 NIHSS 评分

< 6 分，或 ASPECTS < 6 分的患者能否从血管内治疗中获益的研究；哪种取栓器械及技术能够带来更高血管开通率、更低远端栓塞率的研究；术中常规采用全身麻醉还是单纯镇静的临床研究；如何通过改进急性脑卒中社会救治体系，从而缩短院前时间延误的研究，以及如何优化院内急性脑卒中救治流程，从而缩短院内时间延误的研究等。

（施海彬）

第二节　颅内动脉狭窄

一、概述

颅内动脉狭窄是缺血性卒中的重要原因，在中国 30%～40% 急性缺血性脑卒中及超过 50% 的短暂性脑缺血发作（transient ischemic attac, TIA）是由颅内动脉狭窄引起的。症状性颅内动脉狭窄患者的年卒中率高达 10%～24%。在中国，动脉粥样硬化是颅内血管狭窄最重要的发病原因。虽然目前推荐的症状性颅内动脉粥样硬化性狭窄的治疗方案仍然是抗血小板药物、他汀类药物和纠正动脉粥样硬化危险因素，但传统的治疗手段对于重度狭窄患者的治疗效果仍不能令人满意。近年来随着介入技术、器材、设备的不断发展，颅内动脉支架技术取得了长足的进步。对于严格抗血小板和降脂治疗仍然无法控制的症状性颅内动脉狭窄，血管内治疗可有效改善脑循环缺血症状，预防脑缺血发作和缺血性脑卒中的发生。

二、病因与病理

（一）病因

颅内动脉狭窄的病因主要包括动脉粥样硬化性狭窄、烟雾病、动脉炎以及肌纤维发育不良等。其中颅内动脉粥样硬化性狭窄占绝大多数，也是血管内治疗的主要适应证。颅内动脉粥样硬化性狭窄传统危险因素包括：年龄、性别、高血压、糖尿病和高脂血症等。新近研究认为代谢综合征也是颅内动脉粥样硬化性狭窄的危险因素，其相关性比其他传统危险更为明显。

（二）病理及病理生理

颅内动脉粥样硬化性狭窄通过下列的一个或多个病理生理机制引起缺血性脑卒中：①灌注失代偿；②斑块破裂导致血栓形成或斑块内出血致使管腔闭塞；③动脉到动脉的血栓性栓塞；④深穿支开口部闭塞。

颅内动脉狭窄是否导致脑血流量下降，既取决于狭窄的严重程度，又取决于侧支代偿程度。具有灌注失代偿特征的颅内动脉粥样硬化性狭窄患者可能是支架成形术的亚组人群。就具有易损斑块特征（血栓形成或动脉至动脉栓塞）的颅内动脉狭窄患者而言，主要的治疗策略应该是稳定斑块和抗栓治疗，血管内治疗是二线治疗方法。对于大血管病变所致的穿支卒中（斑块覆盖穿支开口部，使其狭窄或闭塞）患者而言，成形术显然不能改变穿支的命运，反而可能引起穿支的完全闭塞和穿支卒中恶化。

三、临床表现

动脉粥样硬化性颅内血管狭窄引起的脑卒中多见于中老年，动脉炎性脑梗死以中青年多见。常在安静或睡眠中发病，部分病例有 TIA 前驱症状如肢体麻木、无力等，局灶性体征多在发病后 10 余小时或 1～2 日达到高峰，临床表现取决于梗死灶的大小和部位。患者一般意识清楚，当发生基底动脉血栓或大面积脑梗死时，可出现意识障碍，甚至危及生命。

四、介入治疗

（一）术前评估和药物治疗
1. 术前评估

（1）术前一般情况评估：①颅内血管狭窄引起缺血性神经事件的病理生理机制；②对颅内血管狭窄与缺血性神经事件、灌注失代偿和梗死的关系进行关联性分析；③权衡血管内治疗的风险和效益；④制定个体化的内科和血管内治疗方案。

（2）术前影像学评估：术前影像学评估内容包括血管病变的形态学、侧支循环和血流动力学。评估方法包括无创性检查[TCD、MRI/MRA、CT/CTA/CT 灌注成像（CT perfusion，CTP）]和有创性检测（DSA）。

1）TCD 与 TCCD：TCD 是一种廉价、可床旁使用、易重复操作的检测手段。适用于颅内高度狭窄/闭塞性血管病变的筛查和诊断。动脉粥样硬化累及颅内血管的常见部位以及主要侧支循环开放等均可以由 TCD 来探测和评估。TCD 对颅内动脉狭窄诊断的敏感性和特异性与所采用的血流速度参数有关，同时也受操作者技术水平的影响。

2）CT/CTA/CTP：颅脑 CT 平扫可以观察到颅内动脉高密度征，对于缺血性脑血管病的诊断和预后判断具有一定价值。CTA 近年来也逐渐应用到颅内血管狭窄的评估中，CTA 可同时将颈部和颅内血管同时进行评估。在观察颅内动脉壁组织改变和钙化方面也是其他血管成像技术所不能比拟的。对于较大面积的脑缺血灶，CTP 可能反应半暗带情况，与 MRI 的灌注成像密切相关。CTP 的定量评价需要双侧比较，计算相对血流量改变，但无法获得实际血流量。因此，多数 CTP 的研究都局限于单侧颅外大动脉闭塞性病变，对多发性颅内动脉狭窄的诊断价值仍然不明确。

3）MRI/MRA：MRI T_2 相的"开花征"伪差对血管内血栓形成有提示作用。MRA 能很好地显示脑动脉病变，与 TOF-MRA 相比，增强 MRA 缩短了成像时间，可同时颅内外血管成像，更清晰地观察狭窄远端的血管，并可提高严重动脉狭窄的诊断敏感性和特异性。与 CTP 相比，磁共振灌注成像（perfusion weighted imaging，PWI）没有放射线损伤，可评估脑血流灌注、脑血流储备情况。高分辨 MRI（high resolution MRI，HR-MRI）可以显示颅内动脉管壁结构，术前血管壁 HR-MRI 用于评估动脉粥样硬化性斑块的位置和性质，指导基于斑块特点的个体化治疗，可以减少并发症的发生（图 6-2-1～图 6-2-4）。

4）DSA 是颅内动脉粥样硬化狭窄/闭塞诊断的金标准。但是，DSA 属于有创性检查手段，只有介入干预指征的患者才考虑用 DSA 进行评估。DSA 可用来评估血管的狭窄程度和范围等形态学特点，基于病变的形态学，可将颅内动脉狭窄分为 3 型：A 型病变，长度<5mm，向心性或适度偏心性狭窄；

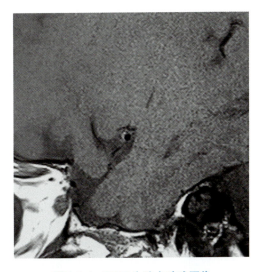

图 6-2-1 T_1WI 大脑中动脉图像

T_1WI、T_2WI 显示大脑中动脉主干前壁斑块，增强 T_1 及 PDWI 显示不稳定斑块表面纤维帽强化

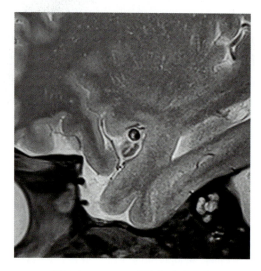

图 6-2-2　T$_2$WI 大脑中动脉图像

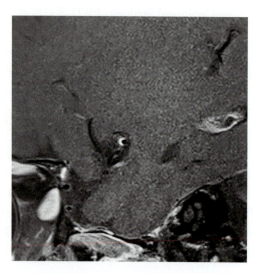

图 6-2-3　增强 T$_1$ 大脑中动脉图像

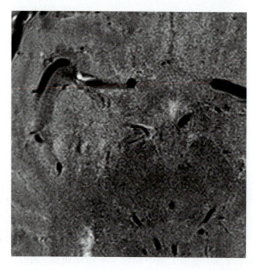

图 6-2-4　PDWI 增强 T$_1$ 大脑中动脉图像

B 型病变：长度 5～10mm，严重偏心性狭窄；C 型病变：长度 >10mm，严重成角病变伴有近端路径明显迂曲。

2. 药物治疗　从术前 3～7 天起，给予抗血小板药物（拜阿司匹林 100mg/d 和氯吡格雷 75mg/d）。术前 2 小时起静脉泵注尼莫地平有助于预防操作所致的脑血管痉挛。术中抗凝方案通常是静脉给予肝素 3000～5000 国际单位，每小时追加 800～1500 国际单位，以维持活化凝血时间（activated clotting time，ACT）在 250～300 秒之间。

（二）血管内治疗操作

支架置入过程一般采用全身麻醉，股动脉是常用穿刺入路，将 6F 导引导管置于颈内动脉或椎动脉的颈段。对于锁骨下动脉严重迂曲或椎动脉反向成角的椎、基底动脉狭窄患者，在经股动脉入路放置导引导管失败后，可采用桡动脉或肱动脉入路。

根据造影准确测量狭窄的程度及长度，在路径图下微导丝小心穿过狭窄段，到达远段动脉。沿导丝送入合适的支架缓慢扩张球囊，释放支架。如果准备应用自膨胀支架，首先要使用合适的球囊预扩张，在置入自膨胀支架。撤回导丝，拔出导管。

直接球囊扩张支架成形术（指置支架前不作预扩张）的主要原则是：①为了对支架系统提供足够的支撑力，导引导管和微导丝应当放置在合适的部位；②基于邻近狭窄段正常血管的直径选择支架的直径，基于狭窄段长度选择支架长度；③在支架跨狭窄段放置后，缓慢充盈球囊压力至 6～8atm。

Wingspan 自膨支架成形术的主要原则是：1）在导引导管和微导丝放置到合适的部位后，用合适球囊预扩狭窄段。若术前 HR-MRI 提示动脉粥样硬化斑块位于富含穿支的部位，狭窄部位预扩张时，可选择球囊直径为靶血管狭窄远端直径的 50%～69%，若斑块位置处穿支血管较少，则可选择直径为 70%～80% 的球囊；2）放置 Wingspan 自膨支架，支架的直径较邻近血管直径大 0.5～1mm，两侧支架长度至少跨过病变 3mm（图 6-2-5～图 6-2-7）。

（三）术后管理

血压控制在 100～120/60～80mmHg 或低于基线血压的 15%。术后即刻行头颅 CT 检查以排除脑出血，一旦发现患者的精神状态发生改变，随时准备复查 CT。支架置入 3 个月内服用阿司匹林（100mg，1 次/天）和氯吡格雷（75mg，1 次/天）。3 个月后选择一种敏感药物终身服用。

（四）血管内治疗的主要并发症

颅内动脉支架成形术的并发症主要包括颅内

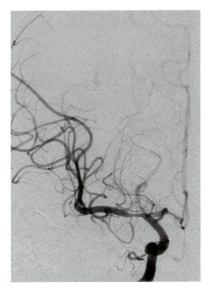

图 6-2-5　右侧颈内动脉造影示右侧大脑中动脉主干近端狭窄

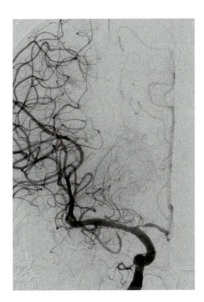

图 6-2-6　支架成形术后,狭窄段明显改善

出血、高灌注综合征、急性或亚急性血栓形成、脑穿支卒中等。颅内出血主要与手术操作不当或材料选择不佳有关,如介入材料刺破血管,支架直径选择过大,球囊过度扩张等。高灌注综合征是脑动脉狭窄解除后,同侧脑血流量急剧增加,脑血流超过自动调节功能时所产生的一系列临床表现,轻者可头痛、呕吐,重者可发生颅内出血,甚至危及生命。急性或亚急性支架内血栓形成是不常见的并发症,但是致死、致残的重要原因,主要与手术操作过程中损伤血管内膜、手术操作时间过长、支架贴壁不良、治疗过程中不规范抗血小板聚集及抗凝

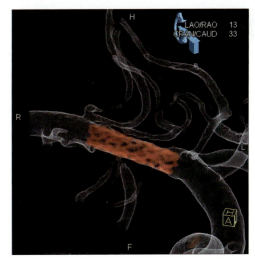

图 6-2-7　支架成形术后,狭窄段明显改善

治疗等因素相关,一旦发生,需紧急溶栓治疗,以解除神经功能障碍。穿支脑卒中是颅内动脉粥样硬化性狭窄血管内治疗的常见并发症之一。其发生机制包括:支架植入使动脉壁上粥样硬化斑块纵向重新分布,导致分支血管堵塞或闭塞而造成"雪犁效应";支架网眼压迫覆盖穿支开口而造成支架封堵;血管内膜损伤后支架内新生内膜增生等。

(五)血管内治疗适应证

狭窄率≥50% 的并有下列特征患者可以考虑进行颅内支架成形术:①在 6 个月内有复发性脑缺血事件的患者;②药物治疗失败的颅内动脉狭窄患者;③引起区域脑灌注失代偿或分水岭梗死的患者;④患者有一个或一个以上的动脉粥样硬化危险因素。

(六)血管内治疗禁忌证

1. 严重的神经功能障碍和严重的全身性疾病。
2. 动脉炎早期和 Moya-Moya 病。
3. 严重钙化病变,或狭窄段成锐角。
4. 患者不能接受抗栓治疗。
5. 无症状的颅内动脉粥样硬化性狭窄。

五、疗效分析

国际上首个前瞻性比较强化内科治疗和支架成形术治疗症状性颅内动脉狭窄研究 SAMMPRIS 于 2011 年在新英格兰杂志发布研究结果,该试验由于 30 天内过高的脑卒中或死亡率而提前终止,结果显示,血管内治疗并不优于药物治疗。但该研究的局限性,包括所纳入人群为高危人群、参与研究的介入医生的技术和经验不足、两组设计不匹配、长期疗效有待观察以及血管内治疗组使用

单一支架等,使该试验结果受到普遍质疑。然而其他研究却取得了鼓舞人心的结果。国内姜卫剑教授回顾性分析多中心症状性颅内动脉狭窄的支架成形术治疗效果,30 天内围手术期并发症发生率为 6.1%,远低于 SAMMPRIS 研究的 14.7%。其他 3 个多中心研究显示,30 天内脑卒中或死亡率分别为 4.5%、6.4% 及 9.3%。国内缪中荣教授在 SAMMPRIS 试验结果发布后设计前瞻性研究,其 30 天内脑卒中或死亡率只有 4.4%。可以说,血管内支架成形术治疗症状性颅内动脉狭窄是安全有效的,特别适用于侧支循环差、存在低灌注的颅内动脉粥样硬化性狭窄。

六、回顾与展望

在药物治疗效果不佳的情况下,血管内支架成形术越来越受到人们的关注。如何降低围手术期并发症发生率,提高支架的安全性和有效性成为研究重点。严格的病例选择、多学科知识相结合、丰富的术者经验及良好的围手术期管理将有助于我们更好地运用血管内支架成形术。随着 2015 年,缺血性脑卒中血管内治疗"春天"的到来,血管内支架成形术也将继续发挥其令人满意的功效。

（施海彬）

第三节 颅内动脉瘤

一、概述

1. 定义 颅内动脉瘤(intracranial aneurysm)是颅内动脉由于先天发育异常或血管腔内压力增高等因素导致局部的血管壁损害,在血流动力学负荷和其他因素作用下,逐渐扩张形成的瘤状或异常膨出。动脉瘤内常有血栓,是造成蛛网膜下腔出血(SAH)的首位病因。尸检报告显示颅内动脉瘤的发生率为 1%～9%。中国人颅内动脉瘤的影像学检出率为 9% 左右,40～60 岁常见。

2. 病因 多数学者认为颅内动脉瘤是在颅内动脉管壁局部的先天性缺陷和腔内压力增高的基础上引起,高血压、脑动脉硬化、血管炎与动脉瘤的发生与发展有关。颅内动脉瘤好发于 Willis 环上(图 6-3-1)。动脉瘤破裂后可导致蛛网膜下腔出血,死亡率及致残率高,其中 10%～15% 来不及就医已经死亡,首次出血病死率高达 35%,再次出血病死率则达 60%～80%,幸存者多有残疾。

3. 症状 颅内动脉瘤在破裂前多数无症状,只

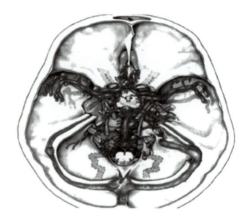

图 6-3-1　颅内动脉瘤好发部位

有少数患者,因动脉瘤影响到邻近神经或脑部结构而产生特殊的表现,可有颅神经受压、头痛、癫痫症状等。颅内动脉瘤破裂主要表现为蛛网膜下腔出血和颅内血肿。80%～90% 的动脉瘤患者是因为破裂出血引起蛛网膜下腔出血才被发现。由于动脉瘤突然破裂,故起病急剧,意识不清,躁动不安,呕吐频繁,体温升高和脑膜刺激症状等,有的出现癫痫发作。大量出血时可形成颅内血肿,破入脑室,使脑室铸型,患者昏迷程度加深。一侧或双侧瞳孔散大,为小脑幕切迹疝的表现,往往来不及抢救而死亡。

多数患者出血后病情逐渐稳定,意识恢复清醒,脑膜刺激症状减轻或消失,此时应当抓紧时间进行诊断治疗。如果首次破裂出血后未治疗动脉瘤,经保守治疗存活的患者中有 31% 在一年内(绝大多数 2 周内)因再次破裂出血而死亡;51% 的患者在 5 年内再次破裂出血死亡。

脑血管痉挛是蛛网膜下腔出血致死及致残的主要原因之一。多在出血后第 3 天出现血管痉挛,7～8 天达到高峰,10～12 天逐渐缓解。大脑前动脉和前交通动脉瘤破裂后,由于血管痉挛引起内囊和额叶缺血,以致产生偏瘫及精神症状,少数患者由于视交叉部受累,可引起视力障碍和视野缺损。

目前,有多种评价量表对 SAH 患者进行评价,包括 Hunt-Hess 分级、Fisher 分级、Glasgow 昏迷评分以及 WFNS 分级。每种量表都有其局限性。一般使用 Glasgow 昏迷评分(GCS)或者 Glasgow 预后评分(GOS)对 SAH 进行分级。

颅内动脉瘤破裂后出血所致的蛛网膜下腔出血,临床体征轻重不一,根据 Hunt-Hess 分级标准(表 6-3-1)进行评分,选择治疗方法、评价疗效和预后。

表 6-3-1 Hunt-Hess 分级标准

0级	动脉瘤未破裂
I级	无症状或轻微头痛及轻度颈强直
II级	中-重度头痛，颈强直，除有颅神经麻痹外，无其他神经功能缺失
III级	意识模糊，嗜睡，或轻微的灶性神经功能缺失
IV级	昏迷，半身瘫痪
V级	深度昏迷，去大脑强直，濒死状态

4. 分类 颅内动脉瘤依据其结构形态分为：①囊状动脉瘤；②梭形动脉瘤；③夹层动脉瘤。根据在血管造影显示的动脉瘤直径还可分为小型（≤5mm），中型（6～10mm），大型（11～25mm），巨大型（>25mm）四型。

5. 检查方法 CTA 检查比血管造影更为快捷、创伤较小，对较大动脉瘤的敏感性接近于血管造影，对于较小的动脉瘤可能无法明确诊断。CTA 的图像包括从枕骨大孔下至 Willis 环上及大脑中动脉的分叉处等。扫描后的三维重建能为设计治疗方案提供更多的信息，但临床医师不能只依赖重建后的图像，还应重点关注重建前的原始图像。

颅内动脉瘤的 MRI 表现取决于动脉瘤腔内血液流速、有无血栓、有无钙化和含铁血黄素。在血液流速快的动脉瘤，典型的 MRI 表现为在各种脉冲序列成像均呈流空信号。在血液流速慢的动脉瘤，在 MRI 上可出现等高不均质信号，并有强化，需与动脉瘤腔内血栓区别。

MRA 已成为颅内动脉瘤术前诊断和术后随访的重要手段，也可以作为无 SAH 患者的筛查手段。MRA 常用的技术为相位对比法（PC）和时间飞越法（TOF），PC 法 MRA 可彻底抑制背景噪声，可以消除蛛网膜下腔出血所致的高信号对动脉瘤检出的干扰。

MRA 及 CTA 是诊断颅内动脉瘤的无创方法，较容易被患者所接受。但术前动脉瘤的精确评估仍依赖脑血管造影，脑血管造影是诊断颅内动脉瘤的金标准。在经验丰富的中心，脑血管造影的并发症发生率低于 0.5%。

对非外伤性蛛网膜下腔出血患者行脑血管造影的目的是发现破裂出血的动脉瘤、明确动脉瘤与载瘤动脉和邻近穿支之间的关系、评价侧支循环、明确是否存在血管痉挛。脑血管造影应包括左右颈内动脉、左右椎动脉，有时还应包括颈外动脉。摄影位置选择包括常规后前位、侧位，以及根据需要加摄斜位、反汤氏位或压迫对侧颈内动脉进行造影。

高质量的旋转造影和三维重建（3D-DSA）技术不仅可以降低漏诊率，并且在描述动脉瘤形态、显示瘤颈和邻近血管关系并制定治疗方案方面优于普通 DSA。

对于多发动脉瘤，明确哪一个动脉瘤破裂出血至关重要。大多数患者无法依据临床症状推测破裂的动脉瘤。某些影像学表现有助于明确破裂动脉瘤的所在位置：①脑血管造影示对比剂外溢，此为最可靠的直接的动脉瘤破裂征象并提示快速出血，但极少见到；② CT 或 MRI 示局限于动脉瘤周围的脑实质和脑池出血；③较大的、不规则、分叶状或有小泡的动脉瘤提示为出血动脉瘤；④局部血管痉挛，提示邻近动脉瘤破裂出血所致；⑤静脉期瘤内仍有造影剂滞留；⑥多数（80%）破裂动脉瘤深度/瘤颈比大于 1.6，多数（90%）未破裂动脉瘤深度/瘤颈比小于 1.6。如果不能判断明确哪一个动脉瘤破裂出血，所有动脉瘤都应当进行治疗。

大约有 15% 的蛛网膜下腔出血患者，颈部四支动脉造影不能发现动脉瘤，其原因包括：

（1）非动脉瘤性中脑周围蛛网膜下腔出血，CT 和 MRI 示出血局限于脑干前和邻近区如脚间池和环池，首次和随访血管造影阴性。这类患者的预后较好，其出血原因可能为前脑和中脑小静脉自发性破裂。

（2）由于出血后动脉痉挛，致使动脉瘤不显影或显影不满意。CT 和 MRI 表现为典型的动脉瘤性蛛网膜下腔出血，包括鞍上池完全由血液充填并延伸入侧裂池和纵裂。该组患者的再出血、脑缺血、神经学缺陷的发生率较高，10%～20% 的患者在重复血管造影时显示动脉瘤。

（3）动脉瘤腔内血栓形成：9%～13% 的动脉瘤可合并血栓形成，由于瘤腔内充填血栓，导致造影剂无法充盈显影，因而出现假阴性。

（4）因动脉瘤太小而漏诊：DSA 设备、医生的经验及造影技术等原因都可以导致假阴性的发生。对于小的动脉瘤，可以采用 3D-DSA 成像。由于前交通动脉瘤最容易出现假阴性，有时候交叉压迫影和旋转的三维影像有助于发现小的动脉瘤。

（5）小的脑动静脉畸形（AVM）：在出血时，畸形团受血肿压迫，血流阻力增加，致使静脉引流延迟，导致造影时不显示 AVM 的存在。

（6）脊髓血管畸形：可能由于颈髓 AVM 破裂时 CT 扫描会显示基底池和（或）脑室充满血液，使 SAH 的诊断成立；而仅行头部 DSA 又不能发现病灶，这时就需要检查患者有无脊髓受累情况，如合并脊髓受累,应行选择性脊髓血管造影和(或)脑和脊髓的MRI、MRA。

对于首次DSA阴性的SAH患者,因为可能发生再出血,需要密切观察病情变化,及时复查CT,有手术指证者,要立即急诊手术探查。

考虑到颅内动脉瘤再次破裂出血的危险性,对于DSA检查阴性的SAH患者应在2~4周后再次行DSA检查(14%的患者存在动脉瘤)(图6-3-2)。

6. 治疗 没有经过治疗的破裂动脉瘤的再出血风险高,多数发生于首次出血后的2~12小时。此后第1个月,再出血风险为每天1%~2%,3个月后为每年3%。"超早期再出血"(首次出血后24

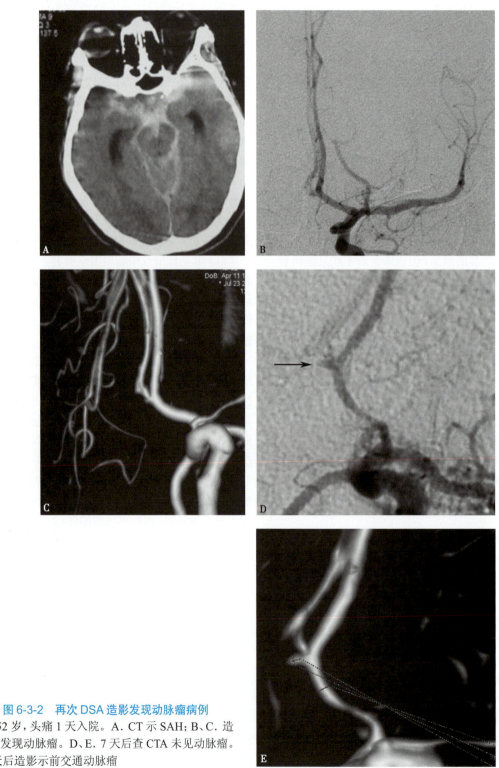

图6-3-2 再次DSA造影发现动脉瘤病例

男,52岁,头痛1天入院。A. CT示SAH;B、C. 造影未发现动脉瘤。D、E. 7天后查CTA未见动脉瘤。12天后造影示前交通动脉瘤

小时内再发出血）的风险为 15%，具有很高的病死率。因此对于破裂颅内动脉瘤应当尽早治疗。

治疗方法主要包括外科手术夹闭瘤颈及血管内治疗。颅内动脉瘤的手术夹闭是有效的治疗方法。随着手术夹的改进和显微外科技术的完善，颅内动脉瘤手术夹闭的疗效有很大的提高，术后致残率和死亡率大大降低。

Guglielmi 等在 1991 年研制并使用 GDC（电解铂金微弹簧圈）栓塞治疗颅内动脉瘤（图 6-3-3），此项技术不断发展，取得良好疗效。随着器材的发展，介入技术的提高，血管内方法治疗颅内动脉瘤逐步得到广泛应用。血管内治疗具有创伤小，并发症率低，适应证广泛的特点。2002 年发表的国际蛛网膜下腔出血动脉瘤试验（ISAT）发现，血管内治疗与开颅夹闭相比能够降低残死率，改善临床预后，由此确立了介入治疗在颅内动脉瘤治疗中的地位。自 ISAT 研究结果公布后，近 10 余年来颅内动脉瘤血管内介入治疗发展迅猛，随着修饰弹簧圈、辅助球囊、颅内动脉瘤治疗专用支架以及血流导向装置等的出现，血管内介入治疗颅内动脉瘤的疗效

更为确切，血管内治疗已成为部分颅内动脉瘤首选的治疗方法。

二、未破裂动脉瘤的筛查及处理

对于有家族史和（或）患有与动脉瘤发生相关的遗传性疾病的人群，尤其是女性年龄大于 30 岁，吸烟或伴有高血压病的患者行 CTA 或 MRA 等无创检查进行动脉瘤筛查是有意义的，若发现或怀疑为颅内动脉瘤，则必须行血管造影确诊。

若在动脉瘤破裂前就对其进行干预，则可避免 SAH 带来的巨大危害。鉴于仅有少数动脉瘤会破裂，而且处理未破裂动脉瘤也具有相应的风险，故对是否处理未破裂动脉瘤的问题争议很大。近年来发表的一些临床研究为我们处理未破裂动脉瘤提供了很多科学依据。

目前，关于症状性未破裂动脉瘤应积极治疗已达成共识，不论动脉瘤的大小，只要引起相关神经系统症状和体征都应积极治疗。因为这些症状的出现可能与动脉瘤体积的迅速增大或少量渗血相关，提示动脉瘤发生破裂出血的可能性极大。因

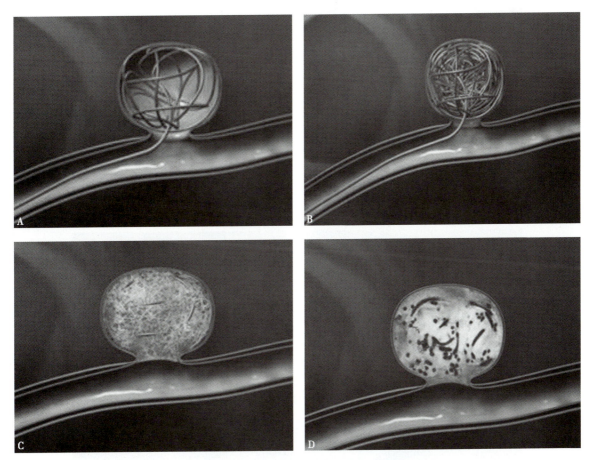

图 6-3-3 弹簧圈栓塞治疗颅内动脉瘤示意图

此，症状性颅内动脉瘤是手术的绝对适应证，应尽快手术，以免延误时机，导致致命的 SAH。多项研究表明，10%～43% 的患者在 SAH 前可能出现头痛（前哨头痛），出现前哨头痛的患者近期出血的概率增加 10 倍。这种症状大多发生在明显 SAH 前 2～8 周。

尽管颅内动脉瘤破裂出血的风险与瘤体大小的相关性还存在争议，但多项研究表明，颅内动脉瘤的大小与破裂出血风险呈正相关。直径＜7mm 并且既往没有 SAH 病史的未破裂颅内动脉瘤，出血率约为 0.001/ 年；若既往有 SAH 病史，出血率增加至 0.004/ 年；直径＞7mm 的动脉瘤，出血风险明显增加（7～12mm，13～24mm，＞25mm，其年破裂率分别为 1.2%，3.1%，8.6%）。考虑到血管测量时的误差约为 2mm，因此有学者建议在 7mm 分界值的基础上 ±2mm 的标准差，就可能使 99% 的有破裂风险的患者都能得到治疗。

上述的研究结果主要基于西方人群，能否推广应用到东方人群，目前争议较多。日本的一项关于小型未破裂动脉瘤的观察研究随访了 448 例直径＜5mm 的未破裂动脉瘤，年破裂率高达 0.54%，其中年轻 / 高血压病及多发动脉瘤患者风险增高。第二军医大学长海医院的一项大样本研究表明，中国人群颅内破裂动脉瘤最大径的中位数为 5.63mm，其中 ≤7mm 的比例占 70.3%。

直径 ≥5mm 的无症状未破裂动脉瘤建议进行干预；若动脉瘤直径 ≤5mm，应根据动脉瘤的形态位置数量和患者情况等综合判断，对于伴有子囊，多发，位于前交通动脉、后交通动脉和后循环，预期寿命大于 10 年，伴有 SAH 病史（图 6-3-4），有家族史或需长期口服抗凝抗血小板药物的动脉瘤患者推荐积极干预；未治疗的未破裂动脉瘤建议动态随访，随访过程中发现动脉瘤进行性增大形态改变，建议进行干预；由于患有未破裂动脉瘤导致患者心理障碍，严重影响工作生活的可适当放宽干预指征，采取更加积极的治疗策略。

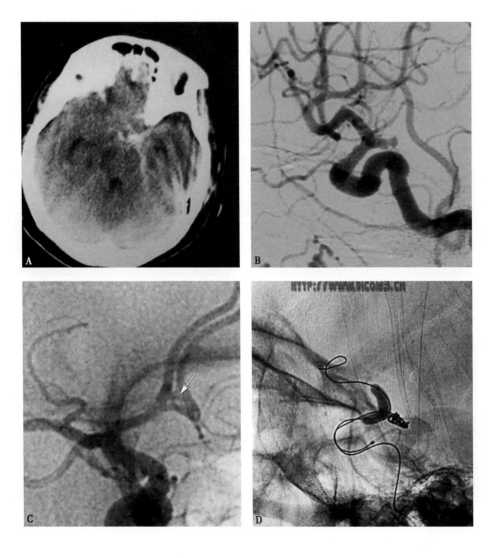

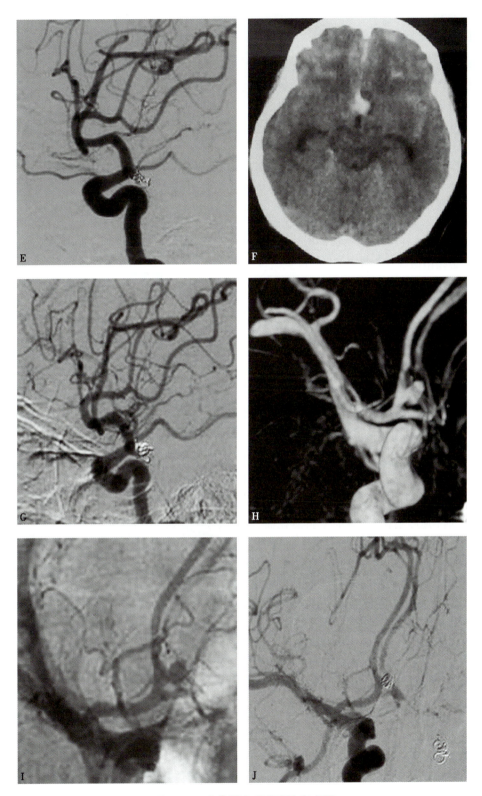

图 6-3-4　多发颅内动脉瘤栓塞病例

女，53 岁，5 年前突发头痛 5 天入院，CT 示 SAH（A），DSA 示左侧后交通动脉瘤，形态不规则（B），右侧大脑前动脉 A2 段动脉瘤（C），结合造影及 CT 表现，考虑左侧后交通动脉瘤为破裂动脉瘤，行球囊辅助栓塞（D、E），术后恢复良好出院。5 年后再次出现头痛，CT 示 SAH（F），DSA 示左侧后交通动脉瘤栓塞后稳定（G），右侧大脑前动脉 A2 段动脉瘤较前增大（H、I），行动脉瘤栓塞（J）。对于有蛛网膜下腔出血病史的未破裂动脉瘤，由于其破裂出血的风险较高，应当积极进行治疗

三、颅内动脉瘤的介入治疗

1. 治疗方法 全身麻醉,置入 6F 导引导管,导引导管头端位于颈内动脉或椎动脉的第 1,2 颈椎平面,导引导管内高压滴注生理盐水。根据路径图,在导丝导引下把微导管送入动脉瘤内,当微导管到达动脉瘤内时,应当稍微后撤导管,消除导管的张力,在透视下撤出导丝,防止导管头端把动脉瘤戳破。在血管扭曲明显的患者以及较远部位的动脉瘤,如前交通动脉瘤,选择较硬、富弹性的微导丝有助于微导管进入载瘤动脉,但切忌进入动脉瘤腔以防顶破动脉瘤壁。微导管在导引导管内、血管内行进过程中,必须由微导丝支撑和导引,以免微导管打折。在微导管进入动脉瘤腔过程中,应尽可能避免微导管头端与动脉瘤壁接触,因为绝大多数术中动脉瘤破裂是由导管头顶破动脉瘤壁所致。微导丝也不宜在动脉瘤腔内伸出过长,微导管到位后微导丝立即退出。另外,在同轴导管内持续高压滴注生理盐水以减少微导管与导引导管间、微导管与微导丝间的摩擦;经常观察微导管的形态,防止其弯曲打折;导引导管头应在 C_1、C_2 平面,避免顶住动脉壁太紧,造成微导管通过困难。微导管头在动脉瘤腔的正确位置应在瘤腔中 1/3 区域,经血管造影明确导管头位置后方可进入弹簧圈栓塞治疗。

弹簧圈栓塞:透视监视下送入弹簧圈,弹簧圈进入动脉瘤腔时,速度要慢,让其完全自然盘曲。如果弹簧圈进入困难或逸出动脉瘤口,提示弹簧圈过大或弹簧圈盘曲不自然,应慢慢抽回弹簧圈于微导管内重新置位,或据其动脉瘤大小调换适合型号的弹簧圈。在确定弹簧圈完全位于动脉瘤内并盘曲满意时,即可解脱弹簧圈。第一个弹簧圈选择3D 弹簧圈进行栓塞,进行良好的成篮,防止后续的弹簧圈突入载瘤动脉,弹簧圈位置满意后解脱弹簧圈;第一枚弹簧圈的大小、长度必须根据动脉瘤的大小来选择,它的大小与动脉瘤的最大直径相适应,不应小于瘤颈的宽度。一般来说,一个动脉瘤需数枚弹簧圈填塞。完全栓塞动脉瘤后拔出导管,手术结束。术中要注意防止弹簧圈突入载瘤动脉,导致脑梗死;操作要轻柔,防止导管、导丝、弹簧圈戳破动脉瘤导致蛛网膜下腔出血(图 6-3-5)。

2. 宽颈动脉瘤的栓塞

(1)双微导管技术(图 6-3-6):如果动脉瘤瘤颈较宽,球囊或支架辅助栓塞(如前交通动脉瘤或大脑中动脉分叉处动脉瘤)又比较困难,可以采用双微导管技术进行动脉瘤栓塞。2 根微导管进入动

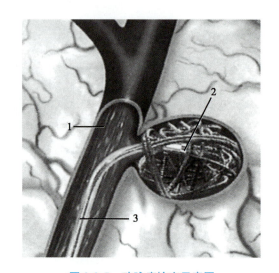

图 6-3-5 动脉瘤栓塞示意图
1. 载瘤动脉;2. 动脉瘤内弹簧圈;3. 微导管

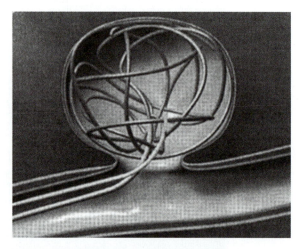

图 6-3-6 双微导管技术
动脉瘤内放置两个微导管交替送入弹簧圈,观察弹簧圈稳定后再解脱。交互编织的弹簧圈在动脉瘤腔内的稳定性强,不易突入载瘤动脉

脉瘤内,送入弹簧圈,这样弹簧圈互相交织,可以避免弹簧圈突入载瘤动脉。

(2)球囊辅助弹簧圈栓塞(Remodeling 技术):对于宽颈动脉瘤,为避免弹簧圈突入载瘤动脉,可采用球囊辅助弹簧圈栓塞。此项技术由 Moret 在1994 年首先提出。该技术在宽颈动脉瘤(动脉瘤颈体比大于 1/3,或瘤颈宽大于 4mm)中非常适用。导管进入动脉瘤后,再送入球囊,充盈球囊,覆盖瘤颈,再通过导管送入弹簧圈,解脱弹簧圈后,松开球囊。球囊闭塞时间不应当超过 2~4 分钟,防止动脉长时间闭塞导致脑梗死;重复以上的步骤,直到动脉瘤完全栓塞。球囊充盈后应与载瘤动脉

直径吻合，同时压力不可过大，以防损伤动脉壁。球囊辅助弹簧圈栓塞的优点为它能够使弹簧圈致密填塞，可以保证载瘤动脉通畅。Remodeling 技术需要在载瘤动脉内反复扩张球囊，容易造成血栓形成，因此术中特别要注意充分抗凝。

（3）支架辅助弹簧圈栓塞：如果瘤颈很宽，即使应用球囊辅助，弹簧圈也会突入载瘤动脉的病例需要采用支架辅助弹簧圈栓塞，这样可以保证弹簧圈不会突入载瘤动脉，保证动脉瘤完全栓塞。1997年 Higashita 首先报道内支架结合弹簧圈栓塞治疗动脉瘤，使宽颈动脉瘤或梭形动脉瘤的血管内治疗成为可能，随着技术的发展，这项技术的应用越来越广泛（图 6-3-7，图 6-3-8）。

因为血管内支架可以导致急性血栓形成、支架再狭窄，因此支架植入前及植入后需要口服抗血小板药物。术前口服阿司匹林 100～200mg/d，氯吡格雷 75mg/d，共 3 天，术后低分子肝素抗凝 2 天，术后口服阿司匹林 100～200mg/d（6 个月）。急诊手术病例术前口服或肛门内放置阿司匹林 300mg，氯吡格雷 75mg。

支架覆盖在动脉瘤颈，不仅起到重塑瘤颈、防止弹簧圈突入载瘤动脉的作用，还可在治疗动脉瘤中提高即刻栓塞率。

载瘤动脉内植入支架后，常规要求采用抗血小板聚集治疗。对于未破裂动脉瘤的患者，多在术前 3～5 天开始给予阿司匹林和氯吡格雷；对于破裂动脉瘤患者，多在植入支架前 6 小时或术中鼻饲给予负荷量的阿司匹林和氯吡格雷。有的未破裂动脉瘤患者术前不能确认是否需要行支架辅助栓塞，要在术中临时决定。术前服用抗血小板聚集药物的患者，抗血小板聚集药物会加重患者的出血；对于术中鼻饲负荷量抗血小板聚集药物的患者，也不

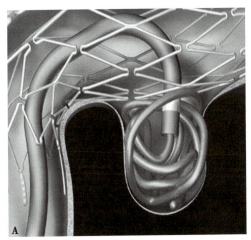
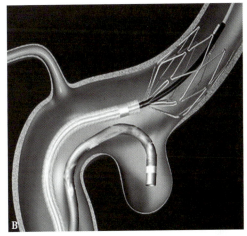

图 6-3-7 支架辅助栓塞动脉瘤示意图
A. 顺序式栓塞；B. 平行式栓塞

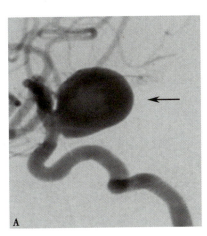
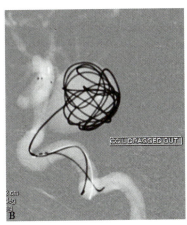
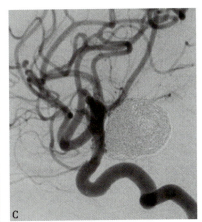

图 6-3-8 颅内动脉瘤支架辅助栓塞术
A. 右侧颈内动脉颅内段动脉瘤（箭头）；B. 弹簧圈栓塞动脉瘤；C. 术后即刻造影见动脉瘤完全栓塞

能保证药物达到肯定的抗血小板聚集的效果。

替罗非班作为一种可逆性非肽类血小板表面糖蛋白Ⅱb/Ⅲa受体拮抗剂，直接作用于血小板聚集的终末环节，可短时间内起到有效的抗血小板聚集作用，停药后约3小时血小板功能基本恢复，避免了口服抗血小板聚集药物的一些缺点。

在成功植入支架后，应用替罗非班[8～10μg/kg静脉推注，继而以0.1～0.5μg/(kg·min)]，持续泵入24小时，然后降为0.05～0.07μg/(kg·min)，持续泵入24～48小时。术后次日逐渐过渡到常规剂量口服阿司匹林和氯吡格雷。

3. 载瘤动脉闭塞 并非所有患者均能耐受载瘤动脉闭塞，术前必须行球囊闭塞试验，但即使术前球囊闭塞试验阴性，仍然会有4%～15%的缺血事件发生率。因此，载瘤动脉闭塞仅作为部分难治性动脉瘤如假性动脉瘤末梢动脉瘤和夹层动脉瘤的可选方法。

4. 高级别颅内动脉瘤的治疗 Hunt-Hess Ⅳ和Ⅴ级称为高级别颅内动脉瘤。Ⅳ级患者介入治疗良好率（生活可以自理）约为50%，极差率（植物生存或死亡）约为18%；Ⅴ级患者介入治疗死亡率90%。

Hunt-Hess Ⅳ、Ⅴ级动脉瘤治疗时机的选择一直存在争议，观点也在不断变化。严重的动脉瘤性SAH发生脑血管痉挛多在出血3天以后开始，7～8天达到高峰。脑血管痉挛、梗死以及梗死后出血和脑水肿是术后死亡或残疾的主要原因，发生率为35%～60%。Ⅳ级颅内动脉瘤在出血3天以内应积极争取尽早治疗。3天以后由于血管痉挛因素的影响，应酌情而定，血管痉挛不严重者应积极介入或外科手术治疗，而血管痉挛严重者，应先行保守治疗，待其血管痉挛缓解、病情好转以后再考虑介入或外科手术治疗。

5. 并发症及处理 与外科手术夹闭相比，动脉瘤栓塞治疗的风险较小，但仍可能出现并发症，致死或致残并发症率为8.4%～18.9%。

（1）动脉瘤或血管破裂：是血管内治疗最严重的并发症，一般见于已有破裂的动脉瘤。破裂动脉瘤的发生率为4.1%，未破裂动脉瘤的发生率为0.5%。术中导管或导丝刺破动脉瘤引起出血。如果出现动脉瘤破裂出血，应迅速中和肝素，降低血压，继续填塞弹簧圈，完全栓塞动脉瘤；如果微导管穿破动脉瘤可以将弹簧圈的一部分释放于蛛网膜下腔，然后回撤微导管入瘤囊内继续栓塞动脉瘤；如果无法完全栓塞动脉瘤，出血未停止，应急

诊行外科手术夹闭。为避免动脉瘤破裂出血，操作时应当注意，导丝及导管进入动脉瘤是应当在路径图下进行，操作时动作轻柔，防止导管或导丝戳破动脉瘤；导管要准确塑形，导管头不要接触动脉瘤壁，插入或回撤导丝时应当在透视下缓慢进行。在推送相对阻力较高的装置（球囊或支架）的过程中易发生血管破裂。应用交换导丝时将其置于较大的血管内，尽可能减少导丝的移动。

（2）血栓栓塞及血栓形成：是弹簧圈栓塞动脉瘤的常见并发症，有症状的血栓栓塞及血栓形成发生率为2%～8%，无症状的血栓栓塞及血栓形成（MRI发现）发生率为28%～61%。产生原因为：①同轴导管内血栓形成进入脑内动脉；②动脉硬化患者粥样斑块脱落；③动脉瘤腔内血栓逸出；④弹簧圈致血栓作用。全身肝素化可降低血栓栓塞的风险，因此术中要特别注意肝素化。如果发生栓塞，可以将微导管插入血栓内进行溶栓治疗，但溶栓时要注意可能发生动脉瘤出血。

（3）弹簧圈移位：指弹簧圈从动脉瘤内移位，到达载瘤动脉或到达远端动脉，可导致脑缺血。发生率为0.5%。栓塞时应当选择合适弹簧圈，对于宽颈动脉瘤应当采用球囊辅助弹簧圈栓塞或支架辅助弹簧圈栓塞，以防止弹簧圈移位。如果发生弹簧圈移位，可应用特殊装置取回移位的弹簧圈。如果不能取出，则放置支架以保证载瘤动脉畅通。

（4）血管痉挛：蛛网膜下腔出血可以导致血管痉挛，导管及导丝也可以导致血管痉挛。静脉给予钙离子通道拮抗剂可以治疗血管痉挛。

处理原则：

1）自发性蛛网膜下腔出血患者常规应用抗血管痉挛药，包括钙离子拮抗剂，必要时3H治疗（高血容量、高血压、高稀释度）。

2）术中致颈内动脉轻度痉挛者不需治疗，影响插管者可动脉内注射罂粟碱，但是有一过性失明、高颅压、抽搐等副作用，应慎用。

3）动脉痉挛严重者可行血管成形术。

（5）支架植入相关并发症：包括支架移位，再狭窄，急性血栓形成，支架受压变形、塌陷。如果支架直径较小，微导管通过支架网眼进行动脉瘤栓塞时可导致支架移位。术前注意抗血小板治疗，术后注意抗凝抗血小板治疗可以防止急性血栓形成及支架再狭窄。

（6）动脉瘤复发：颅内动脉瘤介入治疗后复发率以及破裂动脉瘤术后再出血率均与即刻致密栓塞程度密切相关。因此，动脉瘤的介入治疗应以即

刻致密栓塞动脉瘤为目标。术中应用修饰弹簧圈较裸圈可提高动脉瘤的即刻致密栓塞程度。

在未完全闭塞的动脉瘤，特别在近瘤颈部的残腔，容易发生动脉瘤再生长；原动脉瘤腔内有血栓时，术后动脉瘤内弹簧圈被压缩，形成动脉瘤残腔。处理原则：①力求动脉瘤腔致密填塞、完全闭塞；②定期随访，随访发现动脉瘤腔复发则行再次填塞或外科手术治疗。

颅内动脉瘤血管内介入治疗的复发率相比于开颅夹闭高，动脉瘤的复发可能与瘤体大小即刻栓塞程度以及动脉瘤部位（后循环）相关。随着技术的进步，动脉瘤栓塞后复发出血的风险逐渐降低。Schaafsma 等的研究包括 283 例动脉瘤，随访 1778 例，栓塞组再出血率为 0.4%，夹闭组为 2.6%。动脉瘤致密栓塞可以有效降低复发率。

6. 围手术期处理　术前按照解痉、止血、镇静、通便、止咳的原则处理，注意控制血压。如果动脉瘤完全栓塞（支架辅助），术后应用低分子肝素抗凝 2～3 天。术前表现为占位效应的大型动脉瘤，术后可以短期内给予糖皮质激素，可以在一定程度缓解症状。

7. 其他治疗方法

（1）血流导向装置：支架植入可使动脉瘤的血流动力学发生改变。植入支架后瘤腔内血流速度显著减慢，对动脉瘤的压力降低，并随着支架植入数量的增加而降低。支架植入后可能改变血管的形态，影响局部的血流动力学促进动脉瘤的闭塞。支架结合弹簧圈能促进动脉瘤内血栓形成和瘤颈的内皮化。对于颅内大型或巨大型动脉瘤、梭形动脉瘤等，采用传统的介入栓塞技术治疗，效果常不理想，即刻致密栓塞率低，远期复发率较高。血流导向支架（flow diverting stent，FDS）是近年来出现的一种用于颅内动脉瘤介入治疗的新装置，通过对载瘤动脉的血管重建，干扰动脉瘤内的血流动力学，诱发动脉瘤内血栓形成，促进瘤颈部内膜的修复。目前 FDS 主要用来治疗颅内复杂或难治性动脉瘤。孔率（网孔面积占支架所围成的总面积比例）约为 65%～70%，也称为密网支架或低孔率支架。2006 年 FDS 开始应用于临床试验，至 2010 年年底，FDS 已在全球 50 多个国家上市。一项研究包括 1451 例病例，应用血流导向装置治疗 1654 个动脉瘤，6 个月后随访时完全闭塞率 76%，技术相关的残死率 9%，术后 SAH 发生率为 3%，脑内出血 3%，穿支闭塞率和缺血性卒中发生率分别为 3% 和 6%，提示血流导向装置仍伴有较高的并发症发生

率，在选择临床适应证时应慎重。

目前多使用单枚 FDS 进行治疗。为了更有效地促进动脉瘤闭塞，可采用多枚重叠支架技术以增加瘤颈部的金属覆盖率。也可以 FDS 联合弹簧圈治疗动脉瘤。FDS 植入后主要的不良事件，包括头痛和占位效应增加，支架所覆盖的分支或穿支动脉闭塞，支架内血栓形成或狭窄以及动脉瘤破裂出血等。使用 FDS 治疗巨大动脉瘤比其他的动脉瘤更易于发生动脉瘤闭塞。这可能与 FDS 对巨大动脉瘤内血流动力学影响更明显以及原瘤腔内部分血栓导致其更易形成血栓有关。FDS 植入后支架内血栓形成主要发生在围手术期，与技术操作密切相关。若支架释放过程中，过度拉伸或在弯曲血管部释放时不能很好地贴壁，则容易发生支架内血栓形成甚至闭塞载瘤动脉。FDS 支架内狭窄主要发生在术后 1 年内。FDS 植入后发生动脉瘤破裂出血主要发生在 5 天至 7 个月。短期内动脉瘤破裂可能与 FDS 植入导致瘤腔内压力增高有关。在大型动脉瘤的治疗上，FDS 植入可能会取代旁路手术。

（2）覆膜支架：覆膜支架又名人工血管，是普通金属支架与人工膜或天然膜相结合的产物。制作支架的材料主要有医用不锈钢、镍钛形状记忆合金、铂合金等。2002 年 Islak 等首次应用裸支架联合覆膜支架成功治疗两例颅内巨大动脉瘤。此后，覆膜支架越来越多地被应用于颅底血管性病变并取得理想效果。植入覆膜支架后，人工膜将动脉瘤瘤颈覆盖，可将动脉瘤与载瘤动脉隔绝。但是，覆膜支架柔顺性较差，难以到达目标血管；另外覆膜支架植入只能用于无重要侧支或穿支发出的动脉节段。

四、颅内动脉瘤介入治疗的评价及随访

1. 血管内栓塞动脉瘤治疗即刻结果的评价

Raymond 分级标准是目前使用最为普遍的。他们根据血管内治疗后囊状动脉瘤的造影结果，分为完全闭塞、瘤颈残留、动脉瘤残留 3 级。这种方法简便，但不同观察者间容易存在诸多分歧，可能会影响其作为评估标准的推广和效能。美国神经介入放射学会组织专家提出了一种新的分级方法，该法将动脉瘤闭塞情况分为 6 个等级（必须根据 2 个理想正交平面投影的对比剂弥散情况进行评估，并报告任何残留部分）。0 级表示动脉瘤完全闭塞，不存在任何残留或动脉瘤内没有任何可填充间隙；Ⅰ级表示在平面图像上，动脉瘤的容积栓塞率 >90%，按Ⅱ～Ⅴ级顺序分别为 70%～89%、50%～69%、25%～49%、<25%。

2. 随访 动脉瘤栓塞治疗后可能复发，应终生随访，以防动脉瘤复发和新生动脉瘤。若动脉瘤的大小、形态和容积闭塞率无变化，则可定义为"稳定"；若动脉瘤进一步闭塞或萎缩，则定义为"改善"；而当动脉瘤增大、栓塞材料移位或不能增加动脉瘤闭塞的效果时，则应定义为"恶化"。

颅内动脉瘤的复发率和复发时间与动脉瘤的性质、大小、形态以及即刻治疗结果等因素密切相关，因此随访策略亦应个体化需要定期进行随访。

一般要求术后半年、1年、2年进行影像学随访。随访方法主要包括 CTA、MRA、DSA。由于栓塞材料的伪影较大，CTA 并不适用于介入治疗动脉瘤的随访。MRA 的重要性不断上升，其对动脉瘤复发的敏感度为 71%～97%，特异度为 89%～100%，MRA 检查使动脉瘤患者的终生随访成为可能。但 MRA 仍不能代替 DSA 作为评价治疗效果的"金标准"。在随访过程中必须至少有 1 次 DSA 随访。一旦 MRA 检查发现异常或可疑时，必须行 DSA 复查，以明确是否需要进行再治疗。以避免 MRA 的假阴性结果。

3. 疗效 近年来，对颅内动脉瘤的治疗都持积极态度，特别是已破裂有蛛网膜下腔出血史患者，更应在短期内给予积极治疗，以防再次出血致命的危险。国际蛛网膜下腔出血动脉瘤试验协作组（ISAT）是多中心前瞻性随机试验，对 2143 例破裂脑动脉瘤患者随机分配进行神经外科夹闭（$n=1070$）或血管内弹簧圈栓塞治疗（$n=1073$）。血管内治疗组 1 年后 23.7% 的患者生活不能自理或死亡，外科手术组为 30.6%。血管内治疗组生活不能自理或死亡的相对和绝对危险性分别比外科手术组下降了 22.6% 和 6.9%。ISAT 研究表明血管内治疗组显著优于外科手术组。治疗后再出血危险都很低，血管内治疗组再出血危险略高于外科手术组。

五、外科手术后残余 / 复发动脉瘤的介入治疗

外科手术夹闭颅内动脉瘤疗效确切，但并非对所有动脉瘤均取得满意的效果。文献统计，外科夹闭后残余动脉瘤发生率为 2.3%～14%，即使对于手术完全夹闭的动脉瘤，远期复发的风险仍有 2.4%。

外科夹闭术后残余动脉瘤的自然病史目前尚不清楚，但文献报道残余动脉瘤年出血率为 0.4%～1.9%。Drake 报道了 329 例动脉瘤外科夹闭，43/329 为残余动脉瘤，其中 12/43 再发破裂出血。最近一项大型的观察性研究发现，外科夹闭术后动脉瘤的闭塞程度与再发出血密切相关，存在残余动脉瘤的患者再发出血率为 5%（相较于完全夹闭患者，0.9%）。

鉴于蛛网膜下腔出血较高的致残、致死性风险，故外科手术后残余 / 复发动脉瘤的治疗存在合理性，尤其是对既往有破裂出血史的患者及年轻的患者更是如此。对于外科术后残余或复发的动脉瘤，治疗方法分为外科手术及介入治疗。外科手术面临着一系列的困难：残余动脉瘤本身的存在提示着动脉瘤为外科手术夹闭困难者；既往手术致使动脉瘤周围解剖结构改变，并存在着较多的瘢痕组织，这都影响着外科手术的成功实施。

随着介入技术的广泛应用，既往的病例系列显示对于外科术后残余 / 复发的动脉瘤，介入治疗是一种安全、有效的方法。

对于此类动脉瘤行介入治疗时，需考虑以下因素：

1. 动脉瘤夹的存在可能会影响到工作角度的选取，这时可以借助 3D-DSA 技术，清楚的显示动脉瘤及载瘤动脉，同时避开动脉瘤夹的干扰；

2. 动脉瘤夹的存在，影响到了动脉瘤的形态特征，使得动脉瘤形态不规则，较浅，这时单纯应用弹簧圈栓塞往往会导致动脉瘤不全填塞或弹簧圈移位，对于这类动脉瘤，支架或球囊辅助栓塞技术应用有助于更好的栓塞动脉瘤。

（王　峰）

第四节　颈内动脉海绵窦瘘

一、临床概述

1. 疾病概念 颈动脉海绵窦瘘（carotid cavernous fistula，CCF），一般指海绵窦段的颈内动脉本身，或其在海绵窦段的分支破裂，与海绵窦之间形成异常的动静脉沟通，最早由 Baron 在 1835 年报道。根据病因可分为自发性颈动脉海绵窦瘘（SCCF）和外伤性颈动脉海绵窦瘘（TCCF）。自发性 CCF 主要为间接型（也有少量直接型），表现为海绵窦区硬脑膜动静脉瘘（dural arteriovenous fistula，DAVF）。其病因主要有海绵窦的炎症或血栓形成、静脉窦狭窄及静脉高压、雌激素水平降低。该病最常见于围绝经期的妇女，男性少见。TCCF 占颈动脉海绵窦瘘的 75%～85%，占颅脑损伤的 1%～2.5%。TCCF 根据 Parkinson 分型可再分为两型：Ⅰ型：海绵窦段颈内动脉本身撕裂与海绵窦形成直接交通；Ⅱ型：

海绵窦段颈内动脉的分支断裂形成颈动脉海绵窦瘘，常有对侧颈内动脉或同侧颈外动脉的分支通过侧支吻合向瘘口供血（图6-4-1）。

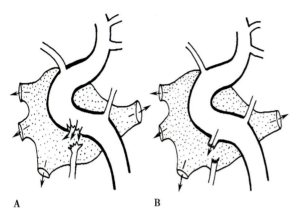

图6-4-1 CCF 示意图
A. Ⅰ型CCF；B. Ⅱ型CCF

2. 临床表现

（1）头痛：相当常见，其原因可能与硬膜受牵拉、三叉神经受压或颅内循环重新分布有关。

（2）搏动性突眼：颈内动脉或其分支破裂后，动脉血直接进入海绵窦，使窦内压升高，CCF引流以眼静脉为主者，搏动性突眼是最常见的症状。眼部静脉扩张、充血导致患侧眼球突出，并有与脉搏同步的搏动；如果瘘口大，海绵间窦发达，则通过海绵间窦，向对侧海绵窦引流，引起双侧眼部症状。

（3）杂音和震颤：颅内存在与心率搏动同伴的隆隆样杂音，患者往往自我感觉明显，难以忍受。患者眼球、眼眶、额部或耳后听诊时可闻及与心跳一致的杂音，压迫患侧颈内动脉可使杂音减弱或消失。

（4）球结膜充血、水肿：由于眼静脉无瓣膜，CCF眼静脉引流者，使眼结膜静脉动脉化，以及眼静脉扩张，导致眼静脉回流不畅，组织水分吸收障碍，最终导致眼球结膜充血水肿，重者眼睑外翻。充血水肿的眼结膜可有破溃出血。

（5）眼球运动障碍：外展神经、滑车神经和动眼神经受损，导致不同程度的眼球运动障碍。其中以外展神经损害最多见，其次为动眼神经。

（6）视力障碍：由于大量动脉血流入眼静脉并回流障碍，眼眶内压力急剧升高，致使眼动脉供血不足所致。导致视力迅速下降，甚至失明。眼眶内压增高和扩张的眼静脉压迫视神经引起视神经萎缩，长期突眼易发生角膜溃疡和球结膜炎均可影响视力。

（7）神经系统功能障碍：CCF引流静脉向皮层静脉引流时，以向上通过蝶顶窦、侧裂静脉多见，可引起脑皮层静脉回流受阻，从而出现精神症状、抽搐、偏瘫甚至昏迷。向后颅窝引流时，可引起小脑、脑干充血水肿，严重时可引起呼吸停止。患侧颈内动脉大量血液通过瘘口进入静脉系统，造成患侧半球灌注不足，亦是神经系统功能障碍的主要原因。

（8）脑皮层静脉高压怒张，周围缺乏支撑组织保护，为颅内出血，包括蛛网膜下腔出血、硬膜下血肿的发生，创造了条件。

（9）部分患者可出现鼻出血，当CCF同时伴有颅底骨折及假性动脉瘤时，可发生严重鼻出血。一旦出血，往往是大量出血，难以止住，可危及生命，需急诊救治。

3. 病理改变 颈内动脉在岩骨管远端到前床突的走行段，由骨性结构或硬脑膜紧紧围绕固定。一旦头颅严重外伤影响颅底，颈内动脉极易损伤。颈内动脉损伤有四种形式：①颅底骨折、移位撕破颈内动脉及其分支；②骨折碎片刺破颈内动脉；③颈内动脉挫伤导致破裂；④穿透伤。

颈内动脉与海绵窦相通，大量动脉血进入海绵窦，同侧大脑半球灌注不足，部分甚至全部由对侧颈内动脉或椎基底动脉系统供血。高流量的动脉血进入海绵窦后，来不及正常回流入颈内静脉，积聚或反流入其所属的静脉分支或相关的颅内静脉，包括眼静脉、大脑中静脉、岩静脉、蝶顶窦，从而引起一系列的临床症状。

4. 发病特点 颅脑外伤在男性发生机会较女性为高，故TCCF以男性多见。

5. 主要原因 CCF的发病原因都是外伤性，常存在头部爆裂伤和穿通伤的病史，其他原因包括与经蝶窦手术、三叉神经手术、海绵窦血栓手术有关的创伤和海绵窦内动脉瘤破裂。

6. 诊断征象 典型的TCCF的头颅CT检查可见：①眼球突出，眼上静脉增粗，迂曲扩张；②患侧海绵窦扩大，密度增高，部分患者由于海绵间窦发达，对侧海绵窦也可明显显影；③眼外肌增粗和眶内水肿；④颅底骨折。增强CT可以显示海绵窦扩张、及异常粗大的引流静脉，CTA可以显示颈内动脉与海绵窦之间的异常交通，引流静脉的途径。但无法显示瘘口的大小及部位，对引流方向价值有限。MRI、MRA的价值与CT、CTA大致相仿。

7. 血管造影 全脑血管造影是目前诊断CCF的必不可少的检查，是诊断CCF的金标准。脑血管造影可以显示CCF的瘘口大小、部位和引流静脉的情况，对于选择治疗方案至关重要。除了行患侧颈内动脉造影外，还要在压迫患侧颈总动脉的同时，分别行对侧颈内动脉及椎动脉造影，必要时还要行双侧颈外动脉造影。

通过脑血管造影可以了解下列情况：①瘘口的部位、大小和数目；②瘘口的引流方向，有无皮层静脉引流；③侧支循环和窃血情况，Willis 环功能是否良好，患侧大脑半球灌注情况；④是否伴脑血管病变，如假性动脉瘤、动脉硬化、狭窄等。

瘘口的判断有时较为困难，增加采集密度（至少 6 帧 / 秒）、多角度投照、以及完整的四肢动脉造影和压迫患侧颈内动脉后施行对侧颈内动脉造影、椎动脉造影有助于发现瘘口。

CCF 的引流静脉包括（图 6-4-2）：①前引流：眼静脉 - 面静脉 - 颈内静脉；②后引流：岩上窦（岩下窦）- 颈内静脉；③上引流：经蝶顶窦 - 侧裂静脉 - 皮层静脉；④对侧引流：经海绵间窦 - 对侧海绵窦，造成对侧眼静脉的扩张；⑤下引流：一般不明显，通过破裂孔、卵圆孔静脉 - 翼丛；⑥混合引流：呈多方向引流，颈内动脉远端充盈不良，这是常见的引流方式。

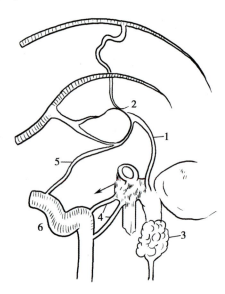

图 6-4-2　CCF 的引流
1. 侧裂静脉；2. 眼静脉；3. 翼丛；4. 岩上窦及岩下窦；5. labbé 静脉；6. 横窦

8. 鉴别诊断

（1）突眼性甲状腺肿、眶内假性肿瘤、眶后肿瘤等。这些疾病多无眼球搏动和血管杂音。

（2）眶内血管瘤，例如海绵状血管瘤及动脉瘤和动静脉畸形等，可有搏动性突眼，需行 DSA 明确诊断。

（3）海绵窦血栓形成，症状与 TCCF 相似，但是无眼球搏动和血管杂音。

（4）先天性、创伤性或肿瘤性眶壁缺损，可引起突眼，脑组织向缺损处膨出，脑搏动传递至眼球引起眼球搏动，一般没有血管杂音。

9. 治疗

CCF 的外科治疗包括颈内动脉结扎，颈内动脉切开放风筝术，开颅海绵窦切开修补术。由于外科手术的疗效不肯定，致残率和致死率高，复发率很高，不能治愈某些海绵窦段颈内动脉分支断裂形成的 CCF，现在已经基本不用。介入治疗是 CCF 的首选方法。

二、介入治疗

1. 介入治疗简史

1974 年，苏联 Serbinenko 用轴导管可脱球囊技术治疗 TCCF，并保留颈内动脉。1987 年 Debrun 对球囊解脱方法改进，应用 Magic BD 微导管，使球囊解脱技术更先进。随着导管的制作、插管技术、解脱球囊的方法及填充球囊的物质均有较大发展，使可脱球囊栓塞治疗 TCCF 操作简单、方便，创伤小、痛苦小，效果可靠、并发症少，既能填塞瘘口，又能保持颈内动脉高通畅率，成为目前治疗 TCCF 的最理想方法。随着神经介入及血管内治疗材料和方法的发展，很多学者也做了一些其他的尝试，比如弹簧圈栓塞治疗，覆膜支架植入等。

2. 治疗方法

（1）可解脱球囊栓塞：可解脱球囊栓塞具有创伤性小，疗效迅速可靠的特点，由于球囊相对较廉价，可节约大量医疗成本等优点，是介入治疗 TCCF 的首选材料。因此，球囊在临床中应用也较为广泛。90% 以上 CCF 患者采用此方法可彻底治愈（图 6-4-3）。

在使用球囊的过程中可能遇到的困难包括：球囊在导管中行走困难，球囊难以到达瘘口，球囊早期解脱、球囊泄漏，充盈后因与骨折骨刺接触而发生破裂等。

可脱性球囊栓塞的机制是：经动脉将球囊导入海绵窦，闭塞瘘口，促进海绵窦内血栓形成，颈内动脉内膜向上生长，覆盖瘘口，永久闭塞瘘口，恢复颈内动脉对脑组织的正常血供。如果无法栓塞瘘口，在压颈试验证实前后交通动脉代偿良好的情况下可以应用可脱卸球囊闭塞颈内动脉。

1）操作步骤：①脑血管造影，以全面、完整评价 CCF 的瘘口部位、大小和静脉引流方向以及 Willis 环的功能。②安装球囊：证明球囊完好及乳胶塞位置正确后，通过相应大小导引导管，缓慢将球囊送入所需位置，注意防止微导管和球囊折弯和球囊过早脱落。③球囊到位满意后，充盈球囊。④在堵塞

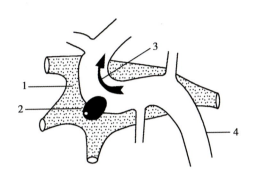

图 6-4-3　可脱球囊栓塞 CCF 示意图
1. 海绵窦；2. 可脱球囊；3. 颈内动脉血流方向；4. 颈内动脉

瘘口的过程中，要反复的经导引管造影，了解瘘口的情况及颈内动脉是否通畅（图 6-4-4）；要观察患者栓塞前后临床症状的变化；造影证实瘘口消失及颈动脉通畅后可以尝试解脱球囊：轻轻持续牵拉微导管即可自动解脱球囊。

2）操作注意事项：①球囊充盈采用等渗对比剂；②在透视严密监视下输送球囊，球囊出自导引导管进入颈内动脉时，去除支撑导丝，球囊在血流冲击下进入颈内动脉虹吸段。球囊进入瘘口时可见球囊跳动、突然低头或改变方向。③充盈球囊和解脱球囊，球囊进入海绵窦后，根据球囊容积注入适量的对比剂。进行颈内动脉造影证实瘘口消失，颈内动脉通畅，提示球囊置位准确，予以解脱。④对于瘘口大，流量大的 CCF，往往需要几个球囊才能完全闭塞瘘口。如果需要多个球囊栓塞，第一

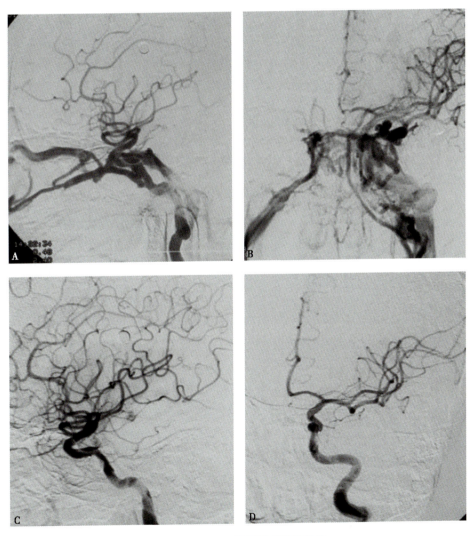

图 6-4-4　CCF 的可脱球囊栓塞术
A. 左侧颈内动脉侧位造影见左侧 CCF，经眼上静脉、眼下静脉、岩下窦引流；B. 左侧颈内动脉正位造影见经海绵间窦向对侧海绵窦引流；C（侧位）、D（正位）可脱球囊栓塞后瘘口消失，颈内动脉通畅

个球囊不要过大，待第二个球囊进入海绵窦，同时充盈球囊，确认闭塞瘘口后解脱球囊；解脱第一个球囊后再送入第二个球囊会十分困难，因此不要尝试这种方法（图 6-4-5）。⑤ CCF 治疗成功后，即刻行患侧颈内动脉正侧位造影，头颅正侧位平片，以显示球囊位置、大小，便于随访比较。⑥术后绝对卧床 24～36 小时，控制恶心、呕吐和避免大幅度的运动，以防球囊移位；术后 1 个月内注意避免过度活动。

可脱球囊闭塞颈内动脉之前必须进行闭塞试

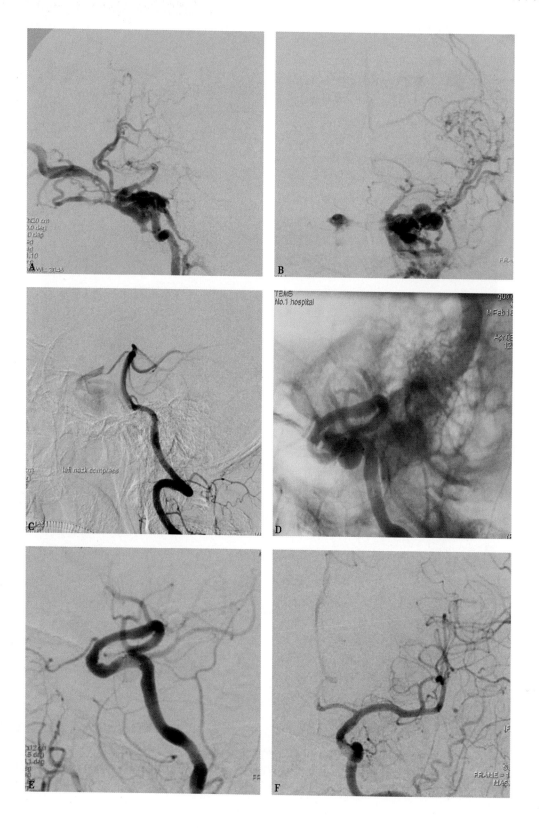

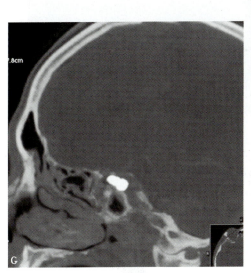
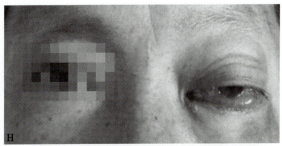
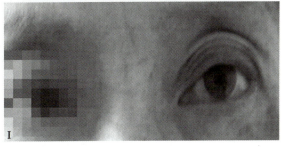

图 6-4-5　CCF 的可脱球囊栓塞术

男，45 岁，外伤后突眼，造影示左侧 CCF（A、B），压迫左侧颈动脉行椎动脉造影可见瘘口位置（C），瘘口较大，应用 2 枚可脱球囊闭塞瘘口（D、E、F），术后 3D-CT 可见球囊位置（G）。术前左侧突眼，球结膜水肿（H），术后突眼及球结膜水肿基本消失（I）

验。如造影显示 Willis 环交通良好和闭塞试验阴性，则提示可施行该手术。载瘤动脉闭塞成功后行患侧动脉造影以观察阻塞情况及除外其他供血动脉将 CCF 充盈，行健侧动脉造影以观察侧支循环情况，头颅正侧位摄片以显示球囊充盈情况和位置。通常将第一只球囊置于颈内动脉瘘口处，在闭塞颈内动脉的同时也闭塞瘘口；第二只球囊置于第一只球囊近端 3～5cm。在行颈内动脉闭塞时特别注意避免闭塞段上端瘘口残留，造成对侧颈内动脉、椎动脉系统通过 Willis 环反流入患侧颈内动脉，使治疗复杂化。

（2）弹簧圈栓塞：弹簧圈具有良好的顺应性，可以充分填塞球囊不能到达的间隙及较小的瘘口。同时，弹簧圈在操作过程中安全性较高，具有较好的可控性，可以根据瘘口的大小选择不同的型号的弹簧圈，在弹簧圈位置放置不当的情况下回收并重新放。

但是弹簧圈价格昂贵且使用数量多，易给患者造成较重的经济负担。若栓塞不够致密，在血流动力学的作用下瘘口容易再通；若栓塞过于致密，则可能会造成窦内神经的永久性压迫；如何控制栓塞致密程度尚无一个合适的标准。采用弹簧圈瘘口闭塞易致扩张的引流静脉内形成血栓。

适应证：①弹簧圈以容易准确定位而受到推崇，弹簧圈一般是在可脱卸球囊位置不易固定或到

位的情况下（瘘口大、流量大，或瘘口太小球囊难以到位）使用；②与可脱卸球囊结合使用；③经静脉途径时，栓塞材料主要是弹簧圈；④如果颅底骨折波及海绵窦骨壁，骨折片可刺破球囊，这时可以选用弹簧圈闭塞 CCF。

（3）覆膜支架：覆膜支架通过其表面的 PTFE 膜直接覆盖瘘口，以阻断异常的动静脉交通，在促进血管重建及促进血管内皮的连续性方面具有重要意义。瘘口较小或较大时球囊可能无法闭塞瘘口，这时可应用覆膜支架进行治疗（图 6-4-6）；若同时有多个瘘口时，有时选用一个支架即可完全覆盖，并且能够保持血管的通畅。

由于覆膜支架较硬，因此当血管较为迂曲时，支架将无法通过；选择合适直径的覆膜支架较为关键，若选用直径较小，则支架释放后不易贴合颈内动脉的内膜，易形成内漏，若过大可致血管内膜甚至是血管断裂；覆膜支架易致小的分支动脉闭塞，引起一些潜在的并发症。植入覆膜支架后，由于内膜增生或血栓形成可引起后期血管的狭窄，导致脑梗死、脑萎缩等严重的并发症。

（4）Onyx 和 NBCA：Onyx 和 NBCA 主要用于治疗动静脉畸形，单独使用治疗 TCCF 报道较少。当瘘口较大时，单独使用 Onyx 和 NBCA 难以达到影像学治愈。Onyx 和 NBCA 浓度较高时易致导管粘连，若浓度较低时可反流至引流静脉，如眼静

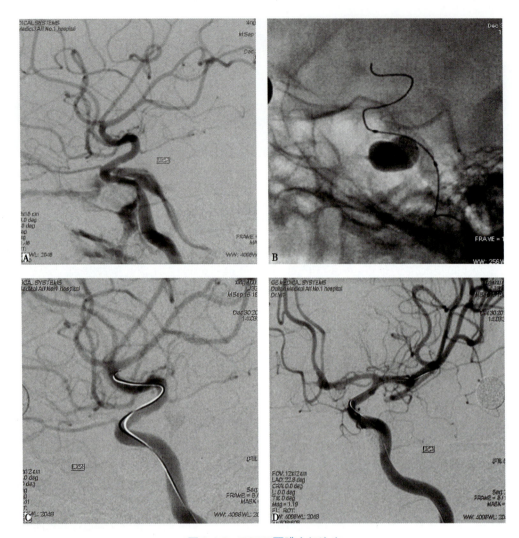

图 6-4-6 TCCF 覆膜支架治疗

A. TCCF 行可脱球囊栓塞术后瘘口再通；B～D. 行 Willis 覆膜支架植入，瘘口消失

脉、小脑静脉等，可致静脉闭塞甚至肺动脉栓塞，若反流至动脉，可导致脑梗死。

（5）多种材料联合应用：对于简单的瘘口常常使用一种材料即可达到闭塞瘘口的目的，但是对于一些复杂的瘘口常常需要联合应用多种材料，才有可能闭塞瘘口。

3. 并发症处理

（1）球囊早脱：球囊早脱往往因操作不当所致。球囊难以进入瘘口，在颈内动脉操作时间过长易发生球囊早脱。一旦球囊在颈内动脉解脱，则随血流漂入脑内动脉，造成相应脑组织的缺血、梗死，轻则偏瘫，重则危及生命。避免如此严重并发症的措施有：①安置球囊时要严格检查球囊颈和微导管的连接点，在保证可解脱的情况下，应尽可能牢固；②在体外进行充盈后解脱试验，以观察解脱后球

囊瓣塞功能；③如 CCF 瘘口太小，球囊不能进入瘘口，可以选择弹簧圈栓塞。

（2）假性动脉瘤：在 CCF 瘘口海绵窦侧放置球囊，球囊内充盈物外溢或充盈的球囊萎陷过快，海绵窦内血栓来不及填塞海绵窦，都有可能使原瘘口重新开放，与海绵窦残腔相通，形成假性动脉瘤。小的假性动脉瘤有自行闭塞之可能，对逐渐增大的假性动脉瘤，应施行动脉瘤腔填塞术（图 6-4-7）或载瘤动脉闭塞。

（3）颅神经麻痹：海绵窦内血栓形成和球囊充盈，均可累及邻近颅神经，依次为动眼神经、外展神经和滑车神经。一般在 1～2 周内可逐渐恢复，也可能留下永久后遗症。

（4）脑过度灌注：CCF 被栓塞前患侧大脑半球长期处于被窃血状态或低灌注状态。一旦 CCF 瘘

口堵塞，恢复正常颈内动脉血流，对长期处于被窃血状态或低灌注状态的患侧大脑半球骤然变成高灌注状态，患者难以适应，出现头疼或眼胀痛等症状。一般情况下，术后24～48小时症状消失。如症状明显者应予以降压处理。

（5）球囊破裂：颅底骨折波及海绵窦骨壁，在海绵窦内安放球囊时，如果充盈的球囊顶在骨折片上，可刺破球囊。操作时可适当移动球囊，避开骨折片；如不能避开，则选用弹簧圈闭塞瘘口，或闭塞颈内动脉，也可以植入覆膜支架。

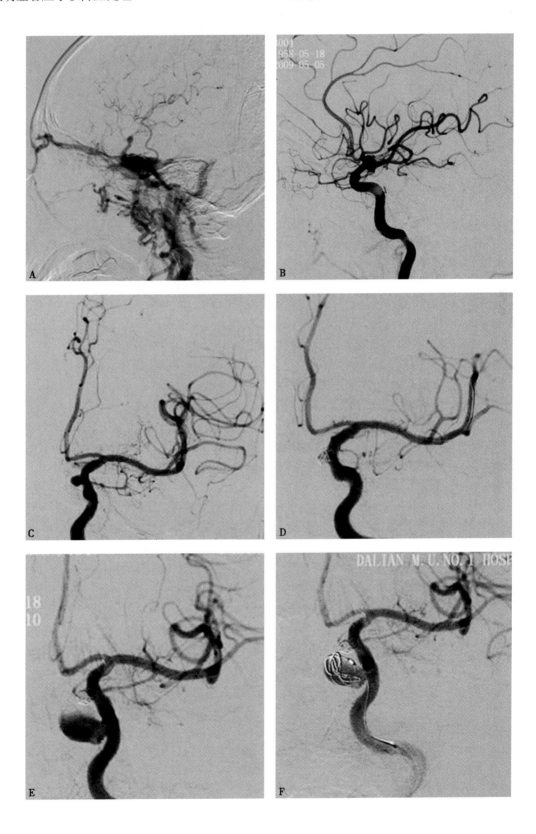

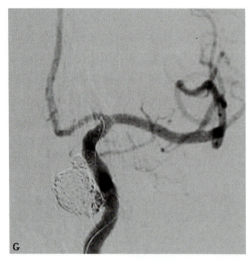
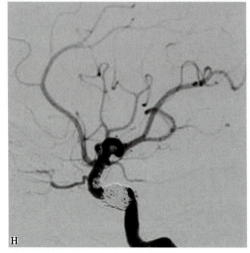

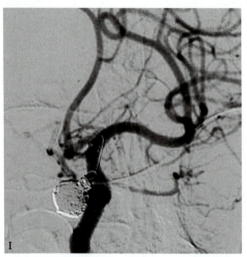

图 6-4-7 CCF 可脱球囊栓塞后假性动脉瘤的处理

女，51 岁，突眼。A. 造影示左侧 CCF；B. 行可脱球囊栓塞；C、D. 术后造影见合并动脉瘤，行支架辅助栓塞；
E. 3 个月后造影复查见假性动脉瘤；F、G. 行弹簧圈栓塞；H、I. 3 年后复查造影见动脉瘤栓塞稳定

（王　峰）

第五节　脑动静脉畸形

一、临床概述

1. 概念　颅内血管畸形分为：动静脉畸形（arteriovenous malformation，AVM）、海绵状血管瘤、毛细血管扩张症、静脉畸形。AVM 是一种临床上最常见的颅内血管畸形，是最适宜血管内治疗的脑血管畸形。

脑动静脉畸形是一种先天性局部脑血管发育异常，在病变部位脑动脉与脑静脉之间缺乏毛细血管，动脉直接与静脉相接，形成了脑动、静脉之间的短路，血流阻力骤然减少，导致局部脑动脉压下降，脑静脉压增高，由此产生一系列血流动力学的紊乱和病理生理过程。临床上可表现为反复的颅内出血，部分性或全身性抽搐发作，短暂脑缺血发作及进行性神经功能障碍等。本病可发生于脑的任何部位，90% 位于小脑幕上。

（1）脑出血的原因包括：动脉迂曲扩张，血管壁受损，局部破裂；AVM 伴发的动脉瘤破裂出血；静脉内压力增高，导致静脉扩张出血；大量血液迅速流入静脉，可以导致病灶周围脑组织灌注减少，出现"脑盗血"现象，导致小动脉扩张，如果血压上升，这些扩张的小动脉可能破裂出血。小型的 AVM（<2.5cm）由于畸形血管口径小，动脉压下降幅度小，管壁薄，易发生出血。脑室旁 AVM 供血动脉短，直径小，动脉压高，引流静脉通常为深静

脉,而深静脉发生狭窄的机会多,因此也容易发生出血。

(2)脑缺血:畸形团越大,越容易发生脑缺血,可导致癫痫,TIA或进行性神经功能缺失。如果病灶较小,则脑缺血较轻。

(3)脑过度灌注:盗血使邻近的脑组织内的血管扩张,以获得较多的血液,血管长期扩张导致血管的自动调节功能下降;如果脑灌注压增高,易发生脑血流量迅速增高,出现脑过度灌注,表现为局部静脉压增高,脑肿胀,颅内压增高,小血管破裂出血。

(4)颅内压增高:动脉血直接流入静脉,导致静脉压增高,阻碍周围脑组织的静脉回流而使脑组织长期淤血和水肿,颅压增高。

2. 临床表现 颅内AVM的主要临床表现是癫痫、顽固性头痛以及继发于颅内出血的一系列临床表现。

(1)颅内出血:可分为脑内出血、脑室出血和蛛网膜下腔出血。半数以上的出血发生在30岁前。颅内AVM伴出血的死亡率10%~20%,遗留神经功能缺陷的发生率为20%~30%。颅内出血者发病突然,往往在体力活动或情绪波动时发病,临床表现为剧烈头痛、呕吐,甚至意识丧失。体检:颈强直,Kernig征阳性。腰穿脑脊液可呈血性。颅内AVM出血的特点是:①出血年龄轻;②出血程度轻;③出血部位以脑内为多;④再出血间隔期长且无规律;⑤出血后并发脑动脉痉挛较少,痉挛程度较轻。这些都是与颅内动脉瘤破裂出血的不同点。

AVM第一次出血的患者80%~90%可以生存,随着出血次数增多,病情逐渐加重恶化。未破裂AVM每年的出血风险为2%~4%,而曾经破裂出血的AVM第一年再破裂出血的风险大约为6%。

AVM出血的危险因素包括:既往出血史,AVM的大小(小型AVM的出血风险较高,但是也有研究认为小型AVM的出血风险较低),深部静脉引流,仅有单一引流静脉,静脉引流受限,幕下AVM,病变位于脑深部,脑室周围,有颅内动脉瘤,大脑中动脉穿支参与供血,高龄,育龄女性,高血压等。

(2)癫痫:颅内AVM以癫痫为首发症状者占40%~50%,出血前后均可发生癫痫。额叶,顶叶,颞叶的AVM易发生癫痫,尤其是大型的AVM更容易出现癫痫。癫痫发作可以是局灶性,也可全身性。癫痫的原因主要是AVM盗血,正常脑组织供血不足,或者是由于AVM病灶位于功能区,直接影响正常脑组织的功能。

(3)头痛:半数以上患者有长期头痛病史,类似偏头痛。凡累及硬脑膜者均可产生头痛,部分患者可能与三叉神经受累有关。

(4)其他症状:颅内AVM可因患侧半球或局部长期供血不足导致进行性偏瘫,因引流静脉异常引起颅内压增高、眼球突出等。此外,少数患者尚存在颅内血管杂音、精神症状等。

脑动静脉畸形发生首次出血的风险为2%~4%/年。首次出血以后,第一年再次出血的风险18%。脑动静脉畸形出血后第1年的致死率为0%~18%。

3. 病理改变 AVM包括供血动脉,畸形团,引流静脉。供血动脉异常扩张,某些区域的管壁变薄、退变或缺少中膜及弹力板,局部血管壁不规则增厚、内皮增生、中膜肥大、基板分层化、增厚。畸形团血管可有肥大的中膜,畸形团内可有散在动脉瘤和硬化的岛样组织。引流静脉动脉化,细胞增生、静脉壁变厚,但是缺乏弹力板,不是真正的动脉结构。AVM血管之间会有正常脑组织,但是一般没有功能。脑AVM可以使功能组织发生重构或移位。

畸形血管团大小不一,多位于皮髓质交界处,累及软膜,呈锥形,锥基为软膜面,锥尖指向脑实质。如果硬膜受侵则称为硬膜型AVM。常规血管造影阴性者为隐匿型AVM。畸形血管团内动静脉瘘形成,尤其是瘘口大者,病灶内血流阻力减低,血流量增大,造成供血动脉增粗、增多、扭曲,并窃取大量正常脑组织供血,以满足病灶的高流量血供。回流静脉腔内因压力增高、流速加快,也随之逐渐扩张。供血动脉远端、畸形团内可发生血流相关性动脉瘤,引流静脉狭窄可引起静脉瘤样扩张。畸形血管团内可有血栓形成及钙化,畸形血管团周围脑组织变性、萎缩、含铁血黄素沉着。

4. 血管构筑 从AVM的血管构筑学角度考虑,颅内AVM分为两种基本类型:终末型供血和过路型供血。终末动脉供血型更适合采用血管内治疗,过路型供血应视为血管内治疗的相对禁忌。AVM往往还伴有其他异常,包括:①供血动脉血流相关的动脉瘤和AVM畸形团内动脉瘤,占15%~20%;②AVM畸形团内高流量瘘,占22%;③引流静脉狭窄及其狭窄后扩张,占10%。AVM畸形团内动脉瘤、高流量瘘、引流静脉狭窄、脑室旁AVM是出血的高危因素。

5. 发病特点 一般人群中颅内AVM的发病率估计为0.0005%~0.6%,占脑部疾病的0.15%~3%。男性多于女性,临床发病年龄高峰是20~40岁,平均25岁,60%在40岁以前发病,60岁以上发病者<5%。

6. 病因　一般认为在胚胎45～60天时发生。胚胎第4周，脑原始血管网开始形成，原脑中出现原始的血液循环，以后原始血管分化出动脉、静脉和毛细血管。这个时期局部脑血管分化发生障碍，使动脉与静脉直接相通，无毛细血管形成，而产生AVM。

7. 诊断方法

（1）CT：未出血的AVM表现为不规则的低、等或高密度混杂的病灶，边界不清，一般无占位效应，周围无明显的脑水肿征象。增强后CT显示为团状强化，其内可见迂曲的血管影，周围可见增粗的供血动脉和引流静脉。小的AVM在CT平扫上呈现阴性，增强扫描可清晰显示病灶。CTA可准确地显示脑AVM的畸形团、供血动脉、引流静脉，可以明确脑AVM的诊断。

（2）MRI：对AVM有特殊的价值。脑AVM的典型表现为以低信号为主、具有流空信号特征的不均质信号，无占位效应，周围脑组织不同程度萎缩。MRA可准确地显示脑AVM的畸形团、供血动脉、引流静脉，可以明确诊断。

8. 血管造影　脑血管造影检查可以更清晰的显示AVM的血管结构，具有不可替代的作用。造影检查可以显示一支或多支增粗的供血动脉进入团状畸形血管内，可见紊乱的畸形团，同时可显示扩张扭曲的引流静脉，也是显示畸形团内动脉瘤的最佳影像学方法。要注意颈外动脉也可能参与AVM的供血，因此造影时不要遗漏颈外动脉。

血管造影为确诊性检查，所要了解的内容包括：①明确病变部位是否与患者临床症状、体征相吻合；②供血动脉的支数、是否为主要供血动脉、是否伴有血流相关动脉瘤；③颅内动静脉畸形血管构筑学分类：是终末型供血还是穿支型供血；畸形团结构属于幼稚型、弥散型、瘘型还是混合型；畸形团内是否伴有动脉瘤；④引流静脉的数量、途径，是属于深部静脉引流还是属于浅静脉引流，引流静脉是否伴有异常（如狭窄、扩张及动脉化的静脉瘤等）；⑤动静脉循环时间；⑥是否有颈外动脉参与供血。

血管内治疗术前应进行完整的神经临床学检查、神经放射学检查以及血管造影检查，包括超选择插管入供血动脉造影检查，以详细评价AVM的血管构筑学。Spetzler和Martin根据血管造影上AVM畸形团的大小、是否位于功能区和引流静脉方式把AVM分为5级（表6-5-1）。

表6-5-1　Spetzler-Martin分级

	分级依据	评分
AVM大小（畸形团最大直径）	<3cm	1
	3～6cm	2
	>6cm	3
AVM部位	功能区	1
	非功能区	0
引流静脉方式	浅静脉	0
	深静脉	1

评分累加数为实际分级，I级最轻，V级最重

9. 鉴别诊断　AVM需要与毛细血管扩张症、静脉畸形鉴别。AVM具有供血动脉、畸形团、引流静脉，在完整显示这些结构后，AVM的诊断即可明确。

10. 治疗处理方法　包括：随诊观察，外科手术，放疗，栓塞治疗，联合治疗。外科手术可以切除畸形，但可能加重神经功能障碍。立体定向放射治疗可以减小或消除畸形。血管内栓塞治疗是治疗此种疾病的重要方法。有时要采用上述几种方法联合治疗。

表浅的、单支引流静脉和非功能区的SpetzlerI～II级者AVM，可以手术切除达到解剖和临床治愈。中等大小AVM（3～6cm）根据病灶的血管构筑，可先行栓塞，减小病灶的体积，然后行显微外科手术或放射治疗。

放射治疗可以损伤AVM内皮细胞，内皮损伤导致平滑肌细胞、肌纤维母细胞增生，细胞外胶原沉积，血管巢狭窄闭塞。放射治疗一般是在血管内治疗、手术后病灶缩小的患者，再进行放射治疗，达到解剖治愈；AVM位于功能区、位置深，如果无法行血管内治疗和手术治疗，可以选择放射治疗，有助于减少分流，缓解症状，降低发生脑出血的风险。

对于大的AVM（大于6cm）各种治疗方法的风险都很大，除部分有明显症状或高危出血的患者，宜随访保守治疗。

有学者提出以血管内治疗为先，手术治疗为主，放射治疗为辅，对复杂AVM选择联合治疗的原则，已经取得了一定的成绩，还需要多学科通力合作，进一步完善。

术前栓塞：血管内栓塞消除了深部的外科手术难以到达的供血动脉，术中暴露控制深部供血动脉往往十分危险。深部供血动脉的术前栓塞能够允许一些原本不能手术切除的动静脉畸形成功地予以切除。栓塞能够缩小畸形团的大小，减低动静

脉畸形的血流量，使手术时间缩短，减少失血。大的、高流量的动静脉畸形的分期栓塞，能够减少由于血流动力学的快速改变（例如：正常灌注压突破）而引起严重出血的发生率。供血动脉和畸形团内动脉瘤的术前栓塞能够消除那些手术中出血的血管构筑的风险因素。

放射治疗前栓塞：放射治疗的治愈率随着动静脉畸形体积的增大而减低。栓塞治疗的目的是缩减畸形团体积。在放射治疗产生作用前动脉瘤有出血风险，因此放射治疗前要栓塞畸形团内动脉瘤。高流量瘘对放射治疗不敏感，放射治疗前要栓塞高流量瘘。

姑息性栓塞能够减轻由于盗血和机械性压迫引起的症状，闭塞引起反复出血的动脉瘤。

二、介入治疗

1. 介入治疗简史
1960 年，Iussenhop 和 Spence 报道了第一例脑动静脉畸形的栓塞治疗。1976 年，Kerber 报道使用一根球囊微导管超选择性插入脑动脉，向畸形团内注 NBCA。随着微导管技术和栓塞材料的发展，脑 AVM 的血管内治疗范围在不断拓宽，其治疗效果也在不断提高。

2. 器材
（1）微导管及导丝：根据血管构筑学，可选择漂浮导管或导丝导引导管。如果病灶较大，血流的漂浮力及冲击力较大，可选择漂浮导管。对供血动脉迂曲或血流量较小，导管难以到位者，可采用柔软导丝辅助。

漂浮微导管能够进入颅内循环末梢的部位。导管尾部分是相对较硬的，壁较厚，推送性及扭控性好。中间部分壁较薄，更加柔软，推送性较好。末梢部分很细，极其柔软，具有非常好的顺应性，但是其推送性及扭控性较差。微导管的表面涂有亲水涂层，可以减低凝血性，利于通过小的弯曲血管，防止血栓形成。微导丝末梢部分非常柔韧，可塑形，覆盖有亲水的涂层，以减少导丝与导管之间的摩擦。

（2）Onyx：是一种生物相容性液体栓塞剂，它由一种次乙烯醇共聚物，溶解在不同浓度的二甲基亚砜（DMSO）中，并混入钽粉，以增加其可视性。当这一混合物接触含水介质时（如血液）二甲基亚砜迅速扩散，聚合物沉淀为柔软的、海绵状的固体，沉淀过程由外向内进展，形成外表面固化，而内部仍呈液态的中心，随着固化的逐渐进展继续向前流动。聚合过程具有时间依赖性而且主要受

乙烯在混合物中含量的影响，乙烯越少，聚合物越软。Onyx 有数个不同浓度的产品，浓度越高，黏性越大。采用高浓度 Onyx 可以防止其从导管头端流出太远。由于 Onyx 接触含水介质会凝固，所以导管要用二甲基亚砜预冲。必须要使用与二甲基亚砜相容的导管，因为二甲基亚砜会降解大多数导管。Onyx 本身无黏合性，可以很容易从导管内清除，即使成为聚合体，也能够从导管内清除。Onyx 可以用来栓塞血管畸形或动脉瘤。Onyx 黏稠性高，弥散性差，本身不易随血流移动，主要依靠导管内的推助力而移动，由压力高的地方向压力低的地方弥散。通常必须依靠一定的反流产生 block（阻断）效应达到较好的弥散。

Onyx 是非黏附性的，固化时间比 NBCA 慢得多，标准注射时间更长（数分钟），且更易控制，栓塞过程更加从容。栓塞剂在供血动脉近端反流和堵塞远端引流静脉出口的风险都很低。与 NBCA 相比，Onyx 可以获得更加完全的畸形团的固态铸型，提高了动静脉畸形的治愈率。

（3）NBCA：NBCA 或氰丙烯酸丁酯（组织黏合胶）是一种快速有效的栓塞剂，是丙烯酸酯的聚合物。碘油和 NBCA 混合可以延长聚合作用的时间，使其在 X 线下显影。术前需根据经验及相关技术确定胶与碘油混合的浓度，来控制其渗透程度。NBCA 在接触到离子性的液体后会立即发生聚合，所以推注用的导管必须在注射完 NBCA 后迅速回撤，以防被胶粘住。NBCA 也可以在血管壁和周围组织中引起炎性反应，导致血管坏死及纤维化。

3. 治疗方法
（1）NBCA 栓塞：NBCA 是一种液态栓塞剂，在 AVM 栓塞中广泛应用。应用 NBCA 进行栓塞治疗的操作要求高，难度大，加之粘管的危险，必须具有一定的神经介入治疗经验、熟知 NBCA 属性、熟悉漂浮微导管技术的神经介入医师方可施行此栓塞技术。

全麻，经股动脉入路置入 6F 导引导管于颅底部患侧颈内动脉或椎动脉。采用 1.5F 或 1.8F Magic 或 Target 漂浮微导管，在支撑导丝帮助下，引入导引导管内，注意避免支撑导丝进入血管腔，以免刺破血管壁。如果病灶较小，应用漂浮导管可能难以到位，可应用微导丝导引的微导管（如 Prowler 系列微导管）进行栓塞。微导管头应在近 AVM 畸形团的供血动脉端或动静脉瘘口的动脉端，避免插入过深、越过 AVM 内动静脉瘘进入引流静脉端。

微导管到位后，造影评价 AVM 结构、引流静

脉状况，以及 AVM 的循环时间和循环量，依此决定 NBCA 的注射浓度、注射速度和注射量。注射 NBCA 前应轻微回撤微导管，以除外动脉痉挛而发生滞管。

用葡萄糖水冲洗微导管。依据 AVM 循环时间配制相应的 NBCA 浓度。路径图监视下缓慢匀速注入，引流静脉显影或 NBCA 混合液反流入供血动脉时停止注射，拔除微导管和导引导管。如果引流静脉显影，畸形团未完全充盈，则停止注射 2～3 秒后继续注射，直至显示 NBCA 混合液向微导管近端反流，则停止注射后拔除微导管和导引导管。

存在高流量瘘的 AVM，供血动脉与引流静脉直接交通，其流速极快，可先用弹簧圈栓塞，流速减慢后再注射 NBCA。

最后置入诊断用导管行栓塞后血管造影，以完整评价栓塞效果和侧支循环情况。如有其他供血动脉供血，则参照上述步骤再次栓塞，但是，对于多支动脉供血、大的 AVM，一次栓塞二支供血动脉、栓塞范围不超过 30% 为宜。

术后控制性降压，密切监护 48～72 小时，可有效地预防高血流病灶栓塞后的正常灌注压突破。栓塞术后 6 个月、1 年、2 年常规作 DSA 或 MRI 随访检查。

（2）Onyx 栓塞（图 6-5-1）：Onyx 主要优点是不粘导管，可以长时间缓慢注射，聚合性好，可以在整个畸形血管团内充分弥散，不易漂入引流静脉导致堵塞，反流也比较容易控制，其总体栓塞效果优于 NBCA。

6F 导引导管进入颈内动脉或椎动脉，微导管超选择进入畸形血管团。微导管到位后进行微导管造影，如果微导管头端稳定，畸形团结构显影清晰，引流静脉可见，即可进行栓塞治疗。选择好工作角度，必须能看清反流，可估计允许反流的长度。DMSO 缓慢冲洗微导管（大于 90 秒），然后注射 Onyx。如果 Onyx 反流或进入主要引流静脉应停止注射，等待 30 秒后再进行注射，使 Onyx 在畸形团内弥散。术中要反复造影，判断栓塞情况，决定是否停止栓塞。对于多支动脉供血的 AVM 有时可以行双侧股动脉插管，进行多系统动脉造影，使手术更加安全完美。畸形团注射完毕或反流超过 1.5cm 时可以拔出微导管。拔管时首先缓慢将微导管拉直，使微导管缓慢脱离 Onyx，拔管时必须耐心，切忌用力快速拔管，造成血管或畸形团破裂出血。

注意事项：

1）微导管头端必须进入畸形团内，方可取得好

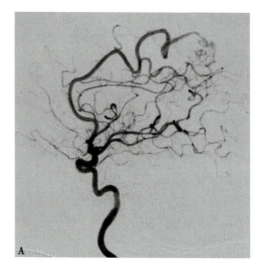

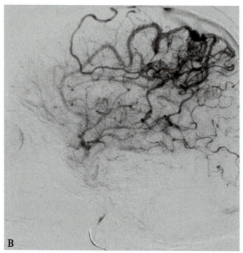

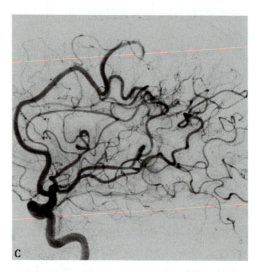

图 6-5-1 颅内动静脉畸形

中年女性，间断右侧上肢抽搐，A、B. MRI 及 DSA 示左侧顶叶 AVM；C. 微导管到位后以 Onyx 栓塞，AVM 消失

的栓塞效果，否则应放弃注射 Onyx。

2）为了达到较好的栓塞效果，必须使用"阻断和前推技术"：通过多次的注射、反流、停顿、再注射，允许 Onyx 在微导管头端有相当量的反流（1.0～1.5cm），最终围绕微导管头端产生完全封堵血流的阻断效应，造成畸形团内压力梯度明显改变，Onyx 在畸形团内不断弥散，大部分甚至完全栓塞畸形血管团。

3）长时间过度反流可能造成拔管困难，强行拔管会造成脑出血，因此通常反流应控制在 1.5cm。

4）一次注射未能将畸形团彻底栓塞时，可同期或分期再次栓塞。

5）尽量选择粗大且走行较直的供血动脉进行栓塞。这样微导管比较容易到达畸形血管团内，栓塞效果好；由于血管的抗拉力好，即使反流较长，拔管相对容易。

6）如果有合适的颈外动脉则不必担心反流和拔管问题。如果无合适的动脉途径栓塞时可以尝试经静脉途径栓塞。

7）如果微导管仅在供血动脉内，Onyx 很难真正进入畸形团内，因此微导管必须进入畸形血管团内栓塞才会取得满意的效果。

8）选择工作角度，以便能看清反流路径，估计好安全拔管所允许的反流长度。

9）术中根据 Onyx 的弥散情况，不断调整管球方向，获得最佳工作角度。

4. AVM 的血管构筑特点及栓塞治疗的一般原则 AVM 的供血动脉可为单支或多支，单支供血栓塞治愈率高。终末型供血动脉的末梢在供应正常脑组织的分支远端，终止于畸形团内，供血动脉比较粗大，易于超选择插管，适合栓塞治疗。过路型供血动脉较小而短，超选择插管进入供血动脉比较困难，栓塞治疗可能会引发神经功能损害。"成熟型"畸形团发育比较充分，畸形团紧密集中，栓塞效果好；"幼稚型"畸形团发育不充分，畸形团弥散，栓塞效果差。

远离 AVM 畸形团的供血动脉动脉瘤，应采用瘤腔栓塞术或手术夹闭术后再对 AVM 施行治疗；对 AVM 畸形团内动脉瘤，在避开正常脑动脉分支的前提下，栓塞动脉瘤或同时栓塞畸形团；如果畸形团内有流量高的动静脉瘘，治疗时应首先栓塞动静脉瘘。

如果为单支静脉引流，栓塞时闭塞引流静脉而畸形团没有被完全栓塞，可能会因为引流不畅导致畸形团出血；如果为多支静脉引流，栓塞治疗则比

较安全。要分清畸形血管团内的静脉沟通及总的引流静脉，前者可以在栓塞过程中被闭塞，而后者只能在畸形血管团被栓塞后闭塞。

5. 并发症的预防及处理 脑动静脉畸形介入治疗的并发症率为 3%～11%，死亡率 0%～4%。畸形团位于功能区皮质及单纯深静脉引流是发生并发症的危险因素。

（1）误栓塞：栓塞正常动脉可以导致脑梗死。超选择插管可以避免栓塞正常动脉。微导管到位后，行超选择造影时，应该反复多角度观察，确认被栓塞区域内无正常供血动脉，然后方可栓塞，治疗中注意注入 Onyx 的速度。术中应保持警惕，一旦发现 Onyx 的弥散超过畸形团的范围就应怀疑发生误栓。

（2）过度灌注综合征：发生在多支供血动脉供血、高流量、大的 AVM。栓塞畸形团后，原处于低灌注的正常脑组织供血迅速增加，由于脑血管长期处于低灌注状态，其自动调节功能失调，导致严重的脑水肿甚至出血。为防止出现正常灌注压突破综合征，对于较大的 AVM 每次应栓塞病灶的 1/3 或 1/4，术中及术后应控制性降压（降低原血压的 15%～20%）24～48 小时。如行第二次栓塞，则间隔时间为 4 周。如果不能及时止血，出血量会不断增加，需要开颅清除血肿，止血治疗。

（3）静脉输出道阻塞和血栓形成：AVM 的栓塞范围也包含引流静脉，因此，栓塞时静脉输出道栓塞较难预防，栓塞术应避免阻塞 AVM 的引流静脉，以免影响正常脑组织引流。血栓形成发生于 AVM 主要供血动脉堵塞后，所属引流静脉血流变慢，继发血栓形成，如该静脉兼引流正常脑组织，则可产生静脉性梗死。如果畸形团没有被完全栓塞而主要引流静脉被堵塞会引起脑出血。因此术中应当注意保护引流静脉不被堵塞，如果引流静脉不显影应当完全栓塞畸形团，避免因为静脉引流不畅而出血。

（4）血管穿破：多为微导丝穿破血管壁所致，如果微导丝穿破 AVM 或并发的动脉瘤，则往往是致命的。微导丝尽可能不要伸出微导管头，在靠近 AVM 时要特别注意；在通过微导管小角度转弯处时，动作要轻柔，不要强行通过。如血管穿破后出血量大，一旦发现出血应立即应用 NBCA 封堵出血部位。

（5）粘管和断管：粘管的原因包括：在注射 NBCA 时，拔管不及时，NBCA 粘住微导管头端于供血动脉内或病巢内；动脉痉挛，卡住微导管；微导管

行经的动脉过于扭曲成襻,拔除困难。注射 Onyx时,血管迂曲程度、反流长度、操作时间是影响拔管的主要因素。对于供血动脉迂曲细小的病例不主张应用 Onyx 栓塞。如果必须应用 Onyx 栓塞,栓塞时有少许反流就应当拔管。

(6)迟发性血栓形成:供应 AVM 的供血动脉远端栓塞后,其近端供应正常脑组织的小分支,血流变慢,继而血栓形成,造成急性局部脑缺血。预防措施为术后维持肝素化数小时。如发生血栓形成,则用尿激酶溶栓治疗。

(7)癫痫:AVM 本身就可以引起癫痫。使用Onyx 栓塞后发生癫痫的可能性增加,其原因不明。栓塞治疗皮质 AVM 的病例应当常规使用抗癫痫药物。

6. 疗效评价 栓塞是治疗 AVM 的重要辅助方法,但不能完全取代外科手术。栓塞治疗可以使窃血引起的神经功能缺失停止发展或有所好转,减轻头痛,减少癫痫发作,降低出血风险。外科手术前栓塞治疗可以减少术中出血,并增加 AVM 的切除率。对于大的 AVM 可以栓塞治疗后再进行放射治疗。使用 Onyx 液态栓塞可以使部分脑动静脉畸形得到治愈。

与外科手术一样,血管内治疗效果与 Spetzler分级密切相关,Spetzler 分级越低,治疗效果越好。对于 Spetzler Ⅰ～Ⅱ级、供血动脉为 1 支或 2 支、终末动脉供血型的 AVM,可达到解剖治愈,临床并发症也少;Spetzler Ⅳ级以上、外科手术有难度或危险者,则血管内栓塞治愈率较低,为 10% 左右,临床并发症发生率较高,达 20% 以上。

(王　峰)

参 考 文 献

1. 中国卒中学会,中国卒中学会神经介入分会,中华预防医学会卒中预防与控制专业委员会介入学组. 急性缺血性卒中血管内治疗中国指南 2015[J]. 中国卒中杂志,2015,10(7):590-606.
2. Powers WJ, Derdeyn CP, Biller J, et al. 2015 American Heart Association/American Stroke Association Focused Update of the 2013 Guidelines for the Early Management of Patients With Acute Ischemic Stroke Regarding Endovascular Treatment: A Guideline for Healthcare Professionals From the American Heart Association/American Stroke Association[J]. Stroke, 2015, 46(10): 3020-3035.
3. Goyal M, Demchuk AM, Menon BK, et al. Randomized assessment of rapid endovascular treatment of ischemic stroke[J]. N Engl J Med, 2015, 372(11): 1019-1030.
4. Campbell BC, Mitchell PJ, Kleinig TJ, et al. Endovascular therapy for ischemic stroke with perfusion-imaging selection[J]. N Engl J Med, 2015, 372(11): 1009-1018.
5. Berkhemer OA, Fransen PS, Beumer D, et al. A randomized trial of intraarterial treatment for acute ischemic stroke[J]. N Engl J Med, 2015, 372(1): 11-20.
6. Jovin TG, Chamorro A, Cobo E, et al. Thrombectomy within 8 hours after symptom onset in ischemic stroke[J]. N Engl J Med, 2015, 372(24): 2296-2306.
7. Saver JL, Goyal M, Bonafe A, et al. Stent-retriever thrombectomy after intravenous t-PA vs. t-PA alone in stroke[J]. N Engl J Med, 2015 Jun 11; 372(24): 2285-2295.
8. Chimowitz MI, Lynn MJ, Derdeyn CP, et al.Stenting versus aggressive medical therapy for intracranial arterial stenosis[J]. N Engl J Med, 2011 365(11): 993-1003.
9. 董强,黄家星,黄一宁,等. 症状性动脉粥样硬化性颅内动脉狭窄中国专家共识(2012 年版)[J]. 中国神经精神疾病杂志,2012,38(3):129-145.
10. 宿娟,吕进,姜卫剑,等. 血管内支架成形术治疗症状性颅内动脉粥样硬化性狭窄[J]. 中华老年心脑血管病杂志,2016,18(3):332-334.
11. Jiang WJ, Yu W, Du B, et al. Outcome of patients with ≥70% symptomatic intracranial stenosis after Wingspan stenting[J]. Stroke, 2011, 42(7): 1971-1975.
12. Miao Z, Song L, Liebeskind DS, et al. Outcomes of tailored angioplasty and/or stenting for symptomatic intracranial atherosclerosis[J]. J Neurointerv Surg, 2015, 7(5): 331-335.
13. Guo XB1, Ma N, Hu XB, et al. Wingspan stent for symptomatic M1 stenosis of middle cerebral artery[J]. Eur J Radiol, 2011, 80(3): 356-60.

第七章　泌尿生殖系统

第一节　肾　癌

一、病因病理与临床表现

肾癌是肾细胞癌（renal cell carcinoma）的简称，多发生于 40 岁以后，男女患者比例 2∶1，发病原因仍不明确，与吸烟、肥胖、接触石棉等相关。肿瘤从肾小管上皮细胞发生，多见于肾脏上极或下极，常呈现单发的圆形或类圆形肿物，较大者呈不规则的分叶状生长。肿瘤外有假包膜，常伴有灶性出血、坏死、软化及钙化而在 CT 影像上表现为不同的密度。细胞分型以透明细胞癌多见，约占 70%～80%，其他类型还有乳头状癌、嫌色细胞癌、集合管癌以及未分化肾癌。肾癌患者早期症状不明显，多在体检时发现，晚期的典型三大临床症状是间歇性肉眼血尿、腰痛、肿块，部分患者伴有低热、消瘦、乏力和副肿瘤综合征。肾癌常用的影像学检查包括超声、X 线、CT/MRI，要注意的是腹膜后淋巴结肿大、肾静脉及下腔静脉瘤栓等情况。

二、介入治疗方法

（一）肾癌的经动脉导管化疗栓塞术

1969 年 Lalli 等完成了肾动脉栓塞的动物实验研究。1971 年 Lang 等报道首次将肾癌的经动脉导管化疗栓塞术（transarterial chemotherapy embolization）用于肾癌的栓塞治疗。1973 年 Almgard 等使用自体肌肉组织作为栓塞材料治疗肾癌取得满意的疗效。如今栓塞加动脉灌注化学药物治疗肾癌已广泛被临床所接受，常用于肾癌手术前的准备、无手术指征肾癌患者的姑息性治疗。与肝癌的血供相似，肾癌也是富血供的肿瘤。因此，介入治疗的主要方式是化疗栓塞术，以减少或中断肿瘤的血供使肿瘤缺血坏死以及减少术中出血。化疗栓塞术使用的药物与肝癌 TACE 相似，以碘油及一定的化疗药物配制成碘油乳剂，根据对侧肾功能情况选择肾动脉主干栓塞或超选择性肾癌供血动脉栓塞（图 7-1-1），并可根据不同病例适当使用明胶海绵颗粒、PVA、载药微球等进行单独或联合栓塞。

1. 适应证

（1）肾癌手术前治疗：作为外科手术切除前的辅助治疗，可明显减少术中的出血量，缩短手术时间。巨大的肿瘤栓塞后体积明显缩小，利于切除，同时因血供减少使肿瘤播散的机会大为减少。栓塞后的肿瘤周围组织水肿，术中容易分离，使手术相对安全、简便，提高肾癌的手术切除率。包括①局限于肾内的肾癌，肿块直径大于 3cm 者；②肿瘤已突破肾包膜而无远处转移者，作术前栓塞；③已有远处转移者，先行栓塞，再作根治性肾切除。

（2）肾癌的姑息性治疗：无手术指征的晚期肾癌患者，伴有严重血尿、疼痛者、高血钙、高血压或红细胞增多者宜行姑息性栓塞治疗。栓塞后可使肿瘤缩小，控制出血，缓解疼痛，还可激发机体的免疫反应。

（3）拒绝外科手术，或有外科手术禁忌证。

（4）独肾或对侧肾严重萎缩，或双肾肾癌。

（5）消融前的辅助性化疗栓塞术。

2. 禁忌证

（1）严重的心、肝、肾功能不全者，碘过敏者。

（2）严重的凝血功能障碍患者。

（3）终末期肾癌，例如合并肾门多发淋巴结转移、巨大腹膜后转移、广泛肾静脉 - 下腔静脉癌栓患者。

（4）对侧肾严重萎缩或功能障碍，肾癌造影后估计化疗栓塞后不能保留超过 30% 的肾体积。

3. 疗效分析　肾动脉化疗栓塞术可减少肾癌的外科手术中的出血量，减少经静脉的转移，有利于手术中肿瘤组织的剥离和彻底切除。中晚期肾癌患者肾癌的姑息性治疗疗效是明确的，可提高患者生存质量，延长生存期。但直至目前仍没有前瞻性随机临床对照试验来评价化疗栓塞术在肾癌治疗中的疗效，包括生存分析、肿瘤复发等。Schwartz 等报道一组术前行化疗栓塞术的肾癌病例，肿瘤平

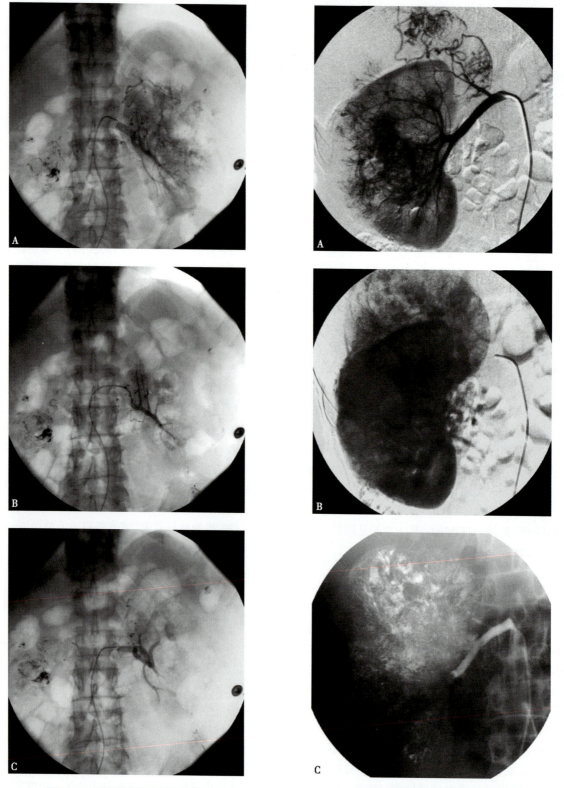

图 7-1-1　肾癌术前栓塞示意图

A. 左肾癌术前栓塞，左侧肾动脉超选择造影可见恶性肿瘤血管影；B. 实质期团状染色；C. 使用明胶海绵栓塞后复查造影见肿瘤血管消失

图 7-1-2　右肾癌化疗栓塞术示意图

A. 右侧肾动脉超选择造影可见右肾上极及包膜动脉增粗呈肿瘤血管征；B. 实质期呈球块状肿瘤染色；C. 经肾动脉灌注抗癌药碘油乳剂见肿瘤内大量沉积

均大小 11.2cm，有肾静脉侵犯的肾癌组平均出血量 1048ml、中位数 725ml，而无肾静脉侵犯的肾癌组平均出血量 647ml、中位数 425ml，并发症轻微，但是对于手术的时间、疗效没有进一步分析。而对生存分析，有两个病例对照队列研究得出相反的结论，May 等认为术前的化疗栓塞对生存没有影响，而 Zielinski 等报道显示患者术前接受化疗栓塞的生存时间是延长的。

而对于化疗栓塞术姑息性治疗晚期肾癌患者的作用，主要是控制症状，例如反复大量血尿、严重腰痛，相关报道显示化疗栓塞术的控制症状有效率达 75%～100%，而且副反应轻微。在延长患者总体生存时间（OS）的疗效上，Onishi 等研究显示晚期肾癌患者接受化疗栓塞后的 OS 明显大于没有接受化疗栓塞术的 OS（中位 OS 天数，226∶116）。因此，对于晚期不能接受外科手术的肾癌患者，介入的肾动脉化疗栓塞术不失为一个疗效明确的选择，部分患者结合局部消融术可进一步降低肿瘤的负荷。

（二）肾癌的微创治疗

近年来随着影像技术的进步，无症状小肾细胞癌发病率明显增多。对于直径小于 4cm 的肾癌患者，部分肾切除手术被证明与根治性肾切除术有相似效果。同时由于多数小肾癌进展缓慢，且多发生于老年人，常伴有其他多种高危因素，对于这类不适合外科手术、需尽可能保留肾功能、有全身麻醉禁忌、肾功能不全等患者，选择微创治疗方法具有许多的优势。

目前肾癌的微创治疗方法主要包括射频消融术、冷冻消融术、微波消融等。

射频消融术（radiofrequency ablation，RFA）是射频发生器产生射频电流，通过裸露的电极针使周围组织细胞内的离子震荡、摩擦而产生热量，导致肿瘤组织细胞的热损伤然后发生凝固性坏死。1999 年 McGovern 等首次在超声引导下为一例拒绝外科手术的肾脏肿瘤患者成功施行射频消融术。2007 年 Breen 等报道了 97 例患者 105 个病灶，通过经皮射频消融方法 79% 的肿瘤病灶 1 次治疗成功，12 个肿瘤病灶需要再次治疗，治疗的总成功率达 90.5%。Deane 总结了 8 组共 275 例经皮射频消融术的临床研究，肿瘤的直径为 0.4～6.5cm，治疗成功率为 59%～100%，中位随访时间 7～25 个月，复发率为 1.5%～4%，患者的肿瘤生存率为 88%～100%。Zagoria 等对 125 例活检证实为肾细胞癌患者进行了 RFA 治疗，肿瘤直径范围 0.6～8.8cm，研

究者观察到单周期 RFA 根除了 116 例（93%）肿瘤，肿瘤直径小于 3.6cm 者完整消融率 100%（95 例），且随访中未见复发。对较大肿瘤 RFA 治疗成功率较低，肿瘤直径大于 3.7cm，单周期 RFA 治疗根除率仅为 47%（14 例）。Stern 等将射频消融术与肾部分切除术进行随机对照（针对 T1a 期肾细胞癌），射频消融术和肾部分切除术 3 年的无瘤生存率分别为 93.4% 和 95.8%，差异无统计学意义。

经皮微波凝固疗法（percutaneous microwave coagulation therapy，PMCT）是利用肿瘤组织较正常组织含水量多、微血管交换能力差、营养缺乏、慢性缺氧及低 pH 的特点，在植入式微波天线局部产生一个高频电磁场，受到微波辐射的肿瘤组织中带电离子和水分子振荡产生高热，将微波能转化为热能，在极短时间内产生高达 65～100℃ 左右的局部高温，导致肿瘤组织变性、凝固及坏死，达到原位灭活或局部根治的目的（图 7-1-3）。动物实验及临床研究均发现微波固化能有效刺激机体抗肿瘤细胞免疫力，增强肝癌患者局部的免疫应答。近年的分子生物学研究发现，微波还具有抑制细胞生长，降低细胞存活率的功能。

2013 年 Niemeyer 等报道了对 61 例肾癌患者采取影像学引导下进行的微波消融术，术后未出现明显的并发症。

三、回顾与展望

目前，早中期的肾癌仍以外科手术切除为主，肾动脉化疗栓塞术主要用于晚期肾癌患者。由于肾癌大部分为富血供，侧支血管的形成及侧支血管的不完全栓塞在一定程度上限制治疗的效果，有赖于栓塞技术的不断提高和栓塞材料的不断改进。

肾动脉化疗栓塞术目前仍是以碘化油或超液化碘化油与化疗药混合制成乳化剂经导管进行肿瘤治疗，疗效仍有待进一步提高。近年来，国际上及国内外对载药微球（DCB）和钇 90 放射栓塞（Y90-RE）是增强肿瘤介入栓塞疗效的热点研究之一，有望能提高肾癌的介入疗效和患者生活治疗。对于晚期不能手术完整切除、或合并远处转移的肾癌治疗仍推荐综合治疗的方式，结合肾动脉化疗栓塞、靶向治疗（索拉菲尼）、化疗、以及消融等方法。

近十余年陆续开展在 CT、B 超、DSA 引导下经皮下对肾肿瘤行局部消融治疗，多数结果令人满意。目前国内外对肾肿瘤微创治疗以冷冻、射频等研究和应用最广泛，不良反应明显较普通外科治疗要少，具有减少死亡率、住院时间短、恢复快、复发

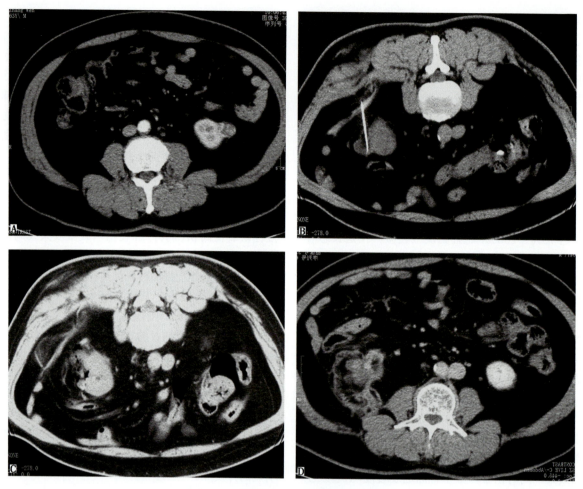

图 7-1-3　左肾小肾癌微波消融治疗示意图

A. 增强 CT 示左侧肾肾上极包膜下外突生长小肾癌；B. CT 引导下行病灶穿刺及 PMCT 术；C. 术后即刻复查 CT 扫描示病灶密度下降不均，肿瘤内有气体沉积；D. 术后一月复查 CT 增强扫描示病灶完全消失

率低、可门诊治疗等优势。但仍存在的主要问题是，对于射频消融和冷冻消融治疗大量文献报道认为肿瘤复发率仍然高于部分肾切除手术。

（许林锋）

第二节　肾 - 输尿管梗阻

一、病因病理与临床表现

肾 - 输尿管梗阻的原因很多且复杂，有机械性的，也有动力性的。梗阻既可以是泌尿系统本身的病变引起的，例如结石、肿瘤、炎症，也可以是泌尿系统以外的病变导致的，例如各种原因导致的肾盂、输尿管的压迫、盆腔 / 腹腔的放射性损伤。

各种原因引起肾 - 输尿管梗阻最基本的病理是梗阻以上尿路扩张、积液，直接表现为肾积水、肾盂输尿管扩张积水，时间长即可伴随肾功能损伤，但通常是原发病引起不适就诊时才发现合并肾 - 输尿管梗阻。

二、介入治疗方法（原理）

肾 - 输尿管梗阻的治疗需综合考虑梗阻原因、发病速度、是否合并感染、肾功能、以及患者情况等多种因素。介入治疗主要的方法是肾造瘘术，就是在情况危急或梗阻原因不能及时解除时，在超声或 CT 引导下对扩张的肾盂或输尿管进行引流。

三、适应证

1. 梗阻原因一时不能解除的急性肾 - 输尿管梗阻。

2. 短时间内放置不了双猪尾导管引流，或各种原因引起不能放置双猪尾导管的病例。

四、禁忌证

1. 严重凝血功能障碍。
2. 造影剂过敏。

五、疗效分析

引流后肾盂内压力下降，肾功能恢复，然后视患者情况再解除梗阻原因。因此，肾造瘘术引流可以是暂时性的，也可以是永久性的。

六、回顾与展望

目前，由于便携式超声等影像检查的普及，多数情况下的肾造瘘术由泌尿科医师独立完成。如需行造影了解梗阻部位、长度、或需要植入支架等进一步的诊治，则由放射介入科医师来处理。

（许林锋）

第三节　肾外伤出血

一、病因病理与临床表现

外伤导致的腹部器官损伤比较复杂，分开放性和闭合性肾损伤，在临床上，由于闭合性肾损伤隐匿需更加重视和检查。肾受到周围的椎体、肌肉、肋骨等保护一般不易损伤，但肾实质比较脆弱、相对固定，在暴力作用下较容易引起胞膜、肾蒂等损伤。

根据损伤程度，闭合性肾损伤一般分轻度、重度以及肾血管损伤，后两者由于病情急，患者通常持续的、加重性腰部胀痛和血尿、甚至出血性休克，需要及时的临床处理。

二、介入治疗方法（原理）

肾外伤出血常因直接暴力、间接暴力或各种原因的穿透伤等造成。既往肾脏出血性疾病的治疗方法以手术为主，随着介入技术的发展，介入治疗已成为治疗大部分肾出血性疾病的重要手段。介入治疗肾外伤出血的方法主要是选择性肾动脉造影，造影可明确肾实质的挫裂伤、肾动脉及其分支撕裂/出血、假性动脉瘤、动静脉瘘等异常情况。部分病例原有肾病变（如肾错构瘤），在一定外力的作用下发生破裂出血。根据造影结果明确出血性质、部位后，选用适当的栓塞材料进行选择性肾动脉栓塞术治疗肾外伤、肾错构瘤破裂和肾穿刺活检等引起的重度肾出血，是一种安全可靠和恰当的治疗方法，可最大限度地保留肾实质与肾功能。

常用的栓塞材料包括明胶海绵颗粒、PVA 颗粒、普通钢圈、电解可脱钢圈（GDC）等，如为肾动脉主干损伤破裂出血，则需要带膜金属支架治疗。

（一）适应证

1. 单纯性肾挫伤或肾裂伤、闭合性部分肾裂伤、肾刺伤，抗休克治疗有效。
2. 不能明确肾外伤的类型及程度，经抗休克治疗病情稳定者。
3. 肾错构瘤外伤性和自发性破裂出血（图7-3-1）。
4. 肾穿刺活检、肾造瘘、肾切开取石术等医源性肾出血。
5. 无损伤侧肾脏无功能。
6. 出血休克无法耐受手术探查、长期保守治疗无效、后腹膜血肿广泛粘连机化致手术失败，介入治疗是唯一可行的方法。
7. 对孤立肾创伤或对侧肾功能低下者，栓塞治疗更为安全（图7-3-2）。

（二）禁忌证

1. 肾外伤大出血，抗休克治疗无效。
2. 合并其他脏器损伤。
3. 肾周围持续肿胀并感染。
4. 肾外伤合并集合系统损伤并大量尿外渗。
5. 肾蒂断裂。

（三）急性肾出血的血管造影表现

1. 肾分支血管中断或缺如，分支减少。
2. 末稍血管欠规则，造影剂外渗或呈创伤性假性动脉瘤样变。
3. 裂伤区呈不规则条带状缺损或肾实质分离。
4. 重度挫裂伤时，与大血管相连的肾组织裂块或肾极的血管显影，其实质期可显示裂块的大小、形态，其边缘毛糙不整。
5. 肾极裂伤区密度减低或不显影，实质期肾轮廓变形。
6. 动静脉瘘；包膜下血肿使包膜动脉移位或扩张。

（四）肾动脉栓塞治疗

导管超选择插入靶血管区。将明胶海绵微粒或 PVA 微粒溶于生理盐水，加入适量造影剂，在电视下根据栓塞血管容量缓慢推注栓塞剂。病变区动脉分支消失和造影剂长时间在血管内或损伤区滞留，表明栓塞成功。靶血管主干可使用弹簧钢圈加强栓塞效果。

三、疗效分析

如患者肾外伤出血 CT 检查明确为血管性原因，

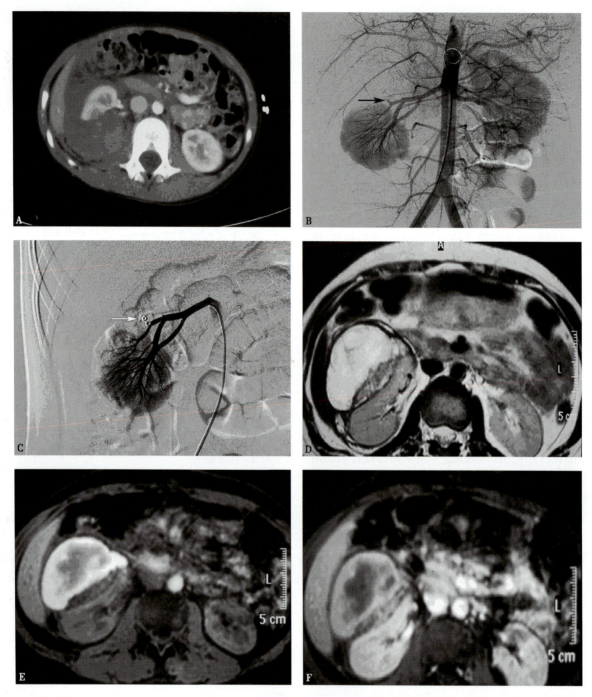

图 7-3-1 肾错构瘤外伤性破裂出血

A. 肾外伤后 CT 增强显示右肾周围血肿；B. 血管造影显示右肾中上极缺如、肾上极动脉截断（图黑箭头示）；C. 超选择性栓塞该血管（图白箭头示）；D. MRI T₁WI 压脂成像显示右肾前方巨大肿瘤合并瘤内高信号的片状广泛出血，右肾明显受压向后推移；E. MRI T₂WI 成像显示瘤内较高信号的片状出血；F. 增强后肿瘤见明显的不规则强化

均有行肾动脉造影检查指征，超选择性插管栓塞、血管成形术是有效的止血方法，疗效明确。

四、回顾与展望

既往，肾外伤出血通常需要外科手术探查，手术创伤大、恢复时间长，较严重病例（如肾蒂血管撕裂、肾盂输尿管断裂等）有时需要切除患肾。由于介入治疗肾外伤出血具有快速、麻醉要求低、微创、疗效明确、最大程度的保留肾功能、可重复性高等特点，已越来越得到泌尿外科医生的重视及应用，对于明确的血管性出血，介入治疗可以替代外科手术成为首选的治疗方法。

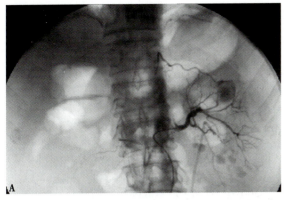

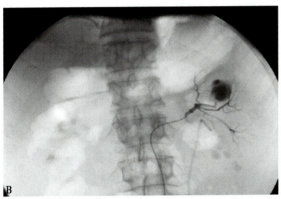

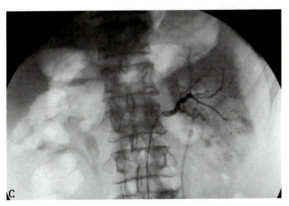

图 7-3-2　左肾区刀刺伤肾出血

A、B. 左侧肾动脉超选择造影，左肾动脉痉挛收缩，左肾动脉后上支远端见团状造影剂外溢；C. 使用明胶海绵微粒及弹簧钢圈栓塞后复查造影未见造影剂外溢

（许林锋）

第四节　精索静脉曲张

一、病因病理与临床表现

精索静脉曲张（interventional therapy of varicocele）系精索蔓状静脉丛迂曲、扩张的一种病理改变。精索静脉由于血液滞留、严重者反流，使精索蔓状静脉丛扩张、迂曲、延长，出现精索静脉曲张。由于

左右侧精索静脉回流路径不同，精索静脉曲张多数发生于左侧。左侧精索静脉经乙状结肠后方呈直接汇入左肾静脉，左肾静脉再注入下腔静脉，部分患者的精索静脉开口处的瓣膜发育异常导致肾静脉血流反流进精索静脉，这些原因均增加精索静脉内回流血液的阻力，使精索静脉内压力升高、甚至反流回睾丸，影响精子的发育。多发生于青春期后，分为原发与继发两类。文献报道男性不育患者中，病因为精索静脉曲张者占 20%～35%。

患者主要是青壮年，主要症状是久站后、重体力活、或穿紧腰裤后出现阴囊坠胀、疼痛，平卧或休息后症状缓解。严重患者影响精子质量。主要检查方法是彩超，进行站立时 Valsalva 呼吸可明显显示精索静脉丛反流血流，严重者可见累及对侧睾丸静脉丛。传统的治疗方法是手术高位结扎，但由于精索静脉的解剖变异较大，常因为漏扎症状复发，术后复发率达 10%～25%。

二、介入治疗方法（原理）

1977 年，Laccarino 首次报道精索静脉内注射硬化剂治疗静脉曲张；1978 年，Lima 等报道经导管栓塞治疗精索静脉曲张；1979 年，Riedl 报道在注射硬化剂的同时使用球囊导管预防硬化剂反流；1981 年，White 报道使用可脱球囊栓塞治疗静脉曲张的经验；同年，Formanek 报道经颈静脉穿刺途径栓塞治疗精索静脉曲张，并认为此操作途径较股静脉途径更方便。精索内静脉与输精管静脉、精索外静脉之间有广泛的交通支，深组静脉与浅组静脉间也存在丰富的交通，因此栓塞精索静脉及蔓状静脉丛不会影响睾丸及附睾的静脉回流，同时消除静脉逆流的发生，栓塞物沿静脉逆流难以发生，这是精索静脉曲张介入栓塞治疗的理论基础。

介入治疗的方法是对曲张的精索静脉进行硬化、栓塞治疗，达到截断血液反流的目的。手术通过右股静脉穿刺置管，一般使用 Cobra 导管经左肾静脉逆行插入到精索静脉起始部进行造影，明确诊断后以无水酒精、微钢圈进行栓塞治疗。

（一）适应证

1. 临床检查确诊为精索静脉曲张，症状明显，精液异常，已婚不孕者。

2. 对于亚临床型的精索静脉曲张，近年来提倡在青少年期即行治疗，以促进生育能力。

（二）禁忌证

1. 由于解剖变异，精索静脉与邻近的腰静脉、腔静脉、肾包膜静脉、输尿管静脉、肾上腺静脉存

在吻合,治疗时易形成异位栓塞,为相对禁忌证。

2. 肾静脉发育畸形,导管难于到达靶血管。

3. 精索静脉曲张源于腹内、腹膜后肿瘤压迫或髂总静脉梗阻为栓塞治疗的绝对禁忌证。

4. 由静脉远端钳夹作用引起或髂静脉、肾静脉压迫所致的继发型静脉曲张,栓塞后将加重血液回流障碍,不宜行栓塞治疗。

(三)精索静脉曲张的血管造影表现

精索静脉的迂曲、扩张;静脉瓣缺如、造影剂逆流。常根据造影剂逆流的长度将静脉曲张分为三期:

1 期:造影剂反流入精索静脉内超过 5cm;

2 期:造影剂反流达腰$_4$～腰$_5$水平;

3 期:造影剂反流至腹股沟管水平或以下。

(四)精索静脉栓塞治疗

将导管置入精索静脉内合适的栓塞部位,注入与造影剂混合的硬化剂 5～7ml 或适量明胶海绵微粒,同时患者配合 Valsalva 呼吸运动,当造影剂停滞不动时,停止栓塞并观察 15 分钟,复查造影,如栓塞完全,可在主干释放弹簧钢圈 1～2 枚。术毕拔管,加压包扎穿刺点(图 7-4-1)。

三、疗效分析

介入栓塞治疗精索静脉曲张具有疗效明确、术后恢复快、住院时间短等优点。只要患者愿意接受介入治疗,均可尝试。

精索静脉曲张的栓塞治疗,造影可全面了解曲张静脉的解剖情况,栓塞时造影剂的示踪可完整显

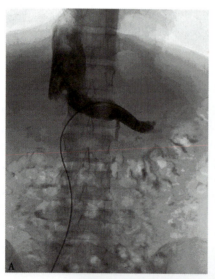
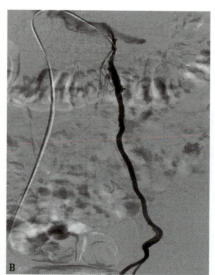
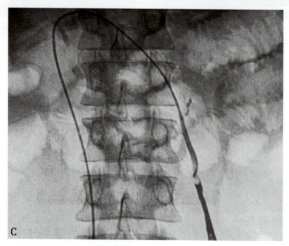

图 7-4-1 精索静脉曲张造影及无水酒精硬化栓塞

A. 左肾静脉造影显示左精索静脉开口,见部分造影剂反流;B. 导管超选择进入精索静脉开口造影显示正常的全段精索静脉;C. 选择性插管至精索静脉远段行无水酒精硬化栓塞后造影剂见滞留

示栓塞曲张的静脉及分支,这些特点有利于提高疗效,减少复发。据统计:介入性栓塞治疗的成功率为 59%～93%,有效率为 96.2%～98.7%,手术的有效率为 91.9%～93.9%;栓塞术后复发率为 1.4%～2.5%,手术后的复发率为 5%～20%。栓塞治疗后精液的改善率达 50%～80%,30%～50% 的患者恢复生育能力。

四、回顾与展望

既往,外科手术治疗是精索静脉曲张主要的方法。目前,外科腹腔镜下低位结扎精索内静脉曲张仍为大多数患者接受,手术创伤较小。介入精索静脉栓塞术是治疗精索静脉曲张创伤最小的手术,操作简便,创伤小,患者痛苦少,疗效肯定,虽然患者有一定量 X 射线接触,但仍不失为治疗精索静脉曲张的最微创方法。

(许林锋)

第五节　子宫肌瘤

子宫肌瘤(uterine fibroids)是女性生殖器官中最常见的良性肿瘤,主要有子宫平滑肌细胞增生而成,又称子宫平滑肌瘤。多发于 35～50 岁妇女,20 岁以下少见。传统的治疗手段主要是外科手术切除,随着医学科技的进步及社会的需求,微创治疗以其安全、有效、恢复时间短、并发症少等特点逐渐受到社会关注。子宫动脉栓塞术(uterine artery embolization,UAE)作为微创治疗手段之一,技术成熟,国内外应用广泛。

一、病因病理与临床表现

(一)病因

确切病因尚未明了。子宫肌瘤主要有子宫平滑肌细胞增生而成,从细胞和基因来源来讲,它是由一个单一的平滑肌细胞形成的单克隆肿瘤。青春期前罕见,主要出现在育龄期,绝经期后肌瘤停止生长,甚至萎缩,提示其与雌激素和孕酮有明显的依赖性。相关研究证据提示子宫肌瘤的发生与遗传、种族、激素、生长因子、细胞外基质等因素有关。其易患因素主要有非洲裔女性、年龄超过 40 岁、初潮年龄小于 10 岁、未产妇、子宫肌瘤家族史、肥胖等。

(二)病理改变

子宫肌瘤大部分生长在宫体部,宫颈部少见。按其与子宫肌壁的关系可分为三类:

1. **肌壁间肌瘤**　最常见,占 60%～70%,肌瘤位于子宫肌壁内;

2. **浆膜下肌瘤**　约占 20%～30%,肌瘤向子宫浆膜面生长,突起在子宫表面,表面由子宫浆膜覆盖;

3. **黏膜下肌瘤**　约占 10%,肌瘤向黏膜方向生长,突出于宫腔,表面由黏膜覆盖。

子宫肌瘤常为多个,各种类型可同时发生,称为多发性子宫肌瘤。

典型的肌瘤为实质性球形肿块,表面光滑,周围的子宫肌层受压形成假包膜,与周围组织有明显界限。镜下见肌瘤由旋涡状排列的平滑肌及不等量的纤维结缔组织构成,细胞大小均匀,呈卵圆形或杆状,核染色较深。肌瘤越大,内部缺血愈严重,易发生各种继发改变,可以发生玻璃样变、囊性变、红色变、脂肪变、钙化,少数可发生肉瘤变。

(三)临床表现

子宫肌瘤多无明显症状。临床症状与肌瘤的大小、位置、生长速度、肌瘤变性有关。常见症状有:

1. **子宫异常出血**　最常见,表现为月经周期缩短、月经量增多、经期延长、不规则阴道出血,长期异常出血可导致继发性贫血。

2. **压迫症状**　肌瘤较大时对膀胱、直肠、输尿管等可产生压迫症状,表现为尿频、尿急、尿路梗阻、排便困难、下腹坠胀感、腰部不适等。

3. **腹部包块**　当浆膜下或壁间肌瘤增大超越盆腔时,患者多能自己扪及包块或感觉腹围增大,可伴有下坠感。

4. **不孕**　子宫肌瘤可导致不孕、流产,可能与肌瘤导致宫腔或输卵管变形有关。

5. **其他症状**　有性交疼痛、阴道溢液等。

二、介入治疗方法

(一)原理

子宫由双侧子宫动脉供血,并有丰富的侧支循环。子宫肌瘤为富血供肿瘤,其生长需要血液供应、雌孕激素及生长因子的刺激。肌瘤组织比正常子宫肌层血供丰富,能对血流产生虹吸作用,栓塞剂可选择性进入肌瘤的血管网内,滞留于肌瘤内,栓塞血管床,阻断其血液供应,使激素、生长因子等无法进入瘤体,导致肌瘤的缺血坏死、萎缩。正常的子宫肌层有侧支循环而能维持正常的细胞分裂生长,不会导致坏死。同时子宫动脉栓塞使子宫血流量减少,子宫内膜生长减慢,子宫异常出血减少。目前正常子宫肌层内栓塞剂的清除机制未明确。

（二）栓塞剂

目前用于子宫肌瘤栓塞的材料多种多样，主要有三丙烯凝胶微球（tris-acryl gelatin microspheres，TAMG）、聚乙烯醇颗粒（polyvinyl alcohol particles，PVA）、平阳霉素碘油乳剂、弹簧圈、明胶海绵颗粒，其他有丝线、中药白芨等。

（三）方法

1. 术前准备 术前需行超声或 MRI 检查，了解肿瘤的大小、部位、类型，并行促卵泡素、黄体生成素、雌二醇、血尿雌激素水平、尿孕二醇、血孕酮等化验了解卵巢功能情况。最后一次月经干净后一周内进行。术前可常规使用抗生素。

2. 操作方法 常规腹股沟区消毒、铺巾，局部麻醉，Seldinger 技术穿刺右侧股动脉，引入 4F 导管，导管头端置于腹主动脉分叉处造影，明确子宫动脉走行后，分别超选择插管至子宫动脉下降部与水平部连接处，缓慢栓塞子宫动脉。典型的子宫肌瘤血管造影表现为：子宫动脉增粗、迂曲，主干受压、移位，瘤体内血管增多、紊乱，呈"抱球征"，肌瘤内血流缓慢，显影时间较正常肌层延长。栓塞停止标志：子宫动脉血流停滞或肌瘤染色消失（图 7-5-1）。

3. 术后注意事项 术后注意个人卫生，必要时阴道擦洗消毒；常规使用抗生素 3～5 天预防感染；三月内禁止性生活；有生育要求的一年内避孕；定期复查超声或 MRI 检查观察肌瘤变化情况。

（四）术后并发症

1. 栓塞后综合征 发生率 95% 以上，多表现为疼痛、发热、恶心、呕吐等症状。其中疼痛为最常见不良反应，与栓塞后组织发生缺血水肿有关，栓塞剂越小、栓塞范围越大、血管栓塞越完全，引起的疼痛越剧烈，对症治疗一般均可缓解。弥漫性腹痛不能缓解或肌瘤巨大栓塞后完全坏死者需要外科手术切除子宫。

2. 阴道不规则流血 术后第一天可出现，持续 3～5 天，主要由栓塞后子宫内膜坏死、脱落导致，出血量少，注意预防感染。

3. 肌瘤坏死脱落 黏膜下肌瘤栓塞后可脱落至宫腔，经阴道排出体外，较大者可堵塞于宫颈口，产生腹痛或感染，需手术取出。

4. 子宫感染 少见，术后感染可形成子宫内膜炎或脓肿，需足量使用有效抗生素，不能控制感染者需行全子宫切除。此并发症对未生育者后果严重，可导致不孕，预防使用抗生素、阴道擦洗、严格无菌操作可防止此类并发症。

5. 闭经 较少见。与栓塞剂进入卵巢动脉造成卵巢功能衰退有关，造影时注意卵巢动脉走行，防止误栓可减少闭经发生。发生栓塞后闭经的患者年龄大多在 45 岁以上，提示可能与栓塞子宫动脉后卵巢功能进一步降低有关。

6. 异位栓塞 栓塞剂进入会阴部、膀胱、臀部等血管可引起，轻者表现为相应部位的水肿、疼痛，严重者导致坏死、溃疡。子宫动 - 静脉瘘可导致肺栓塞。因此栓塞过程中应仔细辨认血管，实时监视、缓慢注射造影剂防止出现异位栓塞。

7. 其他 有阴道异常分泌物、下肢酸胀无力等。

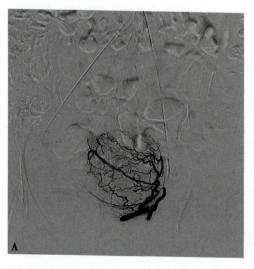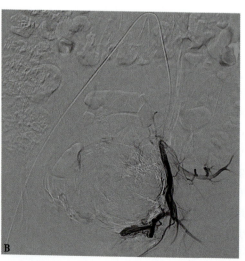

图 7-5-1　子宫动脉栓塞

A. 子宫动脉 DSA 造影，见子宫动脉增粗、迂曲，主干受压、移位，瘤体内血管增多、紊乱，呈"抱球征"；

B. 栓塞后造影见子宫动脉血流停滞，肌瘤染色消失

三、适应证

UAE 适用于有症状的子宫肌瘤患者，具体病例选择可遵循以下适应证：

1. 症状性子宫肌瘤药物治疗效果不佳者，尤其适用于子宫异常出血患者。
2. 肌瘤手术后复发。
3. 体质虚弱或合并其他疾病不能耐受手术。
4. 拒绝手术治疗。
5. 巨大子宫肌瘤手术前栓塞。

UAE 有导致卵巢功能衰退的报道，或因严重并发症导致子宫切除的可能，因此对于需要保存生育功能的育龄期妇女应慎重选择。

四、禁忌证

UAE 是一种微创治疗手段，对患者损伤小，安全性高，但有以下情况者不宜进行栓塞治疗：

1. 盆腔炎症未得到有效控制。
2. 严重心脑血管疾病。
3. 严重肝肾功能障碍。
4. 凝血机制明显异常。
5. 带蒂浆膜下肌瘤。
6. 游离阔韧带肌瘤。
7. 妊娠期。
8. 肌瘤疑有恶变。

五、疗效分析

目前临床上主要从临床症状、影像学表现及卵巢功能来评价疗效。

（一）临床症状

一般健康状况、精神情绪、体质、自我感觉等生活质量指标均有改善。子宫动脉栓塞后绝大多数患者月经周期恢复正常，月经周期缩短、月经量减少，阴道分泌物变少，痛经症状改善，继发性贫血症状明显好转甚至恢复正常状态。肌瘤引起的压迫症状，如尿频、尿急、便秘、坠胀感、腰痛等，随着肌瘤体积的缩小明显改善。

（二）影像学

UAE 主要目标是栓塞瘤体，使瘤体缩小，改善相关的各种症状，因而利用影像学手段观察瘤体的大小、形态变化是评价 UAE 疗效最直接的客观指标。目前临床上主要使用超声或 MRI 评价 UAE 效果。

超声成像检查可以准确地测量子宫及肌瘤的大小，并计算子宫及肌瘤的体积，用于治疗前后对比。彩色多普勒血流成像可以观察到 UAE 治疗前后子宫及肌瘤的血流变化，治疗前子宫血流量明显增高，治疗后血流量明显减少，肌瘤内血流消失，瘤内血管为栓塞剂填塞。

MRI 软组织分辨率高，可以多方位成像，能直观准确评价 UAE 疗效。MRI 能清晰显示子宫、宫颈、肌瘤的位置、大小、外形及各层结构，增强 MRI 可以观察子宫及肌瘤的血流灌注情况。典型的子宫肌瘤表现为 T_1WI 和 T_2WI 为低信号，UAE 治疗后肌瘤大致表现为缺血信号。

（三）卵巢功能

评价卵巢功能的主要指标为促卵泡素（FSH），卵巢功能衰退时该指标升高。误栓卵巢动脉栓塞可致卵巢功能减退或衰竭。单纯 UAE 术对卵巢功能影响的文献不多，目前现有的研究认为，对于年龄小于 40 岁育龄期妇女，UAE 造成卵巢功能减退的可能性很小，而 45 岁以上的患者，UAE 术后造成卵巢功能减退或闭经的风险比较高，可能与卵巢储备功能降低有关。

六、回顾与展望

子宫肌瘤为良性肿瘤，恶变可能性很小，因此无症状的子宫肌瘤一般无需治疗，特别是处于围绝经期患者，可随访观察肌瘤的大小及生长情况。对于有症状的子宫肌瘤，理想的治疗应达到以下几个方面：生活质量改善，临床症状和体征减轻，肌瘤缩小，保留或提高生育能力，并发症少。

1995 年法国 Ravina 和 Merland 医生首次使用子宫动脉栓塞子宫肌瘤，自此子宫动脉栓塞技术得到迅速发展，最终 UAE 成为子宫肌瘤新的治疗方法，在全世界应用广泛。UAE 是一种安全、有效、简单、方便、损伤小的微创技术，症状缓解率 85%～95%，术后 7～10 天即可恢复正常工作，可重复性强，可同时治疗多发肌瘤，有利于保存子宫的功能，症状改善效果可与外科手术切除相媲美。但是 UAE 治疗子宫肌瘤也有不足之处亟待解决，例如：栓塞后综合征等轻微并发症发生率高；误栓卵巢动脉导致卵巢功能减退或衰竭；卵巢动脉供血时易导致肌瘤栓塞不完全或卵巢功能减退；生殖系统受到 X 线照射，影响程度尚待研究；栓塞材料的选择及栓塞颗粒的大小目前尚无统一标准；栓塞后对生育的影响，现有相关研究意见不一；长期疗效尚需进一步观察等。

近百年来，子宫切除术一直是子宫肌瘤的主要治疗方法，随着时代的进步和科技的发展，子宫肌瘤的治疗手段逐渐向微创或无创方向发展。除了

UAE，目前临床上治疗子宫肌瘤的常用方法有：

（一）内科药物治疗

药物治疗能缩小子宫肌瘤的体积，减轻症状。目前尚无有效的药物能根除肌瘤，停药后症状易复发。长期使用药物治疗可导致以下不良反应：雌激素水平降低、围绝经期综合征、骨质疏松、非生理性子宫内膜变化、多种疾病患病风险增加、发热等，因此药物治疗多短期使用，一般用于围绝经期或不适合外科手术的患者，可缓解症状，或者外科手术前使用，缩小肌瘤的体积、控制出血、提高血红蛋白水平，改善身体状况。目前临床上常用的药物有：避孕药、促性腺激素释放激素类似物（GnRH analogs）、氨甲环酸（tranexamic acid）、非甾体类抗炎药、左炔诺孕酮宫内节育器（levonorgestrel intrauterine device）、醋酸乌利司他（ulipristal acetate）、达那唑（Danazol）等。

（二）手术治疗

子宫切除术作为传统的外科治疗手段，适合不需要保留子宫和生育能力的患者，可经腹、经腹腔镜、经阴道途径，完全切除了子宫及肌瘤组织，治疗效果确切，无复发，但与其他治疗手段相比，术中出血、邻近器官损伤等并发症发生率高。

经腹、经腹腔镜或宫腔镜途径子宫肌瘤剔除术，单纯切除了肌瘤，缓解症状明显、保留了子宫的生育能力，但是有肌瘤易复发、切除不完、出血、妊娠子宫破裂等缺点。

（三）高强度聚焦超声（high-intensity focused ultrasound，HIFU）

HIFU 由超声或 MRI 引导，利用高能、高频超声波，通过热效应使肌瘤组织凝固坏死，而不破坏周围正常组织，具有无创、恢复快、无需麻醉等优点，主要适用于子宫前壁间肌瘤，且周围没有肠道及纤维瘢痕组织的干扰。HIFU 作为一种新型治疗手段，其长期疗效和安全性有待研究。

（四）其他治疗方法

射频消融术、无水乙醇注射治疗、子宫内膜切除术、子宫动脉结扎术等。

（杨　坡）

第六节　女性生殖系统出血

一、病因病理与临床表现

女性生殖系统出血是引起产妇发病率和死亡率的主要原因。主要表现为急性大出血，若抢救不及时，短时间内可危及孕产妇的生命。在世界范围内大约四分之一的产妇死亡是由于产后出血导致。产后出血可以分为早发性出血和迟发性出血。早发性产后出血发生在分娩后 24 小时内（出血量超过 500ml）；迟发性产后出血发生在分娩后 24 小时至 6 周的时间内。产后大出血与产后子宫收缩无力，胎盘残留，产道损伤及凝血机制异常等因素密切相关。一旦发生，预后凶险，当保守治疗无效危及产妇生命时，通常以切除子宫为最终止血手段。产科出血的原因还有动静脉畸形、侵袭性滋养层组织和异位妊娠取胚术后并发症等。产后出血是多危险因素综合所致，易引起失血性休克及严重感染，因此产后出血的防疗至关重要。

早发性产后出血发生在自然分娩或者剖宫产后的早期，80% 发生在产后两小时内，虽然出血量很大，但是在产科医护人员的严密监护下，治疗措施可以立即实施。主要包括立即进行临床评价（常规检查胎盘，确认胎盘是否完全娩出，如有残留，应及时清宫）；常规使用宫缩剂，促进宫体和宫颈均匀收缩；人工按摩收缩乏力的子宫，刺激宫缩；宫腔填塞纱布，用器械将无菌纱布自宫底逐层填塞，直至宫颈，使整个宫腔得到压迫和迅速发现裂伤并加以缝合。在采用各种止血手段的同时，给予输血、镇静、保暖等处理，防治出血性休克。通常出血同时伴有凝血功能障碍，应当同时纠正凝血机制。效果不佳时，传统的子宫动脉结扎术和子宫切除术可以挽救患者生命，但术后患者丧失生育能力，影响患者的心理和生理健康。近些年来，随着介入技术不断发展，动脉导管栓塞止血广泛应用于临床并取得良好效果，目前血管造影栓塞术正作为一种治疗产后出血的有效措施得到广泛关注。

迟发性产后出血常发生在分娩后 7~14 天，常见原因是胎盘因素和产道损伤。通常出血发生时产妇已经出院，为行进一步治疗需再次住院。入院后处理措施包括临床检查、应用宫缩药物、裂伤缝合及清宫术。效果不佳时，子宫动脉造影及栓塞术则成为一种有效的及时补救措施。

产后出血与子宫收缩无力，胎盘残留，产道损伤及凝血机制异常等因素密切相关。产时和产后出血好发于一定的高危人群，即有胎盘异常的人群。包括前置胎盘、胎盘粘连、胎盘植入和穿透性胎盘。这些人出血的危险性较高。其中最常见的异常为前置胎盘，即胎盘部分或全部覆盖宫颈口内侧。胎盘粘连、胎盘植入和穿透性胎盘是根据胎盘与子宫壁异常结合的程度来区分的。胎盘粘连是指胎盘绒毛侵润至子宫肌层的表面；胎盘植入是指其胎盘绒毛侵润至子宫肌层；穿透性胎盘是指胎盘绒毛浸润并穿透子宫肌层达到浆膜层面。对于早发的产后出血我们根据出血的原因进行对症治疗，对软产道的裂伤进行及时缝合；对由胎盘因素致产后出血的进行及时清宫（胎盘植入除外）；对子宫收缩乏力除按摩子宫外，应用缩宫素、卡前列甲酯栓、欣母沛等药物治疗；对于凝血功能障碍的及时补充凝血因子同时治疗原发病；对于剖宫术中发现产后出血的，采取子宫动脉结扎术及捆绑式子宫缝合法，还可采取宫腔纱布条填塞。但临床应用仍有一定的局限性，有时很难奏效，宫腔填塞可导致隐匿性出血，髂内动脉或子宫动脉结扎，操作复杂，技术要求高、创伤大、风险大、有效率较低，损伤输尿管，并发症发生率和病死率均较高，许多患者入院时已处于休克状态，难以承受麻醉和手术，有的患者不得不切除子宫，丧失了女性最宝贵的生殖器官，造成了终生的心理隐患，影响患者的生存质量。应用外科的方法处理这些问题很棘手，而介入放射学对于产中和产后选择合适的治疗措施具有重要价值。

二、介入治疗方法

由于子宫血供主要来自髂内动脉的分支——子宫动脉，产后大出血介入栓塞治疗就是通过插管到子宫动脉，造影显示出出血部位，然后将出血动脉远端分支栓塞阻断血流而迅速止血，一方面栓塞剂可以在血管内引起血小板聚集和纤维蛋白沉淀，短时间内栓塞动脉达到止血的目的；另一方面子宫动脉被栓塞，血供减少，子宫平滑肌反射性的收缩，

进一步减少了出血。栓塞后子宫动脉可以通过其他交通支获得少量血供维持正常需要，不致栓塞后器官组织坏死。同时因子宫血供减少，子宫平滑肌缺血缺氧而导致其痉挛，也加强了对出血的控制，这些都使栓塞止血的疗效和安全得以保证。

介入治疗的同时应正确评估失血量，给予有效抗休克治疗，包括止血药、快速输血、大量补液、升压药物的应用，阴道填塞和应用缩宫药等处理，迅速做好术前准备。如出血量大，病情紧急可不必局限于常规处置程序，如备皮、碘过敏试验等，简单消毒、铺巾后直接动脉穿刺。

（一）造影明确出血部位

局部浸润麻醉后采用 seldinger 技术行股动脉穿刺，置入导管鞘。休克患者可经导管鞘快速推注 400～800ml 全血或代血浆以补充血容量，用 4F 或 5F 的 cobra 导管分别行双侧髂内动脉造影，明确子宫动脉的出血情况。典型的出血造影表现是在动脉期可见出血动脉增粗和造影剂外溢与聚集（图 7-6-1）。造影末期血管内造影剂完全被血流冲走后，渗出的造影剂仍清晰显示，提示有活动性出血的存在。如有胎盘残留或植入性胎盘，则可见子宫内紊乱的滋养血管。由于使用血管收缩剂和止血药物，出血可暂时停止，仅见髂内动脉或子宫动脉呈收缩状态，血管变细、管壁不规则、部分表现为截断状而不见出血影像。

（二）栓塞止血

产后大出血的动脉栓塞术包括两种方式。一是双侧髂内动脉栓塞术，二是双侧子宫动脉栓塞术。前者栓塞的是双侧髂内动脉，操作较容易，所需时间短，但易出现异位栓塞的风险。子宫动脉栓

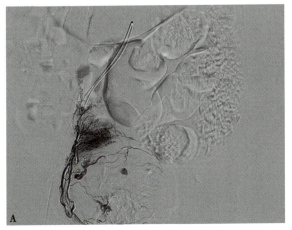
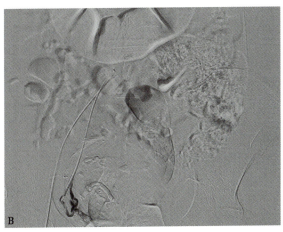

图 7-6-1 产后出血子宫动脉栓塞示意图

A. 产后出血造影见动脉期子宫动脉增粗迂曲，造影剂外渗、聚集呈斑片状浓密影；B. 栓塞后出血动脉消失，造影剂中断

塞为超选择性插管，并发症少，但手术时间相对较长及技术要求较高。对于产后出血患者如生命体征稳定时可行子宫动脉栓塞，但在紧急情况下或操作不熟练时可行髂内动脉栓塞，以免贻误抢救时机。由于子宫供血呈明显的单侧性，平时宫体中部丰富的交通支大部分关闭，在对侧子宫动脉无法供血情况下交通支开放，因此需做双侧子宫动脉或髂内动脉栓塞。不论是否有明确的出血征象，只要临床出现出血情况，均需行栓塞处理。栓塞剂多用可吸收明胶海绵。将明胶海绵剪成条状或颗粒状混以造影剂，严密在透视监视下缓慢推注，如出现动脉主要分支闭塞，造影剂反流应立即停止栓塞。

（三）检查栓塞效果

栓塞后即刻行血管造影观察动脉分支残留情况及出血是否停止，证实一侧栓塞成功后，同方法栓塞另一侧。

（四）其他

介入栓塞成功后拔管，穿刺部位加压包扎，继续相关处理，注意患者生命体征。

三、适应证

主要为保守治疗无效的各种难治性产后出血；产后出血已达 1000ml 或一次性出血量达 500ml 以上，经积极的保守治疗仍有出血倾向者。

四、禁忌证

合并有其他脏器出血的 DIC 患者；生命体征极度不稳定，不宜搬动的患者；对造影剂过敏的患者也不适于动脉栓塞治疗。

五、疗效分析

无论何种原因的产后出血，栓塞都在某种程度上剥夺了子宫的血供。栓塞所致的子宫缺血损伤非常罕见。动脉栓塞术后的并发症较少，临床常见的症状主要为盆腔、腰骶部、会阴、肛门部疼痛，出现中等程度的发热，体温升高，一般在 38℃ 左右，持续 1～2 天，发生率为 22.2%。部分患者可出现轻度的下肢疼痛、乏力、麻木，一般不需特殊处理，通常呈自限性。患者出现疼痛可给予消炎镇痛药即可。

传统上对于经保守治疗无效的难治性产后出血，常采用两种手术方式。一种为双侧髂动脉结扎术，该术式技术难度高而且成功率低。由于髂动脉远端没有闭锁血流，可以通过其余较大的交通支进入髂内动脉未闭锁的管腔而至子宫动脉，发生二次出血。另一种为次全子宫或全子宫切除术，手术风险明显增加，而且使子宫丢失。介入动脉栓塞术可以在避免开腹的情况下，由股动脉穿刺将导管导入出血动脉，用可吸收明胶海绵颗粒可将出血动脉从末梢开始栓塞主干，闭锁整个动脉管腔从而有效控制出血。明胶海绵只栓塞末梢动脉，不栓塞毛细血管前动脉及毛细血管床，通过其他交通支可获得小部分血供不致出现组织坏死。栓塞 1 周后可吸收明胶海绵颗粒即被吸收，恢复脏器供血不影响脏器功能。已经证明选择性动脉栓塞治疗难治性产后出血是安全有效的。与外科治疗相比，栓塞治疗产后出血有很多优点。临床应用结果表明该方法操作简单，手术时间短，止血迅速，成功率高，无复发，可保留子宫，成为替代子宫切除术治疗难治性产后大出血的一种有效方法，易被育龄患者所接受，对产后出血的治疗具有重要临床意义，对于植入性胎盘和胎盘剥离不全引起的产后大出血行子宫动脉栓塞术，不但可以快速止血，而且植入或残留的胎盘因缺血坏死可以经阴道自然娩出，避免子宫切除术或进一步清宫术，保留了子宫的完整性，充分体现了介入放射学技术在难治性产后并发症的优势。

六、回顾与展望

（一）目前用于产后出血治疗的不同方法

当出现产后出血时，首先大致判断出血的原因，根据情况给予有效的止血治疗，同时进行预防和抗休克治疗：

1. 常规检查胎盘，确认胎盘完全娩出。如有残留，应刮宫。

2. 常规应用宫缩剂，促进宫体和宫颈均匀收缩。

3. 经腹行子宫底按摩，刺激宫缩。

4. 经腹腹主动脉压迫止血。

5. 宫腔填塞纱布，用器械将无菌纱布自宫底逐层填塞，直至宫颈，使整个宫腔得到压迫，具有较好的止血作用，但一定程度上影响子宫收缩，增加宫内感染的机会，应在采用其他方法止血后及时取出。

6. 如上述方法仍难以止血，可考虑手术切开，缝扎止血，主要缝扎子宫动脉的上行分支，如果条件不允许较长时间分离小子宫动脉，可直接行双侧髂内动脉结扎。

7. 如为产道撕裂出现产后出血，常常需要缝合止血。

8. 在采用各种止血手段的同时，给予输血、镇静、保暖处理，防止出血性休克。

（二）不足及未来发展趋势

介入治疗应用于产后出血的历史不长，但对产后出血的治疗有显著的疗效。因其具有微创性，仅经过皮肤穿刺插管，即可完成诊断和治疗；可重复性强，在 1 次治疗不彻底或反复大出血者，可用同样的途径多次进行治疗；由于所有操作均在医学影像设备引导下进行，使诊断和治疗具有较高的准确性；对产后出血的患者，一旦介入成功，疗效立竿见影；副作用小，恢复快，能保留子宫的功能，易被患者接受，具有广泛的应用前景。已经证明选择性动脉栓塞术治疗难治性产后出血是安全有效的。事实上，文献对栓塞治疗的倡导超过了外科手术。妇科和产科的诸多文献呼吁临床医生在产后出血保守治疗失败时，选用介入放射学医生进行栓塞治疗。近些年来该方法越来越多的被应用于临床，我们近几年来总结经验，在行子宫动脉栓塞治疗当中开通 3 路液体，如周围循环衰竭已休克者，可行颈部深静脉切开，根据贫血程度，四项检查结果，往往同时输注红细胞、血浆、冷沉淀、纤维蛋白原等，一般 10 个冷沉淀可提高纤维蛋白原约 1g，输注红细胞和血浆的比例为 1:2，即一个单位红细胞，200ml 血浆，输成份血当及早、足量，介入治疗应及早，把握好时机，出血 2000ml，保守治疗无效，可考虑子宫动脉栓塞治疗，尽量避免发生休克、DIC 等状况，如已发生休克，介入治疗同时抗休克治疗，已发生 DIC，应根据 DIC 临床分期，进行治疗。不可否认，产后出血的介入治疗尚未被广泛应用，且有许多问题需要进一步探索和研究，如栓塞剂的选择和新型栓塞剂的筛选，栓塞技术的改进，如何减少对正常组织的损伤，介入治疗后组织学和病理学的变化，组织栓塞后血流动力学改变等，均需继续努力总结经验，使这一技术迅速发展。

（杨　坡）

第七节　膀　胱　癌

一、病因病理与临床表现

膀胱癌（gallbladder carcinoma）是泌尿系肿瘤中最常见的恶性肿瘤，据统计，约占泌尿系肿瘤发病率的 61.5%，并有逐年增加的趋势。膀胱癌的发病机制复杂，可发生于任何年龄，甚至于儿童。其发病率随年龄增长而增高，高发年龄 50~70 岁，男性发病率高于女性。根据细胞形态，可将膀胱癌分为移行上皮细胞癌、鳞状细胞癌、腺癌，其中移行细胞癌占绝大多数，且对化疗药物的敏感性较好。

临床症状通常表现为长期的血尿、排尿困难或者尿频尿急等，常用的影像学检查包括超声、膀胱、X 线、CT/MRI。一旦确诊为膀胱癌后，外科手术切除是首选的治疗方法。

由于早期膀胱癌的临床症状不明显，膀胱癌晚期患者多伴有尿路梗阻、大量血尿或者盆腔转移，患者就诊时往往手术切除困难，同时膀胱癌易早期转移、术后易复发，使其远期治疗效果不佳。

二、介入治疗方法

膀胱癌的经动脉导管化疗灌注和栓塞术（transcatheter chemotherapy and embolization）：

20 世纪 70 年代，Kubota 等开始用髂内动脉化疗治疗浸润性膀胱癌。经动脉灌注化疗药后药物直达并浓聚于膀胱组织，肿瘤组织中药物浓度高，对肿瘤的杀伤力强，治疗效果明显优于静脉化疗，灌注化疗的效果同肿瘤局部药物浓度的高低及肿瘤同药物接触时间的长短密切相关。经髂内动脉局部灌注化疗，肿瘤组织局部浓度可达到正常组织内的 5~20 倍，可减少全身化疗时的局部低浓度诱导的肿瘤细胞多药耐药基因的表达而导致的化疗不敏感，从而提高了化疗效果。髂内动脉灌注化疗不仅对膀胱黏膜、肌层及膀胱周围组织起作用，还对肿瘤细胞可能累及的盆腔淋巴结起到治疗作用。

1. 适应证

（1）拟手术切除的患者，术前均可行动脉灌注或栓塞术治疗作为术前、术后辅助治疗（图 7-7-1）。

（2）手术不可切除或拒绝切除的膀胱癌，作为姑息性治疗的一种方案（图 7-7-2）。

（3）术后膀胱癌复发。

（4）膀胱癌并发不宜控制的癌性出血。

2. 禁忌证

（1）碘过敏患者。

（2）严重的肝、肾、心功能不全者。

（3）严重的凝血功能障碍。

（4）穿刺部位感染或急性感染者。

3. 疗效分析

膀胱肿瘤在泌尿系肿瘤中所占比例近年来有明显上升趋势，传统的手术切除仍是治疗膀胱癌的最有效手段，对浅表性膀胱癌患者术后采用介入法联合膀胱灌注化疗能够有效降低肿瘤的复发以及转移，并对延长患者的生存期具有重要意义，国内有报道对 TURBT 术后病理确诊为肌层浸润的膀胱癌患者，术后 2 周开始采用髂内动脉灌注化疗联合膀胱腔内灌注化疗的治疗方案,共治疗4~6次,显示无肿瘤复发生存率:1年为89.2%,3年为65.2%,5年为37.5%。国外亦有相类似的报道,对T2、T3期浸润性膀胱癌病例,根治性膀胱全切后5年生存率并未超过50%,且对患者耐受性要求高,手术创伤大,对术后生存质量影响大,且手

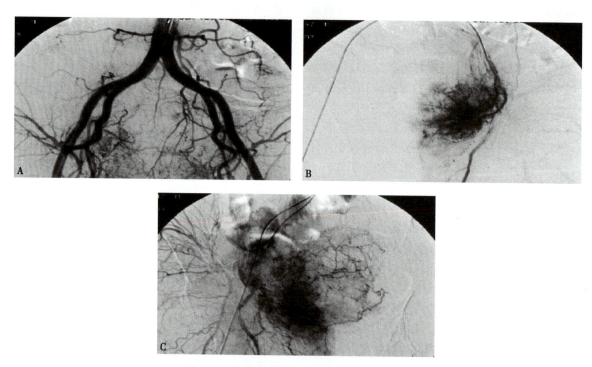

图7-7-1 膀胱癌经动脉灌注化疗术示意图
A. 腹主动脉造影见盆腔区富血供肿瘤性病变,血供主要来源于膀胱动脉;B、C. 选择性左、右膀胱动脉造影示膀胱区大量肿瘤血管及肿瘤染色

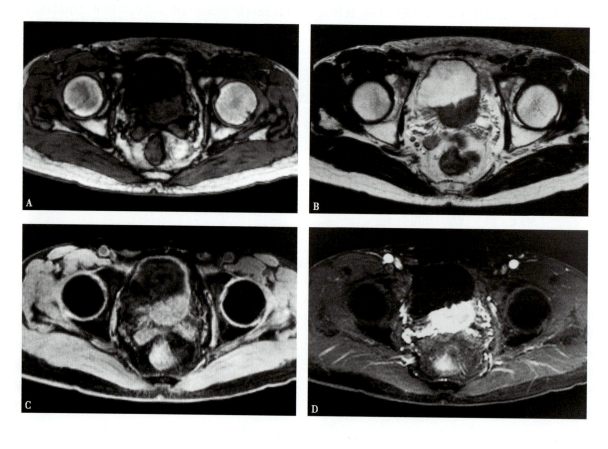

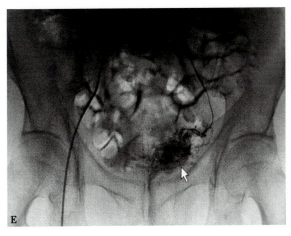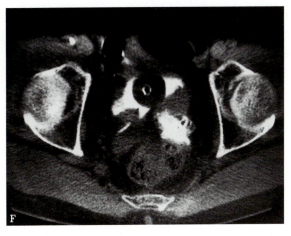

图 7-7-2　膀胱癌经动脉化疗栓塞术示意图

A. 盆腔 MR 扫描示膀胱左顶后壁软组织肿块，T_1WI 呈等低信号；B. T_2WI 呈等高信号；C. DWI 呈明显高信号；D. 增强扫描示明显强化；E. 左侧膀胱动脉超选择造影可见恶性肿瘤血管影，实质期团状染色；F. 栓塞术后类 CT 扫描复查见肿块内碘油乳剂滞留

术并发症和肿瘤复发、转移都威胁患者生存。对于保膀胱术后辅助化疗的确切疗效目前尚缺乏多中心大样本分析，各家结果差异明显。Mitsuzane 报道中晚期膀胱癌病例姑息性介入治疗的总有效率为 78.8%、1 年生存率为 46.7%、2 年为 13.3%。国内有学者报道膀胱癌介入治疗后的总有效率为 83.3%，其近期疗效肯定。

三、回顾与展望

膀胱癌早期治疗的主要方法是外科手术。随着介入治疗的理论及临床实践的发展，动脉内化疗灌注及栓塞治疗逐步应用于膀胱癌的综合治疗。术前辅以化疗灌注及栓塞治疗，使术中肿瘤的切除率增加，术中剥离容易，出血减少，手术难度降低，手术时间缩短；术后灌注化疗减少病灶的转移与复发，并可增强放疗效果；对不能手术的患者行介入治疗可控制肿瘤生长、治疗肿瘤引起的血尿，提高患者生活质量，延长生存时间，达到"带瘤生存"的目的。将来，对不能耐受麻醉和手术或拒绝手术的中晚期膀胱肿瘤应多采用包括局部动脉灌注化疗和化疗栓塞治疗的综合治疗。

（许林锋）

第八节　良性前列腺增生症

一、病因病理与临床表现

良性前列腺增生症（benign prostatic hyperplasia，BPH）是引起中老年男性排尿障碍原因中最为常见的一种良性前列腺疾病，50 岁以上男性发病率 >50%，80 岁以上男性发病率达到 90%。BPH 主要表现为组织学上的前列腺间质和腺体成分的增生、解剖上的前列腺增大（benign prostatic enlargement，BPE），临床症状主要表现为下尿路症状：排尿困难、尿频尿急、夜尿增多、尿失禁等。BPH 临床症状的产生及其严重程度不仅取决于前列腺增生的程度，还取决于 BPH 的解剖结构、组织成分、植物神经张力及膀胱代偿反应等。随着 BPH 的病情发展，尿路的组织结构、神经支配及尿路功能都将发生一系列的变化，临床症状和并发症也将随之产生和变化。

BPH 的病理改变是增生结节的形成与发育。前列腺上皮和间质非同步性发育的生长方式是良性前列腺增生发生与发展的生物学基础。这种前列腺非同步性生长发育的特征，决定了正常前列腺的腺体不断的生长和凋亡的非均衡性，甚至局部形成结节。增生结节主要由腺体和间质构成。依结节中的组织成分、含量、组成方式和细胞分化程度的不同，而构成增生结节的不同类型。研究表明以间质增生为主和以腺体增生为主的 BPH 有不同的临床意义。

二、介入治疗原理与方法

目前 BPH 主要的介入技术是经前列腺动脉栓塞术（prostatic arterial embolization，PAE）和氩氦刀冷冻消融技术。PAE 术通过对前列腺供血动脉注射栓塞剂阻断前列腺血供，从而使前列腺组织部分缺血坏死、体积缩小，最终导致膀胱以下梗阻解除和症状缓解。氩氦刀冷冻消融术,是一种以新型的冷媒—氩气、热媒—氦气为基础的冷冻超导手术。高压氩气在超导刀通过时,在刀尖内急速释放,短短十几秒即可使刀尖接触处组织温度降至 −120～ −165℃,又可借氦气在刀尖的急速释放,快速解冻冰球,使组织复温,前列腺细胞脱水坏死,达到前列腺部分切除的目的。

经前列腺动脉栓塞术(prostatic arterial embolization,PAE)是指在 DSA 引导下,采用 Seldinger 技术穿刺右侧股动脉,插入 5F 导管鞘。将 5F Cobra 导管插入左侧髂内动脉,通常将机头调整至同侧斜位 35°,头侧 10° 进行造影,显示前列腺动脉开口位置及走行。用导丝和微导管超选择进入前列腺供血脉,经造影证实,目前大部分 DSA 数字减影机带类 CT 功能,栓塞前后可观察前列腺血供情况(图 7-8-1),将栓塞剂通过微导管缓慢注射,观察前列腺动脉血流逐渐缓慢并接近停滞,直至前列腺血管床不显影。左侧栓塞完毕,造影证实前列腺

供血动脉已被阻断,用成襻法将主导管插入右侧髂内动脉,造影明确前列腺供血动脉后,用导丝和微导管插入右侧前列腺供血动脉(图 7-8-2),栓塞方法同左侧。在栓塞材料的选择上,通常选用 100～300um 的 PVA 颗粒或栓塞微球加明胶海绵颗粒。

由于氩氦冷冻消融术治疗 BPH 卓越的疗效,其已于 1997 年被美国 FDA 批准用于 BPH 的治疗,并于 1998 年列入美国医保项目,目前在国内用于 BPH 较少,浙江大学丽水医院(温州医大附五院暨丽水市中心医院)在前列腺动脉栓塞术基础上联合氩氦刀冷冻消融术序贯治疗 BPH,取得显著的临床疗效。术前对患者影像资料进行评估,确定进针路径,前列腺增生的范围及氩氦刀穿刺针的数量,CT 引导下,俯卧位将氩氦刀经皮插入前列腺靶区,测温针置于尿道旁,监测尿道温度(尿道旁的温度应在 0℃ 以上)。启动氩氦治疗系统,氩气输入时,快速使组织温度降至 −146～−137℃(图 7-8-3 前列腺增生冷冻消融术),再输入氦气使刀尖组织温度

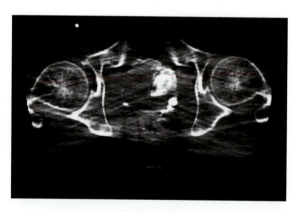

图 7-8-1 前列腺动脉造影类 CT 图像

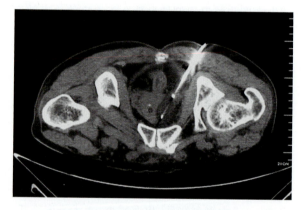

图 7-8-3 前列腺增生冷冻消融术

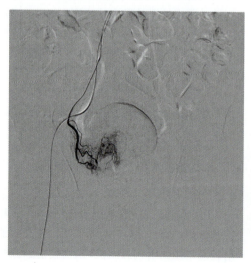
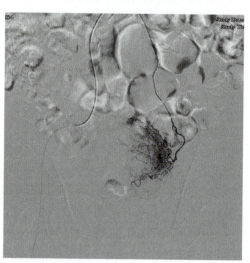

图 7-8-2 超选左、右前列腺动脉造影

升至10℃，循环2次，每次5～10分钟。冷冻过程中用40℃温盐水经三腔导尿管持续循环灌注膀胱，防止尿道冷伤。CT或B超监测冰球大小，冰球与尿道的距离不小于0.5cm。术后持续尿道温水循环灌注1～6小时，留置导尿管2天～1周。

三、适应证

（一）PAE的适应证

1. 年龄＞40岁的男性患者。

2. 前列腺体积大于30cm³，诊断为前列腺良性增生并合并严重下尿路症状。

3. 药物治疗6个月效果不明显。

4. 国际前列腺症状评分（international prostate symptom score，IPSS）＞18分，生活质量评分QoL＞3分，或有急性尿路梗阻症状药物治疗无效者。

5. 拒绝手术治疗的患者或合并严重内科疾病不能耐受外科手术者。

（二）氩氦冷冻消融术的适应证

1. 一叶或二叶的前列腺增生。

2. 年龄较大，不能承受其他手术者。

3. 前列腺增生症已行去势或其他治疗无效者。

四、禁忌证

（一）PAE的禁忌证

1. 大的膀胱憩室，大的膀胱结石，逼尿肌功能障碍、神经源性膀胱。

2. CTA证实的髂内动脉或前列腺动脉的过度迂曲、硬化。

3. 活动的尿路感染，慢性肾衰竭。

4. 造影剂过敏，心、肝、肾功能严重障碍者，凝血功能异常，血管畸形。

5. 前列腺动静脉瘘为相对禁忌证。

（二）氩氦冷冻消融术的禁忌证

1. 全身功能衰竭者。

2. 心、肺功能较差无法耐受手术者。

3. 神志不清或精神障碍者。

4. 出血倾向者。

五、并发症

（一）PAE的并发症

1. 介入操作技术相关性并发症　此类并发症与介入操作直接相关，多由操作不当引起，如导丝导管断裂、血管穿孔，内膜撕裂，腹膜后血肿等。因此，提高术者的操作水平和经验，使用更安全的器材可减少此类并发症的发生。一旦发生血管穿

孔，可用球囊导管扩张压迫穿孔部位以止血，必要时行外科手术治疗。

2. 栓塞性并发症　包括严重栓塞并发症和轻度栓塞并发症。

常见的严重栓塞并发症包括膀胱栓塞和肺栓塞。膀胱最重要的血液供应是膀胱下动脉、膀胱上动脉和闭孔动脉膀胱支。若患者栓塞后会阴部持续性疼痛，多由误栓导致非靶器官缺血，最常见的为膀胱缺血坏死，保守治疗无效情况下需行外科手术切除坏死的膀胱壁。若患者有术前未被发现的前列腺部位动静脉瘘，栓塞时会导致肺栓塞的发生，必须立即停止手术，抢救患者生命。

常见的轻度栓塞并发症有尿道感染、血尿、大便带血、血精、中轻度疼痛、暂时性闭尿、排尿困难、龟头炎等。还包括一些不良反应，如尿道烧灼感、肛门烧灼感、热感等。一般对患者进行观察，无需治疗。对无改善者加强抗炎药使用和对症处理，症状可缓解和消失。

（二）氩氦冷冻消融术的并发症

前列腺冷冻术是一种相当安全的治疗手段，对患者的打击远较开放性手术和经尿道电切术为小。但如操作失当，亦可出现一些并发症，主要包括①出血；②急性泌尿生殖系统感染；③尿道狭窄；④少尿或无尿。

六、疗效分析

（一）PAE的治疗效果

PAE术是一种新兴的治疗BPH的微创技术，其可以明显改善下尿路症状，从而提高生活质量；其具有良好的可操作性、安全性和较少的并发症。短、中期的随访证实，其具有较高的疗效，且为局部麻醉手术，缩短住院时间，甚至可于手术当天出院。其在保存性功能方面也取得了较为理想的效果。因此，PAE已成为治疗良性前列腺栓塞症的方法之一。然而，有研究报道BPH通过PAE治疗的临床症状缓解率约为70%～90%、近期临床有效率78%。其次，PAE术后前列腺体积缩小率平均约30%，远不如用同样的技术栓塞子宫肌瘤后的缩小程度（40%～60%）明显，具体原因还有待于探索。再则，栓塞单侧还是双侧前列腺动脉也有一定的争议。一般认为，为了获得最佳疗效、持续维持疗效，应栓塞双侧前列腺动脉及其他的前列腺供血分支，避免侧支形成从而减少前列腺再生和症状复发。随着临床研究的进一步完善与深入，尤其是对前列腺供血动脉解剖结构、栓塞材料和临床标准操

作技能等方面的深入研究,PAE 术有望作为一种高效、安全的微创技术,在 BPH 的治疗中发挥更大的作用。

(二)氩氦冷冻消融术的治疗效果

氩氦冷冻消融术具有操作简单、出血少、安全等优点,适用于无法耐受前列腺切除和 TURP 者。Reuter 等研究报道 305 例 BPH 患者氩氦冷冻消融术后最大和平均尿流率均恢复正常,术后长期随访发现 80% 患者排尿通畅,残余尿 50ml 以下。

七、回顾与展望

在过去的半个多世纪,开放式前列腺摘除手术及经尿道前列腺切除术一直是治疗 BPH 最常用的手术方式,其中经尿道前列腺电切术(trans urethral resection prostate,TURP)更是被学界推崇为手术治疗 BPH 的金标准。然而,外科治疗有创伤大、住院时间长和并发症相对较多等缺点。比如,TURP 术需要全身麻醉或腰麻,有潜在致残风险,术后早期并发症有尿道出血和尿道感染,晚期并发症有尿道狭窄、膀胱颈挛缩和逆行射精等。随着人类科学技术的进步与发展,追求微创而高效的治疗方法是不可阻挡的趋势。2000 年,Demeritt 等报道了 1 例患者因 BPH 并发出血及急性尿潴留、且不适宜外科治疗,行 PAE 后出血停止,并意外发现下尿路阻塞症状明显缓解,随访 12 个月显示 PV 缩小 40%,前列腺特异抗原(PSA)从 40ng/ml 下降至 4ng/ml,无并发症和性功能障碍,提示 PAE 可用于治疗 BPH。1964 年 Gonaor 等用冷冻方法摧毁前列腺组织动物实验获得成功,并于 1966 年发表临床应用报道。随后,大量国内、外临床研究及实践证明 PAE、氩氦冷冻消融术等介入微创技术与传统手术相比,具有微创、恢复快,并发症少、程度轻等优点,非常适合年老体弱有合并心、肺、肾等疾病的 BPH 患者。另外,其他如经尿道微波热疗、经尿道针刺消融术、激光消融、前列腺支架成形术等也被证实对 BPH 有一定疗效。随着近二十余年来介入治疗仪器、材料技术的不断发展创新和临床实践的不断深入,介入微创治疗已逐渐融入到 BPH 的治疗中,介入微创治疗的方法与技术也在不断地补充与改进,其中一部分如今已成为治疗 BPH 的重要手段。更令人欣喜的是,介入微创技术在治疗前列腺癌、宫颈癌等常见泌尿生殖系统恶性肿瘤上也取得了巨大的成功。浙江大学丽水医院介入诊疗团队在利用最新介入微创技术和材料治疗泌尿生殖系统恶性肿瘤上进行大量的单中心临床研究,并

获得了喜人的成绩。随着国内外有关专家深入研究,相信在不久的将来,会有很多高质量多中心随机对照临床研究,并且还会有更多安全高效的介入微创治疗材料和方法应用于临床,为更多患者带来福音。

(纪建松 范晓希 陈为谦)

参 考 文 献

1. Li D, Pua BB, Madoff DC. Role of embolization in the treatment of renal masses[J]. Semin Intervent Radiol, 2014, 31(1): 70-81.
2. Schwartz MJ, Smith EB, Trost DW, et al. Renal artery embolization: clinical indications and experience from over 100 cases[J]. BJU Int, 2007, 99(4): 881-886.
3. May M, Brookman-Amissah S, Pflanz S, et al. Pre-operative renal arterial embolisation does not provide survival benefit in patients with radical nephrectomy for renal cell carcinoma[J]. Br J Radiol, 2009, 82(981): 724-731.
4. Zielinski H, Szmigielski S, Petrovich Z. Comparison of preoperative embolization followed by radical nephrectomy with radical nephrectomy alone for renal cell carcinoma[J]. Am J Clin Oncol, 2000, 23(1): 6-12.
5. Castle S M, Salas N, Leveillee R J. Initial experience using microwave ablation therapy for renal tumor treatment: 18-month follow-up[J]. Urology, 2011, 77(4): 792-797.
6. Passera K, Selvaggi S, Scaramuzza D, et al. Radiofrequency ablation of liver tumors: quantitative assessment of tumor coverage through CT image processing[J]. BMC Med Imaging, 2013, 13: 3.
7. Salas N, Ramanathan R, Dummett S, et al. Results of radiofrequency kidney tumor ablation: renal function preservation and oncologic efficacy[J]. World J Urol, 2010, 28(5): 583-591.
8. Georgiades CS, Rodriguez R, Littrup PJ, et al. Development of a research agenda for percutaneous renal tumor ablation: proceedings from a multidisciplinary research consensus panel[J]. J Vasc Interv Radiol, 2010, 21(12): 1807-1816.
9. Onishi T, Oishi Y, Suzuki Y, et al. Prognostic evaluation of transcatheter arterial embolization for unresectable renal cell carcinoma with distant metastasis[J]. BJU Int, 2001; 87(4): 312-315.
10. Mavili E, Donmez H, Ozcan N, et al. Transarterial

embolization for renal arterial bleeding[J]. Diagn Interv Radiol, 2009, 15（2）: 143-147.

11. Khinda J, Athreya S. Endovascular intervention in reno-vascular disease: a pictorial review[J]. Insights Imaging, 2014, 5（6）: 667-676.

12. Supriya Mallick, Rony Benson, K.P. Haresh, P.K. et al. Adjuvant radiotherapy in the treatment of gallbladder carcinoma: What is the current evidence[J]. Journal of the Egyptian National Cancer Institute, 2016, 28: 1-6.

13. Kubota. Y, Kakizaki. H, Numaswa. K, et al. Preoperative Intraarteriala infusion chemotherapy for patients with Bladder cancer[J]. Eur Urol, 1989, 16（1）: 189-194.

14. Sirohi B, Singh A, JagannathP, et al. Chemotherapy-andtargeted therapy for gall bladder cancer[J]. Indian J Surg Oncol, 2014, 5: 134-141.

15. Shipley wu, Kaufman Ds, zellr E, et al. Selective bladder presenvation by combined modality protocol treatment: long-term outcomes of 190 patients with invasive bladder cancer[J]. Urology, 2002, 60: 62-68.

16. R. Loffroy, P. Pottecher, V. Cherblanc, et al. Current role of transcatheter arterial embolization for bladder and prostate hemorrhage[J]. Diagnostic and Interventional Imaging, 2014, 95: 1027-1034.

17. Singh S S, Belland L. Contemporary management of uterine fibroids: focus on emerging medical treatments[J]. Current medical research and opinion, 2015, 31（1）: 1-12.

18. De La Cruz M S, Buchanan E M. Uterine Fibroids: Diagnosis and Treatment[J]. American family physician, 2017, 95（2）: 100.

19. Gupta J K, Sinha A, Lumsden M A, et al. Uterine artery embolization for symptomatic uterine fibroids[J]. The cochrane library, 2006.

20. Salehi M, Jalilian N, Salehi A, et al. Clinical Efficacy and Complications of Uterine Artery Embolization in Symptomatic Uterine Fibroids[J]. Global journal of health science, 2016, 8（7）: 245.

21. Spies J B. Current role of uterine artery embolization in the management of uterine fibroids[J]. Clinical obstetrics and gynecology, 2016, 59（1）: 93-102.

22. Chung JW, Jeong HJ, Joh JH, et al. Percutaneous transcatheter angiographic embolization in the management of obstetric hemorrhage[J]. J Reprod Med, 2003, 48: 268-276.

23. Salomon LJ, deTayrac R, Castaigne-Meary V, et al. Fertility and pregnancy outcome following pelvic arterial embolization for severe post-partum haemorrhage. A cohort study[J]. Hum Reprod, 2003, 18: 849-852.

24. Christie J, Batool I, Moss J, et al. Adrenal artery rupture in pregnancy[J]. BJOG, 2004, 111: 185-187.

第八章　血管疾病介入治疗

第一节　主动脉疾患

一、胸主动脉夹层

（一）临床简介

主动脉夹层（aortic dissection，AD）又称主动脉夹层动脉瘤，是由于主动脉内膜破损，高压血流冲入血管壁造成中膜撕裂而形成的。AD起病凶险，死亡率高。高峰年龄为50～60岁，发病后2周内70%左右患者死于主动脉破裂、心包填塞等严重并发症。AD的病因主要有高血压、动脉粥样硬化、外伤和遗传因素等。AD最主要的临床症状为突发性的胸背部和（或）腰腹部剧烈的放射性撕裂样疼痛；其次为下肢及内脏的缺血表现，包括肾缺血时的少尿、急性肾功能不全；肠缺血时肠绞痛、肠梗阻以及下肢血供受累时的间歇性跛行，肢体发凉、发绀伴脉搏减弱或消失等。

临床上根据内膜破裂口部位和AD累及的范围有以下两种分型：

1. Stanford 分型　A型：内膜瓣破口可位于升主动脉，主动脉弓或近段降主动脉，病变扩展可累及升主动脉、弓部，也可延及降主动脉甚至腹主动脉。B型：内膜瓣破口常位于主动脉峡部，病变扩展仅累及降主动脉或延伸至腹主动脉，但不累及升主动脉。

2. DeBakey 分型　Ⅰ型：内膜瓣破口位于升主动脉，而扩展累及腹主动脉；Ⅱ型：内膜瓣破口位于升主动脉，而扩展仅限于升主动脉；Ⅲ型：内膜瓣破口位于主动脉峡部，而扩展可仅累及降主动脉（Ⅲa型）或达腹主动脉（Ⅲb型）。Standford A型相当于 DeBakey Ⅰ型和Ⅱ型，约占主动脉夹层的65%～70%，而 Stanford B型相当于 DeBakey Ⅲ型，约占30%～35%。2周以内为急性期，2周以后为慢性期。

（二）介入治疗适应证与禁忌证

1. 适应证　AD急性期介入手术，即胸主动脉腔内修复术（thoracic endovascular aortic repair，TEVAR）传统指征为复杂型AD。"复杂型"主要指伴有持续性或发作性难以控制的疼痛，药物难以控制的高血压，主动脉的进行性扩张，脏器或肢体缺血和先兆破裂表现，包括血胸、主动脉旁和纵隔血肿等。但是近年，国内外对于单纯型AD早期实施TEVAR和保守治疗的对照研究，证实早期TEVAR对患者长期生存率、减少中长期并发症等方面具有明确优势。因此，TEVAR适应证放宽为急性期夹层只要存在破裂口，假腔有活动性血流灌注，都应积极进行TEVAR。对于慢性AD，腔内治疗的适应证主要包括：①主动脉最大径大于5cm；②主动脉夹层的迅速增大（大于5mm/6月）；③合并内脏、下肢动脉的严重缺血；④Marfan's综合征或其他结缔组织病患者；⑤长期进行糖皮质激素治疗患者以及主动脉峡部缩窄。

2. 禁忌证　禁忌证主要包括没有入路，如髂动脉严重迂曲或闭塞，又不能纠正者；双侧股动脉受夹层累及，造成重度狭窄者；碘过敏者；凝血机制障碍，和肝肾功能衰竭患者。

（三）介入治疗

AD的介入治疗，主要是采用覆膜支架（stent-graft）腔内封堵原发破裂口，故又称做胸主动脉腔内修复术（TEVAR）。目前，TEVAR技术主要用于 Standford B 型主动脉夹层。以下简要介绍B型主动脉夹层的腔内修复术的操作。

1. 入路　早期主要采用股动脉切开入路，近年由于血管缝合器的应用和覆膜支架植入装置的不断改进，股动脉切开逐渐被经皮穿刺技术取代。可以采用全麻，也可采用局部麻醉。

2. 造影　经股动脉穿刺，预留血管缝合器（Perclose，Abott）后采用标尺猪尾导管行胸主动脉造影，再次对AD的病理类型，尤其是破裂口的具体位置、以及和左锁骨下动脉（left subclavian artery，LSA）的距离等进行测量。结合CTA和血管造影测量结果，最后选择大小合适的覆膜支架。TEVAR术前造影如图8-1-1所示。

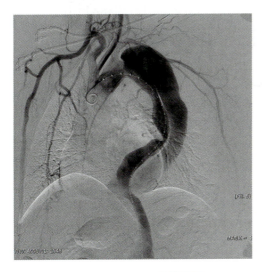

图 8-1-1　TEVAR 术前造影

主动脉弓左锁骨下动脉开口以远可见夹层破口,假腔宽大,胸主动脉部分节段真腔受压变窄

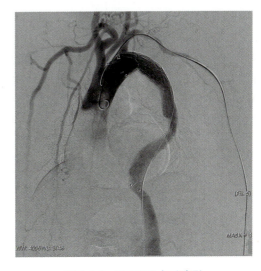

图 8-1-2　TEVAR 术后造影

腔内修复术后:覆膜支架充分覆盖破口,假腔未见显影,真腔血流通畅

3. 植入支架　通过猪尾导管输送专用加硬导丝(0.035″)至升主动脉并固定,沿该加硬导丝将支架推送器缓慢推至主动脉弓。根据 CTA 和造影确定的破裂孔位置,若破裂口超过左锁骨下动脉(LSA)开口 15mm 以上,即可将支架近端覆膜缘位于 LSA 开口以远,以不遮盖左锁骨下动脉为原则。若破裂口距 LSA 不足 15mm,可选择覆盖 LSA 开口,使支架覆膜缘位于左颈总动脉开口以远。对于后者,术前需要做好评估,防止因 LSA 封堵造成的椎动脉盗血引起脑缺血症状。必要时,术前先行右锁骨下动脉或左颈总动脉至左锁骨下动脉旁路手术。确定支架位置还可通过肱动脉至升主动脉的造影导管造影确定。当位置确认无误后即可释放。各种支架释放技术大同小异,原则上都是固定支架推送器的内支撑管,回撤外套管支架释放。释放支架时,应暂时性药物控制低血压状态。支架完全释放后,即可撤出支架推送器。

4. 主动脉弓造影　支架释放后再次行主动脉弓造影,观察支架的位置是否正确,夹层破裂口是否完全封堵,夹层假腔是否仍然显影以及弓上动脉是否通畅等。TEVAR 术后造影如图 8-1-2 所示。

5. 缝合股动脉穿刺口　由于支架推送器较粗(12~24F),术后需要缝合。股动脉切开入路的患者,采取传统股动脉缝合。经皮穿刺入路患者,使用预置的缝合器(通常 2 把)收缩缝线套结,缝合股动脉伤口。

(四) 并发症及其防治

1. 髂股动脉损伤　当直径较粗的推送系统通过严重扭曲的髂动脉时,可引起动脉壁的损伤甚至动脉破裂出血,动脉壁钙化性粥样斑块可加剧这种损伤。为此,应术前通过 CTA 对髂股动脉的直径和走行做全面评价,选择小直径推送器。近年来,具有更好的柔韧性、更小直径和更超滑的新型推送系统不断推出和应用,使入路动脉的损伤大为减少。

2. 内漏　主动脉夹层经 TEVAR 治疗术后的内漏主要为 I 型内漏。术后复查以高分辨增强 CT 为首选,在术后内漏的诊断中应用最广。介入治疗仍可作为内漏的首选治疗方法。I 型内漏的处理可植入第二个支架移植物以封闭内漏,或者在内漏处行介入栓塞封堵术。

3. 移植后综合征　移植后综合征出现在 TEVAR 术后 7 天内。患者常感背部疼痛或发热,但没有白细胞计数升高等感染表现,可能与假腔内血栓形成有关。因此没有特殊的临床意义,可口服药物对症处理。

4. 脊髓缺血　是 TEVAR 后严重神经系统并发症,文献报道发生率为 0%~15%,其中截瘫的发病率为 0.8%~3.6%。主动脉长段支架覆盖、围手术期血流动力学不稳定以及既往腹主动脉瘤修复术为脊髓缺血高危因素。

(五) 疗效评价

临床研究资料表明,TEVAR 治疗复杂型 B 型主动脉夹层,患者术后生活质量有大幅度提高,通过术后良好控制血压即能达到理想的生活状态,患者长期生存明显获益。对于单纯非复杂型 AD

的 TEVAR 治疗，仍存在争议。通过对照研究发现，与单纯药物治疗相比，接受 TEVAR 治疗的患者生存期更有优势，而且还有 10% 左右的药物治疗病例因病情变化而转向 TEVAR 治疗。目前单纯 TEVAR 技术成功率接近 100%，破裂口完全封闭率为 80% 左右，假腔闭塞率为 30% 左右。TEVAR 术后应定期 CT 随访。随访内容主要是检查有无远期内漏、假腔有无闭合等。

（六）回顾与展望

AD 的治疗包括保守治疗、外科手术治疗与 TEVAR 等。TEVAR 通过植入覆膜支架封闭主动脉近端破口，促进假腔血栓形成，增加真腔供血灌注从而获得更好的主动脉重塑，降低了主动脉破裂的风险。1999 年，Nienaber 和 Dake 的两篇里程碑式的文章发表于新英格兰杂志，在文章中首次提出 TEVAR 治疗 AD 比开放式手术更安全、更具吸引力，此后快速增长的临床试验在很大程度上证明了这个观点。今天，TEVAR 已经被认为是大多数 B 型 AD 患者的一线治疗。

主动脉病变常常可累及分支血管，为了使得覆膜支架覆盖病变主动脉的同时保留重要的血管分支，近年来，"开窗分支支架技术"（fenestrated and side-branched modular endograft）、"烟囱支架技术"（chimney grafts）及"三文治技术"（sandwich technique）开始在一些主动脉夹层患者中尝试使用。

TEVAR 是胸主动脉夹层的一种相对安全和有效的治疗方法，目前已得到广泛应用。即便如此 TEVAR 仍需不断发展改进，以解决远端裂口的处理、A 型夹层禁区等问题，期待常规器材的改进、新型器材的研发为 TEVAR 的发展带来更广阔的前景。

二、腹主动脉瘤

（一）临床简介

腹主动脉瘤（abdominal aortic aneurysm，AAA）是由各种原因引起腹主动脉壁的局部薄弱，继而扩张、膨出形成的梭型或囊型瘤样扩张。当主动脉局部直径大于正常直径 50% 以上即称为动脉瘤。AAA 发病率呈明显上升趋势，据统计目前 65 岁以上老年人患病率达 4%～9%。90% 的 AAA 发生于肾动脉水平下方。最常见的病因是长期高血压和动脉硬化。AAA 直径达到一定程度，不积极治疗就会发生破裂，预后极差。AAA 患者多无临床症状，经查体发现，常见表现为腹部搏动性包块，若瘤体较大可出现对周围器官的压迫症状。若腹痛突然加剧或出现休克症状时，应考虑动脉瘤破裂的可能，一旦破裂死亡率可高达 23%～69%。

AAA 按病理可分为三型：

1. 真性 AAA 主动脉管腔异常扩张，但管壁保留完整，瘤壁包括内膜、中膜、外膜全层。

2. 假性 AAA 系多种原因引起的血管壁破裂，在其周围形成的局限性纤维包裹性血肿，并与主动脉管腔相通。瘤壁的成分为纤维组织而不是血管壁结构。

3. 主动脉夹层动脉瘤 又称为主动脉夹层。它是由于主动脉内膜撕裂，血液经裂口进入主动脉中膜所形成的夹层血肿。本文主要叙述真性腹主动脉瘤。

（二）AAA 介入治疗适应证与禁忌证

AAA 的介入治疗，主要采用覆膜支架腔内隔绝主动脉瘤，故又称主动脉瘤腔内修复术（endovascular aortic repair，EVAR）。

1. 适应证 肾动脉平面以下的腹主动脉瘤其瘤体直径 > 5cm；瘤体直径小于 5cm，但动脉瘤有破裂倾向者如伴重度高血压、瘤壁厚薄不等或有子瘤以及有疼痛症状；动脉瘤压迫邻近组织或形成夹层者；动脉瘤近期增长迅速，通常指 6 个月内直径增加超过 5mm 者；没有支架植入禁忌证患者。

2. 禁忌证 禁忌证主要包括没有入路，如髂股动脉严重迂曲或闭塞，又不能纠正者；碘过敏不能行血管造影者；严重凝血机制障碍，和肝肾功能衰竭患者。动脉瘤上缘距肾动脉开口的距离 < 1cm，或超过肾动脉水平，过去为 EVAR 的禁忌证。但近年由于器材和技术的不断提高，EVAR 通过烟囱技术、开窗技术和分支技术，使累及肾动脉甚至更高水平的 AAA 的治疗都成为可能。

双侧髂内动脉病变，乙状结肠仅靠肠系膜下动脉供血，肠系膜上动脉严重狭窄或肠系膜下动脉主要由 Riolan 弓供血以及临床状况较差为治疗的相对禁忌证。

（三）介入治疗

目前，EVAR 技术主要用于肾下腹主动脉瘤的腔内修复治疗。以下简要介绍 EVAR 技术操作。

1. 入路 早期主要采用股动脉切开入路，近年由于血管缝合器的应用和 Stent-graft 植入装置的不断改进，股动脉切开逐渐被经皮穿刺技术取代。可以采用全麻，也可采用局部麻醉。

2. 造影 经股动脉穿刺，预留血管缝合器（Per-close，Abott）后采用标尺猪尾导管行腹主动脉造影，再次对主动脉瘤的病理类型，尤其是 AAA 的

瘤颈、是否累及肾动脉等再次进行测量。结合 CTA
和血管造影测量结果，最后选择大小、形状合适的
覆膜支架。EVAR 术前造影如图 8-1-3 所示。

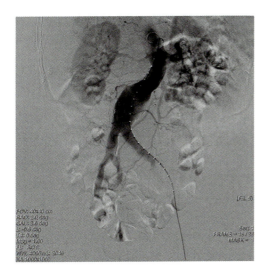

图 8-1-3　EVAR 术前造影
腹主动脉下段瘤样扩张

3. **植入支架**　通过猪尾导管输送专用加硬导
丝（0.035″）至主动脉弓并固定，沿该加硬导丝将支
架推送器缓慢推至腹主动脉。根据 CTA 和造影确
定的支架近端位置，准确定位。必要时，通过左髂
动脉置管造影确定支架的近端准确位置。当位置确
认无误后即可释放。各种支架释放技术大同小异，
原则上都是固定支架推送器的内支撑管，回撤外套
管支架释放。释放支架时，应暂时性药物控制低血
压状态。支架完全释放后，即可撤出支架推送器。

目前 EVAR 支架主要采用分体式设计。主体由
一侧股动脉植入，分支则由另一侧股动脉植入在腹
主动脉瘤瘤腔内与主体衔接，形成倒"Y"型结构。

4. **主动脉造影**　支架完全释放后再次行腹主
动脉造影，主要观察支架的位置是否正确，主动脉瘤
腔是否完全隔绝。EVAR 术后造影如图 8-1-4 所示。

5. **缝合股动脉穿刺口**　由于支架推送器较粗
（12～24F），需术后缝合。股动脉切开入路的患者，
采取传统股动脉缝合。经皮穿刺入路患者，使用预
置的缝合器（通常 2 把）收缩缝线套结，缝合股动脉
伤口。

（四）并发症及其防治

1. **髂股动脉损伤**　当直径较粗的推送系统通
过严重扭曲的髂动脉时，可引起动脉壁的损伤以致
动脉破裂出血，动脉壁钙化性粥样斑块可加剧这种
损伤。为此，术前通过 CTA 对髂股动脉的直径和

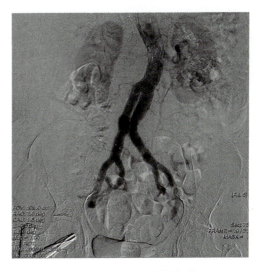

图 8-1-4　EVAR 术前造影
动脉瘤腔未显影，未见内漏。覆膜支架内血流通畅

走行做全面评价，选择小直径推送器。近年来，具
有更好的柔韧性、更小直径和更超滑的新型推送系
统不断推出和应用，使入路动脉的损伤大为减少。

2. **内漏**　主动脉瘤 EVAR 治疗术后的内漏主
要为 I 型内漏。术后复查以高分辨增强 CT 为首
选，在术后内漏的诊断中应用最广。介入治疗仍可
作为内漏的首选治疗方法。I 型内漏的处理可植
入第二个支架移植物以封闭内漏，或者在内漏处行
介入栓塞封堵术。

3. **移植后综合征**　移植后综合征出现在 EVAR
术后 7 天内。患者常感腹背部疼痛或发热，但没有
白细胞计数升高等感染表现。因此没有特殊的临
床意义，可口服药物对症处理。

（五）疗效评价

EVAR 术成功的标准是 AAA 被完全隔绝，无
支架移植物周围"漏"存在。1998 年，May 对 108 例
EVAR 治疗的 AAA 和 198 例 OR（operation repair，
OR）治疗的 AAA 进行了比较，证实 EVAR 作为一
微创治疗方法，它可减少术中出血、特别护理时间
和住院天数。与 OR 比较两组围手术期死亡率和
患者生存率均无差异。之后多个研究中心进行的
大样本 EVAR 研究，证实腹主动脉瘤的腔内修复治
疗与传统外科手术相比在手术成功率、围术期死亡
率和中远期疗效方面两组之间无统计学差异。

（六）回顾与展望

1991 年 Parodi 报道使用腔内技术治疗 AAA
动脉瘤获得成功，开创了 EVAR 的先河。相较于
腹主动脉瘤外科根治术，EVAR 手术创伤小，术后
并发症少，适应证宽。因此在临床应用十余年后，

EVAR 手术量超越外科开放手术，已成为腹主动脉瘤的首选治疗方案。大量的临床研究也用翔实可信的数据证实，EVAR 手术在治疗效果、安全性、手术损伤及医疗资源的使用上均具有优势。

目前腔内治疗在不涉及重要内脏分支的区域，治疗已经是相当成熟。近端锚定区不足、瘤颈扭曲都不再是阻拦 EVAR 的绝对阻力。针对累及重要内脏分支的 AAA，各种新型材料、器械、术式不断推陈出新，如"烟囱""三明治""分支"及"八爪鱼"技术等，"开窗"支架也已从定制型支架逐渐发展到某些条件下可以由术者自行完成开窗。

在开窗及分支腔内移植物的应用上我国与国外存在一定差距，这个差距不仅在于技术操作上的差距，更主要的在于我们耗材研发上的差距。在覆膜支架应用后内漏的防治及如何避免发生截瘫的问题上也是目前必须面对的挑战。虽然有个别厂家的产品在如何防止或减少内漏的发生上有些突破性的理念设计，但总体上还没有找到根本的解决办法。尤其是在预防截瘫的问题上似乎仍然表现出无计可施。

相信随着腔内技术、材料科学、制造模式例如 3D 打印等在未来的发展，腔内治疗所面临的挑战必将一一解决，在未来相当长一段时间仍将引领 AAA 的治疗，也希望祖国的医学在这个领域继续努力和进一步发展。

三、主动脉狭窄

（一）临床简介

主动脉狭窄梗阻性疾患主要见于动脉粥样硬化、大动脉炎及先天性主动脉缩窄等。先天性主动脉缩窄的 90% 发生在锁骨下动脉开口远端，在病理上分为单纯型及复杂型两类。单纯型病变局限，远近端主动脉发育良好，无其他重要的心血管畸形，适于介入治疗。复杂型不适于介入治疗。大动脉炎常累及胸腹主动脉，主要为狭窄性改变。在胸主动脉多为长段、弥漫性狭窄。动脉粥样硬化性病变可累及主动脉全程，腹主动脉下段的病变可延及髂动脉。在临床上，肾动脉开口平面以上的主动脉狭窄，表现为上肢血压升高，下肢动脉压降低。肾动脉开口平面以下的主动脉狭窄，表现为下肢血压低、跛行、男性性功能障碍等。

（二）适应证与禁忌证

1. 球囊血管成形术的适应证　①单纯型先天性主动脉缩窄（压差＞30mmHg）；②主动脉局限、短段狭窄；③主动脉手术后再狭窄。

2. 球囊血管成形术的禁忌证　①复杂型先天性主动脉缩窄；②主动脉长段狭窄；③弥漫性狭窄；④主动脉完全闭塞；⑤大动脉炎活动期；⑥主动脉峡部发育不良。

3. 支架的适应证　①单纯型先天性主动脉缩窄；②术后再狭窄；③大动脉炎和动脉粥样硬化性狭窄；④完全闭塞后再通病例。

4. 支架的禁忌证　①大动脉炎活动期；②复杂型先天性主动脉缩窄；③未成年患者。

（三）介入治疗

介入治疗主动脉狭窄始于 20 世纪 80 年代，最初采用经皮球囊扩张术，但术后再狭窄、主动脉夹层、动脉瘤形成及主动脉破裂发生率较高，目前主要用于不适于支架植入术和外科手术的患者。之后开展的球囊扩张式血管内支架植入术降低了术后再狭窄的发生率，减少了动脉瘤及夹层的发生。早期多采用裸支架，较单纯球囊扩张术有效降低了术后并发症的发生率，但仍有发生夹层、动脉瘤甚至动脉破裂等并发症的可能。为有效降低上述并发症发生，一些研究将支架与聚四氟乙烯结合设计生产出一种覆膜支架，被广泛应用于临床，成为治疗青少年及成人主动脉狭窄的安全、有效、微创的替代方法。

1. 球囊血管成形术

（1）患者准备：全面了解常规病史及全面体检，测量四肢血压。实验室检查包括出凝血功能参数、肝肾和心肺功能。术前 72 小时开始服用抗血小板功能药物。

（2）方法步骤：一般经股动脉途径进管。将 4～6F 猪尾导管置于升主动脉行全主动脉造影。对于疑为先天性主动脉缩窄的病例，还应先作左、右心导管检查，了解心脏有无畸形。通过诊断性造影了解病变部位、程度及范围，并测量跨狭窄段压差及狭窄近、远端主动脉直径。以体内骨骼或体表金属物定位狭窄段。球囊直径应等于或略小于狭窄近端正常主动脉直径。扩张球囊持续 30～60 秒，可重复 2～3 次。

操作中应注意保护腹主动脉的重要分支，如肠系膜上动脉等。扩张结束后，再次测定跨狭窄段压差，并作造影复查。手术结束后，可拔管压迫止血，包扎。术后仍需肝素化，建议使用低分子肝素 24～72 小时。之后阿司匹林（100mg/d）和氯吡格雷（75mg/d）持续口服，至少服用 6 个月，有条件者使用 12 个月。

2. 支架植入术　患者准备及方法步骤类同于

球囊血管成形术。先行球囊扩张，然后植入支架（图8-1-5）。支架一般选用自扩式，也可选用球囊扩张式。支架植入后需进行抗凝、抗血小板聚集的治疗，同球囊扩张术。

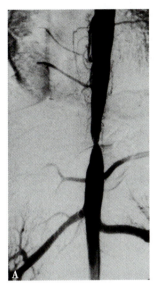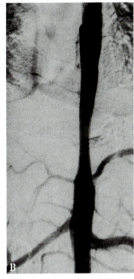

图 8-1-5　腹主动脉支架植入术
A. 腹主动脉上段局部高度狭窄，造成肾血管性高血压；
B. 植入支架后，血压降至正常

（四）疗效

球囊扩张的技术成功率约90%。先天性主动脉缩窄疗效满意标准为扩张后压差小于20mmHg和无动脉瘤等并发症。按此标准60%～70%病例扩张后可获得良好远期疗效。腹主动脉下段狭窄，球囊扩张的有效率约90%。支架植入技术成功率为95%～99%，狭窄病变者长期开通率约75%，闭塞再通者约60%。

（邹英华）

第二节　颈动脉狭窄

一、临床简介

缺血性脑中风（脑梗死，stroke）是中老年人群中最常见的致残性疾病，颈动脉狭窄是缺血性脑中风的主要原因。国内外资料报道30%～50%的脑梗死的直接原因是颈部动脉狭窄。病变局部血栓或粥样斑块脱落顺血流至颅内引起脑动脉栓塞造成脑梗死。因此，如何有效治疗颈动脉狭窄，进而预防缺血性脑中风的发生就显得非常重要。20世纪80年代国外开始确定了颈动脉狭窄的主要治疗手段，即颈动脉内膜剥脱术（carotid endarterectomy，CEA）。至今仍是最主要的治疗手段。但是由于颈动脉剥脱手术的创伤性，手术和麻醉带来的风险和并发症，使得该手术受到一定限制，对患者的年龄、心血管等身体状况要求较高。尤其在我们国家，颈动脉内膜剥脱手术开展不够普遍。自20世纪90年代后支架技术逐渐应用于颈动脉狭窄的治疗。目前经大量临床研究已证明了颈动脉支架（carotid artery stenting，CAS）的安全性和有效性。不远的将来，CAS有望替代传统的颈动脉内膜剥脱术，成为颈动脉狭窄治疗的首选方法。

二、适应证与禁忌证

1. 适应证

（1）症状性颈动脉狭窄，管腔（直径）狭窄超过50%，尤其伴有溃疡和（或）不稳定斑块者。症状性颈动脉狭窄，主要指患者已经发生过病变血管同侧的脑梗死，或者多次、反复发生病变血管同侧短暂性脑缺血发作（transient ischemic attack，TIA），或者病变血管同侧的眼部症状，如黑蒙、视物不清等。当狭窄的血管局部同时伴有溃疡和不稳定斑块时，应积极治疗。

（2）无症状双侧颈动脉狭窄，狭窄直径达到70%，也应积极治疗。主要是担心一侧或双侧病变突然进展，可能引起脑供血不足和脑梗死。在需要全身麻醉的手术时，因担心麻醉中血压降低诱发脑梗死，因此对50%以上的双侧颈动脉狭窄也主张术前至少行一侧的CAS。

（3）无症状性单侧颈动脉狭窄，管腔狭窄率（直径）大于80%者。无症状颈动脉狭窄是指患者无明显自觉症状，是在查体或因其他疾患检查过程中发现的颈动脉狭窄。

2. 禁忌证

（1）严重的神经系统疾患，如病变侧的脑功能已完全丧失等患者。

（2）颈动脉完全闭塞性病变，伴有影像学证实的腔内血栓。

（3）伴有颅内动静脉畸形或动脉瘤，又不能同时给以治愈者。

（4）三个月内发生颅内出血或4周内发生严重脑中风者。

（5）严重心肝肾功能障碍等血管造影禁忌者。

三、介入技术及操作方法

1. 首先行全方位的颈动脉和脑血管造影检查。

2. 栓子保护装置（embolic protection device，EPD） 为了防止术中有粥样斑块或血栓脱落引起严重脑梗死，在进行颈动脉支架时主张使用 EPD。EPD 主要分为远端保护和近端保护装置。前者的主要原理是在颈动脉支架术中于狭窄的远端放置一"滤伞"，允许血液通过，但对有引起脑梗死的血栓和粥样斑块可起到拦截作用。支架放置结束后，该保护伞和可能拦截的栓子一起撤出体外。而近端保护装置通常是通过两个闭塞球囊在支架手术时堵塞颈外动脉和颈总动脉，使颈内动脉血流停止，甚至反向流动。支架放置成功后，通过导引导管回抽一定数量的血液，将可能脱落的栓子抽出体外。目前临床上应用最多的技术是在远端保护下进行颈动脉支架术。在此仅以远端 EPD 为例简述颈动脉支架术的操作过程。

3. 操作技术 首先采用导管、导丝交换技术，或导丝、长导管和导引导管三者同轴技术，将导引导管或长鞘前端放置颈总动脉（狭窄病变的近端 3cm 左右）。在行球囊扩张和支架植入前，将远端保护装置越过狭窄，并置于狭窄远端 3~5cm 颈内动脉处。在确定保护装置打开和位置无误后，对于重度狭窄（70% 以上）使有 4~6mm 直径球囊对狭窄病变先进行有效的预扩张后再植入支架。若狭窄病变不严重，也可直接植入支架（直径 7~9mm，长度 30~40mm）。支架植入后若残存狭窄大于30%，再用直径 5~6mm 的球囊做后扩张。支架成功植入并经血管造影证实后，可取出 EPD。CAS

术见图 8-2-1。

四、并发症及其防治

1. 脑栓塞 为 CAS 最严重的并发症。栓子主要来源于术中病变部位脱落的血栓和粥样斑块碎片。栓子保护装置的确可以有效地降低术中栓塞事件的发生率。早年没有使用 EPD 保护下进行 CAS 术中脑梗死的发生率可高达 10%。常规使用 EPD 保护下进行 CAS，术中脑梗死发生率已降至 3% 以下。

2. 再灌注损伤 常表现为头痛和癫痫发作，但严重时可以发生脑出血，危及生命。围手术期有效的血压控制是预防再灌注损伤的最有效手段。一旦出现再灌注损伤的临床症状，应立即停止抗凝治疗。其他治疗措施包括控制性低血压、减轻脑水肿和防治脑血管痉挛等，与高血压自发性出血的处理相同。

3. 心动过缓和低血压 对颈动脉分叉部位进行球囊扩张时，对颈动脉球内感受器的压迫常导致反应性心动过缓，并继发低血压，严重时患者可出现意识丧失。一旦迷走神经反射引起心率减慢和血压降低，应立即给以阿托品抵抗，并加速静脉胶体输注扩容，严重低血压给以多巴胺等药物维持。

五、疗效评价

CAS 技术成功的标准为：①残存狭窄小于 30%。②临床症状减轻或消失。③无严重并发症发生。目前，CAS 的技术成功率为 90%~100%，围手术

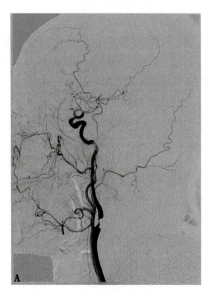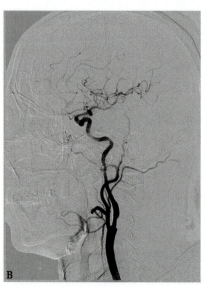

图 8-2-1 颈动脉支架植入术

A. CAS 造影：左侧颈内动脉开口可见溃疡斑块，管腔重度狭窄；B. CAS 术后造影：支架充分覆盖斑块，血流明显改善

期并发症发生率为 2%～5% 左右。随访 5 年，CAS
术后血管再狭窄率为 5%～10% 左右。

六、回顾与展望

目前颈动脉狭窄的治疗主要有以下三种方案：内科药物治疗、颈动脉内膜剥脱术以及颈动脉支架术。关于 CEA 与 CAS 对颈动脉狭窄的疗效和安全性的比较是目前学术界关注和争论的热点。

1979 年，Kerber 等首次应用球囊血管成形术治疗颈动脉狭窄；1989 年，应用球囊扩张支架成功治疗颈动脉狭窄。之后，自膨胀式支架及镍钛合金支架的应用，使得支架变形的问题在一定程度上得到了解决。EPD 的应用使 CAS 手术技术进一步成熟、手术安全性进一步提高、术后并发症进一步降低。

CAS 的适应证较 CEA 更加宽泛、禁忌证相对较少，如 CEA 解剖学上无法企及的高位颈动脉狭窄、锁骨下动脉狭窄、一侧狭窄对侧闭塞病变等，对于 CAS 均非禁忌证；另外，对于 CEA 术后再狭窄、曾接受放射治疗的患者，CAS 有着明显优势；同时 CAS 可有效降低术中颅神经的损伤。术中栓子的脱落导致脑栓塞曾一度制约了 CAS 的发展，但近些年随着 EPD 的普遍应用，这一制约 CAS 的瓶颈已经被突破，EPD 的应用使得 CAS 更加安全。

随着比较 CEA 及 CAS 手术的多中心 RCT 的展开及结果的相继公布，CAS 的安全性及预防卒中的有效性越来越得到学界的认可。就目前已经公布的关于 CEA 及 CAS 的 RCT 结果来看，在术者经验大致相当的前提下，CAS 术后短期及中期的安全性及有效性并不逊于 CEA，两种手术方式对于预防卒中的发生均具有显著作用，CEA 作为手术治疗颈动脉狭窄的金标准地位仍然不可撼动。相信随着正在进行的关于 CEA 与 CAS 对比的 RCT 结果的陆续公布以及 CAS 手术技巧及手术器械的不断进步和成熟，CAS 作为相对年轻但同样具有确定的效果及安全性的治疗颈动脉狭窄的手术方式，会有愈加重要和稳固的地位。

（邹英华）

第三节　肾动脉狭窄

一、临床简介

肾血管性高血压主要指因肾动脉主干或分支狭窄造成的高血压。肾动脉狭窄时，肾灌注压降低，肾血流量减少，造成肾组织（特别是肾皮质）缺血，从而刺激肾小球旁器分泌肾素（renin）量增加。在转化酶的作用下产生血管紧张素Ⅰ，再经水解酶作用，转化成具有强烈平滑肌收缩作用的血管紧张素Ⅱ，血管外周阻力增高，致使血压升高。与此同时，血管紧张素Ⅱ作用于肾上腺皮质，促使醛固酮分泌增多，造成钠、水潴留，血容量增加，促使血压进一步升高。因此，肾血管性高血压患者大多表现出周围血浆肾素活性增高和患侧肾静脉肾素活性增高。肾血管性高血压约占高血压人群的 5%，而在肾功能不全的患者中发现 15% 左右合并肾动脉狭窄。肾动脉狭窄的病因在欧美国家以动脉硬化为主，约占 75%。我国肾动脉狭窄的病因也是以动脉硬化为主，已接近欧美国家，其他病因如纤维肌结构不良（FMD）等所占比例较少。

肾动脉狭窄的检查可通过以下几种方法：肾动脉造影检查、CTA、MRA、超声、肾功能显像、外周血肾素水平等。肾动脉造影至今仍为检查肾动脉狭窄的金标准，特别是对于病变在影像学上表现轻微的 FMD 引起的肾动脉狭窄。彩色超声在显示肾动脉形态的同时，通过测量肾内外动脉血流频谱、动脉收缩期血流峰值、舒张末期血流值、阻力指数、上升加速度等参数间接判断有无肾动脉狭窄存在和狭窄存在的部位，其敏感度为 97%，特异度为 98%。MRA、CTA 检查肾动脉狭窄的敏感度和特异度均大于 90%。CTA 可以检查小的副肾动脉，而且适用于患有幽闭恐惧症的患者。MRA 相对于 CTA 的优点为没有钙化伪影、无需造影、造影剂不良反应发生率更低以及没有辐射等。

肾动脉狭窄的药物治疗包括控制血压、抗血小板治疗、降低血脂、严格控制血糖以及戒烟等。药物治疗可以使肾动脉狭窄的患者发生心血管事件的风险减少 80%。手术治疗由于可以迅速解除肾动脉的解剖异常曾成为 20 世纪 90 年代以前肾动脉狭窄的主要治疗方式。手术方式主要包括肾动脉搭桥术、肾动脉内膜切除术和自体肾移植术等。虽然技术的进步提高了外科手术的成功率，但是手术的并发症仍很多，包括需要手术处理的出血（1%～4%）、血栓（0%～4%）、胆固醇栓塞（1%～4%）、卒中（0%～4%）以及死亡（2.5%～8%），限制了其广泛应用。目前，肾动脉介入治疗已经取代传统的外科手术，成为首选治疗方法。肾动脉介入治疗主要包括经皮腔内肾动脉成形术（percutaneous transluminal renal angioplasty，PTRA）以及肾动脉支架植入术（percutaneous transluminal renal arterial stunting，PTRAS）。

二、适应证与禁忌证

（一）适应证

1. 各种原因造成的肾动脉（包括肾动脉吻合口）狭窄，狭窄程度大于70%。

2. 各种原因造成肾动脉狭窄，狭窄程度50%～70%并同时合并以下3～5项其中之一。

3. 患者有难治性高血压或由肾动脉狭窄引发的肾功能障碍。

4. 肾动脉狭窄合并反复发作的心绞痛或心力衰竭。

5. 肾动脉狭窄合并发作性肺水肿、全身水钠潴留引起的肿胀等。

（二）禁忌证

1. 常规心血管造影的禁忌证，如严重的心、脑、肝功能障碍，凝血机制异常等。

2. 病变广泛，累及肾动脉全长或肾内弥漫性小血管病变。

3. 患肾萎缩严重，肾功能丧失。

4. 大动脉炎活动期属于相对禁忌证。

三、介入治疗

1. **腹主动脉-肾动脉造影** 腹股沟区常规消毒铺巾后，经股动脉穿刺引入导管，分别行腹主动脉和双肾动脉选择造影，以明确有无肾动脉狭窄、狭窄部位和狭窄的长度以及狭窄两端的正常肾动脉管腔直径，从而制订正确的治疗方案。若患者肾功能不良，为减少造影剂的使用，根据术前检查可以只做选择性肾动脉造影和介入治疗。

2. **球囊扩张和支架植入术** 肾动脉球囊扩张和支架术可使用专用肾动脉导引导管，也可使用长鞘导引技术。在静脉肝素化后，采用多种导管、导丝技术，使治疗导丝越过狭窄段，直至肾动脉远端分支。这是PTRA和PTRAS成功的关键。但是要注意导丝前端的位置，防止导丝穿出肾被膜外。若决定进行单纯PTRA，即可选择直径与狭窄两端正常肾动脉相同或略大的球囊，对狭窄病变行单纯球囊扩张；若决定植入支架，对狭窄严重者首先选择比正常肾动脉小1～2mm的球囊做预扩张，然后植入支架；若狭窄不特别严重，也可直接植入支架，不行预扩张。对于完全闭塞的病变，若术前检查显示患侧肾脏长轴不小于7cm，或仍有部分肾功能，可尝试闭塞动脉的开通术，成功后植入支架。和其他闭塞动脉的开通技术相似，通常采用超滑导丝和导管的有机配合，80%以上可以成功开通。但不同点是肾动脉和主动脉的夹角几乎为直角，选择导管要求有一定支撑力。由股动脉入路采用脑血管造影导管往往可以成功。PTAS如图8-3-1所示。

3. **支架的选择** 目前，临床上主要有两类支架供选择，即自膨式支架和球囊扩张式支架。前者支架柔韧性较好，但定位欠准确，适合肾动脉中段和比较迂曲的肾动脉狭窄；后者定位准确，柔韧性较差，适合肾动脉开口部和无明显迂曲的肾动脉狭窄。目前，临床上使用的绝大部分肾动脉支架是球囊扩张式支架，直径5～7mm，长度12～18mm。

4. **抗凝及抗血小板治疗** 术中给予3000～

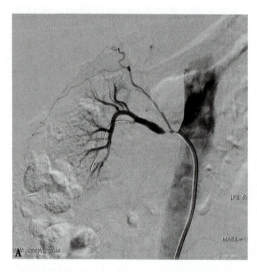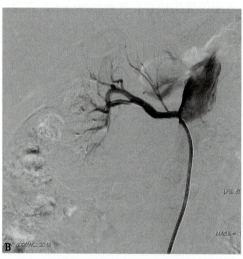

图8-3-1 肾动脉支架植入术
A. 术前造影：右肾动脉开口重度狭窄，远端略扩张；B. 术后造影：支架充分覆盖狭窄病变，右肾血流明显改善

5000U 肝素，术后仍需肝素化，建议使用低分子肝素 24～72 小时。之后阿司匹林（100mg/d）和氯吡格雷（75mg/d）持续口服，至少服用 6 个月，有条件者使用 12 个月。

四、疗效

PTRA 与 PTRAS 技术成功率可达 90%～100%。术后 1 年再狭窄率单纯 PTRA 为 20%～30%，PTRAS 为 10% 左右，支架有效地降低了再狭窄的发生率。尤其是开口病变，目前多数学者主张直接植入支架，即直接 PTRAS 术。多数研究表明介入治疗对动脉粥样硬化性肾动脉狭窄（ARAS）患者高血压有一定程度的改善作用，表现为血压的下降和（或）服用降压药物数量的减少。临床上降压有效率以 FMD 疗效最佳（90%～100%），动脉粥样硬化次之（约 60%～80%），大动脉炎最差。对肾功能的改善国内外研究报道差别较大（50%～70%），多数报道球囊扩张和支架术后肾功能的稳定和改善率在 70%～80%。但也有近 20% 的患者术后肾功能不但没有改善，反而恶化。发生肾功能恶化的病例通常见于术前已经发生肾功能不全患者。由于该部分患者的自然病程中肾功能也是在不断地恶化，只是速度不同。因此，术后的肾功能恶化还是改善的评价，应该将自然恶化过程考虑在内。

五、并发症及其防治

1. 穿刺点并发症　由于血管成形术中球囊与支架推送器进出的需要，动脉鞘管较粗，加上术中及术后肝素的应用使动脉压迫止血难度加大，因而局部血肿并发症较为常见。一般血肿会自行吸收，不需特殊处理。严重血肿压迫动脉、影响肢体血供时应及时行血肿清除术。为防止血肿发生，尽可能使用穿刺动脉的经皮缝合器或其他闭血管穿刺闭合器技术。

2. 急性肾动脉血栓　PTRA 与 PTRAS 术中有可能发生急性肾动脉血栓（1%），致肾动脉闭塞。一旦发生应立即行动脉溶栓术。使用多侧孔高压脉冲溶栓导管，高浓度尿激酶最为有效。

3. 动脉内膜撕脱　单纯 PTRA 术使用大球囊扩张较常见（2%～4%），一旦发生应停止操作，立即植入支架治疗，十分有效。由于越来越多采用直接 PTRAS 术，预扩张使用小球囊技术，内膜撕脱并发症几乎降为零。

4. 肾动脉破裂出血　主要因导丝过硬或操作不当造成肾动脉末梢支穿破出血，临床表现患侧腰痛和肾被膜下血肿。一旦发生即刻行造影检查，造影确定出血部位后予以栓塞治疗。肾动脉主干破裂非常少见，通常是球囊过大或强行扩展造成。轻者可保守治疗，若大量出血血压下降甚至休克，应考虑开腹手术治疗。

六、回顾与展望

肾动脉狭窄治疗的主要方法包括药物治疗、手术治疗及经皮介入治疗。

1978 年，Grunzig 等首先报道了使用球囊导管行 PTRA 治疗肾动脉狭窄引起的高血压取得成功后，介入治疗便逐渐被广大学者接受，用于肾动脉狭窄的治疗。随着该技术的不断推广，越来越多的随访研究发现，单纯 PTRA 1 年后再狭窄率可达 40%～70%。1987 年，Palmaz 等首先报道了肾动脉狭窄的 Palmaz 支架植入动物试验研究；1991 年 Kuhn 等第 1 次将肾动脉支架成形术应用于临床，由于其相对于 PTRA 明显的优势，肾动脉经皮介入治疗开始了高速发展。PTRAS 逐渐替代传统手术治疗，成为肾动脉狭窄的首选治疗方法。

但是在肾动脉狭窄患者中，关于经皮介入治疗与药物治疗的选择方面一直存在较大的争议。已往的几项随机对照研究，并未证明支架联合药物治疗优于单纯药物治疗。这也提示我们，肾脏缺血改变病理生理机制相对复杂，单纯通过改善血运的方式难以满足所有 ARAS 患者的需求，在选择介入治疗时应该更加重视对目标人群的评估和筛选。依据目前的指南与专家共识，重度血流动力学不稳定的 ARAS，合并有心功能障碍综合征、难治性高血压、重度肾功能不全、全肾缺血之一的患者推荐行介入治疗。

在今后的临床实践中，首先评估肾动脉狭窄与临床症状是否存在因果关系，进一步完善对血流动力学的评估，严格把握肾动脉介入的适应证；同时严格肾动脉介入术者的准入制度，提高术者围手术期治疗经验，预防相关并发症的发生。另外需要的强调是，ARAS 是全身动脉粥样硬化的一部分，肾动脉支架术成功并不意味着动脉粥样硬化进程的终止，积极控制危险因素，如降脂治疗、降糖治疗、降压治疗及阿司匹林等对防止动脉粥样硬化发展有深远的影响，对预防心血管并发症有重大意义，应予以高度重视。

（邹英华）

第四节　下肢动脉疾病

一、下肢动脉硬化闭塞症

下肢动脉硬化闭塞症（arteriosclerosis obliterans，ASO）指由于动脉硬化造成的下肢供血动脉内膜增厚、管腔狭窄或闭塞，病变肢体血液供应不足，引起下肢间歇性跛行、皮温降低、疼痛、乃至发生溃疡或坏死等临床表现的慢性进展性疾病，常为全身性动脉硬化血管病变在下肢动脉的表现。

（一）病因病理与临床表现

ASO 的发病相关危险因素包括吸烟、糖尿病、高血压、高脂血症、慢性肾功能不全以及一些慢性炎症等。其主要病因是动脉粥样硬化，发病率随年龄增长而上升，70 岁以上人群的发病率在 15%～20%。男性发病率略高于女性。

ASO 的严重性与急性或慢性发病、狭窄或闭塞的部位，阻塞程度和侧支血供的代偿能力等有明显相关性。严重者可致截肢致残，较轻者无明显临床症状。其临床表现与狭窄或阻塞部位和程度相关。典型症状有间歇性跛行、静息痛等，而主要体征则包括：肢端皮温下降、皮肤菲薄、毛发脱落等营养障碍性改变，下肢动脉搏动减弱或消失，动脉收缩压下降，肢体溃疡、坏疽等。往往大部分病例早期没有间歇性跛行等典型的肢体缺血症状，有时仅表现为下肢轻度麻木不适，但这部分患者可以检测到运动后踝臂指数降低。

（二）介入治疗方法

1. 主髂动脉病变　针对主髂动脉闭塞性疾病的治疗目的在于恢复下肢和盆腔的血供，其治疗方法在不断地演变。腹主 - 双髂（股）动脉人工血管旁路移植术曾被认为是治疗主髂动脉闭塞性疾病的"金标准"，其在保持良好通畅率的同时，但确实也存在开腹手术创伤大、并发症较多且较严重的弊端。介入治疗主髂动脉闭塞性疾病其一期通畅率较开放手术低，但是其微创的优势是显著的，其再次干预治疗后的通畅率并不劣于开放手术。目前介入治疗已经被认为是治疗主髂动脉闭塞性疾病的首选治疗方法。

介入治疗途径有同侧股动脉入路、对侧股动脉入路及肱动脉入路法。前者适用于主动脉、髂总和髂外动脉近、中段病变；对侧股动脉入路又称"翻山"技术，主要适用于髂总和（或）髂外动脉全程病变；而肱动脉入路则适用于那些不适合股动脉入路

以及近肾动脉的腹主动脉闭塞的患者，常选择左肱动脉入路。以"翻山"技术为例，主要操作步骤为：Seldinger 技术穿刺对侧股总动脉，沿导丝导入导管鞘，固定鞘管，导管鞘型号选择依赖于支架输送器和球囊的需要，一般需要 6F 以上的翻山鞘；静脉小剂量肝素化，通常首次剂量为普通肝素 4000～6000 单位，根据操作时间追加肝素使 ACT 保持在 250～300 秒之间；应用导管（4F、5F 椎动脉导管或单弯导管）指引 0.035 英寸超滑导丝通过髂动脉狭窄或闭塞段，远端进入股动脉真腔内；造影确定病变部位、程度、长度；经导管交换为 0.035 英寸加硬泥鳅导丝；选择合适的球囊行病变部位扩张，首次球囊扩张时间 30 秒，可重复扩张；造影检查 PTA 效果、以决定是否再次球囊扩展或支架植入；需植入支架者经加硬导丝放入支架输送系统并释放，支架应比髂动脉正常口径大 1～2mm，长度应超过病变段两端 5～10mm；造影检查支架植入后效果，必要时进行后扩张（图 8-4-1）；再次造影确定支架后髂动脉形态、通畅性以及下肢远端流出道通畅性；撤出导丝导管及鞘组，局部压迫 15 分钟后加压包扎。术后应用阿司匹林（100mg/d），波利维（75mg/d），同时对症应用降压、降脂、降糖类药物。

如何将导丝顺利通过闭塞性病变是介入治疗成功的关键，解决方法主要包括：①选择长鞘和合适的指引导管可以获得合理的支撑；②选择有效长度、操控性、支撑和通过能力强的导管导丝，熟练导丝操控，适当的导管跟进；③利用泥鳅导丝的钻缝能力，巧劲通过，这种手法适用于软斑和未纤维化的血栓性病变；④利用成袢或 J 型头导丝强力通过，适用于有起始头的比较硬的闭塞性血管病变；⑤对齐头闭塞的病变有时采用两种方法结合，先用导丝钻进闭塞段血管，再将导丝成袢向下强行通过，必要时采用内膜下成形技术。

选择合适的球囊和支架：①球囊长度以一次覆盖病变全程并超出 5mm 为宜；②一般髂总动脉病变球囊直径选择在 6～10mm 之间，髂外动脉病变直径选择在 5～8mm 之间，在严重钙化病变应选择直径偏小的高压球囊；③髂动脉球扩时，应缓慢增压，使用常规压力 4.5atm，避免手控扩张，在患者出现疼痛时，不管多大压力，一般应降低压力，停止操作。总体原则是对于短病变更适合球扩式支架，其优点是定位准确，径向支撑力强。长病变更适合自膨式支架，优点是支架顺应性好，更适合血管完全。覆膜支架治疗髂动脉病变，可以防止血管内膜增生，但对于髂内动脉通畅者应注意不应被覆膜支架覆盖。

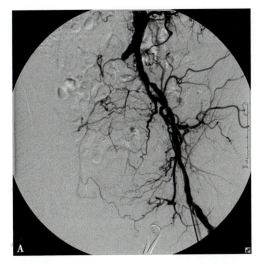

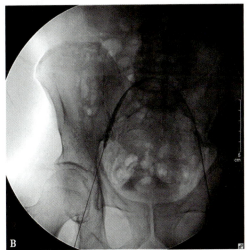

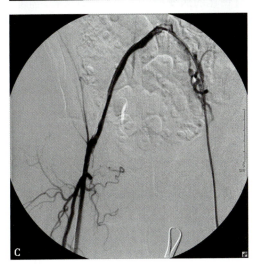

图 8-4-1　右侧髂动脉闭塞行髂动脉球囊扩张 + 支架植入术

A. 右侧髂总动脉起始段及髂内外动脉闭塞；B. 加硬导丝顺利通过闭塞段，采用 6mm×100mm 球囊扩张髂动脉闭塞段；C. 植入两枚支架（EV3，USA）后，髂总及髂外动脉血流通畅

2. 股腘动脉病变　对于股总动脉、股深动脉、股浅动脉近 / 中 / 远段及腘动脉病变都可以选择对侧逆行股总动脉穿刺入路，可以作为股腘动脉病变介入治疗的标准入路选择。其他入路途径包括：同侧股总动脉顺行穿刺入路、同侧股浅动脉远端逆行穿刺入路、腘动脉逆行穿刺入路、胫前动脉、胫后及腓动脉入路等。术前应清楚评定是狭窄性病变还是闭塞性病变、是血栓性病变还是硬化闭塞性病变、是严重钙化性病变还是硬化较轻的病变，以及近端是否有粗大的分支，闭塞段是否有侧支存在、严重钙化的位置、原始病变的位置等。股浅动脉球囊扩张支架成形术更适用于慢性硬化闭塞性病变。对于一般的狭窄性病变通常应用 0.035 英寸泥鳅导丝，对于完全闭塞性病变（completely total occlusion，CTO）需要有良好通过性能的导丝，通常使用 0.018 英寸的 V18 导丝（Boston scientific，USA）。对于内膜下成形时，尤其是内膜下导丝因严重钙化而无法通过时，0.035 英寸加硬弯头 Terumo 导丝是最好选择。导丝通过 CTO 病变时的主要步骤包括：①突破纤维帽，纤维帽是慢性闭塞性病变起始部位表面坚硬的部分；②导丝导管在血管腔或内膜下潜行；③导丝进入远端动脉腔。球囊扩张术是股腘动脉病变介入治疗的基本技术，球囊导管直径和长度的选择依据参考血管的直径和病变程度。直径以大于参考血管直径 0.5～1mm 为宜，股腘动脉常用的球囊直径在 4～6mm 左右，球囊充盈压力通常在 8～10atm，但在严重钙化的病例中，由于不能一次扩张成功，可以选择较短的高压球囊对残余狭窄部位再扩张，其充盈压力可高达 16～18atm。一次或分次扩张的范围应超出闭塞段 5mm 左右。每次球囊充盈加压的持续时间至少 30 秒。股腘动脉支架植入适应证包括：球囊扩张后形成影响血流的夹层；残余狭窄超过 30% 或残余压力梯度超过 15mmHg 等（图 8-4-2）。一般认为自膨式镍钛合金支架较球扩式支架有更好的远期通畅率，有时可用自膨式覆膜支架。

3. 膝下动脉病变　膝下动脉病变是指腘动脉病变以下的胫腓干动脉、胫前动脉、胫后动脉和腓动脉中任何一支、两支或两支以上动脉管腔因各种原因变细甚至闭塞而引起小腿或足部缺血症状的一类病。其特点是血管细小、病变广泛、常伴随糖尿病和容易出现严重的肢体缺血。同侧股总动脉顺行穿刺入路是介入治疗膝下动脉病变最常用的途径。对于难以经近端通过导丝的病变，如果足背、胫后和腓动脉管腔好，可以尝试闭塞以远动

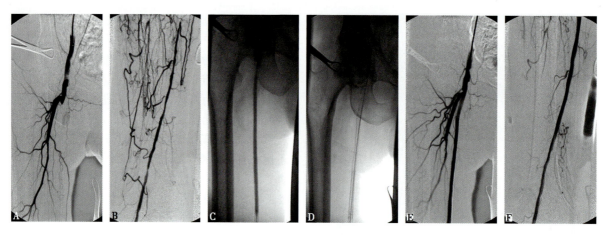

图 8-4-2　右侧股浅动脉闭塞行球囊扩张 + 支架植入术

A. 右侧股浅动脉近、中段闭塞；B. 导丝顺利通过闭塞段，植入两枚自膨式裸支架（EV3，USA），5mm×150mm 球囊后扩张；C～F. 右侧股浅动脉形态良好，血流通畅，股深动脉血流未受影响

脉逆行穿刺开通。膝下动脉病变介入治疗过程中需要注意的要点：①获得良好的图像，4F 的长鞘始终位于腘动脉水平，经长鞘造影观察所以膝下动脉及其侧支情况；在保证图像质量的情况下对比剂浓度尽可能低，并在注射后使用肝素盐水冲洗，降低对比剂对毛细血管的影响；多个 X 线投照角度区分膝下三条血管；对需要关注的部分应放大图像；必要时使用硝酸甘油及罂粟碱等血管扩张药。②对于狭窄性病变，0.014 英寸的 BMW 导丝是首选，对于 CTO 病变必须使用 CTO 导丝，如 Palot 和 PT2 等，配合 DEEP 球囊（Medtronic）和 Savy 球囊（Cordis）。③导丝通过膝下 CTO 病变是同样有经真腔和内膜下两种形式，闭塞病变特征、导丝的选择及术者的技巧是导丝能否真腔通过闭塞段的关键（图 8-4-3）。内膜下成型是膝下病变常遇到的情况，当导丝无法返回真腔，此时需要穿刺足部动脉逆行操作完成导丝通过。

为了进一步提高介入治疗效果，介入治疗后的相关后续治疗也是保证治疗效果的重要因素。2007 年第 2 版泛大西洋协作组（Transatlantic Inter-Society Consensus，TASC Ⅱ）建议：抗血小板治疗应在术前开始并持续至腔内或开放手术之后，若无抗血小板治疗的禁忌证，应终身服用抗血小板药物。另外，纠正既有的 ASO 危险因素如糖尿病、吸烟、慢性肾病、高血压、高血脂、炎症等，也是提高 ASO 腔内治疗效果的重要措施。

（三）适应证

下肢出现静息痛和肢端组织缺血坏死等严重肢体缺血表现是介入手术的绝对适应证；间歇性跛行是相对介入治疗适应证，如间歇性跛行严重影响生活和工作或患者要求较高生活和工作质量，根据患者的意愿，可考虑介入手术。

球囊扩张成形术的适应证主要包括：髂动脉局限性、中心型狭窄；跨关节动脉狭窄或闭塞；长段股浅动脉狭窄；膝下动脉狭窄。

支架植入的适应证主要包括：髂股动脉球囊导管成形术后残余狭窄 >30%；髂股动脉球囊成形术发生急性闭塞（内膜撕脱）；髂动脉长段狭窄或闭塞；有钙化的病变；伴有溃疡或动脉瘤，需覆膜支架植入。

（四）禁忌证

1. 动脉炎活动期。

2. 缺血肢体坏死已丧失血管重建时机。

3. 重要器官功能衰弱，严重凝血机制障碍，患者情况难以耐受手术治疗。

4. 孕妇（不能承受 X 线者）。

5. 严重的肾功能不全（已透析者除外）或造影剂过敏者不推荐腔内治疗。

（五）疗效分析

技术成功判断标准：导丝通过病变段血管并成功行经皮腔内球囊扩张术或植入支架，下肢狭窄或闭塞动脉经开通术后血管残余狭窄率 <30%；对于膝以下 3 支动脉闭塞者，术后至少开通其中 1 条闭塞血管，且开通术后血管残余狭窄率 <30%。疗效评价：治愈：间歇性跛行、静息痛基本消失或溃疡坏疽完全愈合；好转：间歇性跛行、静息痛明显缓解，溃疡坏疽愈合 50% 以上；无效：间歇性跛行、静息痛略有改善，但未达到好转标准，或较术前更差。

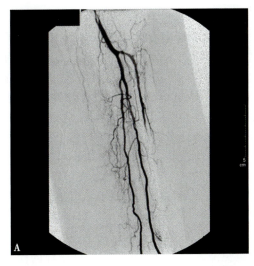

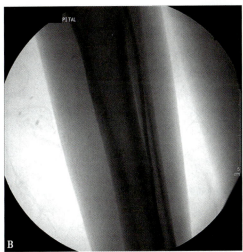

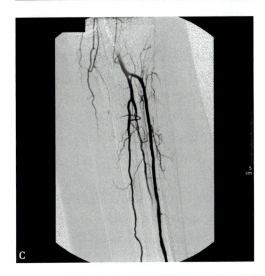

图 8-4-3　左侧胫前动脉闭塞行球囊扩张介入治疗

A. 左侧胫前动脉中、远段闭塞；B. PT2 导丝顺利通过闭塞段，顺入 Deep 球囊导管（2.5mm×150mm），充盈球囊；C. 左侧胫前动脉显影良好，血流通畅

（六）回顾与展望

1. 介入治疗在下肢动脉硬化闭塞性症中的优势　下肢 ASO 是老年人常见疾病，且下肢动脉疾病只是全身动脉硬化性病变中的一部分，所以患者常合并心脑血管疾病、糖尿病、高血压病等慢性疾病，为治疗带来较高的风险。下肢介入治疗能有效改善 ASO 患者下肢血供，缓解症状，降低截肢率，死亡率，而且介入治疗具有创伤小、可重复治疗、并发症少等优点，目前介入治疗正逐渐取代血管旁路术，成为 ASO 的主要治疗方法，无论是对原发病变还是术后再闭塞。

2. 目前用于下肢动脉硬化闭塞症介入治疗的不同技术和方法　介入治疗技术和器械的不断发展使得介入治疗的技术成功率和中远期疗效也在不断提高。目前治疗下肢 ASO 的血管介入技术较多，如经皮球囊扩张成形术、支架植入、斑块切除术、激光成形术、切割球囊、药涂球囊、冷冻球囊以及用药物溶栓治疗或血栓切除术等。对于主 - 髂动脉病变，TASC A-C 级病变推荐首选介入治疗。当 TASC D 级病变合并严重的内科疾病或存在其他手术禁忌时也可以选择介入治疗。对于股 - 腘动脉 TASC A-C 级病变应将介入治疗作为首选治疗方式；当 TASC D 级病变合并严重的内科疾病或存在其他手术禁忌时也可以选择介入治疗，球囊扩张成形术是最常用的介入治疗方法。覆膜支架可以作为复杂股浅动脉病变治疗的一个选择。在治疗股 - 腘动脉病变时，药物涂层球囊较普通球囊具有更高的近期通畅率。激光成形和斑块切除技术等亦是股 - 腘动脉病变介入治疗的选择。对于膝下动脉病变，保肢是是介入治疗的最主要目的。当需要重建膝下动脉以下血运时，介入治疗应作为首选治疗方案，球囊扩张是首选治疗方法。不推荐常规支架植入治疗，支架植入可以作为球囊扩张成形术效果不满意或失败后（如压力差持续存在、残余狭窄 >50% 或发生影响血流的夹层）的补救治疗方法。激光成形和斑块切除技术等可作为腘动脉以下病变介入治疗的选择。

3. 不足及未来发展趋势　血管成形和支架植入在下肢 ASO 治疗取得了良好的近期疗效，但面临的最大问题，仍是血管成形后回缩和支架植入术后内膜过度增生造成支架再狭窄、支架断裂等，远期通畅率受到影响。针对这一问题，药物洗脱球囊、药物洗脱支架及生物可降解支架等新产品研究正在进行，这些技术具有巨大发展潜力，初步实验和临床研究已取得令人满意的效果。利用普通球囊、特殊球囊、斑块切除、祛栓等手段进行良好的血管准备加上药涂球囊，必要时植入补救覆膜支架，这一治疗模式将是今后一个时期内主流的治疗方式。尽量少放支架是一种理想境界，但由于弹性回缩和限流性夹层的存在，支架还是一种不可缺少的补救工具，要使用支架就应该选择最适合的支架；同时亦需要规范ASO的血管介入治疗，严格把握适应证，结合具体病变情况，选择合适的器材和技术进行介入治疗。总之，随着介入医师经验的积累、技术的进步以及器材的革新，介入治疗不仅是治疗ASO的首选方法，而且其适应证也在不断地拓展，TASC分级已经不能作为选择治疗方式的主要依据。对于不同平面血管病变治疗方式的选择更应遵循个体化治疗，个体化原则不仅体现在针对患者全身状况、伴随疾病以及病变特点的评估，同时也要评估介入医师手术操作能力、对器材掌握和理解的程度、相关治疗的经验等因素，这样才能够提高治疗的成功率和远期通畅率，有效地降低死亡率和并发症发生率。

二、下肢动脉假性动脉瘤

下肢动脉假性动脉瘤（pseudoaneurysm, PSA）：指下肢动脉管壁被撕裂或穿破，血液自此破口流出而被动脉邻近的组织包裹而形成血肿，多由于创伤所致。

（一）病因病理

PSA形成原因多与外伤和手术创伤有关。少数可在外伤后即时发生。多数在外伤后数天至一个月内发生。迟发的原因可能是外伤后动脉壁受损，动脉压力持续作用于受伤的动脉壁，使其难以修复，并不断变得薄弱，导致最终破裂形成假性动脉瘤。

（二）临床表现

1. 局部症状 外伤后出现逐渐增大的搏动性肿块，可伴有局部胀痛及跳痛。并发感染时可呈持续性剧痛、发热。病变位于关节部位的可出现肢体活动受限。

2. 供血区的缺血及栓塞症状 假性动脉瘤形成后可产生相应供血血管的阻塞症状。下肢动脉瘤可引起相应肢体的缺血，表现为患肢皮温降低、皮肤苍白、远端动脉搏动消失或减弱、趾端出现溃疡及坏死。

3. 压迫症状 假性动脉瘤压迫邻近器官可产生相应症状。压迫神经可引起肢体麻木、疼痛、放射痛、感觉异常及轻瘫；压迫静脉可引起回流障碍。

（三）介入治疗方法

1. 经导管栓塞治疗 PSA栓塞治疗的目的是栓塞病变血管，闭塞瘤腔，控制或预防出血。血管内栓塞术有3种方法：①"三明治"法，即分别栓塞动脉瘤的近侧动脉和远侧动脉；②填塞法，即用栓塞材料将动脉瘤腔填满，同时栓塞动脉瘤近端载瘤动脉。此种方法尤其适用于终末型动脉PSA的治疗；③对于髂内动脉及股深动脉等存在丰富的侧支循环的动脉瘤，若因各种原因导管无法到达靶部位。除了将动脉瘤的近侧动脉和远侧动脉完全闭塞，则必须将周围潜在的侧支动脉彻底栓塞，亦达到治疗目的。在栓塞剂的选择上应选用固态栓塞剂，避免液态栓塞剂对正常组织微循环的栓塞而产生并发症。PVA、明胶海绵颗粒、丝线可栓塞细小动脉，而弹簧钢圈可用于直径较大血管的栓塞。弹簧钢圈、PVA及明胶海绵应为首选栓塞剂。对于载瘤动脉较为粗大的PSA，单纯的明胶海绵或PSA栓塞可被高速的血流冲出血管外，或暂时栓塞成功后，血压升高而被冲出血管外，达不到止血的效果，此时应选用大小合适的弹簧钢圈，弹簧钢圈可停留于较大的血管内，既能减缓血流，促进血栓形成，又可保护远端的明胶海绵不被血流冲走，达到完全栓塞的目的。导管应尽可能接近PSA破口，必要时使用微导管，但必须注意选择与靶血管相匹配的弹簧钢圈。栓塞假性动脉瘤瘤体是没有必要的，主要栓塞病灶的远端和近端血管即可，弹簧圈可跨过病灶，从其远端血管向近端逐一释放（图8-4-4）。

2. 覆膜支架隔绝瘤腔 覆膜支架应用于下肢较少，主要应用于髂动脉、股浅动脉及腘动脉等需要保护载瘤动脉远端血供的血管（图8-4-5）。使用覆膜支架治疗下肢假性动脉需要注意的是：①支架植入前充分评估，选择合适长度和大小的支架，预防Ⅱ型内漏。②对于髂动脉瘤的治疗，覆膜支架腔内隔绝术是首选治疗方法，但需预防髂内动脉反流内漏。如果髂总、髂外动脉瘤累及髂内动脉开口，需在支架植入前封闭髂内动脉。③覆膜支架植入时需要注意尽量避免封闭正常血管分支或充分评估封闭后的风险植入后通常需长期抗血小板治疗，并进行影像学随访。

3. 超声造影引导下经皮注射凝血酶原 主要应用于股动脉及股深动脉PSA的治疗。彩色多普勒超声可以清晰显示瘤腔、瘤颈的大小，易于判断与瘤颈相连的载瘤动脉。根据超声造影所示瘤颈的尺寸及位置，确定探头及手指按压的部位，证实

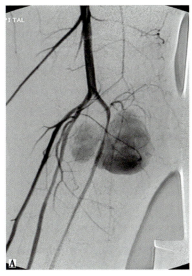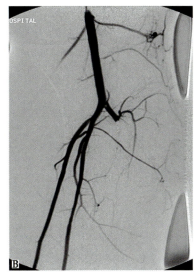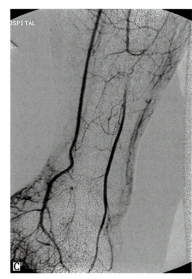

图 8-4-4　左胫前动脉假性动脉瘤介入栓塞治疗

A. 左侧胫前动脉上段假性动脉瘤；B. 采用"三明治"法予以弹簧圈栓塞载瘤动脉，复查造影动脉瘤未见显示；C. 膝下动脉远段分支通畅

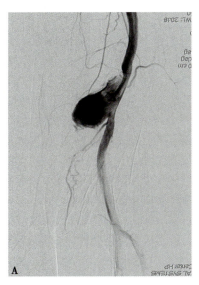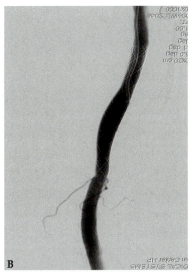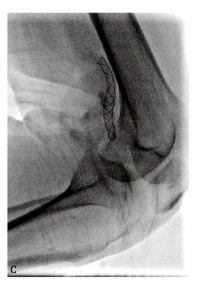

图 8-4-5　股动脉下段假性动脉瘤覆膜支架隔绝治疗

A. 股动脉下段假性动脉瘤，瘤颈宽大；B. 覆膜支架贴附，再次造影显示瘤腔完全隔离；C. 屈膝支架无折叠

瘤颈处确无造影剂充盈后再进行凝血酶原注射，可以提高治疗的安全性。在按压过程中应用超声造影技术实时观察瘤腔内造影剂的充盈情况，解除压迫前超声造影再次确认瘤腔内确无造影剂充盈，术后复发率低。值得注意的是该方法可能引起较严重的并发症为凝血酶原进入远端循环，引起远端肢体动脉栓塞，发生率约 2%。

（四）适应证

适合于不同创伤原因引起的下肢动脉假性动脉瘤。

（五）禁忌证

1. 对造影剂过敏者。

2. 严重高血压，舒张压大于 110mmHg（14.66kPa）者。

3. 严重肝、肾功能损害者。

4. 近期有心肌梗死和严重心肌疾患、心力衰竭及心律不齐者。

5. 甲状腺机能亢进及糖尿病未控制者。

（六）疗效分析

介入治疗成功标准：PSA 栓塞良好，载瘤动脉封闭，瘤体内未见对比剂充盈，主干保留，远端肢体血流通畅，无相应肢体症状。

（七）回顾与展望

下肢血管假性动脉瘤的介入治疗技术有多种，栓塞材料更是种类繁多，合理选择介入治疗技术及栓塞材料是取得良好治疗效果的关键，相信随着介入技术不断完善，栓塞材料更多样化，血管内介入治疗应成为治疗下肢假性动脉瘤的首选方法，无论是介入栓塞还是覆膜支架瘤腔隔绝均为安全有效、创伤小、并发症少，行之有效的治疗方法。

（王　维）

第五节　肠缺血性肠病

缺血性肠病指各种原因引起的肠道急性或慢性血流灌注不足或回流受阻所致的肠壁缺血、坏死和肠管功能障碍的一种综合征。随着社会老龄化加剧及与动脉硬化相关的疾病发病率逐渐增加，近年来缺血性肠病的患病率逐渐增加。缺血性肠病的常见症状多为腹痛、便血，其特点是起病较急，早期诊断困难，预后常较差，且病死率较高。

根据病因及临床表现，缺血性肠病可分为肠系膜上动脉（superior mesenteric artery，SMA）梗阻（血栓形成或继发栓塞）、肠系膜上动脉痉挛（亦称非梗阻性肠缺血 NOMI）、肠系膜静脉血栓形成与其他原因导致的肠系膜缺血。其他原因导致的肠系膜缺血多见于动脉硬化闭塞累及腹腔动脉（celiac artery，CA）、肠系膜上动脉（superior mesenteric artery，SMA）、肠系膜下动脉（inferior mesenteric artery，IMA），以及外压因素，如膈肌中脚综合征、肿瘤压迫等，也可导致肠系膜血管缺血。其中，肠系膜上动脉梗阻约占发病率 75%（继发栓塞 50%，血栓形成 25%），肠系膜静脉血栓形成约占发病率 15%，其余占发病率 10%。由于缺乏特异性的临床表现和生化指标，目前影像学检查仍是确诊的主要方法。MDCT、CTA、MRA、多普勒血流成像等无创影像诊断技术的发展，缺血性肠病早期诊断成为可能。

病理解剖及病理生理：肠系膜血管栓塞、血栓形成、收缩狭窄、肠系膜静脉血栓形成、慢性缺血等原因导致的肠系膜血管闭塞或非闭塞性缺血，最终的预后取决于：①全身循环系统状况；②血管受累程度；③受累血管数量和口径；④血管床对血流减少的反应；⑤侧支循环状况；⑥缺血持续时间；⑦受累肠段代谢情况。短暂的轻度缺血可引起肠管黏膜损害，恢复血流后约两周可愈合。中度缺血深及肠壁肌层，治愈后可形成瘢痕性狭窄。重度缺血则导致肠壁全层坏死，呈现不可逆性变化。动脉性缺血，肠壁坏死进程较快。静脉血栓形成时肠壁血流回流受阻，首先肠壁充血、出血，继而动脉栓塞、肠管坏死，病程进展较动脉缺血相对缓慢，肠壁坏死出血，腹水则呈血性。

缺血性肠病的治疗包括一般治疗、介入治疗与外科治疗。一般治疗包括：补足血容量、纠正酸中毒、酌情给予抗生素、做胃肠减压。介入治疗包括：经导管灌注血管扩张药物、经导管溶栓、介入取栓、血管成形（PTA）与血管内支架植入（PTAS），随着介入治疗技术与器械的发展，介入治疗在缺血性肠病的临床治疗中扮演着越来越重要的角色。一般治疗与介入治疗疗效不佳、肠管坏死的患者需要外科治疗。

一、肠系膜上动脉梗阻（血栓形成或继发栓塞）

肠系膜上动脉梗阻是肠缺血最常见的原因，可由于栓子栓塞和动脉血栓形成。

1. 病因与病理　多数栓子来源于心脏，来自风湿性心脏病与心房纤颤的左心房，心肌梗死后形成附壁血栓，心内膜炎，瓣膜疾病或瓣膜置换术后。栓子通常堵塞在肠系膜上动脉血管狭窄处，一般栓子多位于结肠中动脉远侧和回结肠动脉近侧之间。急性 SMA 血栓形成几乎都发生在 SMA 开口后有动脉硬化性狭窄处，多发生于 60 岁以上有动脉硬化的患者，由于腹主动脉粥样硬化累及 SMA 起始段，使该段动脉内膜形成粥样硬化斑块，表面粗糙隆起、管腔狭窄、血流量逐渐减少乃至血栓形成完全闭塞管腔。

2. 临床表现和诊断　SMA 栓塞或血栓形成都造成肠管缺血，大多数临床表现相同。有心房纤颤、风心病、心内膜炎等心脏病史、多数 SMA 栓塞的患者，过去常有外周动脉栓塞或脑梗死的病史；血栓形成的患者多数年龄较大，伴广泛动脉粥样硬化，并有冠心病、心梗、脑动脉或外周动脉缺血表现。

最初症状是剧烈的腹部绞痛，一般药物难以缓解，腹痛部位根据肠管缺血节段而不同，开始由肠痉挛所致，若发生肠坏死、疼痛较为持续，多数患者伴频繁呕吐，呕吐物为血水样，部分患者有腹泻，排出暗红色血便。患者早期症状明显、严重，但腹部体征与症状不相称，是急性肠缺血的一个特征。开始时腹软，无腹胀，轻压痛，肠鸣音存在，其后腹部逐渐膨胀，压痛明显，肠鸣音消失，继而出现腹膜刺激征，说明有肠坏死，实验室检查可见白细胞计数大于 $15 \times 10^9/L$ 并有代谢性酸中毒表现，但这些指标无特异性，不能确诊。影像学腹平片早期多无异常。CT 扫描对发现肠管扩张、气液平面、肠壁增厚、肠系膜水肿、腹腔积液较敏感，但特异性较差。多普勒血流成像对内脏血管闭塞或重度狭窄有很高特异性，但不能发现 SMA 远端栓塞。MRA 能发现肠系膜上动脉严重狭窄或闭塞，但 MRA 检查时间长、症状明显患者难以配合。CTA 检查可发现肠系膜上动脉狭窄或闭塞，且可以评估血栓及闭塞的范围，为目前重要的检查手段。腹主动脉造影及选择性 SMA 造影，不但能帮助诊断还可鉴别动脉栓塞、血栓形成、血管痉挛。动脉栓塞多在结肠中动脉开口处，造影剂在肠系膜上动脉开口以下 3~8cm 处突然中断。血栓形成往往在 SMA 开口处距主动脉 3cm 以内，出现血管影中断。小栓子则表现 SMA 分支有闭塞现象。

3. 治疗　肠系膜缺血患者的早期诊断较为困难，当明确诊断时，缺血时间已长，同时患者多有较严重的心脏病，给治疗带来更多风险。多数主张采用积极的介入治疗或手术治疗。早期选择性肠系膜血管造影是 AMI 治疗成功的关键。抗凝用于治疗动脉源性 AMI 一直存有争议，普遍赞同抗凝可防止血栓进展或术后再出现血栓，但对抗凝最佳治疗时间一直存在争议：诊断明确后立即抗凝（可能增加早期胃肠道出血或术后出血风险）还是诊断 48 小时后进行。

（1）介入治疗：对于缺血性肠病患者，在发生肠管坏死之前，可采取介入治疗。

1）经导管动脉内灌注血管扩张药（如罂粟碱）能解除肠系膜血管痉挛，降低侧支循环血流速度，提高缺血段肠管的活力。动脉内灌注罂粟碱可作为综合治疗的一部分，用于患者术前、术中、术后治疗。持续灌注罂粟碱并发症少见，动脉内灌注一般不超过一周。

2）溶栓：经导管动脉内灌注溶栓剂（尿激酶、r-TPA 等）。在发病 12 小时内，当血管未完全闭塞，血栓位于肠系膜上动脉远端，经导管内灌注溶栓剂容易取得成功。

3）取栓：经导管取栓可用于有溶栓禁忌证或溶栓效果不佳患者，也可单独使用。

4）血管成形术（PTA）及支架植入术（PTS）：PTA\PTS 已广泛用于慢性缺血性肠病（CMI）治疗，疗效确切、有效。PTA\PTS 用于急性缺血性肠病

（AMI），治疗已有成功报道。血管内操作主要并发症是血栓脱落栓塞远端血管，血管内溶栓治疗也能增加远端栓塞危险性，因此支架植入前最小限度预扩张或无扩张将是安全的，球囊扩张式支架易于通过狭窄段、低截面自膨式支架也是安全的。

（2）手术治疗：对于介入治疗疗效不理想的患者，则需行手术治疗。手术治疗适用于①栓塞患者：介入治疗效果不理想，因而采用手术取栓。②血栓患者：a. 血管旁路手术：采用一段自体大隐静脉或人造血管，行肠系膜上动脉主干至肾动脉水平以下腹主动脉壁搭桥。b. 血栓动脉内膜剥脱术：切开肠系膜上动脉根部清除血栓并行内膜剥脱术，因解剖部位深，手术操作困难，术后容易继发血栓，目前应用不多。③切除坏死肠管。如对未切除肠管是否坏死不能肯定，可行二次手术，二次手术在 12~24 小时内进行。

二、肠系膜上动脉痉挛

亦称非闭塞性肠缺血 NOMI，缺血性病变的患者中，20%~30% 动脉或静脉主干上未发现有明显的阻塞。

1. 病因及病理　非闭塞性肠系膜血管缺血是继发于心排血量减少、血容量降低、脱水、低血压或应用血管加压剂之后，由于肠系膜血管的持续性收缩和血流量锐减而引起的肠管缺血。当血管内流体静力压小于血管壁张力时，血管即塌陷，黏膜下层形成短路，绒毛顶部出现缺氧、坏死，继而累及黏膜及肠壁的深层。目前认为肾素 - 血管紧张素轴与血管加压素以及再灌注损伤是非闭塞性急性肠缺血重要病理生理改变。

2. 临床表现及诊断　在原发病基础上突发上腹部或脐周持续性剧痛，伴有阵发性加重、呕吐、腹泻。病情迅速恶化，随即出现腹胀、腹肌紧张、腹膜刺激征、肠鸣音减弱或消失，实验室检查白细胞计数增高、血 CO_2 结合力下降。本病和肠系膜血管栓塞、血栓形成十分相似，早期症状和体征不符，后期呈肠绞窄征象。唯一可靠的诊断措施是选择性肠系膜上动脉造影。其特征影像是：① SMA 多数分支起始部狭窄；②肠血管形态不规则；③血管弓痉挛症；④肠壁内血管充盈不佳。

3. 治疗

（1）积极恢复有效血容量、纠正低心排出量及休克。再灌注损伤的治疗，包括胃肠减压，输氧，适量抗生素。

（2）介入治疗：一旦确诊为 NOMI 缺血，尽快

开始动脉灌注扩血管药治疗。灌注血管扩张剂有罂粟碱、妥拉苏林、胰高血糖素、前列腺素。罂粟碱、前列腺素是最常用的血管扩张剂，当患者对血管扩张药无反应或血浆生化监测提示肠坏死或腹膜炎，则需开腹手术。血管扩张剂灌注持续到血管痉挛缓解，有报道灌注最长达 5 天的病例，重复血管造影在首次剂量后，如无进展，可 24 小时复查。如诊断及时，无腹膜刺激征者，一般不需要手术治疗，若腹膜刺激征明显时，仍需剖腹探查，以切除坏死的肠段。选择性肠系膜血管造影、持续罂粟碱灌注是安全、快速、有效的诊断和治疗方法，可减少剖腹探查。

三、肠系膜静脉血栓形成

1. 病因　MVT 的病因较复杂，可分为继发性和原发性两种，继发性多见。继发性因素包括①门脉压力增高致肠系膜上静脉血液淤滞，易形成血栓；②腹腔炎症性疾病：包括急性阑尾炎、小肠炎性病变、急性胰腺炎、空腔脏器穿孔、腹腔盆腔脓肿；③血液高凝状态：腹部肿瘤、真性红细胞增多症、血小板增多症、妊娠、口服避孕药等；④腹部手术后及外伤。原发性因素与先天性凝血功能障碍有关，遗传性的高凝血状态如蛋白 C、蛋白 S 或抗凝血酶Ⅲ缺乏等。

2. 病理学　MVT 大多发生在肠系膜上静脉所属分支内，血栓常起始于肠系膜静脉的弓状分支，沿弓状分支往前发展，当直小静脉及肠壁下静脉内有血栓形成时，可引起小肠的出血性梗阻。MVT 所致肠梗阻常呈节段性。病理检查发现肠黏膜有出血和局限性坏死，黏膜下充血、水肿、肠壁增厚、肠腔中充满黑色液体。

3. 临床表现　临床表现与体征缺乏特异性。起病可以呈急性、亚急性或慢性。腹痛是患者最早出现的症状，呈间歇性绞痛性质，但不剧烈。腹痛范围可为局限性或全腹性。大部分患者在入院前已有较长时间的腹痛史，少则数天，多则一个多月。其他症状包括恶心、呕吐，部分患者有腹泻、便血或隐血试验阳性。腹痛程度与腹部体征不相称是许多患者共同的临床表现。多数患者有腹胀及腹部压痛，压痛的部位随病变的位置及其范围大小而定。

4. 辅助检查及诊断　X 线腹部平片表现为正常或有非特异性肠梗阻表现。CT 可显示肠系膜静脉内血栓、肠壁增厚、侧支循环、腹水。血管造影用于 MVT 诊断，经肠系膜上动脉间接门静脉造影，可见肠系膜动脉痉挛，系膜内小静脉伸长，在静脉相时，肠系膜静脉的分支不显影，毛细血管显影浓度比平常增加，时间延长，在静脉内可见血栓充盈缺损影。MRV 表现为肠系膜静脉内低信号的充盈缺损，并可见血栓周边通过的血流的高信号。彩超可显示增厚肠壁及血管内栓塞物，还可观察血管腔狭窄甚至闭塞产生的血流阻力指数增高和局部血流减少。

5. 治疗

（1）一般治疗：许多因其他原因行腹部 CT 扫描或彩色多普勒扫描发现肠系膜静脉血栓，对无症状患者，可以不治疗，也可行短期抗凝治疗。对于有症状的肠系膜静脉血栓患者，治疗取决于是否有腹膜炎症状。早期处理包括充分补液，恢复有效循环血容量，纠正水、电解质紊乱与酸碱失衡，给予胃肠减压，应用抗生素等，同时积极治疗诱发因素。无腹膜炎症状患者，应接受抗凝治疗：主要为肝素 5000～7000 单位，每 8 小时一次，连续用 7～10 天，将凝血酶原时间维持在正常的 2～3 倍。溶栓采用尿激酶，常规用量 25 万单位，每日 2 次，静脉滴注。随后仔细临床观察。

（2）介入治疗：介入治疗包括经肠系膜动脉局部灌注药物治疗、经皮经肝门静脉肠系膜静脉溶栓治疗与经颈静脉经肝穿刺门静脉溶栓治疗。

经肠系膜上动脉途径：经肠系膜上动脉注入尿激酶进行持续溶栓，还可经导管注入血管扩张药物，缓解动脉痉挛，同时可通过造影观察血栓的溶解情况来调节药物的剂量。经肠系膜动脉溶栓适用于血栓形成尚在早期、且血栓的范围相对局限的患者。经皮经肝（或经颈静脉经肝）肠系膜静脉取栓溶栓联合经肠系膜上动脉灌注罂粟碱治疗 MVT 安全有效，可降低病死率。

经皮经肝门静脉肠系膜静脉途径：可选用多侧孔的溶栓导管，穿过血栓，采用"脉冲 - 喷射"药物溶栓技术，将溶栓药物短暂、重复、小剂量高压注入血栓内。尿激酶是首选的溶栓药物，同时给予肝素可增强溶栓药物的效用。

经 TIPSS 途径：优点包括抽吸血栓较经皮经肝穿刺方法便利；穿刺道不经过腹腔，适用于存在腹水及凝血功能障碍者；可用机械性方法清除血栓（如捣碎、抽吸）、球囊扩张、支架植入等，使其在短时间内开通阻塞、恢复血流。

（3）外科治疗：对有腹膜炎症状患者，需行开腹探查，切除坏死肠段，术后立即抗凝；如大部分或全部小肠坏死，切除将致短肠综合征，需全胃肠外营养。部分病例可行肠系膜静脉血栓清除术。

四、肠系膜上动脉夹层

系内膜局部撕裂,动脉腔内的血液渗入动脉壁中层与外层之间形成夹层血肿,沿动脉壁延伸剥离导致血管严重损害的一种较少见的血管急症。夹层因动脉内膜的撕裂、主干血管的狭窄甚至闭塞及继发血栓的形成,导致肠道缺血甚至坏死,重则危及生命。

1. 病理及病因　该病病因尚不清楚,可能的原因包括高血压、血管炎、动脉囊性中层坏死、肌纤维发育不良和动脉硬化等;夹层发病部位多位于 SMA 近心端距起始部几厘米之内,Solis 推测夹层可能是由于 SMA 在胰腺下缘处受压形成切应力造成的,此处 SMA 由固定转移为游离状态。

2. 临床表现　首发症状多为突发性中上腹持续性疼痛中至重度,脐周痛常见,部分向背部等处放射,无腹膜刺激征,病情进展迅速。

（1）体格检查:腹部听诊有时可以听到上腹部杂音,但大多数患者无明显异常体征。

（2）实验室检查:血常规及生化检查无特异改变。

（3）影像学检查及诊断:腹部增强 CT 是诊断该疾病的首选方法,可显示病变的真、假腔,有无瘤样扩张、累及的范围、病变的分型,还可观察到急性肠缺血的表现,如肠管壁有无增强、有无系膜水肿;动脉造影仍然是诊断该疾病的金标准,在显示真腔血流和假腔堵塞 SMA 分支血运方面是 CT 所不能比拟的。

根据 Sakamoto 影像学分型,SISMAD 分为 4 型:

Ⅰ型　夹层假腔内血流通畅,内膜存在近远 2 个破口;

Ⅱ型　夹层假腔呈囊性,血流通畅,内膜只存在 1 个破口;

Ⅲ型　假腔内血栓形成,动脉内膜存在 1 个或多个溃疡样破口;

Ⅳ型　假腔内完全血栓形成,动脉壁上没有溃疡样破口。

3. 治疗　SISMAD 尚无治疗规范,目前其治疗包括:一般治疗、介入治疗、手术治疗。

（1）一般治疗:主要是禁食水、液体支持及血压控制,密切观察病情变化及对症止痛处理,抗凝治疗十分必要,一般使用低分子肝素或华法林,也有应用抗血小板治疗者,避免肠系膜上动脉主干真腔及分支动脉继发血栓形成。对于保守治疗效果不

理想的患者,多数研究者推荐首选腔内治疗。

（2）介入治疗:有成为治疗该疾病首选的趋势。腔内治疗目的在于隔绝假腔、修复血管壁和保持真腔通畅。国内有文献报道采用覆膜支架腔内隔绝术治疗肠系膜上动脉瘤。但覆膜支架本身及输送器顺应性较差,在肠系膜上动脉很难准确定位及释放,应用受到限制。Leung 等最早采用裸支架植入治疗 SMAD,近年来陆续有多篇文献总结报道了此技术的临床应用以及随访取得的良好疗效。

介入治疗方法主要是股动脉入路,完成腹主动脉及肠系膜上动脉 DSA 造影,明确夹层动脉瘤大小、累及范围及该段肠系膜上动脉直径等。选取最佳工作角度后对 5FMPA125（cm）导管及 8F MPD 导引导管头端"J"行塑形,并利用同轴导管技术将 FMPA125（cm）导管头端稳定置入肠系膜上动脉远端较大分支血管内,经微导管置入 PT2 导丝（0.014 英寸 300cm,Boston 公司）用于实施裸支架植入术。术中根据病情选择单纯支架植入术或支架植入术联合动脉瘤弹簧圈栓塞术。支架选用自膨式支架,弹簧圈选择水解脱弹簧。

1）裸支架植入:支架支撑肠系膜上动脉真腔、缩小假腔、恢复远端肠道供血、固定撕裂的血管内膜避免假腔扩张和破裂。

采用双支架重叠技术,沿 PT2 导丝于载瘤动脉植入 2 枚支架,使支架重叠部分定位于夹层动脉瘤破口处及夹层病变段。

2）裸支架植入 + 弹簧圈栓塞:适合夹层动脉瘤范围较大者。

PT2 导丝到位后先固定保留,之后对 2.8F Progreat 微导管进行头端预塑形,再经导引导管送入,路图指引下将微导管头端通过夹层破口进入假腔内,经微导管填入弹簧圈,弹簧圈盘曲成形后再沿 PT2 导丝于载瘤动脉植入支架,使支架中段覆盖夹层动脉瘤破口处,最后解脱弹簧圈完成动脉瘤腔的栓塞。

3）覆膜支架置入:适合瘘口较大及夹层动脉瘤局限周围无重要分支血管者。

上述方法治疗后均即刻行造影复查进行评估。术后常规抗凝治疗（低分子肝素钙 4000U,皮下注射,1 次 /12 小时）3～5d,抗血小板治疗（氯吡格雷 75mg + 肠溶阿司匹林 100mg,口服,1 次 / 天）6 个月。术后密切观察患者病情变化,腹痛症状缓解后可逐步恢复普通饮食,限制体力劳动及剧烈运动。

对于解剖条件不适合或有肠坏死或夹层破裂迹象的患者,才推荐开放手术。

（3）手术治疗:常用术式包括:主要针对急性期

动脉瘤破裂出血和（或）肠管缺血坏死，措施包括动脉瘤切除联合肠系膜上动脉重建术、主动脉－肠系膜上动脉旁路移植术、动脉瘤内膜切除术联合血管修复补片成形术、单纯肠切除术、胃网膜动脉－肠系膜上动脉旁路移植术以及取栓术等。

方案选择：目前最佳的治疗方案是：当诊断明确、肠系膜血运没有受到夹层严重影响、无腹膜炎征象时，应先给予保守治疗，如 SISMAD Ⅰ型；没有缺血性肠坏死或腹膜炎征象、经保守治疗腹痛症状没有明显缓解时，因考虑采取腔内修复术，如 SISMAD Ⅱ型、部分Ⅲ型；若出现肠坏死或腹膜炎征象则应积极采取手术治疗，如 SISMAD Ⅳ型。

总之，在临床诊疗过程中，肠系膜上动脉夹层（SMA）实际发病率远远大于文献报道，应该对孤立性肠系膜上动脉夹层提高警惕，及早诊断和处理，应根据患者具体情况选择合理的治疗方案。比较外科手术的方法血管内支架治疗有损伤小的优点。适合支架植入的解剖适应证包括内膜片局限化或夹层比较短。一般一旦发现适应的解剖结构应立即进行支架植入，避免日后夹层扩展而失去支架植入的机会。腔内介入治疗为本病提供了相对简单有效的治疗途径，能明显降低死亡率及减少短肠综合征的发生，该技术只需基础的介入操作技巧和血管外科知识即可应用，可广泛推广。

五、其他原因缺血性肠病

1. 病因及病理 其他原因导致的肠系膜缺血多见于动脉硬化闭塞累及系膜血管所致，以及外压因素，如膈肌中脚综合征、肿瘤压迫等。其中动脉硬化症患者以高龄多见，动脉粥样硬化是导致肠系膜动脉狭窄的主要原因，可累及 3 支血管，多数有侧支循环建立；其次为腹腔动脉压迫综合征，此类患者的侧支循环建立概率较低；其他少见原因有肿瘤侵蚀和淋巴结肿大压迫、血管发育不良、动脉炎、放射治疗后等。临床实践表明，在 3 支肠系膜血管中（CA，SMA，IMA）至少有 2 支血管慢性阻塞、或其中 2 支血管的狭窄程度超过 50% 才可能产生临床症状。

2. 临床表现 餐后上腹部或中腹部疼痛，性质为绞痛或钝痛，少数为剧烈疼痛，向背部放射，持续数小时，患者因惧怕疼痛而减少进食。部分患者伴有恶心、呕吐、腹泻或便秘，但不具有特征性。CA 受累时，多有恶心、呕吐、腹胀；SMA 受累时，多有餐后腹痛、体重减轻；IMA 受累时，表现为便秘、便血、缺血性肠炎。

3. 影像学检查及诊断 普通 X 线检查对诊断慢性肠系膜血管狭窄多无重要意义。超声波检查可观察管腔结构、血流速度及血流信号等。CT 增强和 CT 血管成像可直接观察 SMA 主干及其二级分支的情况，但对观察三级以下分支不可靠。直接征象为 SMA 不显影、腔内充盈缺损。间接征象有：SMA 钙化、肠腔（空肠）扩张、积气、积液、肠系膜水肿、肠壁增厚、肠壁积气、腹水等则提示肠管坏死。MRI 一般不作为急诊检查方法。MRI 和磁共振血管成像可显示肠系膜动、静脉主干及主要分支的解剖，但对判断狭窄的程度有一定假阳性率。数字减影血管造影术（DSA）是目前观察内脏血管解剖的最可靠方法。当高度怀疑肠系膜动脉阻塞时，可考虑做造影检查。

多数学者认为，诊断肠系膜血管慢性阻塞或狭窄应具备 4 个条件：①慢性腹痛，特别是餐后腹痛、能排除其他原因者；②体重明显减轻；③腹部血管杂音；④影像学显示血管狭窄程度 >50%。

4. 治疗

（1）介入治疗适应证：治疗肠系膜动脉狭窄的目的有解除腹痛、改善营养不良、预防突发肠梗死。介入治疗的适应证有：①外科治疗风险高或有外科治疗禁忌证者；②外科治疗后再狭窄；③ 3 支血管病变、外科治疗难度大者；④对无症状的 CA、SMA 狭窄患者是否需要治疗，目前存在争议，一般认为，对无症状的 CA 狭窄多无须处理，而对无症状的 SMA 狭窄、特别是狭窄程度 >60%，则应给予积极治疗，因为 SMA 狭窄是急性血栓形成的基础，最终有 15%～20% 患者发生血栓形成。

（2）介入治疗方法：开通肠系膜血管阻塞的基本技术，单纯球囊扩张术治疗肠系膜血管狭窄的疗效有限，术后 6 个月内复发狭窄率达 60%～70%。治疗 CA、SMA 开口处狭窄宜首选球囊扩张式支架，优点有定位精确、稳定性较好、支架直径有一定变动范围，缺点有纵向顺应性较差、不适宜迂曲走行的血管。各种自展式支架，可用于 CA、SMA 主干狭窄。当存在超过 2 支肠系膜动脉狭窄时，宜选择狭窄程度较轻、技术难度较低的血管进行治疗，因为开通成功任何一支系膜动脉（特别是 SMA）狭窄，即可能解除患者的肠缺血症状；另外，一次术中开通 2 支肠系膜动脉狭窄的并发症发生率较高。

无使用肝素禁忌证者，术后一周给予肝素抗凝，后期口服华法林或者阿司匹林 3～6 个月。出院前复查 B 超，以便于以后比较，此后间隔 2～3 个月复查 B 超或 CT 血管成像，观察血管管腔和支架形态。患者术后的症状、营养状况及血管杂音等变化是判断疗效的主要依据。

（王 维）

第六节 下肢静脉疾病

一、下肢深静脉血栓的介入治疗

下肢深静脉血栓形成（lower extremity deep venous thrombosis，LEDVT）是指血液在下肢深静脉内不正常凝结，阻塞静脉腔，导致静脉回流障碍所引起的疾病，血栓脱落可引起肺栓塞（pulmonary embolism，PE）。LEDVT 如在早期未得到有效治疗，血栓机化，常遗留静脉功能不全，称为 DVT 后综合征（postthrombosis syndrome，PTS），PTS 是下肢 DVT 最严重的远期并发症，主要是由于血栓导致的静脉瓣膜功能不全所引起，常常表现为患肢肿胀、浅静脉曲张、湿疹及色素沉着，严重时还可以出现反复的下肢静脉性溃疡，对患者的生活和工作产生了巨大的影响。

（一）病因病理与临床表现

1946 年，Virchow 提出：静脉损伤、血流缓慢和血液高凝状态是造成深静脉血栓形成的三大因素。典型的血栓包括：头部为白血栓，颈部为混合血栓，尾部为红血栓。血栓形成后可向主干静脉的近端和远端滋长蔓延。在纤维蛋白溶解酶的作用下，血栓可溶解消散，有时崩解断裂的血栓可成为栓子，随血流进入肺动脉引起肺栓塞。若未采取合适治疗，血栓局部可逐渐纤维机化，最终形成边缘毛糙管径粗细不一的再通静脉。同时，静脉瓣膜被破坏，以致造成继发性下肢深静脉瓣膜功能不全。

下肢深静脉是下肢血液回流的主要通路，一旦因血栓形成阻塞管腔，必然引起远端静脉回流障碍的症状。根据急性期血栓形成的解剖部位分型：①中央型，即髂股静脉血栓形成。主要临床特征为起病急，全下肢明显肿胀，患侧髂窝、股三角区有疼痛和压痛，浅静脉扩张，患肢皮温及体温均升高，左侧发病多于右侧；②周围型，股浅静脉下段以下的深静脉血栓形成。主要临床特征为小腿肿胀，由于髂股静脉通畅，故下肢肿胀往往并不严重。局限在小腿部的深静脉血栓形成，临床特征为：突然出现小腿疼痛，患足不能着地，踏平行走时症状加重，小腿肿胀且有深压痛，作踝关节过度背屈试验可导致小腿剧痛（Homans 征阳性）；③混合型，即全下肢深静脉血栓形成。主要临床表现

为：全下肢明显肿胀、剧痛（图 8-6-1）。重症 DVT 包括股青肿（下肢深静脉严重淤血）和股白肿（伴动脉痉挛持续存在），如不及时处理，可发生静脉性坏疽。临床分期①急性期：发病后 14 天以内；②亚急性期：发病后 15～28 天之间；③慢性期：发病 28 天以后；④后遗症期：出现 PTS 症状；⑤慢性期或后遗症期急性发作：在慢性期或后遗症期，疾病再次急性发作。

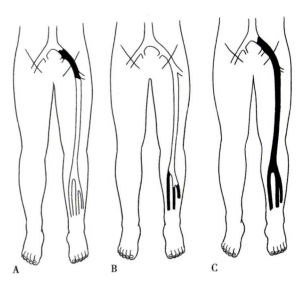

图 8-6-1 急性期血栓形成的解剖部位分型
A. 中心型；B. 周围型；C. 混合型

（二）介入治疗方法

对 LEDVT 实施介入治疗应从安全性、时效性、综合性和长期性四方面考虑：①安全性：对长段急性血栓介入治疗前置入腔静脉滤器可有效预防 PE。采用机械性血栓清除和（或）经导管药物溶栓，可明显降低抗凝剂和溶栓剂的用量，减少内脏出血并发症。②时效性：LEDVT 一旦明确诊断，应尽快作介入处理，以缩短病程，提高管腔完全再通率，避免或减少静脉瓣膜粘连，降低瓣膜功能不全、血栓复发的发生率，尽量阻止病程进入慢性期。③综合性：常采用几种介入方法综合治疗 LEDVT，如在介入性药物溶栓的基础上，可采用导管抽吸、机械消融等机械性血栓清除；对伴有髂静脉受压综合征或伴有髂静脉闭塞的下肢深静脉血栓形成者，可结合 PTA 和支架植入术，以迅速恢复血流，提高介入治疗的疗效。④长期性：在综合性介入治疗后，应继续抗凝治疗 6 个月以上，定期随访、复查，以减少 DVT 的复发。

1. 介入性置管溶栓 溶栓可以分为系统性溶栓和导管溶栓（catheter directed thrombolysis，CDT）。

CDT 是在导丝辅助下将具有多孔的溶栓导管插入血栓内，使溶栓药物经溶栓导管输入后直接溶解血栓的一种治疗方法（图 8-6-2）。溶栓的基本机制是激活纤维蛋白结合的纤溶酶原。纤溶酶原激活剂经溶栓导管输入后直达血栓内部，可避免接触血液循环中的纤溶酶原激活剂抑制剂，还可使激活的纤溶酶免受循环中的抗纤溶酶中和，并且局部药物浓度高，可更加高效地溶解血栓。目前，临床上常用的置管入路主要有健侧股静脉、右侧颈内静脉、患侧腘静脉、患侧小隐静脉、患侧股静脉及患侧股动脉等，腘静脉入路因具有路径短、顺行插管、操作简便安全及术后血栓复发率低等优势而在临床应用最广。CDT 一般用于发病 14 天以内的急性中央型 DVT、股青肿的患者以及常规治疗后血栓面积仍不断增大的患者。

2. 经皮机械性血栓切除术 经皮机械性血栓切除术（percutaneous mechanical thrombectomy，PMT）是近年发展起来的微创去除血栓的新技术，PMT 能够破坏血栓，使破碎松散的血栓更容易被溶栓剂渗透，可降低溶栓药物剂量及缩短治疗时间。目前常见的 PMT 根据原理不同可分为旋转涡轮式、流体动力式及超声消融式装置。但 PMT 也存在静脉穿孔、瓣膜损坏、急性肾衰竭及 PE 等风险，且所需器材昂贵，目前在我国未能于临床上普及应用。除此之外，PMT 还适用于无法行传统抗凝或 CDT 治疗的患者。与 CDT 相比，在减少溶栓药物的剂量和灌注时间的同时，可以快速有效地清除髂股腘静脉内的大量新鲜血栓，立即恢复静脉通畅，失血少、疗效好。本技术与手术相比创伤小、出血少、无伤口感染、淋巴瘘等切口并发症，去除血栓彻底。不同的公司推出多种不同的 PMT 导管产品，如 Angiojet、Aspirex 等，作用机制和疗效有一定差别。PMT 可以单独使用，也可联合 CDT 使用。

3. 机械性血栓抽吸术 机械性血栓抽吸术（manual aspiration chrombectomy，MAT）以 8～12F 血管鞘，沿导丝将导管推送至血栓部位，以 50ml 或 30ml 注射器反复抽吸出血栓（图 8-6-2）。而对于血栓较大或完全闭塞血管段，可通过导丝引入球囊导管，先用球囊导管挤拉，待血栓破碎后再行抽吸。该方法简单，经济，可迅速清除深静脉主干，尤其是腘静脉以上的血栓，恢复深静脉主干血流通畅，尽量避免静脉瓣膜的损伤。

4. 下腔静脉滤器置入术 急性期下肢 DVT 具有较高的 PE 发生率，据文献报道高达 75%～90% PE 的栓子来源于下肢深静脉。为了能有效地拦截脱落的栓子预防 PE 发生，多数学者主张行下腔静脉滤器（IVCF）植入。下腔静脉滤器置入能够有效预防致死性 PE，但是滤器本身是异物，置入后有阻塞血管、移位、刺破血管等并发症，目前主张溶栓后及时取出（图 8-6-3）。结合我国国情，建议在下列情况下可以考虑使用滤器：①诊断易栓症且反复发生 PE 患者；②髂、股静脉或下腔静脉内漂浮血栓；③急性下肢 DVT，拟行导管溶栓或手术取栓等血栓清除术；④具有 PE 高危因素的患者行腹腔、盆腔或下肢手术者。

（三）适应证

1. 导管溶栓术的适应证 包括急性期 LEDVT、亚急性期 LEDVT 和 LEDVT 慢性期或后遗症期急性发作。

2. 经皮机械性血栓切除术的适应证 急性期 DVT；亚急性期髂股静脉血栓。

3. 机械性血栓抽吸术 急性期 DVT；亚急性期髂股静脉血栓。

（四）禁忌证

1. 导管溶栓术的禁忌证 3 个月内脑卒中史和（或）手术史、1 个月内有消化道及其他内脏出血者和（或）手术史；患肢伴有较严重感染；急性期髂 - 股静脉或全下肢深静脉血栓形成，血管腔内有大量游离血栓而未作下腔静脉滤器植入术者；难治性高血压；75 岁以上患者慎重选择。机械性血栓清除术禁忌证：慢性期 DVT；后遗症期 DVT；膝下深静脉血栓。

2. 经皮机械性血栓切除术的禁忌证 慢性期 DVT；后遗症期 DVT；膝下深静脉血栓。

3. 机械性血栓抽吸术的禁忌证 与经皮机械性血栓切除术的禁忌证相同。

（五）疗效分析

DVT 介入治疗的疗效因临床分型、临床分期、介入处理方法的不同而差异较大。一般认为，经导管溶栓和血栓清除术对急性期和亚急性期 DVT 疗效较好。DVT 的介入疗效评价可在出院前和出院后 6 个月、1 年、3 年进行。根据体检和造影复查结果可将疗效分为 4 级：优：患肢周径、张力、活动度基本正常，治疗后与健侧比较周径差≤1.0cm；造影显示血流全部恢复或基本恢复，异常侧支血管不显示，对比剂无滞留，管壁光滑。良：患肢周径、张力、活动度接近正常，治疗后与健侧比较，1.0cm＜周径差≤1.5cm；造影显示血流大部分恢复，有少量侧支血管，对比剂无明显滞留，管壁较光滑。中：患肢周径、张力、活动度有较明显改善，治疗后与

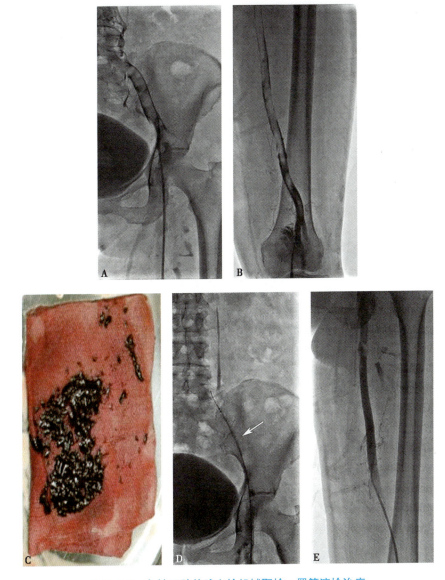

图 8-6-2　急性下肢静脉血栓机械取栓 + 置管溶栓治疗
A、B. 髂股静脉血栓形成,静脉腔内条索状充盈缺损;C. 先使用导管鞘抽吸出大量血栓;
D. 再留置溶栓导管(箭)于髂股静脉内溶栓;E. 机械取栓 + 置管溶栓术后造影,血流通畅

健侧比较,1.5cm < 周径差≤2.0cm;造影显示血流部分恢复,有较多侧支血管,对比剂有轻度滞留,管壁欠光滑。差:患肢周径、张力、活动度无明显改善,治疗后与健侧比较,周径差 > 2.0cm;造影显示血流无恢复,有大量侧支血管,对比剂有明显滞留,管壁不光滑。评级为优、良、中者为治疗有效。

(六)回顾与展望

1. 目前用于治疗下肢深静脉血栓的不同方法

(1)抗凝治疗:国际指南推荐急性下肢 DVT 的标准治疗是单纯抗凝治疗。然而,尽管抗凝治疗对于防止血栓进展和血栓复发具有重要作用,但却不能直接溶解血栓,导致髂股静脉血栓有很高的 PTS 发生率。理想的 DVT 治疗目标应包括迅速恢复静脉血流,预防血栓延伸,降低肺动脉栓塞的发生率和病死率;维持静脉瓣功能、降低 PTS 的发生率以及避免 DVT 复发。因此,对于急性中央型或混合型 DVT,单纯的抗凝治疗是不够的。只有早期快速完全消除静脉血栓,降低静脉压,避免或减少血栓机化造成静脉瓣膜粘连,才能够有效保护下肢深静脉瓣膜,预防 PTS 的发生。

(2)系统溶栓治疗:成功的溶栓治疗能够及时消融血管内的血栓,恢复血管内的血流通畅,保存静脉内膜及瓣膜的功能,极大地改善了临床结局。系统溶栓采用经患肢足背静脉建立静脉通道,使溶

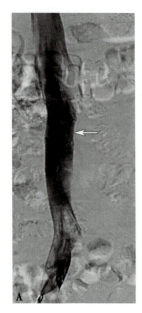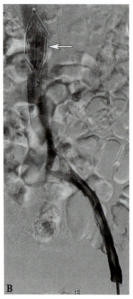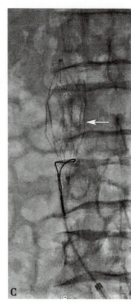

图 8-6-3　下腔静脉滤器置入术

A. 下腔静脉滤器（箭）置入；B. 机械取栓＋置管溶栓，血栓溶解，血流通畅；C. 取出下腔静脉滤器；
D. 术后造影下腔静脉正常

栓药物进入血栓部位而达到治疗目的。在血栓形成范围广泛，深静脉管腔严重阻塞血流中断的情况下，浅静脉代偿性扩张，进而使经足背静脉加压灌注的药物部分经浅静脉回流，血栓部位药物浓度低，药物不能广泛渗透入血栓内部，血栓溶解不完全。对于严重的髂股 DVT、混合型 DVT 以及危及肢体存活的股青肿患者，传统的系统溶栓疗效令人失望。系统溶栓难以达到将深静脉管腔内的大量血栓彻底溶解的目的，髂股静脉血栓被完全溶解的成功率低。

（3）手术取栓治疗：静脉切开取栓在临床上已不建议使用，目前各种指南并不建议以手术取栓治疗作为常规治疗 DVT 的方法，即使患者有条件接受手术，术后仍需要接受与非手术患者同样的抗凝治疗。因此，手术取栓治疗仅对少部分患者（包括有抗凝禁忌证、急性期发生股青肿、或者 CDT 治疗失败导致局部静脉血管损伤）适用。常规推荐通过 Fogarty 取栓导管移除血栓，而不是静脉切开取栓。随着腔内介入技术的迅速发展，目前 CDT 治疗急性下肢 DVT 已能达到较高的通畅率，而手术取栓存在对静脉内膜损伤大、血栓不易取净以及术后血栓易复发等难以克服的缺陷。

2. 介入治疗在下肢深静脉血栓治疗中的优势
CDT 利用留置的溶栓导管可以直接将尿激酶等药物泵入血栓内，明显增加局部的血药浓度，血栓迅速溶解，在提高溶栓疗效的同时也显著减少出血并发症，降低全身药物的用量。较好保了患肢近端深静脉瓣膜，降低 PTS 发生。PMT 是以微创的方法替代传统的静脉切开取栓术。该方法具有风险小、疗效好等特点，与 CDT 联合使用可更加快速有效地清除静脉血栓，减少溶栓药物的剂量和灌注时间。MAT 简单实用，治疗费用低。LEDVT 介入治疗其特点是创伤小、简便、安全、有效、并发症少和住院时间短。

3. 不足及未来发展趋势　CDT 无论顺流溶栓或逆流溶栓，都有可能损伤静脉瓣膜，对腘静脉及小腿部深静脉血栓效果不太理想，并且在溶栓过程中容易造成血栓脱落引起肺栓塞；CDT 治疗时间较长，出血风险仍为其主要并发症之一。PMT 费用较高，在治疗过程中还会导致溶血、失血以及机械故障等。PMT 最主要的并发症是出血和 PE，虽然 PE 的发生率非常低，但是机械性血栓抽吸理论上增加了肺栓塞发生的概率。所以术前下腔滤器植入是必不可少的，治疗费用较高。滤器植入后存在移位、管壁穿孔和血栓形成等并发症可能。PTA 和支架置入治疗后仍然有血管狭窄、血栓复发的可能。大面积中央型 DVT 以及 PTS 的治疗仍然面临许多困难，疗效并不能令人满意。如何选择安全有效的抗凝溶栓药物？如何优化联合使用各种介入治疗方法等仍然存在许多争议。

二、髂静脉压迫综合征

（一）病因病理与临床表现

1. 病因病理　髂静脉压迫综合征（iliac vein compression syndrome，IVCS）是指髂静脉被髂动脉压迫，导致腔内粘连、狭窄或闭塞，从而出现一系列临床症状的综合征。May-Thurner 和 Cockett 分别于 1957 年和 1965 年首先阐述了此病，故又被称作 May-Thurner 综合征或 Cockett 综合征。发病率目前尚不明确，有研究估计其约占下肢静脉疾病 2%～5%，好发于年轻女性。

右髂总动脉跨越左髂总静脉前方，向骨盆右下延伸，腰骶椎生理性前凸向前推压左髂总静脉，髂静脉同时受到髂动脉及骨性结构的压迫而造成静脉局部的狭窄、闭塞，从而引起下肢静脉压力增高、周围侧支循环开放等病理生理变化。1957 年 May 和 Thurner 通过尸解发现左髂总静脉腔内约 22% 存在嵴状结构，该结构由纤维细胞、胶原、毛细血管等组织构成，目前认为这种异常的结构来源于静脉壁的反复刺激所致的组织反应。

在异常解剖结构和静脉腔内粘连的基础上，合并多次妊娠、产褥期、服用避孕药、久坐、长期卧床等血流缓慢及血液高凝因素时，可继发急性股髂静脉血栓形成。急性血栓迁延可发展为慢性下肢深静脉血栓形成。

2. 临床表现　髂静脉压迫综合征可以完全没有症状，有报道无症状者高达 50%。部分出现静脉压力增高而产生慢性静脉功能不全，表现为下肢肿胀、浅静脉曲张等表现，与原发性静脉瓣膜功能不全较难鉴别。当髂静脉压迫并发急性下肢静脉血栓形成，表现为左下肢肿胀急性加重，伴肿痛、肢体皮温增高、浅静脉扩张，未经治疗可进一步发展出现静脉曲张、皮下硬结、复发性浅静脉血栓性静脉炎等，但并发肺动脉栓塞较为少见。诊断髂静脉压迫综合征主要靠影像检查，包括血管超声、增强 CT 和直接静脉造影，静脉造影尤其是插管造影仍是检测髂静脉压迫综合征的最常用方法，而血管内超声能清楚显示腔内病变、静脉壁形态等，国外较多用。

（二）介入治疗方法

针对髂静脉压迫综合征的介入治疗包括髂静脉球囊成形术和髂静脉支架植入术。

髂静脉球囊成形术：单纯髂静脉压迫综合征或溶栓后存在髂静脉狭窄闭塞的患者，首先需进行球囊成形术。采用 Seldinger 技术，经左股静脉或左腘静脉（腘静脉插管溶栓者）入路，造影了解狭窄病变段的长度及直径大小，利用导管和泥鳅导丝互相配合最终将导管引过病变段；送入 Amplatz 导丝，交换入球囊导管（直径 10～12mm）逐段扩张，再次造影评估球囊扩张效果。若有以下情况之一者，仅行髂静脉球囊成形术即可：18 岁以下未成年者；未孕患者；球囊扩张，腔内粘连解除，髂静脉影像学形态良好；侧支血管粗大（骶中静脉代偿扩张明显），扩张后髂静脉血流迅速、造影剂滞留少；仅外压狭窄无腔内隔膜、粘连，支架植入应慎重。

髂静脉支架植入术：由于髂静脉壁薄缺乏弹性，加上外部压迫、腔内粘连等因素，髂静脉球扩后往往必需植入支架（图 8-6-4）。支架的直径应较邻近正常血管管径大 2～3mm，长度两端至少要较病变段延伸 5mm。支架的近心端通常要伸入下腔静脉约 5～10mm，但也有人主张将支架置于髂总静脉即可，至少不能完全伸入下腔静脉内，因为有 15% 患者会导致对侧髂静脉血栓形成。支架种类多考虑其径向支撑力，适当兼顾其顺应性，如巴德的 E-luminexx 或强生的 Smart Control。髂静脉长段狭窄闭塞，甚至跨髋关节的，有人主张使用波科的 Wallstent。

单纯髂静脉压迫综合征患者术后口服抗血小板或抗凝药物 3 个月，合并血栓患者应口服抗凝至少 6 个月。随访：出院前行髂静脉彩超，出院后 6 周至 3 月内行彩超、静脉造影等检查，以后每年影像学检查一次。

目前对于髂静脉压迫综合征引起的急性下肢静脉血栓是否需要下腔静脉滤器置入尚有争论。有专家认为髂静脉压迫综合征引起的急性下肢静脉血栓并发肺动脉栓塞等严重的并发症发生率低；下腔静脉滤器置入同时存在滤器移位、静脉穿孔等并发症，不主张常规使用。但也有专家认为，急性股髂静脉血栓形成，血栓负荷大，肺动脉栓塞的风险始终存在，一旦发生大面积肺动脉栓塞后果严重，甚至危及生命，因此主张积极的下腔静脉滤器置入，以预防肺动脉栓塞。髂静脉压迫综合征并发急性下肢深静脉血栓，需进行药物溶栓、机械取栓及下腔静脉滤器置入术等介入手术方式（图 8-6-5），请参考急性下肢深静脉血栓相关章节。

（三）适应证

1. 髂静脉压迫综合征并发慢性静脉功能不全，下肢水肿、严重静脉曲张、皮肤改变（色素沉着、湿疹、脂质硬化）、溃疡等，这被认为是必备的条件。

2. 影像检查发现髂静脉血流缓慢，狭窄度 >50%，

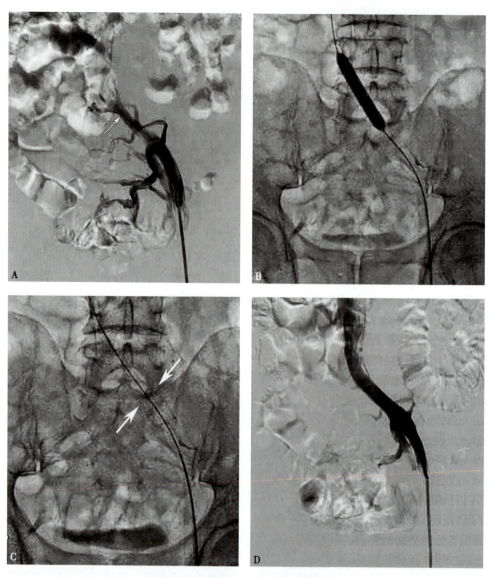

图 8-6-4 髂静脉压迫综合征介入治疗

A. 左髂总静脉闭塞（细箭），髂内静脉增粗并于对侧血管形成侧支循环；B. 球囊扩张左髂静脉；
C. 支架（粗箭）置入；D. 术后造影髂静脉血流通畅

腔内有隔膜、粘连，大量侧支血管开放。

3. 病变远近端压差＞10cmH₂O（不可靠）。

4. 反复发作的慢性深静脉血栓形成、下肢浅表静脉曲张。

（四）禁忌证

1. 近期手术、外伤、凝血功能异常。

2. 患肢伴有严重感染。

（五）疗效分析

介入治疗成功标准：静脉血流通畅，未见腔内有隔膜、粘连、血栓，侧支血管未见明显显影，病变远近端无明显压差。髂静脉压迫综合征外科治疗通畅率根据术式的不同变化较大，约54%～62%。

但由于其并发症发生率较高，创伤大等，髂静脉支架成形术技术成功率高，1年的一期通畅率约79%～93%，中长期通畅率约70%～80%，无明显手术相关的严重并发症，是一种安全、有效的治疗方式。

（六）回顾与展望

1. 目前用于髂静脉压迫综合征的常见治疗方法 保守治疗如穿弹力袜及全身抗凝治疗，无法解除潜在的静脉病变，因此疗效不佳，目前仅作为预防或减轻血栓形成后遗症的辅助治疗手段。外科手术治疗术后通畅率较低，创伤大，并发症多，手术治疗仅作为介入治疗失败后的二线治疗。

2. 介入治疗在髂静脉压迫综合征中的优势 腔

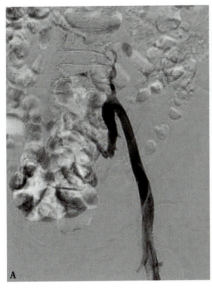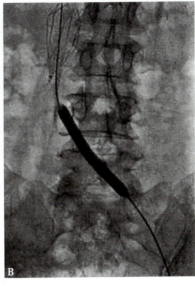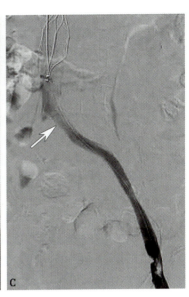

图 8-6-5　髂静脉压迫综合征合并急性下肢静脉血栓介入治疗
A. 左髂静脉溶栓后血栓消失，髂总静脉闭塞；B. 球囊扩张髂静脉；C. 左髂静脉支架（粗箭）置入后血流通畅

内治疗已经成为髂静脉压迫综合征伴或不伴深静脉血栓形成标准的治疗，具有安全、微创、手术成功率高，通畅较高的特点。

3. 不足及未来的发展趋势　动脉和静脉狭窄在病理生理上存在根本不同，静脉狭窄主要血栓形成后纤化，而动脉常见的是动脉粥样硬化。此外，静脉管壁薄，管腔直径多变，理想的静脉支架应具有良好的柔顺性，抗压、抗折。目前多数的支架为动脉支架，这限制了静脉支架的运用，随着新型自膨胀静脉支架的面市，有助于提高支架的通畅率，减少并发症的发生。

（杨维竹）

第七节　布加综合征

布加综合征（Budd-Chiari syndrome，BCS）是指肝静脉和（或）其开口以上的下腔静脉阻塞导致的门静脉高压和（或）下腔静脉高压临床综合表现。BCS 全球发病率为 1/10 万。BCS 在我国黄河和淮河中下流域为一种较常见的疾病，其发病率在江苏、山东、河南及安徽交界地区高达 10/10 万，男女比例为 1.98∶1，年龄 2～67 岁。

一、病因病理与临床表现

BCS 的致病因素存在地域差别，欧美国家 BCS 的病因是凝血机制异常引起肝静脉回流障碍，而我国、印度等引起肝后大静脉回流障碍的主要原因是隔膜形成，隔膜的病理学基础是纤维结缔组织隔膜阻塞、血栓形成及其继发性改变。但隔膜来源及其形成机制仍无定论，主要有先天性病因学说、血栓形成学说及炎症学说。

该病患者可有典型的门静脉高压和（或）下腔静脉高压临床表现，前者主要表现为腹胀、肝脾肿大、腹水、脾功能亢进、消化道出血等，后者主要表现为胸腹壁静脉曲张（血流方向为自下而上）、双下肢肿胀、双下肢静脉曲张、色素沉着，甚至溃疡等。BCS 目前一般分 3 型，即肝静脉型、下腔静脉型及混合型，混合型最常见，肝静脉型次之，下腔静脉型最少见。肝静脉型 BCS 患者表现为一只以上的主肝静脉阻塞，而下腔静脉通畅；不伴副肝静脉的开放，或开放的副肝静脉开口处存在阻塞；临床上表现为门静脉高压的症状。下腔静脉型 BCS 患者因肝静脉开口以上的下腔静脉阻塞，进而表现为门静脉高压和下腔静脉高压的症状，如双下肢静脉曲张、色素沉着，甚至溃疡等。混合型 BCS 患者因肝静脉及下腔静脉阻塞，既有门静脉高压的症状，也有下腔静脉高压的症状。对于已存在丰富的下腔静脉 - 上腔静脉之间侧支循环的患者，其下肢静脉症状往往不明显。

二、介入治疗方法

（一）肝静脉型

该型 BCS 治疗目的在于降低门脉高压，进而避免门脉高压并发症的发生，如顽固性腹水、消化道出血等。介入治疗方法包括球囊扩张术和血管支架植入术，原则上以球囊扩张为主，必要时才考虑支架植入。多数患者开通一支肝静脉或代偿增粗的副肝静脉，即可改善肝淤血。介入治疗途径有经股静脉、经颈静脉、经皮经肝穿刺及联合途径等。由于肝静脉与下腔静脉的角度原因，从上往下经下腔静脉选择插管寻找狭窄肝静脉相对较容易，故多数病例应选择从颈内静脉穿刺；若肝静脉开口过于狭小或闭塞，经下腔静脉插管困难者，可选择经皮经肝穿刺途径送入导丝，进入扩张的肝静脉，再探寻通过狭小或闭塞的肝静脉口进入下腔静脉，而后采用抓捕器从颈静脉或股静脉将导丝拉出；建立通道后，治疗使用的球囊或支架均应经颈静脉或股静脉途径进行，以减少对肝组织的创伤。对于短段肝静脉病变者，使用球囊扩张狭窄闭塞处即可，球囊直径可选择较肝静脉大10%～20%，所用球囊直径应大于12mm，以直径14mm和16mm为最佳，部分病例最大直径可达20mm，反复扩张2～3次，每次扩张以球囊切迹消失为止，以尽可能将狭窄处完全撑开（图8-7-1）。出现下述表现时，可考虑植入支架：①肝静脉球囊扩张后出现急性再狭窄：肝静脉球囊扩张后造影显示弹性回缩大于50%，压力测量肝静脉内压力下降小于10cmH$_2$O；②肝静脉球囊扩张后再狭窄：首次球囊扩张后效果满意，数月或数年后出现再狭窄；③球囊扩张后肝静脉开口节段性闭塞未能达到有效扩张者。推荐使用网织型支架，支架直径大于等于14mm，长度以4cm为宜。对于肝静脉血栓引起肝静脉阻塞患者，治疗上先予抗凝溶栓，可联合置管溶栓或机械碎栓。对于肝静脉广泛阻塞患者，可考虑行经

颈静脉肝内门体分流术（transjugular intrahepatic portosystemic shunt，TIPS），进而达到降低门脉压力的目的。对于肝静脉及副肝静脉同时阻塞者，开通副肝静脉亦能达到较好效果。

（二）下腔静脉型

该型BCS治疗目的在于解除下腔静脉阻塞，降低下腔静脉压力，进而也使其下方的肝静脉血流通畅。该类患者的介入治疗方法选择上仍以球囊扩张为主（图8-7-2），应尽量少用或不用支架植入，因为下腔静脉支架植入有导致肝静脉血栓形成甚至闭塞的风险。介入治疗途径有经股静脉、经颈静脉及联合途径等。对于带孔膜性病变及短段狭窄性病变者，经股静脉途径即能完成整个治疗操作；不带孔的膜性病变经股静脉采用超硬导丝穿破隔膜也能达到治疗目的；而对于较长段的下腔静脉闭塞，则需要经股、经颈静脉联合途径进行操作，并且需使用穿刺针（如TIPS穿刺针）在正侧位透视引导下自上向下进行穿刺，以免损伤心包造成严重并发症。下腔静脉球囊直径应大于下腔静脉直径的20%，大部分病例选用直径25mm的球囊即可，部分下腔静脉重度扩张者可考虑使用直径30mm球囊。球囊扩张一般连续扩张3次，每次持续1～2分钟。对于出现下述情形者，可考虑植入支架：①下腔静脉节段性狭窄或闭塞；②下腔静脉阻塞合并血栓形成；③下腔静脉膜性阻塞球囊扩张后出现再狭窄；④下腔静脉膜性阻塞球囊扩张后弹性回缩大于40%。支架置入时应注意避免覆盖肝静脉开口，若支架需跨越肝静脉或副肝静脉开口时，推荐使用大网眼的裸支架（如美国COOK公司的Z-stent），不推荐使用网织型裸支架；支架的大小应根据下腔

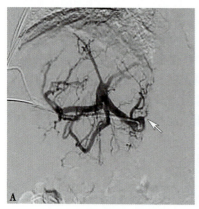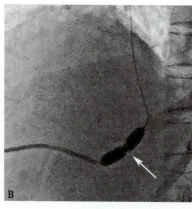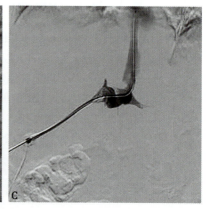

图8-7-1 肝静脉狭窄者行球囊扩张

A. 肝静脉扩张迂曲，造影剂呈线样通过狭窄处进入下腔静脉（短箭）；B. 采用12mm×40mm球囊扩张狭窄段（长箭）；C. 肝静脉开口狭窄消失，血流通畅

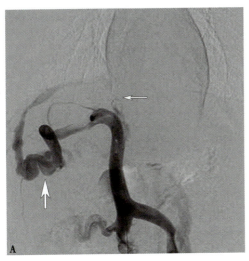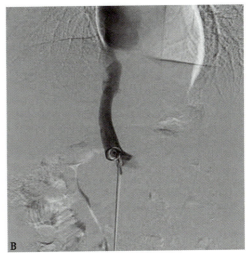

图 8-7-2　下腔静脉闭塞者行球囊扩张治疗

A. 下腔静脉近心端 2cm 闭塞（细箭），周围见代偿增粗的侧支循环（粗箭）；B. 采用 TIPS 穿刺针开通闭塞段后球囊扩张，造影显示下腔静脉恢复通畅，侧支循环消失

静脉的宽度及长度而定，支架直径应大于下腔静脉直径 10%～20%，长度应覆盖狭窄段病变两端 1～1.5cm。对于下腔静脉长段闭塞性病变者，球囊扩张后血流不畅也可选用覆膜支架植入（图 8-7-3）。对于下腔静脉闭塞病变合并血栓者，治疗上应先予抗凝、溶栓，而后根据情况行球囊扩张及支架植入。

（三）混合型

我国混合型 BCS 多有合并一只或两只肝静脉开放或副肝静脉开放，因此，对于此型患者，多数仅需开通下腔静脉即可，开通方法同下腔静脉型。对于开通下腔静脉后仍不能降低门静脉压力者，需行阻塞肝静脉开通或副肝静脉开通。

三、适应证

适应证包括：①肝静脉开口处膜性或节段性阻塞；②下腔静脉膜性或节段性阻塞；③肝静脉和下腔静脉成形术后再狭窄；④下腔静脉和门静脉肝外分流术后分流道阻塞；⑤下腔静脉和肝静脉阻塞远端合并陈旧性附壁血栓。

四、禁忌证

1. 绝对禁忌证　①严重心、肝、肾功能不全；②凝血机制障碍；③大量腹水为经皮经肝穿刺禁忌证。

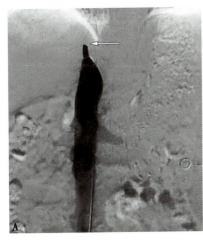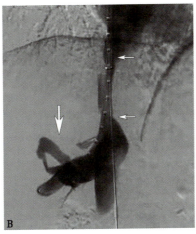

图 8-7-3　下腔静脉闭塞行支架植入治疗

A. 下腔静脉近心端长约 4cm 闭塞（长箭），代偿增粗的副肝静脉位于下方；B. 经穿刺开通闭塞段及球囊扩张后，下腔静脉血流欠通畅（短箭），副肝静脉仍扩张（粗箭）；C. 植入覆膜支架（Medtronic，USA）后下腔静脉血流通畅，副肝静脉内无对比剂滞留

2. 相对禁忌证　肝静脉和下腔静脉阻塞远端存在新鲜、无附壁血栓为相对禁忌证，待血栓清除后仍然可以行介入治疗。

五、疗效分析

1. 技术成功标准　①肝静脉、下腔静脉压力下降，与下腔静脉或右心房的压力差下降或为零；②肝静脉和下腔静脉血流通畅；③临床症状体征消失，下肢水肿减轻，下肢静脉及腹壁静脉曲张消失，下肢溃疡愈合，腹水消失。

2. 临床疗效　祖茂衡等的大宗病例回顾性研究表明，采用介入治疗 BCS 的技术成功率可在 94%以上，围手术期死亡率为 0.32%，平均随访 100.9 个月，再狭窄发生率为 13.46%，总死亡率为 3.73%。一项纳入 79 个研究的系统回顾显示，介入治疗后 1年、5 年及 10 年的生存率分别为 93%、83% 及 73%。

六、回顾与展望

（一）目前用于布加综合征治疗的不同方法

目前 BCS 治疗主要为内科治疗、介入治疗、手术治疗。内科治疗包括抗凝治疗、腹水回输等。手术治疗包括间接减压手术（包括腹膜腔 - 颈静脉腹水转流术、胸导管 - 颈静脉吻合术、门奇静脉断流术等）、直接减压手术（包括各种分流手术如下腔静脉 -右心房、肠系膜上静脉 - 右心房、肠系膜上静脉 - 颈内静脉和脾静脉 - 右心房人工血管转流术）、病变的直接切除术及肝移植。2009 年美国肝病研究协会发布关于 BCS 指南中指出，BCS 治疗首选抗凝，针对病因及门静脉高压并发症的内科治疗；其次，对于短段门静脉或肝静脉狭窄病变者，可积极行球囊扩张及支架植入治疗；对于不适合行球囊扩张及支架植入或治疗无效的患者，可考虑行 TIPS 治疗；最后，TIPS 治疗无效患者，可考虑行肝移植。国内学者认为介入治疗已经成为 BCS 首选的治疗方式，但对于介入治疗失败或各种原因不宜行介入治疗者，以及术后多次复发患者，可考虑行外科手术治疗。

（二）介入治疗在布加综合征中的优势

随着介入技术的提高及介入器械的发展，越来越多的 BCS 可通过介入技术进行治疗。介入治疗具有微创、有效、安全、可重复等优势。系统回顾显示，介入治疗后 1 年、5 年及 10 年的生存率分别为 93%、83% 及 73%，手术治疗（除外肝移植）后 1 年、5 年及 10 年的生存率分别为 81%、75% 及72.5%，肝移植后 1 年、5 年及 10 年的生存率分别为 82.5%、70.2% 及 66.5%，仅接受内科治疗后 1 年

及 5 年的生存率分别为 68.1% 及 44.4%。从上述数据可知，接受介入治疗患者的预后较好。

（三）不足及未来发展趋势

随着对疾病认识的加深及医疗技术的进步，近 30 年来，BCS 患者的预后逐渐提高，介入技术也在 BCS 患者治疗中发挥越来越大的作用。但是介入治疗也存在着瓶颈，对于介入治疗失败或各种原因不宜行介入治疗者，以及介入术后多次复发患者，选用何种治疗方案，值得探讨。BCS 的治疗应该强调个体化治疗，因为不同的病因、发病时间、分型及血管解剖情况，采用的治疗方式也都不尽相同，不能单纯根据上述 BCS 分型制定治疗方案。无论肝静脉型还是下腔静脉型，均主张以球囊扩张为主，尽量少用或不用支架植入，并且目前亦没有BCS 的专用支架。对于未成年患者，采用支架置入等操作时应尤为慎重。对于部分下腔静脉或肝静脉阻塞患者，自身已经建立起侧支循环，并无严重的下腔静脉或门静脉高压症状，可仅行内科治疗或简单的介入治疗，应避免破坏侧支循环。在介入治疗逐步增多的同时，应注意防范介入相关的并发症，并且应因病施治，不能一味追求微创介入。应对 BCS 的治疗（含介入治疗）予以规范，在循证医学的基础之上，发布包括内科、外科及介入科等多学科参与治疗的 BCS 诊治指南。

（杨维竹）

第八节　血液透析管通路的维护

一、概述

血液透析是目前最主要的透析方式，约有 70%～80% 的肾衰患者通过血透维持生命。美国的数据显示，在过去的十年中，约有 100 万患者在进行血液透析。我国尚无具体的数据统计，但血透患者数量也十分庞大。血液透析需把患者血液引出体外，经过透析器或其他净化装置，再回输到体内。这一引出和回输血液的通路称血液透析通路（下文简称血透通路）。血透通路的长期有效是保证血液净化疗法顺利进行和透析充分的首要条件，所以血透通路又被称为透析患者的"生命线"。

血透通路可分为内瘘和大静脉透析管两大类，它的建立传统上是由血管外科医生和肾内科医生完成，其中仅少数特殊病例需要采用介入技术辅助，故不在本节赘述。但在血透通路的维护中，包括通路的监测和并发症的处理，介入技术都发挥着

举足轻重的作用。尤其在相关并发症处理中，介入治疗被公认为首选治疗的手段。

在血透通路中，内瘘血透是血透的首选途径，同时也是通路并发症介入治疗最主要的适应病例来源。内瘘可分为自体动静脉内瘘（arteriovenous fistula，AVF）和动脉 - 静脉移植物内瘘（arterovenous graft，AVG）。自体内瘘并发症好发部位在吻合口和引流静脉，而动静脉移植物内瘘除了吻合口和引流静脉，还可发生在用于透析时穿刺的人造血管。人造血管的并发症主要是血栓闭塞，其常伴发于引流静脉的狭窄，由于无需考虑介入治疗对血管内皮损伤，在介入处理上可以采用比较积极的取栓措施。近来，使用机械碎栓导管，减少了对透析通路的创伤同时，效果也更加显著。对比内瘘吻合口狭窄，引流静脉的狭窄闭塞以及血栓形成是更加常见的并发症，其多见于中心静脉，如锁骨下静脉、头臂静脉及上腔静脉，通常表现为上肢、胸部、颜面部水肿，疼痛，内瘘失功等。

二、技术要点

（一）病例选择

血透通路建立后的血流动力学会发生相应改变，这种改变同时带来原有血管功能的改变。同时患者本身血管的一些潜在基础病变的存在也是并发症产生的基础（表 8-8-1）。

1. 吻合口狭窄 对于内瘘吻合口狭窄的病例，主要临床表现是有效透析血流减少，同时患者可以出现内瘘血管的搏动减弱，取而代之的是较高频的持续震颤。NKF-K/DOQI 指南建议通过严格的定期检测来监测内瘘血流。指南要求每月对血透患者进行通路血流量测定，具体可采用超声稀释法、电导稀释法或多普勒等技术。测定应在透析过程中进行，在透析后 1.5 小时开始测定，测取 3 个数值取平均。内瘘的最低要求 NKF-K/DOQI 指南为 400～500ml/min，我国指南为 200～300ml/min。同时建议最大血流量不应超过 2000ml/min。若血流量低于 600ml/min 或连续每月下降 25%，就必须进行血管造影。血管造影如确认有吻合口狭窄，应及时进行血管内球囊扩张治疗。

2. 中心静脉狭窄闭塞 中心静脉狭窄可以完全无症状，只在行静脉造影被发现。当同侧动静脉瘘建立后，中心静脉狭窄在短期内就有可能出现症状。但部分患者可以自行缓解。出现的症状早晚和持续时间取决于狭窄的部位、程度等因素。

虽然存在争议，目前仍基本认同"无症状，不介入"的治疗原则。故症状观察和评价十分重要。中心静脉狭窄闭塞的主要症状表现为阻塞侧对应肢体的水肿。因为当中心静脉阻塞时，会出现对应肢体和胸部的静脉高压。若狭窄发生在头臂静脉汇合后的近心段中心静脉，还可阻碍同侧面部的血

表 8-8-1 血透通路建立后的血流动力学改变以及潜在对应的并发症

	解剖结构	血流动力学变化	血透中的意义	潜在并发症风险
新建的通路	内瘘	大量动脉血液通过内瘘直接进入静脉	分流大量动脉血液（> 500ml/min）左右，流量是透析取血和回输的基础	1. AVF 不成熟 2. 血栓形成
	动脉端吻合口		是保证内瘘流量的解剖基础	1. 吻合口狭窄——AVF 不成熟 / 后期血栓形成，透析取血困难 2. 吻合口过大（> 1200ml/min）——远端肢体窃血综合征，内瘘止血困难，血肿
	静脉端吻合口		是透析回输的解剖基础	1. 吻合口狭窄——透析效率下降 2. 肢体水肿
原有的血管	供血动脉（肱动脉 / 桡动脉 / 尺动脉，等）	内瘘近端血流量增大，远端血流量减少	原有血流量必须正常，血管不存在病变	1. 动脉狭窄（粥样斑块 / 解剖性）——内瘘失效 2. 锁骨下动脉窃血综合征
	回流静脉（头静脉，贵要静脉，正中静脉，等）	内瘘近端血流量明显增大，静脉动脉化，远端可能出现逆向血流，整体静脉压升高	必须有足够流量承载能力才能保证透析的完成	引流静脉承载能力不足（中心静脉狭窄闭塞——上肢水肿）

流,引起面部水肿。双侧头臂静脉阻塞或者上腔静脉阻塞可以导致上腔静脉综合征。综合征是以双侧上肢、面部、颈部同时水肿,并且伴随面颈部大量扩张侧支为特征。如果没有缓解,引起颈部软组织肿胀和气道压迫,甚至出现生命危险。因此上腔静脉闭塞综合征一旦出现就必需进行再通,血管成形和支架置入治疗。另外,在内瘘血流量基本正常的前提下,动静脉瘘管通道迂曲,瘤样扩张的持续进展也提示中心静脉狭窄的存在。特别是扩张部位薄并且发亮的皮肤预示着有生命危险的静脉瘤破裂。对这些病例,及时的外科修补瘤体以及解决中心静脉狭窄十分重要。中心静脉狭窄可能会减少血透通路内有效循环血量。当有效循环血量少于透析需要的血流量时,血透通路会出现回输血液再循环现象,从而导致透析不充分。这种由于中心静脉狭窄闭塞导致透析通路失功,也需要及时处理,否则影响透析效果。

要得出中心静脉狭窄的诊断以及明确介入干预指征,就必须综合病史和患者症状变化。中心静脉导管留置病史,尤其是多次的插管,应该警惕中心静脉狭窄的可能性。体查发现颈部、胸部多发扩张侧支循环以及同侧的上臂水肿都可以提示血流的阻塞。一旦出现双侧中心静脉狭窄,就会出现包括面部水肿的上腔静脉综合征症状。侧支静脉的血流方向应当仔细检查明确。中心静脉造影是诊断中心静脉狭窄的金标准。研究提示数字减影血管造影对透析通道的评价比彩色多普勒超声更加敏感。NKF-K/DOQI 指南推荐首选静脉造影评价锁骨下静脉置管病史的永久内瘘情况。磁共振静脉成像可以避免慢性进展性肾病的患者使用增强对比剂,可以保护残余的肾功能。血管内超声或血管内光学相干断层扫描可以提供一些狭窄闭塞部位血管的病理信息,对治疗手段的选择有一定帮助。另外,在中心静脉闭塞综合征(central vein occlusion disease,CVOD)定义上,NKF-K/DOQI 指南未将中心静脉狭窄和闭塞作区分,将形态学上中心静脉狭窄程度大于 50% 均列入中心静脉闭塞综合征的诊断。但笔者认为由于闭塞和狭窄在治疗手段、远期效果以及成功率方面均存在较大区别,DOQI 的定义应仅限于中心静脉狭窄(central vein stenosis,CVS)患者。中心静脉闭塞应更加严格限制在造影表现为中心静脉血流中断的病例。

(二)器械准备

无论是吻合口狭窄还是中心静脉狭窄闭塞,介入治疗的首选手段均是血管内成形术。所以常用

器械与血管内成形术所用器械基本一致,这一内容在相关章节已经详细讲述。

比较特殊的血透通路介入治疗器械准备包括:无创缝合线,溶栓导管,用于再通的各种指引导管导丝,高压球囊以及支架。

1. 导管和导丝　在指引导管选择上,除了要注意闭塞部位的可适用性外,最重要的是指引导管要求:同轴性好;支撑力好;抗折性好。导管选择时要注意:病变静脉的走行,有条件的情况可以给患者进行病变部位的 CT 扫描,根据 CT 三维重建的结果预判闭塞段的开口,走行。同时根据进入途径选择导管的直径和长度。根据病变严重程度,决定选择导管支撑力。同时,兼顾考虑是否使用其他器械的需要,如:机械性碎栓导管。导丝选择须与导管配合,对于严重的长段闭塞病变可以考虑支撑力较强的导丝,最常用的有长度为 260cm,0.035-inch super stiff amplatz(Meditech/Boston scientific)或 super stiff hydrophilic wire(Terumo)。对于比较陈旧或长段的闭塞病变可选用更加特殊的导丝,一般导丝的尖端设计决定了导丝的通过性,普通导丝一般会使用 soft floppy-tip 设计,前述的两种导丝都是这种设计。但是如果需要通过性更强的导丝,就需要采用 core-to-tip 设计,这类导丝主要有:Miracle 系列导丝(3g、4.5g、6g、12g)、Conquest(Pro、Pro12、Pro8-20)及 Cross IT 系列等导丝等。这些导丝具有锥形的头端,一般统称为锥形导丝(图 8-8-1)。锥形头端的设计有利于导丝利用其尖锐的锥形尖端"刺"破闭塞近段坚硬的纤维帽并顺利"穿"越闭塞段到达远端,以提高慢性闭塞性病变介入治疗的成功率。但是这一类导丝的尖端硬度大,且有些还加了亲水涂层设计,因此不适用于扭曲度过大病变段再通。

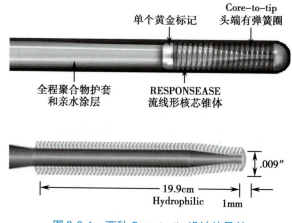

图 8-8-1　两种 Core-to-tip 设计的导丝

2. 球囊　对于吻合口以及引流静脉狭窄闭塞部位进行腔内血管成形术（percutaneous transluminal agioplasty，PTA）治疗技术也与动脉 PTA 技术相仿。但动脉 PTA 针对最多的导致狭窄的病变时是粥样硬化，血透通路导致狭窄的病理因素有所不同。对于吻合口狭窄方面，最常见到的原因是纤维结缔组织增生，这些瘢痕性狭窄产生的原因与患者体质以及吻合缝合技术有一定关系。而引流静脉狭窄，特别是中心静脉狭窄，也有很大部分在病理上是纤维瘢痕增生性狭窄，其产生与中心静脉置管损伤有关。目前，对中心静脉置管相关的静脉结构改变尚未深入研究。故针对这种狭窄进行 PTA 治疗，扩张阻力往往较大，扩张后有较高比例会出现弹性回缩。故在准备球囊时往往需要准备较高爆破压的高压球囊，必要时还需使用到切割球囊。

3. 支架　对于血透通路狭窄闭塞病例，目前，有较多研究支持使用支架改善中远期疗效，其中包括新英格兰杂志对内瘘口狭窄的前瞻随机对照研究。所以，支架是进行血透通路介入治疗必须准备的介入器械。但是术前有必要对患者进行病变部位的 CT 扫描，以确定支架的规格。另外，基于血透通路狭窄的病理形成机制，目前更倾向于使用覆膜支架来提高远期疗效。但是对于特定部位的闭塞，如：大静脉汇合的无名静脉或左右无名静脉汇合的上腔静脉，使用覆膜支架存在一定的相对禁忌。另外，在上腔静脉使用覆膜支架时，也要注意保护重要的开放侧支和罕见的血管解剖变异，如：奇静脉、双上腔静脉以及左上腔静脉。目前在 CVOD 治疗中，最常使用的支架有 Wallstents，Protégé 支架，Sinus 支架和 Zilver 支架以及 Viabahn。

（三）操作技术要点

1. 介入入路的选择　对于血透通路的介入操作技术并未形成统一的操作规范或技术指南，其技术方面主要借鉴于布加综合征、冠状动脉闭塞和大血管支架的基本技术。在介入治疗入路方面，与这些治疗技术又存在一定区别。无论是吻合口狭窄还是中心静脉狭窄，在介入治疗入路方面可概括为经上肢血管和经股血管两种入路。

对于吻合口狭窄来说，股动脉入路虽然安全，但是需要较长的进管途径，这一路径一方面影响了狭窄通过率，另一方面也由于部分高压球囊本身长度限制，经股动脉入路难以到达病变部位。所以，更为广泛使用的是选择在狭窄部位邻近选择介入入路。比较常用的是选择穿刺造瘘血管来导入介入器械，但是这一方法有可能影响血透通路的使用

寿命，故也有文献报道采用了肱动脉途径。对于前臂自体瘘，肱动脉穿刺可选择在肘部表浅处，操作比较简易。而对于肱动脉 - 贵要静脉或肱动脉 - 头静脉人工血管造瘘的患者，则必须在超声引导下穿刺更加近心端的肱动脉，其技术难度和设备要求较高。

对于引流静脉狭窄闭塞，同样可以采用股静脉入路和上肢静脉入路两种途径。另外，特殊情况需要采用双入路途径。股静脉入路是传统的静脉入路，但单纯采用该途径的报道较少，且仅在狭窄段较短且非完全闭塞性病变才能获得较高成功率的。由于在 CVOD 研究中，对病例病变情况缺乏统一标准。从理论角度而言，单纯的股静脉入路在诊断和治疗 CVOD 并非理想的选择。由于从股静脉到闭塞段距离较长，不论使用哪种导管都很难为导丝通过闭塞段提供足够的支撑力和正确的导向性。特别是对于陈旧的完全闭塞的静脉血管，经股静脉入路无法保证再通的成功率。虽然在 budd-chiari 综合征中，可以采用 TIPSS 穿刺针等硬质器械作为远程支撑或进行远程地闭塞段穿刺，但是由于 CVD 闭塞部位常邻近大动脉和心脏，采用这一技术风险明显较大。即便操作者采用股静脉入路可以将工作导丝通过闭塞段，由于导丝远端没有固定，当狭窄程度很高时，即便是最小的球囊通过闭塞段也会受阻，推进球囊时，很容易使球囊导管在较长的下腔静脉盘曲，导丝继而弯曲回缩，最终导致球囊通过闭塞段失败。上肢静脉入路多数直接选择穿刺 AVF 或者 AVG 相关血管，也可采用直接穿刺闭塞远心端大静脉的方法，但是内瘘建立后，上静脉血流量增加，深浅静脉均呈现不同程度扩展，甚至部分静脉血流方向发生改变，即使在超声引导下穿刺闭塞远心端静脉也存在误判的可能。而直接穿刺 AVF 或 AVG 可以客观全面反映造瘘后在 CVOD 病变前的血流情况。直接穿刺 AVF 或 AVG 造影虽然会造成造瘘管的损伤，由于可选用较小穿刺针和导管造影，一般并不需要特许处理穿刺点也不会影响造瘘管寿命。另一方面，若患者需要进行 PTA 或进一步介入干预时，由于 CVOD 使用的球囊较大，需要建立 8F～14F 通道，通过 AVF 或 AVG 途径导入器械，拔管后，会有较大出血风险，必须对穿刺点实施缝合。缝合会影响造瘘管的内径，降低造瘘管的使用寿命。总之，不论是哪种入路，都并不完美，存在改进的必要。许多情况下，还可以选择双入路牵张导丝技术（through and through wire），该技术以往多用于病变位于迂曲血

管或多血管交汇等复杂部位的再通和支架放置。Kim 在 2009 年阐述过采用该技术治疗 CVOD。国内，中山大学附属第一医院采用该技术治疗了较多病例，提出了一套比较完善的操作流程。双入路牵张导丝技术集中前述两种入路的优点，同时避免了两者的缺点。除了提高操作成功率外，还具有以下几方面优势：①双入路可以通过对吻的造影技术清晰显示闭塞段的近心端和远心端，从而提示闭塞的原始主干走向，避免误将明显扩张的侧支循环当成原始主干进行再通。②牵张导丝技术，使导丝两端都得到固定，这样可以使狭窄扩张和支架释放时，获得足够的支持和导向力。通常可以在首次狭窄段扩张时就采用 8mm 球囊，由于导丝支撑力足够，球囊均能顺利通过。另外，当狭窄位于锁骨下静脉与头臂静脉交汇处时，由于狭窄位于拱形弯曲处，此时更需要工作导丝给予良好的导向性。因为无论支架顺应性如何，亦无论从何种入路推送支架，当导丝张力不够时，支架遇狭窄部位受阻后，很可能无法顺血管转向。如果强行推进，便会造成静脉壁的破裂，导致严重并发症。③采用双入路技术，在 PTA 和支架释放过程中，可以通过 AVF 入路造影明确球囊和支架的位置，避免支架的移位。④该技术支持通过股静脉导入介入操作器械，一定程度上减少 AVF 的损伤，不需要外科缝合造瘘管，操作安全性提高，保证了造瘘管使用寿命。

2. 介入操作技术简介 对于狭窄闭塞的 PTA 技术在相关章节已经介绍，内瘘吻合口狭窄 PTA 操作基本相同，不再赘述。本节重点介绍中心静脉再通和腔内成形治疗的基本操作流程。

所有治疗均在 DSA 监视下完成，患者均采用局部麻醉。首先进行中心静脉造影以识别闭塞位置和程度。按常规消毒会阴部和患者造瘘管位置，铺巾后，先在腹股沟穿刺股静脉成功后，置入 8～10Fr 导管鞘。使用 20gauge 穿刺针穿刺患侧上肢的造瘘管（AVF）后，图像通过手动注射对比剂 20ml 在后前位的和斜照下，以每秒两帧获取造影图像。对于顺行造影，造影剂完全无法通过闭塞病变的患者，我们采用股静脉插管至闭塞近心端，使用上下端同时注射造影剂的方式，显示闭塞段长度。在造影中，闭塞程度和长度可通过 DSA 自带软件，对比邻近正常静脉的直径测得。

若单一股静脉入路血管腔内成形术首先经鞘插入多用途导管或支撑导管，送至闭塞近心端，使用导丝已于前述。再通过程必须循序渐进，导管导丝配合缓慢通过闭塞段，必要时可使用超声辅助以

保证导丝位于原始静脉腔内。无法一次通过时，可采用分段推进的方式，其间使用稀释造影剂造影明确导管位于静脉腔内。导丝导管通过后，置换一条超硬交换导丝，先使用 4～6mm 球囊预扩狭窄段，然后根据 DSA 测量的闭塞长度置入支架，支架置入后，可选用相应直径球囊后扩张支架。

经造瘘管 - 股静脉双入路结合贯穿牵张导丝技术辅助进行 PTA 治疗，该方法先经 AVF 或 AVG 置入一条 4Fr 导管鞘，根据造影指引将 4Fr 多用途或支撑导管送至闭塞远心端。同时经股静脉置入一条导管与闭塞近心端作为再通的指引。采用与前面一样的方法使导管导丝从闭塞就远心端通过闭塞段达到指引导管位置。如导管通过阻力不大，可经导管置入一条交换导丝，在导管辅助下，将导丝送至原留置导管鞘的股静脉内，用抓捕技术将导丝抓取出体外。再在该交换导丝支撑下，经股静脉送入球囊和支架进行再通治疗，方法基本同前述。当导管经过闭塞段阻力较大时，可将抓捕器送至上腔静脉抓取工作导丝，但该方法在一定程度上增大了诱发心律失常的风险（图 8-8-2～图 8-8-5）。

对于中心静脉狭窄闭塞的腔内成形术，需要注意的是操作过程中的静脉血栓脱落诱发的肺梗死，为避免肺梗死的发生，患者术前一定要进行较好的肝素化，建议保持凝血功能 INR 在 1.5 以上。同时，手术操作中不建议使用大球囊一次扩张。可采用小球囊扩张，必要时先使用支架覆盖闭塞段血栓，在使用大球囊扩张到需要的直径。另外，对于比较新鲜的静脉血栓性闭塞，可以考虑使用机械性碎栓导管，先行碎栓。碎栓时应从远心端开始，碎栓过程中，先保留近心端的大约 0.5～1.0cm 的狭窄段，先不进行处理。直到远心端血管碎栓充分后，在对近心端血栓和狭窄进行碎栓和球囊扩张治疗。以达到降低大块血栓进入右心房和肺动脉的概率的目的。

（四）围手术处理

1. 术前患者的观察和准备 对于血液透析通路并发症的患者，术前检查和患者准备均十分重要。术前除了了解患者出现症状的时间，还需充分了解患者血透的相关病史，包括开始血透的时间，最初采用的血透方式（临时透析管 / 长期透析管 / 造瘘），各种透析方式维持使用的时间，插管的次数、部位，放弃的原因等。同时，还需要初步掌握患者肾衰的原因，透析的规律和效果。注意询问患者是否存在肾衰相关的并发症，如：心功能不全、高血压、低蛋白血症等。对于高血压的患者需要根

据相关专科意见,进行降压治疗。对心功能不全患者要根据国际标准进行心功能分级。在中心静脉狭窄闭塞的病例,由于开通中心静脉回流通道,会导致回心血量骤增,所以对心功能Ⅲ级以上的中心静脉狭窄闭塞病例,若使用药物无法改善其心功能状况,介入治疗应该暂缓或放弃。

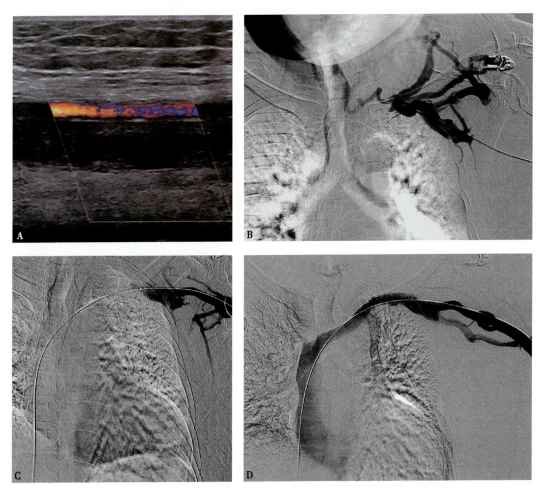

图 8-8-2　单纯股静脉插管治疗短段头臂静脉闭塞病例

男性,81 岁,左侧前臂 AVF 造瘘后半年,出现上肢肿胀伴胸闷一周入院。A. 超声显示头臂静脉闭塞段位于头臂静脉中段,闭塞段 3.5cm。其内多为较新鲜血栓,血管内膜较完整;B. 经肱静脉插管造影显示距离上腔静脉约 5cm 的头臂静脉存在一处狭窄闭塞段;C. 经股静脉送入工作导丝后,在狭窄端置入一枚 12mm×6cm 的支架,并使用球囊扩张使支架充分扩张;D. 支架植入后造影显示左头臂静脉恢复通畅,患者症状体征次日消失

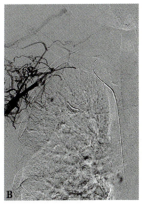
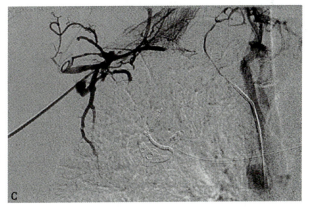

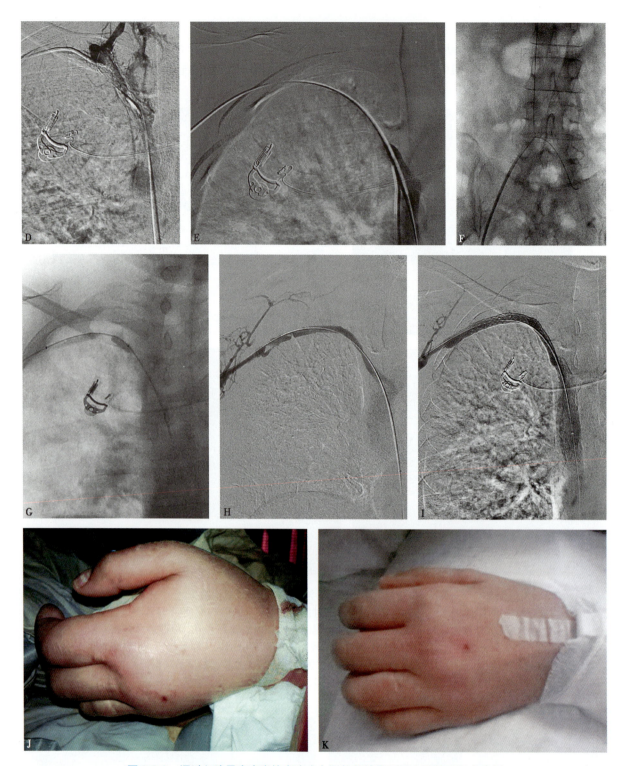

图 8-8-3　通过入路贯穿牵张技术治疗右侧长段锁骨下及头臂静脉闭塞病例

女性，54 岁，右上臂 AVF 造瘘后 5 天出现右上肢肿胀，有反复右锁骨下静脉及右颈静脉插管透析史。A. 15 天后予造影检查及经股静脉入路插管造影显示右侧头静脉距汇入上腔约 3cm 以上闭塞；B. 经造瘘管穿刺造影显示，腋静脉与锁骨下静脉汇合处，大量侧支开放；C. 经造瘘管置入 4Fr 鞘，送入 4Fr 多用途导管，在导丝引导下将导管推送至锁骨下静脉中段造影，根据近心端导管标记，显示未通过闭塞段仍有大约 6cm；D. 继续采用钝性再通技术经导管送至距离闭塞近心端约 3cm 位置进行造影；E. 在超硬导丝钝性再通成功，导丝通过后，使用股静脉插入导管造影，明确导丝位于上腔静脉真腔内；F. 将再通的工作导丝送至原置鞘股静脉侧，使用 0.018inch 导丝成袢套取工作导丝出体外；G. 使用 8mm 直径球囊对闭塞段进行逐段预扩张；H. 球囊扩张后造影，并再次测量狭窄闭塞段长度为 15cm；I. 根据测量，在闭塞段置入两枚 12mm×8cm 支架，并使用球囊扩张使支架尽量展开，支架植入后造影显示狭窄段支架未完全展开，但静脉血流已恢复通畅；J. 为术前左手肿胀照片；K. 为术后 24 小时左手的肿胀基本消失后的照片。患者 2 天后肿胀完全消退

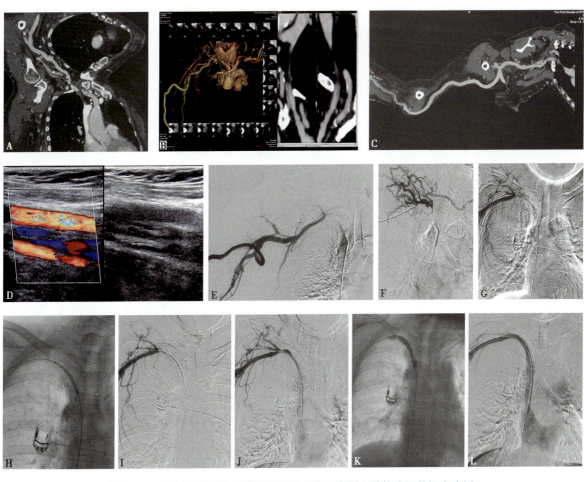

图 8-8-4　通过上下双入路贯穿牵张技术治疗右侧头臂静脉短段闭塞病例

男性，69 岁，上臂 AVF 造瘘后一周后便开始出现右上肢肿胀，有反复右锁骨下静脉及右颈静脉插管透析史。1 个月后就诊，在介入治疗前，予增强 CT 检查及三维重建和多普勒超声检查。A～C. CT 检查显示闭塞段位于头臂静脉与上腔静脉交界处，长度约 4cm；D. 超声也于同一部位发现闭塞病变，但是超声显示闭塞段内血栓信号混杂，静脉内壁无法辨认。故我们在术前就拟定采用双入路方法治疗；E. 上下入路同步静脉造影显示闭塞部位与 CT，超声吻合；F. 从 AVF 插入 4Fr 导管深入之闭塞远心端造影，充分显示闭塞段一侧支代偿情况；G. 从闭塞远心端钝性再通闭塞段成功后，置入了一条工作导丝贯穿 AVF 入口和股静脉入口；H. 使用 8mm 球囊扩张闭塞段；I. 球囊扩张后经 AVF 入口造影显示闭塞段未开放；J. 在闭塞段置入一枚 12mm×80mm 的支架后造影，显示狭窄端开放，但是支架尚未充分展开；K、L. 对未充分展开支架使用 12mm×100mm 的球囊进行再次球囊扩张，扩张后造影显示支架已完全展开，右侧静脉回流已恢复正常，侧支消失。术后 2 天患者上肢水肿完全缓解

2. 术中患者观察

对血透通路的介入治疗的患者必须进行术中心电监护。术中注意观察患者血压和血氧变化，同时询问患者是否有气促胸闷等不适。手术时间要尽量控制，注意几个关键时间段患者的反应。这几个关键时间段包括：血管闭塞再通完成时、球囊扩张回缩球囊时、机械碎栓治疗开始和对近心段血栓进行处理时。

术中最紧急的并发症是急性心衰，应对措施是马上给予强心药物治疗，临时阻塞内瘘通道和马上进行血透。术中急性肺梗死发生概率较低，但是一旦发生便有生命危险。所以，一旦怀疑，可马上进行肺动脉造影，以及及时介入取栓溶栓治疗。另外，对于血管闭塞进行再通时，有可能误入血管夹层甚至是穿破血管。静脉管壁较薄，穿破血管的风险更高。但是由于静脉血压相对动脉低，发生再通时导丝戳破静脉壁，也并非都需要特别处理。但如果错误的进行了球囊扩张，出血风险就会明显增加。遇到这种情况，可以考虑栓塞再通途径，覆膜支架覆盖等介入措施来防控出血。必要时，改由外科手术处理。另外，对于上腔静脉闭塞患者，还存在误穿引起心包积液的风险。遇到这种情况，在有效封闭破裂孔道的前提下，必要时还需要进行心包

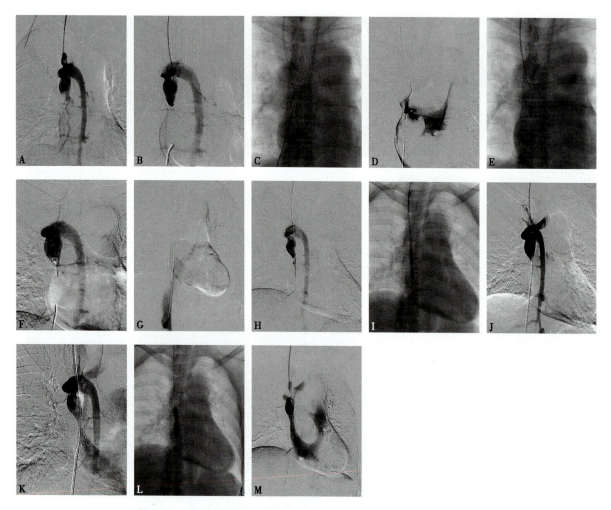

图 8-8-5 通过上下双入路贯穿牵张技术治疗上腔静脉完全闭塞病例

女性，64 岁，行 AVF 造瘘 2 年，出现右上肢及面部肿胀 3 周，体查发现胸壁大量静脉曲张，有中心静脉置管透析史。A. 颈静脉置入中长鞘造影显示上腔静脉闭塞，奇静脉扩张，上腔血流主要经奇静脉汇入下腔静脉回流；B. 经股静脉插入标记导管至上腔闭塞近心端，经颈静脉鞘造影显示闭塞段约 5cm 长；C. 经股静脉送入导丝硬端，尝试锐性再通；D. 经股静脉锐性再通误穿出血管外，造影显示导管端进入心包；E. 改用从颈静脉钝性再通并逐步推进导管；F. 对最终无法再通的一小段闭塞，采用经颈静脉锐性再通；G. 成功将导管通过闭塞经心房送入下腔静脉，造影明确导管端已位于下腔内；H. 经颈静脉送入工作导丝，从股静脉捕出，形成牵张的工作导丝途径；I. 考虑之前有误入心包过程，仅使用 4mm 球囊对闭塞段进行预扩张；J. 扩张后造影显示闭塞仍无血流，奇静脉仍开放；K. 在闭塞段置入一枚 12mm×60mm 的带膜支架，之后造影显示支架腰部未展开，血流仍大部分通过奇静脉回流；L. 对支架狭窄的"腰部"使用 12mm 球囊再扩张；M. 扩张后支架充分展开，血流恢复正常，奇静脉回流血流消失。患者术后上肢面部肿胀迅速消失，但在第二天出现中量心包积液，经心包穿刺引流 3 天后消失，拔除心包引流管无复发

穿刺引流，避免更严重的并发症发生。

3. 术后患者观察 术后主要观察患者症状是否顺利消失，同时也要留意血透相关数据是否改善。另外，患者由于血管再通，回心血量增加，有可能在术后出现迟发的心力衰竭，术后及时的血透可以减少这种风险的发生。迟发的肺梗死也偶有出现，术后要留意患者是否存在胸闷、发绀等肺梗相关表现。由于静脉压不高，静脉腔内成形术导致的血管微小破裂不会像动脉破裂那样出现凶险的

失血性休克，所以一般在术后 48 小时仍要注意患者血色素的变化，如果出现持续性的血色素下降，应及时进行相关影像学检查以及再次造影评价。

4. 术后药物治疗和随访 由于较多研究已经证明介入治疗血透通路并发症是非一次治疗手段，无论手术是否顺利抑或术后药物治疗是否规范，首次治疗后均无法维持永久通畅。故所有血透通路并发症的患者均应该进行严格地随访。为预防静脉性血栓的再次发生，建议使用华法林或利伐沙班

抗凝治疗。由于在正常人体,利伐沙班有 1/3 通过肾脏代谢清除,所以选用利伐沙班存在剂量调整的问题。血透患者推荐下列剂量:前三周,患者应接受 15mg 每日一次。此后,推荐剂量为 10mg,每日一次。如果评估得出患者的出血风险超过血栓复发及肺梗的风险,建议考虑使用 10mg 每日一次的剂量。作为抗凝药物,华法林几乎全部由肝脏代谢清除,其代谢产物虽然也需要通过肾脏排泄,但代谢产物无抗凝活性。但是,华法林通过抑制维生素 K 在肝脏细胞内合成凝血因子 Ⅱ、Ⅶ、Ⅸ、Ⅹ,从而发挥抗凝作用。其发挥作用机制复杂且缓慢,一旦出现出血症状,通过停药清除其副作用也需要较长时间,所以血透患者使用时也应慎重。关于是否需要使用抗血小板治疗,目前尚无统一意见。在深静脉血栓患者,抗血小板治疗不被推荐。但是内瘘患者,静脉血栓的原因更加复杂,它除了与透析后血液的高凝改变有关外,还与血管损伤以及静脉血含氧水平改变可能存在联系,故在保证患者安全的前提下使用氯吡格雷等抗血小板治疗也可考虑。

(五)治疗观察指标和随访指标

对血透通路介入治疗疗效的观察主要有客观指标和症状体征两方面,客观指标包括:治疗后造影显示的血管腔解剖形态,超声监测的血透通路血流量指标,透析时的静息动脉压,静脉压,透析流量,单位时间超滤量等。症状体征包括:患者头面部的肿胀消失和透析时穿刺点压迫止血时间的缩短等。

对患者随访应包括以下指标:

1. **技术成功率**　成功实施对血透通路病变的所有腔内治疗操作流程,病变血管血流得到恢复。对于狭窄病变,以狭窄程度小于 70% 为 PTA 成功的标准。

2. **治疗成功率**　经过介入治疗,患者血透通路并发症相关症状在短期内消失或基本缓解,能够保证通过血透通路的透析治疗顺利完成。

3. **首次通畅时间**　在首次介入干预后,无需进一步有创手段干预前提下,维持血透通路功能完整的时间。

4. **二次通畅时间**　在首次介入干预后,血透通路功能出现异常后,第二次有创治疗恢复血透通路功能后,无需第三次有创手段干预,维持血透通路功能完整的时间。以此类推,可以同上次通畅时间。

5. **首次通畅率**　在指定时间内,如:1 年,无需二次有创干预维持血透通路功能完整的病例比率。

三、研究趋势和发展方向

虽然,关于血透通路并发症的介入治疗已经发展了近半个世纪,但是对比其他领域的介入治疗,它在技术运用方面仍需进一步完善。其他方面值得探讨的问题也比较多。近年来,根据国际相关文献将关注点主要集中如何改善中远期疗效以及进一步从中心静脉狭窄的病理机制来寻找更加合理的治疗手段。

1. **如何改善中远期疗效**　目前 NFK/DOQI 指南及中国专家共识都推荐了 PTA 来处理血透通路出现的狭窄性病变,它被认为是治疗中心静脉狭窄的首选方法。研究报道 PTA 可以得到很好的近期结果,但是长期的首次通畅率还是不乐观的。有报道显示,在来自 862 例血透通路透析患者出现的 50 例中心静脉狭窄中,有 89% 的手术成功通畅率,但是最初 6 个月通畅率仅有 25%。而另外一个研究中,回顾分析了 25 例进行 PTA 的病例,手术成功率为 88%,6 个月的首次通畅率为 42%,1 年的首次通畅率为 17%。平均的通畅时间为 5.7 个月。另外一个 26 例进行中心静脉血管成形的研究也报道了相似的结果,手术成功率为 96%(其中 50% 为完全闭塞),3 个月首次通畅率为 70%,6 个月为 60%,12 个月为 30%。另一个研究报道了 43% 的一年通畅率,且 100% 的二次通畅率。有文章提出,球囊扩张后压力梯度变化可能与血管首次通畅率相关。球扩时间 30 秒和 1 分钟的区别也会影响首次通畅率。

对于 PTA 无效或者短期复发的病变,多数文献主张支架置入术。使用支架置入的 3 个月、6 个月、12 个月、24 个月的首次通畅率分别是 92%,84%,56%,28%。累计 6 个月和 12 个月后的总支架通畅率是 97%,24 个月为 89%,36 个月和 48 个月为 81%。故 K/DOQI 推荐 3 月内复发的弹性病变使用支架置入。但是有观点认为支架的优点也有可能被夸大。一个回顾性研究提示支架治疗与球囊扩张血管成形组在首次通畅率上没有区别,分别是 30 天(89% vs 94%),90 天(63% vs 67%),180 天(38% vs 40%)。二次通畅率也是相似的,分别是 90 天(95% vs 94%),180 天(76% vs 84%),360 天(69% vs 59%),血透通路道的中位使用时间分别是 618 天和 586 天。

2010 年新英格兰杂志刊登了一项关于内瘘狭窄介入治疗的前瞻、多中心的研究,该研究表明支架中远期疗效明显优于球囊扩张治疗。6 个月内,支架组的治疗局部通畅率显著高于球扩组（51% vs 23%），支架组的血透通路的通畅率也一样高于球扩组（38% vs 20%）。此外，6个月内无后续介入治疗的发生率，支架组也明显高于球扩组（32% vs 16%，$P = 0.03$ log-rank 检验，$P = 0.04$ 的 Wilcoxon 秩和检验）。6个月内的再狭窄的发生率球扩组明显高于支架组（78% vs 28%）。两个组在6个月内的副反应发生率接近。2013年的同样关于内瘘狭窄的 Meta 分析也认为支架置入比球囊扩张具有更好的总通畅率，在首次通畅率方面更具有优势。（相对风险 [RR] = 0.79；95% 可信区间 [CI]：0.65～0.96）。支架治疗的优越性获得了更高的循证学支持。但是关于中心静脉狭窄的介入治疗，尚没有高级别循证学依据证明支架治疗优于单纯球囊扩张术。

对于支架选择，Meta 分析认为使用的支架类型会导致治疗效果的显著差别。在使用镍钛诺支架的研究中（6个研究，678例），支架治疗的6个月通畅率优于球囊扩张，而在仅仅使用金属裸支架的研究中，支架置入与球囊扩张之间并没有区别。最新的研究表明覆膜支架更优于裸支架，这需要更多的数据证实。

2. 关于导致中心静脉闭塞的病理机制 由于疾病的病理机制是决定防治策略的重要因素，所以既往在血透通路的相关研究中也比较关注导致血透通路的病理变化的相关机制。有研究认为在血透通路的病理改变中，比较特异的表现有 α 肌动蛋白的平滑肌细胞出现，细胞外基质成分的成束出现，血管内膜和外膜的血管生成。在 AVG 中还会出现铺在移植物表面的巨噬细胞层。普遍认为静脉置管透析是中心静脉狭窄的最直接的风险因素。一项研究对6例血透通路患者的尸体解剖中发现，3例短期内静脉插管（<14天）患者的通路静脉，头臂静脉，上腔静脉内出现集中的内膜损伤区，内皮的裸露反映早期损伤的黏附凝聚。其他3例长期静脉插管（>90天）患者出现平滑肌细胞增殖导致静脉壁增厚。这些导管黏附于静脉壁的局部区域，意味着形成血栓、内皮细胞及胶原蛋白。因此，内皮裸露可能是静脉狭窄的启动因素。相关动物模型的研究也证明，虽然静脉置管会被拔除，但是其血管损伤反应是持续进展的。所以，一旦置入静脉导管，随着内皮的损伤和不规则血栓形成，就会出现早期的炎症反应。随着持续的炎症反应，继而血栓形成，平滑肌增生，血管壁增厚及与导管形成粘连。研究发现多次中心静脉置管和长期导管留置与中心静脉狭窄相关。在2014年的中国专家共识中指出，遵循"内瘘第一"的原则，减少不必要的中心静脉透析管使用。中心静脉置管位置也是导致中心静脉狭窄的重要因素。锁骨下静脉置管有着特别高的风险，中心静脉狭窄发生率为42%，而颈内静脉置管只有10%。然而最近的一个研究表明，颈内静脉置管的中心静脉狭窄发生率也很高。一项包含了133例透析患者的研究发现，行静脉造影可以发现有41%出现中心静脉狭窄，有锁骨下静脉置管病史患者中83%发现中心静脉狭窄，颈静脉置管病史患者中有36%出现中心静脉狭窄。导管感染与中心静脉狭窄的进展有关，但孰因孰果尚待研究。另外中心静脉狭窄好发于左侧静脉置管，可能与左侧更为迂曲的导管路径有关。在一个294例患者的研究中，共403处右侧及77处颈内静脉置管，其左侧的导管血流障碍，感染，中心静脉阻塞都明显高于对侧。另外一个研究表明，导管大小与静脉血栓发生率呈线性关系，在上肢静脉内 4Fr 为 1%，5Fr 为 6%，6Fr 为 9.8%。中心静脉置管的许多并发症和导管尖端的位置相关。尖端一般都置于锁骨下静脉的中部或者腔静脉心房连接处。虽然偶尔还会发生心房内血栓，但是目前一般将透析导管尖端置于比右心房更低的部位以获得更好的效果。当尖端在心脏内，随着心跳导致的中心静脉导管摆动也易于导致中心静脉狭窄。然而，短的导管，特别是如果由左侧置入，其尖端密切接触锁骨下静脉管壁，很有可能导致内皮的损伤及炎症反应，长期以往可能会导致中心静脉狭窄。血管壁对不同导管材料反应也存在区别，这种设想与硬度和聚合物的生物兼容性有关。在一个家兔模型中，聚乙烯和特氟龙导管发生更高的炎症反应，而硅树脂和聚亚安酯导管相对更少。聚乙烯和特氟龙的硬性被认为是炎症反应的病因。此外，硅树脂透析管相比于聚亚安酯，有着更低的中心静脉狭窄发生率。寻找更多生物兼容性材料制作中心静脉导管有着很好的前景。因此，改良影响导管的设计（例如孔的方向和部位，弯曲度，分叉或不分叉设计）对预防中心静脉狭窄有着一定的作用，未来是一个值得研究的课题。

另外，无静脉插管病史而发生中心静脉狭窄也是有报道的。故除了中心静脉置管是导致中心静脉狭窄的重要风险因素外，有学者也关注到动静脉造瘘所导致的静脉管腔流动血液成分改变，这可能也是诱发中心静脉狭窄的重要因素。由于造瘘后原静脉管腔流动血液含氧量增加，导致血管内皮炎性介质和细胞激酶水平的改变，具体包括 TGF-β、

PDGF、内皮因子等的表达增加。这些变化与血管炎性反应、细胞迁移、细胞外基质过度沉积与静脉内膜肥厚密切相关。一项在典型狭窄和阻塞症状患者的锁骨下静脉内进行内皮直接旋切取得的病理组织进行的检查的研究显示，随着纤维组织的出现，血管内皮开始增生。另外，中心静脉在造瘘后变得内腔更加宽大，这一方面促进了血压的降低，对造瘘后的心脏功能有一定保护作用，但是也导致了管腔内的湍流形成，湍流已经被证明可以导致血小板的聚集和静脉壁增厚。这种血小板 - 白细胞和血小板 - 血小板的聚集会持续扩大，而白细胞的激活导致了髓过氧化物酶的释放。血管内血栓又会导致促纤维化细胞因子的释放，最终导致内膜增生。

总之，目前关于介入医学相关的血透通路研究还正处在方兴未艾的阶段。在临床研究领域，我们需要进一步探索更加合理的治疗手段，在降低患者痛苦同时保证治疗效果的稳定和持续。在基础研究领域，血透通路狭窄闭塞存在较高的发生率和复发率，特别是在内瘘后的引流静脉系统改变方面，诸多病理生理机制尚未阐明。这些都是今后有价值的研究课题。

（杨建勇　黄勇慧）

参 考 文 献

1. 丛悦，邹英华. 颈动脉内膜剥脱术抑或颈动脉支架术：颈动脉狭窄手术治疗的金标准之争 [J]. 中国介入影像与治疗学，2010，7（3）：332-335.

2. 赵哲维，刘昌伟. 动脉粥样硬化性肾动脉狭窄介入治疗的现状与展望 [J]. 中华医学杂志，2016，96（4）：318-320.

3. 陈纪言，罗淞元，刘媛. 急性主动脉夹层的腔内修复术治疗现状与展望 [J]. 中国循环杂志，2014，29（1）：1-3.

4. 黄连军，蒲俊舟. 腹主动脉瘤腔内治疗现状及展望 [J]. 心肺血管病杂志，2016，35（10）：779.

5. 陈忠，寇镭. 主髂动脉闭塞症外科和腔内治疗选择 [J]. 中国普外基础与临床杂志，2015，22（8）：910-913.

6. Norgren L，Hiatt WR，Dormandy JA，et al. Inter-Society Consensus for the Management of Peripheral Arterial Disease（TASC II）[J]. J Vasc Sur，2007，45：S5-S67.

7. 刘俊超，王兵. 药物涂层球囊治疗股腘动脉支架内再狭窄的研究进展 [J]. 中国普通外科杂志，2016，25（12）：1796-1800.

8. 熊斌，梁惠民，郑传胜，等. 覆膜支架在外周动脉瘤及动脉夹层治疗中的应用 [J]. 介入放射学杂志，2013，22（1）：31-35.

9. Deng J L，Wu Y X，Liu J. Sonographically guided hand kneading and compression for treatment of femoral artery pseudoaneurysms[J]. Journal of Ultrasound in Medicine，2012，31（9）：1333-1340.

10. Pepersack T. Colopathies of the old adults[J]. Acta Gas troenterol Belg，2006，69（3）：287-295.

11. Landis MS，Rajan DK，Simons ME，et al. Percutaneous management of chronic mesenteric ischemia：outcomes after intervention[J]. J Vasc Interv Radiol，2005，43（2）：1319-1325.

12. Resch T，Lindh M，Dias N，et al. Endovascular reca-nalisation in occlusive mesenteric ischemia-feasibility and early results[J]. Eur J Vasc Endovasc Surg，2005，29（2）：199-203.

13. Sehgal M，Haskal ZJ. Use of trans jugular intra hepatic portosystem icshunts during lytic therapy of extensive portal splenic and mesenteric venous thrombosis：long-term follow up[J]. J Vasc Interv Radiol，2000，11（1）：61-65.

14. 李选，欧阳强，肖湘生. 介入取栓治疗急性肠系膜上动脉栓塞的临床研究 [J]. 介入放射学杂志，2006，15（4）：206-208.

15. 李宇罡，辛世杰. 急性肠系膜缺血性疾病的诊治进展 [J]. 中国血管外科杂，2015，7（4）：214-216.

16. Park WM，Cherry KJ，Chua HK，et al. Current results of open revascularization for chronic mesenteric ischemia：A standard for comparison[J]. Vasc Surg，2002，35（5）：853-859.

17. Senechal Q，Msssoni JM，Laurian C，et al. Transient relief of abdominal angina by wallstent placement into an occluded superior mesenteric artery[J]. Cardiovasc Surg，2001，42（1）：101-105.

18. Park WM，Gloviczki PR，Cherry KJ，et al. Contempo-rary management of acute mesenteric ischemia：Factors associated with survival[J]. Vasc Surg，2002，35（3）：445-452.

19. Klotz SN，Vestring TS，et al. Diagnosis and treatment of nonocclusive mesenteric ischemia after open heart surgery[J]. Ann Thorac Surg，2001，72（5）：1583-1588.

20. 张晓峰，李选. 肠系膜静脉血栓的诊断与治疗 [J]. 中国介入影像与治疗学，2009，6（6）：590-593.

21. Tendler DA. Acute intestinal ischemia and infarction[J]. Seminars in Gastro Disease，2003，14（2）：66-76.

22. 孙云川,李增智,周保军,等. 急性肠系膜静脉血栓形成的介入治疗 [J]. 中国医师进修杂志,2006;29(10):20-24.

23. 李选,欧阳强,肖湘生. 肠系膜静脉血栓的介入治疗 [J]. 介入放射学杂志,2006,15(4):202-205.

24. 刘迎娣,王茂强,王志强,等. 经颈静脉肝穿刺门静脉途径门静脉及肠系膜上静脉血栓溶栓治疗 6 例报告 [J]. 解放军医学杂志,2004,29(5):455-457.

25. Subhas G, Gupta A, Nawalany M, et al. Spontaneous isolated superior mesenteric artery dissection: a ca$e repotl and literature review with management algorithm[J]. Ann Vasc Surg, 2009, 23: 788-798.

26. Solis MM. Ranval TJ. McFarland DR. et al. Surgieal treatment of superior mesenteric artery dissecting aneurysm and simultaneous celiac artery compression[J]. Ann Vasc Surg, 1993, 7: 457-462.

27. Sakamoto I, Ogawa Y, Sueyoshi E, et al. Imaging appearances and management of isolated spontaneous dissection of the superior mesenteric artery[J]. Eur J Radiol, 2007, 64: 103-110.

28. Amabile P, Ouaissi M, Cohen S, et al. Conservative treatment of spontaneous and isolated dissection of mesenterie arteries[J]. Ann Vasf Surg, 2009, 23: 738-744.

29. Leung DA, Schneider E, Kubik-Hueh R, et al. Acute mesenterie ischemia caused by spontaneous isolated dissection of the superior mesenteric artery: treatment by percutaneous stent plaeement[J]. Eur Radiol, 2000, 10: 1916-1919.

30. Froment P, Merci M, Vandoni RE, et al. Stenting of a spontaneous dissection of the superior mesenterie arlery: a new therapeutic approach? [J]. Cardiovasc Intervent Radiol, 2004, 27: 529-532.

31. Gobble RM, Brill ER, Rockman CB, et al. Endov&scular treatment of spontaneous dissections of the superior mesenterie artery[J]. J Vase. Surg, 2009, 50: 1326-1332.

32. 路军良,李京雨,张强,等. 腹腔内脏血管动脉瘤的介入治疗方法探讨 [J]. 介入放射学杂志,2009,18: 90-92.

33. Leung DA, Schnei der E, Kubik-Huch R, et al. Acute mesenteric ischemia caused by spontaneous isolated dissection of the superior mesenteric artery: treatment by percutaneous stent placement[J]. Eur Radiol, 2000, 10: 1916-1919.

34. Casella IB, Bosch MA, Sousa WO Jr. Isolated spontaneous dissection of the superi or mesenteric artery treated by percutaneous stent placement: case report[J].

J VascSurg, 2008, 47: 197-200.

35. Yun WS, Kim YW, Park KB, et al. Clinical and angiographic followup of spontaneous isolated superior mesenteric artery dissection[J]. Eur J Vasc Endovasc Surg, 2009, 37: 572-577.

36. Wu XM, Wang TD, Chen MF. Percutaneous endovascular treatment for isolated spontaneous superior mesenteric artery dissection: report of two cases and literature review[J]. Catheter Cardiovasc Interv, 2009, 73: 145-151.

37. 苏浩波,顾建平,楼文胜,等. 裸支架腔内血管重建术治疗孤立性肠系膜上动脉夹层动脉瘤 [J]. 介入放射学杂志,2011,20: 948-952.

38. Subhas G, Gupta A, Nawalany M, et al. Spontaneous isolated superior mesenteric artery dissection: acase report and literature review with management algorithm[J]. Ann Vasc Surg, 2009, 23: 788-798.

39. Ichiro S, Ogawa Y, Sueyoshi E, et al. Imaging appearances and management of isolated spontaneous dissection of the superior mesenteric artery[J]. EurJRadiol, 2007, 64: 103-110.

40. 中华医学会外科分会血管外科学组,李晓强,王深明. 深静脉血栓形成的诊断和治疗指南(第二版)[J]. 中华普通外科杂志,2012,27(7):605-607.

41. 顾建平,楼文胜,何旭,等. 髂静脉受压综合征及继发血栓形成的介入治疗 [J]. 中华放射学杂志,2008,42(2):821-825.

42. Kearon C, Akl EA, Comerota AJ, et al. Antithrombotic therapy for VTE disease: antithrombolic therapy and prevention of thrombosis, 9th ed: American College of Chest Physicians evidence-based clinical practice guidelines[J]. Chest, 2012, 141 (2 Suppl): e419S-494S.

43. Comerota AJ, Throm RC, Mathas SD, et al. Catheter-directed thrombolysis for iliofemoral deep venous thrombosis improveshealth-related quality of life[J]. J Vasc Surg, 2007, 2: 130.

44. Vedantham S, Millward SF, Cardella JF, et al. Society of Interventional Radiology position statement: treatment of acuteiliofemoral deep vein thrombosis with use of adjunctive catheterdirectedintrathrombus thrombolysis[J]. J Vasc Interv Radiol, 2009, 20: S332-335.

45. Guyatt GH, Norris SL, Schulman S et al. Methodology forthe development of antithrombotic therapy and prevention ofthrombosis guidelines: antithrombotic therapy and preventionof thrombosis, 9th ed: American College of Chest PhysiciansEvidence-Based Clinical

Practice Guidelines[J]. Chest, 2012, 141: 53S-70S.

46. Casey ET, Murad MH, Zumaeta-Garcia M, et al. Treatment of acute iliofemoral deep vein thrombosis[J]. J Vasc Surg, 2012, 55(5): 1463-1473.

47. Gauci BN, Powell JT, Hunt BJ, et al. The feasibility of catheter-directed thrombolysis for acute deep vein thrombosis: a regional perspective[J]. Phlebology, 2011, 26(3): 94-101.

48. Van Gent JM, Zander AL, Olson EJ, et al. Pulmonary embolism without deep venous thrombosis: De novo or missed deep venousthrombosis? [J]. J Trauma Acute Care Surg, 2014, 76(5): 1270-1274.

49. Meissner M H, Gloviczki P, Comerota A J, et al. Early thrombus removal strategies for acute deep venous thrombosis: clinical practice guidelines of the Society for Vascular Surgery and the American Venous Forum[J]. J Vasc Surg, 2012, 55(5): 1449-1462.

50. Mousa A Y, Aburahma A F. May-Thurner syndrome: update and review[J]. Ann Vasc Surg, 2013, 27(7): 984-995.

51. Baekgaard N, Broholm R, Just S. Indications for stenting during thrombolysis[J]. Phlebology, 2013, 28 Suppl 1: 112-116.

52. Jost C J, Gloviczki P, Cherry K J, Jr., et al. Surgical reconstruction of iliofemoral veins and the inferior vena cava for nonmalignant occlusive disease[J]. J Vasc Surg, 2001, 33(2): 320-327; discussion 327-328.

53. Goldman R E, Arendt V A, Kothary N, et al. Endovascular Management of May-Thurner Syndrome in Adolescents: A Single-Center Experience[J]. J Vasc Interv Radiol, 2017, 28(1): 71-77.

54. Liu Z, Gao N, Shen L, et al. Endovascular treatment for symptomatic iliac vein compression syndrome: a prospective consecutive series of 48 patients[J]. Ann Vasc Surg, 2014, 28(3): 695-704.

55. Shi W Y, Gu J P, Liu C J, et al. Endovascular treatment for iliac vein compression syndrome with or without lower extremity deep vein thrombosis: A retrospective study on mid-term in-stent patency from a single center[J]. Eur J Radiol, 2016, 85(1): 7-14.

56. Lugli M, Maleti O. Preliminary report on a new concept stent prototype designed for venous implant[J]. Phlebology, 2015, 30(7): 462-468.

57. 郭成浩. 布加综合征的病因学研究. 中国普外基础与临床杂志[J], 2014,（12）: 1469-1471.

58. 祖茂衡. 布 - 加综合征的影像诊断与介入治疗 [M]. 北京：科学出版社, 2004.

59. 中华医学会放射学分会介入学组. 布加综合征介入诊疗规范的专家共识 [J]. 中华放射学杂志, 2010, 44(4): 345-349.

60. 祖茂衡, 徐浩, 顾玉明, 等. 布加综合征疑难病例与介入治疗相关并发症的处理（附 1859 例报道）[J]. 中国普外基础与临床杂志, 2014,（12）: 1487-1494.

61. 张小明. 布加综合征治疗方式的选择 [J]. 中国普外基础与临床杂志, 2014,（12）: 1479-1481.

62. M, Cholongitas EC, Patch D, et al. Update on the classification, assessment of prognosis and therapy of Budd-Chiari syndrome[J]. Nat Clin Pract Gastroenterol Hepatol, 2005, 2(4): 182-190.

63. Wang ZG, Zhang FJ, Yi MQ, et al. Evolution of management for Budd-Chiari syndrome: a team's view from 2564 patients[J]. ANZ J Surg, 2005, 75(1-2): 55-63.

64. Qi X, Ren W, Wang Y, et al. Survival and prognostic indicators of Budd-Chiari syndrome: a systematic review of 79 studies[J]. Expert Rev Gastroenterol Hepatol, 2015, 9(6): 865-875.

65. DeLeve LD, Valla DC, Garcia-Tsao G. Vascular disorders of the liver[J]. Hepatology, 2009, 49(5): 1729-1764.

66. Langlet P, Escolano S, Valla D, et al. Clinicopathological forms and prognostic index in Budd-Chiari syndrome[J]. J Hepatol, 2003, 39(4): 496-5016.

67. Yonghui Huang, Bing Chen, Guosheng Tan, Gang Cheng, Yi Zhang, Jiaping Li, Jianyong Yang. The feasibility and safety of a through-and-through wire technique for central venous occlusion in dialysis patients[J]. BMC Cardiovasc Disord. 2016, 16: 250. Published online 2016 Dec 7.

68. Kundu S. Central venous obstruction management. Semin Intervent Radiol, 2009, 26(2): 115-121.

69. Modabber M, Kundu S. Central venous disease in hemodialysis patients: an update[J]. Cardiovasc Intervent Radiol, 2013, 36(4): 898-903.

70. Shi ZM, Wang J, Yan Z, et al. MiR-128 inhibits tumor growth and angiogenesis by targeting p70S6K1[J]. PLoS One, 2012, 7(3): e32709.

71. Dayama A, Riesenman PJ, Cheek RA, et al. Endovascular management of aortic arch vessel occlusion: successful revascularization of innominate and left subclavian arteries[J]. Vasc Endovascular Surg, 2012, 46(3): 273-276.

第九章 介入放射学的其他应用

第一节 经皮椎体强化术

一、概述

经皮椎体强化术（percutaneous vertebral augmentation，PVA）是在影像学（CT 或 DSA）引导下，通过经皮穿刺技术将骨水泥，通常是聚甲基丙烯酸甲酯（polymethyl methacrylate，PMMA），注入病变椎体，治疗椎体良恶性病变所致疼痛的一种微创方法。PVA 包括经皮椎体成形术（percutaneous vertebroplasty，PVP）与经皮椎体后凸成形术（percutaneous kyphonplasty，PKP），PVP 与 PKP 的区别在于，前者是将骨水泥通过穿刺针直接注入椎体，而后者先是通过充盈的球囊在松质骨内产生一个腔隙后，再注入骨水泥。

二、治疗机制

因椎体良恶性病变所致椎体骨折或骨质破坏的患者，疼痛的来源主要与微骨折牵拉沿皮质骨分布的神经纤维有关，也可能由于神经结构的直接受侵，致使疼痛传导至椎旁神经丛，再经神经节和脊髓丘脑束到大脑顶叶所致。PVA 缓解疼痛的作用机制主要与下列因素有关：

1. 增强椎体强度，减轻塌陷椎体内的压力。
2. 改善脊柱稳定性 PVA 可显著增加病变椎体所在脊柱节段前柱的稳定性。
3. 固定椎体内微骨折 减轻微骨折的轻微活动对椎体内神经末梢的刺激。
4. 骨水泥聚合时的放热反应、骨水泥的单体毒性以及骨水泥阻断血流的机械作用可导致椎体痛觉神经末梢与肿瘤组织坏死。

三、适应证

PVA 主要适用于骨质疏松、创伤、原发性骨肿瘤（症状性血管瘤）、椎体转移瘤或血液系统恶性肿瘤（骨髓瘤和淋巴瘤）导致的疼痛性椎体压缩骨折

（vertebral compressive fractures，VCFs）。

1. **骨质疏松性椎体压缩骨折** 骨质疏松性椎体压缩骨折（osteoporotic vertebral compression fracture，OVCF）可无明显诱因，通常在 3 周内有剧烈疼痛，活动受限。随着骨折逐渐修复，一般 4 周以后疼痛会逐步减轻，但也可因骨折加重或者愈合不良而持续疼痛甚至程度加剧，局部缺血可产生骨坏死，在椎体内呈现真空裂隙征（Kummell 病），内有积液或气体，难以愈合。PVA 主要应用于：

（1）新鲜 OVCF 伴有明显疼痛，可迅速缓解疼痛，防止椎体进一步压缩，并可减少因长期卧床而导致其他并发症。

（2）OVCF 经保守治疗 6 周以上仍有明显疼痛，经 MRI 及 CT 证实椎体骨折仍未愈合。

（3）Schrmol 结节（椎体局限性压缩），排除其他原因引起的疼痛。

OVCF 常用的影像检查有 X 线摄片、CT、MRI 及核素骨扫描。MRI 和 CT 是行 PVA 前必备的影像学检查。CT 可了解压缩椎体边缘骨皮质是否完整，椎管内是否有游离骨碎片，并可观察穿刺途径的解剖结构等，但 CT 难以鉴别新鲜和陈旧骨折。MRI 对椎体骨折后水肿比较敏感，急性骨折或未愈合骨折在 T_1W 中呈低信号，而在 T_2W 的 STIR 序列或任何其他 T_2 脂肪抑制序列检查中呈高信号（图 9-1-1）；陈旧性压缩骨折 T_1W、T_2W 均呈低信号，并可发现 X 线平片及 CT 未显示的隐匿性骨折。在多节段椎体压缩骨折时，MRI 可显示需 PVA 治疗的靶椎体。

2. **椎体转移瘤**

（1）疼痛性椎体转移肿瘤、需卧床休息并用止痛剂者，或合并有椎体病理性骨折；

（2）无症状性溶骨型椎体转移瘤。

对疑有肿瘤累及椎体的患者，应进行细致的临床检查如感觉运动功能、异常反射、疼痛等，常需通过影像学检查确诊。X 线平片在椎体破坏、压缩塌陷很明显时才能显示病变。CT 能准确发现骨质异常，判断椎体转移瘤的类型（溶骨、成骨或混合

型),观察椎体后缘骨皮质破坏程度及椎弓根是否完整等情况(图9-1-2)。MRI检查可全面、清晰地显示转移椎体的数目、部位、压缩程度和硬膜囊是否受压,敏感性和特异性可达98.5%和98.9%。

3. **椎体骨髓瘤** 骨髓瘤是起源于骨髓中浆细胞的恶性肿瘤,椎体为好发部位,且常累及多个椎体,其特征性是广泛溶骨性质破坏,易发生病理性骨折。可表现为局部剧烈疼痛,活动受限及神经压迫症状甚至截瘫。

4. **椎体血管瘤** 椎体血管瘤(vertebral haeman-giomas,VH)一般无症状。少数侵袭性VH可引起疼痛及神经功能障碍,包括神经根症状、脊髓病变和瘫痪。

侵袭性VH通常表现为椎体和(或)椎体附件骨皮质膨胀性改变,软组织占位。其中脂肪成分较少,血管成分较多。MRI检查表现为T_1W低信号和T_2W高信号,CT表现为稀疏紊乱的骨小梁间以软组织密度成分,硬膜外占位,骨皮质侵蚀等(图9-1-3)。

VH可分为四种类型:①患者无症状且无侵袭性征象;②患者有症状但无侵袭性征象;③患者无症状但有侵袭性征象;④患者有症状且有侵袭性征象。通常认为第二种类型及第四种类型适合PVA,第三种类型存在争议。

四、禁忌证

(一)绝对禁忌证

1. 椎体结核、细菌感染。
2. 出凝血功能严重障碍,且无法纠正者。

(二)相对禁忌证

1. 骨折累及椎体后壁,或肿瘤破坏椎体后缘骨质严重,椎管内结构压迫者。
2. 椎体压缩程度超过75%,不具备穿刺条件者。
3. 出凝血功能障碍,有出血倾向者。
4. 身体虚弱的终末期患者。

五、术前准备

(一)器械与设备

1. **X线影像导向设备** 可正侧位双向清晰透视的C臂X线机或X线CT扫描机为必备设施。

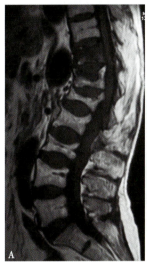
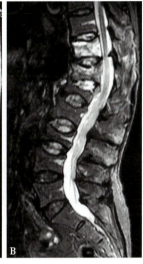

图9-1-1 新鲜压缩骨折MRI表现

A. 多发椎体压缩骨折,其中T_{11}、T_{12} MRI示T_1W呈明显低信号,L_1、L_2、L_3、L_4信号正常;B. T_{11}、T_{12}在T_2W-STIR呈不均匀增高信号,其余压缩椎体信号正常,提示T_{11}及T_{12}为新鲜压缩骨折

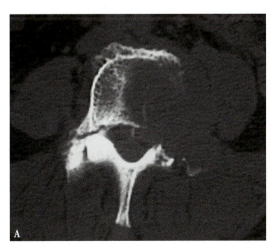
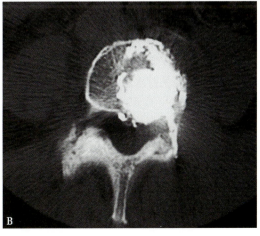

图9-1-2 椎体转移瘤的CT表现

A. L_4椎体转移瘤,CT示大范围溶骨性破坏,累及椎体后缘骨质及左侧椎弓根;B. PVP术后骨水泥充分充填病灶区域,部分重建左侧椎弓根

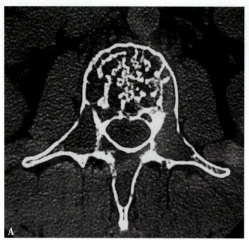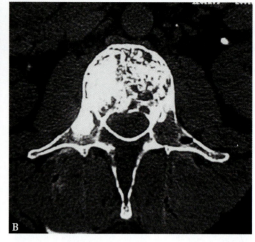

图 9-1-3　椎体转移瘤的 CT 表现

A. L$_2$ 椎体血管瘤，CT 示骨小梁增粗，稀疏紊乱，骨质破坏广泛；B. PVP 术后骨水泥弥散满意，重建右侧椎弓根

2. **穿刺针**　为带芯骨穿针，胸、腰椎用 11～13G、颈椎用 14～15G。

3. **注射器**　目前常用的骨水泥注射器主要有螺旋加压注射式和推杆注射式。

4. **外科不锈钢锤**　外科锤敲击推进穿刺针容易控制进针方向、用力大小和进针深度，安全性好。

5. **PKP 成套器械**　包括带芯穿刺针、导针、工作套管、骨钻、可扩张球囊、加压泵等。

6. 介入无菌手术包。

（二）骨水泥

PVA 术多选用低黏稠度骨水泥（PMMA），原因是其有利于渗透到骨小梁中，更好地发挥微观绞锁作用，有效阻止椎体骨折微动；同时有助于将骨水泥与骨表面间的剪切应力转化为压应力，使界面强度明显提高。注射骨水泥时应避免过于稀薄，否则易发生渗漏；宜于黏稠期注射，但应注意过于黏稠则难以注入。目前国内应用的骨水泥有国产及进口多种，其黏稠度及聚合时间不尽相同，因此手术医生须熟悉所使用的骨水泥理化特性。

（三）术者准备

操作医生应通过培训获得资质；根据影像检查明确所治疗的椎体、判定穿刺途径。术前谈话应详细，必须获得患者本人及家属的理解和签字。

（四）患者准备

1. 术前血常规、出凝血时间、肝肾功能、血沉及超敏 C 反应蛋白、脊椎 MRI、CT 及正侧位平片等。

2. 术前半小时可用镇静剂。

3. 应建立静脉通路。

4. 对疼痛剧烈、难以翻身俯卧的患者，术前应用镇痛剂，或联系麻醉科医师帮助术中止痛以便于安全完成手术。

5. 术前应用抗生素为非常规措施，但对口腔入路患者可应用抗生素预防感染。

六、手术操作过程

常规局部消毒铺巾，透视监视下确定靶椎体，1%～2% 利多卡因局部麻醉。颈 2 以下的颈椎穿刺一般采用仰卧位前外侧入路，颈 2 椎体可采用仰卧位经口腔入路或在 CT 引导下俯卧位经后外侧入路穿刺。胸腰椎穿刺常采用俯卧位经椎弓根入路穿刺，胸椎椎弓根狭小预计穿刺困难时，可采用椎弓根旁途径，如在横突肋凹与上关节突之间或椎弓根外上与肋骨之间进行穿刺。全程需作心电及指脉血氧监护。

（一）颈椎 PVP 操作

颈椎 PVP 多采用经前外侧入路。患者取仰卧位，肩下适当垫高，头部后仰。选定穿刺点，用中指和食指触摸颈动脉，并将其推向外侧，在其内侧与气管之间触及椎体前外缘，将穿刺针沿颈动脉与气管间隙对准靶椎体平行穿刺，正侧位透视证实穿刺针进入椎体病变部位（图 9-1-4）。在透视监视下缓慢注入骨水泥，当骨水泥有椎体外渗漏征象时，立即停止注射。如骨水泥填充不满意，可调整针尖位置及方向后再行注射。注射完毕后，置入针芯将穿刺针向后旋转退出。局部压迫止血、包扎。

（二）胸、腰椎 PVP 及 PKP 操作

胸、腰椎 PVP 多采用经后外侧入路。患者取俯卧位，穿刺点位于棘突旁开 2～3cm。经椎弓根

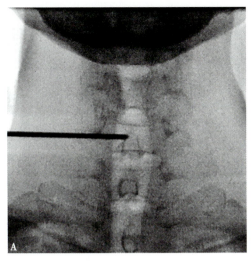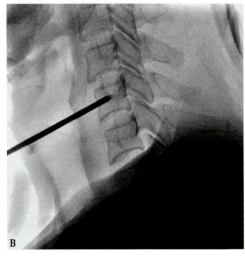

图 9-1-4　颈椎前外侧入路穿刺

A. C$_5$ 椎体转移瘤，压缩骨折。穿刺成功后正位片示穿刺针尖位于椎体中央偏右；B. 侧位透视示穿刺针尖位于椎体中部

穿刺途径：正位透视下从椎弓根投影"牛眼征"外侧缘进针，当针尖位于椎弓根投影内侧缘时，侧位透视针尖应抵达椎体后缘（图 9-1-5）。经椎弓根旁穿刺途径：于横突肋凹与上关节突之间进行穿刺，正位透视下进针，针尖位于椎体外上缘时，侧位透视针尖应抵达椎体后上缘。在侧位透视下继续进针至椎体前中 1/3 交界处时，正位透视应见针尖位于椎体中央附近。其他步骤同上。

PKP 的穿刺方法同 PVP，穿刺完毕后，撤出针芯，引入工作套管，置入骨钻并缓慢旋转前行至椎体前 1/4 处。取出骨钻，骨钻螺纹间残留的组织送活检。经工作套管置入球囊，球囊中心最好位于

椎体塌陷明显处。持续透视下缓慢加压扩张球囊（图 9-1-6）。球囊扩张终止的指征包括椎体高度恢复至正常；球囊接近终板或椎体边缘骨皮质；已达球囊最大承受压力。扩张完毕后撤出球囊。注入骨水泥。

（三）注意事项

1. 颈椎 PVP 的穿刺中应触摸颈动脉并向外推压，穿刺成功前不能松开。

2. 胸椎穿刺点不应旁开距离过大，防止误穿入胸膜腔；如采用胸肋关节穿刺，进针应轻缓，避免肋骨骨折。

3. 经椎弓根穿刺应避免损伤椎弓根内侧骨皮

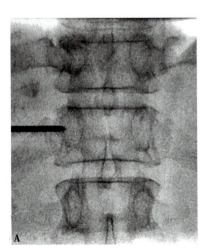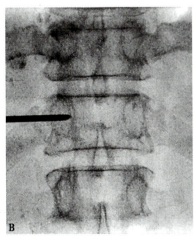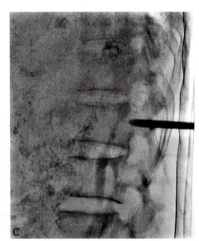

图 9-1-5　经椎弓根入路穿刺

A. T$_{11}$ 压缩骨折，正位片示穿刺针尖抵达椎弓根外侧缘；B. 正位片示穿刺针尖抵达椎弓根内侧缘；C. 侧位片示穿刺针尖位于椎体后缘

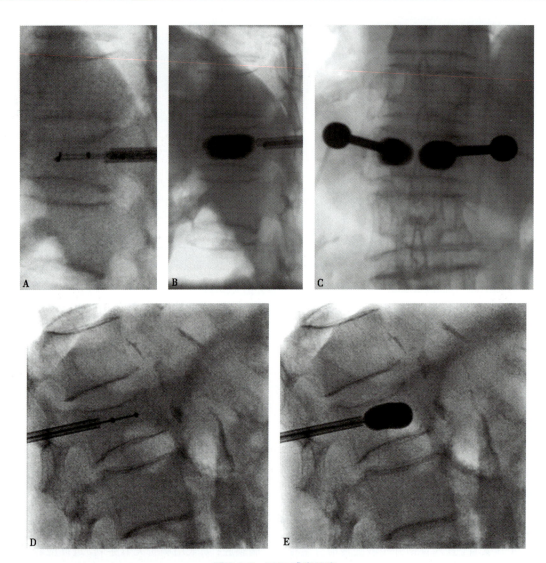

图 9-1-6 PKP 球囊扩张

A～C. L$_1$ 压缩骨折双侧穿刺双球囊同时扩张,椎体高度显著恢复;D、E. L$_2$ 压缩骨折单侧穿刺单球囊扩张,椎体高度恢复明显

质,以防损伤神经根及椎管。

4. 骨水泥注入量与疼痛症状的缓解并非呈正相关,应根据治疗的节段具体情况而定。一般用量为颈椎 1～2ml、胸椎 3～5ml,腰椎 4～6ml。

5. 目前研究表明单侧与双侧穿刺操作的 PVA 在椎体强度和治疗效果方面无统计学差异。若单侧注射骨水泥分布不理想,可再行双侧注射。

七、术后处理

1. 仰卧 2～6 小时,监测生命体征。

2. 术后可静滴抗生素 3～5 天。

3. PVA 后疼痛缓解多在术后即刻至 72 小时内。若疼痛持续或再发剧烈疼痛,应警惕是否新发椎体骨折。

4. 术后应针对原发疾病进行相应治疗。

八、并发症及处理

(一)与穿刺相关的并发症

主要有穿刺损伤神经根,椎管内血肿,椎弓根断裂,肋骨骨折等。

(二)与骨水泥注射相关的并发症

常表现为骨水泥渗漏,可渗漏入椎管内硬膜囊外、椎间孔、椎旁软组织、相邻椎间盘内及椎旁静脉丛,大多数无临床严重后果,如有明显症状,需切开取出渗漏的骨水泥。预防骨水泥渗漏的主要措施为:①骨水泥于黏稠期注射;②透视实时监视,一旦发现渗漏征象,应立即停止注射。

九、疗效评价

主要是观察疼痛缓解程度。WHO 标准将疼痛缓解程度分为 4 级：①完全缓解（CR）：疼痛症状完全消失，生活完全自理；②部分缓解（PR）：疼痛症状明显减轻，无需使用口服止痛剂，睡眠基本不受影响，生活基本能自理；③轻度缓解（MR）：疼痛较前减轻，但仍时有疼痛症状，使用口服止痛剂能止痛，睡眠受干扰，生活部分能自理；④无效（NR）：疼痛无减轻，口服止痛剂不能完全止痛，依赖强止痛剂。视觉模拟评分法（visual analogue scale，VAS）用数字 0～10 表示不同程度疼痛，0 表示无痛，10 表示剧痛。VAS 0～3 为 CR；VAS 4～6 为 PR；VAS>7 为 NR。治疗后 VAS 降低 3 分以上视为有效。另外也可用 Oswestry 功能障碍指数（Oswestry Disability Index，ODI），改良 MacNabal 功能评价标准等。多数患者在术后即刻至 72 小时（平均 36 小时）内起效，转移性肿瘤和骨髓瘤的疼痛缓解率为 72%～85%、OVCF 的疼痛缓解率达 78%～96%。

十、回顾与展望

严重 OVCF 难以有效实施内固定术，传统治疗多为卧床休息及应用镇痛剂，但长期卧床可引起骨质疏松加重及静脉血栓、褥疮等。对于疼痛性椎体良恶性肿瘤，传统治疗为放射治疗或开放手术，放射治疗的疼痛缓解率可达 90% 以上，但见效较慢，且对提高椎体稳定性帮助不大；外科手术的适应证范围窄，创伤大、并发症多，广泛应用受到制约。

循证医学结果显示 PVA 在改善身体残疾、提高整体健康、止痛等方面均比传统方法具有更好的疗效，且并发症的发生率较低。PVP 和 PKP 在临床应用的侧重点有所不同，一般情况下，椎体转移瘤与 VH 选择 PVP 治疗；而对于 OVCF，PKP 在恢复椎体高度方面具有优势，因此在情况许可时，此类病例较多选择 PKP。

关于 PVA 有些问题仍存有争议，如术中是否需行椎体静脉造影，PVA 的临床疗效到底如何，术后是否增加骨折风险等。

对于术中是否行椎体静脉造影，现多数学者认为对比剂与骨水泥性状不同，椎体静脉造影无助于预防骨水泥渗漏，反而增加费用及辐射时间。

《新英格兰医学杂志》在 2009 年发表了两篇关于 PVP 治疗骨质疏松椎体骨折与假性治疗的随机对照研究的论文，认为 PVP 与假性治疗疗效无

差异。但诸多学者认为此两项存在研究样本量过小、无随机分组、手术操作欠规范等缺陷，可靠性欠佳。反之，许多其他随机对照临床试验证实了 PVA 的有效性和安全性。

关于 PVP 与 PKP 的临床疗效比较，不同学者之间也存在不同观点。在疼痛缓解方面，两者总体差异不大。在骨水泥渗漏率方面，有学者认为 PKP 低于 PVP。

除缓解疼痛外，PVA 可在一定程度上矫正脊柱序列，阻止椎体进一步塌陷，但有学者认为椎体内的骨水泥注入可增加邻近椎体骨折的风险。也有学者不同意此观点，认为骨质疏松症是一种全身性疾病，一旦发生椎体骨折，无论是否行 PVA，邻近或远处椎体均有继发新压缩骨折的风险。因此，PVA 术后应重视其他全身治疗。另外，已行 PVA 的椎体再发骨折可重复 PVA 治疗。

目前，有新型骨诱导骨水泥研发应用于 OVCF，可诱导正常新骨形成。另外，除球囊外，其他用于 PKP 的新型扩张装置也逐渐用于临床，如金属网袋、椎体支架系统、Kiva® 等。如何更好地提高疗效，减少并发症，更有效地恢复脊柱序列，是将来进一步的研究方向。

（孙　钢）

第二节　经皮脊柱外骨强化术

一、概述

骨骼是肿瘤较易发生转移的器官，约 60%～80% 的恶性肿瘤会发生骨转移，且常为多发性。此类病变多可引起溶骨性破坏，并导致剧烈疼痛，严重影响患者生活质量。经皮椎体强化术（percutaneous vertebral augmentation，PVA）治疗椎体良恶性病变已广泛应用于临床并取得良好疗效。近年来，随着技术的成熟及器械的发展，经皮骨成形术（perctutaneous osteoplasty，POP）逐渐应用于椎体外如骨盆区与四肢骨等部位转移瘤，在缓解难治性疼痛和增强机械稳定方面显示出良好的效果。其中，长骨肿瘤的治疗又分为仅注射骨水泥的经皮长骨成形术（percutaneous long bone cementoplasty，PLBC）和经过改良的经皮长骨成形术（embedding a cement-filled catheter in the long bone medullary canal，ECFC）。后者将多侧孔引流导管植入肿瘤区域，注入骨水泥并将注满骨水泥的导管留置，可有效预防长骨发生病理性骨折。

二、治疗机制

骨肿瘤患者疼痛的来源主要与神经末梢受侵及病理性骨折有关，POP 治疗机制与 PVA 类似：

1. 骨质破坏区域注入骨水泥后，可加固骨骼，增加骨骼强度，并阻止微骨折活动刺激神经末梢产生疼痛。

2. 骨水泥聚合时的放热反应可导致病变区域神经末梢与肿瘤组织坏死，起到缓解疼痛及治疗肿瘤的作用。

3. 骨水泥单体的毒性对肿瘤及感觉神经末梢有一定的杀灭作用。

4. 骨水泥注入后阻断血流的机械作用，可以缓解疼痛并在一定程度上缩小肿瘤体积。

三、适应证与禁忌证

（一）适应证

主要取决于病变部位，范围，疼痛程度，功能受限程度，全身状况，预期生存时间等因素。包括①手术无法切除的恶性骨肿瘤；②顽固性疼痛，严重影响生活质量；③骨肿瘤引起骨折的患者；④身体状况较差，无法耐受外科手术；⑤放疗化疗及药物治疗无效或效果不佳的疼痛患者。

（二）禁忌证

①禁忌证包括凝血功能严重障碍，且无法纠正者；②病灶所在部位邻近重要脏器、血管、神经；③手术部位或穿刺途径存在细菌感染；④身体虚弱难以耐受手术的终末期患者；⑤骨质破坏严重。

四、术前准备

（一）器械与设备

包括 X 线影像导向设备；带芯骨穿针，11～15G，长度为 10～15cm；螺旋加压注射式和推杆注射式骨水泥注入器；外科锤；骨钻；骨水泥等。

（二）术者准备

术前仔细阅读影像学资料，明确手术部位，确定穿刺途径，原则上应避开重要的血管、神经，选择最短入路。并详细向患者本人及家属说明手术情况及存在的风险。

（三）患者准备

1. 患者术前常规检查生命体征、血常规、出凝血功能、肝肾功能、心电图等；最好于术前 3～5 天行 CT 检查，观察病灶情况。

2. 术前 30 分钟给予镇静剂。

3. 术前建立静脉通路。

4. 疼痛剧烈的患者，术前适当应用镇痛剂。

五、手术操作过程

根据术前选定的进针路线选择合适体位，通常骨盆区病变患者取俯卧位，四肢长骨病变患者取仰卧位。在 X 线透视监视下，选定病变区域，确定穿刺点，监视穿刺过程。常规消毒、铺巾，以 1% 利多卡因局部浸润麻醉后，实施穿刺治疗，穿刺成功后常规取活检。

（一）穿刺途径

1. 髋臼穿刺途径　上髋臼穿刺较为容易，穿刺点位于骨盆侧面，在正侧位透视下，选定穿刺平面，并监测穿刺途径，穿刺针抵达髋臼病变区即可。内侧髋臼穿刺应自坐骨结节，经坐骨升支抵达病变区，透视监测除正侧位外，由于坐骨升支走行呈非垂直状，观察标准正侧位较困难，因此必要时可结合多角度斜位透视监测（图 9-2-1）。

2. 坐骨病变穿刺途径　穿刺点位于坐骨结节，应用正侧位透视或斜位透视监测（图 9-2-2）。

3. 四肢长骨病变穿刺途径　穿刺应避开神经与血管走行，可有效避免意外损伤，如肱骨穿刺从前臂背侧穿刺较为安全，胫骨穿刺在胫前区选定穿刺点。如病变范围较大，可选择多个穿刺点置针，以使骨水泥尽量填充病变区域。如采用 ECFC 技术，则在靠近病变侧正常皮质骨上选择穿刺点，如骨质较硬可使用 3.2mm 骨钻穿透皮质，工作套管置入骨髓腔后，经套管引入 5F 单弯导管与 0.035 英寸超滑导丝配合通过肿瘤区域，如果难以通过髓管中的肿瘤组织，可使用加硬导丝。确定导丝位置理想后，撤出导管，将多侧孔胆道引流导管经导丝进入髓腔，导管的多个侧孔对应于病变部位。注射骨水泥后用空心圆锯截断引流导管将其留在髓腔内（图 9-2-3，图 9-2-4）。

（二）注射骨水泥

确定穿刺针到位后，即可注射骨水泥，注射前可用非离子对比剂行局部血管造影，观察骨水泥可能的填充范围与潜在的外溢概率。调配骨水泥，在其进入牙膏状时向病灶内推注。注射全程必须在 X 线透视监测下进行，一旦发现骨水泥渗漏征象或病灶外血管显影，应立即停止注射，避免骨水泥外溢导致并发症发生。应用 ECFC 技术时，骨水泥可通过导管侧孔分布到溶骨性病变中，如填充不理想，则直接穿刺病灶部位补充注射。在患者耐受及安全前提下尽量完全填充病灶，但长管状骨不宜过度填充，以免髓腔压力过大加重疼痛或引起脂肪栓

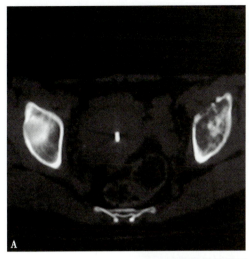
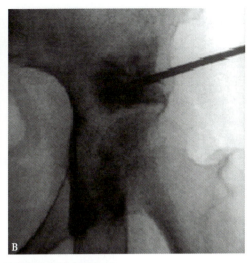
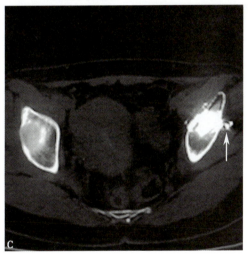

图9-2-1 左髋臼骨水泥成形术

A. CT示左髋臼顶部溶骨性病变；B. 透视监视下穿刺病变部位并注射骨水泥；C. 术后CT示骨水泥的分布良好，软组织中可见少量骨水泥渗漏（箭头）

塞等并发症。骨水泥注入量因病灶部位及大小不同差异较大，约3～29ml。注射完毕后将穿刺针芯插入针管，旋转拔针，局部包扎，手术完毕。

六、术后处理

1. 仰卧2～6小时，监测生命体征。

2. 术后可静滴抗生素3～5天。

3. 术后观察患者疼痛缓解程度，当日复查CT观察骨水泥在病灶的填充程度以及骨水泥外溢情况。

4. 定期复查。

七、并发症及预防

骨水泥渗漏是POP最常见的并发症，如渗漏入周围软组织、髋关节、闭孔等部位。周围软组织渗漏一般不引起明显症状，多不需特殊处理。但骨水泥渗漏入关节或神经周围时，如有明显症状，可采取外科手术处理。为避免渗漏，骨水泥应于黏稠期注射，且注射时全程透视实时监视。

其他并发症还包括病理性骨折、感染、过敏及出血等，临床少见。病理性骨折的主要原因是POP术后虽然疼痛缓解恢复行动，但治疗后的骨骼承重能力下降所致，活动量适度是减少骨折发生的重要措施。POP后继发感染的发生率较低，不足1%，术前仔细评估患者的体质状况，术中严格无菌操作可有效降低感染发生率。POP很少发生出血，但骨肿瘤多为富血管，仍存在穿刺出血的风险，一般局部按压即可止血，如果难以止血，可采用氰基丙烯酸正丁酯（NBCA）局部注射或经皮血管栓塞术止血。

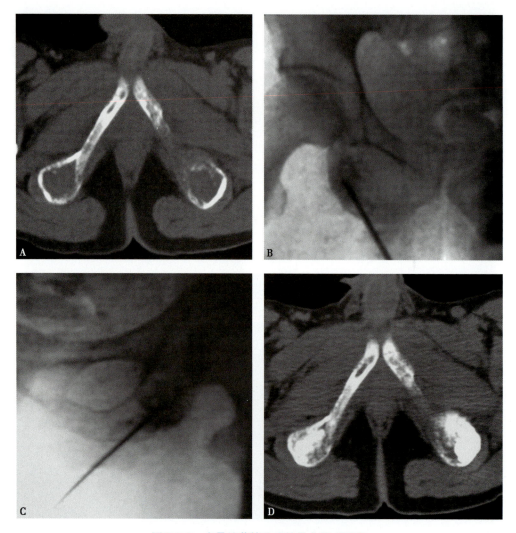

图 9-2-2　坐骨结节转移瘤的骨水泥成形术
A. 术前 CT 示双侧坐骨结节溶骨性转移；B、C. 透视监视下双侧病变分别穿刺并注射骨水泥；
D. 术后 CT 显示骨水泥的分布

八、疗效评价

脊柱外骨强化术主要用于治疗骨肿瘤所致的顽固性疼痛，因此疗效评价主要是观察术后疼痛缓解程度。评价标准可采用 WHO 标准、视觉模拟评分法（visual analogue scale，VAS）、Oswestry 功能障碍指数（Oswestry disability index，ODI）、改良 MacNabal 功能评价标准等。多数患者在术后即刻至 72 小时内起效，根据文献报道，不同部位的 POP 术后疼痛缓解率为 80%～100%。

九、回顾与展望

治疗转移性骨肿瘤的传统方法有全身性的化疗、放疗、外科手术及镇痛剂等，但治疗效果并不

理想。对于肿瘤中晚期或肿瘤范围广泛时，外科手术并不是最佳选择；而放疗约有 60% 的患者疼痛症状可以缓解，且见效较慢；双磷酸盐类药物对乳腺癌、多发性骨髓瘤相对有效，但临床效果也不是特别理想。因此，近年来涌现了许多新的治疗方法来缓解疼痛，比如射频消融、冷冻消融、微波消融、高强度聚焦超声（high-intensity focused ultrasound，HIFU）以及 POP 等。根据文献报道，局部消融治疗能显著缓解疼痛，明显减少镇痛剂使用。但消融术也存在缺陷，如疼痛缓解的延迟效用，无加固骨骼作用等。相对来说，POP 疼痛缓解迅速，且能提高患骨机械稳定性，因此其应用愈加广泛。为取得更好的肿瘤治疗效果，也有学者应用消融联合 POP 方法，亦获得良好疗效。

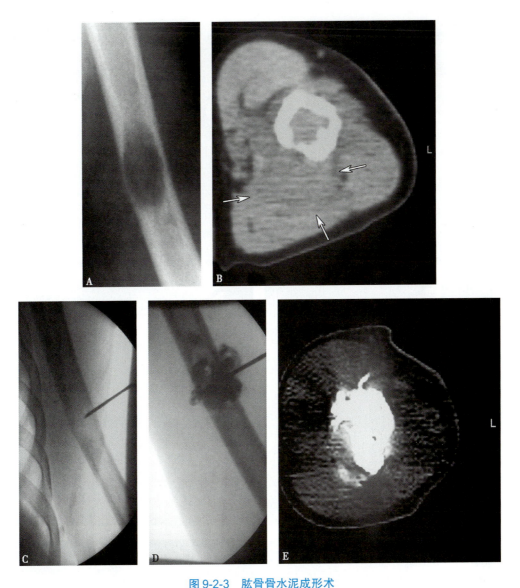

图 9-2-3　肱骨骨水泥成形术

A、B. X 线平片及 CT 示肱骨溶骨性破坏；C、D. 透视监视下穿刺病变部位并注射骨水泥；E. 术后 CT 显示骨质破坏区及骨外软组织灶骨水泥填充

值得注意的是，Mirels 评分≥8 或轴向皮质受累＞30mm 的病变，病理性骨折发生机率较大，单纯消融术并非最佳选择。对于此类患者，应施行 POP 或 POP 联合消融术进行治疗。尽管如此，对长骨病变来说，病理性骨折仍是 PLBC 后最常见的延迟不良事件。主要原因是将水泥直接注入溶骨性病变不能为长骨提供足够的机械稳定性，虽然其可以增强长骨抗压能力，但抗扭力较弱。针对这种情况，SUN 等使用 ECFC 技术结合 PLBC，因为骨水泥充分填充的导管留置在髓腔内起到了"内固定"的作用，因此可获得更好的临床结果。与单独应用 PLBC 相比，PLBC 结合 ECFC 可以明显降低手术后病理性骨折的风险，并在 VAS 和 KPS（Karnofsky performance scale）评分方面优于 PLBC。

总之，经皮穿刺骨水泥局部注射治疗脊柱外转移性骨肿瘤，是一种在局麻下进行的微创介入治疗手段，具有手术时间短、创伤小的优点，疼痛缓解迅速且效果明显，同时可以增加骨骼生物机械强度，有效防止病理性骨折发生，并能使患者尽可能恢复行动能力。因此，尽管尚需大量基础研究和大宗病例来进行进一步评价和完善，但目前来看，骨水泥成形术疗效肯定，具有广阔的应用前景。

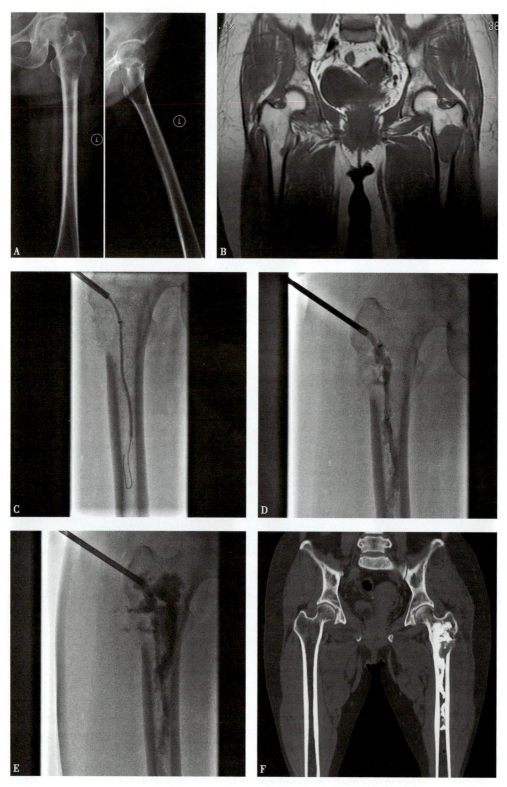

图 9-2-4　股骨近端 ECFC 术

A、B. X 光片和 MR 示左侧股骨近端溶骨性病变；C. 穿刺成功后，导丝越过病灶区域，将多侧孔胆道引流导管沿股骨长轴置于髓管中；D. 经引流导管缓慢注入骨水泥，并将填充骨水泥的导管用圆锯截断留置；E. 补充注射骨水泥；F. 术后 CT 示骨水泥分布情况

（孙　钢）

第三节 腰椎间盘突出症的介入治疗

一、病因病理与临床表现

腰椎间盘突出症(lumbar disk herniation，LDH)是指因椎间盘各部分退行性改变后，髓核组织从纤维环破裂之处突出/脱出，导致邻近脊神经根遭受刺激或压迫，从而产生腰部疼痛及下肢麻木、疼痛。椎间盘退行性变是指在相应年龄段不应该出现的椎间盘结构和功能的障碍，这是 LDH 的主要原因，此外如慢性劳损、急性外伤、先天性发育异常、剧烈咳嗽致腹压增高等因素也起到重要作用。

(一)发病机制

LDH 所致腰背痛的发病机制是多因素的，主要为机械因素(神经根受压)和相关炎症因子。包括：①向椎间孔内、外突出的椎间盘组织对神经根直接压迫牵拉；②缺血，是由于小动脉压迫和神经束的微循环改变，伴随神经纤维束缺氧而脱髓鞘；③静脉淤血；④神经根炎症和周围神经炎症，椎间盘突出引发细胞介导的炎症反应在疼痛病理机制中起到重要作用，此外，椎间盘组织降解过程中可增加炎症反应；⑤由于磷脂酶 A2 引起的生物性免疫反应，可产生前列腺素 E2 和白三烯。

(二)临床表现及诊断

根据髓核突/脱出的部位、大小以及椎管矢状径大小、病理特点、机体状态和个体敏感性等不同，临床表现也不尽相同。LDH 好发于 $L_{4\sim5}$、$L_5\sim S_1$，以侧后方突出多见。

1. 症状

(1)腰腿痛：是 LDH 的主要症状，腰痛和腿痛可先后发生，也可同时发生。LDH 引起的腰痛主要表现为下腰痛，慢性钝痛较多，多可忍受，腰部能适度活动及慢步行走，主要为机械压迫所致。也可表现为腰部痉挛样剧痛，发病多急骤，且多难以忍受，活动受限，主要是由于髓核突然突出压迫神经根引起缺血性神经根炎所致。

LDH 引起的腿痛，根据突出物的位置不同可表现为单侧或双侧坐骨神经痛和大腿前部痛。轻者表现为由腰部至大腿及小腿后侧的放射性刺痛或麻木感，一般可忍受。重者则表现为由腰至足部的电击样剧痛，多伴有麻木感。

(2)马尾综合征：多为髓核中央型巨大突出或髓核游离块压迫马尾神经所致。表现为双下肢根性疼痛、会阴部疼痛、麻木、大小便功能障碍、阳萎等。

(3)肌肉萎缩、麻痹：是因相应的支配神经受损麻痹所致。轻者肌肉萎缩、肌力减退，重者肌力完全消失。

(4)患肢麻木：突出物刺激触觉神经纤维可产生肢体麻木感，其范围与受损神经的支配范围一致，呈区域分布。

(5)肢体发凉：突出物刺激交感神经，引起患肢血管收缩所致。

(6)间歇性跛行：椎间盘突出物影响椎管内静脉回流，当直立行走时，加重神经根充血、淤血程度，导致疼痛加剧。

2. 体征
有利于诊断的体征表现有脊柱侧弯、局部深压痛、腰椎活动受限、感觉障碍、运动障碍、腱反射减弱、神经根牵拉刺激试验阳性等。

3. 影像学表现
影像学检查主要包括：X 线平片、脊髓造影、髓核造影、CT、MRI，现在主要应用 CT 和 MRI。

(1)CT：腰椎间盘后缘向椎管内局限性突出的软组织阴影，压迫硬膜囊，其密度与相应的椎间盘密度基本一致，突出组织大小、形态不一，边缘规则或不规则，部分可有钙化。典型表现可见硬膜外脂肪间隙移位、变窄或消失，硬膜囊及神经根受压移位(图9-3-1)。

(2)MRI：在 T_1W 突出物呈息肉样或半圆形自正中或后外侧突入椎管，信号强度与该椎间盘相同，与高信号强度的硬脊膜外脂肪及低信号强度的硬脊膜囊对比鲜明。在 T_2W 突出物与高信号硬脊膜囊内的脑液对比清晰。MRI 矢状位图像对于椎间隙上方或下方的髓核碎片显示清楚。

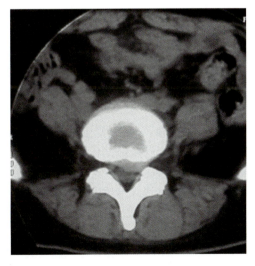

图9-3-1 $L_{4\sim5}$椎间盘突出的CT表现
CT 示 $L_{4\sim5}$椎间盘向左后突出，压迫硬膜囊并向对侧推移

二、介入治疗方法

介入方法治疗LDH的基本原理是：解除压迫性的机械因素和突出椎间盘引发的炎性反应。

常用的治疗方法有：

（一）自动经皮椎间盘切除术

自动经皮椎间盘切除术（automated percutaneous lumbar diskectomy，APLD）通过纤维环开窗减压以及髓核钳夹取髓核和切割抽取髓核达到机械性减压的治疗目的。

1. 术前准备 术前查血常规、出凝血时间、血沉、心电图、CT及正侧位平片等。

2. 器材及药物 穿刺针、系列扩张套管、髓核钳、环锯、自动式切除装置、负压吸引装置。

3. 操作步骤

（1）体位：可采用俯卧位或患侧向上侧卧位。取俯卧位时，腹部垫以适当高度的软垫，使椎间隙后缘增宽；取侧卧位时，腰间垫一软垫以保持正常生理曲度。一般从症状侧进针。

（2）定位：透视下选定拟手术椎间隙，将金属尺沿椎间隙在体表的投影平行放置，用甲紫（龙胆紫）作线性体表标记，根据在CT或MRI片上所测得的穿刺点与棘突的距离，在此线上标记穿刺点。

（3）消毒与麻醉：常规消毒铺巾，透视下用1%利多卡因沿穿刺途径对皮肤及皮下各层组织行局部麻醉。

（4）穿刺：穿刺点作小切口，使用带芯穿刺针在透视监视下对准椎间隙向椎间盘穿刺，抵达纤维环的后外侧。较为理想的针尖位置为正位透视位于椎弓根内缘的外侧，侧位透视接近椎体后缘。穿刺过程中须注意患者有无臀部和下肢放射痛，避免损伤神经根。证实针尖位置满意后，将穿刺针刺入椎间盘中央（图9-3-2A、B）。

（5）建立工作通道：退出穿刺针芯，将扩张套管逐级交换插入，最终将工作套管送至椎间盘后1/3处（图9-3-2C、D）。

（6）纤维环开窗：将环锯沿工作套管进入椎间盘，缓慢后撤工作套管至纤维环边缘，适当用力抵紧纤维环使套管不致脱出，环锯回撤入套管，再向前缓慢旋转推进，钻通纤维环进入椎间盘内，重新将工作套管沿环锯前置于椎间盘后1/3处，撤出环锯。

（7）夹取髓核：沿工作套管送入髓核夹取钳，旋转并前后移动，尝试多角度多位置夹取髓核（图9-3-2E、F）。夹取过程中，工作套管可扇形移动，以

增大夹取范围。当无更多髓核被夹取出时，则可退出髓核夹取钳。应注意，髓核钳前端不能超越椎间隙的前1/4处，过分靠前有可能损伤椎体前方的血管与其他组织结构。

（8）切除抽取髓核：沿工作套管置入套管式内切割器，连接负压吸引器，接通冲洗液，以不同深度及不同方向多次切割抽吸髓核（图9-3-3）。注意观察负压吸引器收集瓶中髓核碎块的多少，以及有无出血等情况。当无更多髓核组织吸出时即可停止，沿工作套管退出髓核切割器。

（9）拔管、包扎：拔出工作套管，或拔管前沿管腔注入适量抗生素预防感染，局部消毒包扎。

4. 术后处理

（1）观察与用药：术后12小时内观察生命体征。术后3日内静脉滴注对椎间盘具有较高渗透性的抗生素如克林霉素600mg/d。术后症状较重者，可将地塞米松10mg加入甘露醇500ml每日静滴1次。

（2）制动：术后3日内应严格卧床休息，术后3~5日可下床，但应尽量休息。术后5日可出院，仍应尽量卧床休息1周，避免负重，减少腰部活动。

（3）随访与复查：出院3个月后来院复查。

5. 术后并发症及处理

（1）术后椎间盘感染：发生率约1%。主要表现：术后症状明显减轻或好转，但于术后3~56天又复出现剧烈腰背部痉挛疼痛与坐骨神经痛，有明显深压痛和叩击痛，可伴有发热、下腹部放射痛、白细胞计数增高、血沉增快等。CT可在术后1~2周出现椎间盘密度降低、椎间盘膨大、椎体骨质破坏与增生等。MRI对诊断椎间盘炎较敏感，术后5天即可出现异常，主要表现为T_1W的椎间盘及其邻近椎体呈低信号，T_2W上椎间盘及邻近椎体呈高低信号混合性变化，正常髓核内裂隙消失。

减少术后椎间盘炎的发生率关键在于预防，包括严格无菌措施及预防性应用抗生素。一旦椎间盘炎发生，单纯应用抗生素疗效不佳。常规治疗包括：严格卧床，腰背部制动，持续静脉应用广谱抗生素6周，必要时需外科手术清除病灶。再次APLD清理感染的髓核组织并辅以静滴抗生素治疗是一项较好的处理措施。

（2）神经损伤：临床少见，有报道手术损伤腰丛以及神经根者。轻柔操作，穿刺时出现神经刺激征象及时调整进针角度可以有效避免损伤。

（3）血管损伤：有可能损伤腰动脉、乙状结肠动脉等，临床少见。椎旁静脉丛损伤出血导致腰肌血肿较为常见，一般不需特殊处理，应用止血药

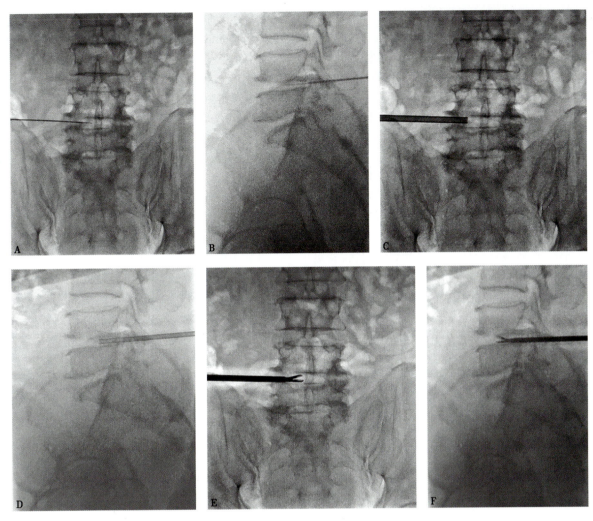

图 9-3-2　经皮椎间盘切除术的手术过程

A、B. L₄~₅穿刺成功后，正位、侧位片穿刺针位于椎间盘中央；C、D. 工作套管成功置入，工作套管位于椎间盘后 1/3 处；E、F. 通过工作套管进入髓核夹取钳夹取髓核

物、预防感染后，多可在 2~4 周内自行吸收痊愈。

（4）肠道损伤：后位结肠有可能在手术中损伤，术前应仔细观察 CT、MRI 片，多可避免。另外，经腹穿刺 L₅~S₁ 椎间盘时损伤肠道概率相对较大，应特别注意。

（5）腹膜炎：经腹穿刺行 L₅~S₁ 椎间盘切除术，有可能出现腹膜炎。

（二）经皮椎间盘激光减压术

Daniel Choy 在 1980 年首先介绍了经皮椎间盘激光减压术（percutaneous laser disk decomoression，PLDD），原理为通过激光产生的高温使部分髓核汽化，从而使椎间盘内压力降低。

PLDD 是将一直径为 0.8mm 的光导纤维置入髓核内，开启激光，产生高温使部分髓核汽化，治疗过程患者多有胀痛感，可抽取气体以减少椎间盘

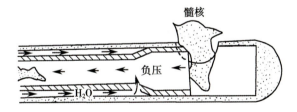

图 9-3-3　经皮椎间盘自动切割器示意图

髓核自边侧孔由负压吸入，被内切割刀切割，并自内切割刀管腔随水流被抽出

内的压力。单次激光脉冲功率、脉冲的数量、脉冲间隔和分配的总功率必须个性化。

PLDD 的有效率为 75%~87%。激光产生的高温可引起患者术后的疼痛和痉挛，并可导致椎间盘感染性和无菌性炎症等并发症，精确定位并严密监视手术过程是预防激光热损伤的有效措施。

（三）椎间盘内电热疗法

椎间盘内电热疗法（inttradiskal electrothermal therapy，IDET）是 Saal 等人在 1997 年发明的一种经皮微创治疗椎间盘源性腰背部疼痛的方法，膨出或包容性椎间盘突出为其良好适应证。不同于其他治疗方法，IDET 作用于纤维后环而不是作用在髓核中。

局麻下，将穿刺针在透视引导下置入椎间盘，再通过此针将一电热柔性导管送入髓核和纤维环之间的边缘带，导管尖端的电阻应放置到邻近纤维环的后缘。加热至 90℃，持续 16～17 分钟后取出。纤维环升温能够通过胶原纤维的重组、椎间盘的强化、疼痛感受器的消融，达到缓解症状、稳定椎间盘病变的目的。

IDET 的预后有争议。Pauza 等在一项随机试验中发现大多数患者疼痛症状有所改善，但在 6 个月的随访中仅有 40% 的患者症状缓解超过 50%。Saal 等进行了 6、12、24 个月随访，结论是 71% 的患者疼痛症状得到缓解。并发症的平均发生率为 0.8%，其中预后最差、发生率最高的是骨坏死。

（四）经皮消融髓核成形术

传统的射频消融治疗所应用的温度较高（150～200℃），持续时间较长（15～17 分钟），而经皮消融髓核成形术（percutaneous coblation nucleoplasty，PCN）是在相对低温下进行（50～70℃），消融时间也较短（2～3 分钟）。其采用双极电流作用于探针末端产生射频电场，破坏所在区域的胶原蛋白，可使椎间盘容积减少 10%～20%。随着胶原纤维的收缩，压迫神经根的突出物缩小回纳，从而达到减压目的。

（五）经皮椎间盘化学溶解术

目前已用于经皮椎间盘化学溶解术（chemonucleolysis，CN）治疗的有木瓜凝乳蛋白酶、透明质酸酶、α 胰凝乳蛋白酶（alpha chymar）和胶原酶等，国内多使用胶原酶。CN 可使髓核及纤维环中的胶原蛋白降解，从而减少椎间盘内压力，减轻对神经根的压迫。

CN 按注射部位不同分为盘内注射、盘外注射及盘内盘外联合注射。盘内注射：用 15cm 长的 18 号或 20 号穿刺针穿刺病变椎间盘，确定穿刺针位置正确后，缓慢、分次注射髓核溶解酶，注入后留针 5～10 分钟，以防药液沿穿刺道反流。木瓜凝乳蛋白酶 2000～4000U/ 椎间盘，胶原蛋白酶 400～600U/ 椎间盘。盘外注射：仅可使用胶原蛋白酶。在透视下对准椎间孔的下 1/2 处，将穿刺针缓慢刺入椎间孔处的神经根通道内，即硬膜外腔内。测定

负压后用非离子对比剂行硬膜外腔造影，或注入普鲁卡因 100mg 作腰麻试验。若造影证实穿刺针位于硬膜外腔内，或普鲁卡因试验 10 分钟后无腰麻反应，则可注入胶原蛋白酶 1200U。盘内外联合注射为结合上述两种方法同时应用。

CN 的平均有效率为 67.6%～88%。并发症发生率为 1%～3%，主要有过敏反应、神经系统损伤、出血、椎间盘炎、继发性椎间孔或椎管狭窄、一过性排尿困难和肠麻痹。其中神经系统损伤与出血主要是因髓核溶解酶进入蛛网膜下腔所致，因此必须掌握操作要领，在确定穿刺针位置正确后方可注射髓核溶解酶。

（六）椎间盘臭氧消融术

臭氧消融术是通过一个特殊的发生器将一定浓度的 O_2 转化为 O_2-O_3 混合物，然后将其注入椎间盘内和椎间孔。臭氧具有强氧化作用，通过氧化蛋白多糖、破坏髓核细胞使髓核脱水缩小解除对神经根的压迫，另外，还具有减轻神经根周围的炎症的作用。常用注射剂量：腰椎间盘内 30～40μg/ml，总量 10～20ml；腰椎间盘外 30～40μg/ml，总量 5～10ml。

三、适应证

（一）适应证

1. 有神经根受压症状和阳性体征，主要包括腰腿痛、下肢神经感觉障碍及直腿抬高试验阳性。

2. CT 和 MRI 证实腰椎间盘为包容性突出，且其病变平面与症状及体征一致。

3. 保守治疗 4～6 周无效。

4. 疼痛剧烈者诊断明确后，可不经过保守治疗而直接行介入微创治疗。

（二）相对适应证

1. 突出的髓核组织过多，压迫硬膜囊约 50%。

2. 椎间盘广泛退行性变，及椎间隙狭窄明显。

3. 有介入微创治疗史，疗效不佳者。

4. 外科椎间盘切除术后复发者。

5. 黄韧带钙化。

6. 有马尾神经压迫症状。

四、禁忌证

1. 后纵韧带破裂，突出的髓核组织游离于椎管内。

2. 椎间盘钙化，且钙化量超过突出椎间盘的 50%。

3. 合并严重椎管骨性狭窄或黄韧带肥厚。

4. 椎体滑脱Ⅱ度以上。

5. 穿刺通路周围感染或椎体结核。

6. 严重出血倾向。

7. 精神病或神经官能症患者。

8. 严重心脑血管疾病。

五、临床疗效评价

目前并无统一的疗效评价标准。主要采用的标准分为两类：一为简单的分级标准，如 Hijikata 腰背痛手术评定标准、N. Nakano 和 T. Nakano 腰背痛手术评定标准、改良 Macnab 疗效评定标准（表9-3-1）等；二为量化标准，如日本骨科学会手术评分标准、青岛医学院治疗评分标准等。分级标准简单易掌握，临床应用广泛；量化标准准确细致，但操作复杂费时，应用较少。临床上还常用视觉模拟评分法（visual analogue scale, VAS）进行疼痛疗效评价。

表 9-3-1　改良 Macnab 疗效评定标准

优：症状完全消失，恢复原来的工作和生活；

良：有稍微症状，活动轻度受限，对工作生活无影响；

可：症状减轻，活动受限，影响正常工作和生活；

差：治疗前后无差别，甚至加重。

由于采用的评价标准不同，文献报道有效率有所差异，总体在 72%～94% 之间。大部分患者在术后 7 天内症状基本消失或缓解，但部分患者短期内症状可出现反复，需经 2 周至 2 个月左右症状才明显缓解或消失。这可能与神经根慢性损伤有关，压迫解除后损伤修复仍需一段时间。因此，评价疗效的最佳时间应在术后 3 个月左右。

评价疗效应以临床表现与体征为主，影像学表现仅具有参考价值。仅有少数患者术后即刻有影像学改善表现，多在 6 个月后改善较明显。这说明椎间盘的还纳与疗效并非密切相关，椎间盘内压力降低，对神经根的压迫减轻或消失才是疼痛症状缓解的根本原因。

六、回顾与展望

LDH 传统治疗方法为保守治疗和外科手术治疗。保守治疗包括卧床休息、牵引、推拿、理疗或骶管注射等。外科手术常用经后路半椎板切开髓核切除减压术，疗效可靠，但较易复发，且创伤大、并发症发生率较高，更甚者会影响到脊柱的稳定性。

介入治疗具有微创、有效、可重复操作且并发

症相对较少的优点，是外科手术的良好替代方法，且不影响介入治疗不成功时转而外科手术。但微创介入方法需严格选择适应证，这是手术成功的重要因素。总体而言，对于椎管形态正常，小或中等无钙化椎间盘突出微创介入治疗效果最佳，复发性椎间盘突出效果较差。

另外，L_5～S_1 椎间盘位置较低，因有髂骨翼的阻挡和限制以及腰骶角的存在，应用常规侧后方穿刺方法有时比较困难，尽管尚有经腹前路穿刺法、髂骨钻孔法、椎间盘弧形穿刺系统等方法，但也相应地增加了手术创伤。此外，各种经皮穿刺治疗方法均有自身局限性，如非直视下操作有可能损伤神经根或硬膜组织，且手术成功率及术后有效率尚待进一步提高，这都有待技术和手术器械的长足进步。

（孙　钢）

第四节　股骨头缺血性坏死

一、病因病理与临床表现

（一）病因病理

股骨头缺血性坏死（avascular necrosis of the femoral head，ANFH）是骨科领域一种常见的难治性疾病。该疾病的基本特征在于：由于股骨头的血供中断或受损导致骨的活性成分（骨细胞、骨形成细胞、骨髓造血细胞、脂肪细胞）缺血的凋亡，导致股骨头部塌陷及上覆软骨的损伤，并且因此使与髋臼关节连接的股骨头的圆形表面形状变平与塌陷，关节功能障碍、关节软骨破坏、从而使髋关节功能丧失，并伴有继发性骨关节炎。该疾病的致残率很高。

股骨头缺血性坏死的病因至今尚未明确。目前，已经肯定的是长期使用皮质类固醇激素和长期大量饮酒是股骨头缺血性坏死两个最主要的危险因素，原因在于：①长期使用皮质类固醇激素、大量饮酒可引起全身细小静脉内皮损伤，管壁胶原暴露，血小板在局部聚集，并释放血栓素 A2，可使血管痉挛和血栓形成；②由于血管内皮细胞损伤，前列素 A2 释放减少，导致局部血管挛缩、动脉粥样脂质斑块和血栓形成等反应；③长期使用皮质类固醇激素、大量饮酒等因素还可引起机体脂肪代谢紊乱，导致血液中游离脂肪增加，后者易于在局部组织中形成脂肪栓塞，造成组织缺血。上述病理学改变引起髋关节的静脉回流障碍，导致局部淤血，股

骨头骨髓腔内压力增加组织液渗出，髂周围形成水肿，使髓内微循环淤滞、骨内压升高，再加之局部代谢产物淤积致血管痉挛、内皮细胞损伤，进而导致微小血管内凝血并形成微循环血栓，造成股骨头血供减少最终导致股骨头缺血性坏死。另外，就解剖方面而言：由于髋部是人体最大负重关节，日常活动范围大，且运动剪力大，而其中的股骨头血供相对薄弱，吻合支较少，解剖特点也决定了股骨头易于缺血。

（二）临床表现

股骨头缺血性坏死早期临床症状并不典型，最早出现的症状为间歇性内旋髋关节和膝关节疼痛。晚期股骨头塌陷后，髋关节脱位可出现髋关节活动范围受限，可有跛行，行走困难。早期体征为髋关节局部深压疼痛，内收肌止点压痛，直腿抬高试验阳性，部分患者轴叩痛可呈阳性，Thomas 征（髋关节屈曲挛缩试验）、"4"字试验阳性。晚期体征为 Allis 征（亦称 Galeazzi 征）及单腿独立试验征可呈阳性。其他体征还有患肢可以缩短，肌肉萎缩。伴有髋关节脱位者的体征为：Nelaton 线上移，Bryant 三角底边小于 5cm，Shenton 线不连续。

（三）股骨头缺血性坏死主要诊断标准

1. **临床症状、体征和病史** 以髋关节痛，髋关节内旋活动受限，结合上述体征。既往有长期皮质类固醇应用史或者长期酗酒史。

2. **髋关节 X 线片检查** 显示股骨头扁平或呈塌陷改变，不伴关节间隙变窄；股骨头内有分界的硬化带；软骨下骨有透 X 线带。

3. **髋关节核素扫描** 示股骨头内热区中有冷区。

4. 目前，对股骨头缺血性坏死的最敏感影像检查为髋关节磁共振技术，股骨头 MRI 的 T_1W 呈带状低信号（带状类型）或 T_2W 有双线征。典型股骨头缺血性坏死的 T_1W 改变为股骨头残存骨骺线，领近或穿越骨骺线的蜿蜒带状低信号区，以及低信号带包绕高信号区或混合信号区。T_2W 可出现双线征。一般采用冠状位与横断面扫描，矢状位扫描可更清楚显示病灶。

5. 骨活检显示骨小梁的骨细胞空陷窝多于 50%，且累及邻近多根骨小梁，伴有骨髓坏死。

二、介入治疗方法

（一）介入治疗的机制

股骨头缺血性坏死发病机制是由多种病因共同作用引起的股骨头的血供中断或受损，亦即股骨头血液循环障碍是引起其坏死的核心问题，因此改善股骨头的血液循环成为介入治疗股骨头缺血性坏死的理论依据。

股骨头供血动脉内的介入治疗已经被证实是一种疗效肯定、安全的方法，其基本机制为首先解除血管痉挛、应用扩血管药物扩张股骨头供血动脉、继而灌注高浓度溶栓药物，溶通微血管栓子，增加供血动脉灌注，改善静脉回流，从而使闭塞的血管重新开放以降低骨内压，从而有效地改善股骨头区局部血液微环境，有效地促进和增强侧支循环建立，使到达股骨头血流量增多，有利于新生骨生长、死骨修复，进而防止股骨头软骨下骨质塌陷及延缓关节退变进展。

（二）股骨头的供血动脉解剖

股骨头的血供主要源于旋股内侧、外侧动脉，而到达及分布于股骨头的血管都是多级分支后的细小血管，之间虽有吻合，但仍保持各相对独立的血供区域，缺少广泛侧支循环，所以股骨头的血供比较贫乏。

成人股骨头的血液供应有三个来源：①股圆韧带内的小凹动脉，它只供应股骨头少量血液，并且仅限于股骨头的凹窝部；②股骨干的滋养动脉升支，对股骨颈血液供应很少；③旋股内、外侧动脉的分支是股骨颈的主要血液供应来源（图 9-4-1），两者来自股深动脉，旋股内侧动脉在股骨颈基底部关节囊滑膜反折处，分成三组血管进入股骨头，即骺外侧动脉，干骺端上侧动脉和干骺端下侧动脉，骺外侧动脉供应股骨头的 2/3～4/5 区域，旋股内、外侧动脉的分支在股骨颈基底组成一个动脉环，故旋股外侧动脉和旋股内侧动脉的损伤是导致股骨头缺血坏死的主要因素。因此介入治疗时，应主要超选旋股内侧动脉和旋股外侧动脉进行灌注，但需结合灌注前的造影表现，对于股圆韧带内的小凹动脉、旋股外侧动脉也尽可能超选择后灌注。

（三）股骨头缺血性坏死的动脉内介入治疗程序

介入诊疗设备采用具备 C 臂锥形束 CT 成像功能的大型平板数字血管造影仪。常规介入术前准备，患者取仰卧位，局部麻醉下用 Seldinger 或其改良技术穿刺单侧股动脉（通常为右侧），置入 4Fr 或 5Fr 动脉鞘，以 Cobra 导管或 RUC 导管先常规行髂内动脉和股动脉造影，根据造影结果确定股骨头的明确血供动脉，之后以导管选择插入股深动脉后再分别选插旋股内、外侧动脉，造影明确后经导管缓慢注入稀释后的溶栓、扩血管药物（建议灌注时程为 20 分钟以上）：推荐总剂量为罂粟碱（30～

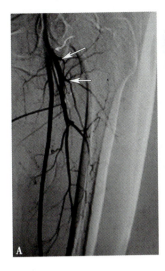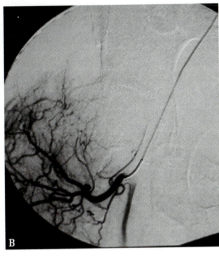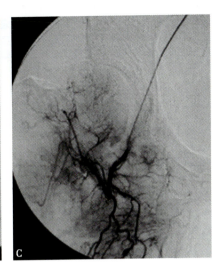

图 9-4-1　股深动脉的造影解剖

A. 曲箭示股深动脉,细箭示旋股内侧动脉,粗箭示旋股外侧动脉;B. 旋股外侧动脉的超选择性造影;C. 旋股内侧动脉的超选择性造影

60mg)、尿激酶(40 万～100 万 U)、低分子右旋糖酐(60～100ml)、复方丹参注射液(20～30ml)。对双侧病变患者,先行对侧病变介入治疗,结束后将 RUC 导管或 Cobra 导管成袢,选插同侧髂内动脉及股动脉,同样行造影及超选择灌注治疗。按照股骨头造影所见的血供情况将上述药物分配灌注。如有其他血管如闭孔动脉及臀下动脉分支供应病变区,亦应择情行超选灌注。尿激酶的灌注过程中需严密观察患者有无出血倾向。介入术后连续 5 日每日静脉滴注低分子右旋糖酐、肝素钠,目的在于改善全身血液微循环。治疗后规律行股骨头 X 线平片 / 或 CT 随访半年以评估疗效。需重复介入治疗者每次间隔 3～4 周左右(亦有国内学者认为间隔为 7～15 日)。同时建议患者改善生活及饮食习惯:有糖尿病史的患者严格控制血糖,摄低脂饮食、要求患者戒烟酒,患侧下肢要避免负重及剧烈活动。

三、适应证

股骨头缺血性坏死的动脉内灌注治疗效果的相关因素:患者年龄、病程长短。既往文献中报道:年轻、病程短,骨质破坏轻的 I 期、Ⅱ 期患者,疗效明显,疼痛症状可完全消失,坏死骨大部分吸收及新骨形成;骨质破坏严重的 Ⅲ 期、Ⅳ 期患者疗效差。因此股骨头缺血性坏死的早期诊断极为重要。可以肯定的是 MRI 对早期股骨头缺血性坏死影像诊断率明显高于 X 线平片,国外文献报道 MRI 对早期股骨头缺血性坏死影像诊断的敏感性可高达 100%。

(一)股骨头缺血性坏死分期与分级标准(源于中华中医药学会骨伤科分会全国股骨头坏死专业委员会)

1. 股骨头缺血坏死的分期

0 期　活检结果符合坏死,其余检查正常

I 期　骨扫描和(或)磁共振阳性,X 线表现正常。

A. 磁共振股骨头病变范围<15%;

B. 股骨头病变范围 15%～30%;

C. 股骨头病变范围>30%;

Ⅱ 期　股骨头斑片状密度不均、硬化与囊肿形成,平片与 CT 检查没有塌陷表现,磁共振与骨扫描阳性,髋臼无变化。

A. 磁共振检查显示股骨头病变范围<15%;

B. 磁共振检查显示股骨头病变范围 15%～30%;

C. 磁共振检查显示股骨头病变范围>30%;

Ⅲ 期　正侧位照片上股骨头出现"新月征"。

A. 新月征长度<15% 关节面或塌陷<2mm;

B. 新月征长度 - 占关节面长度 15%～30% 或塌陷 2～4mm;

C. 新月征长度>30% 关节面长度或塌陷>4mm;

Ⅳ 期　髋关节关节面塌陷变扁、关节间隙狭窄、髋臼出现坏死变化、囊性变、囊肿和骨刺。

2. 股骨头缺血性坏死的分级(表 9-4-1)

四、禁忌证

影像检查提示存在严重髂动脉迂曲狭窄,预期行选择性动脉插管难度极大者;严重凝血功能障

表9-4-1 股骨头缺血性坏死的分级

级别	疼痛	生活能力	行走距离	关节活动度
1	无痛	工作生活正常	不受限制	>210°
2	活动后偶有轻痛,不用服止痛剂	基本维持原工作,但难以从事体力劳动	徒步行走>1000米	161°~210°
3	活动后疼痛较重	不能坚持全天轻工作	徒步行走>500米	101°~161°
4	限制活动仍感疼痛	日常生活、工作需支具	扶单拐行走>500米	61°~100°
5	限制活动仍感疼痛	日常生活、工作需支具	扶双拐行走>500米	30°~60°

碍、肝肾功能差、造影剂过敏等其他不适宜行介入诊疗的患者。

五、疗效分析

患者经介入治疗后疗效肯定,髋关节疼痛、功能障碍等不同程度缓解和恢复,关节功能恢复较好。股骨头供血动脉的数字减影血管造影表现:患侧治疗前旋股内外动脉及闭孔动脉变细,部分截断,股骨头染色较淡;治疗后发现上述动脉增粗、增多,截断血管可再通,股骨头染色增强,回流静脉显影提前,多在显示供血动脉的同时很快有静脉伴行,且回流障碍明显改善。股骨头周围侧支吻合支显示明显增多,主要表现为旋股内、外动脉与闭孔动脉及臀上、下动脉间吻合支的显示,以上提示介入治疗后股骨头的局部血供状况明显改善(图9-4-2),随访中患者坏死的股骨头有不同程度的骨质修复和新骨生成。有学者认为对早期尤其是Ⅰ、Ⅱ期患者,通过介入治疗可以阻止甚至逆转股骨头缺血坏

死病理过程以达到治愈的目的;对中晚期患者,通过治疗可以促进病变的恢复,但是关于远期疗效,还需继续随访观察。总之,介入治疗股骨头缺血性坏死疗效可靠、安全,患者痛苦少,为临床治疗提供了一种新的治疗方法,由于其具有操作相对简单、经济、创伤小,并发症少,疗效明显等优点,具有很高的临床价值,值得临床推广。

六、回顾与展望

(一)目前用于股骨头缺血性坏死治疗的不同方法

目前股骨头缺血性坏死的治疗方法:非手术治疗,包括药物治疗和保守治疗;介入治疗;手术治疗,包括髓芯减压术,人工股骨头置换、全髋关节置换术。

1. 股骨头髓芯减压术 虽然该技术已经广泛应用,但其一直存在争议。早期的技术程序为用空心钻头通过股骨大粗隆向股骨头钻孔,通过减低髓

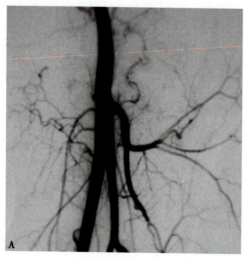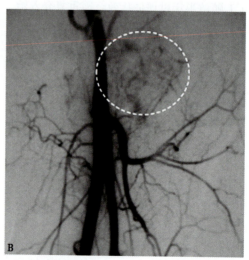

图9-4-2 股骨头缺血坏死介入治疗的前后造影对照

A.股骨头供血动脉内灌注治疗前的造影图片,可见旋股内侧动脉及闭孔动脉变细,部分截断,股骨头染色较淡,提示血供贫乏;B.同一病例经3周期的动脉内灌注治疗后造影复查发现截断血管再通,股骨头血供区域染色增强(点状圆圈内),股骨头周围侧支吻合支明显增多,提示局部血供的明显改善

腔内压来缓解疼痛。该技术在长期延缓病情进展方面疗效欠缺。

2. 植骨手术 带血管的腓骨移植手术和不带血管的腓骨移植手术。

3. 全髋关节置换术 对于股骨头缺血性坏死发展到髋关节侵犯髋臼，只能选择髋关节融合术或全髋关节置换术，而对于晚期或范围广泛的坏死，唯一的选择就是全髋关节置换术。

（二）经动脉内灌注治疗在股骨头缺血性坏死治疗中的优势

经动脉内灌注治疗股骨头缺血性坏死的优势是手术微创，患者痛苦小，易于耐受治疗，且风险及并发症低，患者心理易接受。再者，通过局部灌注药物，使供应股骨头的动脉内药物浓度增高，尤其是提高局部溶栓作用，同时也减少了药物对全身其他器官组织的副作用。

（三）动脉内介入治疗股骨头缺血性坏死的不足及未来发展趋势

由于股骨头缺血性坏死的骨细胞在完全缺血后 24 小时即开始发生坏死，但坏死后几个月才出现明显临床症状，故待明确诊断时，股骨头已出现明确坏死及组织纤维化，经动脉内灌注溶栓药物已错过最佳时期，所以该治疗手段对于不能早期诊断的治疗为一种辅助的治疗手段，而从根本上不能阻止病程的进展。对于股骨头缺血性坏死的早期诊断，需要分子标记物、影像医学、遗传学、核医学等多学科领域的联合诊疗。

（孙　钢）

第五节　骨肿瘤的血管介入诊疗

一、病因病理与临床表现

骨肿瘤的发生率占所有肿瘤的 2%～3%，以性质分为良性、恶性、中间型。其中良性肿瘤中以骨软骨瘤、软骨瘤和骨巨细胞瘤多见。恶性骨肿瘤以骨肉瘤最常见，约占 20%～35%，其他有尤文氏瘤、软骨肉瘤、恶性骨巨细胞瘤、转移瘤（常见于肾脏肿瘤、甲状腺肿瘤来源）等。肿瘤的诊断及分级通常需要临床特征、影像学检查和病理相结合的方法。良性肿瘤通常无明显特点，除非生长在重要部位，肿瘤对邻近组织的压迫可导致相应的症状；另外，部分骨样骨瘤可伴有特殊的疼痛。恶性骨肿瘤的重要症状是疼痛，开始时疼痛为间歇性，后来逐渐发展为持续性，尤以夜间明显。恶性骨肿瘤生长

迅速，局部多可见包块，肿块表面皮温升高，可见怒张的浅表静脉。部分患者可出现病理性骨折及远处转移。晚期患者可有贫血、消瘦、体重下降等恶病质表现。

骨良性肿瘤的治疗以手术治疗为首选，恶性骨肿瘤的治疗目的为切除或控制肿瘤，力求保存患侧肢体和延长患者存活时间，而动脉内栓塞肿瘤血管可为手术切除富血供的肿瘤减少术中出血，并可为手术切除肿瘤提供肿瘤轮廓和肿瘤的血供情况；肿瘤血管动脉内化疗栓塞可用于无法手术的恶性肿瘤的姑息性或辅助性治疗，旨在减少肿瘤的血供引发肿瘤细胞的缺血坏死以及通过化疗药物的作用来直接杀死肿瘤细胞，同单纯全身化疗相比，在全身反应、局部肿瘤变化及实验室检查方面，动脉内化疗栓塞均具有明显的优势并且导致较少的全身不良反应。本文将主要介绍骨肿瘤的动脉内化疗 / 栓塞治疗。

二、介入治疗方法（原理）

1. 肿瘤动脉内栓塞 / 化疗栓塞方法 介入设备为具备数字血管减影功能的血管造影机。局麻后用 Seldinger 技术穿刺单侧股动脉并引入 Cobra 或 Hunthead 导管，超选至肿瘤肢体动脉行动脉造影检查，以明确肿瘤供血动脉的特点、瘤内血管情况（有无动脉 - 静脉瘘）、异常吻合支的情况。之后将导管或微导管超置于靠近肿瘤的供血动脉，造影复查以确定靶向栓塞的动脉，透视下经导管注入栓塞材料以阻断肿瘤血供至血流瘀滞。栓塞过程中需注意肿瘤的多支供血动脉。栓塞材料依据需要而定：如短期内接受手术切除，建议选择明胶海绵颗粒栓塞；无水乙醇为液态的蛋白质变性剂，如果不能精确的超选择性插管将无水乙醇注入真正的肿瘤供血血管，很容易产生皮肤和皮下组织坏死，栓塞过程中易产生一过性疼痛。碘油或碘油 - 无水乙醇为恶性肿瘤栓塞较常用的栓塞剂，可混合化疗药物对末梢小动脉进行肿瘤的化疗栓塞，但理论上不适合骨肿瘤的介入治疗。

2. 骨肿瘤的肿瘤血管的 DSA 表现 动脉期可见紊乱的肿瘤血管，实质期可见肿瘤染色；可有瘤性动静脉瘘；肿瘤周围正常动脉受压阻断和移位，为恶性肿瘤常见征象，有时动脉造影可见典型的"抱球征"；肿瘤中央可见无血管区，为肿瘤坏死和动脉堵塞所致。若肿瘤为乏血供，上述造影特点可不明显。

3. 血管内介入治疗的不良反应及并发症 最

常见的多为栓塞后综合征，表现为短期内栓塞部位的疼痛、发热、局部肿胀等，栓塞反应的严重程度取决于栓塞程度及栓塞技术，一般对症治疗后多可缓解。异位栓塞为较严重并发症，因此需要准确判断肿瘤的多支供血动脉和变异分布情况，并熟悉邻近的血管造影解剖，并且在注入栓塞材料时要缓慢且全程在透视监视下进行，并准确掌握栓塞截点。

三、介入治疗适应证与禁忌证

1. 适应证

（1）为拟外科手术的患者，为减少术中出血及缩短手术时程。

（2）恶性骨肿瘤且有外科手术禁忌证。

（3）外科术后肿瘤复发，不宜再次手术者而行姑息性治疗者。

2. 禁忌证

（1）影像检查提示存在严重髂动脉迂曲狭窄，预期行选择性动脉插管难度极大者。

（2）严重肝、肾、心功能不全者；严重凝血功能障碍、造影剂过敏者，其他不适宜行介入诊疗的患者。

（3）已发生广泛转移的恶性骨肿瘤。

四、介入治疗的疗效分析

多因素回归分析已经证实较大的肿瘤切除会导致较多的术中出血和较长的手术时程。相关研究已经证实：对于备行外科手术切除的良性、恶性肿瘤，术前经动脉内栓塞可明显减少外科切除术中的出血，并且易于外科切除及缩短手术时程，尤其对于富血供的骨肿瘤为主。而对于恶性骨肿瘤的姑息性动脉内化疗/栓塞，可以减缓恶性肿瘤的进展，减轻肿瘤引发的疼痛、出血、发热等症状，以及延长患者的生存期。并且，在恶性骨肿瘤的序贯治疗中，动脉内栓塞肿瘤血管可以增加骨肿瘤对全身静脉内化疗和放疗的敏感性。

五、回顾与展望

1. 目前用于临床的栓塞材料

目前应用于临床的血管内栓塞材料总的来说可以分为固体和液体两大类，其中前者包括微弹簧圈、可脱性球囊、聚乙烯醇（PVA）颗粒、明胶海绵颗粒等。后者包括：①黏附性液体栓塞材料，如氰丙烯酸酯类，其配制简单，栓塞作用持久，但是其黏附性强，栓塞过程中容易粘连导管；②非黏附性液体栓塞材料，包括醋酸纤维素聚合物（CAP）、聚乙烯乙酸酯（polyvinyl acetate，PVAc）乳液、Onyx 等。液体性栓塞材料弥散效果好，能较好地弥散到畸形血管团内形成铸型，防止畸形血管团侧支循环建立，起到永久性栓塞的作用。我们认为用于血管内栓塞的材料应具备以下条件：①无毒、无致癌及致畸作用；②材料容易获得；③生物兼容性好；④能有效栓塞靶血管；⑤能通过各种微导管输送；⑥能够有效引起无损性炎性反应和（或）血栓形成；⑦栓塞可控性，能够判断栓塞起始点和结束点。而对于骨肿瘤的动脉内栓塞需综合考虑诊疗需要以决定栓塞材料的选择。

2. 经动脉内栓塞治疗在骨肿瘤综合治疗中的优势

经动脉内栓塞是骨肿瘤综合治疗中的一个程序性手段，其优势是手术微创，患者痛苦小，易于耐受治疗，且栓塞相关风险及并发症低，患者心理易接受。再者，通过局部灌注药物，使供应肿瘤的动脉内药物浓度增高，同时也减少了药物对全身其他器官组织的副作用（图 9-5-1）。

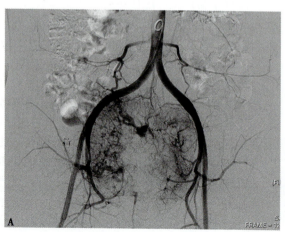

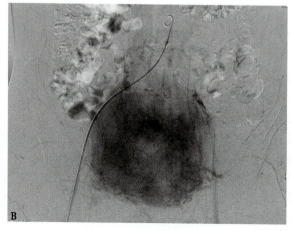

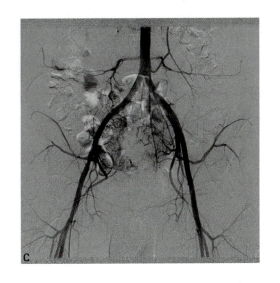

图 9-5-1　骶骨骨巨细胞瘤的血管内栓塞
21 岁男性骶骨骨巨细胞瘤患者，外科切除手术前 48 小时内行 DSA 引导下的肿瘤血管栓塞前后的 DSA 影像。A. 腹主动脉造影：动脉期可见盆腔骶骨区域的明显紊乱的肿瘤血管；B. 实质期可见明显巨块状肿瘤染色；C. 髂内动脉选择性栓塞后造影复查可见肿瘤血管明显减少

（孙　钢）

第六节　骨样骨瘤

骨样骨瘤（osteoid osteoma）是一种良性成骨性肿瘤，1935 年由 Jaffe 首次报告，具有界限清晰的局灶性病灶，一般直径小于 1cm，周围可有较大的骨反应区。据文献报道，骨样骨瘤占全部骨肿瘤的 1% 左右，占原发良性骨肿瘤的 10% 左右，好发年龄 10～30 岁，男性多于女性。

肿瘤多发生于长管状骨骨干，以胫骨和股骨多见，偶见于颅骨。85% 发生于骨皮质，其次为骨松质和骨膜下，少数发生于骨的关节囊内；发生于脊椎者大多位于附件。脊柱骨样骨瘤发生率为 10%～25%，占脊柱肿瘤发生率的 1%。脊柱骨样骨瘤通常以病变区域隐匿性疼痛为首发症状，疼痛可向远端放射。

一、临床与病理

本病起病较缓，主要临床表现为疼痛，随病情进展呈逐渐加剧，疼痛具有间歇性，以夜间为著。疼痛可局限于病变处，也可向肢体远端或周围扩散。患者多服用水杨酸类药物后疼痛常可缓解。

骨样骨瘤所致疼痛的机制目前尚不清楚。可能原因为：

（1）骨样骨瘤的瘤巢中可分泌大量的前列腺素（prostaglandin，PG），其中 PG-2、PGE-2 可较正常骨组织高 100～1000 倍。其产物具有扩张血管及降低疼痛感受阈值的作用，可引起瘤巢内血管压力的改变，刺激局部神经末梢引起疼痛。

（2）在瘤巢周围纤维带内有无髓神经纤维，这些纤维邻近周围血管，对局部血管压力改变等刺激较为敏感。少数患者疼痛症状不明显，可能瘤巢内缺少无髓神经纤维。

（3）骨样骨瘤疼痛夜间显著，瘤巢内夜间血流量约为白天的 1.5 倍，瘤体内压力增加可以加重无髓神经纤维对疼痛刺激的反应。

骨样骨瘤的发展过程可分为三期：初期、中期和成熟期。初期以成骨性纤维组织和骨母细胞为主，骨质形成较少；中期则骨样组织较多；成熟期以编织骨为主要成分。

骨样骨瘤主要由瘤巢和周围硬化骨质两部分组成：瘤巢多位于病灶中心，直径一般不超过 2cm，呈圆形或椭圆形，境界清楚。肉眼观，因血管丰富、骨样组织多而编织骨少，瘤巢多呈深红色；镜下，瘤巢由新生骨样组织和血管丰富的结缔组织构成。瘤巢中心以编织骨为主，外周为血管丰富的纤维基质，血管间含有无髓神经纤维，瘤巢周围则由增生致密的成熟骨质包绕（图 9-6-1）。

二、影像学表现

（1）X 线：依据肿瘤部位，其 X 线片上大致可分为：皮质型、松质型和骨膜下型，均表现为瘤巢所在部位的骨质破坏区以及周围不同程度的反应性骨硬化。瘤巢在 X 线片上典型表现为一圆形或类圆形的透亮区，瘤巢中心可出现钙化或骨化影，形成"牛眼征"。瘤巢多为单发，少数有 2～3 个瘤巢，其直径 0.3～1.6cm。瘤巢周围的反应骨因发生部位不同，其表现也不同。发生于骨皮质者，瘤巢周围由广泛的骨膜反应骨，骨皮质增厚硬化，可将小的瘤巢掩盖，有时 X 线平片不能发现瘤巢。发生

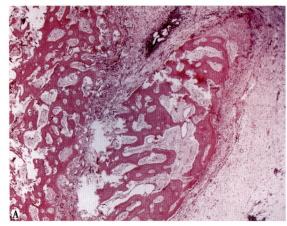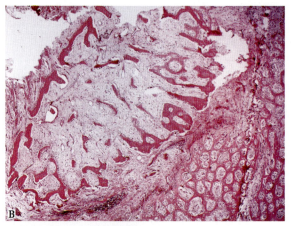
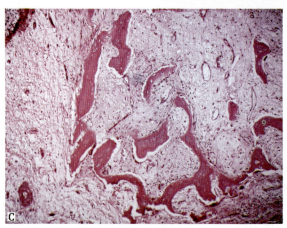

图 9-6-1 骨样骨瘤病理图片

A、B. 为 10×4 倍显微镜下所见,其内可见类圆形瘤巢;C. 为 10×10 倍显微镜下所见

于松质骨者,瘤巢周围仅有轻微的骨致密环,骨硬化不明显。

(2) CT:为目前诊断骨样骨瘤最有价值的检查方法。由于 CT 密度分辨率较高,比 X 线平片能更准确的显示瘤巢,尤其是在复杂的解剖部位,如脊柱、骨盆、股骨颈等部位。CT 检查不仅能清楚显示瘤巢的大小、形态和数目,同时更易显示瘤巢内的典型表现"牛眼征"。因此,当 X 线平片显示局部骨皮质显著增生硬化而未发现瘤巢时,临床症状怀疑骨样骨瘤时,行病灶部位 CT 薄层扫描检查,具有重要的诊断和鉴别诊断意义。

CT 典型征象表现为:瘤巢所在的骨质破坏区为圆形或类圆形低密度灶,其中央可见瘤巢的不规则钙化或骨化影,表现为"牛眼征"。

瘤巢周围显著增生硬化的反应骨,表现为密度较高、似象牙样,髓腔变窄,骨干梭形增粗,周围软组织肿胀。骨质破坏区周围有不同程度的硬化环、皮质增厚和骨膜新生骨。

(3) MRI:由于周围组织水肿容易掩盖瘤巢,在 MRI 上易引起误诊。MRI 瘤巢显示率为 87%,不如 CT 高。瘤巢的骨质硬化各序列均显示为低信号,不如 CT 直观。在非骨皮质区病灶周围缺少典型反应的病理诊断中具有一定的价值。比如对关节内骨样骨瘤,在临床症状和 CT 检查都不明确的情况下,MRI 有助于明确诊断。对邻近骨髓水肿、骨膜反应及软组织反应性充血水肿较为敏感,对瘤巢切除术后,周围骨髓水肿的变化能做出较准确的评价。

骨样骨瘤未钙化的部分在 T_1WI 上呈低到中等信号、T_2WI 上呈高信号,钙化部分在 T_1WI、T_2WI 上均呈低信号,肿瘤增强后明显强化。瘤巢周围骨质硬化部分呈低信号。肿瘤周围的骨髓和软组织常有充血和水肿,呈长 T_1 长 T_2 信号,并可有一定程度的强化。部分肿瘤甚至伴有邻近关节积液和滑膜炎症(图 9-6-2)。

(4) 核素扫描:此检查较为敏感,病变部分可较周围组织明显增加,但特异性不高,在术中定位

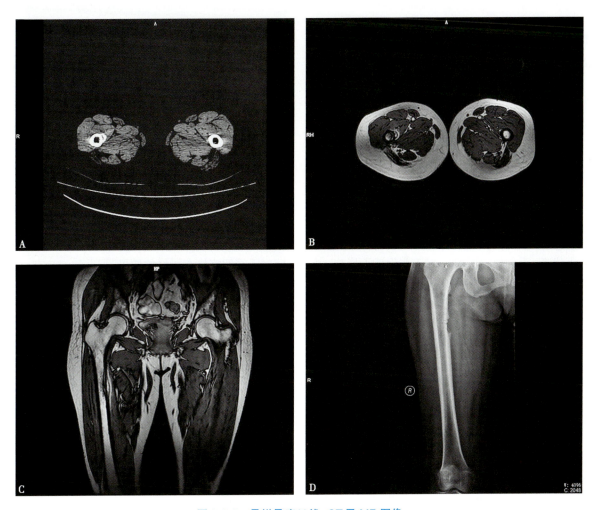

图 9-6-2 骨样骨瘤 X 线、CT 及 MR 图像

A. CT 轴位示，右侧股骨近端内侧皮质可见类圆形低密度，局部骨质略膨胀；B. MR 轴位及 C. MR 冠状位示，右侧股骨近端内侧皮质可见长条状长 T_1 长 T_2 信号，邻近髓腔及内侧软组织可见长 T_1 长 T_2 信号；D. X 线平片示，患者骨样骨瘤切除术后

和术后随访中有一定的应用价值。核素扫描典型表现为双密度征：瘤巢内核素聚集较多，周围硬化区核素聚集较少。对脊柱等诊断困难的部位有一定帮助。

三、诊断与鉴别诊断

对于疑诊骨样骨瘤的患者，X 线平片是有效的首选检查方法。依据典型 X 线表现确立诊断往往不难，对于瘤巢很小或者 X 线平片不能显示瘤巢者以及解剖结构复杂部位的病灶，CT 检查会有所帮助，MRI 对于骨样骨瘤的诊断帮助往往不大。

骨样骨瘤需与以下疾患鉴别：

（1）应力性骨折：当骨折处骨质增生和骨膜反应明显时可类似骨样骨瘤，但应力骨折患者多有较长期的劳损史、有特定好发部位。高千伏摄影、体层摄影、CT 或 MRI 都不能发现类圆形骨破坏区，而可能发现骨折线。

（2）慢性骨脓肿：多见于长骨干骺端，可有反复发生的炎性症状。骨破坏区较大，内无钙化或骨化影。骨皮质局限破坏，周围致密，可有小死骨，但无瘤巢。

（3）慢性硬化性骨髓炎（Garre 型）：疼痛性质与骨样骨瘤不同，常为间歇性，无明显夜间疼痛加重之感，疼痛时服用水杨酸类药物不能缓解。

（4）单发性内生骨疣：亦称骨斑或骨岛，为松质骨内骨发育异常，呈骨岛状，多见于手足小骨。一般无症状，无周围骨质硬化，无疼痛。

（5）动脉瘤样骨囊肿：多位于长骨干骺端及脊柱附件，大小不一，薄壳间软组织膨出，与周围骨质分界清。可分为中心型、偏心型和骨旁型。

（6）骨母细胞瘤：多位于扁骨或短骨，骨质破坏范围大、发展快、骨皮质膨胀、骨增生反应轻，无夜间疼痛特点，服用水杨酸类药物不能缓解疼痛。

（7）成骨细胞瘤：为良性肿瘤，无骨样骨瘤特有的夜间疼痛，但发展较快，破坏较大，常＞2cm，皮质膨胀明显，周围硬化轻微。

四、临床治疗

（1）药物治疗：骨样骨瘤是一种良性病变，本身疾病发展具有自限性。经过2～5年药物保守治疗后，骨样骨瘤的疼痛症状可以消失，而影像学上的病灶不一定消退。药物治疗相对于有创治疗有以下优点：无创伤、费用低，对工作生活无影响，并且水杨酸类药物或NSAIDs类药物对治疗骨样骨瘤疼痛有肯定疗效。但药物治疗也有其缺点：长期服用NSAIDs类药物容易引起消化道出血、血小板功能异常等并发症；药物治疗可以缓解临床症状，但治疗周期长；症状不能立即消除，可引起废用性肌萎缩等问题。以上缺点限制了药物保守治疗的开展，除非患者存在手术禁忌，临床往往选择手术治疗。

（2）外科手术：骨样骨瘤外科治疗的关键在于彻底切除瘤巢组织，术后患者的症状可以很快得到缓解。如果术中未能将肿瘤切除彻底，术后病理检查时虽没有发现瘤巢，临床症状缓解，但术后易复发。一般认为外科手术切除肿瘤疗效显著，是比较彻底的治疗方式。

在实际手术过程中，无论在肉眼或透视下，都无法确切定位瘤巢范围，有时为了完整切除瘤巢可能导致较大范围的切除反应骨及肿瘤周边的骨骼。如果瘤巢组织切除不完全，疼痛症状可持续存在，往往需要再次手术切除瘤巢，故术中定位瘤巢组织非常重要。如果骨样骨瘤位于骨骼负重部位，在外科手术破坏较为严重时，需要加用其他内固定进行加固，防止术后骨折的发生。

（3）CT引导下经皮穿刺切除肿瘤：对瘤巢部位采用1～3mm层厚扫描，选择穿过瘤巢中心的层面和手术路径，将克氏针钻入瘤巢内，沿克氏针将套筒引入至骨皮质，经套筒引入环钻对瘤巢进行切除。这是一种简单有效、安全可靠的微创治理方法，能够获得与外科手术一样的治疗效果。

CT引导下的经皮穿刺切除术最常见的并发症是局部皮肤灼伤，其次是血肿形成，骨折少见。如果瘤巢较大，切除肿瘤需要较大的钻子钻孔，这样就可能增加术后骨折的风险。如果病灶大于15mm，

或病灶邻近神经血管，则不宜采用经皮穿刺切除术进行治疗。

（4）经皮微创射频消融（radiofrequency ablation，RFA）：在局部麻醉下，应用CT引导实施RFA经皮微创治疗，将骨穿刺置于瘤巢，同轴送入射频电极。在瘤巢内，RFA使病变发热坏死，对于直径＜1cm的病变，90℃持续2分钟的消融需进行两个循环；对于直径＞1cm的病变，需要在不同的部位置入多个电极实施消融，术后患者日常生活不受限。

骨样骨瘤是一种良性成骨性肿瘤，其诊断需要结合临床和影像学检查，确诊依靠病理学检查。可根据患者具体情况选择合适的治疗方法。药物治疗对于缓解疼痛有较好的效果，但药物治疗有一定不良反应，且治疗周期较长。外科手术切除是传统的治疗方式，但创伤较大及并发症明显。CT引导下经皮穿刺切除术及经皮微创射频消融可减少外科手术引起的并发症，且能够获得与外科手术一样的治疗效果。

（孙　钢）

第七节　癌性疼痛介入治疗

疼痛是癌症患者常见的、最痛苦的伴随症状。大约30%～50%患者因疼痛就诊，但往往为肿瘤晚期，无法手术根治。在肿瘤持续综合治疗过程中50%患者会伴发疼痛。晚期癌症患者中30%～90%有不同程度的疼痛。世界卫生组织已经建立了最为广泛接受的癌痛治疗指南，建议癌痛患者从非甾体类NSAID的一阶梯用药开始，如果一阶梯用药无效，可升级到使用二阶梯的弱阿片类药物，随后升级到三阶梯用药，即强阿片类药物如吗啡等。但因各种原因仍有50%～80%的癌症患者疼痛没有得到有效控制。这些疼痛是由于肿瘤直接侵袭或转移压迫造成，经过积极化疗、放疗、手术后仍有严重的难治性神经病理性疼痛，是临床治疗中的难题。

癌性疼痛介入治疗不同于单纯止痛的肿瘤姑息疗法，是充分利用影像学引导微创技术（X线、超声、CT及MRI设备）对原发或转移性致痛病灶进行积极灭活（化学消融、射频、微波、激光、冷冻消融及放射性粒子植入），在控制肿瘤的同时实施神经阻滞或毁损、消除或减轻疼痛改善患者症状。常见的分为以下四种模式。

一、神经系统药物释放

脊柱鞘内输注给药，鞘内低剂量阿片输注是对

传统疼痛治疗无反应，或是不能耐受全身给药副作用的难治性疼痛患者的有效止痛手段。吗啡通过鞘内药物输注系统（吗啡泵）注入鞘内，在脊髓后角产生类似内源性内啡肽和脑啡肽的作用，抑制 P 物质的释放，阻断疼痛信号的传递，以达到治疗效果。特点是药物用量小（相当于口服剂量 1/300）疗效高，并可根据疼痛模式选择不同的输注方式，出现严重并发症的概率比较低。

二、神经传输通路的损毁

随着新的镇痛药物和无创治疗疼痛技术的进展，神经毁损技术的应用明显减少。尽管如此，这些技术仍然在一些特殊类型癌痛患者中使用，如晚期癌症患者尤其是严重疼痛、药物控制不良、外周阻滞靶点难以接近的患者。合理选择适应证的前提下，在局麻影像学引导下操作、成功率高、创伤小，可以获得彻底或满意的镇痛效果，常用乙醇（95%）或苯酚（6%）作为神经毁损剂。外周神经毁损术包括面部、颈部、胸部、腰部及骶神经，需要注意的是对混合神经的损毁在镇痛同时也会导致运动神经功能障碍。因此对颈、腰、骶神经（丛）的毁损应谨慎，避免发生运动功能障碍。

三、神经阻滞

神经阻滞可用于肿瘤浸润或压迫内脏器官能导致难以描述的不适和局限性疼痛。患者常常描述内脏疼痛是模糊的、深部的、压榨样的胀痛或钝痛。其他体征和症状还包括牵涉痛（即当膈肌被肿瘤侵及时感觉到肩部疼痛）和恶心呕吐。临床常使用的技术包括：颈胸交感神经阻滞术（用于颈部、胸内脏痛）、臂丛神经阻滞术、腹腔神经丛阻滞术（上腹内脏痛）、上腹下神经丛阻滞术（盆腔内脏痛）、坐骨神经阻滞术及奇神经节阻滞术（会阴痛）。但对皮质醇药物的过敏，凝血功能障碍，严重的慢性呼吸机能减退（后路穿刺者）以及怀孕期间的妇女，则是治疗的禁忌证。常用的注射药物有盐酸利多卡因，碘对比剂或糖皮质激素。其治疗机制是消除局部神经的化学性炎症，改善局部神经的水肿现象，消除局部神经丛的血管性病变，消除局部神经的免疫性炎症。

四、消除肿瘤对神经的侵犯和刺激

肿瘤射频消融：是一种局部热疗方法，其基本原理是利用热能损毁肿瘤组织。通过电极发出射频波使其周围组织中的离子和极性大分子振荡撞击摩擦发热，将肿瘤区加热至有效治疗温度范围并维持一定时间以杀灭肿瘤细胞。同时射频热效应能使周围组织的血管凝固，形成一个反应带，消除或减轻肿瘤细胞对神经组织的侵犯和刺激。射频消融最早用于肝脏肿瘤的治疗，随后扩展到肾上腺、肺癌、软组织肿瘤及骨转移癌的治疗。在脊柱转移的病例中，射频消融技术结合骨水泥注射治疗骨破坏或病理性骨折导致的癌痛已经取得了令人满意的疗效，在缓解疼痛的同时改善患者的生活质量是骨转移癌痛治疗中非常有价值和广泛应用前景的治疗手段。此外对于胸壁转移导致的癌痛，通过 CT 引导技术，将射频针穿刺肿瘤内消融，在损毁瘤体的同时阻断了肋间神经的传导，能获得较为持久的缓解疼痛的作用。

化学消融术是在影像导引下经皮穿刺肿瘤组织将消融剂直接注入肿瘤内部达到原位灭活肿瘤的方法。适于全身各部位原发性和转移性肿瘤尤其是对于位置深在、毗邻关系复杂的转移性淋巴结的治疗。消融剂在淋巴结内均匀扩散，引起胞质脱水，导致细胞凝固性坏死，同时可与神经丛广泛接触，使神经丛发生变性、坏死，起到使淋巴结缩小及止痛的双重效果。因此可减轻或消除疼痛、控制或减缓局部病变的发展，是一种疗效肯定、安全可靠的技术，特别在腹膜后淋巴结转移的治疗中具有推广价值的微创治疗方法。

放射性粒子植入治疗恶性肿瘤属于近距离瘤内放射治疗。通过严格按照计算机三维放射治疗计划系统（TPS）布源、准确适形、通过微型放射源发出持续、短距离的放射线使肿瘤组织遭受最大程度的杀伤而正常组织不损伤或仅有微小损伤，达到了较好的临床效果。其治疗作用是通过减轻瘤负荷和射线损伤神经达到的，可以明显改善骨转移的疼痛症状。

五、经皮椎体成型术

恶性肿瘤骨转移所致的骨痛是难治性癌痛的主要原因之一。脊柱发生骨转移时，溶骨性改变可破坏椎体及附件，导致椎体不稳定、变形及疼痛。骨转移疼痛一般包括三种表现：持续性的局部疼痛（肿瘤压迫、刺激骨膜）、神经根性痛（骨破坏压迫神经根）、及中轴性疼痛（一般是由于椎体压缩骨折所致），导致患者活动明显受限。经皮椎体成型术是将骨水泥注射到椎体内，常采用椎体后凸成型术。手术时使用气囊将压缩骨折的椎体撑起，恢复正常的椎体高度和形状，然后给予骨水泥注射，术后患者疼痛会明显缓解。这种治疗方法还可联合肿瘤消融术或配合椎体的放射治疗。但椎体转移骨折导致严重的脊髓压迫的患者，一般则需要及时的脊柱外科手术解除脊髓受压。

新型的癌性疼痛治疗理念认为微创介入治疗可以毁损引起疼痛的责任神经，可完全中止其相应神经支配范围内的疼痛，与 WHO 三阶梯疗法及其他抗痛治疗并用，能有效地提高整体抗痛水平。理想的癌痛控制目标为：①夜间睡眠良好；②消除安静时疼痛；③消除身体活动时疼痛，其终极目标为提高患者的生活 / 生存质量。CT 导向下微创介入治疗难治性癌性疼痛止痛疗效明确、创伤小、并发症少，可有效的缓解癌性疼痛，有较好的应用前景。但对术者要求也较高，必须深入了解目标与周围结构的解剖关系以确定安全的穿刺路径。对于位置深在且较大肿瘤，疼痛易复发，常常需要多次神经丛阻滞巩固治疗或积极联合介入治疗方法灭活肿瘤。

（肖越勇）

参 考 文 献

1. Pflugmacher R, Kandziora F, Schroder R, et al. Vertebroplasty and kyphoplasty in osteoporotic fractures of vertebral bodies: a prospective 1-year follow up analysis[J]. RoFo, 2005, 177: 1670-1676.

2. Galimbert P, Deramond H, Rosat P, et al. Preliminary note on the treatment of vertebral angioma by percutaneous acrylic vertebroplasty[J]. Neurochirurgie, 1987, 33: 166-168.

3. 中华医学会放射学分会介入学组. 经皮椎体成形术操作技术专家共识[J]. 中华放射学杂志, 2014, 48: 6-9.

4. 孙钢, 张殿星. 经皮椎体成形术规范化条例[J]. 介入放射学杂志, 2004, 13: 90-91.

5. 金鹏, 孙钢. 对经皮椎体强化术的再认识[J]. 介入放射学杂志, 2016, 25: 463-468.

6. Santiago FR, Abela AP, Alvarez LG, et al. Pain and functional outcome after vertebroplasty and kyphoplasty[J]. A comparative study. Eur J Radiol, 2010, 75: e108-e113.

7. Sun G, Jin P, Li M, et al. Height restoration and wedge angle correction effects of percutaneous vertebroplasty: association with intraosseous clefts[J]. Eur Radiol, 2011, 21: 2597-2603.

8. Farrokhi MR, Alibai E, Maghami Z. Randomized controlled trial of percutaneous vertebroplasty versus optimal medical management for the relief of pain and disability in acute osteoporotic vertebral compression fractures[J]. J Neurosurg: Spine, 2011, 14: 561-569.

9. Bryan A. Comstock, Colleen M, et al. Investigational Vertebroplasty Safety and Efficacy Trial (INVEST): Patient-reported Outcomes through 1 Year[J]. Radiology, 2013, 269: 224-231.

10. McConnell CT Jr, Wippold FJ 2nd, Ray CE Jr, et al. ACR appropriateness criteria management of vertebral compression fractures[J]. J Am Coll Radiol, 2014, 11: 757-763.

11. 王宏伟, 何仕诚, 滕皋军, 等. 经皮椎体成形术治疗椎体转移性肿瘤的疗效分析[J]. 介入放射学杂志, 2010, 19: 784-787.

12. Liu XW, Jin P, Wang L, et al. Vertebroplasty in the treatment of symptomatic vertebral haemangiomas without neurological deficit. Eur Radiol, 2013, 23: 2575-2581.

13. Klazen CAH, Lohle PNM, de Vries J, et al. Vertebroplasty versus conservative treatment in acute osteoporotic vertebral compression fractures (VERTOSII): an open-label randomized trial[J]. Lancet, 2010, 376: 1085-1092.

14. Buchbinder R, Osborne RH, Ebeling PR, et al. A randomized trial of vertebroplasty for painful osteoporotic vertebral fractures[J]. N Engl J Med, 2009, 361: 557-568.

15. Sun G, Tang H, Li M, et al. Analysis of risk factors of subsequent fractures after vertebroplasty[J]. Eur Spine J, 2014, 23: 1339-1345.

16. He SC, Teng GJ, Deng G, et al. Repeat vertebroplasty for unrelieved pain at previously treated vertebral levels with osteoporotic vertebral compression fractures[J]. Spine, 2008, 33: 640-647.

17. Husband DJ. Malignant spinal cord compression: prospective study of delays in referral and treatment[J]. BMJ, 1998, 317: 18-21.

18. nselmetti GC. Osteoplasty: percutaneous bone cement injection beyond the spine[J]. Semin Interv Radiol, 2010, 27: 199-208.

19. Carrafiello G, Lagana D, Pellegrino C, et al. Percutaneous imaging-guided ablation therapies in the treatment of symptomatic bone metastases: preliminary experience[J]. Radiol Med, 2009, 114: 608-625.

20. 孙钢, 金鹏, 易玉海, 等. 经皮注射聚甲基异丁烯酸治疗溶骨性骨盆区与外周骨转移瘤[J]. 中华放射学杂志，2005，39：869-873.

21. Cazzato RL，Buy X，Eker O，et al. Percutaneous long bone cementoplasty of the limbs：experience with fifty-one non-surgical patients[J]. Eur Radiol，2014，24：3059-3068.

22. Sun G，Jin P，Li M，et al. Percutaneous cementoplasty for painful osteolytic humeral metastases：initial experience with an innovative technique[J]. Skeletal Radiol，2011，40：1345-1348.

23. Sun G，Jin P，Liu XW，et al. Cementoplasty for managing painful bone metastases outside the spine[J]. Eur Radiol，2014，24：731-737.

24. Kawai N，Sato M，Iwamoto T，et al. Percutaneous cementoplasty with use of a cement-filled catheter for a pathologic fracture of the humerus[J]. J Vasc Interv Radiol，2007，18：805-809.

25. Mirels H. Metastatic disease in long bones. A proposed scoring system for diagnosing impending pathologic fractures[J]. Clin Orthop Relat Res，249：256-264.

26. Kelekis A，Filippiadis D，Anselmetti G，et al. Percutaneous augmented peripheral osteoplasty in long bones of oncologic patients for pain reduction and prevention of impeding pathologic fracture：the rebar concept[J]. Cardiovasc Intervent Radiol，2016，39：90-96.

27. Kim JH，Kang HG，Kim JR，et al. Minimally invasive surgery of humeral metastasis using flexible nails and cement in high-risk patients withadvanced cancer[J]. Surg Oncol，2011，20：e32-e37.

28. Anselmetti GC，Manca A，Chiara G，et al. Painful pathologic fracture of the humerus：percutaneous osteoplasty with bone marrow nails under hybridcomputed tomography and fluoroscopic guidance[J]. J Vasc Interv Radiol，2011，22：1031-1034.

29. Deschamps F，Farouil G，Hakime A，et al. Percutaneous stabilization of impending pathological fracture of the proximal femur[J]. Cardiovasc Intervent Radiol，2012，35：1428-1432.

30. Vegt P，Muir JM，Block JE. The photodynamic bone stabilization system：a minimally invasive，percutaneous intramedullary polymericosteosynthesis for simple and complex long bone fractures[J]. Med Devices（Auckl），2014，7：453-461.

31. Michael DL，Huy BQL，Steven L，et al. Combination radiofrequency ablation and cementoplasty for palliative treatment of painful neoplastic bone metastasis：experi-ence with 53 treated lesions in 36 patients[J]. Skeletal Radiol，2011，40：25-32.

32. 田庆华，吴春根，顾一峰，等. 经皮骨成形术治疗椎外骨转移肿瘤的应用 [J]. 介入放射学杂志，2012，21：645-650.

33. Liu XW，Jin P，Liu K，et al. Comparison of percutaneous long bone cementoplasty with or without embedding a cement-filled catheter for painful long bone metastases with impending fracture[J]. Eur Radiol，2017，27：120-127.

34. Pflugmacher R，Kandziora F，Schroder R，et al. Vertebroplasty and kyphoplasty in osteoporotic fractures of vertebral bodies：a prospective 1-year follow up analysis[J]. RoFo，2005，177：1670-1676.

35. Galimbert P，Deramond H，Rosat P，et al. Preliminary note on the treatment of vertebral angioma by percutaneous acrylic vertebroplasty[J]. Neurochirurgie，1987，33：166-168.

36. 中华医学会放射学分会介入学组. 经皮椎体成形术操作技术专家共识 [J]. 中华放射学杂志，2014，48：6-9.

37. 孙钢，张殿星. 经皮椎体成形术规范化条例 [J]. 介入放射学杂志，2004，13：90-91.

38. 金鹏，孙钢. 对经皮椎体强化术的再认识 [J]. 介入放射学杂志，2016，25：463-468.

39. Santiago FR，Abela AP，Alvarez LG，et al. Pain and functional outcome after vertebroplasty and kyphoplasty. A comparative study[J]. Eur J Radiol，2010，75：e108-e113.

40. Sun G，Jin P，Li M，et al. Height restoration and wedge angle correction effects of percutaneous vertebroplasty：association with intraosseous clefts[J]. Eur Radiol，2011，21：2597-2603.

41. Farrokhi MR，Alibai E，Maghami Z. Randomized controlled trial of percutaneous vertebroplasty versus optimal medical management for the relief of pain and disability in acute osteoporotic vertebral compression fractures[J]. J Neurosurg：Spine，2011，14：561-569.

42. Bryan A. Comstock，Colleen M，et al. Investigational Vertebroplasty Safety and Efficacy Trial（INVEST）：Patient-reported Outcomes through 1 Year[J]. Radiology，2013，269：224-231.

43. McConnell CT Jr，Wippold FJ 2nd，Ray CE Jr，et al. ACR appropriateness criteria management of vertebral compression fractures[J]. J Am Coll Radiol，2014，11：757-763.

44. 王宏伟，何仕诚，滕皋军，等. 经皮椎体成形术治疗椎体转移性肿瘤的疗效分析 [J]. 介入放射学杂志，2010，19：784-787.

45. Liu XW, Jin P, Wang L, et al. Vertebroplasty in the treatment of symptomatic vertebral haemangiomas without neurological deficit. Eur Radiol, 2013, 23：2575-2581.

46. Klazen CAH, Lohle PNM, de Vries J, et al. Verte-broplasty versus conservative treatment in acute osteoporotic vertebral compression fractures（VERTOSII）: an open-label randomized trial[J]. Lancet, 2010, 376：1085-1092.

47. Buchbinder R, Osborne RH, Ebeling PR, et al. A randomized trial of vertebroplasty for painful osteoporotic vertebral fractures[J]. N Engl J Med, 2009, 361：557-568.

48. Sun G, Tang H, Li M, et al. Analysis of risk factors of subsequent fractures after vertebroplasty[J]. Eur Spine J. 2014, 23：1339-1345.

49. He SC, Teng GJ, Deng G, et al. Repeat vertebroplasty for unrelieved pain at previously treated vertebral levels with osteoporotic vertebral compression fractures[J]. Spine, 2008, 33：640-647.

50. Jacobs JM, Hammerman-Rozenberg R, Cohen A, et al. Chronic back pain among the elderly: prevalence, associations, and predictors[J]. Spine, 2006, 31：E203-E207.

51. Adams MA, McNally DS, Dolan P. 'Stress' distributions inside intervertebral discs. The effects of age and degenerations[J]. J Bone Joint Surg Br, 1996, 78：965-972.

52. Sether LA, Yu s, Haughton VM, et al. Intervertrbral disk: normal age-related changes in MR signal intensity[J]. Radiology, 1990, 177：385-388.

53. Saal JS. The role of inflammation in lumbar spine[J]. Spine, 20：1821-1827.

54. Onik G, Helms CA, Ginsberg L, et al. Percutaneous lumbar disc discectomy using a new aspiration probe[J]. AJR Am J Roentgenol, 1985, 144：1137-1140.

55. Schenk B, Brouwer PA, Peul WC, et al. Percutaneous laser disc decompression: a review of the literature[J]. AJNR Am J Neuroradiol. 2006, 27：232-235.

56. Gupta AK, Bodhey NK, Jayasree RS, et al. Percutaneous laser disc decompression: clinical experience at SCTIMST and long term follow up[J]. Neurol India. 2006, 54：164-167.

57. Boswell MV, Shah RV, Eveett CR, et al. Interventional techniques in the management of chronic spinal pain: evidence-based practice guidelines, 2005, 8：1-47.

58. Muto M, Andreula C, Leonardi M. Treatment of herniated lumbar disc by intradiscal and intraforaminl oxygen-ozone（O2-O3）injection. Interventional spinal procedures[J]. J Neuroradiol, 2004, 31：183-189.

59. Takada E, Takahashi M, Shimada K. Natural history of lumbar disc hernia with radicular leg pain: spontaneous MRI changer of the herniated mass and correlation with clinical outcome[J]. J Orthop Surg, 2001, 9：1-7

60. 中华医学会放射学分会介入学组. 腰椎间盘突出症的介入和微创治疗操作规范的专家共识 [J]. 中华放射学杂志，2014，48：10-12.

61. Mont MA, Cherian JJ, Sierra RJ, et al. Osteonecrosis of the femoral head: where do we stand today? a ten-year update[J]. *The Journal of Bone & Joint Surgery—American Volume*, 2015, 97：1604-1627.

62. Moya-Angeler J, Gianakos AL, Villa JC, et al. Current concepts on osteonecrosis of the femoral head[J]. *World Journal of Orthopaedics*, 2015, 6：590-601.

63. Li Z.-R. Guideline for diagnostic and treatment of osteonecrosis of the femoral head[J]. *Orthopaedic Surgery*, 2015, 7：200-207.

64. Akiyama H. Transcriptional regulation in chondrogenesis by SOX9[J]. *Clinical Calcium*, 2011, 21：845-851.

65. Gordon CT, Tan TY, Benko S, et al. Long-range regulation at the SOX9 locus in development and disease[J]. *Journal of Medical Genetics*, 2009, 46：649-656.

66. Wagner T, Wirth J, Meyer J, et al. Autosomal sex reversal and campomelic dysplasia are caused by mutations in and around the *SRY*-related gene *SOX9*[J]. *Cell*, 1994, 79：1111-1120.

67. Bell DM, Leung KKH, Wheatley SC, et al. SOX9 directly regulates the type-II collagen gene[J]. *Nature Genetics*, 1997, 16：174-178.

68. Lorda-Diez CI, Montero JA, Martinez-Cue C, et al. Transforming growth factors β coordinate cartilage and tendon differentiation in the developing limb mesenchyme[J]. *The Journal of Biological Chemistry*, 2009, 284：29988-29996.

第十章 磁共振介入

第一节 磁共振介入概况

影像引导的活检和血管造影始于 20 世纪初，在 20 世纪 70 年代出现了计算机断层（CT）和超声引导的介入技术，80 年代出现了磁共振成像（magnetic resonance，MR）引导的介入诊疗。通过成像与计算机相结合、新的治疗设备及与手术室条件相似的扫描室促进了介入技术的飞速发展。MR 更快、更精确的成像有利于介入医师进行更精细复杂的操作。由于结合了各种其他成像手段的特征并增加了更多优点，磁共振介入成像（interventional magnetic resonance，IMR）进一步拓宽了介入放射学的应用范围。

IMR 技术是指在 MR 成像引导和监控下利用 MR 兼容性设备进行的微创性诊断与治疗的介入操作。早期 MR 硬件对介入使用者来说大而笨重，接触患者困难甚至无法接触，对大多数介入操作来说成像速度慢，强磁场和伪影阻碍了介入手术器械在 MR 环境中的使用，所以早期 MR 并不适合作为介入操作的引导手段。在 MR 近 40 年发展历史中出现了相当大的进步。不断加快的软件、新的创新性序列、更好的 MR 硬件和计算能力的增加均使得成像速度和影像质量达到了新水平。90 年代初采用的开放式构造的 MR 使介入医师可以直接接触患者，从而作为介入引导设备进行各种介入治疗操作。

低场 MR 引导下的介入技术操作相对较早地应用于临床，近年来高场强的 IMR 技术也有了快速发展。IMR 融影像诊断与介入性诊疗于一体，具有其他的引导手段（如 CT、US 等）不可比拟的优势：① MR 有更好的软组织对比度，明确显示和分辨与病变相邻的重要血管和神经，能显示和分辨出 CT 平扫时难以显示的等密度病灶；②提供多平面图像，不仅在横轴位，还可在冠状位及任意切面引导穿刺；③显示被治疗组织的药物弥散、灌注和病变温度变化等功能性改变，有利于监控介入性治疗过程；④不用对比剂即可显示血管流空信号，在血管内介入治疗方面有着广阔的前景；⑤无放射性损害。随着开放式磁场的不断改进（如专用于颅脑微创介入的局部小磁场）、各种超高速扫描序列的开发和各种磁兼容性更好的器材的发明，使得 IMR 日益得到发展，从而成为当今介入医学中的一大热点。

IMR 诊疗系统联合示踪导航技术是目前国际上最先进的图像引导诊断和精准治疗系统。该介入系统在高清晰度 MR 成像引导下，经打孔或直接穿刺引导介入手术设备和器械精确到达手术部位，在计算机影像实时术中监控下，配合手术计划和导航系统，实施精准介入手术，并在术中进行影像即刻评估疗效，及时纠正可能存在的误差，确保手术成功。IMR 把影像诊断、影像导航、影像监控、影像评估疗效同时运用到介入治疗中，改变了传统的手术模式，提高了手术精确程度，减少了不确定因素，降低了对手术医生经验的要求，保证了手术的安全和疗效。IMR 系统的组成主要有五部分（图 10-1-1）：①专用于介入操作的 MR 系统与线圈；②实时示踪导航设备，是完善操作并保证介入过程安全性和准确性的关键部分；③介入治疗总控制台及显示设备，保证手术者可以瞬时了解介入手术信息并传达指令；④ MR 兼容治疗设备与手术器械；⑤ MR 兼容性监护设备。

目前，IMR 已成功应用于全身各系统病变的诊断和治疗领域，开放式磁体系统的开发和改进、超高速扫描序列的开发、MR 兼容器械装置的发明和应用成为实现 MR 成像引导介入诊疗并促进其发展的三项关键技术。

一、介入性磁共振设备

目前，几乎所有的生产商都能够设计和生产可用于介入诊疗的 MR 系统。该系统场强在 0.064T 到 3T 之间。磁体的外形从完全封闭到水平或垂直开放型。通常，IMR 系统兼顾了磁场均匀性与患者可接触性的要求，外型越一致、场强及磁场均匀

磁共振影像主控台

手术影像监控和辅助规划

光学定位装置

病人监护设备

介入微创专用线圈

介入式磁共振系统

微创诊疗设备

图 10-1-1　IMR 系统模式图

性越高，患者的可接触性就越差；反之亦然。MR 诊断医师可较容易地接受这种折中，但从介入诊疗的观点来看，还不尽如人意。

　　该系统大致可分为四种类型：①封闭和短孔磁体，场强 1～3T；②开放式立方形水平双平面磁体，场强 0.7～1.0T；③开放式"C"形水平双平面磁体，场强 0.2～0.5T；④垂直和水平通道混合式磁体，场强 0.5T。

　　随着开放式磁体（开放式低场、开放式中场、混合式高场）的出现，磁兼容性设备（包括监视器，麻醉机，手术显微镜，头架，穿刺针，导管等）的开发以及快速成像技术的发展，使 IMR 由单纯的概念变为现实。1986 年，Mueller 应用 MR 引导经皮头颈部活检为开端，由理论性实验研究转为临床诊疗应用。IMR 技术的发展到目前为止大致分为三个阶段：20 世纪 80 年代末至 90 年代初，早期的介入性 MR 成像仅限于在封闭式的磁体下利用穿刺针的被动成像，进行简单的穿刺活检和一些理论上的前景展望；20 世纪 90 年代中期，在美国、德国、芬兰、瑞典等国的一些研究机构和大学医院对从设备到介入方法、应用等方面作了多方面研究和探索，取得了丰硕的成果；20 世纪 90 年代末期，磁兼容性介入设备进入商品化阶段，标志着该技术进入了临床实用阶段。

二、磁共振介入成像序列与示踪技术

　　IMR 可直接在诊断性 MR 标准软件下进行操作，但是，如果使用专为 IMR 设计的用户界面则更容易而且更安全。专为 IMR 设计的成像序列与诊断用的有所不同，需要兼顾成像速度及影像质量之间的关系，使成像速度 - 信噪比 - 分辨率之间达到平衡。几乎所有用于 IMR 的成像序列都是预先编制好的并源于快速成像序列，包括各种短 TR 梯度回波技术；为了加快成像速度，采取一些不同于常规的 K- 空间取样步骤，包括 LoLo，keyhole，striped k-space 和微波编码数据接收技术。

（一）IMR 成像序列要求与特点

　　MR 引导介入的理想序列应满足以下四项要求：

　　1. 成像速度要快　当然，所谓"快"是相对而言，成像速度还与活检的部位和患者的配合程度有关。一般情况下，单幅图像的成像时间至少应与常规 CT 的单层扫描时间相差不多。

　　2. 穿刺针的伪影要足够大　易于观察，但又不能太大，以至于影响穿刺病灶的显示。

　　3. 要保证病灶与邻近组织间、病灶与穿刺针伪影间有足够的对比度　由于无论在何种序列图像上，穿刺针伪影均表现为黑色（低信号），再加上绝大多数病变在 T_2WI 上比 T_1WI 上要更亮（高信号），因此，一般倾向于采用 T_2WI。

　　4. 必须选择理想的序列以显示沿穿刺针道上的易损结构　这意味着必须将血管结构显示清楚，无论血管是垂直于扫描层面或包含于扫描层面内。根据病灶的位置和穿刺的途径，显示肠、肾或肺实质等其他解剖结构的轮廓也十分重要。单一序列是不可能完全满足以上四项要求。因此，在计划活检步骤甚至监视介入治疗过程中，最好使用一个以上的序列，以便互相兼顾。

　　IMR 序列的目的就是尽可能的减少扫描时间

并保证影像质量，常用序列包括场回波（field echo，FE 或 gradient echo，GRE）序列、完全性平衡稳态梯度回波（completely balanced steady state，CBASS 或 true-FISP）和快速自旋回波（fast spine echo，FSE）等。当穿刺针的进路确定后，FE 或 GRE 序列显示穿刺针的伪影最大，用来快速显示针道轨迹（图 10-1-2）；平衡稳态梯度回波序列扫描显示中等度放大的穿刺针伪影（图 10-1-3），便于术者快速辨认和明确穿刺针的位置及与病变的空间关系；FSE 序列穿刺针轨迹伪影最小，清晰显示针尖真实的位置，是观察细微解剖结构最好的选择，对术后穿刺轨道的确认是一个很好的序列（图 10-1-4）。

IMR 脉冲序列和扫描方法主要在以下方面起作用：改进速度、器械定位、解剖和（或）损伤的区分鉴别、温度敏感测定。术中监控扫描图像应动态、实时、不间断，图像要有清晰的组织对比以确定介入器械处于安全位置。

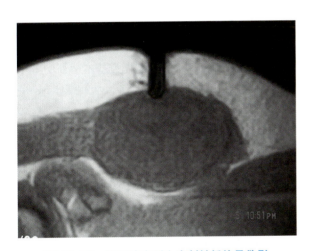

图 10-1-2　场回波序列上穿刺针低信号伪影

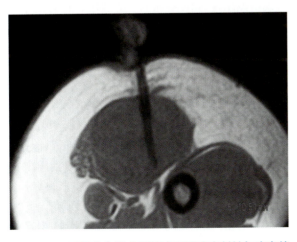

图 10-1-3　平衡稳态梯度回波序列明确穿刺针与病变的空间位置与关系

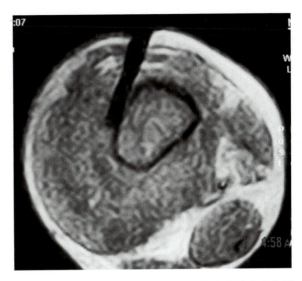

图 10-1-4　快速自旋回波显示穿刺针轨迹伪影确定穿刺针尖的精准位置

（二）温度监测序列

消融治疗过程中，需要监测靶组织内的温度分布，冷-热消融技术的生物学效应主要依赖于肿瘤每一部分所达到的温度。

MR 弛豫机制的温度依赖性和 MR 的高度敏感性，使它特别适于显示和控制组织的热能蓄积，这是介入性 MR 在物理性消融治疗中的应用基础。

MR 图像拥有与众不同的特征，能够显示热消融治疗中 T_1WI、T_2WI 和 DWI 的信号变化，T_2WI 与 DWI 低信号可被用来作为凝固坏死的标志。影像学和病理对照研究说明 MR 成像可以清楚显示 2～3mm 的凝固坏死区域。MR 的优势是它的实时显示能力，对治疗与重要结构毗邻的病变更有帮助。

过去 20 年里，热消融外科治疗发展非常迅速，经皮射频消融、微波治疗、激光诱导的热治疗以及经皮冷冻消融治疗等，这些治疗方法都是对病灶局部进行加温或降温，使肿瘤细胞因高温肿胀或冷冻细胞内结晶形成而死亡。那么温度应升高或降低到什么程度？如何在保护正常组织的同时尽量地杀死肿瘤细胞等等一系列问题是国内外专家学者们一直研究和关注的焦点。这些问题的关键点就是如何精确地监测到消融治疗区域内各相位点的实时温度变化（测温）。过去人们曾试图采用在病灶内插入热敏电耦的方法来测温，局限性很明显。首先，这是一种有损伤的测温技术；其次，插入的温度探针也不可能太多，所以对加温过程中病灶温度变化的监测有其局限性。若能解决被加热或冷冻组织的三维（包括动态）无损伤测温问题，依据温度的分布就有可能计算出平均有效温度沉积剂量。在积累了一定的临床资料后，就有可能确定出符合实际的、有意义的热消融治疗措施。磁共振扫描能够在冠状面、矢状面及横轴面等任意层面成像，测温可显示温度的三维空间分布。在此过程中，与温度相关的 MR 参数如自旋晶格弛豫时间 T_1、分子弥散系数或质子频移等都可以用来描绘温度图。快速 T_1WI 序列可用于监测各种组织的局部温度变化，体外凝胶试验以及离体的肝脏、肌肉组织实验均表明，在一定的范围内，温度变化与 T_1 之间呈线性关系，温度每升高 1℃，信号下降 0.5%～1.1%。但各种组织的 T_1 温度依赖性各不相同，且容易受组织的温度调节过程和代谢情况的影响。在 T_1WI 呈等、高信号的组织如肝脏实质，其信号改变区与肉眼所见的凝固性坏死相一致；T_1WI 上呈现低信号的肌肉组织和（或）椎间盘显示效果并不理想。

温度敏感的特殊序列包括分子弥散系数和质子频移技术。

1. 分子弥散系数(diffusion coefficient) 也称热扩散系数 MR 弥散成像实际是测量水分子之间运动的信号。其成像基础在于 MR 在磁场不均匀的情况下，对移动水所携带的质子在横向磁化上产生的相位位移的敏感性。相位位移越大，信号衰减就越明显。分子的热布朗运动通常用弥散系数 D 来表示，反映分子在单位时间内进行随机直线运动时的空间弥散总量。弥散系数 D 和温度呈指数相关，温度的改变将导致弥散系数的改变。弥散系数可通过 MR 测量，一幅温度图可以通过同一层面两个不同温度的弥散图像相减获得。通过弥散测量的温度图敏感性是很高的，温度每改变 1℃，弥散因子 D 将改变 2.4%；但其缺点也很明显：①由于受检对象的移动会造成不必要的信号衰减，而使 D 的测量出现假象，所以这种移动是弥散加权测温的主要问题；②组织的热凝固过程也会导致弥散常数的很大改变，其原因是分子弥散途径被改变了；③非致命的生理学上的影响也可导致 D 的改变。例如脑局部缺血、缺氧后立即发生 D 的改变（D 减少了 4%）；④温度调节性血流微循环引起的弥散，也可能影响该方法的精确性；⑤使用基于弥散系数 D 的实时温度图的另一个限制是扫描时间比 T_1WI 或质子频移技术长，获得一幅图像往往需要 2～3 分钟。这些缺点限制了该技术的临床应用。

2. 质子频移技术 在各种参数中，利用质子共振频率的变化来检测温度的优点是十分明显的：①质子的共振频率的变化基本上不受组织结构参数的影响，也几乎不依赖于组织的成分。在肿瘤的灭活治疗中，组织可产生炭化、汽化的结构变化，这些变化会显著影响 T_1 和 T_2 值，但对质子的共振频率的变化影响不大；②可用常规的灰阶来显示温度分布；③在较大的温度范围内，温度与频移的变化是线性的而且是可逆的，这种特性允许我们在热消融治疗时随时中断和重新开始；④质子频移技术对温度的变化十分敏感，是一种可精确定量描绘二维温度图的方法；⑤质子频移技术数据可在梯度回波序列上获得，这样可以使成像速度加快，便于更好地监测热消融的效果。一些实验显示，在 1.5T MR 机上使用梯度回波序列可在 2 秒内产生一幅高精度的质子频移温度图。离体牛肉消融实验显示，以 1mm 的空间分辨力制成的温度图，温度敏感性为 2℃。在体内实验也获得相应的结果。从实用的目的来看，质子频移是仅有的可以在普通场强的图像上进行热疗剂量重复监测的方法。

（三）IMR 示踪技术应用

IMR 示踪技术使介入操作中可以同时获取器械（穿刺针等）及所在任意平面影像，能够进行交互式定位、计划、监控操作过程为基本特征的多平面扫描环境。这种环境需要：①主动器械跟踪，至少有两种方法可以达到器械的主动跟踪：一种在已知位置的器械上放置适当数量的反光物，利用红外线相机可追踪到该工具；另一种是使用安装在器械上的接收线圈获取该器械的精确位置信息。②被动跟踪是基于工具在成像中容易产生磁易感伪影的内在特征而设置，局部磁场的诱导性不均匀也可以被用于器械的精确定位。

器械的可视化是 MR 导航介入术中成像的关键点，解决这个难题，必须达到实时术中器械跟踪、离线器械跟踪、MR 器械兼容等要求。目前使介入器械在 MR 上可视化的努力主要有以下几方面：

1. 被动性可视 较微弱的顺磁性穿刺针或附带有稀土金属的器械是通过磁化率效应所产生的微小金属伪影来显示的。该方法简单方便，缺点是伪影大小不易控制，与所用成像序列有关，介入器械的显示较实际尺寸要大，位置可能有轻微偏离。

2. "虚拟现实"可视化("virtual reality" visualization) 涉及到光学三角系统，通过辨别固定在支架上的发光二极管来实施。在已知其长度时，可推断出装在支架上的直体工具方向和顶角。此方法优势明显，缺点是对弯曲器械示踪困难，当穿刺针弯曲时也会造成示踪不当。

3. 器械示踪技术 在介入手术器械前端或其

周缘安装 1 个或多个微小的 MR 射频线圈,由于它能对线圈附近的自旋质子成像,从而可明确介入器械的位置。此方法可由仅使用 4 个 α 脉冲的梯度回波序列完成。其优点是可用于任何介入器械上(包括导丝的顶端),能实时进行位置监测,并且可将导管位置以数字方式贮存在计算机内存里,从而可自动跟踪介入器械的前端,缺点是此种器械的制作较烦琐。

4. 天线示踪技术　采用直襟天线作为信号接受装置,对很细的导丝结构也能清楚显示,其图像重建时间比 MR 示踪法要长。

(四)穿刺技术

无论是微泡超声造影、三维超声,还是以 CT、MR 为基础的三维成像,都是借助于病灶与正常组织之间的结构差异,建立更加真实具有三维空间结构的立体化病理器官图像。

新颖的开放型 MR 系统已成功地将图像引导技术推广到微创介入过程,医生可方便地在磁体旁的空间完成活检、治疗或手术操作。MR 引导下的经皮穿刺不同于开放式和盲目的活检及其他穿刺方法,由于 MR 具有灵活的三维定位能力,即可以利用 MR 机器本身所带的激光定位装置决定纵轴方向上的坐标,同时又可使用扫描层面上的栅栏定位标志进行 x 和 y 轴定位。MR 引导穿刺方法较多,现介绍四种最常用的技术。

1. MR 透视技术　通过提高 MR 设备的性能,缩短成像时间,如 SENSE 技术属于快速成像技术,可使成像时间减少一半以上,从而实现实时成像和 MR 透视。开放式 MR 机扩大了操作空间,以近每秒 1 帧的速度连续成像达到实时 MR 透视功能,有利于 MR 引导介入技术的操作。进针点的定位是 MR 导航介入手术中经常遇到的问题,最简单的办法是利用 MR 固有的"透视"选项将医生的手指与透视图像平面中病变的位置相对应,穿刺点通过手指移动标定技术来确定。第一视角的扫描平面经调整包括穿刺点和靶点,第二视角被定义为垂直第一视角。这种方式具有快速、可靠及安全的特点,但需要技术人员和介入医生之间有很好的沟通配合(图 10-1-5)。

2. MR 对比剂栅栏格定位技术　将 MR 对比剂灌满栅栏管状结构,间距 1cm,固定于管状构件上制成栅栏管定位器(图 10-1-6)。使用时将栅栏格框架放置在患者的身旁、准备穿刺区域来获得定位图像,使栅栏条纵形与身体长轴一致,先进行 MR 扫描,然后根据病灶所在床位及所在栅栏的位置进行定位,确定穿刺点、进针角度及深度(图 10-1-7)。

3. 主动式光学引导示踪技术　最常被采用的是一种三维示踪系统,能够交互式控制 MR 扫描层面,借助数字器探头,方便、及时制定手术穿刺计划并能快速确定最佳进针点和角度,称之为"主动式光学引导示踪系统",简称"光学追踪系统"。

光学示踪技术引导 MR 扫描以介入手术器械的针尖为中心,将针平面以及沿垂直针的平面信息通过实时通讯控制接口传输给医学成像设备(MR)

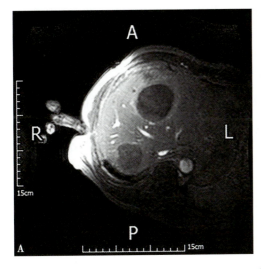
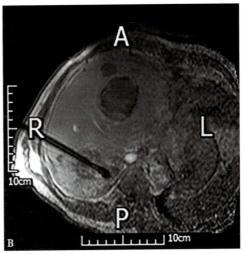

图 10-1-5　MR 透视标定进针点
利用 MR"透视"功能将医生的手指与透视图像平面中病变的位置相对应(A),引导穿刺至病变区(B),清晰显示低信号的 MR 兼容性消融针伪影和病变的关系,引导磁兼容性消融针到达病变组织生长活跃区域

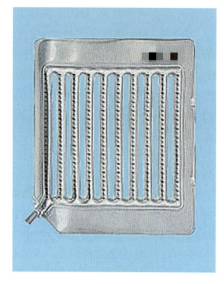

图 10-1-6 管柱状 MR 栅栏格定位器

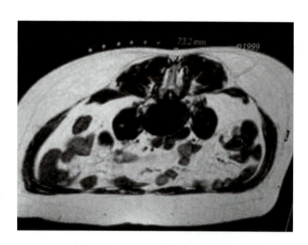

图 10-1-7 栅栏格定位 MR 图像

并即时控制 MR 扫描,快速完成病灶和介入手术器械的空间关系成像。当直接在患者身体或在患者床上放置附加标记时,即使患者床已脱离磁体(图 10-1-8),依然可以使用光学示踪系统来引导介入手术的操作。

4. 内置式 MR 示踪技术 用 MR 扫描硬件追踪示踪器内的小线圈来达到局部交互成像功能,是主动显示技术的一种,利用安置在介入器械尖端的微小线圈对射频信号通过器械选择性地接受或发射;当对接受的 MR 信号进行频率分析时,在能量谱中会标记出单独的波峰,这个峰的频率指示出线圈在体内的位置,从而指明器械的位置所在。缺点是:①在 MR 成像扫描时出现器械定位缺失;②会产生与光学示踪系统相似的问题,如由于器械弯曲可产生失真信号并需要独立的视线。

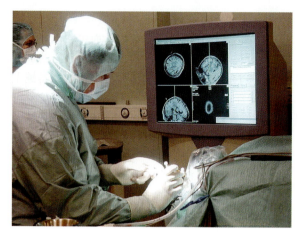

图 10-1-8 光学引导示踪技术

三、磁共振介入兼容性手术器械及相关因素

随着 MR 介入操作范围的扩展,设计 MR 使用器械的要求也随之增加。由于 MR 特异的原理,这些器械是保证 MR 介入手术安全的关键因素。由于静态磁场、磁场梯度、引导射频脉冲及非兼容性的器械之间会相互作用,从而产生危险后果,因此要专门设计在 MR 环境下使用的器械。这些器械与其他所有 MR 相关设备被称为 MR 兼容或 MR 安全性设备,涵盖了不同类型的微型精密机械、主从式机械手和多自由度手术机器人等,临床上也应用到组织穿刺活检、肿瘤消融治疗、血管介入等多方面。

(一)IMR 器械的基本条件与选择

IMR 操作是在磁场中进行,常规治疗器械多由铁磁性物质制成,会飞向磁场中心或产生转动,影响手术操作,甚至危及患者生命,所以必须使用 MR 兼容的介入诊疗器械。即使是尼龙等非铁磁性材料的器械在插入影像平面时也会减少信号强度,器械周围磁场不均匀,使实际上的顺磁效果减弱,产生伪影从而影响图像质量。磁兼容要求器械不被磁场吸引、不发生转动、功能不受磁场影响,在磁场中也不影响 MR 的成像功能、不产生伪影信号,同时 MR 能对器械精确定位,图像中的组织解剖结构不被改变。

IMR 兼容器械大致分五类:

1. MR 系统的辅助设备 如造影剂注射器、室内介入图像监视器、MR 表面线圈等。

2. 图像补充设备及治疗传递系统 如内镜、关节镜、腹腔镜、显微镜及激光、微波、射频、冷冻消融探头等。

3. 基本的介入手术辅助器械 如手术使用的光源、手术刀、穿刺针、镊、钳等，治疗中使用的导丝、导管、支架等。

4. 患者的生命监测及麻醉急救系统 如心电监测、麻醉机和灌注泵等。

5. 特殊部位检查辅助定位器械 如 MR 兼容性头部托架、乳腺活检托架、牵开器等。

目前研究发现许多材料的磁感与水接近，当材料磁感与水相差在 3ppm 内时在磁场中不产生可视的变形，如尼龙、硅氮化物、氧化锆等。由磁感接近人体组织的材料制成的兼容性器械可防止产生图像伪影和扭曲。MR 引导活检和（或）介入治疗要求器械（穿刺针）必需具有 MR 兼容性、伪影少且可在 MR 成像中显示，其中包括两层含义：一是此器材用于磁场环境下不会因电磁感应产生过多的热量，以致对患者造成伤害；二是此器材不会影响 MR 图像的质量。制作 IMR 器械的材料包括金属钛、镍钛合金以及各种塑料、陶瓷、碳素、生物材料等；目前认为钛金属器械最为理想，但生产成本也是最高。

在 MR 兼容性材料的选择方面，只有那些磁化系数接近人体组织（9.05ppm）和空气（0.36ppm）的材料可以用于磁体内工作设备的制造。以 MR 检查床为例，检查床面板及位于其腹部的支撑轮在承载患者进入磁体腔进行扫描和介入治疗时，需要在磁体腔内的成像区域安全就位，因此一般选择 MR 兼容性好、具有较强机械性能的玻璃纤维增强塑料玻璃钢材料来制造床面主体，选择 MR 兼容性和机械性能都上佳的陶瓷轴承来充当腹部的支撑轮。除床面板外，检查床的主体部分都位于磁体腔外，其构成部件可以按其远离磁体的不同采用 MR 兼容性较差、但机械性能较好的铝合金、奥氏体不锈钢等材料来制造。用于驱动机构运动的步进电机、交流伺服电机等电磁式电机因不具有 MR 兼容性，必须被置于远离磁体的 5 高斯线外。

目前可采用的材料，按其对 MR 造成伪影影响的不同，主要分为以下 3 组：

第 1 组：在人体组织内对 MR 图像无伪影影响的材料。例如：尼龙、氮化硅陶瓷、聚四氟乙烯塑料、聚砜树脂、玻璃纤维增强塑料、Vespel 聚酰亚胺塑料、树脂玻璃、氧化锆陶瓷、木材和纯铜。

第 2 组：使用该材料可对 MR 图像造成可察觉的伪影，但该影响无关紧要，可忽略。例如：氧化铝陶瓷、硅橡胶、石英（二氧化硅）、铅和锌。

第 3 组：使用该材料可对 MR 图像造成明显的伪影，但该伪影影响可经特殊处理后被接受。例如：钛合金、钼合金、钨合金、石墨、钽合金、非磁性合金、锆合金和铝合金等。这些材料大多数稀缺而昂贵，而且其性能也随生产批次和制造工艺等的不同而差异较大。

（二）磁共振兼容性穿刺针

磁共振介入穿刺针必须是磁兼容性材料组成，是由镍、铬、钼、钶、铁和碳等按比例组成的合金器械，不同成分制成的穿刺针影响穿刺针直径伪影的大小。所有商业出售的磁共振兼容性穿刺针均为被动显示设计，即穿刺针是通过本身的磁敏感性伪影来显示和定位的，表现为一种线形信号缺失。穿刺针为最基本的介入器材，有用于血管与非血管之分。在磁共振介入手术操作中主要采用非血管性用途穿刺针，又分为软组织穿刺针与骨骼穿刺针（钻）。

1. 按照作用目的分类

（1）磁兼容穿刺针：可直接穿入肿瘤或囊腔做抽吸、冲洗、引流、活检或消融等诊断与治疗，也可用于打开皮肤与血管的通道或颅脑、胆管、泌尿道、胃、脓腔与囊腔等组织，然后引入导丝、导管、引流管等进行治疗。

（2）粒子插植针：多为 MR 兼容性 18G 带刻度穿刺针，用于经皮在肿瘤内植入 ^{125}I 种子源，行肿瘤组织间放疗。

（3）消融电极针：包括射频消融电极针、微波固化电极针以及氩氦刀磁兼容性穿刺套管针。通常为 14～16G 带刻度穿刺针，经皮穿刺后，射频消融电极针可以打开子电极针，利用热凝固蛋白的原理，对肿瘤组织进行消融治疗。

2. 按照结构组成分类

（1）一部件前臂穿刺针：针由非铁磁性镍或钛合金材料制成，针尖锐利呈斜面，针柄部分可有不同形状，便于穿刺时握持和控制针的进退。针柄内腔光滑呈漏斗形，以便于插入导丝或内置探针。针长 8～15cm，常用的外径为 14～18G。常用于皮下较表浅部位软组织病变的穿刺诊疗。

（2）二部件套管针：由外套管（鞘）和针芯构成。有三种类型，①针芯平钝，套管端尖锐，呈 45° 斜面，针芯稍短于外套管，如 MReye® Chiba 针；②针芯尖锐，外套管头端平钝，针芯露于外套管之外，如 MReye® Chiba 活检针。针长 10～20cm，针径 12～23G，针柄内腔光滑，呈漏斗形；③针芯圆钝，外套管头端平钝，针芯呈半球形露于外套管之外，如 MReye® 脑组织穿刺针。

3. 按规格大小分类 穿刺针外径以号（gaue,

G）表示，如 18G 或 16G，号愈大，针外径愈小。介入医学所用的薄壁穿刺针内、外径见表 10-1-1。应根据患者年龄、部位、病变大小不同选择不同穿刺针。

表 10-1-1 薄壁穿刺针内、外径

G	内径		外径	
	in	mm	in	mm
15	0.059	1.50	0.072	1.83
16	0.052	1.32	0.064	1.63
17	0.046	1.16	0.056	1.42
18	0.042	1.06	0.048	1.22
19	0.031	0.78	0.040	1.02
20	0.025	0.64	0.036	0.91
21	0.022	0.56	0.032	0.82
22	0.018	0.45	0.028	0.71
23	0.015	0.38	0.024	0.61

（三）影响 MR 兼容器械（穿刺针）成像的相关因素

IMR 过程中，穿刺针不能直接显示，而是通过它们产生的局部磁敏感伪影显示在 MR 图像上，为了有效地利用磁敏感性伪影，MR 引导下穿刺针的伪影是需要特别注意的问题，穿刺针伪影的大小直接影响到穿刺效果进而影响到介入治疗过程与效果。不同条件下穿刺针伪影的大小和形态改变是一个非常复杂的变量，需要操作者必需了然于胸，是保证手术安全与否的关键。影响磁敏感性伪影的因素主要有：磁化率、主磁场（B_0）、物体的大小、相对于 B_0 的方向、脉冲序列、回波时间、穿刺针方向与扫描层面的相位及频率编码方向的关系、频率编码方向、梯度振幅、接收器的带宽和视野、穿刺针的合成材料的组成等。

穿刺针对应主磁体（B_0）的角度和选用的序列类型是影响 MR 穿刺针伪影显示的两个最重要的因素。对介入操作来说，闭合式 MR 扫描机的主磁体（B_0）为管筒状设计，主磁场为水平方向，穿刺时，由于穿刺方向大部分是沿着横断面方向，因此进针方向和 B_0 方向的成角往往较大，甚至接近 90°，从而不可避免的产生大的伪影。为了避免上述这种过大的伪影，可以采用自旋回波序列（spine echo，SE 或 FSE），通过相位和频率编码梯度的变换，使读出梯度场方向与进针方向平行或接近平行，可减少穿刺针伪影。当应用 180° 脉冲进行回波重聚焦时，沿频率编码方向可出现显著的磁敏感性伪影所致的形态失真。尽管进行了梯度变换，由频率编码梯度局部非线性特性所致的几何学和信号强度的失真仍然存在，但应用 180° 重聚焦脉冲，可以抵消由局部磁场不均匀引起自旋质子去相位所致的信号丢失。

开放式 MR 扫描机主磁体（B_0）方向为垂直方向，因此，穿刺针在所有对应主磁体（B_0）方向的角度都可以进针。当不得不以 0° 进针时，利用梯度回波序列（hradient echo，GRE）可增加穿刺针显示的清晰度。GRE 由于缺少 180° 重聚焦脉冲，对由穿刺针周围局部磁场不均匀引起的自旋质子去相位更敏感，在 GRE 图像产生的伪影比 SE、FSE 大。

选择适当脉冲序列和回波时间以抵消进针影响时，采用 0°～90° 任意进针角度，均可获得适宜大小的伪影。一般说来，进针角度在 10°～60° 时，多采用 GRE 序列。40°～90° 时，则选用 SE 和 FSE 更佳。在低场强下，应用 GRE 比 SE、FSE 更有意义，因为 GRE 可在屏气下完成成像。穿刺针伪影的大小直接影响到穿刺过程中的精确度，穿刺针伪影过大，易于观察针的位置，但是对于比较小的病变，容易掩盖病灶；穿刺针的伪影过小，则难以观察穿刺针，特别是针尖的位置，所以实际工作中要根据具体的情况来选择。

第二节 磁共振介入的临床应用

介入放射学和微创外科手术中，一项新技术在被广泛应用于临床之前，其可行性和安全性是最关键的因素。这也是当前 IMR 主要临床应用于非血管介入，包括：活检、术前定位、引流、肿瘤消融和神经外科微创手术等的原因。血管介入性应用如冠状动脉造影和冠脉支架植入方面的研究正在不断取得进展，诊断性的血管 MRA 应用已非常普及。

IMR 的临床应用指征是：①能在 MR 引导下完成的操作，尤其是对于只在 MR 下可见的病灶；②在 MR 引导下进行操作更安全；③有避免电离辐射的要求。

病理组织学活检：包括骨与肌肉组织活检、内脏实质性器官（肝脏、胰腺、肾脏、前列腺等）活检、乳腺活检、肺与纵隔病变活检、腹膜后活检、颅脑与头颈部活检等。

引流：MR 引导的引流能够在术前、术中和术后提供更多病灶及其周围的信息，对于在 CT 或超声下难以显示与处理的病灶更有优势。引流操作可用于脓肿、血肿抽吸、经皮肝内胆管减压术或肾脏造瘘引流等治疗中。

诊断性注射和治疗：包括神经根阻滞、顽固性癌疼的腹腔神经丛阻滞与毁损、椎间盘造影术、关节腔造影术、以及经皮椎体与骨强化术、骨缺血坏死的钻孔减压术等。

消融治疗：通过引入化学物质、热能或放射性物质到达靶目标区域从而破坏病变组织。方法包括：医用酒精注射、激光、射频、微波、冷冻、聚焦超声和近距离治疗，主要应用于肿瘤局灶消融治疗；在骨骼肌肉系统中采用局部骨瘤巢热消融治疗，椎间盘髓核消融术等。

神经外科应用：IMR 提供给神经外科与介入科医生颅内的影像学信息是其他成像手段无法超越的，神经外科是 IMR 应用最早的外科领域。精准的特定功能区定位与术中成像显示有助于获得术中脑内结构即时变化的第一手信息。针对震颤脑植入电刺激方面，如癫痫、中晚期帕金森病、运动障碍病等内科难以有效治疗的顽固性神经系统疾病，应用 IMR 的精确引导，将刺激电极准确插植于丘脑腹内侧核、苍白球内侧核、丘脑腹中间核等核团内，释放高频电刺激，为显著改善患者的症状的介入治疗提供非常好的选择手段。

一、MR 引导病理组织学活检

（一）适应证与禁忌证

1. 适应证　占位性病变是经皮穿刺活检的主要适应证，用于①鉴别肿瘤与非肿瘤、肿瘤的良恶性、原发性与转移性，以及明确肿瘤的组织学类型，以便确定治疗方案；②肺、肝、肾等实质器官的慢性浸润性病变也需要活检进行病理学分型；③影像学检查显示的可疑组织病变区。

2. 禁忌证　严重心、肺、肝、肾功能不全者；出凝血功能障碍者；安装心脏起搏器等磁共振检查禁忌证。

（二）穿刺活检步骤

根据病变的位置，患者选取不同的体位。进行 MR 预扫描，选取穿刺的最佳层面和穿刺点。光标测出皮肤进针点与病灶中央的直线距离、允许进针的最大深度和进针的角度，以便选择适当长度的穿刺针。皮肤常规消毒、铺洞巾、安置柔性多功能线圈、麻醉。对不同扫描序列中活检针所致伪影的认识，有助于介入手术中 MR 成像方案的制定（图 10-2-1）。

1. 骨骼病变经皮穿刺病理组织学活检术　通过实时 MR 成像扫描（MR 透视技术）及器械追踪系统来调节引导骨钻套针的入路、方向和深度（图 10-2-2），插入带有套针的共轴骨活检装置的引导套管（14G）或 2mm、3mm、6mm 直径磁兼容骨钻，通过观察实时图像扫描确定器械的实际位置，用手施加轻微的轴向压力并顺时针旋转骨钻，直到靶病灶，钻取病变组织送病理学诊断。

2. 前列腺经皮穿刺病理组织学活检术　安置直肠内线圈及导航系统和穿刺针引导装置①通过 MR 成像扫描显示前列腺及靶定病变活检区，最常采用 T_2WI 快速自旋回波序列；②通过 MR 引导穿刺针经直肠前行；③快速实时成像扫描来控制和调整穿刺针的位置，直至穿刺针准确到达病灶内获取病变组织，送病理学及细胞学检查。

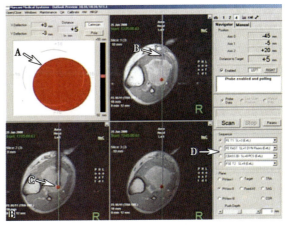

图 10-2-1　穿刺步骤

A. 皮肤常规消毒、铺洞巾、安置柔性多功能线圈，采用一次性无菌塑料套防护多功能线圈；B. 光标测出皮肤进针点与病灶中央的直线距离、允许进针的最大深度和进针的角度，以便选择适当长度的穿刺针，MR 兼容性活检针磁敏感性伪影亦可用于针的自身定位

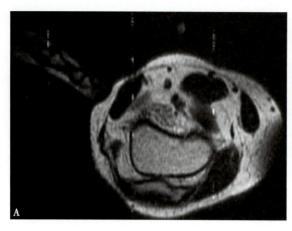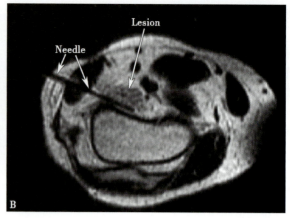

图 10-2-2　骨骼病变经皮穿刺病理组织学活检

进针点的定位是 MR 引导手术中关键，利用 MR"透视"功能将医生的手指与透视图像平面中患者的位置相对应（A），引导穿刺至病变区（Lesion 白箭头）（B），清晰显示低信号的 MR 兼容性穿刺针伪影和病变的关系，引导磁兼容性穿刺针到达病变组织生长活跃区域

另外，也可采取患者背侧卧位，将柔性多功能线圈裹在患者的盆部，邻近可能穿刺的部位，从病变侧坐骨大孔区在 MR 成像扫描（MR 透视技术）及器械追踪系统引导下逐渐进针，重复以上步骤（图 10-2-3）。

3. 乳腺病变经皮穿刺病理组织学活检术　MR 自由手透视技术及器械追踪系统引导乳腺穿刺套针的入路、方向，实时 MR 成像扫描确定深度，并确认针尖与病灶的关系，获取病变组织送病理学及细胞学检查（图 10-2-4）。

（三）并发症与处理

MR 引导穿刺技术安全可靠，并发症少，其发生率与活检时进针次数呈正相关，不同部位活检有不同的并发症发生。

1. 出血　多见于胸部、腹部和颅脑的穿刺。出血发生概率与病变血供丰富程度有关。预防措施包括穿刺前增强扫描，避免血管损伤。对有出血倾向者，术前应采取纠正措施，操作时宜慎重。操作过程中出血较多，可用明胶海棉封闭针道，使用止血药物，无效时应及时手术处理。

2. 感染　操作室空气消毒、介入器械严密消毒、操作者严格执行无菌操作规程，可以避免外源性感染发生。内源性感染见于穿刺路径通过肠道特别是同时伴有免疫功能低下者。

3. 肿瘤播散和种植　穿刺活检技术造成肿瘤播散和针道种植转移概率较低，仅有个例散在报道。

4. 血管神经迷走反射　因疼痛和紧张，少数患者表现短暂性面色苍白、心动过缓、低血压、反应迟钝，一般数分钟可自行缓解，如加重可给予持续

吸氧和适量阿托品。

5. 气胸　是胸部穿刺的常见并发症，由于 MR 对气体无信号，MR 引导肺内病变穿刺活检中及时显示少量气胸困难，是 MR 介入技术的缺憾，但在 CT 扫描时很容易发现。气胸的处理原则：少量气胸可不处理，等其自然吸收，超过 30% 的肺压缩率时，应行胸腔穿刺抽气或胸腔闭式引流。

二、MR 引导穿刺引流术

在 MR 引导与监控下，利用 MR 兼容性穿刺针和引流导管等器材，对人体管道、体腔或器官组织内的病理性积液、血肿、脓肿或胆汁、胰液、尿液等体液潴留进行穿刺抽吸、引流，达到减压和治疗的目的。

脑脓肿穿刺引流术　脑脓肿是由化脓性细菌侵入颅内所引起的继发性感染，直接造成脑组织的严重破坏，是脑的局限性化脓性炎症。CT 和 MR 影像技术提高了脑脓肿的超早期诊断，先进的细菌分离技术、更有效的抗生素以及完善的介入治疗显著降低了脑脓肿的死亡率。

（一）适应证

1. 典型性脑内脓肿　直径 <5cm 的脓肿采用经颅骨钻孔后单纯穿刺抽吸、冲洗治疗；直径 >5cm 的脓肿需采用经颅骨钻孔后穿刺抽吸、冲洗结合置管引流治疗。多发和多房脓肿如数目、分房不多时，可分别作穿刺引流处理。经颅骨穿刺引流也可作为 II 期手术的准备治疗，通过缓解病情，为进一步手术治疗创造条件。

2. 非典型性脑脓肿　CT 及 MR 缺乏特征性的

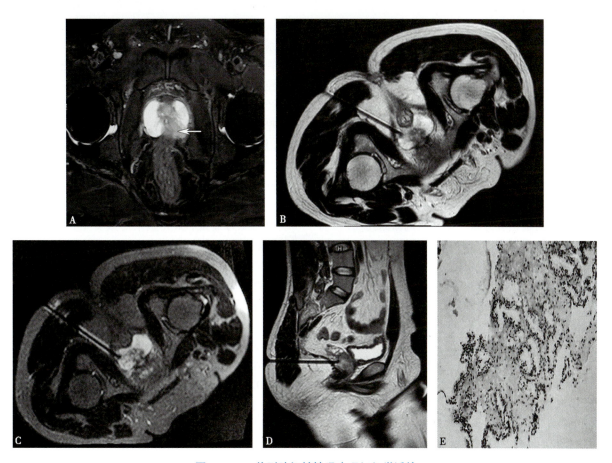

图 10-2-3 前列腺细针抽吸病理组织学活检

男性,58 岁,查体发现血清 PSA 增高为 23ng/ml,A. FS-T$_2$WI 示前列腺左侧周围叶见低信号灶结节灶(白箭),边界欠清,经直肠指诊未触及异常结节;B~D. 1.0T 开放式 MR 引导下采用 16GMR 兼容的穿刺套针及 18G 切割枪行左侧周围叶与中央区穿刺活检术,采用多个不同序列与方向引导,多角度活检;E. 病理结果为左侧周围叶为癌前期病变,中央区为增生之前列腺组织

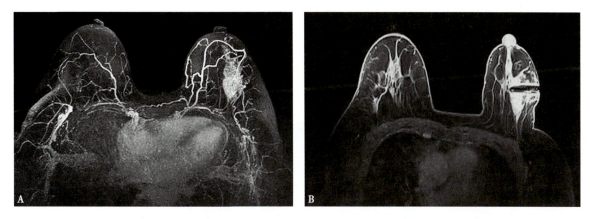

图 10-2-4 乳腺组织针芯切割病理组织学活检

女性患者,54 岁,发现左乳腺包块 2 个月(A),MR 扫描提供任意平面图像,对穿刺针进行三维定位,快速成像序列实时引导穿刺活检,缩短了扫描和穿刺时间(B);病理学诊断为导管内癌

化脓性脑脓肿影像,通过穿刺对抽出液进行细胞学、细菌学和生化检测,作出明确诊断并指导用药。

3. 深部或位于语言中枢、运动中枢等脑重要功

能区的脑脓肿。

4. 婴幼儿、年老体弱或同时合并有严重内科疾病、不能耐受开颅手术者。

5. 先天性心脏病引起的脑脓肿患者。

6. 开颅脑脓肿切除治疗后复发的脑脓肿患者。

（二）禁忌证

严重心、肺、肝、肾功能不全者；出凝血功能障碍者；脑脓肿包膜较厚或以形成肉芽肿为主者；脑脓肿合并有骨髓炎或瘘管者；安装心脏起搏器等磁共振检查禁忌证。

（三）术前准备

1. **患者准备** ①术前血常规、出凝血功能及肝、肾、心功能检查，心电图、脑电图及 X 线胸片检查；②术前禁饮食并给予镇静和抗惊厥药物；③备皮，并留置导尿管；④快速滴注脱水剂降低颅压，防止由于术中刺激脑组织，引发颅内压增高危象；⑤术前进行 CT 和（或）MR 颅脑扫描，辨认重要的脑功能解剖区域。在选择穿刺径路时尽可能避免损伤脑功能区，防止产生并发症；⑥术前谈话并签定手术知情同意书。

2. **器械与药物准备** ①消毒颅骨骨钻（钻头直径为 2mm 或 3mm）；② MR 兼容性颅脑穿刺专用半球形抽吸针；③ MR 对比剂、等渗氯化钠注射液或甲硝唑注射液。

（四）操作方法与注意事项

1. **操作方法** 通过对先前 MR、CT 资料分析及颅脑功能解剖区域辨认，选定颅骨钻孔点。①局麻（对于手术不配合的患者可采取静脉或全麻）下颅骨钻孔，由于所采用的颅脑骨钻是非 MR 兼容性器械，需要将扫描床拉至 5 高斯磁场范围外，以免出现意外。依据脑脓肿的大小以及脓腔内容物的情况选取 2mm 或 3mm 直径骨钻；②成功钻孔后重新定位，静脉注射 MR 对比剂，检查脓腔与邻近其他结构有无相通，通过实时 MR 成像扫描或器械追踪系统引导来调节穿刺针的入路、方向和深度，确认穿刺针的位置与穿刺路径及其与脓肿的空间关系，实时观察扫描图像，逐渐进针，前端进针至脓肿内，位于近端的 1/3～1/2 处；③拔出针芯，首先经套针抽吸适量脓液，送细菌培养和药敏试验；④经套管针尽量抽尽脓液，脓腔内用生理盐水或甲硝唑注射液结合过氧化氢溶液多次冲洗至洗液澄清，然后推注甲硝唑（2～5ml），腔内保留治疗。

2. **注意事项** 脓肿冲洗压力要低，冲洗液体量要少于抽出脓液量，通常注入的冲洗液为每次抽出脓液的 1/4～1/3，以免颅内压力增高形成脑疝或引起脓毒血症；脓肿壁未形成者不宜行脓腔冲洗，以免感染播散；脓液稠厚时应置入较粗穿刺针（14G）或引流管；患者体温、周围血象恢复正常，影像检查示脓腔或囊腔直径 <3cm，脓液少而稀，细胞少等情况作为拔除引流管的条件。

（五）疗效分析

1876 年 Macewen 对脑脓肿进行定位诊断并建议在治疗副鼻窦炎症的同时，对脑脓肿进行引流手术；1926 年 Landy 首先采取钻孔引流的方法取得成功；1936 年 Vincent 主张采取开颅完全摘除脑脓肿的根治性手术。

近 10 年来，对脑脓肿的治疗已提出了不同的治疗方法。CT 或 MR 引导下脑脓肿引流术较常规手术开颅脑脓肿摘除术有明显优势。MR 介入技术的应用对脑脓肿的治疗开创出了一条新的治疗途径。这种治疗方法在安全性、手术成功率和疗效等方面均优于外科手术治疗（图 10-2-5）。

MR 成像不存在骨骼伪影以及其本身无电离辐射损害，使手术操作者可以在 MR 手术室安全地进行操作，避免出现其他影像引导方式介入治疗中出现的危险。

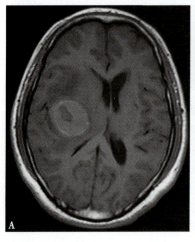
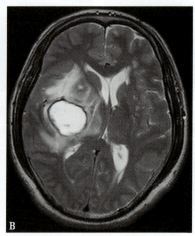
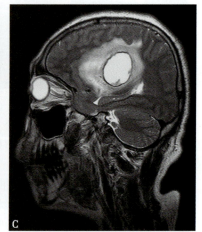

A B C

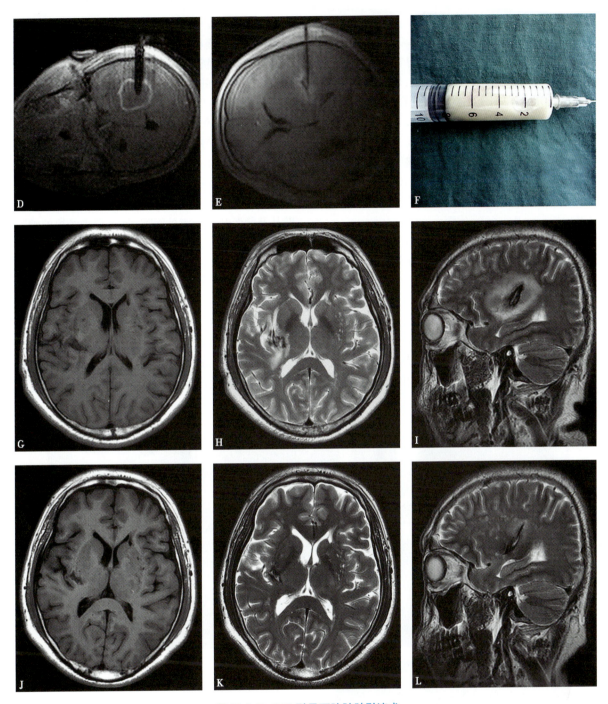

图 10-2-5　MR 引导下脑脓肿引流术

患者男，45 岁，头痛、发热、恶心呕吐 2 天，发病前半个月，曾有拔牙病史。MR 扫描横轴位 T_1WI（A）、T_2WI（B）与矢状位 T_2WI（C）显示右侧基底节区脑内囊性占位性病灶，考虑为脑脓肿。局麻下，术中 MR 引导经皮经颅骨钻孔穿刺引流术（D、E、F）；术后 1.5 月颅脑 MR 扫描复查，与术前 MR 图像对比，示病变显著好转（G、H、I）；术后半年颅脑 MR 扫描复查，示病灶消失、软化灶形成（J、K、L）

三、诊断性注射和治疗

（一）MR 椎间盘造影术

椎间盘造影术是将造影剂直接注入病变椎间盘内，以显示髓核的造影方法。

1. 适应证　①持续的颈、腰或背部神经根疼痛，且其他诊断方法如 MR、CT、肌电图无法诊断者；②其他诊断方法未能明确的病变；③实施椎体融合术前，明确具体哪些椎体需要被融合；④曾接受椎体融合术，用以明确融合上或下方是否仍为疼痛原因；⑤其他诊断方法难以区分的椎间盘突出复发与术后瘢痕。

2. 禁忌证 ①出凝血功能障碍者；②装置心脏起搏器等 MR 禁忌证者；③严重心、肺、肝、肾功能不全者；④严重恶病质不能耐受手术者。

3. 术前准备 ①术前血常规、出凝血检查及肝、肾、心功能检查，心电图、X 线胸片，相关 CT 与 MR 扫描检查；②术前禁饮食，根据患者情况使用镇静或止痛药物；③磁显葡胺（GD-DTPA）与生理盐水（1∶8）混悬液；④术前谈话签定手术知情同意书。

4. 操作方法 ①根据病变的部位、穿刺途径设计患者体位。对于胸腰椎及骶椎病变的患者，一般采用侧卧位或俯卧位；颈椎病变一般采用仰卧位，颈椎附件的病变也可采用仰卧位或侧卧位；②通过实时 MR 成像扫描及器械追踪系统引导下选择皮肤进针点，在皮肤表面标记后，沿着欲穿刺的方向行新的扫描，确定恰当的穿刺点以及穿刺路径的长度和角度；③髓核穿刺成功后，拔出细针芯，注入

2ml 的磁显葡胺与生理盐水混悬液；④记录可能出现的激惹性疼痛程度及髓核的形态。

5. 效用分析 椎间盘造影术作为一种激惹性试验，主要用于准确的判定引起临床症候群的相对应病变椎间盘，作为椎间盘源性颈、腰背痛行各种类型治疗前的检查。该方法主要在 CT、X 线引导下进行的，MR 引导介入技术的出现，使椎间盘造影术的应用更具有针对性（图 10-2-6）。

（二）MR 脊神经根阻滞术

神经丛阻滞系指将消炎镇痛混悬液注入颈丛、臂丛及腰骶丛的硬膜外间隙，透过脊神经根处硬膜暂时性地阻断脊神经根的传导。

1. 适应证 ①神经根性疼痛的诊断与鉴别诊断；②神经根性疼痛的治疗。

2. 禁忌证 ①出、凝血功能障碍者；②装置心脏起搏器等 MR 禁忌证者；③严重心、肺、肝、肾功能不全者；④恶病质不能耐受手术者。

3. 术前准备 ①术前血常规、出凝血功能及肝、肾、心功能检查，心电图、X 线胸片，相关 CT 与

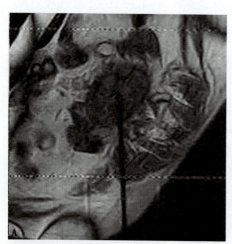
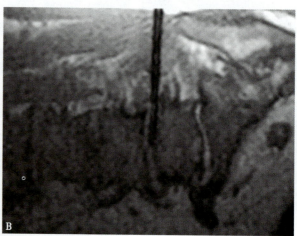
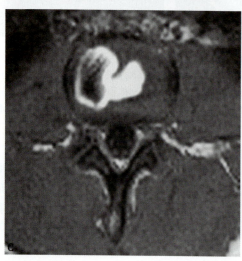

图 10-2-6 椎间盘造影术

女，56 岁，腰部疼痛伴右下肢放射性疼痛 2 个月，MR 引导磁兼容性 19.5G 细穿刺针经右侧安全三角入路到达 $L_{4/5}$ 髓核中心（A），行椎间盘髓核造影检查，推注 0.5ml 磁显葡胺（GD-DTPA）与生理盐水（1∶8）混悬液时即诱发出相对应的临床疼痛症状并逐渐加重（B），髓核形态失常，向右侧突出，纤维环尚保持完整（C），明确为椎间盘源性病变

MR 扫描检查；②术前禁饮食，根据患者情况使用镇静或止痛药物；③MR 兼容性穿刺针；④混悬阻滞液（混悬液的制备方法：生理盐水 5ml，2% 利多卡因 5ml，维生素 B6 200mg，甲钴胺注射液 1mg，复方倍他米松 3.5mg）；⑤术前谈话并签定手术知情同意书。

4. 操作方法 ①患者取侧卧位，患侧在上，以相对扩展患侧椎间孔；②通过实时 MR 成像扫描（MR 透视技术）及器械追踪系统引导下选择皮肤进针点，将 MR 成像和触诊相结合，以确保选择恰当的穿刺点；③穿刺针到达靶定神经丛时，回吸无血和脑脊液，即可缓慢注入局麻药或阻滞液 2～3ml（颈丛），3～5ml（臂丛），3～5ml（腰骶丛），使相应神经丛阻滞，注药后保持侧卧位 15～20 分钟，然后改为平卧位；术后 MR 扫描（通常采用脂肪抑制的重 T_2WI 快速扫描序列成像），清楚显示阻滞液的分布范围。

5. 注意事项 ①颈神经根与前方的椎动脉紧密相邻，从侧后方途径穿刺更容易损伤椎动脉，最好经侧前方途径；②将阻滞液直接注射进血管可引起中风或癫痫发作，注药前一定要再次确定针尖的实际位置，并且回抽无血时才可以缓慢注射阻滞液；③避免神经根或脊髓损伤，介入治疗在局麻下进行，减少使用强镇静或止痛药物，使患者保持一定的反应灵敏性；④阻滞液 1～2ml 为宜，避免阻滞液反流进入硬膜外腔，失去选择性阻滞的意义，这在颈神经阻滞时尤其重要，阻滞液反流入椎管可造成颈髓麻醉，引起呼吸中枢麻痹，造成严重并发症。

6. 疗效分析 脊柱旁神经分布十分丰富、解剖结构复杂、功能重要，椎旁神经阻滞在颈、腰部及上下肢慢性疼痛的诊断和治疗有着重要的意义，进而解决临床患者的痛苦（图 10-2-7）。

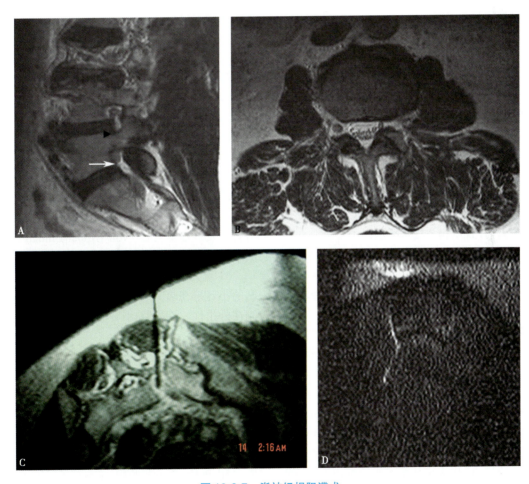

图 10-2-7 脊神经根阻滞术

男，45 岁，半月前劳累后出现右侧放射性坐骨神经疼痛，经保守治疗 2 周，症状无缓解。MR 图像矢状位显示右侧 L5 神经根明显肿胀（A），横轴位呈 T_2WI 高信号改变（B）；MR 实时引导 22G 磁兼容性穿刺针到达右侧 L5 神经根附近（C），回吸无血和脑脊液，脂肪抑制的重 T_2WI 成像显示阻滞液沿脊神经前后支浸润，致相应神经支阻滞（D）

四、MR引导下经皮肿瘤消融治疗术

经皮肿瘤消融术可以用激光（laser）、微波（microwave）、聚焦超声（focused ultrosound）、射频（radiofrequency, RF）、冷冻（cryotherapy）等手段破坏病变组织，以取代某些外科手术，特别是在对肿瘤的治疗上。其他的治疗方法还有医用酒精注射，近距离治疗以及化学药物栓塞等。与传统的外科手术相比，这些消融技术具有很多优势，例如适合实时影像引导、费用低廉、缩短康复时间、减少并发症的发生率、降低死亡率。利用热能进行间质热消融治疗成为热点，肝癌、肺癌、脑转移瘤、肾脏、前列腺、腹膜后肿瘤以及骨肿瘤（如骨样骨瘤等）的治疗技术日趋成熟。间质冷热消融技术还可应用于治疗一些非恶性的骨骼肌肉系统疾患，如腰椎间盘突出或小关节紊乱所致的疼痛。

消融术中，影像监视对病变目标定位、监测治疗及探测损伤是必要的，这些探测及定位也可通过超声、CT进行，由于MR具有独一无二的对温度变化的敏感性，使得MR成为目前最理想的影像监视手段。为确保肿瘤消融治疗的成功，诊断成像包括五个任务：①消融治疗前的病灶评估与消融计划制定；②精确显示靶病变（肿瘤），能够在MR成像引导下将消融探针置入到靶区；③消融过程中监测消融温度改变与能量的蓄积和发散；④监视凝固坏死的过程，适形性消融全部肿瘤组织；⑤随访与评估治疗结果。

我们以MR引导肾肿瘤冷冻消融和肝脏肿瘤热消融术为例，说明相关技术应用：

（一）MR引导肾肿瘤冷冻消融

冷冻消融术治疗肾肿瘤的研究最早始于1968年，但直到1995年才开始出现经皮肾肿瘤冷冻消融治疗。

冷冻消融导致组织损伤的机制包括：①冷冻结晶对细胞的直接损伤；②微循环的损伤；③诱导细胞凋亡；④免疫调节作用。低温冷冻首先导致细胞间质内冰晶形成。细胞内外电解质和渗透压的改变导致细胞脱水、细胞膜的损伤，进而导致细胞内冰晶形成，细胞变性坏死。冷冻期间微动脉和微静脉内膜及基底膜肿胀断裂，复温后导致局部微循环内广泛血栓形成，进一步加重组织缺氧，促进组织坏死。冷冻消融的凋亡细胞主要存在于冷冻灶的周围区域，该区域温度不够低因而不能完全杀死所有的细胞，有些细胞能存活几天后才死亡，表现为细胞凋亡的征象。冷冻循环刺激免疫系统调节，使

宿主免疫系统对冷冻治疗组织损伤表现更敏感。

Janzen NK等研究猪肾脏冷冻灶的病理改变及其对集合系统的影响，结果显示急性冷冻灶（术后当时、术后2小时、术后1周）肉眼可见冷冻探针入路周围的出血。组织学切片染色呈明显的4个区带：由内而外依次是：完全均匀凝固性坏死的中心区域、宽约1mm的中性粒细胞浸润带、出血带、1～4mm宽的退变和纤维化区域。位于皮质的冷冻灶中心的完全凝固性坏死包括所有的组织结构：肾间质、血管、肾小球和肾小管。而位于肾实质深部紧邻肾髓质的急、慢性冷冻灶内可见其小叶间动脉部分保留，表现为内皮细胞层完整，平滑肌细胞核正常，动脉腔内无明显纤维素凝块。

慢性冷冻灶（术后1～3月）肉眼表现为黄色的瘢痕收缩灶，组织切片可见中心坏死区周围肾实质纤维化及慢性炎细胞浸润，泌尿道上皮再生，伴有固有层瘢痕形成，术后3个月冷冻灶累及的集合系统完全由纤维瘢痕愈合。

IMR应用于经皮冷冻消融治疗肾肿瘤，是一种安全有效的技术，其创伤小，并发症少，患者能够很好耐受。

1. 适应证

1）绝对适应证：根治性肾切除术后导致患者无肾，如孤立肾（曾行单侧性根治性肾切除术，现对侧出现转移的患者）和双侧多发肿瘤的患者；

2）相对适应证：局部或全身因素不能耐受手术或手术后可能导致肾功能障碍的单侧肾肿瘤患者，如肾结石、慢性肾盂肾炎、糖尿病、具有家族遗传趋势肾多发肿瘤综合征（Von Hippel-Lindau综合征）的患者和年老体弱不能行外科手术的患者。

3）选择性适应证：包括直径≤4cm的对侧肾正常的小肾癌患者。目前大部分手术者将其应用限制在外生性、实质性、小肿瘤（肿瘤直径＜4cm）的患者群体中。

2. 禁忌证

1）绝对禁忌证：包括①出凝血功能障碍，经过治疗不能好转者；②严重心、肺、肝、肾功能不全者；③KPS评分＜70者；④装置心脏起搏器等MR禁忌患者。

2）相对禁忌证：包括肿瘤直径＞5cm，肾门肿瘤，肾内肿瘤，囊性肾肿瘤、病变邻近肠管、大血管。

3. 术前准备　①术前血常规、出凝血功能及肝、肾、心功能检查，心电图、X线胸片常规检查；②近期肾脏CT或MR检查资料，如无近期影像资料则必须行肾脏MR或CT平扫及增强扫描，重点

观察病变及周围重要结构。

4. 操作方法和注意事项　①通过对先前 MR、CT 资料分析，根据病灶的部位，根据病变的位置选择合适的体位，穿刺路径多为侧后路径，患者采取背侧卧位，以便接触病变区域；②根据需要采用局麻或硬膜外麻醉；③ MR 图像扫描（MR 透视技术）或器械追踪系统引导来调节消融探针的入路、方向和深度，确认消融探针的位置与穿刺路径，实时观察扫描图像，逐渐进针抵达肿瘤远端；④根据病变大小、形状，适形组合将探针植入靶区进行治疗；⑤冷冻开始后，快速达到和维持必要的冷冻温度（默认温度是 −185℃），冷冻 10 分钟后，利用高压氦气快速复温至 40℃ 5 分钟，常规进行二个冷融循环。术中利用 MR 快速序列扫描，动态监控与观察冰球形成情况，直至冰球完全覆盖病灶。

5. 并发症及处理

1）严重并发症：严重的血小板减少、血红蛋白尿、大量出血需要再手术并需要输血对症治疗；肾周脓肿，需要抗炎治疗，必要时再行肾周脓肿穿刺引流。严重并发症罕见，必要时请外科处理。

2）轻度并发症：有肋腹壁疼痛、少量自限性的肾周出血、穿刺路径感染、泌尿系感染、尿瘘等。轻度并发症多自行消失，不需要处理。

6. 疗效分析　经皮冷冻消融可最大程度的保留周围正常肾组织及肾功能，使经皮冷冻消融成为创伤最小的治疗手段。术中使用冷冻探针的数量和型号取决于肿瘤的部位和大小，对于较大的肿瘤可同时使用多个探针，对于多发性肾肿瘤病变者，一次手术可同时治疗多个单肾病灶。Gill 等报道了 56 例肾癌患者腹腔镜冷冻消融术后 3 年的随访结果。肿瘤平均 2.3cm，术中形成的最大冰球的范围常规超出病灶边缘 1cm，确保肿瘤完全消融。3 年后，17（38%）个病灶 MR 扫描完全消失，术后细针穿刺活检 2 例患者仍有局部肿瘤残留 / 复发。51 例行单侧单发肿瘤冷冻治疗的患者三年生存率 98%。Sewell 等对 103 例患者的 120 个肾肿瘤病变行 MR 引导的经皮冷冻消融治疗，肿瘤大小 1.1～7.5cm，术后随访 4～99 个月。91 例患者随访期间无复发，总体生存率为 90.2%，肿瘤具体生存率为 97%。其中 27.5%（33/120）的肿瘤至少需要一次治疗，15 个肿瘤需要 2 次以上的治疗。Silverman 等对 33 例患者的 40 个肾肿瘤行 MR 引导冷冻消融治疗，肿瘤平均 2.6cm（1.0～6.0cm），术中使用探针数目为 1～5 个。术后随访 3～43 个月，依据增强 CT 或 MR 病变完全去血管化作为治疗有效的标

准，其中仅 2 个肿瘤出现强化结节并经证实为肿瘤复发。Shingleton 等对 90 个直径小于 5cm 的肾肿瘤行 MR 引导的经皮冷冻消融术，随访 12～48 个月，结果显示肿瘤特异性生存率为 100%。冷冻消融术治疗肾癌获得了一些令人满意的中短期报道结果，但目前尚缺乏长期的随访报道（图 10-2-8）。

（二）MR 引导肝脏肿瘤热消融术

肿瘤热消融治疗的主要目的就是应用微侵袭方式，在不损伤周围邻近重要结构的情况下，利用热能杀死整个肿瘤内的恶性肿瘤细胞。这通常需要在消融过程中，靶容积内的组织温度保持 50～100℃，如此导致不可逆的组织损伤、坏死。肝肿瘤微波、射频与激光消融术治疗肝脏恶性肿瘤，任何一种新技术的选择应用都需要根据患者情况、治疗目的、技术的有效性来决定。三种热消融技术——射频、微波和激光消融术仍处在临床推广应用阶段，对这些技术进行比较还有困难，虽然治疗的肿瘤大小有不同选择，但完全消融率均达到 90% 以上。经皮介入治疗技术显示了治疗肝脏恶性肿瘤令人瞩目的应用前景，联合应用更有望提高肿瘤的治愈率和远期生存率，将明显提高介入医师在肝脏肿瘤治疗中的地位。

1. 适应证　①单发小肝癌的根治性治疗；②肝肿瘤手术切除术后复发或切缘有残余者；③伴严重的肝硬化、肝功能异常而不能耐受外科手术切除者；④同时分布于肝左、右叶的多发性小肝癌；⑤肿瘤体积较大，无法手术切除，行减瘤手术或与 TACE 联合治疗；⑥肝癌患者无外科手术切除意愿者；⑦肿瘤靠近或侵及大血管，无法手术切除者。

2. 禁忌证　①弥漫性肝癌；②肝功能 Child C 级，大量腹水者；③心、肺功能较差无法耐受手术者，有凝血功能障碍及严重出血倾向者；④体质差，无法频繁憋气，不能进行呼吸配合者，神志不清或精神障碍者；⑤ MR 检查禁忌，如：眼球内金属异物者。

3. 操作方法　术前 MR、CT 以及彩超检查预先评估肝肿瘤的位置、大小①根据病变的位置选择合适的体位，肝右叶肝癌选择仰卧位，肝左叶肝癌选择侧卧位腹侧进针路径；②通过实时 MR 成像扫描及器械追踪系统引导下选择皮肤进针点，设计出穿刺路径及体表的皮肤穿刺点并标记（图 10-2-9）；③常规消毒、铺巾，局麻下（必要时采用静脉麻醉或全麻），麻醉深度达到壁层腹膜；④静脉注射肝细胞特异性造影剂如二乙三胺五乙酸钆对比剂（Gd-EOB-DTPA）以更清晰显示肝脏内病变，MR 实时扫描引导微波针（射频针或激光纤维）穿刺进

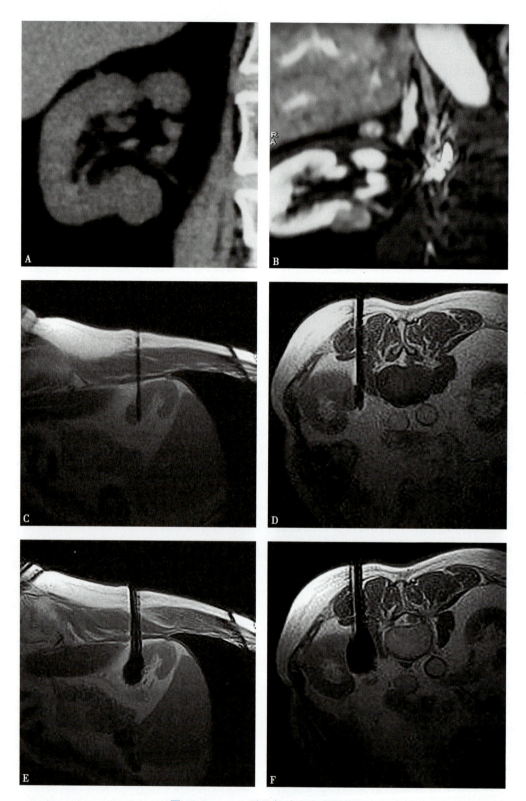

图 10-2-8　MR 引导肾肿瘤冷冻消融

术前 CT 横轴（A）及增强 MR（T$_1$WI）冠状位图像（B），显示右肾下级约 6.7cm × 6.7cm 的低密度灶，向肾轮廓外突出，增强扫描呈较均匀强化。术中在导航系统及 MR 引导下将直径 1.47mm 的 2 支冷冻探针，分别插入病灶靶区（C、D），在术中 MR 实时监控下，冰球逐渐增大，融合，直至最终完全覆盖病变，并超出病灶边缘 1cm（E、F）

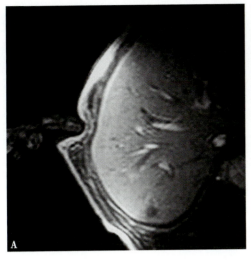
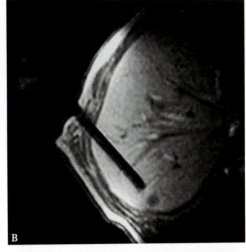
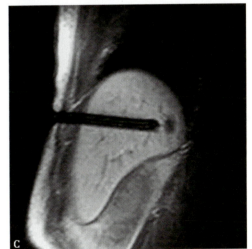

图 10-2-9 肝肿瘤热消融术前体表穿刺点及穿刺路径的设定
自由呼吸下采用自由手技术定位（A），MR 透视技术扫描技术引导的肝脏靶定病灶交互垂直层面进针穿刺（B、C）

入病灶靶区；⑤微波发射器（射频发射器或激光发射器）成功放置后，屏蔽电缆连接到微波（射频或激光）发生器，开启在线温度控制连续加热治疗模式，微波消融选择 60～80W/3～5min；⑥术中实时 MR 监控扫描直至热消融灶完全覆盖肿瘤并超出边缘 5～10mm，微波（射频或激光）消融治疗周期完成后，为了凝固穿刺轨迹并防止肿瘤种植，微波针（射频探头缩回或激光纤维尖端）保持 30～40℃沿设定的消融轨迹抹涂；⑦对消融区进行评价，如果病灶消融区在 T_2WI、T_1WI 图像至少周围 1cm 的安全范围表现为完整的信号消失，就证明消融完全，也可以通过组织弥散加权扫描判定病理性消融的完整性（图 10-2-10）。

4. 注意事项 ①预扫描后设计进针路径时，应注意避开肋骨、胃、肠及胆囊等结构；②术前锻炼患者呼吸配合，每次扫描时憋气幅度一致，处于同一呼吸相；③肝边缘被膜下癌，穿刺路径设计应尽可能经过部分正常的肝组织，减少癌肿破裂大出血及腹腔内播散的机会。

5. 并发症及处理
（1）出血：术前、术后常规给予血凝酶等止血药物肌注或静滴。穿刺时应用套管针，术后于套管针内填塞明胶海绵能够预防穿刺道出血。

（2）肋间神经损伤：肋间神经损伤可出现进针侧腹部疼痛，可应用止痛药物。

（3）胆瘘、肠瘘：靠近胆囊及胃肠道的病变热消融治疗时，术中监控病变使热消融区外缘勿达到胆囊和胃肠，且术后禁食 12～24 小时。术前穿刺路径的设计，严禁经过胃、胆囊及肠道。

（4）胸腔积液：肝顶部肿瘤热消融治疗常出现右侧反应性的胸腔积液，持续时间较长、反复出现的胸腔积液可于抽液引流后行胸膜粘连术。

6. 疗效分析 肝肿瘤原位消融术为肝癌的治疗提供了新的治疗模式。物理热消融包含激光、微

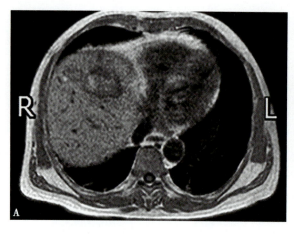

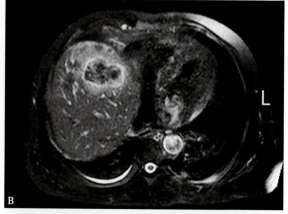

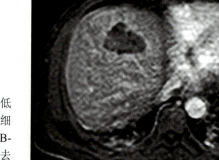

图 10-2-10　肝肿瘤热消融

病灶消融区在 T_1WI 成高信号变性毁损区，T_2WI 图像低信号凝固坏死区至少原位肿瘤周缘 1cm，静脉注射肝细胞特异性造影剂如二乙三胺五乙酸钆对比剂（Gd-EOB-DTPA）有效检测肝脏恶性病变的最明显强化部位完全去血管化

波、射频及聚焦超声等通过温度变化来消融肿瘤的方法，目前已取得了显著的疗效，成为中晚期肝癌综合治疗的重要组成部分之一，早期小肝癌与转移瘤的原位消融疗效可以与传统外科手术治疗相媲美。

五、血管内 MR 与介入性 MRA

血管内 MR 就是通过血管内成像导管及装有球囊的接收线圈，来显示血管壁，尤其是动脉硬化的情况，接收线圈与血管壁直接接触使成像血管壁的分辨力显著提高，可确保获得最大的空间分辨力和对比分辨力，并使血流相关伪影最小，可显示血管内膜下 10mm 的结构。MRA 是非侵袭性显示血管的技术，MR 具有多平面成像、三维重建、优良的软组织对比等优点，从而使在 MR 导向和监控下的血管内介入操作成为可能。Mark E Ladd 等在 MR 导向和监测下实施冠状动脉支架置入术、选择性血管阻断、经皮门体静脉分流术、通过血管送置治疗药物和基因（如通过血管成型球囊表面涂抹血管内皮生长因子）。Christoph Manke 等报导了一组 13 位患者 14 处髂动脉狭窄，在 MR 引导下放置镍钛

合金支架治疗的可行性研究，术后临床、DSA 以及增强 MRA 均证实效果良好。

六、磁共振介入的不足与展望

IMR 虽然拥有其他介入手段不可比拟的优势，但它仍然存在许多不足之处。目前，MR 导向介入最重要的临床应用是经皮活检与肿瘤消融。但对操作过程连续或快速的监测需要开放或部分开放式的 MR 扫描仪，传统的封闭式的 MR 扫描仪只能像 CT 导向活检一样非实时进针，由于穿刺器械的成像与和静磁场的夹角及采用序列有关，有时对器械的观察还存在问题。在 MR 导向消融治疗中，虽然具有显示和监测组织的物理变化的功能，如温度监测和脑功能成像，但常需要一个患者使用多种进路。在 MR 血管介入方面，要求所用 MR 成像序列能快速灵活的改变成像平面和方式，并能自由地接近患者。但是由于磁场强度和 MR 系统的开放程度及超快速成像的质量之间存在的矛盾，MR 血管介入不如传统的 X 线介入有优势。

MR 介入技术随着相关系统的发展而不断进步。首先是新颖的 MR 系统的开发应用，包括更高

的场强、更好的开放空间、更好的成像方法。其次是更精准的导航示踪设备的出现。第三，MR 兼容的手术器械的开发应用。第四，MR 兼容的监护设备的应用。这些技术经过临床应用和持续改进，将会有力地促进 MR 介入诊疗技术的发展。目前有条件的医疗中心多以 MR 作为引导消融手术的首选，不足之处是 MR 成像设备价格较为昂贵、手术所需器械与辅助设备要有磁兼容性。

第三节 磁共振介入手术室的建立与技术人员要求

近几年来，MR 成像技术无论是硬件还是软件都有了迅速的发展，通过 MR 引导对身体各部位病变进行活检、介入治疗、切除颅内肿瘤及肿瘤能量消融等技术已成功应用于临床。例如：脑内肿瘤手术时，MR 监测有助于微小内镜的精确定位，通过微小内镜进行颅内窦腔、视交叉及垂体等部位的肿瘤切除，以达到治疗的目的并避免头颅切开术。此项技术的发展促成了最新前沿的神经外科术中磁共振神经导航（intraoperative magnetie resonance imaging，IMR）手术的建立，引入了 IMR 手术室这一新概念。

一、IMR 外科手术室的建立

神经外科 IMR 介入手术就是指手术在 MR 扫描室内进行，在手术过程中通过进行术中 MR 成像来协助指导手术的进行，以提高神经外科手术对病灶的完整切除率和治愈率。"术中 MR 成像"一般是指手术进行前成像、手术过程中成像和手术结束前成像。通过手术室内的计算机将光盘内的影像资料输入导航工作站，经重建后可得到三维图像，据此制定手术计划，勾划出病灶及手术中需要确认的重要结构，确定病灶靶点，多方位、多模式观察手术路径，结合术前脑功能 MR 成像辨别功能皮质区、确定入颅点及入路角度，然后计算病灶深度、体积等。术中 MR 成像信息又可现场输入导航系统作为术中导航的原始资料，实时指导并修正手术进行，配合术中显微镜的直视引导，选择脑皮层切开的最佳手术路径。用观察探针进行病灶定位，了解病灶位置及周围结构与重要功能区之间的距离等，实时引导，进行等体积切除病灶，可达到病灶的完全切除和根治性治疗。外科手术完全按照标准手术程序进行，术中 MR 成像序列和成像参数则是为手术而特定，根据需要也可进行术中 MR 增强扫描和术中 MR 血管造影等。

手术室内应配置：麻醉机、吸引器、心电监控仪和供氧设备等，由于这些设备摆放的位置可在 5 高斯线外，且术中移动机会少，所以可用普通的标准手术器械、也可用 MR 兼融性材料制造。适合于手术中成像的线圈是专门特制的手术专用 MR 线圈，特点是体积小，不影响手术进行而且信噪比高、图像清晰。MR 适用性手术显微镜，当进行术中 MR 成像扫描时，为了保证 MR 图像信噪比，需要将手术显微镜推移出扫描室。MR 兼容性手术台是集外科手术台与 MR 检查台功能为一体的，可通过简单操作而完成各种复杂的多方位多角度的运动变化，而且台面的移动还可以根据图像中的信息来实现 x-y 平面方向的微调。MR 监视器是安装在室内可移动的大屏幕液晶显示器，监视器图像可来自于 MR 系统、外科显微镜、内镜和 PACS 网络，可随时根据手术需要挑选显示图像和切换图像。

第三代的 MR 手术室要求是由两个房间组成，中间被一道厚厚的屏蔽门隔开。一边是一个手术间，平常一般手术均可在此进行。另一边是一台高场强 MR 机及其控制室，可行任何部位的 MR 常规检查。当需要行术中 MR 时，在 MR 技师的操作下，中间的屏蔽门打开，MR 机通过天花板上的轨道移行至手术间，对术中的患者行 MR 检查。因中间屏蔽门的保护，当手术进行时，参与手术人员及患者接触不到高磁场；需要进行术中 MR 检查时，严格按照 MR 室的操作规范进行，对人对物均很安全。

开放式 MR 引导的神经外科手术是处于临床探索阶段的新技术。适合于 IMR 手术室使用的兼容性手术器械还在进一步研制和为使其商品化进一步降低成本中。

二、IMR 手术室的建立

术中 MR 系统理想的环境是符合手术室的要求。做到这一点是比较困难并且昂贵的，IMR 手术室要求达到：①有患者进入扫描室和磁体的良好通道；②介入医生与护士进出扫描室的通道；③扫描室便于进行麻醉、抢救和必要的通风条件；④达到能进行无菌手术和（或）MR 引导下的常规介入手术的条件。

对构成治疗系统的其他介入辅助设备有特殊的材料要求，MR 成像系统对安置于其成像扫描区域工作的零部件或装置（如接收线圈、患者头托、衬垫等）有特殊的材料要求，以避免它们可能对 MR 成像扫描造成的影响。这些影响主要是指因制造有关零部件的材料含有铁、钴、镍等铁磁性成份而对均匀磁场样品区造成均匀性破坏、对扫描图像造成重大伪影干扰。

MR 介入手术过程中需要一些必备器械与附件，大多是 MR 兼容性设备：如 MR 兼容性的组织活检针、切割针、骨钻等，通过其本身的磁敏感性伪影来显示和定位，表现为一种线性信号缺失；另外有些附件可能是非 MR 兼容性，这是因为外科手术器械的 MR 兼容性受到限制，同时价格因素也倾向于应用非 MR 兼容性的缝合针、手术刀、以及颅骨骨钻等器械。采用非 MR 兼容设备可能会对患者及技术人员造成伤害，应严格按照 IMR 操作规程执行，原则上使用上述非 MR 兼容性器械时，拖拉手术床远离磁场中心至 5 高斯磁场之外状态下使用。

当把 MR 成像引导设备和各种不同类型的消融设备以及外科辅助设备结合或集成在一起工作时，不仅需要考虑电磁屏蔽间的功能和空间设计以及这些设备在电磁屏蔽间内的布局和安装就位，还需要考虑它们相互之间的电磁干扰并及时解决有关问题。

三、综合治疗室的建立

综合治疗室的面积不应少于 20m², 内设观察床、生命监测仪、除颤器、呼吸机、药品橱、抢救车及抢救器械，如咽喉镜、气管内插管、氧气面罩、简易呼吸器、吸引器等，以及空气净化及冷暖设施等。

四、技术人员的要求

IMR 融 MR 成像技术和介入性诊疗技术于一体，涉及多学科交叉，应有肿瘤科、介入科、影像科、骨科、神经外科等专业医生参与。MR 介入手术室工作的护士应有手术室工作或培训经历，全面了解各种介入手术的主要步骤及其并发症和常见的处理措施，应该具有积极主动，反应机敏，业务熟练的工作素质。麻醉护士协助做好麻醉和药品的准备工作。

进行 IMR 手术时，由于操作控制台需保持无菌状态，对于 MR 示踪引导系统熟悉的手术医生基本上能独立操作。进行肿瘤消融治疗和 / 或近距离治疗时，需要手术助手遵照手术医生的要求来配合完成手术。

（李成利）

参 考 文 献

1. 李成利, 武乐斌, 吕玉波. 磁共振导引微创诊疗学 [M]. 北京: 人民卫生出版社, 2010 年.
2. 托马斯·卡恩, 哈拉尔德·巴斯主编; 肖越勇主译. 介入性磁共振成像 [M]. 天津: 天津科技翻译出版有限公司, 2015 年.
3. 武乐斌, 林征宇, 李成利, 等. 介入性磁共振技术的发展与现状 [J]. 医学影像学杂志, 2002, 12: 80-82.
4. 罗时石, 王泽港, 胡建伟, 等. 磁共振介入技术与原则 [J]. 医学影像学杂志, 2003, 13: 943-946.
5. 李成利, 武乐斌, 宋吉清, 等. MR 实时导引监测下冷冻消融治疗肝肿瘤 16 例 [J]. 中华放射学杂志, 2007, 41: 90-92.
6. 张威江. MR 手术开放式 MR 在神经外科手术中作用的探讨 [J]. 临床放射学杂志, 2002, 21: 243-245.
7. 朱杰敏. 85 届北美放射学会回顾: MR 导引精确穿刺的得力助手—iPath200 光学导引系统印象. 引进国外医药技术与设备, 2000, 3: 18-19.
8. 林征宇, 武乐斌, 李成利, 等. 开放式 MRI 导引下神经根阻滞技术初探 [J]. 中华放射学杂志, 2003, 37: 951-953.
9. 林征宇, 武乐斌, 李成利, 等. 介入性 MRI 导引骨骼肌肉病变活检的应用价值 [J]. 中华放射学杂志, 2005, 39: 493-496.
10. 张雪哲, 洪闻, 陆立, 等. MRI 导引介入技术临床应用的探讨 [J]. 中华放射学杂志, 1998, 32: 600-603.
11. 刘于宝, 胡道予, 邵剑波等. 不同场强影响介入性磁共振穿刺针成像因素的初步探讨 [J]. 介入放射学杂志, 2004, 13: 167-170.
12. 罗时石, 王泽港, 胡建伟, 等. 磁共振介入技术与原则 [J]. 医学影像学杂志, 2003, 13: 943-946.
13. 赵元立, 王忠诚, 赵继宗, 等. 导航系统在神经外科显微手术中的应用 [J]. 中华神经外科杂志, 1998, 14: 198-200.
14. Tacke J, Speetzen R, Adam G. Experimental MR imaging-guided interstitial cryotherapy of the brain[J]. AJNR Am J Neuroradiol Suppl, 2001, 22: 431-440.
15. Yiu-Cho Chung, Jeffrey L, Ajit Shankaranarayanan, et al. Temperature measurement using echo-shifted FLASH at low field for interventional MRI[J]. J MRI, 1999, 9: 138-145.
16. Zhang Xz, Hong W, Lu L, et al. Initial clinical application with MRI-guided interverntional procedures[J]. Chin J Radiol, 1998, 32: 600-603.
17. Hol PK, Karstein G, Viken O, et al. MRI-guided celiac plexus block[J]. J Magn Reson Imaging, 2000, 12（4）: 562-564.
18. Lufkin RB. Interventional MR imaging[J]. Radiology,

1995, 197: 16-18.

19. Stuart G, Silverman FA, Jolesz RW, et al. Design and Implementation of an Interventional MR Imaging Suite[J]. AJR, 1997, 168: 1465-1471.

20. Wendt M, Busch M, Wetzler R, et al. Shift rotated keyhole imaging and active tip-tracking for interventional procedure guidance[J]. JMRI, 1998, 8(1): 258-261.

21. Busch M, Bornstedt A, Wendt M, et al. Fast "real time" imaging with different k-space update strategies for interventional procedures[J]. JMRI, 1998, 7: 944-954.

22. Jolesz FA. Interventional and Intraoperative MRI: A General Overview of the Field[J]. JMRI, 1998, 1: 3-7.

23. Merkle EM, Lewin JS, Aschoff AJ, et al. Percutaneous Magnetic Resonance Image-Guided Biopsy and Aspiration in the Head and Neck[J]. The Laryngoscope, 2000, 110: 382-385.

24. Lewin JS, Duerk JL, Jain VR, et al. Needle Localization in MR-Guided Biopsy and Aspiration: Effects of Field Strength, Sequence Design, and Magnetic Field Orientation[J]. AJR, 1996, 166(6): 1337-1345.

25. Tsekos NV, Atalar E, Li D, et al. Magnetic resonance imaging-guided coronary interventions[J]. J Magn Reson Imaging, 2004, 6(6): 734-749.

26. Mack MG, Vogl TJ. MR-guided ablation of head and neck tumors[J]. Neuroimaging Clin N Am, 2004, 14(4): 853-859.

27. jala R, Vahala E, Karpp inen J, et al. Nerve root infiltration of the first sacral root with MRI guidance[J]. J Magn Reson Imaging, 2000, 12: 556-561.

28. Wu L, Li C, Chen L, et al. Magnetic resonance imaging guided bone biopsies in the iPath-200 system[J]. Chin Med J (Engl), 2003, 7(6): 937-940.

29. Tacke J, Speetzen R, Adam G. Experimental MR imaging-guided interstitial cryotherapy of the brain[J]. AJNR Am J Neuroradiol Suppl, 2001, 22(3): 431-440.

30. C. K. KuhI, A. Elevelt, C. C. I. eutner, et al. Intervetional breast MR Imaging: clinical use of a stereotacfic localization and biopsy device[J]. Radiology, 1997, 204: 667-675.

31. Sliverman SG, Tuncali K, Adams DF, et al. MR imaging-guided percutaneous cryotherapy of liver tumours: initial experience[J]. Radiology, 2000, 217: 657-664.

32. Scott Hinks R, Michael J, Walter K, et al. MR Systems for Image-Guided Therapy[J]. JMRI 1998, 1: 19-25.

33. Flanco Sequeiros R, et al. MRI-guided periradicular nerve root infiltration therapy in low field (0.23T) MRI system optical instrument tracking[J]. Eur Radiol, 2002, 12: 1331-1337.

34. Jolesz FA. Image-guided procedures and the operating room of the future[J]. Radiology 1997, 204: 601-612.

35. Kariniemi J, Blanco Sequeiros R, Ojala R, et al. MRI-guided abdominal biopsy in a 0.23-T open-configuration MRI system[J]. Eur Radiol, 2005 1(6): 1256-1262.

36. Lewin JS, Nour SG, Duerk JL. Magnetic Resonance Image-Guided Biopsy and Aspiration[J]. Topics in Magnetic Resonance Imaging, 2000, 11(3): 173-183.

37. S.G.Silverman, B.D.Coilick, M.R.Jigueira, et al. Interactive MRImagingg system[J]. Radiology, 1995, 197: 175-181.

38. Sheen AJ, Poston GJ, Sherlock DJ, et al. Cryotherapeutic ablation of liver tumours[J]. Br J Surg, 2003, 90: 272-289.

39. Dohi M, Harada J, Mogami T, Fukuda K, Kobayashi S, Yasuda M. MR-guided transvaginal cryotherapy of uterine fibroids with a horizontal open MRI system: initial experience[J]. Radiat Med, 2004, 22: 391-397.

40. Qiang Zhu, Tadashi Shimizu, Daisuke Abo, et al. Magnetic resonance imaging findings and histopathological obervations after percutaneous renal cryoablation in the rabbit model[J]. The Journal of Urology, 2006, 175: 318-326.

41. Janzen NK, Perry KT, Han KR, et al. The effects of intentional cryoablation and radio frequency ablation of renal tissue involving the collecting system in a porcine model[J]. J Urol, 2005, 173: 1368-1374.

42. Shingleton WB, Farabaugh P, Hughson M, et al. Percutaneous cryoablation of porcine kidneys with magnetic resonance imaging monitoring[J]. J Urol, 2001, 166: 289-291.

43. Swell PE, Howard JC, Shingleton WB, et al. Interventional magnetic resonance image-guided percutaneous cryoablation of renal tumors[J]. South Med J, 2003, 96: 708-701.

44. Silverman SG, Tuncali K, Van Sonnenberg E, et al. Renal tumors: MR imaging-guided percutaneous cryotherapy-initial experience in 23 patients[J]. Radiology, 2005, 236: 716-724.

45. Lü Y, Liu M, Li C, et al. MRI-guided biopsy and aspiration in the head and neck: evaluation of 77 patients[J]. Eur Radiol, 2012, 22: 404-410.

46. Ming Liu，Yubo Lv，Lebin Wu，et al. MRI-guided percutaneous coaxial cutting needle biopsy of small pulmonary nodules: feasibility[J]. Eur Radiol, 2013, 23: 2730-2738.

47. Y Lü，J Fritz，C Li，et al. Magnetic resonance imaging-guided percutaneous biopsy of mediastinal masses: diagnostic performance and safety[J]. Investigative Radiology, 2013, 48: 452-457.

48. S Liu，R Ren，M Liu，et al. MR imaging-guided percutaneous cryotherapy for lung tumors: initial experience. J Vasc Interv Radiol, 2014, 25: 1456-1462.

49. Y Lü，C Li，M Liu，et al. MRI-guided stereotactic aspiration of brain abscesses by use of an optical tracking navigation system. Acta Radiol, 2014, 55: 121-128.

50. M Liu，RB Sequeiros，Y Xu，et al. MRI-Guided Percutaneous Transpedicular Biopsy of Thoracic and Lumbar Spine Using a 0.23T Scanner With Optical Instrument Tracking. J Magn Reson Imaging, 2015, 42: 1740-1746.

51. Liu S，Li C，Yu X，et al. Diagnostic accuracy of MRI-guided percutaneous transthoracic needle biopsy of solitary pulmonary nodules. Cardiovasc Intervent Radiol, 2015, 38: 416-421.

52. Li C，Wu L，Song J，et al. MR imaging-guided cryoablation of metastatic brain tumours: initial experience in six patients. Eur Radiol, 2010, 20: 404-409.

53. M Liu，J Huang，Y Xu，et al. MR-guided percutaneous biopsy of solitary pulmonary lesions using a 1.0-Topen high-fieldMRI scanner with respiratory gating. Eur Radiol, 2017, 27: 1459-1466.

54. Liu S，Fu W，Liu Z，et al. MRI-guided celiac plexus neurolysis for pancreatic cancer pain: Efficacy and safety. J Magn Reson Imaging, 2016, 44: 923-928.

第十一章　消融治疗的应用

第一节　消融技术分类及原理

一、肿瘤消融术的分类

1. 按照基本原理主要分为化学消融术和物理消融术两大类　化学消融术是在影像引导下经皮穿刺肿瘤组织，将消融剂直接注入肿瘤内部，达到原位灭活肿瘤的方法，适用于全身各部位原发性和转移性肿瘤。物理消融是通过物理的方法使肿瘤细胞坏死的消融技术，可分为基于温度的物理消融技术和常温物理消融技术。基于温度的物理消融技术是通过极端温度作用致使肿瘤细胞坏死的方法，是目前最为常用的肿瘤消融方法。

2. 根据消融温度分为热消融和冷消融　常用的热消融方法有：射频消融术、微波消融、激光消融和高强度聚焦超声等，消融组织坏死特点为细胞的蛋白凝固性坏死。冷消融治疗主要以氩氦刀为代表，是通过冷冻-复温等循环使肿瘤细胞坏死。常温物理消融术如不可逆电穿孔，又称纳米刀消融技术，是通过穿刺探针对肿瘤细胞施加高压电脉冲，在细胞膜上产生纳米级孔隙导致肿瘤细胞凋亡。

二、肿瘤消融的基本原理

（一）化学消融术

化学消融术（chemical ablation）是经皮穿刺肿瘤组织将消融剂直接注肿瘤内部，引起肿瘤细胞损伤、细胞蛋白凝固坏死，肿瘤血管内皮细胞迅速脱落、坏死和血小板聚集，导致肿瘤内部的微血管栓塞、癌周血管闭塞，继而引起癌组织缺血、凝固性坏死与纤维组织形成，最终达到原位灭活肿瘤的方法，适用于全身各部位原发性和转移性肿瘤。常用消融剂有肿瘤细胞毒性剂和蛋白凝固剂。以肿瘤细胞毒性药物制备的消融剂由按照肿瘤细胞学类型配比的化疗药物与少量碘化油混合而成。经皮注入肿瘤内部或转移性淋巴结内，可使抗肿瘤药物

在瘤组织内缓释杀灭肿瘤细胞。化学消融术的优点是方法简单易行，且费用低、安全性高，缺点是药物在瘤体内精确用量、释放时间不易掌握，消融效率通常较低，尤其是对肿瘤体积超过 2cm 或融合的转移性淋巴结由于病灶实质不均匀影响消融剂的弥散导致疗效有限，时常需要反复注射。

（二）射频消融

射频消融（radiofrequency ablation，RFA）是一种微创性肿瘤原位治疗技术，即借助于超声、CT或 MRI 等影像技术引导，将电极针直接插入肿瘤内，通过射频能量使病灶局部组织产生高温、干燥，最终凝固和灭活肿瘤。射频消融的治疗原理是利用高频电流（375～500kHz）通过针状电极与负极板在体内形成回路，交替电流的激发引起电极周围组织内的离子振动、摩擦，继而转化为热能（图 11-1-1）。其热能随时间逐渐向外周传导，将肿瘤区加热至 60～100℃并维持一定时间，使细胞内蛋白质变性，脂质双分子层溶解，DNA 和 RNA 被破坏，从而使局部组织细胞蛋白质发生不可逆的热凝固变性、坏死。根据是否外接电极板可将 RFA电极分为单电极（monopolar electrodes）和双电极（bipolar electrodes）两种类型，前者又包括直的杆状电极和带有子针的伞状电极。双电极的主要优点是穿刺简单、无需负极板以及可以多针组合消融，从而可以一次性消融直径较大的肿瘤。RFA

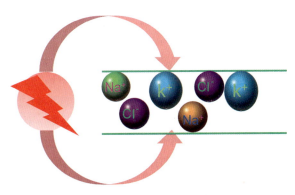

图 11-1-1　带电离子摩擦产热示意图

是目前应用最为成熟的热消融技术,被广泛用于各实体肿瘤的治疗,在肝脏、肺、肾、肾上腺、骨转移瘤等实体肿瘤的治疗中均取得了很好的治疗效果,对早期肝癌和Ⅰ期非小细胞肺癌 RFA 可与外科手术切除相媲美,也是中晚期肿瘤姑息治疗的重要手段。

(三)微波消融

微波消融(microwave ablation,MWA)也是通过高温使肿瘤组织发生凝固性坏死,但其致热原理与射频消融不同。微波是一种高频电磁波,它通过对生物组织的内源性加热使组织凝固坏死,即通过微波辐射器把某个频率下的电磁波能量转换成微波辐射能,后者被组织吸收而转换成热能,使组织因受热而温度升高,最终产生凝固性坏死。

微波对生物组织加热的机制有两种:一种是"离子加热";另一种方式是"偶极子加热"。人体主要是由水、碳水化合物、蛋白质和大量细胞内外液中的带电粒子等成分组成。碳水化合物分子、蛋白质分子都是极性分子,钾、钠、氯离子等为带电粒子,极性分子和带电粒子是在微波场作用下产生热效应的物质基础:①极性分子的转动可产生位移电流,同时介质的黏性引起能量消耗;②带电粒子振动可产生传导电流,同时介质电阻引起能量消耗。这两种能量消耗转化为热能,这种效应就叫做微波在生物体组织中的热效应。极性分子和带电粒子在微波场的状态、运动形式和产热方式有一定的不同,现分述如下:

1. 极性分子在微波场作用下热效应机制 组织中的水分子、蛋白质分子等极性分子在无外电场作用时,极性分子的正、负电荷"重心"不重合,每个极性分子具有固有电矩,形成一个电偶极子,处于不规则随机运动状态(图 11-1-2)。在外电场的作用下,每个极性分子电矩都受到力矩的作用,使原来不规则随机运动的极性分子转向外电场的方向,产生取向极化,只要外电场足够强,极性分子的偶极子便沿外电场方向整齐排列(图 11-1-3)。若改变外电场的方向,极性分子也要随外电场的变化而改变方向。如果外电场是高频交变电场,极性分子也随之作高频反复的转向运动(图 11-1-4),比如外加微波频率为 915MHz 或 2450MHz 时,则极性分子将以 915×10^6/ 秒或 2450×10^6/ 秒速度急速转动。极性分子激烈的振动,造成分子之间的相互碰撞、相互摩擦,将一部分动能转化为热能,使组织温度升高,此称为生物的偶极子加热。

图 11-1-2 极性分子在无电场作用下的状态

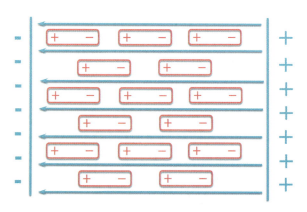

图 11-1-3 极性分子在外加电场作用下的状态

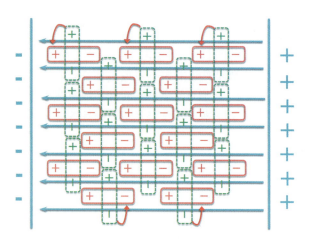

图 11-1-4 极性分子在外加交变电场作用下的状态

2. 带电粒子在微波场作用下产生热效应的机制 细胞内外液中的钾、钠、氯离子等带电粒子,它们在外电场作用下会受电磁力的作用而产生位移(图 11-1-5),带电粒子受到微波交变电场作用后,随微波频率而产生振动,在振动过程中与周围其他离子或分子相互碰撞而产热,称为生物体的离子加热。

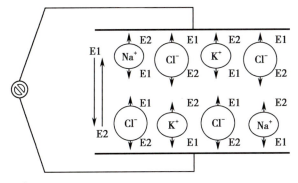

图 11-1-5 带电粒子在微波场作用下的状态

相比射频消融，微波消融具有自己的优势，如升温速度快、瘤内温度高、受血流影响小、不受阻抗影响等，因此临床应用愈加广泛。MWA 同样适用于直径≤5cm 的单发肿瘤或最大直径≤3cm、数量≤3 个的中小肿瘤治疗；对于直径 > 7cm 的大肝癌应用单针多点或多针组合叠加技术也可使得肿瘤完全消融。由于与射频消融的工作原理不同，微波消融不会产生可能导致起搏器功能障碍的电流，因此微波消融同样适用于装有心脏起搏器的患者。但是由于其治疗温度较高，对于特殊部位的病灶，需谨慎对待。

（四）激光消融

激光消融（laser ablation）采用纤维、可弯曲的光导纤维或特殊设计的内部水冷光纤在影像引导下插入肿瘤组织，利用波长为 1064nm 的 Nd：YAG 激光或一种连续波长（820nm）的激光作为能量源，将光能转化为热能，作用于组织时使其加热，从而导致蛋白质变性、肿瘤坏死，还可发生组织气化、熔融、喷射和高温分解等现象，这些作用都可归结为"组织消融"，从而实现对目标组织凝固或切割。激光消融范围大小不仅与其能量蓄积有关，还取决于肿瘤血供和周围正常组织血管舒张反应。主要应用于肝脏、甲状腺、骨组织、淋巴系统等各类脏器的良恶性肿瘤。

（五）冷冻消融

冷冻消融（cryoablation）是利用 Joule-Thomson 效应，采用常温高压氩气制冷，可在针尖部位快速产生最低可达 −185℃温度，高压氦气复温针尖可达 50℃，即通过冷冻 - 复温等循环加速肿瘤坏死。低温冷冻原理是细胞间质内冰晶形成、细胞膜破裂，组织液化坏死。冷冻导致微血管收缩、血流减慢、血小板积聚、微血栓形成，造成组织缺血缺氧。冷冻诱发的特异性或非特异性免疫反应，导致肿瘤细胞抗原释放激发机体免疫反应。在影像导引下

冰球边界显示清晰、术中患者无疼痛、耐受性好，多针组合冷冻使肿瘤消融达到适形，能够涵盖较大体积的肿瘤，在前列腺癌、肝癌、肺癌的治疗中得到了广泛应用。我国在影像学引导冷冻消融治疗肿瘤的种类和数量方面处于国际先进水平，国内多家医院的学者担任国际冷冻学术团体的学术职务。冷冻消融治疗的缺点：易于消耗血小板，对有出血倾向患者不应选择应用；降温、复温速率及时间控制不严格以及大血管的"热池效应"等导致的肿瘤细胞残留、对周围健康组织的冻伤损伤等。

（六）高强度聚焦超声

高强度聚焦超声（high-intensity focused ultrasound, HIFU）是将体外的低能量超声波，经超声聚焦准确聚焦于体内靶组织，产生高温（65～100℃）和空化效应使肿瘤组织发生凝固性坏死。是我国自行研制的具有自主知识产权的治疗系统，在肝脏、胰腺和骨肿瘤的治疗方面取得了一定成绩。相比于其他消融方法，HIFU 不需要切口或经皮插入消融针，是一种非侵入性治疗技术，在肝脏、胰腺和骨肿瘤的治疗方面取得了一定成绩。缺点是治疗时间长，可能发生的并发症如皮肤烫伤、邻近器官和软组织的热损伤等。由于超声波在生物组织中传播时的能量衰减，使得在治疗深部肿瘤及声通道上有阻挡的肿瘤时，治疗靶区能量下降，治疗效率降低，由于 HIFU 治疗所需的时间较长，患者在长时间的治疗过程中难以保持静止，这就增加了 HIFU 治疗的风险。

（七）纳米刀消融术

纳米刀（nanoknife）消融术对细胞施加一定剂量的脉冲电场，其脂质双层细胞膜会出现许多微孔和短暂渗透性增加，这种生物电磁学现象称为电穿孔（electroporation）。如果外加脉冲电场撤销后细胞膜不能恢复到正常生理状态，即称为不可逆电穿孔技术（irreversible electroporation, IRE），此技术是一种新型的微创治疗技术，有别于依靠温度变化灭活肿瘤细胞的物理消融，而是利用高频电能短脉冲破坏磷脂双分子层完整性，在细胞膜上形成纳米级孔隙，改变细胞膜通透性，引起细胞凋亡，在治疗过程中不会引起局部组织温度变化，其最大优势是对消融区域内主要解剖结构如动脉、静脉、神经、胆管、气管、肠管、输尿管等损伤很小，可有效地保护脉管结构。这种对组织消融的选择性，尤其适合其他物理消融无法实施的位于胰腺、肝门部及腹膜后等重要结构的肿瘤消融治疗。纳米刀消融要求条件高，需要在全身麻醉、心电信号下同步发射电

脉冲；穿刺技术要求亦高，需要探针间距平行、针尖等距离等。

（肖越勇）

第二节 冷消融的临床应用

以氩氦刀为主的冷冻消融治疗，操作简便、损伤小、对脏器功能影响小、能快速灭活肿瘤细胞消除肿瘤负荷。对于较小的肿瘤，一次冷冻消融可完全灭活肿瘤，达到类似外科手术切除的效果；对于较大的肿瘤，可分次冷冻，达到减瘤的目的，控制肿瘤生长。冷冻消融的并发症主要包括发热、疼痛、气胸、出血等，较为特殊的是皮肤冻伤及冷休克，预防关键在于术中及术后的保暖，如使用温毯机、保护穿刺点皮肤。

一、脑肿瘤

氩氦刀可用于各种脑瘤的治疗，以胶质瘤和脑膜瘤最为常用。胶质瘤常呈浸润性生长，术中很难完全切除，术后复发率极高，且对放化疗均不敏感，患者的术后平均生存期短。CT 或 MRI 引导下氩氦刀冷冻消融为胶质瘤的治疗开辟了新的途径，术中 CT 或 MRI 能清楚地显示病变的边缘情况及消融形成的冰球的大小，通过术前 MRI 功能成像准确识别脑皮质功能区域，可以尽可能的消融肿瘤而不破坏脑的功能区，手术创伤小，一般均可在局麻下进行，术后患者恢复快。脑膜瘤绝大多数为良性，手术切除是主要的治疗手段，但创伤大。CT 或 MRI 引导下的氩氦刀消融因创伤小受到关注，冷冻消融脑肿瘤的最大缺点是在部分患者中诱发重度脑水肿，存在发生脑疝的可能，值得警惕。

二、胸部肿瘤

氩氦刀冷冻消融术已普遍用于肺癌的局部消融治疗，对于早期的小肿瘤，氩氦刀冷冻消融术可作为手术的替代治疗，对于晚期较大的肿瘤可作为姑息疗法，增强综合治疗的效果，可减少肿瘤负荷，减轻症状，提高患者生活质量，延长生存时间。胸部其他肿瘤，如转移瘤、胸膜间皮瘤、胸腺瘤，氩氦刀消融术可达到良好的灭活和减瘤效果。

三、肝癌和肝转移瘤

肝癌的冷冻消融是冷冻消融术开展的最成熟的技术之一，是不能手术切除的肝癌和肝转移瘤的理想治疗方法之一。对于肝转移瘤，如果病灶不是很多（≤5 个），也是冷冻的适应证。肝癌或肝转移瘤氩氦刀冷冻消融的引导手段主要有超声、CT 或 MRI，在影像学监测下冰球具有很好的示踪性，能够非常清楚地显示冰球覆盖的范围，可以观察到肿瘤的消融程度和邻近重要脏器的有无。穿刺时应尽量经正常肝组织穿刺病灶，以防术后出血。禁忌证主要为：大量腹水、肝门区的癌肿、弥漫性肝癌和肝脏弥漫性转移、患者有出血倾向和凝血障碍。

四、肾肿瘤

对于位于肾皮质内的直径 < 3.5cm 的肾肿瘤、双侧肾癌不能手术切除的、不愿接受手术或术后复发的患者，均可考虑氩氦刀冷冻消融治疗，一方面可以减轻患者的肿瘤负荷，另一方面可保存肾功能。肾癌的血供一般十分丰富，消融时应适当增加氩氦刀的数目和冷冻消融的时间，对肾上极的肾癌，穿刺时应尽量避免损伤包膜。

五、盆腔肿瘤

包括发生于盆腔内的任何肿瘤，包括起源于盆腔脏器的各种肿瘤以及其他部位的恶性肿瘤盆腔转移。可在腹腔镜、超声、CT 或 MRI 引导下进行，根据肿瘤大小决定冷冻探针的数目，一般采用多针联合冷冻技术。能够缓解患者的症状、改善生活质量，对延长疾病无进展期有一定的辅助作用，且具有安全、微创优点，但对亚临床转移灶及晚期患者远处转移作用有限，因此应根据个体化实施综合治理。

六、骨肿瘤

原发性骨肿瘤，冷冻消融能够灭活局部病灶，良性骨肿瘤如骨样骨瘤能够达到类似于手术切除的效果，恶性骨肿瘤达到控制其生长的目的。转移性骨肿瘤，冷冻消融后能够起到良好的镇痛作用及局部病灶灭活作用，可改善患者的生存质量。冷冻消融便于对皮肤进行保护防止冻伤，冷冻消融术后恢复时间能够最大限度减少对患者日常工作及生活的影响。

七、软组织肿瘤

良性软组织肿瘤体积较小者，氩氦刀可一次性灭活，达到类似外科手术切除的效果。恶性肿瘤体积较大者，能达到减瘤的作用，可分次进行冷冻消融，直到灭活病灶，冷冻后要制定长期的综合治疗方案，配合冷冻术前、术后放化疗，才能提高生存率,降低复发率和转移率。

(肖越勇)

第三节 热消融的临床应用

在影像技术引导下应用化学的或加热的方法直接作用于局灶性实体肿瘤,根除或毁坏肿瘤组织的治疗方法被称为肿瘤的消融治疗。这项技术是在 20 世纪 70 年代,现代影像技术(如超声、CT、MRI 等)问世之后,发展起来的微创的肿瘤原位灭活新技术,在临床得到了迅速的推广和应用。20 世纪 90 年代,热消融治疗技术迅速兴起,它是针对某一脏器中特定的一个或多个肿瘤病灶,利用热产生的生物学效应直接导致病灶组织中的肿瘤细胞发生不可逆损伤或凝固性坏死的一种治疗技术。这是肿瘤非手术治疗的重大进展。目前,热消融治疗在临床应用的主要方法有:射频、微波、激光及高强聚焦超声等,已扩展到各部位实体瘤的治疗中,可谓发展迅速。其中以射频及微波消融应用最为广泛,本节将作重点介绍。

一、热消融在肝癌中的应用

肝癌局部消融治疗在过去的 20 年左右发展迅猛,已经成为继手术切除、介入栓塞化疗后的第三大肝癌治疗手段;而且由于其疗效确切,特别是在小肝癌的治疗方面,热消融疗效与手术切除相近,因此被认为是小肝癌的根治性治疗手段之一。热消融的广泛应用有以下几个原因:首先,热消融术可经皮、手术或腹腔镜实施,因此成为手术切除和栓塞治疗的补充方法;热消融术比起其他的放射介入干预,如化疗栓塞,更容易被患者接受,特别是热消融术较少引起化疗栓塞导致的梗死和感染;另外,血管内重复治疗会不可避免地造成供血血管闭塞,而热消融可重复多次。

1. 适应证

(1) 单发肿瘤,最大直径≤5cm;或者肿瘤数目≤3 个,最大直径≤3cm。

(2) 没有脉管癌栓、邻近器官侵犯。

(3) 肝功能分级 Child-Pugh A 或 B,或经内科治疗达到该标准。

(4) 不能手术切除的直径 >5cm 的单发肿瘤或最大直径 >3cm 的多发肿瘤,消融可作为姑息性治疗或联合治疗的一部分。

2. 禁忌证

(1) 弥漫型肝癌。

(2) 伴有脉管癌栓或者邻近器官侵犯。

(3) 肝功能 Child-Pugh C,经护肝治疗无法改善者。

(4) 治疗前 1 个月内有食管(胃底)静脉曲张破裂出血。

(5) 不可纠正的凝血功能障碍及严重血象异常,有严重出血倾向者。

(6) 顽固性大量腹水,恶病质。

(7) 活动性感染尤其是胆道系统炎症等。

(8) 严重的肝肾心肺脑等主要脏器功能衰竭。

(9) 意识障碍或不能配合治疗的患者。

3. 高风险部位肿瘤的热消融
肿瘤邻近胆囊、胃肠、胆管、膈肌等或位于第一肝门区、肝包膜下等部位,均为危险部位。这些部位的肿瘤进行热消融治疗存在热损伤邻近脏器或脉管、肿瘤破裂、出血等风险,因此要特别小心。对于高风险部位的肿瘤,应该尽可能采用腹腔镜下或者开腹手术直视下进行消融治疗,以便对邻近的脏器进行隔离保护。也有报道在人工胸水、人工腹水、或者特殊的手法(如提拉法)下行热消融治疗的报道。

4. 大肝癌的热消融
目前应用的射频消融治疗仪一次消融能够达到的消融范围一般为 3.0~5.0cm,所以对于 >5.0cm 的肿瘤,单点射频治疗较难达到完全消融。采用多面体几何模型多针多点治疗大肝癌的布针方案,进行反复多次的消融,可以使消融范围达到 7.0cm 以上。而微波因其热效率高,在大肝癌的治疗中具有独特的优势。

5. 热消融联合其他治疗方法
热消融联合肝动脉栓塞化疗(TACE)、瘤内无水酒精注射(PEI)等,可以提高疗效;特别是对于肿瘤大于 3cm 或者多个肿瘤,联合治疗是最合理的选择(图 11-3-1)。对于热消融治疗失败者,应选择其他治疗方式,如手术切除、肝动脉栓塞化疗、分子靶向药物如索拉非尼等。

二、热消融在肺癌中的应用

对于早期非小细胞肺癌(non-small cell lung cancer,NSCLC)在没有转移的情况下外科切除是治愈的主要手段,但是由于各种原因,大约 80% 的肺癌无法通过手术切除治疗。对于无法手术切除的多数肺癌患者在传统的放化疗中获益有限,因此许多新的局部治疗方法应运而生,包括局部消融治疗等。局部热消融术作为一种微创技术已经应用在早期肺癌的治疗,每年治疗肺癌患者的例数迅速增加。肺部转移瘤在临床上十分常见,目前已证实

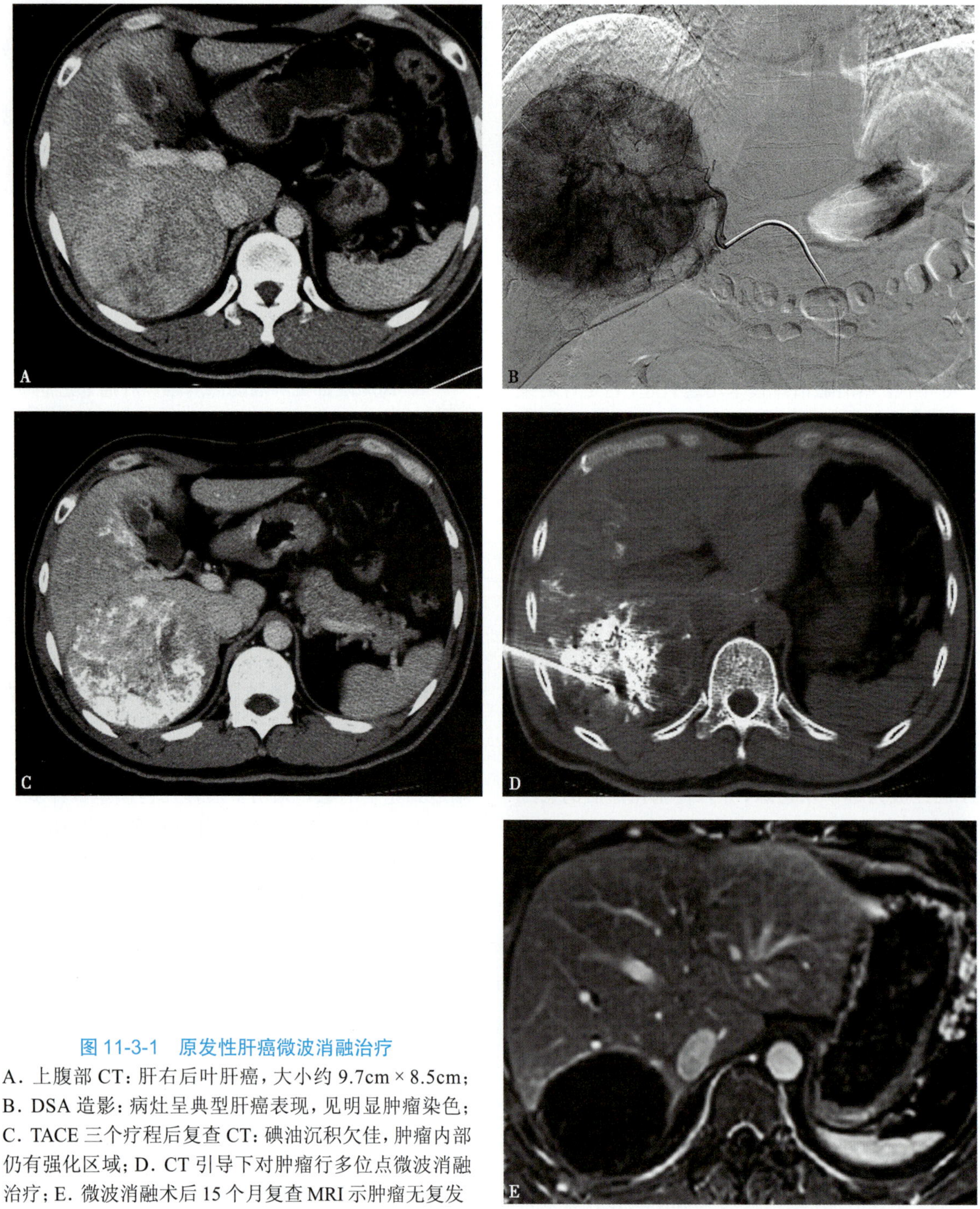

图 11-3-1 原发性肝癌微波消融治疗

A. 上腹部 CT：肝右后叶肝癌，大小约 9.7cm×8.5cm；
B. DSA 造影：病灶呈典型肝癌表现，见明显肿瘤染色；
C. TACE 三个疗程后复查 CT：碘油沉积欠佳，肿瘤内部仍有强化区域；D. CT 引导下对肿瘤行多位点微波消融治疗；E. 微波消融术后 15 个月复查 MRI 示肿瘤无复发

经皮热消融也可以有效地治疗肺部转移瘤。对于早期（Ⅰ期）非小细胞肺癌的治疗虽然部分报道效果良好，但尚存在争议，远期疗效也有待进一步评估。

1. 适应证

（1）原发性周围型肺癌（图 11-3-2）：①患者因心肺功能差或高龄不能耐受手术切除；②拒绝行手术切除；③其他局部治疗复发后的单发病灶（如

局部放疗后）；④肿瘤距离大血管或较大支气管在1.0cm 以上，肿瘤最大径≤3cm，且无其他部位的转移的ⅠA、ⅠB 期周围型肺癌。

（2）肺部转移瘤：某些生物学特征显示预后较好的肺内转移瘤（如肾癌、结直肠癌、乳腺癌和肝细胞癌）。如果原发病能够得到有效治疗，可进行肺转移瘤的消融治疗。单侧肺病灶数目≤3 个（双侧

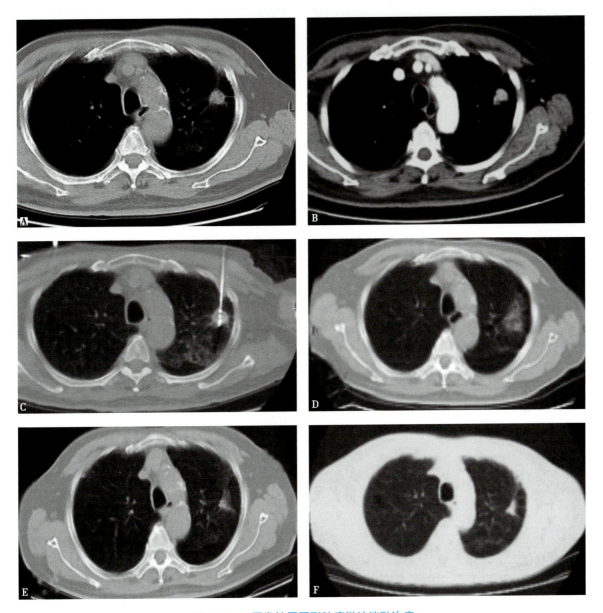

图 11-3-2 原发性周围型肺癌微波消融治疗

患者，男性，79 岁。A. 消融前肿瘤肺窗定位像图；B. 消融前肿瘤纵隔窗定位像；C. 对左肺上叶病灶进行单针单位点局部微波消融治疗，60W×12min；D. 消融后 1 个月复查 CT：病灶密度减低，病灶周围肺组织呈毛玻璃影及条索状影；E. 消融后 12 个月复查 CT：病灶缩小，病灶边缘较前清晰；F. 消融后 36 个月复查 CT：病灶缩小呈瘢痕改变，未见肿瘤活性

肺≤5 个），多发转移瘤最大肿瘤的最大直径≤3cm，单侧单发转移瘤的最大直径≤5cm，且无其他部位的转移。对于双侧肺肿瘤，不建议双侧同时进行消融治疗。

2. 禁忌证 因为肺癌患者对经皮热消融治疗具有良好的耐受性，除无法纠正的凝血障碍性疾病以外，肺部肿瘤局部热消融的绝对禁忌证较少。

（1）病灶周围感染性及放射性炎症没有很好控制者，穿刺部位皮肤感染、破溃。

（2）有严重出血倾向和凝血功能严重紊乱者。抗凝治疗和（或）抗血小板药物应在经皮消融前至少停用 5～7 天。

（3）消融病灶同侧恶性胸腔积液没有很好控制者。

（4）肝、肾、心、肺、脑功能严重不全者，严重贫血、脱水及营养代谢严重紊乱，无法在短期内纠正或改善者。

影像引导下热消融治疗肺癌具有安全、有效、定位准确和微创的优点,可作为不能手术切除肺癌患者的替代或补充治疗方法,对中晚期肺癌可以起到局部减瘤的作用,可延长无进展生存期,也可作为改善症状的一种治疗方法。热消融相对于手术来说是一项局部、微创治疗,减少了对肺实质的损伤,其他的优点还包括费用低和住院时间短。对于早期肺癌的热消融治疗能否替代传统手术治疗,临床上有待进一步研究和观察。大多数学者认为,热消融技术主要适用于不能手术切除的非小细胞肺癌,案例中以周围型肺癌居多。射频消融治疗的范围略小于微波,基本上在 2.5~3.5cm 之间,多数学者主张肺肿瘤大小应在 3.0cm 以内,微波消融治疗肺肿瘤的大小一般在 5.0cm 以内。

三、热消融在肾癌中的应用

随着消融技术的不断发展,热消融治疗已能达到既对肿瘤进行局部灭活或减轻肿瘤负荷,又可对正常组织进行有效的保护,这在肾脏肿瘤的消融治疗中尤其重要。很多患者是由于独立肾或已经合并肾功能不全情况下进行消融,保留更多的正常肾单位以保护肾功能对这类患者的重要性不言而喻。而且,消融往往在 B 超或 CT 引导下施行,相对于创伤大的外科手术,经皮穿刺微创的优越性更适用于体力状况评分欠佳以及合并其他脏器疾病的患者,可重复的特点对于经外科评估容易出现术后复发的患者具有无可比拟的优势,例如有家族遗传倾向的 VHL 肾癌病例(图 11-3-3)。

1. **适应证**

(1)因年龄或其他系统伴随疾病不适合或不愿外科手术的早期肾癌。

(2)孤立肾、移植肾、对侧肾有癌转移或新发癌。

(3)直径<3cm 的肿瘤。

(4)由于 VHL 病或其他遗传性肾癌,患有多灶性肾癌患者。

2. **禁忌证**

(1)肿瘤侵犯肾盂或输尿管。

(2)肾静脉主干或下腔静脉癌栓。

(3)重要脏器功能衰竭或失代偿。

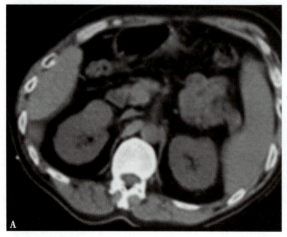
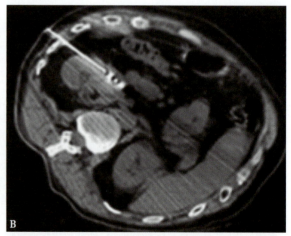
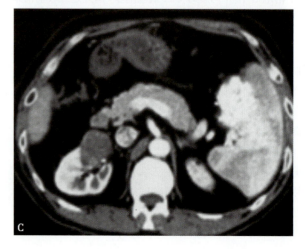

图 11-3-3　右肾透明细胞癌微波消融治疗

患者,男性,56 岁,右肾透明细胞癌,大小约 3.5cm×3.2cm,右肾癌并脾脏转移,无手术指征,遂对肾肿瘤行微波消融治疗。消融术后 2 个月复查:病灶无肿瘤活性残留。A. 上腹部 CT:右肾上极见一类圆形肿物,大小约 3.5cm×3.2cm;穿刺活检病理证实为肾透明细胞癌;B. CT 引导下对肾肿瘤行微波消融治疗;C. 消融后 2 个月复查 CT:病灶为凝固性坏死表现,动脉期扫描无强化

（4）晚期癌症患者有恶病质，严重贫血，脱水及营养代谢严重紊乱，无法在短期内纠正或改善者。

（5）肿瘤已非局限，已发生全身广泛转移者。

（6）病灶浸润扩散，与周围结构粘连，进行微波消融有可能损伤周围结构者。

（7）有严重的凝血功能障碍，经纠正凝血功能、输注血小板等治疗仍无改善者。

热消融治疗肾脏肿瘤已蓬勃发展，但还没有形成一套完善的标准化治疗程序。缺乏系统的长期的资料，尚没有统一的标准。但近期出现的新兴应用技术如术中温度探针、术中超声造影等在热消融治疗中效果良好，具有很好的发展前景。

四、热消融在肾上腺肿瘤中的应用

对于原发性肾上腺肿瘤的治疗，目前临床上多采用手术切除的方法，包括开放性手术及腹腔镜手术切除。手术是一种根治性治疗方法，能有效地解除患者的病痛，但也存在一些问题，主要是：开放性手术创伤大、并发症多、费用较高；腹腔镜肾上腺切除术相对于开放性手术，具有创伤小、术后疼痛轻、并发症少、康复快等优点，甚至被认为是肾上腺手术的金标准。但由于肾上腺解剖位置较复杂，而腹腔镜下术野狭小，且操作技术要求较高，手术时间较长，其临床应用受到一定限制。肾上腺转移瘤的外科切除得到了一些学者的支持，但仍然充满了争议。另外，对于那些不能耐受手术或不愿意接受手术的患者，如采用内科保守治疗，往往仅能达到缓解症状的作用。

近年来，各种微创治疗手段逐渐应用于肾上腺肿瘤的治疗，其中包括肾上腺动脉灌注化疗与栓塞术、经皮化学消融术、热消融术、冷冻消融术等，均取得了良好的治疗效果。热消融是近些年发展起来的新技术，其治疗肾上腺肿瘤的经验虽然有限，但已取得了较好的治疗效果（图11-3-4）。

1. 适应证

（1）不能手术切除的功能性肾上腺肿瘤，热消融可消除或减少激素释放，改善临床症状。

（2）恶性肾上腺肿瘤手术切除后复发。

（3）不能耐受手术或不愿接受手术切除者。

（4）原发病灶已控制的单侧或者双侧肾上腺转移患者。

2. 禁忌证

（1）恶病质，全身多器官功能衰竭，不能耐受手术者。

（2）全身广泛转移患者。

（3）严重凝血功能障碍者。

（4）有高血压危象风险且有严重心脑血管疾病患者。

影像学引导下经皮肾上腺肿瘤消融具有创伤小、恢复快的显著优点，为不能耐受手术的患者提供了更多的治疗选择；但热消融过程当中有发生高血压危象的风险，因此，术前的充分准备及术中密切监测血压对于肾上腺肿瘤热消融尤其重要。随着热消融技术在肾上腺肿瘤治疗中进一步推广应用及研究的深入，其有望成为肾上腺肿瘤治疗的主要手段之一。

五、热消融在骨肿瘤中的应用

1. 良性骨肿瘤 以往手术切除是治疗骨样骨瘤的首选和主要方法，但在实际手术中无法鉴别瘤巢位置所在造成切除困难或常需大范围切除反应骨。与外科手术治疗相比，热消融治疗骨样骨瘤创伤小，定位精确、简单安全，不但疗效好，而且患者可以在术后就可以早期活动。因此热消融可替代手术治疗和其他经皮病灶切除术，成为治疗骨样骨瘤的首选方法。对于其他良性骨肿瘤，如骨瘤、非

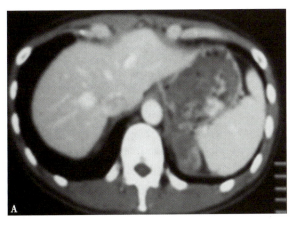

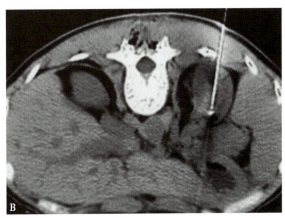

A　　　　　　　　　　　　　B

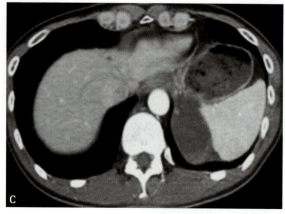
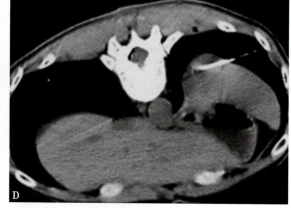
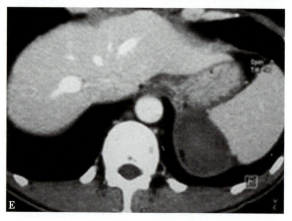

图 11-3-4　肾上腺皮质癌微波消融治疗

患者，男性，41 岁，左侧肾上腺皮质癌术后复发。予 2 程泰素帝 + DDP 化疗后疗效评价示 PR；再予 2 程泰素帝 + DDP 化疗后疗效评价示 PD。遂行分次多位点叠加微波消融治疗；第二次微波消融治疗后 1 个月复查：肿瘤完全无强化。A. 上腹部 CT：左侧肾上腺皮质癌术后复发，大小约 6.1cm × 3.8cm；B. CT 引导下对肾上腺肿瘤行微波消融治疗；C. 术后 1 个月复查 CT：肿瘤大部分坏死，仅背侧边缘有残留的强化区；D. CT 引导下对残留病灶再次行微波消融治疗；E. 第二次微波消融治疗后 1 个月复查示肿瘤完全无强化

骨化性纤维瘤、软骨母细胞瘤、血管瘤也有着较为理想的治疗效果。

2. 骨转移性肿瘤　热消融只针对局部病灶进行治疗而无法改变转移性骨肿瘤本身的生物学特性，因此是作为一种姑息性治疗方法应用于临床；适用于全身状况不佳及无手术适应证的患者，旨在缓解患者疼痛，改善生活质量。但对于直径超过 5cm 尤其是邻近重要血管和神经的肿瘤，单纯依靠热消融无法得到理想的治疗效果，应联合其他微创治疗方法，如动脉化疗栓塞等。

亦有学者将热消融应用于甲状腺肿瘤、乳腺肿瘤、胰腺肿瘤、脾功能亢进、软组织肿瘤、子宫肿瘤及子宫腺肌症等的治疗，但现有临床研究病例较少，缺乏多中心大样本的研究结果，特别是长期疗效观察结果。因此无法将其与常规治疗手段的临床疗效进行对比，尚需获得足够样本量和长期的随访资料以客观评价临床效果。

（范卫君）

第四节　热消融常见并发症及预防和处理

与外科切除相比，消融的治疗风险相对较小，并发症少，尤其严重并发症发生率显著较低。

一、并发症定义和分类

（一）重要并发症定义

2005 国际肿瘤影像引导消融工作组（International Working Group on Image-Guided Tumor Ablation）对于重要并发症定义如下：在影像引导消融过程中或治疗后出现的临床症状：①可能危及生命安全；②导致实质性损害和功能障碍；③患者需住院

治疗或延长住院时间者。具备1、2、3之一可认为发生了重要并发症,与此相比其他的都是轻微并发症。

(二)并发症分类

1. 按病因并发症分类

(1)继发于穿刺电极或天线:包括感染、出血、肿瘤种植和气胸等。

(2)继发于消融热损伤:包括邻近器官的热损伤、穿刺处烧伤,如肝肿瘤治疗时膈肌的损伤和肝胃韧带的损伤等。

2. 按并发症发生的时间分类

(1)急性并发症(immediate complications):治疗后24小时内发生。

(2)亚急性并发症(periprocedural complications):治疗后30天内发生。

(3)迟发性并发症(delayed complications):治疗后30天以后发生。

二、常见并发症的防治

(一)局部疼痛

在局麻条件下手术,一般均有不同程度的疼痛,如果疼痛剧烈,可以加大止痛药物的用量(如

皮下再次注射吗啡),同时可以适量应用镇静剂(如咪达唑仑缓慢静脉注射)。手术后疼痛一般为轻度疼痛,很少出现中度以上的疼痛,可以用非甾体类解热镇痛药物。

(二)消融后综合征

约2/3患者可能发生,主要是由于坏死物质的吸收和炎性因子的释放引起。主要症状为发热(38.5℃以下)、乏力、全身不适、恶心、呕吐等,一般持续3~5天,少部分可能会持续2~3周。这种情况对症处理即可,必要时除给予非甾体类消炎药物外,可以适量短时应用糖皮质激素(如地塞米松)。

(三)出血

消融术所导致的出血包括针道出血和非针道出血,是由消融针损伤血管所致,如血胸、肺内出血(图11-4-1)、血尿、包膜下出血(图11-4-2,图11-4-3)等。由于消融本身可以使血液凝固,即使在消融过程中发生了少量出血,随着消融治疗的进行,出血会逐渐停止,故在具体治疗过程中出血的发生率并不高。消融中出血的发生率小于10%。出血处理如下:

1. 少量出血可予保守治疗,密切监测生命体征,常规应用止血药物。

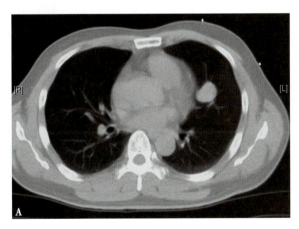

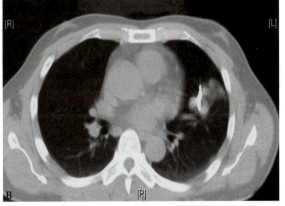

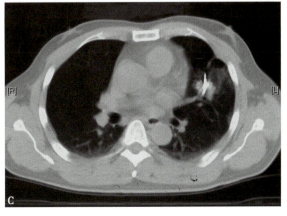

图11-4-1 肺内出血

男性,50岁,原发性肝癌肺转移。肺转移瘤微波消融治疗术中出现肺内少量出血;立即予止血药物静脉推注后止血。A. 胸部CT:左上肺见一实性结节,直径约2.0cm;B. CT引导下行肺肿瘤微波消融治疗,穿刺过程中见肺结节周边片状出血;C. 5分钟后再次扫描:肺内出血未见增多,原病灶周边片状出血密度较前降低

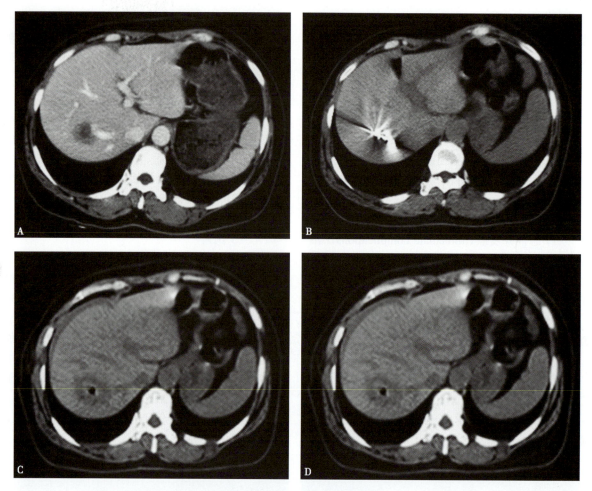

图 11-4-2 肝包膜下少量出血

女性，47 岁，鼻咽癌肝转移。肝肿瘤消融术后出现肝包膜下少量出血；立即予止血药物静脉推注后止血。A. 上腹部 CT：肝 S7 见一大小约 4cm×3.2cm 低密度病灶；B. CT 引导下对肝转移瘤行微波消融治疗；C. 消融术后即刻 CT 扫描：肝包膜下少量出血；消融区域呈现明显低密度改变，其内见气化空洞；D. 5 分钟后再次 CT 扫描：肝包膜下出血未见增加

2. 当发生肺内出血时应选择平卧位或略呈患侧卧位，禁向健侧卧位或坐位，避免血液或血块堵塞健侧支气管引起窒息；如果大咯血保守治疗不能控制，可以在 DSA 下行支气管动脉栓塞或急诊手术。

3. 肝肿瘤必须重点注意以下几点：①穿刺要尽量减少穿刺次数，避开较粗血管；②位于包膜下、尤其突出于包膜以外（外生性生长）的肝癌，必须选择经过正常的肝组织穿刺肿瘤；③如内科处理效果不佳，应当机立断行肝动脉造影、DSA 下栓塞止血；④如 DSA 下止血未果，则应开腹行外科手术止血。

（四）气胸

多由于穿刺路径经过胸膜腔引起（图 11-4-4），肺肿瘤消融后最常见，发生率为 5%～60%。发生气胸的危险因子分别为性别（女性多于男性）、年龄（随着年龄的增长气胸发生率增加）、有无肺部手术史（有手术史的多于无手术史）、消融针穿过肺组织的长短、病灶的位置（靠近胸壁少于靠近肺门、上肺叶少于中下肺叶）和穿刺技术，其中穿刺针穿过肺组织的长度是术后发生气胸的独立危险因素。大部分气胸容易治疗，或者是自限性的，不需要治疗即可自愈。如果患者经过胸腔闭式引流仍然有气体漏出，可以持续负压吸引、行胸膜固定术、气管镜下注入硬化剂、气管内置入阀门等。另外，要注意迟发性气胸的发生（图 10-4-5）。

（五）皮肤损伤

射频消融时采用单极射频电极针时回路电极板粘贴不实或不对称、一侧回路电极板脱落使局部电流负荷过大；消融治疗时引导针与射频电极针活

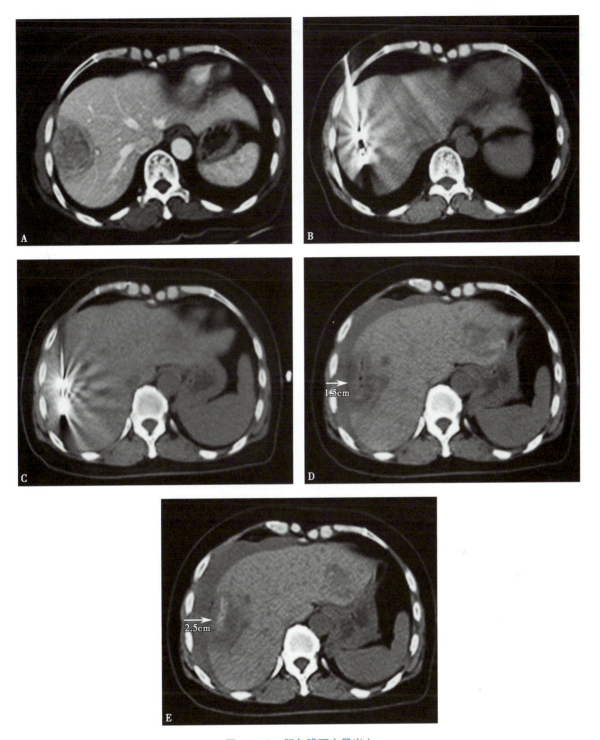

图 11-4-3　肝包膜下大量出血

男性，45 岁，小肠间质瘤肝转移。肝转移瘤微波消融术后出现肝包膜下大量积血；立即予快速扩容、止血等对症治疗。但肝包膜下出血进行性增多，遂予外科急诊手术止血治疗。A. 上腹部 CT：肝 S8 转移瘤，大小约 8.3cm×5.8cm；B、C. CT 引导下对肝转移瘤行多位点微波消融治疗；D. 消融术后即刻 CT 扫描：消融区域呈现明显低密度改变，其内见高密度条索状出血影；肝包膜下出血，厚约 1.5cm；E. 5 分钟后再次 CT 扫描：肝包膜下出血较前明显增多，厚约 2.5cm

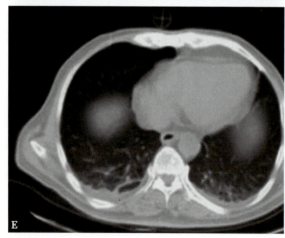
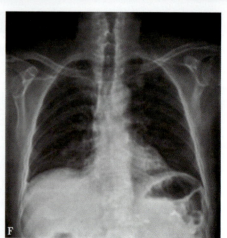

图 11-4-4　气胸

男性，54 岁，原发性肝癌介入术后。肝肿瘤消融术后出现右侧少量气胸，气胸量呈进行性增加，患者出现明显胸闷、气促；立即行经皮穿刺右侧胸腔气胸抽吸术，术中抽出气体 670ml，患者症状明显改善。术后复查右侧胸腔未见气胸。A. 上腹部 CT：肝左叶巨大肿物，大小约 10.3cm×7.4cm，肿物内见高密度碘化油沉积；B. CT 引导下对肝肿瘤内碘油未沉积区行微波消融治疗，微波天线穿刺经过胸腔；C. 消融术后即刻扫描：右侧胸腔少量气胸；D. 5 分钟后再次 CT 扫描：右侧胸腔内气胸量较前明显增加；E. CT 引导下行经皮穿刺右侧胸腔气胸抽吸术；F. 术后第一天复查胸片：右侧胸腔未见气胸

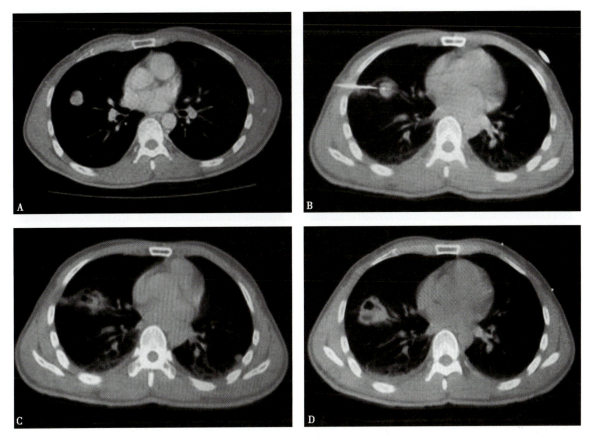

图 11-4-5　迟发性气胸

男性，54 岁，原发性肝癌术后右肺转移。肺转移瘤微波消融术后 1 周患者出现明显胸闷、气促，复查发现右侧胸腔中量积气；遂于 CT 引导下行经皮穿刺右侧胸腔气胸抽吸术，术中抽出气体 400ml，患者胸闷、气促症状消失。A. 胸部 CT：右肺上叶一个实性结节，大小约 3.0cm×3.4cm；B. CT 引导下对肺转移瘤行微波消融治疗；C. 消融术后即刻 CT 扫描：病灶周边呈现磨玻璃样改变，右侧胸腔未见气胸；D. 术后 1 周 CT 扫描：消融区域内空洞形成；右侧胸腔中量气胸

性端接触；消融针的水冷循环系统漏水或不通，均可导致皮肤灼伤（图 11-4-6）。消融前应检查水路通畅后再行穿刺、射频电极板应粘贴密实、对称，可预防针道烧伤。

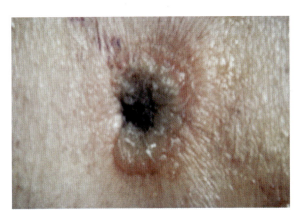

图 11-4-6　针道烧伤

（六）消融灶感染

消融治疗区组织液化坏死继发感染所致，可引起局部脓肿（图 11-4-7），导致败血症、感染性休克，多器官衰竭甚至死亡。治疗过程中应严格无菌操作，对有感染风险高危因素及消融体积较大的患者可预防性应用抗生素，治疗措施主要为抗生素治疗及脓肿穿刺引流，大多数患者可治愈。

（七）消化道损伤

消化系统损伤主要指位于肠管、胃、胆囊旁的肿瘤热消融时高热灼伤引起的空腔脏器破裂穿孔，胃液、胆汁或肠液发生内漏或外漏，引起化学性或细菌性腹膜炎，重者导致感染性休克甚至死亡。该并发症发生率较低，一旦发生则危害极大。

以下原因容易导致胃肠道穿孔的发生：①有过肝腹腔手术史的患者，腹腔脏器容易与肝脏相粘连，对邻近区域的肿瘤行消融治疗时容易发生穿孔；

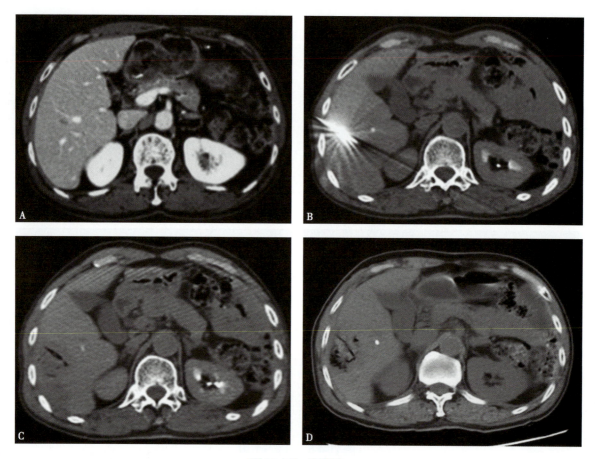

图 11-4-7　肝脓肿

男性，63 岁，胰腺腺泡细胞癌胰体尾脾脏切除术后肝转移。肝转移瘤消融术后第一天患者出现高热、寒颤，最高温度达 41℃，伴右下腹疼痛。急诊 CT 示：肝内脓肿形成。积极予抗感染、肝脓肿穿刺引流、营养支持等对症治疗 2 周后痊愈。A. 上腹部 CT：肝 S6 肝内多发低密度病灶；B. CT 引导下对肝肿瘤微波消融治疗；C. 消融术后即刻 CT 扫描：消融区域呈现明显低密度改变，其内条状气化空洞影；D. 急诊上腹部 CT：肿瘤组织坏死，不规则空腔出现并见气体影，提示消融治疗区组织坏死继发感染

②升、降结肠位置相对比较固定，而胃壁相对较厚，小肠蠕动性强，故结肠发生穿孔的概率相对较高；③临床上出现穿孔的征象多较隐蔽，早期出现的症状多误认为是消融术后正常反应，早期症状为腹痛、发烧，腹肌紧张，有压痛、反跳痛，故对于肿瘤位于这些"高风险"区域出现上述症状时，应高度怀疑穿孔的可能性；④没有准确掌握消融范围，对消融设备仪器的性能不甚了解。

由于空腔脏器热损伤后很少手术当天即出现特异症状或体征，大都发生在术后 2～5 天，因此对于有腹腔脏器手术史者，术中应尽量避免过大范围热凝可能与空腔脏器粘连的肿瘤，或者治疗前给予灌肠、人工腹水等方法加以辅佐。

对于高风险部位的肿瘤，应该尽可能采用腹腔镜下或者开腹手术直视下进行消融治疗，以便对邻近的脏器进行隔离保护。损伤空腔脏器出现腹膜炎表现后，应给予胃肠减压、静脉高营养、抗感染治疗，并根据损伤部位，采取引流、手术修补、手术切除等相应治疗，将风险降至最低限度。

（八）胆管损伤

常见于肝门部肿瘤局部消融时，穿刺过程中损伤沿途胆管所致。如损伤胆管较细，胆汁积聚较少，一段时间后将自行吸收；如损伤胆管较粗，胆管内压力明显高于消融灶，则大量胆汁将积于消融灶内甚至倒流入血，引起胆汁瘤形成并伴发阻塞性黄疸，少数患者（尤其伴有肝内胆管扩张、有过胆道手术史或胆道支架置入术者）还可并发消融灶感染。长时间消融肝门部肿瘤还容易造成胆道狭窄，引起黄疸或感染。

如果胆管损伤较轻者，可行消炎利胆保守治疗，定期复查 B 超或者 CT 了解胆道扩张的情况。消融术后引起胆管扩张者，胆红素升高，根据患者的肝功

能情况、胆管扩张水平、患者黄疸程度，采取合理的治疗方案，必要时行胆道引流。胆汁瘤的形成主要与凝固范围过大、胆管损伤等有关（图11-4-8）。一般认为无并发症或无症状的胆汁瘤无需特殊处理，对于合并感染者则以抗感染为主，同时经皮穿刺置管引流和消融灶抗生素冲洗，一般多可自愈。如伴有阻塞性黄疸，首先穿刺引流，减压退黄，也可经皮肝穿刺胆道引流（PTCD）放置内支架。

（九）迷走反射综合征

肝脏的神经分布丰富，由两侧胸7～10交感神经发出分支和左右迷走神经及分支形成的神经丛支配，此外还有右侧膈神经的分支参与支配。多数患者在接受经皮消融时会出现出汗、肝区疼痛、脉搏缓慢、心律不齐、血压下降等症状，称为"迷走反射综合征"。术前30分钟注射地西泮10mg、阿托品0.5mg或山莨菪碱10mg，有利于减少迷走神经反射的发生，同时术中动态监测心率、心律、血压和氧饱和度。如术中出现迷走神经反射综合征，可给予阿托品或山莨菪碱予以控制，若术中患者心率低于50次/分，血压低于80/50mmHg，应暂停手术，严密观察。

（十）泌尿道损伤

多见于肾肿瘤消融术后，发生率约0～1.9%，

热消融治疗中央型肾脏肿瘤，由于输尿管上段与病变较近，易受热损伤。急性期可表现为输尿管穿孔、输尿管瘘，数月后可表现为输尿管狭窄、肾盂积水以及肾萎缩。通常采用放置输尿管引流管或支架加以解决，严重者需要体内或外科重建。对靠近肾门的中央型肾癌，为了防止并发症的发生，热消融范围应距输尿管15mm以上。术前插入输尿管导管，术中用非离子5%糖水持续行肾盂肾盏冲洗，可能有助于减少上述并发症的发生。

（十一）高血压危象

高血压危象可能是由于热消融损伤了正常的肾上腺组织，从而使儿茶酚胺大量释放入血循环中，引起心动过速、心律失常、心脏后负荷的快速增加，导致心肌缺血、舒张功能异常、心力衰竭和肺水肿。严重的高血压危象可致中枢神经系统的出血性卒中。高血压危象由于有较高的潜在死亡率，是一个不可忽略的并发症，因此在消融的过程中要密切监测生命体征、血氧饱和度等，尤其是消融具有内分泌功能的肾上腺肿瘤时。消融开始后要密切关注血压的变化，如患者出现剧烈头痛、面色苍白、大汗淋漓、心动过速等现象时，要警惕高血压危象的发生。一旦发生高血压危象，α受体拮抗剂和β受体拮抗剂是两类主要选择的药物。

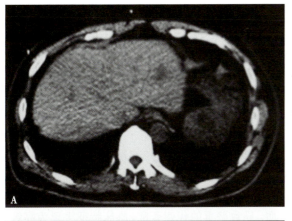

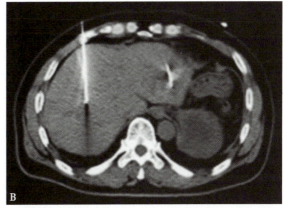

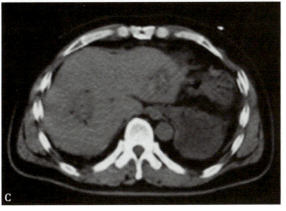

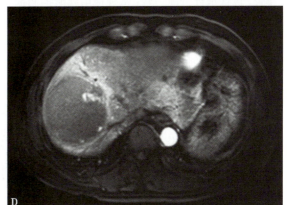

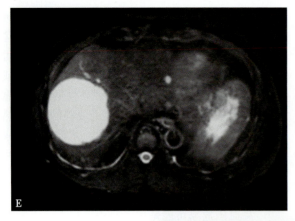
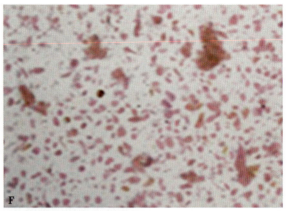
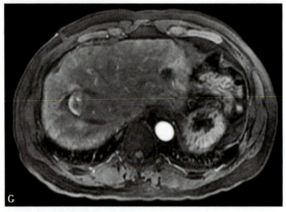

图 11-4-8　消融术后胆脂瘤形成

女性，35 岁，结肠癌术后肝转移。肝转移瘤射频消融术后 1 个月复查发现肝内胆脂瘤形成，遂于超声引导下行经皮穿刺胆汁瘤引流术，引流出咖啡色液体约 300ml；引流液送病理：胆汁，未见癌细胞。引流术后 1 个月胆汁瘤明显缩小。A. 上腹部 CT，肝 S7、S4 低密度病灶，直径约 0.4cm、1.3cm；B. CT 引导下对肝转移瘤行射频消融治疗；C. 消融术后即刻 CT 扫描：消融区域呈现明显低密度改变；D、E. 消融术后 1 个月复查 MRI：肝 S7 消融区域见一类圆形胆汁瘤，直径约 8.4cm；F. 引流液病理：胆汁，未见癌细胞；G. 引流术后 1 个月复查 MRI：胆汁瘤明显缩小

（十二）胰漏

常见于胰腺肿瘤的热消融治疗。穿刺本身可能致胰管破裂，消融使组织坏死后脆性增加，加之炎性水肿压迫加剧，胰管更易破裂，释放出大量消化酶而导致胰漏的发生。因此，穿刺过程中应该避开胰管，进针退针方向一致；常规使用胰酶抑制剂等方法。

（十三）胰腺炎

胰腺肿瘤或邻近胰腺的肾及肾上腺等肿瘤消融术时，热损伤大量正常胰腺组织为主要诱因。奥曲肽等抑制胰酶分泌的药物有预防作用。

（十四）种植转移

如果消融术中操作不当，可能会引发针道转移（图 11-4-9）。避免消融针反复穿刺肿瘤，可以减少种植的发生。另外，有足够的消融周边安全带并且在拔出消融针时烧灼针道可以减少针道种植的风险。发生肿瘤种植后可以局部适形放疗或对种植肿瘤进行消融。

（十五）肿瘤溶解综合征

大肿瘤或多发肿瘤消融术后，肿瘤细胞短期快速溶解，使细胞内的物质及其代谢产物迅速释放入血，导致严重的代谢紊乱，临床特征主要为高钾血症、高尿酸血症、高磷血症、低钙血症和心律失常及急性肾衰竭。大肿瘤或巨大肿瘤治疗消融术后要行水化、碱化尿液及利尿等治疗，24 小时尿量要保持在 2500～3000ml。消融后急性肾功能不全一般可逆，大都在 10 天～2 周之内肌酐、尿素氮等指标开始下降，尿量逐渐恢复至正常或进入多尿期而逐步恢复，必要时需要血液透析。

（十六）其他少见并发症

支气管胸膜瘘、急性肺损伤、空气栓塞、急性呼吸窘迫综合征、肝脏动静脉瘘、动门脉瘘等均有

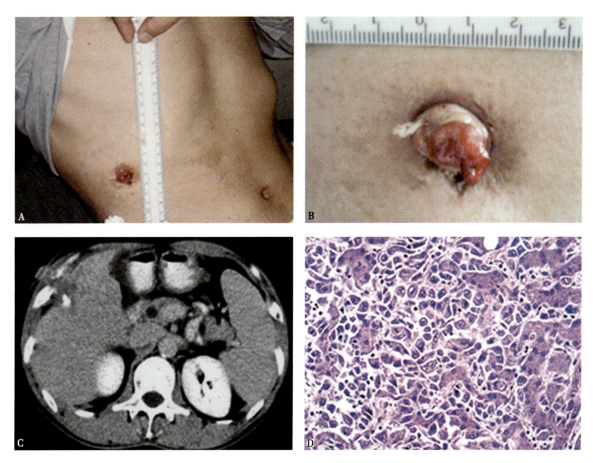

图 11-4-9　种植转移

男性，54 岁，原发性肝癌术后复发。肝肿瘤消融术后 2 个月消融天线穿刺处出现新生物，新生物活检病理为：肝细胞癌。A. 术后 2 个月穿刺处出现新生物；B. 新生物放大照片；C. 种植转移的 CT 表现；D. 新生物病理：肝细胞癌

个案报道，需个别特殊处理。

　　消融治疗在实体肿瘤的综合治疗中起到越来越重要的作用，但必须规范、科学、合理的应用，应充分做好术前准备，根据肿瘤大小、位置等因素选择合适的消融方法，规划合理的进针路线，设置安全的消融参数，在完全灭活肿瘤组织的同时，减少对周围正常组织及邻近脏器的损伤，特别是最大程度减少严重并发症的发生。

（范卫君）

第五节　超声聚焦刀的应用

一、原理及简介

　　超声聚焦刀又称为高强度聚焦超声刀（high intensity focused ultrasound，HIFU）：它是将超声波聚焦于靶区组织，利用超声波具有的组织穿透性和能量沉积性，将体外发生的超声波聚焦到生物体内病变组织（治疗靶点），通过超声的机械效应、热效应和空化效应达到治疗疾病的目的，其作用方式类似于太阳光经放大镜聚焦后引起放置于焦点处纸片的燃烧。

　　聚焦超声在其所穿过的非治疗部位的能量不足以对组织造成损伤，而在其聚焦点，由于声强很高，通过超声的热效应使该处组织的温度瞬间上升至 60～100℃，从而导致病变组织蛋白变性及组织细胞不可逆凝固性坏死，凝固坏死组织可逐渐被吸收或瘢痕化；同时还通过超声的空化效应使组织间液、细胞间液和细胞内气体分子在超声波正、负相作用下形成气泡，并随之收缩和膨胀以致最终爆破，所产生的能量导致细胞损伤、坏死。此外，聚焦超声声焦域的形态、大小以及组织对超声的效应和反作用等因素对超声治疗的深浅度、组织损伤范围和损伤程度起着决定性的作用。通过对超声换能器参数的设置可以达到精确靶向破坏病变的目的，而对治疗靶点周围组织却没有损伤，从而实现

无创治疗的目标。

聚焦超声治疗肿瘤的概念最早是在 20 世纪 50 年代，由美国科学家 Fry 兄弟首次提出的。由于当时相关配套技术的相对落后，其发展的速度远不如超声诊断领域的进展。进入 20 世纪 90 年代，由于肿瘤治疗中手术和放化疗均有各自的局限性，以及肿瘤治疗更强调完整性和美观性，越来越多的临床手术由大到小、由小到微，而超声波本身具有的组织穿透性和能量沉积性以及在无创诊断方面的成功应用，对聚焦超声无创的治疗技术的研究进入了空前热潮。我国学者 Wang 在 1997 年，研制出世界首台利用聚焦超声从体外治疗体内肿瘤的"海扶 JC 型聚焦超声肿瘤治疗系统"，该治疗系统主要由功率源、治疗控制、定位及实时评估、运动控制等系统组成。现在，这项技术的应用范围已不仅局限于治疗肿瘤，更扩展到了很多非肿瘤疾病，如妇科疾病、过敏性鼻炎等。

高强度聚焦超声治疗属于热消融的范畴，这项新技术在治疗肿瘤的过程中又称为热"切除"，但它与传统意义上的超声热疗不同。

高强度聚焦超声聚焦区域瞬间温度可升高到 60℃以上，直接凝固细胞蛋白，起到消融细胞的目的。可作为直接治疗手段，原则上只需一次治疗。

超声热疗则完全不同，超声消融区的温度一般为 40～45℃，不能直接造成细胞组织凝固性坏死，只能使其变性，可以作为辅助治疗手段，一般需重复。

二、临床意义、适应证和禁忌证

1. 临床意义　超声聚焦刀主要适用于治疗组织器官的恶性与良性实体肿瘤。肿瘤治疗的主要目的是使肿瘤组织产生治疗区域内凝固性坏死，是肿瘤综合治疗的方法之一，是对传统肿瘤外科手术治疗的有效补充。在超声聚焦刀治疗肿瘤的过程中，根据肿瘤的分期及超声通道条件，应尽可能对肿瘤实施完全的热"切除"，也可用于肿瘤的局部姑息治疗。

2. 适应证
（1）肝脏肿瘤：肝脏良、恶性肿瘤。有肋骨遮挡者可通过切除肋骨或其他方法来改善超声通道。
（2）骨肿瘤：除颅骨和脊柱以外的原发性和转移性骨肿瘤。
（3）乳腺肿瘤：乳腺良、恶性肿瘤。
（4）胰腺癌：无黄疸的胰腺癌或经过减黄治疗后的胰腺癌。
（5）肾脏肿瘤：肾脏良、恶性肿瘤（有肾静脉和

下腔静脉癌栓者除外）。有肋骨遮挡者可通过切除肋骨或其他方法来改善超声通道。
（6）软组织肿瘤：软组织良、恶性肿瘤。
（7）子宫肌瘤。
（8）良性前列腺增生和前列腺癌。
（9）具有良好超声通道的腹膜后或腹盆腔实体肿瘤。

3. 禁忌证　有以下情况之一者禁行超声聚焦刀治疗：
（1）含气空腔脏器的肿瘤。
（2）中枢神经系统的肿瘤。
（3）治疗相关区域存在皮肤破溃或感染时。
（4）治疗相关区域皮肤接受过 45Gy 以上放疗时。
（5）超声治疗的通道中存在腔静脉系统栓子时。
（6）超声治疗的通道中存在显著钙化的动脉血管壁时。
（7）有重要脏器功能衰竭的患者。
（8）有严重凝血功能障碍的患者。
（9）不能耐受相应麻醉的患者。
（10）机载定位影像系统不能清晰显示的肿瘤。
需要指出的是，超声聚焦刀在降低治疗功率作为热疗机使用时，需慎用于空腔脏器肿瘤治疗，此不属于真正意义的高强度聚焦超声刀治疗。

三、术前准备

1. 临床症状和影像学评估　相关症状评估；治疗肿瘤的数目、部位、血流灌注特点的准确评估；MRI、超声、超声造影等。

2. 评估全身状况　呼吸、循环、肝肾功能、认知能力等。

3. 改善声通道
（1）肠道准备：包括饮食准备、导泻和清洁灌肠。
（2）皮肤准备：下腹部备皮、脱脂、脱气。范围与下腹部手术一致，即上至脐水平，下至耻骨联合、髋骨，两边为腋前线。
（3）留置尿管：目的是在定位和治疗过程中控制膀胱内的液体量，以便改善声通道。（可选）
（4）应用体外推挤装置，推挤靶区前方的肠道，改善前场的声通道。

四、操作方法

1. 清醒镇静镇痛　目的是消除患者紧张、焦虑情绪。镇静的深度要求达到 3～4 级（ramsay 评分），即要达到让患者能耐受不愉快的治疗过程，并

能对语言和轻触摸刺激做出合适的反应，同时保持足够的心肺功能。镇痛效果要求患者疼痛评分小于4分为佳。

2. 治疗体位 根据治疗头的位置不同可选择俯卧位、侧卧位或仰卧位。

3. 影像定位与监控 超声引导或MRI影像下定位，确定肿瘤的位置，周边毗邻关系及声通道上无含气脏器和骨骼，必要时使用推挤装置推挤肠道和调整治疗超声波入射角改善声通道。治疗过程中通过影像监视焦点的位置和运动轨迹，确保焦点的位置在计划治疗范围内。

4. 扫描治疗范围的确定 消融治疗范围应为瘤内治疗。

5. 剂量调节 依据患者对治疗的耐受性和靶区灰度（超声引导）或温度（MRI引导）变化对治疗剂量进行调节。在确保安全和患者耐受的前提下，应该在一定时间内有足够的剂量投放。治疗中一旦出现反射性疼痛（如下肢痛）的治疗区域，应立即停止对该区域的治疗。

五、监控手段及疗效评价

1. 监控手段 超声聚焦刀理想的治疗剂量应该既能在靶区组织内产生肯定的凝固性坏死，又能保证靶区外组织的安全。

治疗过程中目前应用最多的是超声引导下HIFU治疗，治疗中靶区组织在监控超声影像中产生的灰度变化是反映靶区是否产生凝固性坏死的可靠标志，是实时反馈治疗剂量强度的重要指标，一般要求治疗后靶区应出现较治疗前稳定地增高10个超声灰阶值。

此外还有应用磁共振成像（MRI）引导下的HIFU治疗，MRI可实时反映治疗靶区的平均温升，有利于反馈调节治疗剂量。

2. 疗效评价 超声聚焦刀治疗肿瘤后的疗效评价必须建立在影像学评价和临床评价的基础上，分为早期影像学评价、临床综合评价和临床随访。

（1）早期影像学评价的目的是确定治疗后是否在治疗靶区产生了肿瘤的凝固性坏死以及坏死的范围，决定是否需要再次治疗。在超声聚焦刀治疗后1个月内，行增强CT和（或）MRI动态增强检查，必要时增加放射性核素显像检查，如骨肿瘤需加作^{99}mTc-MDP SPECT。

1）完全热"切除"的标准：治疗区组织完全凝固性坏死，其范围不小于原肿瘤的范围。

2）部分热"切除"的标准：治疗区组织有凝固性坏死，其范围小于原肿瘤的范围。

3）治疗无效的标准：治疗区组织无凝固性坏死。

4）没有达到完全热"切除"标准的肿瘤：应根据治疗目的（完全治疗或姑息治疗）决定是否再次超声聚焦刀肿瘤治疗。

（2）临床综合评价包括临床症状、体征、实验室检查、肿瘤标记物、病理组织学以及生存质量（QOL）等综合评价。

（3）临床随访包括：影像学检查随访用于评估治疗局部的转归、有无远处转移，患者的生存随访用于评估预后。超声聚焦刀肿瘤治疗对肿瘤患者预后的影响是评价治疗疗效、确立超声聚焦刀在肿瘤综合治疗中的地位的重要指标。

六、并发症

超声消融治疗的并发症少见，根据国际介入放射学会（SIR）分级，一般均为A～C级，不需要处理，但应积极预防、严密观察，避免严重并发症的发生。

1. 皮肤损伤 多为皮肤水泡，几乎所有损伤都是Ⅰ度或浅Ⅱ度皮肤烧伤，无需特殊处理，注意保持皮肤干燥清洁，避免继发感染。如果出血全层皮肤坏死，需要切除坏死皮肤和Ⅰ期缝合。皮肤毒性多见于使用推挤装置（水囊）和（或）皮肤有手术瘢痕者。治疗中定时松开推挤装置（水囊）的压迫，适当增加冷却时间，可以预防和减少/减轻皮肤毒性。

2. 疼痛 少有发生，其中以感应痛较多见。

（1）感应痛是由于肿瘤消融后所致的无菌性炎症刺激局部的内脏神经所致。通常症状轻，不需要特别的处理，若症状明显，可给予对症处理。

（2）躯体神经刺激：少见，常常是无菌炎症刺激邻近的躯体神经所致。症状可在治疗数小时至数天后才出现。通常在数月后恢复。

（3）躯体神经损伤：罕见，治疗后立即表现为治疗肿瘤所支配神经的感觉运动障碍，经过适当的治疗，感觉和运动功能可以逐渐恢复。

躯体神经刺激和损伤的预防，关键是治疗前要与患者进行良好的沟通，在治疗中控制好镇静的深度，仔细观察患者的反应和准确理解患者的表述，及时调整扫描治疗的方案，几乎可以完全防止。

3. 肠道穿孔 偶发，其原因可能为：肠道准备不好；肠道与肿瘤有粘连，导致肠道不能被推离声通道，同时粘连区吸收过多能量等。

4. 其他 凝固性坏死病灶有可能发生继发性

感染,局部可表现为红、肿、热、痛,应给予有效的抗生素治疗;超声聚焦刀治疗后患者体温多在正常范围内,仅有极少数患者术后3～5天内体温在38.5℃以下波动,一般不需要特殊治疗。

七、典型病例

1. 子宫腺肌症患者,女,45岁,因痛经4年余入院。术前MR提示子宫后壁为主的腺肌症范围约7cm(图11-5-1A、B)。本次超声聚焦刀治疗辐照时间:2316秒,平均功率400W,手术耗时:150分钟。治疗后近2个月MR复查提示超声聚焦刀消融区域完全坏死,无增强改变(图11-5-1C、D)。

2. 胰头癌患者,男,53岁,治疗前以"局部进展期胰腺癌"收治入院。术前增强CT提示胰头区肿瘤最大径5cm(图11-5-2C);术中超声聚焦刀(图11-5-2A、B)治疗辐照时间918秒,平均功率388W,手术耗时90分钟。治疗1个月后的增强

CT复查胰头区肿瘤血供较前减少,肿瘤大小保持稳定(图11-5-2 D)。治疗3个月后的增强CT复查胰头区肿瘤较前缩小,但肝内出现两枚新发转移病灶(图11-5-2 E)。

八、评价

超声聚焦刀应用于国内外临床治疗已近20年,相对于传统手术、放化疗治疗其优势日渐明显:

1. 非侵入性治疗,无放射性损害;不需手术暴露或穿刺引导;不损伤超声波所经过的组织或靶区外正常结构。

2. 明显缩短患者住院时间;明显减少患者在外科手术中、术后的并发症。

3. 靶区组织致死性治疗　靶区内均为超声波的致死剂量,非选择性使靶区内任何组织完全毁损;根据手术切除原则,从体外"切除"体内病灶。

4. 适形的治疗　立体组合适形扫描治疗方式

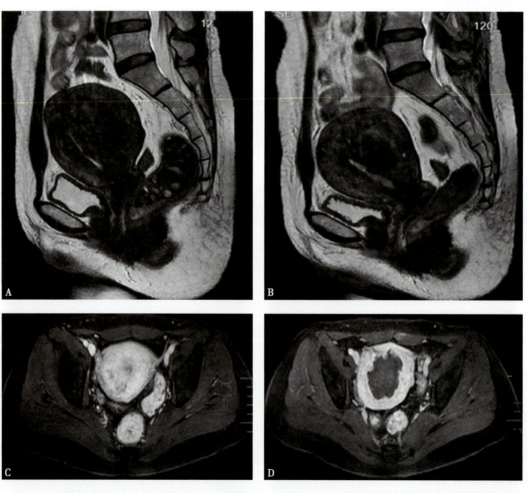

图 11-5-1　病例 1
A～C. 术前MR T₂WI及增强序列显示子宫腺肌症;D. 2个月后增强MR复查提示病灶较前缩小,增强后无强化

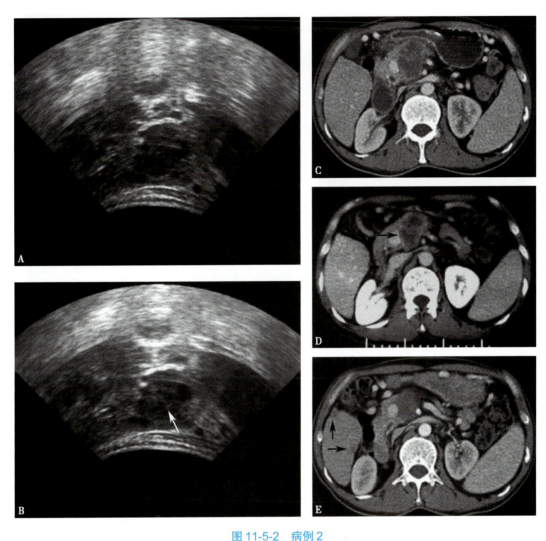

图 11-5-2　病例 2

A、B. 术前及术中超声实时监控图；C～E. 术前、治疗后 1 个月、治疗后 3 个月增强 CT

充分保证从体外完整地破坏体内病灶；不受肿瘤形状的限制。

5. 实时监控与判断疗效　治疗时对肿瘤进行立体定位；超声监控装置实时地监控整个治疗过程，有效防止脱靶发生。治疗过程中，通过治疗前、治疗中和治疗后靶区声像图的变化，及时的评价治疗区域内组织是否出现凝固性坏死和皮肤有无损伤。

但是目前超声聚焦刀在肿瘤治疗中仍然局限于部分实体肿瘤，且需要影像学设备引导下显示清晰，同时还需要专业人员进行相关操作；另一方面也有学者提出治疗过程耗时较长，超声聚焦刀"点 - 线 - 面 - 体"的治疗模式有待进一步改进。

我们相信，随着微无创手术理念的不断深入，超声聚焦刀作为无创治疗的先行者将在临床工作中发挥更重要的作用。

（孟志强）

参 考 文 献

1. 汤钊猷. 关于肝癌治疗的策略 [J]. 临床肝病杂志，2011，27（4）：337-339.

2. 吴孟超. 肝癌外科综合治疗的现状和前景 [J]. 中华肝胆外科杂志，2006，12（1）：1-4.

3. 中国抗癌协会肝癌专业委员会，中国抗癌协会临床肿瘤学协作专业委员会，中华医学会肝病学分会肝癌学组年原发性肝癌规范化诊治的专家共识 [J]. 临床肿瘤学杂志，2009，14（3）：259-269.

4. 中国抗癌协会肝癌专业委员会，中国抗癌协会临床肿瘤学协作专业委员会，中华医学会肝病学分会肝癌学组. 原发性肝癌局部消融治疗的专家共识 [J]. 临床肿瘤学杂志，2011，16（1）：70-73.

5. 陈敏华，董家湾. 肝癌消融治疗：现状、问题及应用前景 [J]. 中华肝脏病杂志，2012，20（4）：241-244.

6. 陈敏华，Goldberg SN. 肝癌射频消融 [M]. 北京：人民卫生出版社，2009.

7. 汤钊猷. 原发性肝癌的研究进展 [J]. 中国肿瘤临床，1998，25（2）：137-141.

8. 范卫君，叶欣. 肿瘤微波消融治疗学 [M]. 北京：人民卫生出版社，2012.

9. 梁萍，董宝玮. 超声引导微波凝固治疗肝癌 [M]. 北京：人民军医出版社，2003：1-3，7-9.

10. 陈敏华，董家湾. 肝癌消融治疗：现状、问题及应用前景 [J]. 中华肝脏病杂志，2012，20（4）：241-244.

11. 朱晓峰，何晓顺，陈敏山，等. 原发性肝癌三种根治性方法疗效的多中心对比研究 [J]. 中华肝胆外科杂志，2011，17（5）：372-375.

12. 支修益，刘宝东，冯威健. CT 引导下射频消融治疗肺癌 [J]. 肿瘤研究与临床，2010，22（1）：19-22.

13. 叶欣，范卫君. 热消融治疗原发性和转移性肺部肿瘤的专家共识 [J]. 中国肺癌杂志，2014，17（4）：294-301.

14. Peng ZW, Zhang YJ, Chen MS, et al. Radiofrequency ablation with or without transcatheter arterial chemoembolization in the treatment of hepatocellular carcinoma: A prospective randomized trial[J]. J Clin Oncol, 2013, 31（4）：426-432.

15. Kim JH, Won HJ, Shin YM, ct al. Medium-sized（3.1-5.0cm）hepatocellular carcinoma: Transarterial chemoembolization plus radiofrequency ablation versus radiofrequency ablation alone[J]. Ann Surg Oncol, 2011, 18（6）：1624-1629.

16. Rossi S, Ravetta V, Rosa L, et al. Repeated Radiofrequency Ablation for Management of Patients with Cirrhosis with Small Hepatocellular Carcinomas: A Long-Term Cohort Study[J]. Hepatology, 2011, 53（1）：136-147.

17. Wolf F J, Aswad B, Ng T, et al. Intraoperative microwave ablation of pulmonary mal ignancies with tumor permittivity feedback control: Ablation and resection study in 10 consecutive patients[J]. Radiology, 2012, 262（1）：353-360.

18. Yu J, Liang P, Yu X L, et al. US- guided percutaneous microwave ablation versus open radical nephrectomy for renal cell carcinoma: Intermediate-term results[J]. Radiology, 2014, 270（3）：880-887.

19. Lanuti M, Sharma A. et al. Radiofrequency Ablation for Stage I Non-Small Cell Lung Cancer: Management of Locoregional Recurrence[J]. Ann Thorac Surg, 2012, 93（3）：921.

20. Mishal Mendiratta-Lala, Darren D. Brennan, Olga R. Brook, et al. Efficacy of Radiofrequency Ablation in the Treatment of Small Functional Adrenal Neoplasms[J]. Radiology, 2011, 258：308-316.

21. Baek JH, Lee JH, Sung JY, et al. Complications encountered in the treatment of benign thyroid nodules with US-guided radiofrequency ablation: a multicenter study[J]. Radiology, 2012, 262（1）：335.

22. Ahrar K, Gowda A, Javadi S, et al. Preclinical as ses sment of a 980 nm diode laser ablati on syst em in a large animal tum or model[J]. J Vasc Int erv Radiol, 2010, 21（4）：555-561.

23. Li X, Fan W, Zhang L, et al. CT-guided percutaneous microwave ablation of adrenal malignant carcinoma: preliminary results[J]. Cancer, 2011, 117（22）：5182-5188.

24. Liang P, Wang Y, Yu X, et al. Malignant liver tumors: treatment with percutaneous microwave ablation-complications among cohort of 1136 patients[J]. Radiology, 2009; 251（3）：933-940.

25. Raman SS, Aziz D, Chang X, et al. Minimizing central bile duct injury during radiofrequency ablation: use of intraductal chilled saline perfusion initial observations from a study in pigs radiology[J]. Radiology, 2004, 232：154-159.

26. Dent TH. Microwave ablation therapy of pulmonary metastases[J]. Radiology, 2013, 266（3）：995-996.

27. Jahangeer S, Forde P, Soden D, et al. Review of current thermal ablation treatment for lung cancer and the potential of electrochemo-therapy as a means for treatment of lung tumours[J]. Cancer Treat Rev, 2013, 39（8）：862-871.

28. Yu J, Liang P, Yu X L, et al. US- guided percutaneous microwave ablation versus open radical nephrectomy for renal cell carcinoma: Intermediate- term results[J]. Radiology, 2014, 270（3）：880-887.

29. Wolf F J, Aswad B, Ng T, et al. Intraoperative microwave ablation of pulmonary mal ignancies with tumor permittivity feedback control: Ablation and resection study in 10 consecutive patients[J]. Radiology, 2012, 262（1）：353-360.

30. Ramirez D, Ma YB, Bedir S. Laparoscopic radiofrequency ablation of small renal tumors: long-term oncologic outcomes[J]. J Endourol, 2014, 28：330-334.

31. D'Onofio M, Barbi E, Girelli R, et al. Radiofrequency

ablation of locally advanced pancreatic adenocarcinoma: an overview[J]. Word J Gastroenterol, 2010, 16(28): 3478.

32. Van Tilborg AA, Meijerink MR, Sietses C, et al. Long-term results of radiofrequency ablation for unresectable colorectal liver metastases: a potentially curative intervention[J]. Br J Radiol, 2011, 84: 556.

33. Lanuti M, Sharma A. Radiofrequency Ablation for Stage Ⅰ Non-Small Cell Lung Cancer: Management of Locoregional Recurrence[J]. Ann Thorac Surg, 2012, 93(3): 921.

34. Liang P, Yu J, Yu XL, et al. Percutaneous cooled-tip microwave ablation under ultrasound guidance for primary liver cancer: amul tic entre analysis of 1363 treatment-naive lesions in 1007 patients in China[J]. Gut, 2012, 61(7): 1100-1101.

35. Vogl TJ, Naguib NN, Gruber-Rouh T, et al. Microwave ablation therapy: Clinical utility in treatment of pulmonary metastases[J]. Radiology, 2011, 261: 643-651.

36. De Baere T, Aup erin A, Deschamps F, et al. Radiofrequency ablation is a valid treatment option for lung metastases: experience in 566 patients with 1037 metastases[J]. Ann Oncol, 2015, 26: 987-991.

37. Li X, Fan W, Zhang L, et al. CT-guided percutaneous microwave ablation of adrenal malignant carcinoma: preliminary results[J]. Cancer, 2011, 117(22): 5182-5188.

38. 中华医学会. 高强度聚焦超声肿瘤治疗系统临床应用指南（试行）. 中华医学杂志, 2005, 85(12): 796-797.

39. 杨武威. 隐形的肿瘤杀手——海扶刀的基本常识. 军事医学科技出版社, 2009.

40. 冯若. 高强聚焦超声"切除"肿瘤的机理. 中国超声医学杂志, 2000, 16(12): 881-884.

41. 伍烽, 王智彪, 陈文直, 等. 高强度聚焦超声体外治疗恶性实体肿瘤的临床安全性研究. 中华超声影像学杂志, 2001, 10(4): 213-215.

第十二章　组织间近距离内放射治疗的应用

近距离放射治疗（brachytherapy）指通过人体天然的体腔（如阴道、鼻咽腔等）、管道（如食管、气管等）或经皮穿刺植入、术中插植等，将照射源置入肿瘤内部或附近，在肿瘤局部产生高剂量照射，而附近正常组织受照剂量很低的放疗技术。作为放射治疗的形式之一，因其将放射源置于需要治疗的部位内部或附近而得名，其名词来源于希腊字brachy，即"近"的意思，与远距离治疗（teletherapy）中 tele"远"是相对的。当代近距离放射治疗是一个较广的概念，包括腔内治疗、组织间插植治疗，广泛应用于宫颈癌、前列腺癌、乳腺癌、皮肤癌等癌症的治疗中。本章主要介绍与介入治疗技术相关的放射性粒子治疗的部分内容。

组织间近距离内放射治疗历史可以追溯到20世纪初，1905年居里夫人完成了第1例镭针插植治疗，这既是放射性核素治疗的开始，也是近距离放射治疗的起点。1909年 Pasteau 和 Degrais 在法国巴黎镭生物学实验室给前列腺癌患者经尿道导管植入镭囊，成功进行了第1例前列腺癌近距离放射治疗。1917年纽约纪念医院 Barringer 采用手指肛诊指引，经会阴刺入导针，行前列腺放射核素治疗。1952年 Flocks 首创术中组织间注射胶体金粒子治疗前列腺癌。1972年，Whitmore 首次采用碘125（^{125}I）放射性粒子组织间植入治疗前列腺癌患者。20世纪90年代中期，随着适应证选择标准的提高、计算机治疗计划系统（treatment planning system，TPS）、术后分析系统和新的放射性核素的出现，使这一技术得以进一步发展和完善。随着新型的放射性核素的不断研制成功，B超、CT三维治疗计划系统（TPS）的应用技术和植入技术快速提高，粒子治疗定位更加精确，剂量分布更均匀、更合理。使近距离放疗成为了一种安全、可靠、高灵活性的治疗方式，成为临床上常用的治疗手段之一。

第一节　基础知识与基本原理

一、放射性粒子近距离治疗的物理学基础

一些核素能够自发的衰变释放出 α、β、γ 等粒子的性质称为放射性，具有这些特性的核素称为放射性核素（radioactive nuclide）。放射性核素分为人工和天然两种，目前绝大多数为人工放射性核素。

放射性核素的原子核自发释放出 α、β 等粒子而转变为另一种核素的过程，称为核衰变（nuclear decay），是放射性核素的本身特征。通常衰变前的原子核成为母核或母体，衰变后的原子核称为子核或子体。根据核素释放射线的种类，核衰变分为：α 衰变、β 衰变（包括 β+ 衰变、β− 衰变、电子俘获）和 γ 衰变。这些射线与物质的相互作用包括：光子与物质的相互作用；电子与物质的相互作用。其中光子与物质的相互作用有：①光电效应；②康普顿散射；③电子对的产生。而电子与物质的相互作用有：①电离和激发；②韧致辐射；③弹性散射。

选择适合于粒子近距离治疗的放射源需具备几个特征：在组织间有足够的穿透力；易于放射防护；半衰期不要过长；易于生产成微型源。作为暂时性插植、腔内及管内照射主要使用钴 ^{60}Co。早期临床使用的放射性粒子主要有 ^{103}Pd、^{192}Ir、^{90}Y、^{125}I 等。由于 ^{125}I 放射源半衰期较长，发出的纯 γ 射线有很强的生物学杀伤效应，而且在局部产生处方剂量后，外周组织中迅速衰减，有利于杀伤肿瘤细胞而保护正常组织，因此，^{125}I 粒子是目前临床最常用的放射性粒子，大小为 4.5mm × 0.8mm，包壳为镍钛合金。表 12-1-1 列出了现代近距离放疗的常用的放射性核素。其中 ^{137}Cs 已少用，因为其活度低且体积较大。

表 12-1-1　现代近距离放疗的常用放射性核素

核素	符号	半衰期
铯 137	Cs	30.0 年
钴 60	Co	5.26 年
铱 192	Ir	74.2 天
碘 125	I	59.4 天
金 198	Au	2.7 天
钯 103	Pd	16.79 天

二、放射性粒子植入的生物学效应

核射线的生物学效应可分为直接作用和间接作用。一方面，核射线可直接作用于靶细胞，使 DNA 的键断裂致细胞损伤称为直接作用（direct action）。细胞受照射后产生的各种生物学效应包括：①亚细胞损伤，特别是染色体畸变；②加速失去分裂能力细胞分化；③延长细胞周期或延迟有丝分裂；④使肿瘤细胞丧失增殖能力等。另外射线作用于组织细胞中的水分子，使水分子电离或激发成为离子和有一不配对电子的原子、分子自由基。自由基使细胞核、细胞膜和机体酶系统的化学键断裂，造成细胞损伤、凋亡等，称为间接作用（indirect action）。这些作用导致细胞、组织、器官等的一系列功能障碍，产生一系列生物学效应。

放射性粒子植入与外照射放射治疗在放射生物学上区别是剂量率不同。粒子植入后开始的剂量率仅为直线加速器的 1%，加速器为 2Gy/min、每周 10Gy；而 ^{125}I 为 0.0013Gy/min，一周后为 13Gy/W。剂量率的差别直接影响放射损伤的修复、肿瘤细胞的再氧化、再分布等。延长照射时间，使乏氧细胞有充分时间发生再氧合，使放射效果提高。放射性粒子具有非常低的剂量率，达到需要的处方剂量必须有足够长的照射时间。延长照射时间和低剂量率放疗都使正常组织损伤明显减少，但对肿瘤细胞杀伤没有任何影响。放射性粒子植入的最主要特点是局部适形治疗，肿瘤靶区高剂量，而周围正常组织受量较低，这就有效的增加疗效，减少并发症。

三、基本概念

（一）放射性粒子活度

放射性粒子活度是粒子所具有的放射性强度，肿瘤植入粒子的总活度应当根据治疗计划满足处方剂量的要求。放射性活度的单位：一定量的

放射性核素在单位时间内衰变的原子核数可描述为 dN/dt，dN 是 dt 时间里原子核发生衰变的数目。1977 年国际辐射单位和测量委员会建议，放射性活度的单位采用国际制单位秒 $^{-1}(S^{-1})$，专名为贝克勒尔（Becqueral，Bq），简称贝克。$1Bq = 1S^{-1}$，它表示每秒内有一次核衰变。而传统的放射性核素强度单位是居里（Curie，Ci），1 居里的放射性活度表示每秒内有 3.7×10^{10} 次核蜕变，即 $1Ci = 3.7 \times 10^{10}Bq = 3.7 \times 10^{10}S^{-1}$。居里单位较大，通常采用较小的单位，如毫居里（mCi，$1mCi = 10^{-3}Ci$）、微居里（μCi，$1μCi = 10^{-3}mCi$）。

一般植入粒子的活度为 0.4～0.8mCi。活度单位为 MBq，$1mCi = 37MBq$。1mCi 能产生 182Gy，$1MBq = 4.92Gy$。

（二）放射性粒子的剂量率

放射性粒子的剂量率与活度有关，随活度下降，剂量率呈指数下降。任何时间的总剂量，必须结合剂量率。总剂量＝初始活度×1.44×半衰期。不同粒子，处方剂量可用剂量率表示：^{125}I 160Gy 为 7.72cGy/h，^{125}I 144Gy 为 7.00cGy/h，^{103}Pd 115Gy 为 19.7cGy/h。

（三）放射性粒子半衰期

通常人们利用放射性核素的半衰期（$T_{1/2}$）描述其衰变的快慢，$T_{1/2}$ 指放射性核素的原子核数目衰变掉原来一半所需要的时间。不同种类的粒子，半衰期不同，临床适应证有所区别。^{125}I 的半衰期是 ^{103}Pd 半衰期的 3.5 倍，因此 ^{103}Pd 的总剂量时间是 ^{125}I 的 1/4。^{125}I 半衰期较长，正常组织耐受性好，防护要求较低，用于治疗分化较好的肿瘤。^{103}Pd 的半衰期较短，使受损的癌细胞修复减少，肿瘤的再分布减少，用于治疗分化差、恶性程度高的肿瘤。

（四）放射性粒子的剂量分布

放射性粒子植入后的剂量分布，取决于放射性粒子的种类、粒子活度、粒子数、粒子植入的位置。以上四个变量均可在不同的治疗计划中体现与调整。植入粒子后的剂量分布，按放射源的距离平方呈反比方式下降，源表面的剂量最高，随距离增加剂量迅速下降，距源 2～4cm 之间剂量减少为 80%～93%。

（五）放射性粒子植入的剂量

匹配周边剂量（matched peripheral dose，MPD），为与肿瘤靶体积相同体积的椭圆形体积的等表面剂量。

最小周边剂量（minimum peripheral dose，mPD），为靶体积周边绝对最小剂量。

第二节 临床应用

放射性粒子治疗是多学科交叉和延伸的技术，需要影像介入、核医学科、放疗、超声、肿瘤等相关学科共同合作，需要学习肿瘤学、放射物理学、剂量学相关知识，才能有效开展工作。同时还需培训放射防护的相关知识。目前，美国在放射性粒子治疗前列腺癌的临床操作、术中计划、剂量计算和相关并发症处理方面已具有相当成熟的经验。但对其他系统肿瘤尚处于不同探索阶段，包括术式、治疗计划实施、各系统肿瘤最佳剂量、质量验证等均需多学科继续研究与探索。放射性粒子治疗是外科与外放疗的补充和延伸，掌握好适应证是保证粒子治疗疗效的前提。因此，单纯放射性粒子治疗并不能完全解决所有肿瘤治疗问题，需要合理、科学地与外科、外放疗、化疗等技术结合，最大限度的发挥粒子治疗的优势，逐步建立各系统肿瘤放射性粒子治疗的管理和技术操作规范。

一、常用器械

（一）放射性粒子

密封粒子（包括放射源及储存容器）（图12-2-1）。

（二）放射性粒子植入治疗计划系统

放射粒子治疗计划系统（treatment plan system, TPS）是为临床提供准确穿刺途径、安全照射剂量及计划验证等功能的计算机软件系统。术前它可以与 CT、MRI 等影像设备相链接，获取肿瘤断层信息并行三维重建，根据肿瘤体积确定放射粒子的剂量；术中 TPS 系统可提供准确的穿刺路径确

保手术安全；术后通过复查的影像资料再次与 TPS 系统进行图像链接、重建，对比、评价粒子植入分布是否符合术前 TPS 系统规划的要求。

（三）粒子植入辅助设备

粒子植入针、施源器、模板等，有时如在 B 超、CT 等辅助或引导下行内照射治疗，尚需相应设备（图12-2-2）。

（四）防护装置

铅罐、防护屏、防护衣（如铅衣）、防护眼镜、铅手套等。

二、影像引导技术

（一）CT 引导技术

CT 是放射性粒子治疗的最佳影像引导手段之一，具有较多优势：①CT 扫描图像为灰阶成像，具有较高的密度分辨率和空间分辨率，并可通过窗宽、窗位调整清晰显示肿瘤及周围各种正常组织如心脏大血管、肺动脉、肠系膜动脉，有利于提高穿刺准确性；②根据图像可设计最佳进针路径穿刺至病灶，并通过薄层扫描清晰显示针尖位置；③CT 扫描方便储存资料，便于疗效判断；④对于术前计划、术中实时计划调整、术后验证，CT 图像都是最佳的 TPS 依据资料。另外，随着透视 CT 技术的发展，CT 也可以实现实时透视以及获取三维图像，这种图像引导系统可以通过实时透视功能识别穿刺针的准确轨迹，并通过三维 CT 图像显示针尖在病灶的准确位置，从而提高穿刺准确性及效率。但目前临床常用的 CT 尚无法实现此功能，相对于其他引导手段，突出缺点是患者需要接受一定剂量的 X 线辐射。

图12-2-1 粒子及容器
A. 放射性粒子；B. 存放粒子的专用粒子仓

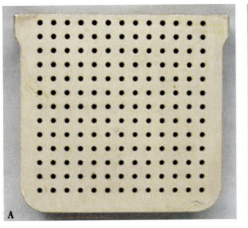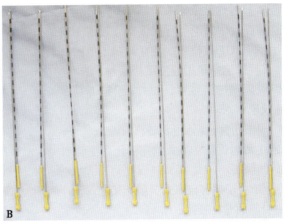

图 12-2-2　粒子植入辅助设备
A. 粒子植入模板；B. 粒子植入穿刺针

（二）超声引导技术

超声引导放射性粒子植入技术已有 30 余年历史。由于超声可实时显像并能识别血管，穿刺过程中可有效避开血管和邻近脏器，因此具有操作简单、用时较短、给患者带来痛苦较小等优点。但由于超声固有的特征限制，超声无法穿过骨骼及气体，因此受骨骼或气体完全阻挡的肿瘤通常无法显示，也就无法用超声引导进行粒子植入。另外，超声分辨力不如 CT 或 MRI，肿瘤过大时超声无法完整显示肿瘤深部边缘显示不清，容易导致粒子植入不均匀或漏植。但对于特殊部位的肿瘤超声引导仍有优势，如经直肠超声、浅表超声等。目前，超声引导主要用于前列腺癌、表浅肿瘤、及一部分盆腔肿瘤。

（三）磁共振引导

磁共振信号特征依赖于氢质子饱和度和组织化学键的类型，其图像含有形态、物理和化学方面的特征信息，随着技术的发展，MRI 系统已成功将影像引导技术推广到微创诊疗中。与 CT、超声比较具有更多优势：① MRI 具有更好的软组织对比度，明确显示分辨与病变相邻的血管和神经，了解病灶和周围组织的特征；②可显示、分辨 CT 平扫难以显示的等密度病灶；③可提供多平面图像，不仅在轴位，还可以在冠状位、斜位引导穿刺；④无放射性损害。其缺点是成像速度慢，需要磁共振兼容的相关设备。

（四）SPECT/CT 引导

SPECT/CT 是将 CT 与 SPECT 有机融合在一起形成的 SPECT/CT 新型分子医学影像设备，实现了功能代谢显像与解剖的同机融合，在此基础上的病变定位和定性诊断更准确。近年来在粒子植入工作中发现，在某些情况下如中心型肺癌伴发阻塞性肺不张的患者，常规 CT 和增强 CT 往往不能从不张的肺组织内准确地勾画肿瘤的边缘，使制订准确的 TPS 计划受到影响。而利用核医学显像剂，运用 SPECT/CT 行肿瘤阳性显像及断层融合显像，提供肿瘤、区域转移及远处转移灶的解剖及功能信息，提高诊断准确性、敏感性和特异性，优化了 TPS 计划。术后运用 SPECT/CT 进行疗效评价，能够较好的区分肿瘤坏死及残留灶，为进一步治疗提供依据。

三、应用范围

放射性粒子植入已应用于多种恶性肿瘤的治疗。它在控制局部肿瘤生长和提高肿瘤患者生存率方面展现了良好的前景。目前主要应用于以下几方面。

（一）放射性粒子植入治疗前列腺癌

近距离放射治疗最早被用于前列腺癌，但由于并发症等原因限制了其临床的应用。直到 20 世纪 80 年代随着密封技术及 B 超、CT 等影像定位技术的发展，放射粒子才被越来越多的应用于前列腺癌的治疗。在美国，^{125}I 放射粒子永久性植入已成为前列腺癌的标准治疗手段，80% 的 ^{125}I 放射粒子被用于前列腺癌的植入治疗。国内这项技术亦开展比较早。

（二）放射性粒子植入治疗神经系统肿瘤

以脑胶质瘤为主，常见的有大脑半球、三脑室、视神经、小脑及脑干的多种星形细胞瘤、多形性胶质母细胞瘤、室管膜瘤和室管膜母细胞瘤等。

（三）放射性粒子植入治疗胸部肿瘤

1. 肺癌。中央型可行纤维支气管镜下粒子植入，亦可采用 CT 定位下经皮穿刺粒子植入。周围型及转移性肿瘤则采用经皮穿刺植入方法。

2. 纵隔淋巴结转移。如 CT 引导下有穿刺途径可行粒子植入。

3. 局部肋骨、椎体附件转移瘤。

（四）放射性粒子植入治疗消化系统肿瘤

1. 胰腺癌。

2. ^{125}I 粒子捆绑自膨式金属支架置入治疗晚期食管癌引起的恶性梗阻。

3. 胃癌、大肠癌。术后残余肿瘤组织、亚病灶区及转移淋巴结。

4. 胆道恶性肿瘤，如胆囊癌、胆管癌等，现在国内有胆道放射性粒子支架进行的治疗恶性胆道梗阻的多中心随机对照临床研究在进行中，获得非常满意疗效。

5. 肝癌。主要用于少血供型或转移性病灶，还有配合支架治疗门静脉癌栓。

6. 其他包括恶性肿瘤引起的上腔静脉综合征、下腔静脉癌栓等，亦有相关放射性粒子支架治疗的临床研究在进行中。

（五）其他肿瘤

1. 头颈部癌。

2. 原发性眼部肿瘤（视网膜母细胞瘤、葡萄膜恶性黑色素瘤等）。

3. 甲状腺癌。

4. 恶性骨肿瘤。

5. 原发性腹膜后恶性肿瘤（常作为外科切除手术的补充和辅助治疗）等。

6. 妇科肿瘤：阴道癌、盆腔生殖系统肿瘤等。

7. 乳腺癌。

8. 配合支架治疗食管肿瘤、气管肿瘤、胆管肿瘤等。

四、常见临床应用

（一）放射性粒子植入治疗前列腺癌

1. **临床简介**　放射性粒子植入治疗前列腺癌是近距离放射治疗研究和应用最早、也是最成熟的技术。在美国，^{125}I 粒子永久性植入治疗已成为治疗前列腺癌重要方法。

目前前列腺癌的粒子植入治疗方法包括：短暂植入治疗和永久粒子植入治疗两种。短暂植入治疗是指根据肿瘤情况预先将导管和植入针插入肿瘤，之后利用假粒子源分析计算剂量，达到理想剂量分布后，通过后装技术将粒子源输送到指定位置进行照射。一定时间后，再通过计算机控制将放射源退回储存装置内。短暂治疗可以采用低剂量连续照射数天，亦可采用高剂量分次对病灶近距离治疗。永久性粒子植入治疗则根据预定的治疗计划，将放射性粒子直接注入病灶部位并永久留置于人体内，粒子自行不断衰减并释放射线。前者治疗时有剂量分布优势，并可据病变改变再次治疗时相应调整治疗方案。而后者则可通过一次性准确定位治疗达到最佳的治疗剂量分布，避免多次治疗。

2. **适应证**

（1）病理证实为前列腺癌。

（2）不能或拒绝手术的患者。

（3）预计生存期 > 5 年或伴有前列腺肥大症状的患者。

（4）局限期前列腺癌，肿瘤未超过包膜，即 TNM 分期的 T1～T2c 期或者 ABCD 系统的 A～B 期、Gleason 分级 8～10 级，同时 PSA < 10ng/ml。

（5）无远处转移或以改善生活质量、尽量减瘤延长生存期为主要目的的。

（6）无经尿道前列腺电切除（TURP）史。

（7）前列腺大小 < 60g。

3. **禁忌证**

（1）绝对禁忌证

1）前列腺癌患者预计生存期 < 3 年。

2）经尿道前列腺电切术（TURP）后缺损较大或预后不佳。

3）有无法预测的严重手术风险。

4）严重感染、恶病质伴远处转移。

（2）相对禁忌证

1）前列腺中叶较大。

2）美国泌尿学会（AUA）评分较高。

3）既往有盆腔放疗史。

4）既往多次盆腔手术史。

5）严重糖尿病致伤口难以愈合。

6）前列腺大小 > 60g。

4. **介入治疗技术**

（1）术前准备：①经直肠超声检查及 CT 扫描确定前列腺体积和三维重建，以及直肠周围脂肪间隙与前列腺、精囊腺位置；②评价耻骨联合的影响，前列腺较大（> 60g）和（或）耻骨联合较窄影响粒子植入者，可先行外照射或者激素治疗以缩小前列腺体积；③根据影像资料，利用治疗计划系统，确定粒子数量、剂量、分布等；④多学科合作。协调放射科，泌尿外科，麻醉科等相关医护人员；⑤术前

2 周停服非激素类抗菌药物（包括阿司匹林）和抗凝剂；⑥术前 24 小时禁食，3 小时禁饮（取决麻醉要求）；⑦术前一天下午口服药物行肠道清洁准备，手术当天再行灌肠 1 次；⑧完善实验室检查：血常规、生化检查，胸部 X 线片、心电图。

（2）器械准备：导尿管、粒子植入专用模板、粒子植入枪、放射性粒子、X 线机、超声仪器。

（3）方法步骤：①俯卧位，CT 引导下局麻并定位，经皮穿刺直接到前列腺肿瘤，避开直肠、血管、神经和膀胱、后尿道等；②采用全麻或者硬膜外麻醉，截石位留置导尿管，并向膀胱内注入 30% 的泛影普胺，将超声图调至与术前治疗计划完全一致后，在经直肠超声的引导下，经会阴部通过专用模板进行前列腺穿刺。植入枪将 ^{125}I 粒子植入预订位置。术中通过 X 线及超声了解并调整粒子分布。

粒子植入结束后行膀胱镜检查防止粒子移入尿道而丢失（图 12-2-3）。

5. 注意事项　手术前后注意核实粒子植入数目，防止丢失。术后 1 周内，行尿过滤检查以防粒子丢失，如发现即以镊子捡起置于铅罐中后送相关专业人员妥善处理。根据情况适当使用止痛剂、解痉剂、抗生素和止血剂等。术后 2 天内避免剧烈活动。注意随访，防止粒子丢失。术后 TPS 系统验证。

6. 临床疗效　放射性粒子植入治疗前列腺癌临床应用比较成熟，目前已成为非手术治疗前列腺癌的重要方法。早期前列腺癌 3～5 年无前列腺特异性抗原（PSA）复发生存率为 70%～90%；T1、T2a～2b、T1c 期患者 5 年无前列腺特异性抗原（PSA）复发生存率分别在 90%、70%、40%。

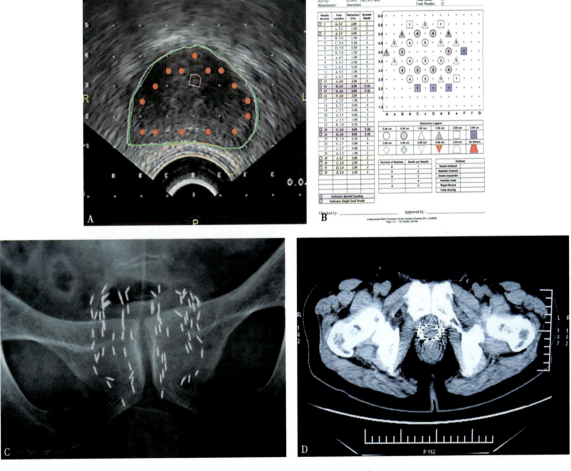

图 12-2-3　前列腺癌粒子治疗图像

A. 术前根据直肠超声图像制订粒子植入计划；B. 术前制订放射性粒子剂量计划；C. 粒子植入术后复查 X 线片显示粒子分布均匀；D. 粒子植入术后复查 CT 显示粒子在前列腺内分布均匀

7. 并发症

（1）针刺局部症状：如触痛、血肿或轻度出血。

（2）泌尿系症状：血尿（多见于术后24小时内，可自行逐步消失）、排尿困难、尿潴留、尿失禁、尿急、尿频、慢性膀胱炎等。

（3）直肠症状：恶心、腹泻、便秘、排便疼痛、直肠溃疡、直肠出血、直肠炎、肠瘘等。

（4）性功能障碍：阳痿、勃起功能减退等。

（5）放射性粒子的迁徙和丢失。

（二）^{125}I 放射性粒子植入治疗肺癌

1. 临床简介 肺癌的生物学特性较复杂，恶性程度高，目前绝大多数肿瘤确诊时已是晚期，现代肺癌的治疗强调外科、化疗、放疗、介入及精准靶向等多学科综合治疗。

放射性粒子植入治疗，较传统外照射治疗优势明显，定位更准确，对周围正常组织损伤小，治疗时间短，与手术相比，未增加手术损伤及死亡率，目前已成为肺癌综合治疗的一项重要选择。

肺癌放射性粒子植入治疗包括永久性植入及暂时性植入。目前常用方法有外科术中行放射性粒子植入治疗，经皮 CT 导向下放射性粒子植入以及经纤维支气管镜下放射性粒子植入治疗等。根据不同的肿瘤特点选择不同的方法，结合化疗、射频消融等不同的治疗方法可以进一步提高其治疗效果。

2. 适应证

（1）对放射治疗敏感的未经治疗的原发性肺癌或者转移性病灶。

（2）患者拒绝行根治手术或重要器官功能欠佳不能耐受手术。

（3）术中为预防肿瘤局部复发、扩散进行预防植入。

（4）肺内转移性病灶失去手术机会。

（5）无法手术切除的肺癌。

（6）外照射效果不佳或失败的。

（7）患者拒绝或不能耐受外放疗或化疗。

（8）肺内孤立或多发转移癌，转移病灶数目≤4。

（9）预计生存期 >6 个月。

（10）肿瘤减负或缓解临床症状。

3. 禁忌证

（1）对放射线不敏感的肿瘤。

（2）预计生存期 <6 个月。

（3）一般情况差，严重心肺肝肾等功能不全者或有出血倾向、生命体征不稳。

（4）严重的全身感染者。

（5）双肺弥漫性肺转移癌。

（6）一侧肺切除或者无功能，对侧肺癌。

（7）无穿刺路径。

（8）肿瘤较大，直径 >8cm。

（9）病变周围伴肺大疱。

（10）严重的肺动脉高压或可引起呼吸窘迫的肺部疾病。

4. 介入治疗技术

（1）术前准备：术前行心电图、凝血、血常规等检查，行肿瘤局部平扫加增强 CT 扫描，注意肿瘤的血供及肿瘤与周围血管的关系。根据影像资料，利用 TPS 系统，确定粒子数量、剂量、分布等。予镇咳、平喘、化痰治疗及改善心肺功能。

（2）仪器设备：^{125}I 放射性粒子及粒子植入器械、胸腔穿刺包等抢救器械、心电监护仪、纤维支气管镜等。

（3）方法步骤：根据病灶的位置选择手术体位，以病灶最接近体表或最方便穿刺侧朝上；常规 CT 扫描后选择肿瘤处于肋间隙之平面作为穿刺植入平面，同时测量进针深度、角度；在预设穿刺点常规消毒、局麻后，按照 CT 定位，以肿瘤中心穿刺进针；CT 再次扫描确保穿刺针的位置准确无误；将 ^{125}I 粒子按 TPS 确定的计划植入到肿瘤内；操作完成后拔出植入针，包扎、压迫；植入完成后，CT 再扫描，确定各层面植入的粒子分布及粒子数，如有粒子稀疏遗漏立即补种，以期与术前治疗计划相符（图 12-2-4）。

5. 注意事项 术前训练患者呼吸，并适当使用止咳、镇静治疗。术中术后监测生命体征，注意有无气胸及出血，并根据情况进行相应处理。对肿瘤体积较大而需植入较多粒子的病灶可以联合其他治疗手段。病灶邻近心脏、大血管及食管等重要脏器，粒子植入间距最好不要过小，避免放射性剂量叠加过大会导致重要脏器放射性损伤。双肺存在转移病灶时，宜先做一侧肺，观察 1～2 天，如无气胸情况下再考虑做对侧肺的病灶。除粒子植入属局部性治疗外，对治疗区域以外的远处转移灶术后需配合体外照射及化疗。肿瘤较大时应分期植入，避免剂量过高造成周围组织损伤。术毕常规胸部 CT 检查并观察有无气胸、出血等并发症。术后低位平卧半小时左右。术后 3 天予抗生素、止血、止咳、镇静、止痛等治疗，并根据病理类型进行免疫及静脉化学治疗。

6. 临床疗效评价 ^{125}I 放射性粒子植入治疗肺癌具有靶区高剂量、高度适形、低剂量率、连续照射等优点，作为一种局部区域性治疗技术弥补了中

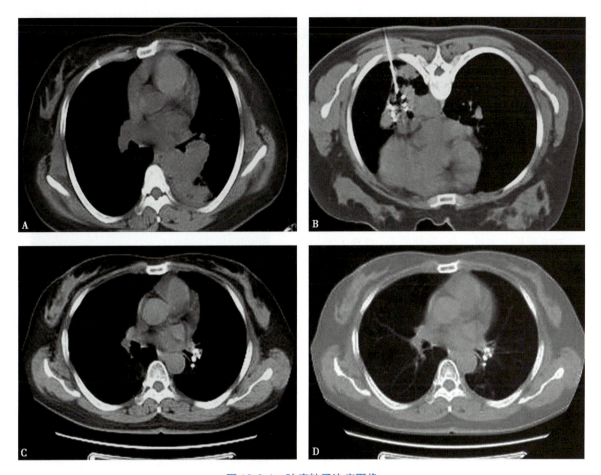

图 12-2-4 肺癌粒子治疗图像

A. 治疗前左肺下叶鳞癌；B. CT 引导下进行粒子植入治疗；C. 术后 2 个月复查肿瘤明显缩小；D. 术后 2 个月复查粒子周围无明显放射性肺炎征象

晚期肺癌常规治疗的不足。采用放射粒子植入术可以使肿瘤局部控制率提高 10%。

7. 并发症

（1）大咯血。

（2）气胸。

（3）感染。

（4）放射性肺炎。

（5）粒子迁移、丢失。

（6）疼痛。

（三）放射性粒子植入治疗胰腺癌

1. 临床简介 胰腺癌是消化系统常见恶性肿瘤，以胰头部多见，恶性程度高，且早期极易发生转移。加之早期症状及体征隐匿，因而早期诊断困难，一旦确诊仅有 10%～15% 的患者能够手术，能行根治手术的仅占 5%～7.5%。因此，胰腺癌的临床治疗仍然是个棘手的问题。随着放射粒子技术的不断发展和完善，^{125}I 粒子植入内放射治疗逐渐成为晚期胰腺癌的一个新的、有效的治疗手段。

2. 适应证

（1）经病理证实手术不能切除的胰腺癌。

（2）CT、MRI 能显示胰腺肿块。

（3）没有远处转移或即使有远处转移，但转移灶尚不危及生命者。

（4）KPS 评分≥70 分。

（5）无大量腹水。

（6）预计生存期>3 个月。

3. 禁忌证

（1）一般情况较差，不能耐受手术。

（2）有远处转移且转移灶影响明显甚至危及生命。

（3）凝血功能障碍。

（4）KPS 评分<70 分。

4. 介入治疗技术

（1）术前准备：明确病变位置、形态、大小及与胃、肠道的关系。根据影像资料，利用 TPS 系统，确定粒子数量、剂量、分布等。术前 3 天口服抗生素、流质2天、术前1天禁食并加用抑制胰液活性药物。

（2）器械准备：粒子植入枪、放射性粒子等。

（3）方法步骤：患者取仰卧位，CT扫描确定病灶位置，与周围胃、肠管、血管的关系，选择安全穿刺途径；在B超引导或直接CT图像引导下穿刺病灶，再次CT扫描证实穿刺成功后进行粒子植入（图12-2-5）。

5. 注意事项 术中注意粒子应置于胰腺表面下0.5~1.0cm，以防止胰瘘，同时种植前将周围脏器移开，以最大限度减少对这些器官组织的损伤。术后行正侧位片或CT检查，明确粒子位置及分布并行TPS验证。术后止血、预防感染，禁食1天，应用抑制胰液活性药物。

6. 疗效 90%患者术后1个月疼痛获得明显缓解，85%患者疼痛缓解期达5个月；其1年、2年的生存率分别为50%、18%。

7. 并发症及处理

（1）胰瘘：胰瘘是胰腺癌粒子植入的最常见并发症，常并发感染。应该采取保守疗法，大量补液，并应用抑制胰腺分泌的药物，如奥曲肽等。

（2）放射性肠炎、胃肠出血。

（3）感染、腹腔脓肿。

（4）粒子迁移到腹腔、经消化道丢失，或经引流静脉迁移至肺部。

（四）^{125}I放射性粒子支架置入治疗食管癌

1. 临床简介 食管癌是临床常见的恶性肿瘤。由于早期诊断滞后，确诊时60%~70%的患者已失去手术切除机会，5年生存率30%左右。对于晚期食管癌患者食管支架置入术能有效缓解吞咽困难症状，改善患者生活质量，提高其生存期。但食管支架仅能解决食管通畅问题，对局部肿瘤无任何抑制作用。近年来随着^{125}I放射性粒子临床应用领域不断扩大，应用^{125}I放射性粒子捆绑食管支架治疗晚期食管癌取得了较好的临床效果，该新型食管支架不仅能有效缓解患者食管梗阻症状，而且对食管局部肿瘤有较好的抑制作用。

2. 适应证

（1）病理证实的食管癌。

（2）失去外科手术机会或拒绝手术及放疗者。

（3）临床未见远处转移。

（4）外照射剂量不足时作为局部剂量补充。

3. 禁忌证

（1）有远处转移。

（2）非食管癌引起食管梗阻。

（3）有出血倾向、全身衰竭。

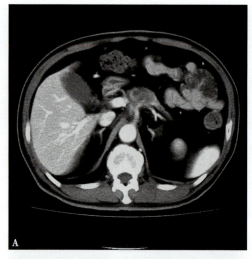

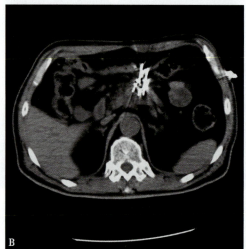

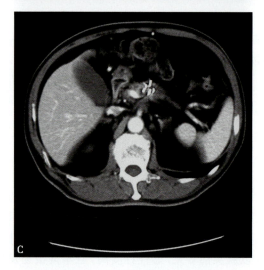

图12-2-5 胰腺癌粒子治疗图像

A. 术前CT显示胰腺颈部胰腺癌；B. 在CT引导下进行粒子植入治疗；C. 术后2个月复查显示粒子治疗后胰腺肿瘤术前缩小

（4）临床生存期<3个月。

（5）病变范围>7.0cm。

（6）病变上缘超过第1胸椎水平。

（7）溃疡型食管癌。

（8）食管气管瘘形成。

4. 介入治疗技术

（1）术前准备：全面了解病史，完善食管造影及胸部CT扫描检查，明确病变位置、形态、长度等特点。根据CT影像资料运用空腔脏器TPS系统计算放射粒子的剂量并确定粒子捆绑分布方法。定制相应食管支架。术前4小时禁食、禁水。

（2）器械准备：球囊，普通导引导管，泥鳅导丝，硬导丝，制定的食管粒子支架，放射性粒子及铅罐，心电监护仪等。

（3）方法步骤：患者取侧卧位、局麻下口咬牙垫，经口腔置入造影用导丝和导管，分别于病变上下端推注造影剂显示病变的长度及狭窄程度并作标记，交换超硬、超长导丝、撤出导管。如果病变部位食管狭窄严重，估计到食管支架释放系统通过困难或释放器释放完支架后撤出困难时，应先行病变部位球囊成形术。组装粒子支架，然后将食管粒子支架系统沿超硬导丝推送至病变部位，采用近端定位法确认定位准确后释放支架，要求置入支架的上下缘超出病变高度控制在10mm左右（图11-2-6）。

5. 注意事项

放于食管的导丝、导管要保证位于食管腔内才能使用球囊和支架。如需球囊扩张，需从小口径球囊开始，逐步增加球囊直径，切要保证球囊位置固定，避免滑动。如球囊扩张时患者疼痛较剧烈，要注意防止食管破裂。术中及时清除口腔内从食管反流的液体，避免窒息。支架置入时定位要准确，保证覆盖病灶。术后患者一般取仰卧位腰背部抬高，术后3天行对症治疗包括：止血、预防感染、保护食管及胃黏膜等。术后可进流质，嘱患者禁食冷饮，进食要慢。所有支架置入患者术后第3天均进行食管造影以了解支架复张及移位情况。在确认支架已完全复张且无移位的前提下可允许出院。出院后随访采用定期随访。

6. 临床疗效评价

^{125}I粒子捆绑食管支架综合了支架快速解除食管狭窄及粒子局部治疗肿瘤的优点，临床疗效肯定，使用安全、方便；且对周围正常组织和器官损伤较小，并发症发生率低，对延长患者生存期及改善生活质量效果显著。

7. 并发症及处理

（1）支架再狭窄。可行支架再次植入或者内镜下治疗。

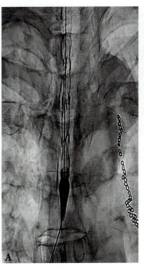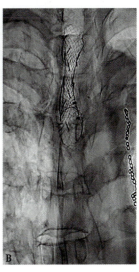

图 12-2-6　食管癌粒子支架植入治疗

A. 食管癌患者经口植入粒子支架术中显示粒子支架定位准确；B. 粒子支架释放完成显示粒子支架扩张良好

（2）支架移位、脱落。

（3）消化道出血。

（4）感染。

（5）疼痛。

（6）反酸。

（7）异物感。

（8）粒子丢失。

五、应用前景与展望

放射性粒子组织间近距离放疗治疗肿瘤已有100余年的历史，但由于早期缺乏治疗计划系统和相关定位引导设备，治疗精度、疗效不理想。近20年来，由于新型核素粒子的研制成功、计算机三维治疗计划系统出现以及超声、CT、MRI引导定位系统的发展，使放射性粒子治疗在靶区确定、治疗计划制定、剂量计算、质量验证等方面得到极大提高，成为图像引导下更精确、适形度更高的放射治疗技术，在临床应用越来越广泛。尤其粒子与支架结合的新型粒子支架的开发，不仅仅应用于食管癌，还应用于胆管恶性肿瘤、肝癌门静脉癌栓、气管恶性狭窄等，大大拓展了其临床应用范围。但目前尚缺乏放射性粒子治疗远期疗效评价的循证医学证据，尚需大样本、多中心的随机对照研究。

针对放射性粒子治疗的相关基础研究，尚有许多课题值得进一步研究和探索。如杀伤肿瘤细胞机制的深入研究，辐射诱导细胞死亡的形式已经不再局限于DNA损伤引起的细胞凋亡，细胞坏死、衰老、自噬以及免疫性细胞死亡等也是辐射诱导细胞死亡的重要形式；不同分化程度、不同增殖速率的肿瘤对放射性粒子放射敏感性的差异；放射性粒子最佳作用剂量和最佳作用距离的确定等。另外，放射性粒子治疗是一种局部治疗手段，单纯应用放射性粒子治疗不能解决所有肿瘤问题，如何与外放疗、化疗、免疫治疗、靶向治疗等其他治疗方式有机结合也需进行更深入的相关基础与临床研究。

第三节　放射性用品管理及防护

放射性粒子组织间照射属内放疗，工作人员在使用放射性粒子治疗过程中如不遵守操作规程、不注意辐射防护，可能受到外照射。为了保护放射工作人员的健康和安全、保护公共环境，放射工作人员必须严格遵守操作规程和注意辐射防护。根据国家放射性核素使用管理条例，从事放射性核素工作人员需要经过国家相关部门岗前培训，取得合格证书后方能从事放射性粒子治疗工作。从事放射性核素治疗的医院应具有国家有关行政管理部门发放的工作许可证。放射性核素要有专门管理人员，对放射性核素订购、存放和使用实行登记管理制度。

一、放射性核素的管理

1. 放射性物质的运输有专门的安全运输法规，对其包装、容器表面的剂量、运输中的安全技术和管理措施均有一定的要求。确保放射性物质不外泄、不扩散、不污染运输工具和周围环境。

2. 放射源应放在专门贮存放射源的仓库里，并设置醒目的"电离辐射"标志。放射源应分隔贮存，便于取放。

3. 严格保管制度，放射源应专人保管，建立使用登记制度，做到账物相符，并定期核查。发现问题及时上报有关部门，并及时处理。

4. 放射性粒子治疗中放射性废物主要是废弃的放射性粒子。对大多数短半衰期的放射性核素，可采用放置法处理，等待放射性核素自发地衰变。存放时废物桶在显著位置标记废物类型、核素种类、活度、存放日期等。放置10个半衰期，放射性将降低为原有放射性的千分之一。放射性降低至$37 \times 10^3 Bq/kg$以下时，可当普通垃圾处理。对于半衰期长的放射性废物，各大城市有统一管理，各单位按统一要求收集废物，定期由废物库统一运输处理。

二、放射性粒子近距离治疗的放射防护

1. 放射防护的基本原则

（1）放射实践的正当化：为了防止不必要的照射，在照射治疗前必须进行论证，确认照射的利益远大于产生的危害，才是正当化的。

（2）放射防护的最优化：在考虑经济和社会因素的条件下，在决策防护最优化过程中获得最大利益，使必要的照射保持在合理地情况下达到最低水平，不要盲目追求无限地降低剂量。

（3）个人剂量限值：个人所受剂量不超过国家规定相应的限制，以保证放射工作人员不至接受过高的照射。

2. 放射防护基本方法

（1）时间防护：工作人员在辐射场地停留的时间越长，受照射的剂量越大，反之，越小。因此在粒子治疗过程中，提高操作的技术水平和熟练程度，在保证治疗质量的前提下尽量缩短接触粒子的时间。

（2）距离防护：工作人员离放射源越远，受照射的剂量越少。在粒子治疗中，取放粒子源时使用长柄夹具，在不影响工作的前提下，尽可能使机体远离放射源，以降低机体受照射剂量。离放射源1m外，对工作人员和家属一般是安全的。术后6个月，周围人群采用1m距离防护即可。

（3）屏蔽防护：在操作放射源时，单靠时间、距离防护不能满足安全防护要求，需要甚至屏蔽防护，以阻止射线对人员照射。医务人员在术中及术后处置患者时均需穿防护铅衣、戴防护眼镜和手套。

3. 粒子治疗中的放射防护

（1）术前准备：遵守正当化、最优化的原则，制订合理地治疗计划，包括粒子种类、数量、总活度、模拟剂量及分布等各环节，确保植入过程顺利完成。准备辐射防护用具：铅衣、铅眼镜等。准备放射性废物桶、γ测量仪等。

（2）术中操作：术者穿防护衣，戴防护眼镜，佩戴个人剂量卡。用长柄镊子取放粒仓，按计划迅速植入粒子。详细记录植入粒子数目和总活度，对废弃的粒子放入专用的污物桶内，标记核素名称、活度、日期。完成手术后，认真检查工作地面有无遗漏的粒子，必要时用γ测量仪进行测量。

（3）术后防护：患者回病房后最好住单人病房，如住多人病房，床间距一米以上。向患者说明如有放射性粒子排出体外，将粒子放入带盖瓶中，交送医务人员，不可随意丢放。

（郭　志　纪建松　司同国）

第十三章 分子介入放射学

21世纪的医学必然是精准医学、多学科交叉医学，介入放射学必然随着医学主流的发展而发展，伴随着人们对疾病的基因水平、分子水平的不断发展和深入研究，以介入方法为手段必将涉入到分子层面的诊疗，即分子介入放射学、基因介入放射学、蛋白质介入放射学。分子介入放射学是在可视化设备监控或引导下，通过导管、导丝，利用分子探针和分子对比剂对分子水平的疾病进行诊疗的新技术。分子介入放射学将是介入放射学的发展方向。首先，分子影像学是目前疾病诊疗的发展方向，而分子介入放射学需要在分子影像学发展的基础上发展。其次，分子影像探针的研究，将是分子介入放射学关键的一步。分子探针是分子生物学最主要的工具，分子影像探针必将是分子介入放射学最主要的工具。分子影像探针是显示特定分子结构的标记物，经过改造和加工以后，不但可以起到诊断作用，还可以起到治疗作用。第三，分子对比剂的研究。目前的对比剂主要显示组织或器官，这种对比剂缺乏特异性和精确性。分子介入放射学要求分子对比剂具有高度特异性和精确性，可以显示病变的分子结构、基因层面的变化以确保分子介入放射学的精确性和有效性，大大提高介入放射学的治疗效果，某些疾病有望达到治愈的目标。只有分子影像设备和技术、分子影像探针和分子对比剂同时发展，分子介入放射学才有可能踏入快速发展的轨道。

一、分子介入放射学的产生

随着介入放射学与分子影像学的发展、延伸和融合，形成了一门新的学科分子介入放射学。分子介入放射学是介入放射学和分子影像学的结合体，随着基础研究的不断深入以及临床转化的实现，分子介入放射学不断拓宽应用领域，提升实用性，明显提高了基本的早期诊断、治疗以及疗效监测。介入放射学和分子影像学两者相辅相成，一方面介入放射学开拓了分子影像学的基础研究和临床转化，使其可以探测更深部、更微小的病变，同时可

以传送分子探针和分子靶向药物，从而提高靶向性和有效性。另一方面，分子影像学已融入介入放射学，可更加精准地引导介入手术和实时、动态评估疗效，提高介入诊疗的准确性、靶向性和安全有效性。虽然当前的分子影像学研究大多还处于动物实验或临床前阶段，随着分子介入放射学理念和技术的不断完善，必将推动分子介入放射学的迅猛发展，提高疾病的诊疗水平。

1999年，美国哈佛大学Weissleder首次提出分子影像学概念，即应用影像学方法对活体状态下，生物过程进行细胞和（或）分子水平的定性、定量研究。2005年，北美放射协会和美国核医学与分子影像学协会在分子影像学峰会上共同重新修订了分子影像学含义，即"分子影像学技术通过直接或间接监测和记录分子或细胞过程的时空分布，为生物化学、生物学、诊断或治疗应用提供帮助"。2007年，美国核医学与分子影像学协会分子影像中心又进一步拓展其含义：分子影像学能够在分子或细胞水平观察、定性并测量人类及其他生命体的生物学过程，一般包括二维或三维图像及随时间变化的信号定量图谱。2010年，杨晓明首次提出介入分子影像学概念，即在现有分子影像成像技术引导下，利用介入放射学技术达到：①到达深部靶区；②使对小靶区更进一步探查成为可能；③准确指导非靶向成像示踪剂或治疗剂导入；④超选择性增强靶区成像和靶向治疗的有效性。

分子影像学有如下特点：①成像基础是特异性的分子探针（或分子对比剂）；②需要级联信号放大策略，以便成像系统检测到活体内分子信号的改变，从而反映活体内事件的发生、发展及变化的信息；③分子影像学需要特定的成像设备，至今研发的分子影像技术不仅构建原理论证，而且为基础研究提供了有效的活体微成像工具。但是分子影像学临床转化能力仍需进一步发展，分子影像目前还存在一些局限：光学成像穿透能力弱、分子磁共振对微小及深层目标的可视化不足，靶向成像和治疗探针被肾脏和肝脏生理"清洗"以及肾脏和肝脏背

景噪声等问题,均使分子影像技术在大动物基础研究及向临床转化中受到限制。而介入放射学能使成像工具更接近靶区,此外,介入放射学能够实现诊疗一体化,可以说分子介入放射学是连接分子影像学与临床转化的重要纽带,可有力地推动临床个体化治疗发展。

分子影像学最重要的临床应用是特异性的分子探针与人体内特定分子靶点进行特异性标记成像和治疗。理论上,特异性分子探针可以定位于组织器官的特定分子靶点。但是全身用药后,这些探针多数已经被肝脏、肾脏清除和代谢,到达指定靶点的特异性探针微乎其微,这也是分子影像学的主要缺点之一。介入放射学最常见的是经动脉治疗,利用导管选择性或超选择性插入到肿瘤供血靶动脉后,将治疗药物直接注入肿瘤内。该治疗方法的优点是微创、实时、全身反应小;但操作相对复杂,需要导管室手术室。基于纳米颗粒靶向治疗是以纳米颗粒作为治疗药物的载体,将药物包裹在纳米颗粒之中或吸附在其表面,同时在颗粒表面耦联特异性的靶向药物(如单克隆抗体)使其经静脉注入人体后,与其相应的特定靶点结合,最后达到治疗目的。该治疗方法的优点是非侵入性、靶向性、易操作性;缺点是非即时起作用、易被肝肾清除。分子介入影像学将影像学引导介入治疗与基于纳米颗粒靶向治疗结合起来,介入放射学技术可以作为导入手段,通过超选导管或经皮穿刺针将这些分子探针传送更接近特定靶部位,而分子影像学技术可负责监测整个介入输送过程。通过两种技术的组合,分子探针可避开体内清除机制,被超选择传送至靶向组织、器官,从而发挥其最佳效能。介入分子影像学技术使得基因治疗和纳米颗粒等恶性肿瘤的靶向治疗药物应用于临床成为可能。

分子影像学发展势必会进一步模糊诊断与治疗界限,近年基于微纳米技术的诊疗性分子探针已成为研究热点,这类探针集造影及药物或基因于一体,即在造影的同时传递药物或基因,实现诊疗一体化。介入分子影像学利用介入手段将诊疗分子剂投递入靶区,既提高靶向性,减少药物系统性不良反应,又可在分子成像系统下作实时监测。分子成像技术的实时信息反馈,对于疾病介入消融治疗、药物选择性植入以及原发或转移灶完整性切除、淋巴结彻底清扫等均具有重要指导意义。在肿瘤介入方面,射频消融术是治疗肝癌、乳腺癌、前列腺癌等实体肿瘤的主要微创介入手术,但在传统成像设备引导下往往会出现病灶治疗不彻底、邻

近正常组织过度损伤等问题,但一旦结合分子影像引导技术,肿瘤边缘、界限及周围微结构会清晰显示,这样于细胞、分子乃至基因水平监测介入治疗,上述缺点便能显著改善。反之,射频消融通过增加局部热量能一定程度上增强靶向探针的传递。在血管介入方面,有研究显示动脉支架与载药纳米颗粒结合能够明显降低血管再狭窄发生率,若进一步将对比剂偶联上,则可实时监测药物及支架植入过程。直流珠(生物相容性)被设计成一种经动脉化疗栓塞产品,研究显示其在肝细胞癌及结肠肝转移癌中能够显著改善药物投递,无系统性不良反应。将纳米或分子治疗剂应用于介入成像,能够确定特异性靶区药物位置和分布特点,增加局部药效性,监测传递载体有效性,减少不良反应和不必要的过多侵入性治疗,也保证了介入治疗成功率。

二、分子介入放射学应用现状

光学分子成像基于现代光学成像技术,通过特异分子标志(如荧光或生物发光)对病理、生理过程的细胞和分子活动进行量化或非量化观察研究,具有非侵袭性、无放射性、低成本、高灵敏度及高分辨率、易操作等特点。活体动物体内光学成像主要采用生物发光与荧光两种技术。两种近红外荧光(NIR),如亚甲蓝、吲哚青绿(ICG)已被美国食品药品监督管理局(FDA)批准应用于临床。生物发光成像技术采用荧光素酶标记靶细胞或基因及其产物,而荧光成像技术则依赖于携带荧光报告基团的细胞或基因载体。值得注意的是,由于生物组织对光来说属于高散射和高反射介质,光束无法到达深在部位或从深在部位检测出来,故不适用于大型动物、人体的深层组织或器官病变的检查。因此,目前在体生物光学成像大多还停留在动物实验阶段或者临床浅表器官检查。介入放射学的微创技术可解决上述问题。介入放射学技术可通过经皮穿刺或体内自然管腔路径,将穿刺针型或导管型微分子成像系统置入体内,使其接近深在的目标,从而弥补了光学成像系统无法探测深在组织的不足。换而言之,影像引导微创介入的方法缩短了分子光学成像仪与深处目标之间的距离,避免了深在组织的多层解剖结构对光束的散射和反射,从而实现活体深处目标的分子光学成像。介入放射手段可弥补光学分子成像组织穿透力低、人肉眼识别能力有限、外科手术限于浅表位置疾病探查的局限性,促进光学分子成像向临床应用转化。分子介入影像还可针对大动物或人体小靶区生成光学高空

间分辨率影像。光学相干层析成像（OCT）是一新兴生物医学光学影像技术，它可实现针对生物系统中微结构的高空间分辨率、横断面断层成像。OCT技术与基于介入放射技术的导管系统配合应用，可转变成为血管内光学影像工具，并显示诸如血管壁内腔边界和动脉粥样硬化斑块纤维帽之类小血管结构细节，一旦观察到这种封闭结构，便可对这类微小深层靶区的异常生物活动（如巨噬细胞浸润）做高准确性检测。例如分子成像引导下的介入活检术将会进一步提高组织取材精准度，也可避免不必要的正常组织损伤。Sheth 等报道成功地应用荧光染料 ICG 对临床患者作肝造影，并用介入光学分子成像装置行经皮局灶性肝病变活检术。血管内超声、血管内高空间分辨率 MRI 均是通过介入手段将高频微型超声、MR 探头经导管送至血管腔内探测，再经电子成像系统显示心血管组织结构和几何形态等微细解剖信息。分子 MRI 和超声成像也被应用于各种恶性肿瘤介入治疗后的疗效评估。分子 MRI 技术不但可提供肿瘤体积变化信息；还可用表观弥散系数值量化鉴别治疗后的坏死和肿瘤残留。因 ADC 值的增加与肿瘤坏死呈明显相关性，使之成为早期评估肿瘤治疗疗效的有效指标。通过对介入分子影像学概念和应用的深入认识，已明确分子影像学的独特功能，也可更加精准地监测介入治疗并对其疗效评价，进一步提高介入治疗的安全性和有效性。分子介入影像学的另一优势是将管腔内成像系统与分子影像学完美结合，用于诊断和治疗早期微小病变。近年研究的经管腔内分子光学成像和 MRI 技术系统可以精确地显示管腔壁内的微小病灶，如动脉硬化斑块和消化道早期癌。管腔内介入分子影像学技术已从心血管系统延伸至消化系统，形成独立的专业 - 消化内镜分子影像学。消化内镜分子成像技术分为大视野荧光靶向成像和高分辨率显微组织成像两类。这些技术的应用初步实现了即时组织病理成像与特异性功能成像，将对病灶的探查能力由原有的组织结构水平提高到分子功能水平，提高了消化道早期癌变的检出率，展现了良好的应用前景。未来，消化内镜分子影像学转化应用于临床需要突破以下瓶颈：研发适用于不同分子成像技术的低毒性、高特异性分子探针；研发便携式的内镜分子成像设备。在肿瘤治疗中最棘手的问题之一，是频繁的放疗或化疗后肿瘤复发。许多癌症治疗专家和癌症研究者发现，对于许多癌症，有一个耐药肿瘤细胞亚群存在，它们能在癌症治疗之后再次形成肿瘤。许多

肿瘤的研究者认为，在众所周知的多样性的肿瘤细胞中，有一种癌症的干细胞，它拥有干细胞的基本属性，能够进行不对称分裂，分裂出另一个保持自我更新能力的细胞，和一个继承"分化"途径、能够有限次分裂的细胞。被认为具有致癌性的是癌症干细胞，而不是非自我更新的后代。癌症干细胞被认为能抵抗许多传统疗法，传统疗法只对大量的非致癌性细胞有效，而并非对少数的能够自我更新的肿瘤干细胞有效。经过治疗之后，耐药干细胞群的不对称分裂产生的致瘤性细胞，重新生成肿瘤。尽管还有争议，但可靠的数据显示，在乳腺、脑、结肠癌、胰腺癌、前列腺癌、淋巴、卵巢和其他癌症中存在癌症干细胞。对于癌症干细胞的起源有实质性的争论。一种意见是，癌症干细胞来源于正常干细胞的基因突变。另一种意见是，癌症干细胞来源于肿瘤细胞，除了和其他肿瘤细胞一样，失去了细胞周期和增殖控制的特性，也遇到使它们能够自我更新的干细胞的特性突变。不论其来源，如果癌症干细胞理论是正确的，那么确定癌症干细胞，了解其生物学，找到使它们产生致癌性的改变，并制订疗法消灭它们就会成为最有效的消除癌症的方法。通过利用报告基因成像技术监测基因改造的小鼠，根据成像操作监测癌症干细胞的内源性特性，我们将深刻地洞察到癌症干细胞的起源和可以根除它们的方式。在临床上，如果我们可以利用无创成像技术识别癌症干细胞标记物，并且能够与大量的癌细胞区分开，那么监测病情进展、复发，并从根本上将干细胞根除将成为可能。介入分子放射学能够有助于恶性肿瘤外科手术切除范围的确定。目前，外科手术切除确定安全切缘的金标准是术中冰冻切片检查，但这种方法既耗时又存在漏诊风险。术中实时介入放射学可实时提供荧光图像和彩色图像，有助于精确显示肿瘤边界信息和淋巴结转移灶，可帮助医生确定肿瘤的安全切缘。与传统技术相比，这一技术的应用可节约手术时间，精准指导切除范围，使医生能在手术过程中准确地发现、确认癌变，有效降低人为失误。

目前分子影像学探针主要有靶向探针和可激活探针两种。但静脉注射的靶向探针与靶目标直接结合形成直接 / 间接成像的最大缺点是背景噪声高，通常需要一段时间使血液中未结合的对比剂被代谢清除，方能更好地显示靶部位结合对比剂的影像信号。介入分子影像学可在一定程度上改善上述缺点，用于增强靶区诊断和治疗的有效性。介入专家将分子成像探针通过经皮插入的导丝或通

过管腔置入的导管直接送达靶区组织或目标，克服生物屏障，利用特定部位聚集高浓度探针分子，以提高中靶率，降低背景噪声，进而快速实现成像和（或）治疗。在 PET/CT 扫描中，带有单克隆抗体 J591 的诊断治疗靶向探针是特别针对前列腺特异性膜抗原的细胞外区域，但在系统引入过程中，这些靶向探针在到达特定目标前很容易被肾脏"清洗"和"陷入"肝脏，这种生理清洗或陷入现象显著降低这些靶向探针的有效性。这一问题同样可通过采用介入放射技术加以解决。这些靶向探针可在介入放射技术下经超选择性定位导管或导丝送至肿瘤肿块类靶区附近。分子影像中采用这一手段不仅可绕过清洗机制，而且可极有效地将这些成像和治疗探针超选择性地直接送至靶区。可激活探针被认为是最具临床应用广阔前景的探针，它利用预靶向分子激活特异分子事件，只有在与靶点作用后才发生理化性质改变，随后其活动才可被特异探测并成像，具有高敏感度、特异性及信噪比。可激活探针同样面临生理清洗或陷入现象问题，仍需要介入分子影像的帮助，促进其向临床应用转化。

由于非特异性对比剂对靶标非选择性，很少应用于分子影像学研究。然而，介入分子影像能够用于监控非靶向影像示踪剂或治疗剂的定向导入及动态实时监测，这不仅拓宽了分子影像学应用领域，也使得非特异性对比剂在分子影像中有了用武之地。毫无疑问，在体内给药后，对干细胞进行无创的、可重复的以及定量的监测其定位、表达和分化对于临床前研究中干细胞疗法的发展、临床试验中干细胞的使用、最后形成标准的疗法都是必需的。如果在干细胞治疗试验中，经过一次又一次的尝试，对某些患者有效，而对其他患者要么没有任何反应要么有不良影响，那么就必须要知道这些细胞去了哪里，有多少能够存活下来，存活了多久，以及它们在不同的临床反应的患者中遵循什么样生物途径。只有无创分子成像技术能够提供答案。虽然胚胎干细胞疗法有着很大的潜在益处，但是至少有两个主要障碍阻碍它的成功。其一是前面提到的争论激烈的伦理问题，因为干细胞群是由破坏人类胚胎得到的；二是移植的问题，除非移植用的干细胞是由被移植患者的细胞衍生来的，否则移植细胞的排斥反应可能会引起强烈的并发症。这第二个障碍对 ES 细胞的取得和成人干细胞疗法都很困难。例如在干细胞移植治疗肝硬化研究中，可通过介入放射学技术将磁颗粒标记的干细胞经肝动脉/脾动脉/门静脉穿刺插管导入靶器官，再结合分子 MRI 技术监测移植细胞在宿主内分化、迁移及最终命运。进一步延伸至肝干细胞移植术，可同时联合经颈静脉肝内门体分流术（TIPS），这样既能解决干细胞移植不能解决的门静脉高压问题，又能解决 TIPS 术不能改善肝功能的缺点。

分子介入放射学的发展离不开转录组学、蛋白组学、基因组学等相关学科的发展。基因组测序技术的进步可以在任何特定时间和已知的发育、病理的或功能的阶段，对细胞和组织的整个转录过程进行系统测量和比较分析。用于转录组学使用最广泛的方法包括 DNA 微阵列，基因表达序列分析（SAGE），微珠为基础的大规模并行标记测序（MPSS），以及大规模并行合成测序（SBS）。DNA 芯片是一个在生物系统内进行高通量鉴定并定量核酸功能的强大工具。典型的 DNA 阵列通常是由数千个短的基因特异的 DNA 分子，排列在一个固体表面上。核酸特异性杂交可以完成在同一细胞系统内，在两个或两个以上不同的状态，精确识别和量化其转录物水平。DNA 微阵列可利用寡核苷酸阵列（25～60 个碱基对长度）或拷贝或 cDNA 分子或压电沉积制造的寡核苷酸阵列或原位杂交等方法杂出点阵列。目前，含有高达 40 万寡核苷酸的阵列已经可以被设计订购。这种阵列设计上的灵活性在经济上令研究系统生物学中特异的疾病阶段成为现实。原则上，寡核苷酸阵列比 cDNA 阵列的特异性更强，并且能够区分单核苷酸的差异。这种方法具有将多基因家族的各部分衍生的转录物同选择性剪接变体区分开的显著优势。对已被广泛接受的 DNA 阵列技术的应用的发展已经超越了对疾病研究产生影响的转录组分析。DNA 阵列技术已用于基因分型研究来确定单核苷酸多态性，并确认已知区域的 DNA 序列。目前，DNA 阵列的应用包括启动子分析，ChIP（染色质免疫共沉淀）-on-chip、蛋白启动子结合位点占位，突变分析，比较基因组杂交和基因组测序。DNA 序列也可以利用在溶液中被确定的方式将其标记。新测序技术的一个强大的应用，MPSS 或 SBS，结合微流体，酶学和成像技术可以对每个样品中含有 16～20 个碱基的数以百万计的不同序列进行同时确定。蛋白质组学可以被定义为复杂混合物中蛋白质的整体表征，包括蛋白质的鉴定、丰度、加工、化学修饰、蛋白质复合物中的相互作用，以及在一个细胞或组织中的亚细胞定位。目前，蛋白质组学技术方法还没有达到基因组技术的通量和自动化水平。蛋白识别和量化的策略，可分为质谱（MS）为基础的技术，这种技术用来为蛋白质丰度进行准确的整体测量，以及针对在生物样品中未达到鉴定已知蛋白目的设计的以抗体为基础的技术。这些和其他战略，以减少样品的复杂性，区分标签蛋白样品，通过质谱分析和抗体阵列提高蛋白质相对定量，以加强对疾病的系统研究方法。对于细胞或组织在不同的状态下，例如健康与疾病，蛋白质组的全面比较测量技术的发展，是对疾病系统方法研究的根本要求。蛋白质/肽稳定的同位素标记通过使用 MS对蛋白质的高通量相对定量达到每个样品接近数千这样的规模。一般的策略是使用稳定的同位素标记差异化的标签蛋白或蛋白肽，以 1∶1 的比例混合标样，接下来是结合的样品加工和随后的质谱分析。由于标记成分具有几乎相同的化学试剂属性，标记肽在 LC 和 MS 的进程中呈现紧密的配对。相对定量是通过在相应质谱中比较离子信号强度或观察同位素编码的肽对的峰面积实现的。蛋白质工程，能够随意设计、修饰和生产蛋白质，这给生物化学、分子生物学和细胞生物学各领域带来了革命性的改变。而对分子成像来说，对活体中特异分子、分子事件和分子进程的检测，蛋白质工程也起到了日益重要的作用。大多数的分子成像生物标记物和靶目标都是蛋白质，所以，分离、工程构建和操作蛋白质，能够在新的分子成像方法的发展过程中起到日益重要的作用。蛋白质工程提供了强大的、直接的、有效的修饰蛋白结构和功能的方法，在分子成像领域中有很广的应用。工程构建能够用来生成不同的单独的成像试剂，带有想要得到的特异性、优化的探测性和增强的临床适用性。工程蛋白作为报告蛋白很好地被建立，主要需要被考虑的是基因的传递、潜在的免疫原性和产生信号的强度。重组蛋白的产生依然有很大挑战。从一个蛋白的初级序列预测它的折叠和功能依然是一个未完成的方向。此外，重组蛋白的合成仍然大部分依赖于细胞（微生物或哺乳动物）生产。在体外转录/翻译系统是可用的，但是可测量性减少。去除潜在障碍的方法就是建立生物技术产业和方法学，这使体内外广泛应用工程蛋白学成为可能。结果，研究分子成像包括蛋白工程，可用于拓宽生物医学研究领域。近期在生物学领域异军突起的分子成像技术是检测细胞内运输和大分子间相互作用的强大手段，此项技术也可用于探测基于病毒载体的基因。载体传递的基因表达的检测和量化促进了新一代病毒载体的发展。这些是病毒编码的一类

特殊的报告基因，它们在靶细胞和组织的表达能够量化载体介导的基因传递，进而能在组织水平或全身非侵入性地实时示踪病毒载体。在本文中根据报告基因的生物特性、产生成像信号类型、底物要求以及示踪物或底物的信号产生类型将报告基因分类。基因治疗已经跨入了一个崭新的时代，非侵入性成像技术将在病毒载体的生长、生物学验证和临床应用中起重要的作用。不同的非侵入性成像技术在不久的将来不仅会作为一个整体应用于基因治疗，也会对整个基因治疗领域的发展产生积极的影响。也仅有在分子介入放射学作为临床转化的有效媒介才能有望将基因治疗应用于临床。

三、分子介入放射学的发展

介入放射学发展到今天面临着巨大的挑战，学科间的激烈竞争，反映在医疗资源和专业主导地位等方面存在着严重的压力，迫使我们必须扎实的进行学科建设、加快人才培养、建立多学科合作，实现双赢或多赢的机制。介入放射学的整体实力取决于其向系统化、综合化、规范化发展的程度。如建设介入治疗门诊、介入治疗病房、标准化的介入治疗手术室、介入治疗实验室等。在常规介入治疗基础上，积极开展多种介入诊疗如超声、CT、MRI及内镜导向下的微创介入，开展射频消融治疗、生物基因治疗等。建立介入治疗实验室非常重要，基础研究与临床实践紧密结合是现代医学科学研究的重要方式，如对治疗后肿瘤微血管生成规律的研究；探讨血管生成抑制剂对于抗血管治疗后新的血管生成的抑制机制及作用；把介入技术作为抗血管生成治疗、基因治疗、生物免疫靶向治疗的最直接的手段，尚有许多需要进行的实验和工作。

随着分子生物学研究的飞速发展，尤其是基因组学、蛋白质组学及其相关技术的进展，迫切需要某种手段来监测其研究对象在生物活体内的过程，于是分子影像学应运而生并迅猛发展。历经百年的医学影像学终于从以解剖结构为成像基础发展到了建立在以细胞/分子结构和功能为成像基础的分子时代。分子影像学代表了医学影像学的未来，将对现代和未来医学模式产生革命性的影响。随着分子影像学的不断发展和深入，越来越需要一种特殊的技术将抗原和抗体，靶标和靶点，受体和配体之间相结合。表面上看，介入放射学与分子影像技术关联不明显，但是随着分子影像学不断发展与延伸，已越来越明显地展示了介入放射技术与分子影像技术的相互依存关系，尤其是一些分子影像

技术一旦进入临床应用，就必须借助于介入技术的支持。

　　诊断、分期、治疗计划的制订、治疗的实施及监测都是癌症患者能否获得适当的治疗及评估的关键。由于影像学具备无创的特点，其在癌症评估的各个阶段都起到关键的作用。现阶段，影像学仍然高度依靠解剖学成像技术，主要包括 CT 及 MRI。这些技术主要负责病灶的识别、定位、计数以及大小的测量。然而，正如下文所讨论的，单纯依靠解剖学成像从根本上是与现代分子医学观念相悖的。若以大小为标准，通过影像学技术判断肿瘤是否浸润到正常组织如淋巴结是很困难的。同样，在判断良性疾病引起的病变时，也有可能将其误认为恶性肿瘤，或当良性疾病与恶性肿瘤并存时，将良性病灶误认为是远处扩散。当恶性肿瘤合并反应性淋巴结肿大、肺部结节、肾脏病变、肝血管瘤或囊肿以及肾上腺腺瘤等情况时，医生都有可能将其误认为转移病灶，这些都是最普遍的例子。因此，这就需要外科活检及病理学检查对解剖学成像技术发现的异常进行评估。我们往往认为病理学上的证实是确定影像学检查异常的金标准。然而，即使我们将所有的、特别是可疑的转移病灶进行活检并进行病理学检查时，病理学结果也会出现假阴性或假阳性。如果病理结果足够准确，就不会有病理学上完全切除及淋巴结阴性的患者因为局部治疗失败而死亡。然而不幸的是这些患者通常也会复发。此外，在活检样本中，恶性病变与分化不良成分的区分可能要依靠侵袭病变的偶然发现，因为这两者在细胞形态学上并没有区别。同时，尽管病理学诊断是确定的，但许多病理学特征相似的恶性肿瘤也具有很大的差异性。当前癌症分期所使用的方法也与癌症分子生物学现代观点及采用的治疗不一致。疾病的程度、分期都具有不确定或不准确性。目前能够治愈癌症的唯一治疗手段就是手术。现在肿瘤学有许多治疗方法，这些治疗很少单独应用。例如手术前经常需要新辅助化疗，而术后又要跟随辅助化疗，放射治疗越来越多的与化疗同步进行，化疗又需要多种药物联合应用。随着治疗药物的日益增多，疗效往往与某个特定分子靶点的表达相关，而当前的分期类别却变得很少与治疗方案相关，从而使对疾病判断变得更加复杂化，而不仅仅是对疾病程度的简单评估。在分期方面存在局限性的典型例子就是非小细胞肺癌（non-small-cell lung cancer，NSCLC）的分期方案。NSCLC 的不同病理亚型之间和内部存在基因组学的差异，而这种差异影响患者的预后和疗效，尽管如此，医生仍根据原发肿瘤（T）、区域淋巴结（N）以及远处转移（M）的分期特征将患者分为 I～IV 期，然后依据分期为患者选择不同的治疗。I 期和 IIA 期的患者通常接受手术治疗，IIB 至 IIIB 期的患者则接受化疗放疗相结合的治疗，而 IV 期的患者通常则接受化疗或姑息性放疗。我们只需要分析 IIIB 期的患者就能够理解基于肿瘤的生物学特性进行分类的方法。根据 TNM 分期系统，IIIB 期包含 T4N0M0 及 T1N3M0，这两种不同的 TNM 分类的患者都不适合外科手术治疗并且治愈的可能性非常小。然而，很明显前者尽管没有远处转移的趋势，但具有局部生长的倾向；而后者尽管原发病灶较小并且局限，但因为存在远处淋巴结转移所以表现为侵袭性转移。依据基本原则，我们有理由为前者选择更积极的局部治疗，而能够消除和减少进一步远处微转移的全身治疗对于后者来说是非常重要的。解剖学分期忽略了不同的基因学特性，而这些特性将影响肿瘤的生物学行为及新的治疗靶点的选择。例如，新的靶向药物针对在特定的肺腺癌中出现的表皮生长因子受体（epithelial growth factor receptor，EGFR）突变的类型具有较好的疗效。这强调了肿瘤个体化治疗的策略而不仅仅是根据疾病的范围制定治疗。虽然未来基因组学似乎会为大多数靶向治疗药物提供有意义的证据，但这些技术的应用仍然要依靠病理学取材所获得的组织。因为基因组学的不稳定性，微环境因素或者之前给予的治疗引起的改变，都可能导致癌细胞亚群之间和内部出现明显的肿瘤异质性。因此，一个病灶活检不能够充分反映所有的疾病病灶。除此之外，疾病诊断的准确性可能受限于正在逐步发展的技术。据近期的文献报道 Her-2 *neu* 基因表达检测的不准确性约为 20%。如果活检没有明确的组织或者活检的组织是由瘢痕、炎性细胞、凋亡物质以及抗肿瘤治疗后的肿瘤细胞共同组成的，那将存在更多的问题。基于生物化学和生物学的特征，分子影像学有可能明确组织的性质，从而指导最有代表性的部位进行活检。分子影像学能够提供与解剖影像学不同的信息，而这些信息也是病理学和基因组学的补充。经过彻底治疗癌症，残余肿物构造的影像学异常或肿瘤标志物升高并不少见。即使在没有任何残留病灶的客观证据时，许多患者仍有复发的风险。用于高危患者的常规监测或症状评估往往在初次治疗后数月或数年，包括 CT 扫描和腹部超声检查，测量各种类型癌症有关的肿瘤标志物，某些情况下需行胃镜检查。这些结果可能导致其他的侵入性手术，包括如腹腔镜手术干预。治疗后的变化进一步加剧了结构成像的局限性，使肿瘤分期更困难，例如通过手术切除或随着整形外科的发展，瘢痕组织和正常的解剖结构发生了改变。在治疗后复发的病灶中，恶性组织和瘢痕组织可能并存，进一步增加了活检的抽样误差。没有病理诊断，模棱两可的结果可能造成患者的焦虑，但如果剩余肿块中只有瘢痕组织，积极治疗显然是不合理的。然而，为进一步明确证据等待病情恶化，会减少补救治疗的可能性，让肿瘤有了全身播散发生的时间。因此，在某些情况下，需要进行经验性治疗。临床上，不仅检测残留或复发的癌症是非常重要的，而且要确定它是否适合补救疗法。即使是转移性疾病，如果在程度上受限制，可手术切除治疗。在大肠癌肝转移的治疗中这种方法已建立和不断扩大。大肠癌有局部转移的患者包括肺转移和卵巢转移行手术治疗可获益。肝转移除了行肝切除术，还可以行其他治疗，包括射频消融、无水酒精注射、放射性微球。

传统上评价介入治疗效果的一个主要指标是病理或影像观察肿瘤坏死情况，对非坏死的肿瘤细胞则很少顾及。近年发现细胞（包括肿瘤细胞）有另一种完全不同于坏死的死亡方式，即细胞凋亡。它由细胞内特定基因（有促进凋亡的，也有抑制凋亡的）所操纵，所以又称细胞程序性死亡。许多抗肿瘤药是通过诱导肿瘤细胞凋亡来达到抗肿瘤目的，介入治疗可促进肿瘤细胞凋亡。进一步研究介入治疗对凋亡相关基因表达的影响，为评价肿瘤介入治疗提供了一条新途径。此外，心、脑及其他脏器的介入治疗，也与细胞凋亡有关。有资料显示，90%以上肿瘤患者死亡在不同程度上受肿瘤耐药的影响，介入治疗是促进肿瘤耐药还是抑制耐药，有待进一步研究。介入治疗前检测肿瘤耐药基因表达，可确定高耐药性的人群，帮助选择受耐药机制影响小的化疗药，或与耐药逆转剂合用，以期提高介入治疗效果。介入治疗是否促进肿瘤转移是目前一个有争议的议题，有作者根据部分临床观察结果，认为介入治疗可促进肿瘤转移。肿瘤细胞从原发灶脱离到转移灶的形成是一个多因素参与的复杂过程，研究介入治疗对相关因素的影响，有助于客观评价介入治疗对肿瘤转移潜能的影响。而且对肿瘤转移潜能的检测有利于介入治疗后的处理，对高转移潜能的肿瘤更要密切随诊，并调整治疗间隔。肝癌基因治疗的效果首先取决于治疗基

因到靶细胞的转移方法。从介入放射学角度，可经皮肝穿刺直接将治疗基因注入瘤体，也可经肝癌供血动脉经导管引入，还可制备带治疗基因的栓子，栓塞肿瘤血管的同时介导肿瘤组织转染基因。经皮血管成形术（PTA）后为防止血管再狭窄，也可经导管导入抑制瘢痕形成的基因治疗，但这种基因治疗研究尚处于实验阶段。导向治疗是以肿瘤特异性抗原作为攻击靶，由特异性抗体（载体）携带抗癌药、生物毒素或放射性元素（弹头）的一种治疗方式。经导管从肿瘤供血动脉直接引入可减少或避免导向治疗中存在的三大问题，即"稀释""生理屏障""非特异性吸收"。而且可减少抗体的产生。目前所用抗体多为鼠源性，静脉注射后2周左右产生抗抗体，再次给药，可降低抗体载体的效价，而且可导致血清样过敏反应。各种基因是通过其表达蛋白质发挥作用的，检测蛋白质可反映基因的功能。如能从信使核糖核酸（mRNA）水平研究，则可从深层次研究基因的功能。还有干细胞移植技术就与介入技术与分子影像技术息息相关，前者为将来大多数干细胞移植技术所必须的手段，后者是干细胞移植技术应用于临床的先决条件。此外，各种基因治疗的导入手段也需要介入技术予以实现，而基因治疗的临床应用则必须借助于分子成像技术予以监测。因此，这无疑极大地拓宽了介入放射学的领域，这些技术有可能成为介入放射学下一代的重要组成内容，更重要的是通过与分子影像学的结合有可能使介入放射从单纯的"技术"走向"学科"的重要机遇。毋庸置疑，分子影像学的重要性已得到广泛的认同，可以预见：未来几年里，分子影像学涉及的领域将进一步扩大，虽然当前的分子影像学的研究大多还处于动物实验阶段或临床前阶段，但随着分子生物学技术如基因治疗和干细胞移植在一些关键问题上的突破，分子影像学的临床应用将迅速来临，此时将需介入技术的全面配合和应用，因此分子介入放射学将具有极大的竞争力和活力。

分子影像学基础研究和临床前研究正在不断推进和临床转化中。介入分子影像学研究未来发展需要：①开展介入分子影像实验室建设，加强与分子影像学、生物化学、物理工程、计算机、药学等相关学科的紧密联系与交流，合作开展相应基础研究，将分子影像学小动物实验转化为大动物实验，推广分子探针、微型装置、纳米载体、药物等在临床的应用。尤其是随着非铁磁性导管、导丝的研制开发利用，应重视基于MR分子成像的介入放射治

疗。②发挥介入分子影像学诊疗综合优势。基因探针是分子影像学未来发展的重要方向，肿瘤基因治疗亦是肿瘤学未来发展方向，目前不论是基因转染/转导入靶器官与组织，还是其疗效、靶区表达水平、分布特点、持续时间等机制均尚未明了，而介入分子影像学可发挥自身优势，利用导丝、导管技术将探针靶向导入并利用小靶区微型高空间分辨率装置进行实时监测，相信未来可解决目前基因治疗的诸多问题。目前，分子影像学研究大多还处于动物实验阶段或临床前研究阶段，随着分子生物学技术如基因治疗和干细胞移植在一些关键问题上的突破，分子影像学临床应用期将迅速来临。为了这一目标，介入放射学作为一重要手段，使分子影像学从实验台和小动物实验室发展为大型动物实验，直至最后应用于临床。介入放射学在分子影像学临床转化过程中起着关键性作用，先进的分子影像技术、非侵入性成像和精密导入系统的发展又扩展了介入放射学范围，迎来广阔的介入分子影像学时代，这不仅能进一步促进医学影像学革命性发展，也为临床治疗学开辟了崭新途径，有力地推动未来医学个体化诊疗进程。介入分子影像学发展无疑能够确保未来介入放射学的竞争力和立足之地。分子影像学和分子介入放射学已引起美国和西方国家的高度重视，组织各自国内精兵强将、投入巨资、国家政府有关部门通力合作，目的是想积极占领世界生物影像学的制高点。而在我国虽然也有有识之士在大力呼吁，但在战略、组织、管理、合作、经费投入等方面仍存在明显不足。根据我国的实际情况，我们认为①应有政府出面组织21世纪中国生物影像学发展战略研讨会，研究制定中国分子影像学和分子介入放射学的发展策略和相应措施。②尽快向政府呼吁，说明分子介入放射学在未来影像学中的地位和作用，希望政府把该项工作作为一项重大攻关项目来立项，组织我国的有关管理部门、有关专家、有关工业企业共同参与、共同攻关。③积极参加到世界生物影像医学研究行列中去，就像我国完成世界基因组图谱1%的工作那样，是非常有价值的，既参与国际先进技术的竞争，又锻炼我们的队伍。④多渠道筹集经费，除了国家加大科研经费投入以外，应多争取国际合作研究经费、企业科研费和其他可利用的科研经费。⑤组织多中心、多学科合作，确保分子介入放射学尽快进入临床，并制定详细使用范围、使用单位和治疗、操作规范。⑥有关学会和杂志应加大学术引导，使未来介入放射学的支柱——分子介入放射

学造福人民。分子介入放射学对我们许多医生来说，还比较陌生，好像离现实还很远。笔者于2002年在国内率先开展了肿瘤分子影像（molecular imaging）研究，并成立了哈尔滨医科大学分子影像研究室。目前已在肿瘤分子成像领域取得多项开拓性研究成果：在国际医学影像学及分子影像学权威专业期刊 *Journal of Nuclear Medicine* 上连续发表肿瘤分子影像研究论文，其中利用分子成像技术在体（invivo）揭示癌基因（MDM2）的研究成果，被分子影像学界评为2010年三个重大贡献之一，获得"Editor's Choice Award"奖励；在肿瘤关键分子靶点筛选、分子探针构建、关键靶点（EGFR、VEGFR、$\alpha_v\beta_3$、connexin43、HSPGs 等）分子成像方面的研究成果，发表在 *Clinical Cancer Research*、*European Journal of Nuclear Medicine and Molecular Imaging* 及 *Contrast Media Mol Imaging* 等国际肿瘤研究、分子成像研究领域高端杂志上；基于分子成像技术的肿瘤诊疗一体化及疗效评价的研究成果在国际分子影像学专业期刊 Molecular Imaging and Biology 上连续发表；受国际知名杂志 Wiley Interdiscip Rev Nanomed Nanobiotechnol 之邀，撰写综述"中国分子影像及纳米医学领域的发展"。目前作为973首席科学家致力于研究肺癌的在体分子分型。肺癌发病率和死亡率均居我国恶性肿瘤之首，且呈逐年上升趋势，目前，肺癌已成为国人健康的重大威胁，现有诊疗技术如手术、放疗和化疗，是依据肺癌发生发展到一定程度的组织形态学改变为指导，虽经近百年的改进和提高，仍未取得突破性进展，治疗效果明显受限，生存率较低，诊疗形势严峻，诊疗技术和水平亟待突破和提高。分子分型依据的是肺癌发生发展的始动因素，即基因、蛋白质等分子靶点的异常改变，分子分型概念的提出和技术的发展为肺癌诊疗技术的突破开辟了新途径，基于分子分型分类体系为指导的诊疗技术有望提高肺癌诊疗水平，实现肺癌诊疗技术的突破。然而，目前肺癌分子分型面临着巨大的挑战，因为肺癌具有超级异质性，独特的解剖学特点，强大的生理屏障和复杂的微环境，严重制约了肺癌在体分子分型的实现。纳米技术具有共输送性、长循环特性、尺寸效应、EPR效应、靶向修饰等特性有望克服上述瓶颈问题，使在体分子分型的实现成为可能，纳米技术与分子影像技术结合，构建的新型纳米分子成像探针，实现了两种技术优势的互补，为肺癌在体分子分型带来重大机遇。同时研究肺癌的个体化治疗，介入治疗是个体化治疗的重

要组成部分，同时分子介入放射学是其临床转化的桥梁。因此，我们应了解世界介入放射学的发展趋势，瞄准学科发展的尖端技术，及早准备，确保我国分子介入放射学在世界分子介入放射学之林也占有一席之地。

参 考 文 献

1. 申宝忠. 分子影像学 [M]. 北京：人民卫生出版社，2003.
2. 申宝忠. 分子影像学 [M]. 第2版. 北京：人民卫生出版社，2010.
3. 申宝忠. 分子影像学原理与实践 [M]. 北京：人民卫生出版社，2013.
4. Weissleder R. Molecular imaging: exploring the next frontier[J]. Radiology, 1999, 212: 609- 614.
5. Weissleder R, Mahmood U. Molecular imaging[J]. Radiology, 2001, 219: 316-333.
6. Weissleder R. Molecular imaging in cancer[J]. Science, 2006, 312: 1168-1171.
7. Yang X. Interventional molecular imaging[J]. Radiology, 2010, 254: 651-654.
8. Toczek J, Sadeghi MM. Molecular imaging concepts[J]. J Nucl Cardi-ol, 2016, 23(2): 271-273.
9. Wáng YX, Choi Y, Chen Z, et al. Molecular imaging: from bench to clinic[J]. Biomed Res Int, 2014, 2014: 357258.
10. van Leeuwen FW, Hardwick JC, van Erkel AR. Luminescence-based imaging approaches in the field of interventional molecular imaging[J]. Radiology, 2015, 276(1): 12-29.
11. Press MC, Jaffer FA. Molecular intravascular imaging approaches for atherosclerosis[J]. Curr Cardiovasc Imaging Rep, 2014, 7(10): 92-93.
12. Kunjachan S, Ehling J, Storm G, et al. Noninvasive imaging of nano-medicines and nanotheranostics: principles, progress, and prospects[J]. Chem Rev, 2015, 115(19): 10907-10937.
13. Zhang F, Le T, Wu X, et al. Intrabiliary RF heat- enhanced local che-motherapy of a cholangiocarcinoma cell line: monitoring with Dual-Modality Imaging-Preclinical study[J]. Radiology, 2014, 270(2): 400-408.
14. Chen ZY, Wang YX, Lin Y, et al. Advance of molecular imaging technology and targeted imaging agent in imaging and therapy[J]. Biomed Res Int, 2014, 2014: 819324.
15. Sheth RA, Arellano RS, Uppot RN, et al. Prospective trial with optical molecular imaging for percutaneous interventions in focal hepatic lesions[J]. Radiology, 2015, 274: 917- 926.

中英文名词对照索引

29检